suhrkamp taschenbuch
wissenschaft 76

Paul Ricoeur, geboren 1913 in Valence, ist Professor für Philosophie an der Faculté des Lettres in Paris. Wichtige Publikationen: *Hermeneutik und Strukturalismus; Die Fehlbarkeit des Menschen, Symbolik des Bösen (Phänomenologie der Schuld I, II)*.

Die Beziehung von Psychoanalyse und Sprache ist der Gegenstand von Ricoeurs umfangreicher Freud-Analyse. Er versteht seine Untersuchung als Teil der philosophischen Forschung, die sich mit dem Problembereich der Sprache beschäftigt. Habermas und Lorenzer haben bereits darauf hingewiesen, daß es die Psychoanalyse mit hermeneutischen Prozessen zu tun hat, in denen es um Entmystifizierung und Illusionsabbau geht. Ricoeur stellt Freud in dieser Hinsicht an die Seite von Marx: Ihnen gemeinsam sei die Intention, Bewußtsein als falsches Bewußtsein zu entlarven, um mit der Kunst der Interpretation zu einer authentischen Sprache zu gelangen. Was »deuten« in der Psychoanalyse heißt, ist die zentrale Frage, mit der Ricoeur das Werk Freuds interpretiert.

Paul Ricoeur
Die Interpretation
Ein Versuch über Freud

Suhrkamp

Deutsch von Eva Moldenhauer
Titel der Originalausgabe: De l'Interpretation. Essai sur Freud

suhrkamp taschenbuch wissenschaft 76
Erste Auflage 1974
© dieser Ausgabe Suhrkamp Verlag,
Frankfurt am Main 1969
© Editions du Seuils, Paris 1965
Suhrkamp Taschenbuch Verlag
Alle Rechte vorbehalten, insbesondere das des
öffentlichen Vortrags, der Übertragung durch
Rundfunk oder Fernsehen und der
Übersetzung, auch einzelner Teile.
Druck: Ebner, Ulm · Printed in Germany
Umschlag nach Entwürfen
von Willy Fleckhaus und Rolf Staudt

Inhalt

Vorwort 9

Erstes Buch
PROBLEMATIK. FREUDS SITUATION

Kapitel I. Sprache, Symbol, Deutung 15
   1. Psychoanalyse und Sprache 15
   2. Symbol und Deutung 18
   3. Symbolkritik 21

Kapitel II. Der Konflikt der Interpretationen 33
   1. Der Interpretationsbegriff 33
   2. Die Interpretation als Sammlung des Sinns . . . 41
   3. Die Interpretation als Übung des Zweifels . . . 45

Kapitel III. Hermeutische Methode und Reflexionsphilosophie 50
   1. Die Zuflucht des Symbols zur Reflexion 50
   2. Die Zuflucht der Reflexion zum Symbol 55
   3. Die Reflexion und die zweideutige Sprache . . . 60
   4. Die Reflexion und der hermeneutische Konflikt . . 68

Zweites Buch
ANALYTIK. FREUD-LEKTÜRE

Einleitung. Wie Freud zu lesen sei 73

Erster Teil. Energetik und Hermeneutik 79

Das erkenntnistheoretische Problem des Freudianismus . . 79

Kapitel I. Eine Energetik ohne Hermeneutik 82
   1. Das Konstanzprinzip und der quantitative Apparat . 84
   2. Auf dem Wege zur Topik 94

Kapitel II. Energetik und Hermeneutik in der TRAUMDEUTUNG 100
   1. Die Traumarbeit und die exegetische Arbeit 101
   2. Die »Psychologie« des VII. Kapitels 114

Kapitel III. Trieb und Vorstellung in den metapsychologischen Schriften 126
   1. Die Eroberung des topisch-ökonomischen Standpunkts und des Triebbegriffs 127
   2. Vorstellung und Repräsentanz 144

Zweiter Teil. Interpretation der Kultur 163

Kapitel I. Die Analogie des Traums 168
   1. Der Vorrang des Traums 168
   2. Die Analogie des Kunstwerks 172

Kapitel II. Vom Traumhaften zum Sublimen 187
   1. Die deskriptiven und klinischen Annäherungen der Interpretation 189
   2. Die genetischen Wege der Interpretation 196
   3. Das metapsychologische Problem: der Begriff des Über-Ichs 200

Kapitel III. Die Illusion 239
   1. Die Illusion und die Strategie des Wunsches . . . 240
   2. Die genetische Stufe der Erklärung: Totemismus und Monotheismus 245
   3. Die ökonomische Funktion der Religion 257

Dritter Teil. Eros, Thanatos, Ananke 265

Kapitel I. Lustprinzip und Realitätsprinzip 270
   1. Realitätsprinzip und »Sekundärvorgang« 271
   2. Realitätsprinzip und »Objektwahl« 279
   3. Das Realitätsprinzip und die ökonomische Aufgabe des Ichs 285

Kapitel II. Die Todestriebe: Spekulation und Interpretation   289
   1. Die Freudsche »Spekulation« über Leben und Tod . .   289
   2. Der Todestrieb und der Destruktionstrieb des Über-
      Ichs   301
   3. Die Kultur zwischen Eros und Thanatos   310

Kapitel III. Fragen   318
   1. Was ist Negativität?   319
   2. Lust und Befriedigung   326
   3. Was ist Realität?   332

Drittes Buch
DIALEKTIK. EINE PHILOSOPHISCHE FREUD-INTERPRETATION

Kapitel I. Erkenntnistheorie: Zwischen Psychologie und Phänomenologie   352
   1. Der erkenntnistheoretische Prozeß der Psychoanalyse   353
      a) Die Kritik der Logiker   353
      b) Die internen Versuche der Umformulierung . . .   355
      c) »Operationalistische« Umformulierungen . . .   360
   2. Die Psychoanalyse ist keine Beobachtungswissenschaft   366
      a) Gegenüber dem »Operationalismus«   367
      b) Gegenüber den internen Umformulierungen . . .   372
      c) Gegenüber der Erkenntnistheorie   382
   3. Phänomenologische Annäherung an das psychoanalytische Feld   385
   4. Die Psychoanalyse ist nicht Phänomenologie . . .   399

Kapitel II. Reflexion: Eine Archäologie des Subjekts . . .   429
   1. Freud und die Frage nach dem Subjekt   430
   2. Realität des Es, Idealität des Sinns   440
   3. Der Begriff der Archäologie   449
   4. Archäologie und reflektive Philosophie   463

Kapitel III. Dialektik: Archäologie und Teleologie   470
   1. Ein teleologisches Modell des Bewußtseins: Die Hegelsche Phänomenologie   473

- 2. Das Unüberwindbare des Lebens und des Wunsches . 480
- 3. Die implizite Teleologie des Freudianismus: Die operativen Begriffe 484
- 4. Die implizite Teleologie des Freudianismus: Die Identifizierung 489
- 5. Die implizite Teleologie des Freudianismus: Die Frage der Sublimierung 495

Kapitel IV. Hermeneutik: Annäherungen an das Symbol . . 505
- 1. Die Überdeterminierung des Symbols 507
- 2. Die hierarchische Ordnung des Symbols 517
- 3. Dialektische Wiederaufnahme des Problems der Sublimierung und des Kulturobjekts 526
- 4. Glaube und Religion: die Zweideutigkeit des Heiligen 536
- 5. Wert und Grenzen einer Psychoanalyse der Religion . 543
  - a) Religion und Trieb 543
  - b) Religion und Phantasie 549
  - c) Glaube und Wort 556

Vorwort

Dieses Buch ist aus drei Vorlesungen entstanden, die im Herbst 1961 an der Yale University im Rahmen der *Terry Lectures* gehalten wurden. Mein Dank gilt dem Komitee dieser Vorlesungen an der Philosophischen Fakultät der Yale University, deren Präsidenten sowie dem Direktor der Yale University Press, deren Einladung am Ursprung dieser Arbeit stand.

Die nächste Stufe waren acht Vorlesungen, die ich an der Universität von Louvain im Herbst 1962 auf dem Lehrstuhl von Cardinal-Mercier hielt. Ich danke dem Direktor des philosophischen Instituts sowie den Kollegen, die mir diesen Lehrstuhl zur Verfügung stellten, für die Aufmerksamkeit und die Nachsicht, die sie einer noch in Entwicklung befindlichen Arbeit entgegenbrachten.

Dem Leser schulde ich einige Hinweise bezüglich dessen, was er sich von diesem Buch erwarten darf und was nicht.

In erster Linie bezieht sich dieses Buch auf Freud und nicht auf die Psychoanalyse; das bedeutet, daß zweierlei darin fehlt: die analytische Erfahrung selbst und die Berücksichtigung der nachfreudschen Schulen. Was den ersten Punkt betrifft, so mag es zweifellos ein Glücksspiel sein, über Freud zu schreiben, wenn man weder Analytiker noch Analysierter ist und sein Werk als ein Denkmal unserer Kultur behandelt, als einen Text, in welchem diese Kultur zum Ausdruck kommt und sich begreift; am Leser liegt es, zu beurteilen, ob dieses Glücksspiel ein verlorenes ist. Zum zweiten habe ich die nachfreudsche Literatur willentlich beiseite gelassen, weil sie einerseits aufgrund von analytischen Erfahrungen, die ich nicht besitze, den Freudianismus in manchen Teilen berichtigt hat, und weil sie andererseits neue theoretische Begriffe eingeführt hat, deren Erörterung mich von der strengen Auseinandersetzung mit dem Begründer der Psychoanalyse zu weit entfernt hätte; daher habe ich das Werk Freuds als ein in sich geschlossenes Werk behandelt und darauf verzichtet, all jene Begriffe zu diskutieren, die entweder von Andersdenkenden stammen, die zu Gegnern wurden – Adler und Jung –, von Schülern, die zu Andersdenkenden wurden – Erich Fromm, Karen Horney, Sullivan –, oder von Schülern, die zu Neuschöpfern wurden – Melanie Klein, Jacques Lacan.

Sodann ist dieses Buch kein Buch der Psychologie, sondern der Philosophie. Mir kommt es auf das neue Verständnis des Menschen an, das Freud eingeführt hat. Ich stelle mich Roland Dalbiez[1], meinem ersten Philosophieprofessor, dem ich hier meine Verbundenheit bezeugen möchte, sowie Herbert Marcuse[2], Philip Rieff[3] und J. C. Flugel[4] zur Seite.

In einem wesentlichen Punkt unterscheidet sich meine Arbeit von der Roland Dalbiez': ich hielt es nicht für gerechtfertigt, Freud auf die Erforschung dessen festzulegen, was das am wenigsten Menschliche im Menschen ist; mein Unternehmen entstand aus der entgegengesetzten Überzeugung: weil die Psychoanalyse rechtens eine Deutung der Kultur ist, tritt sie in Konflikt mit jeder anderen globalen Deutung des menschlichen Phänomens. Hierin stimme ich mit den drei anderen genannten Autoren überein. Dennoch unterscheide ich mich von ihnen durch die philosophische Natur meiner Arbeit. *Mein Problem ist das der Konsistenz der Freudschen Rede.* Es ist zunächst ein erkenntnistheoretisches Problem: Was heißt »deuten« in der Psychoanalyse, und wie verschränkt sich die Interpretation der menschlichen Zeichen mit der ökonomischen Erklärung, die behauptet, an die Wurzel des Wunsches zu rühren? Sodann ist es ein Problem der Reflexionsphilosophie: Welches neue Selbstverständnis entsteht aus dieser Interpretation, und welches Selbst gelangt hier zu seinem Verständnis? Schließlich ist es ein dialektisches Problem: Schließt die Freudsche Kulturdeutung jede andere aus? Wenn nicht, nach welcher Denkregel kann sie mit anderen Interpretationen verbunden werden, ohne daß die Intelligenz dazu verdammt wäre, den Fanatismus nur unter der Bedingung verwerfen zu können, daß sie dem Eklektizismus verfällt? Diese drei Fragen sind der lange Umweg, der es mir ermöglicht, das am Ende meiner *Symbolique du Mal* offengelassene Problem von neuem aufzugreifen, nämlich *die Beziehung zwischen einer Hermeneutik der Symbole und einer Philosophie der konkreten Reflexion.*

---

1 Roland Dalbiez, *La méthode psychanalytique et la doctrine freudienne*, 1936. »Das Freudsche Werk ist die tiefste Analyse dessen, was die Geschichte je von dem erkannt hat, was im Menschen nicht das Menschlichste ist.«
2 Herbert Marcuse, *Eros and Civilisation. A philosophical inquiry into Freud*, Boston 1955.
3 Philip Rieff, *Freud, the mind of the moralist*, London 1960.
4 J. C. Flugel, *Man, Morals and Society*, 1945.

Die Ausführung dieses Programms machte es erforderlich, daß ich eine möglichst strenge *Freud-Lektüre* von der von mir vorgeschlagenen *philosophischen Interpretation* trenne. Der Leser mag also das Zweite Buch als ein gesondertes Werk betrachten, das sich selbst genügt; ich war darauf bedacht, dem Freudschen Text nahezubleiben. Was die philosophische Interpretation betrifft, so bildet sie den Rahmen zu meiner *Freud-Lektüre* und teilt sich in die Fragen, welche die *Problematik* des Ersten Buches stellt, und die Lösungsversuche, welche die *Dialektik* des Dritten Buches anbietet.[5]

---

5 Die vier oben erwähnten Probleme bilden die vier Ebenen dieser *Dialektik*.

Erstes Buch

Problematik
Freuds Situation

Kapitel I
Sprache, Symbol, Deutung

1. Psychoanalyse und Sprache

Dieses Buch ist im wesentlichen eine Auseinandersetzung mit Freud.
Weshalb dieses Interesse für die Psychoanalyse, das weder durch die Kompetenz des Analytikers noch durch die Erfahrung des Analysierten gerechtfertigt wird? Niemals läßt sich die Voreingenommenheit eines Buches gänzlich rechtfertigen: so ist auch niemand verpflichtet, seine Motive zu enthüllen oder sich in ein Bekenntnis zu flüchten. Versuchte man es, so würde man sich unfehlbar selbst betrügen. Doch weniger als irgend jemand sonst darf der Philosoph es ablehnen, seine Gründe zu nennen. Ich will es tun, indem ich meine Studie in einen umfassenderen Problembereich stellen und die Besonderheit meines Interesses mit einer allgemeineren Art der Fragestellung in Zusammenhang bringen werde.
Mir scheint, es gibt ein Gebiet, auf dem sich heute alle philosophischen Forschungen schneiden – das der Sprache. Hier kreuzen sich die Untersuchungen von Wittgenstein, die analytische Philosophie der Engländer, die von Husserl ausgehende Phänomenologie, die Studien von Heidegger, die Arbeiten der Bultmann-Schule und der anderen Schulen der neutestamentarischen Exegese, die Arbeiten auf dem Gebiet der vergleichenden Religionsgeschichte und der Anthropologie über Mythos, Ritus, Glaubensformen und -inhalte – und schließlich die Psychoanalyse.
Wir sind heute auf der Suche nach einer großen Philosophie der Sprache, die den zahlreichen Funktionen des menschlichen Bezeichnens sowie ihren wechselseitigen Beziehungen Rechnung trüge. Wie kommt es, daß es möglich ist, die Sprache in so verschiedenen Bereichen wie Mathematik und Mythos, Physik und Kunst zu verwenden? Nicht zufällig stellen wir uns heute diese Frage. Denn wir sind Menschen, die über eine symbolische Logik verfügen, über eine exegetische Wissenschaft, eine Anthropologie und eine Psychoanalyse, und die vielleicht zum erstenmal in der Lage sind, die Frage nach der Rückgliederung der menschlichen Rede gleichsam als die einzige

Frage zu betrachten; in der Tat hat gerade der Fortschritt in so disparaten Wissenschaften wie den soeben aufgezählten das Zerfallen dieser Rede offenbar gemacht und zugleich verschärft; die Einheit des menschlichen Sprechens ist zum Problem geworden.
Dies ist der größere Horizont, gegen den sich unsere Untersuchung abzeichnet. Diese Studie erhebt keineswegs den Anspruch, jene umfassende Philosophie der Sprache zu liefern, auf die wir warten. Im übrigen bezweifle ich, daß ein einzelner Mensch sie erarbeiten könnte: der moderne Leibniz, der den Ehrgeiz und die Fähigkeit dazu besäße, müßte ein ausgezeichneter Mathematiker, ein universeller Exeget, ein in mehreren Künsten bewanderter Kritiker, ein guter Psychoanalytiker sein. Aber in Erwartung dieses integralen Sprachphilosophen ist es vielleicht möglich, einige Hauptgelenke zwischen Disziplinen zu untersuchen, die mit der Sprache zu tun haben; zu dieser Untersuchung möchte die vorliegende Arbeit beitragen.
Daß der Psychoanalytiker in dieser großen Debatte über die Sprache der Nehmende ist, wenn ich es so sagen darf, möchte ich gleich zu Anfang betonen.
Zunächst gehört die Psychoanalyse durch das *geschriebene* Werk von Freud unserer Zeit an; damit wendet sie sich an Nichtanalytiker und Nichtanalysierte; ich weiß zwar, daß die Lektüre Freuds ohne *Praxis* entstellt wird und Gefahr läuft, sich an einen Fetisch zu klammern; aber wenn dieser Annäherung an die Psychoanalyse über die Texte auch Grenzen gesetzt sind, die einzig die Praxis aufzuheben vermag, so hat sie doch andererseits den Vorteil, auf einen wichtigen Aspekt des Freudschen Werkes aufmerksam zu machen, den die Praxis möglicherweise verschleiert und den eine Wissenschaft leicht übersieht, die einzig darauf bedacht ist, von dem, was innerhalb der analytischen Beziehung vor sich geht, Rechenschaft zu geben. Das Nachdenken über Freuds Werk hat den Vorzug, seine umfassendere Absicht zu enthüllen; diese bestand nicht nur darin, die Psychiatrie zu erneuern, sondern die Totalität der psychischen Produktionen, die der Kultur zugehören, neu zu interpretieren, vom Traum über Kunst und Moral bis zur Religion. In dieser Hinsicht gehört die Psychoanalyse zur modernen Kultur; indem sie die Kultur interpretiert, verändert sie sie; indem sie ihr ein Reflexionsinstrument an die Hand gibt, prägt sie sie nachhaltig.
Der Wechsel zwischen medizinischer Forschung und Kulturtheorie

innerhalb von Freuds Werk selbst gibt Zeugnis vom Umfang des Freudschen Projekts. Gewiß, die wichtigen Texte über die Kultur finden sich vor allem im letzten Teil des Werks.[1] Dennoch darf man sich die Psychoanalyse nicht als eine Psychologie des Individuums vorstellen, die nachträglich in eine Kultursoziologie umgewandelt worden wäre; ein kurzer Blick auf die Freudsche Bibliographie zeigt, daß die ersten Texte über Kunst, Moral und Religion kurz auf die TRAUMDEUTUNG folgen[2] und sich dann parallel zu den großen theoretischen Texten entwickeln: Versuche zur *Metapsychologie* (1913 bis 1917), JENSEITS DES LUSTPRINZIPS (1920), DAS ICH UND DAS ES (1923)[3]. In Wahrheit muß man weiter zurückgehen, um zu sehen, an welchem Punkt sich die Theorie der Kultur mit der des Traums und der Neurose verschränkt; die Annäherung beginnt bereits in der TRAUMDEUTUNG von 1900 mit der Mythologie und der Literatur; daß der Traum die private Mythologie des Schlafenden sei und der Mythos der Wachtraum der Völker, daß der Sophokleische *Ödipus* und der Shakespearesche *Hamlet* der gleichen Deutung unterstehen wie der Traum, – das wird seit 1900 mit der TRAUMDEUTUNG behauptet. Und gerade hier stellt sich für uns das Problem.

Was immer es mit dieser Schwierigkeit auf sich haben mag: nicht nur aufgrund ihrer Kulturinterpretation steht die Psychoanalyse innerhalb der großen zeitgenössischen Auseinandersetzung über die Sprache. Dadurch, daß Freud den Traum nicht nur zum Hauptgegenstand seiner Forschungen macht, sondern zu einem Modell – in einem Sinn, den wir später erörtern werden – aller versteckten, substituierten und fiktiven Äußerungen des menschlichen Wunsches, fordert er uns dazu auf, im Traum selber die Verschränkung von Wunsch und Sprache zu suchen, und zwar auf vielfache Weise: zunächst einmal kann nicht der geträumte Traum interpretiert werden, sondern nur der Text der Traumerzählung; diesen Text will die Analyse durch einen anderen Text ersetzen, der gleichsam

---

[1] DIE ZUKUNFT EINER ILLUSION – 1927; DAS UNBEHAGEN IN DER KULTUR – 1930; DER MANN MOSES UND DIE MONOTHEISTISCHE RELIGION – 1937 und 1939.
[2] DER WITZ UND SEINE BEZIEHUNG ZUM UNBEWUSSTEN – 1905; ZWANGSHANDLUNGEN UND RELIGIONSÜBUNGEN – 1907; der kleine Essay DER DICHTER UND DAS PHANTASIEREN – 1908; EINE KINDHEITSERINNERUNG DES LEONARDO DA VINCI – 1910; und vor allem TOTEM UND TABU – 1913.
[3] DER MOSES DES MICHELANGELO – 1914, ZEITGEMÄSSES ÜBER KRIEG UND TOD – 1915, EINE KINDHEITSERINNERUNG AUS »DICHTUNG UND WAHRHEIT« – 1917, DAS UNHEIMLICHE – 1919, MASSENPSYCHOLOGIE UND ICH-ANALYSE – 1921.

die ursprüngliche Sprache des Wunsches wäre; so bewegt sich die Analyse von einem Sinn zu einem anderen Sinn. Nicht der Wunsch als solcher steht im Mittelpunkt der Analyse, sondern seine Sprache. Wie sich diese Semantik des Wunsches im Freudianismus mit der Dynamik verschränkt, welche durch Begriffe wie Abfuhr, Verdrängung, Besetzung etc. bezeichnet wird, wollen wir später erörtern. Doch schon eingangs muß festgestellt werden, daß diese Dynamik – diese Energetik, ja Hydraulik – des Wunsches und der Verdrängung sich nur innerhalb einer Semantik äußert: den »Triebschicksalen«, um einen Freudschen Ausdruck aufzugreifen, ist nur durch die »Sinn-Schicksale« beizukommen. Hierin liegt der tiefe Grund aller Analogien zwischen Traum und Witz, Traum und Mythos, Traum und Kunstwerk, Traum und religiöser »Illusion« etc. All diese »psychischen Produktionen« liegen im Umkreis des Sinns und gehören zu einer einzigen Frage: wie kommt das Wort zum Wunsch? Wie bringt der Wunsch das Wort zum Scheitern und scheitert selbst am Sprechen? Dieser neue Ausblick auf die Gesamtheit des menschlichen Sprechens, auf das, was der begehrende Mensch sagen möchte, verleiht der Psychoanalyse einen Anspruch darauf, an der großen Debatte über die Sprache teilzunehmen.

2. *Symbol und Deutung*

Läßt sich der Punkt, wo die Psychoanalyse sich in diese Debatte einschaltet, genauer bestimmen? Da wir im Thema des ersten großen Buches von Freud auf den Ursprung des Problems gestoßen sind, wollen wir in diesem Buch auch nach einem ersten Hinweis auf das Programm der Psychoanalyse suchen. Freilich sind wir noch nicht in der Lage, in dieses Buch einzudringen. Zumindest aber kann uns der Titel, TRAUMDEUTUNG, als Führer dienen. Betrachten wir nacheinander die beiden Seiten dieses Titels. Auf den Traum also bezieht sich die Deutung: dieses Wort – *Traum* – ist nicht ein Wort, das verschließt, sondern das öffnet. Es umschließt nicht eine Randerscheinung des psychologischen Lebens, die Phantasien unserer Nächte, das Traumhafte. Es öffnet sich über allen psychischen Produktionen, insofern sie die Analoga des Traumes sind, im Wahnsinn und in der Kultur, was immer der Grad und das Prinzip dieser Verwandtschaft sein mag; mit dem Traum ist das gesetzt, was ich vorhin die Semantik des Wunsches nannte; diese Semantik aber kreist um ein gewissermaßen nukleares Thema: als begehrender Mensch schreite ich verkappt einher – *larvatus prodeo*; und damit ist sogleich die Sprache entstellt: sie will anderes sagen, als sie sagt, sie hat einen doppelten Sinn, ist zweideutig. Der Traum und seine Analoga stehen also in einem Bereich der Sprache, der sich als der Ort komplexer Bedeutungen ankündigt, wo in einem unmittelbaren Sinn ein *anderer* Sinn sich auftut und zugleich verbirgt; diese Region des Doppelsinns wollen wir Symbol nennen, wobei wir uns vorbehalten, diese Äquivalenz später zu diskutieren.

Das Problem des Doppelsinns aber ist nicht allein der Psychoanalyse eigentümlich: auch die Phänomenologie der Religion kennt es; die großen kosmischen Symbole, wie Erde, Himmel, Wasser, Leben, Bäume, Steine, und die Mythen, jene absonderlichen Erzählungen über den Ursprung und das Ende der Dinge, sind ihr tägliches Brot. In dem Maße nun, wie sie phänomenologisch ist und nicht psychoanalytisch, sind die von ihr untersuchten Mythen, Riten und Glaubensinhalte keine Märchen, sondern eine Art und Weise des Menschen, mit der fundamentalen Wirklichkeit, wie immer sie beschaffen sei, in Beziehung zu treten. Das Problem der Phänomenologie der Religion ist nicht in erster Linie, daß sich der Wunsch hinter dem Doppelsinn verbirgt; sie begreift das Symbol nicht in erster Linie als eine Entstellung der Sprache; für sie ist es die Manifestation von etwas Anderem, das im sinnlich Wahrnehmbaren aufscheint – in der Imagination, der Gebärde, dem Gefühl –, der Ausdruck eines Inhalts, von dem man ebenfalls sagen kann, daß er sich zugleich zeigt und verbirgt. Was die Psychoanalyse vor allem als Entstellung eines elementaren, dem Wunsch anhaftenden Sinns versteht, das versteht die Phänomenologie der Religion als Manifestation eines Inhalts oder – um das Wort gleich zu gebrauchen, auch wenn wir es erst später auf seinen Gehalt und seine Gültigkeit hin prüfen – als die Offenbarung des Heiligen.

So zeichnet sich mit einemmal innerhalb der großen Debatte über die Sprache eine zwar begrenzte (denn sie stellt den Status der eindeutigen Sprache nicht in Frage), aber gleichwohl bedeutende Debatte ab, die die Gesamtheit der doppelsinnigen Ausdrücke erfaßt; auch wird sogleich der Stil dieser Debatte sichtbar, und die Schlüsselfrage gewinnt Gestalt: Ist das Zeigen/Verbergen des Doppelsinns immer Verschleierung dessen, was der Wunsch sagen will, oder

kann es zuweilen Manifestation, Offenbarung des Heiligen sein? *Und ist diese Alternative selbst real oder illusorisch, vorläufig oder endgültig?* Diese Frage zieht sich durch das vorliegende Buch.
Bevor wir im nächsten Kapitel die Termini der Debatte erarbeiten und die Methode zu ihrer Lösung skizzieren, wollen wir fortfahren, die Umrisse des Problems zu untersuchen.
Kehren wir zur TRAUMDEUTUNG zurück, und betrachten wir die andere Seite dieses großartigen Titels. Er spricht nicht ganz allgemein von »Wissenschaft«, sondern sehr präzise von *Deutung*. Das Wort ist willentlich gewählt, und seine Nachbarschaft zum Thema des Traums steckt selber voller Sinn. Wenn der Traum – *pars pro toto* – das gesamte Gebiet der doppelsinnigen Ausdrücke bezeichnet, so bezeichnet umgekehrt die Deutung jedwedes Sinnverstehen, das sich speziell auf die zweideutigen Ausdrücke richtet; die Deutung ist das Verständnis des Doppelsinns.
Damit präzisiert sich, innerhalb der ausgedehnten Sphäre der Sprache, der Ort der Psychoanalyse: es ist der Ort der Symbole oder des Doppelsinns wie auch derjenige, wo die verschiedenen Deutungsweisen einander gegenübertreten. Diesen Bezirk, der umfassender ist als die Psychoanalyse, jedoch enger als die Theorie der totalen Sprache, die ihr als Horizont dient, wollen wir künftig das »hermeneutische Feld« nennen; unter Hermeneutik verstehen wir stets die Theorie der Regeln, die eine Exegese leiten, d. h. die Interpretation eines besonderen Textes oder einer Gesamtheit von Zeichen, die sich als ein Text betrachten lassen (mit diesem Textbegriff und der Ausdehnung des Begriffs der Exegese auf alle einem Text analogen Zeichen werden wir uns später befassen).
Wenn also die doppelsinnigen Ausdrücke das Hauptthema des hermeneutischen Feldes bilden, so wird augenblicks deutlich, daß sich das Problem des Symbols vermittels des Deutungsaktes in eine Philosophie der Sprache einfügt.
Doch diese anfängliche Entscheidung, das Problem des Symbols und das der Interpretation miteinander zu verschränken, wirft eine Reihe von kritischen Fragen auf, die ich zu Beginn dieses Buches stellen möchte; sie sollen in diesem Kapitel nicht gelöst werden, sie bleiben bis zum Schluß offen. In der Tat ist es diese Verschränkung, welche das hermeneutische Problem zu dem alleinigen Problem macht; zugleich aber befindet sie über die Definition des Symbols wie über die der Interpretation. Und gerade das versteht sich nicht

von selbst. Die äußerste Verwirrung des Vokabulars auf diesen Gebieten erfordert, daß man eine klare Entscheidung trifft und sich daran hält; doch dieser Entschluß bringt eine ganze Philosophie ins Spiel, über die es Klarheit zu schaffen gilt; unser Entschluß wird es sein, die beiden Begriffe, Symbol und Interpretation, zu definieren, d. h. den einen durch den anderen abzugrenzen. Unserer Meinung nach ist das Symbol ein doppelsinniger linguistischer Ausdruck, der nach Interpretation verlangt, und die Interpretation eine Arbeit, die darauf abzielt, die Symbole zu entziffern. Die kritische Diskussion wird sich auf das Recht beziehen, in der intentionalen Struktur des Doppelsinns nach dem semantischen Kriterium des Symbols zu suchen, sowie auf das Recht, diese Struktur für den Hauptgegenstand der Interpretation zu halten. Gerade darum geht es in unserer Entscheidung, das Feld des Symbols und das der Deutung eines durch das andere abzugrenzen.

In der folgenden semantischen Diskussion werden wir weiterhin den Konflikt ausklammern, der, zumindest bei der ersten Lektüre, einerseits die psychoanalytische Interpretation sowie alle als Entschleierung, Entmystifizierung und Illusionsabbau begriffenen Interpretationen und andererseits die als Wiederzusammensetzung oder Wiederherstellung des Sinns begriffene Interpretation einander gegenüberstellt; hier geht es uns lediglich darum, die Umrisse des hermeneutischen Feldes zu erkennen. Zweifellos bleibt eine Diskussion, die sich jenseits dieses Konflikts bewegt, abstrakt und formal. Doch es kommt zunächst darauf an, die Auseinandersetzung nicht zu dramatisieren und sie innerhalb der strengen Grenzen einer semantischen Analyse zu halten, die einen Gegensatz zwischen Entstellung und Offenbarung nicht kennt.

3. Symbolkritik

Betrachten wir die Frage von seiten des Symbols. Es haben sich absolut unvereinbare Verwendungen dieses Wortes eingebürgert, unter denen es zu entscheiden gilt. Die Definition, die ich vorschlage, liegt zwischen zwei anderen Definitionen, von denen die eine zu weit, die andere zu eng ist und die wir nun erörtern möchten. Zudem unterscheidet sie sich vollkommen vom Symbolbegriff der symbolischen Logik; dieser dritten Abweichung können wir erst dann Rechnung tragen, wenn wir das Problem der Hermeneutik erarbeitet und dieses Problem in eine umfassendere philosophische Perspektive gestellt haben werden.[4]

Eine zu weite Definition ist jene, welche in der »symbolischen Funktion« die allgemeine Vermittlungsfunktion sieht, mit Hilfe derer der Geist, das Bewußtsein seine sämtlichen Welten der Wahrnehmung und der Rede konstruiert; bekanntlich ist dies die Definition von Ernst Cassirer in seiner *Philosophie der symbolischen Formen*. Für unsere Zwecke ist es nicht gleichgültig zu wissen, daß Cassirer, von der Kantischen Philosophie inspiriert, sein erklärtes Ziel darin sah, den allzu engen Rahmen der transzendentalen Methode, die auf die Kritik der Prinzipien der Newtonschen Philosophie beschränkt bleibt, zu sprengen und alle synthetischen Tätigkeiten und alle ihnen entsprechenden Objektivierungsbereiche zu erkunden. Ist es aber legitim, diese verschiedenen »Formen« der Synthese, in denen sich das Objekt nach der Funktion richtet, diese »Vermögen«, von denen jedes eine Welt produziert und setzt, symbolisch zu nennen?

Lassen wir Cassirer Gerechtigkeit widerfahren: er war der erste, der die Frage nach der Rückgliederung der Sprache gestellt hat. Der Begriff der symbolischen Form umgrenzt, noch bevor er eine Antwort darstellt, eine Frage: diejenige nach der Anordnung aller »Vermittlungsfunktionen« zu einer einzigen Funktion, die Cassirer *das Symbolische* nennt. Das Symbolische bezeichnet den gemeinsamen Nenner aller Arten, die Realität zu objektivieren, ihr einen Sinn zu geben.

Doch warum diese Funktion »symbolisch« nennen?

Zunächst, um den universellen Charakter der kopernikanischen Wendung auszudrücken, die an die Stelle der Frage nach der Realität, so wie sie an sich sein kann, diejenige nach der Objektivierung mittels der synthetischen Funktion des Geistes gesetzt hat. Das Symbolische, das ist die universelle Vermittlung des Geistes zwischen uns und dem Realen; das Symbolische will vor allem die Nicht-Unmittelbarkeit unserer Wirklichkeitserkenntnis zum Ausdruck bringen. Seine Verwendung in der Mathematik, der Linguistik, der Religionsgeschichte scheint diese Bestimmung des Wortes zu einem so allgemeinen Gebrauch zu bestätigen.

---

4 vgl. unten, Kap. III.

Überdies scheint das Wort Symbol gut geeignet, die kulturellen Instrumente unserer Wirklichkeitserkenntnis zu bezeichnen: Sprache, Religion, Kunst, Wissenschaft; eine Philosophie der symbolischen Formen hat die Aufgabe, über die Absolutheitsansprüche einer jeden der symbolischen Formen und über die zahlreichen daraus resultierenden Antinomien des Kulturbegriffs zu entscheiden.

Schließlich bringt das Wort Symbol die Mutation zum Ausdruck, die eine Theorie der Kategorien – Raum, Zeit, Ursache, Zahl etc. – erfährt, wenn sie die Grenzen einer bloßen Epistemologie verläßt und von einer Kritik der Vernunft zu einer Kritik der Kultur übergeht.

Ich leugne nicht die Vorteile dieser Wahl, noch weniger die Legitimität des Problems von Cassirer, obgleich der Kantische Transzendentalismus, der auch weiterhin die Begriffe der Objektivierung, Synthese und Realität beherrscht, meiner Meinung nach der Arbeit der Beschreibung und Klassifizierung der symbolischen Formen schadet. Dieses alleinige Problem, das Cassirer mit der Vokabel des Symbolischen belegt, haben wir schon eingangs angedeutet: es ist das Problem der Einheit der Sprache und der Verschränkung ihrer mannigfachen Funktionen in einem einzigen Reich der Rede. Doch dieses Problem scheint mir durch den Begriff Zeichen oder bezeichnende Funktion besser charakterisiert zu sein.[5] Wie gibt der Mensch Sinn, wenn er Sinnliches mit Sinn erfüllt – das ist das Problem Cassirers.

Handelt es sich also um einen Wortstreit? Ich glaube nicht. Was in dieser terminologischen Diskussion auf dem Spiel steht, ist die Spezifizität des hermeneutischen Problems. Indem Cassirer alle Vermittlungsfunktionen unter dem Titel »Symbolisches« vereint, verleiht er diesem Begriff einen ebenso großen Umfang wie einerseits dem Begriff der Realität und andererseits dem der Kultur; und so schwindet ein grundlegender Unterschied, der in meinen Augen eine wirkliche Scheidelinie darstellt: der zwischen eindeutigen Ausdrücken und vieldeutigen Ausdrücken. Eben in diesem Unterschied gründet

---

5 Cassirer sagt es selbst: »Wir versuchten mit ihm [dem Symbolbegriff] das Ganze jener Phänomene zu umfassen, in denen überhaupt eine wie immer geartete ›Sinnerfüllung‹ des Sinnlichen sich darstellt, – in denen ein Sinnliches, in der Art seines Daseins und So-Seins, sich zugleich als Besonderung und Verkörperung, als Manifestation und Inkarnation eines Sinnes darstellt.« *Philosophie der symbolischen Formen,* Weimar 1923/29, III, S. 109.

das hermeneutische Problem. So befaßt sich denn auch die angelsächsische sprachanalytische Philosophie damit, uns diese Spaltung des semantischen Feldes in Erinnerung zu bringen. Wenn wir die bezeichnende Funktion in ihrer Gesamtheit symbolisch nennen, haben wir kein Wort mehr für jene Gruppe von Zeichen, deren intentionale Textur das Lesen eines anderen Sinns im ersten, wörtlichen, unmittelbaren Sinn erheischt. Mir scheint, daß sich die Frage nach der Einheit der Sprache erst dann gültig stellen läßt, wenn man einer Gruppe von Ausdrücken Konsistenz verliehen hat, deren gemeinsames Merkmal es ist, daß sie innerhalb und vermittels eines unmittelbaren Sinns auf einen mittelbaren Sinn verweisen, und die dadurch so etwas wie eine Entzifferung erforderlich machen, kurz, eine Interpretation im präzisen Sinn des Wortes. Etwas anderes sagen wollen, als man sagt, das ist die symbolische Funktion.

Dringen wir nun etwas tiefer in die semantische Analyse des Zeichens und des Symbols ein. In jedem Zeichen ist ein sinnliches Vehikel der Träger der bezeichnenden Funktion, welches bewirkt, daß es für etwas anderes steht. Doch werde ich nicht behaupten, daß ich das sinnliche Zeichen interpretiere, wenn ich verstehe, was es sagt. Die Interpretation bezieht sich auf eine intentionale Struktur zweiten Grades, die voraussetzt, daß ein erster Sinn bereits konstituiert ist, wo etwas in erster Linie gemeint ist, dieses Etwas jedoch auf Anderes verweist, das nur durch es gemeint ist.

Anlaß zur Verwirrung könnte hier die Tatsache sein, daß es im Zeichen eine Dualität oder vielmehr zwei Faktoren gibt, die jedesmal als die Bedeutungseinheit bildend betrachtet werden können; da gibt es zunächst die strukturale Dualität von sinnlichem Zeichen und der Bedeutung, die es trägt (von Signifikant und Signifikat in der Terminologie Saussures), sodann die intentionale Dualität von Zeichen (das zugleich sinnlich und geistig, bezeichnend und bezeichnet ist) und Sache oder benanntem Objekt. Mit dem konventionellen und institutionalisierten linguistischen Zeichen gelangt dieser doppelte, strukturale und intentionale, Dualismus zur vollen Manifestation; einerseits haben die je nach der Sprache phonetisch verschiedenen Wörter identische Bedeutungen, andererseits bewirken diese Bedeutungen, daß die sinnlichen Zeichen für etwas stehen, das sie benennen; wir sagen, daß die Wörter aufgrund ihrer sinnlichen Qualität Bedeutungen *ausdrücken* und daß sie, dank ihrer Bedeutung, etwas *benennen.* Das Wort »bezeichnen« umfaßt diese beiden Paare, das des Ausdrucks und das der Benennung.

Nicht um diesen Dualismus handelt es sich beim Symbol. Hier geht es um einen Dualismus höheren Grades; weder ist es derjenige von sinnlichem Zeichen und Bedeutung, noch derjenige von Bedeutung und Sache, der im übrigen vom ersteren nicht zu trennen ist. Er kommt zu dem vorherigen hinzu und überlagert ihn als Beziehung des Sinnes zum Sinn; er setzt Zeichen voraus, die bereits einen ersten, wörtlichen, manifesten Sinn haben und die durch diesen Sinn auf einen anderen Sinn verweisen. Ich beschränke also den Begriff des Symbols bewußt auf die doppel- oder mehrdeutigen Ausdrücke, deren semantische Textur in Wechselbeziehung steht mit der Interpretationsarbeit, die ihren zweiten oder vielfachen Sinn expliziert.

Wenn diese Eingrenzung auch zunächst die Einheit zu zerstören scheint, welche Cassirer zwischen allen bezeichnenden Funktionen bemerkte, so trägt sie doch dazu bei, eine Unter-Einheit herauszuarbeiten, von der aus das Problem Cassirers von neuem aufgerollt werden muß.

Wir wollen versuchen, einen Überblick über die Zonen zu geben, wo das so gefaßte Symbol auftaucht.

Ich selbst bin auf das Symbolproblem im Laufe der semantischen Studien gestoßen, die ich dem Eingeständnis des Bösen gewidmet habe. Mir fiel auf, daß es keine direkte Rede des Geständnisses gibt, sondern daß das Böse – ob es sich nun um das erlittene oder das begangene Böse handelt – stets mittels indirekter Ausdrücke gebeichtet wird, die aus dem Bereich der täglichen Erfahrung stammen und die bemerkenswerte Eigenschaft besitzen, mittels Analogie eine andere Erfahrung zu bezeichnen, die wir vorläufig »Erfahrung des Heiligen« nennen möchten. So bezeichnet, in der archaischen Form des Geständnisses, das Bild des Fleckens – des Fleckens, den man entfernt, abwäscht, tilgt – mittels Analogie die Beschmutzung als die Situation des Sünders im Bereich des Heiligen. Daß es sich um einen symbolischen Ausdruck handelt, bestätigen die der Reinigung entsprechenden Ausdrücke und Verhaltensweisen zur Genüge. Keine dieser Verhaltensweisen beschränkt sich auf eine einfache physische Waschung; jede verweist auf die andere, ohne ihren Sinn in einer materiellen Geste zu erschöpfen; verbrennen, ausspucken, vergraben, abwaschen, austreiben: alles Verhaltensweisen, die einander gleichwertig sind oder einander ersetzen und doch jedesmal etwas anderes bezeichnen, nämlich die Wiederherstellung der Integrität, der Reinheit. Jede Revolution des Gefühls und der Erfahrung des Bösen kann auf diese Weise von semantischen Revolutionen markiert sein: ich habe gezeigt, wie man so zum Erlebnis der Sünde und der Schuld übergeht, durch eine Reihe von symbolischen Schritten, die markiert sind von dem Bild der Abweichung, des krummen Wegs, des Irrens, der Auflehnung, dann von dem des Gewichts, der Last, der Sündenschuld und schließlich dem der Sklaverei, das alle anderen in sich vereint.

Dieser Zyklus von Beispielen betrifft noch immer nur eine der Zonen, in denen das Symbol auftaucht, nämlich die der ethischen Reflexion am nächsten stehen, und bildet das, was man die Symbolik des unfreien Willens nennen könnte; an diese Symbolik knüpft sich mühelos ein ganzer Reflexionsprozeß, der ebenso zu Augustin und Luther wie zu Pelagus und Spinoza führt. Ich werde an anderer Stelle seine philosophische Ergiebigkeit darlegen. In der vorliegenden Arbeit geht es mir nicht um die Ergiebigkeit einer besonderen Symbolik, sondern um die Textur des Symbols, das sich in ihr offenbart. Anders gesagt, es geht hier nicht um das Problem des Bösen, sondern um die Epistemologie des Symbols.

Um diese Epistemologie zu einem guten Ende zu führen, müssen wir unsere Ausgangsbasis erweitern und einige andere Punkte aufzählen, an denen das Symbol zutage tritt. Dieser induktive Weg ist zu Beginn der Untersuchung der einzig gangbare, da es gerade um die Frage nach der gemeinsamen Struktur dieser verschiedenen Manifestationen des symbolischen Denkens geht. Die Symbole, die wir herangezogen haben, sind auf literarischer Ebene schon weitgehend verarbeitet; sie befinden sich bereits auf dem Wege der Reflexion; eine moralische oder tragische Sicht, eine Weisheit oder Theologie ist hier schon eingeleitet. Wenn wir uns nun weniger durchgearbeiteten Formen des Symbols zuwenden, so erkennen wir drei verschiedene Modalitäten, deren Einheit im übrigen nicht unmittelbar zutage liegt.

Wir haben schon einmal auf den Symbolbegriff in der Phänomenologie der Religion angespielt, z.B. bei Van der Leeuw, Maurice Leenhardt, Mircea Eliade; an Riten und Mythen geknüpft, bilden diese Symbole die Sprache des Sakralen, das Wort der »Hierophanien«; handele es sich nun um die Symbolik des Himmels, als Bild des Hohen und Unermeßlichen, des Mächtigen und Unwandelbaren, des Herrschers oder Weisen, oder um die Symbolik der Vegetation, die entsteht, vergeht und wiederentsteht, um die des Wassers, welches droht, reinigt oder belebt – alle diese zahllosen Theophanien oder Hierophanien sind ein unerschöpflicher Quell der Symbolisierung. Doch übersehen wir dabei nicht, daß diese Symbole nicht neben der Sprache sich ansiedeln, als Werte unmittelbaren Ausdrucks, direkt erkennbare Bilder; erst im Universum der Rede erhalten diese Realitäten ihre symbolische Dimension. Selbst wenn Elemente des Universums Träger des Symbols sind – *Himmel, Erde, Wasser, Leben* etc. –, immer ist es das Wort, das Wort der Konsekration, der Beschwörung, mythischer Kommentar, welches dank dem Doppelsinn der *Wörter* Erde, Himmel, Wasser, Leben etc. die kosmische Expressivität *sagt*. Die Expressivität der Welt gelangt zur Sprache durch das Symbol als Doppelsinn.

Bei einer zweiten Zone, wo das Symbol zutage tritt, der des Traumhaften, verhält es sich nicht anders, wenn man mit diesem Wort sowohl unsere Tag- wie unsere Nachtträume bezeichnet. Bekanntlich ist der Traum das königliche Tor der Psychoanalyse. Der Traum ist es, der – allen Schulstreit beiseite gestellt – davon zeugt, daß wir unablässig etwas anderes sagen, als wir sagen wollen; es gibt manifesten Sinn, der niemals aufhört, auf verborgenen Sinn zu verweisen; das macht aus jedem Schlafenden einen Poeten. In dieser Hinsicht bringt der Traum die private Archäologie des Schlafenden zum Ausdruck, die sich zuweilen mit der der Völker überschneidet, und deshalb beschränkt Freud den Begriff des Symbols des öfteren auf diejenigen Traumthemen, welche die Mythologie wiederholen.[6] Doch auch dann, wenn Mythisches und Traumhaftes nicht zusammenfallen, ist ihnen jene Struktur des Doppelsinns gemeinsam; über den Traum als nächtliches Schauspiel wissen wir nichts; Zugang zu ihm haben wir einzig durch die Erzählung des Wachens, und diese Erzählung interpretiert der Analytiker. Er ersetzt sie durch einen anderen Text, der in seinen Augen der Gedanke des Wunsches ist, das, was der Wunsch in einer Prosopopöe ohne Zwang sagen würde; man muß anerkennen, und dieses Problem wird uns noch lange beschäftigen, daß der Traum an sich selbst der Sprache nahesteht, da er sich erzählen, analysieren, interpretieren läßt.

---

6 vgl. unten, 2. Teil, Kapitel III, die Auseinandersetzung mit dem Freudschen Begriff des symbolischen Traums.

Dritte Zone des Auftauchens: die poetische Imagination. Auch damit hätte ich beginnen können, indes ist sie etwas, das wir ohne den Umweg über das Kosmische und Traumhafte am wenigsten verstehen. Es wird allzuleicht gesagt, die Imagination sei die Kraft, Bilder zu erzeugen. Dies stimmt nicht, wenn man unter Bild die Vorstellung einer abwesenden oder irrealen Sache versteht, ein Mittel zur Vergegenwärtigung der hier, dort oder nirgendwo befindlichen Sache; die poetische Imagination beschränkt sich keineswegs auf jene Kraft, ein geistiges Abbild des Irrealen zu schaffen; die Bilderproduktion sensoriellen Ursprungs dient der Sprachkraft, deren wahre Dimension uns das Traumhafte und das Kosmische zeigen, nur als Träger und Material. Wie Bachelard sagt: »Das poetische Bild versetzt uns an den Ursprung des redenden Seins«; das poetische Bild, so sagt er weiter, »wird ein neues Sein unserer Sprache, es drückt uns aus, indem es uns zu dem macht, was es ausdrückt«.[7] Dieses Wort-Bild, welches das Vorstellungs-Bild durchzieht, ist das Symbol.

Zu drei Malen also hat sich das Problem des Symbols dem der Sprache selbst zur Seite gestellt. Es gibt keine Symbolik vor dem sprechenden Menschen, auch wenn die Kraft zum Symbol tiefer wurzelt, in der Expressivität des Kosmos, im Sagenwollen des Wunsches, in der imaginativen Mannigfaltigkeit der Subjekte. Doch stets kommt der Kosmos, der Wunsch, die Bilderproduktion in der Sprache zum Wort. Gewiß, im Psalm heißt es: »Die Himmel erzählen die Ehre Gottes«, doch die Himmel sprechen nicht, oder sie sprechen vielmehr durch den Mund des Propheten, sie sprechen durch den Hymnus, die Liturgie; stets bedarf es eines Wortes, um die Welt wieder aufgreifen zu können und zu einer Hierophanie werden zu lassen. Ebenso ist der Träumer in seinem privaten Traum für alle anderen verschlossen; er beginnt erst dann, uns zu unterrichten, wenn er seinen Traum erzählt; und eben diese Erzählung ist das Problem, so wie der Hymnus des Psalmisten. Und dann ist es der Dichter, der uns die Geburt des Wortes schauen läßt, das in den Rätseln des Kosmos und der Psyche vergraben lag. Die Kraft des Dichters besteht darin, daß er das Symbol in dem Augenblick zeigt, da »die Dichtung die Sprache in den Zustand des Emportauchens versetzt«, um noch einmal Bachelard zu zitieren[8], statt daß Ritus und Mythos sie in ihrer hieratischen Stabilität festhalten und

---

7 Gaston Bachelard, *La poétique de l'espace*, Paris 1957, S. 7.
8 ibid., S. 10.

der Traum sie über dem Labyrinth des Wunsches zusammenschlagen läßt, in dem der Schläfer den Faden seiner verbotenen und verstümmelten Rede verliert.
Um diesen zerstreuten Manifestationen des Symbols Konsistenz und Einheit zu verleihen, definiere ich es durch eine gemeinsame semantische Struktur, die des Doppelsinns. Symbol ist dort vorhanden, wo die Sprache Zeichen verschiedenen Grades produziert, in denen der Sinn sich nicht damit begnügt, etwas zu bezeichnen, sondern einen anderen Sinn bezeichnet, der nur in und mittels seiner Ausrichtung zu erreichen ist.

Und hier nun kommen wir in die Versuchung, eine Definition zu geben, die diesmal die Gefahr birgt, zu eng zu sein. Sie wird uns durch einige unserer Beispiele nahegelegt und besteht darin, das Band zwischen Sinn und Sinn im Symbol durch die Analogie zu charakterisieren. Um die Beispiele der Symbolik des Bösen noch einmal aufzugreifen: Besteht nicht zwischen dem Fleck und der Beschmutzung, zwischen der Abweichung und der Sünde, zwischen der Last und der Sündenschuld eine Analogie, die in gewisser Weise die Analogie zwischen Physischem und Existentiellem ist? Besteht nicht auch eine Analogie zwischen der Unermeßlichkeit des Himmels und der Unendlichkeit des Seins, was immer dies bedeuten mag? Steht die Analogie nicht am Ursprung der »Korrespondenzen«, von welchen der Dichter singt? Wird diese Definition nicht durch die Autorität des Platonismus, des Neoplatonismus und der Lehren von der *analogia entis* gestützt?
Gewiß, die Analogie, welche den Sinn und die Kraft so mancher Symbole ausmacht, beschränkt sich keineswegs auf einen Typus von Argumenten wie den Analogieschluß: *A* verhält sich zu *B* wie *C* zu *D*. Die Analogie, die zwischen zweitem und erstem Sinn bestehen kann, ist keine Beziehung, die ich mir vor Augen halten und von außen betrachten kann; sie ist kein Argument. Weit entfernt, sich zur Formalisierung zu eignen, ist sie eine ihren Termini anhaftende Beziehung; ich werde vom ersten Sinn getragen und von diesem zum zweiten hingelenkt. Der symbolische Sinn wird innerhalb und mittels des wörtlichen Sinns konstituiert, der die Analogie dadurch hervorbringt, daß er das Analogon liefert; im Unterschied zur Ähnlichkeit, die wir von außen betrachten können, ist das Symbol die Bewegung des primären Sinnes selber, der uns intentional dem

Symbolisierten angleicht, ohne daß wir die Ähnlichkeit intellektuell zu bewältigen vermöchten.
Diese Korrektur des Analogiebegriffs umfaßt jedoch bei weitem nicht das gesamte Feld der Hermeneutik. Ich meine vielmehr, daß die Analogie nur eine der Beziehungen ist, die zwischen manifestem und latentem Sinn im Spiele sind. Die Psychoanalyse hat, wie wir später sehen werden, eine Vielfalt von Durcharbeitungsverfahren freigelegt, die sich zwischen den offenbaren und den latenten Sinn schieben. Die Traumarbeit ist ungemein komplexer als der klassische Weg der Analogie; auch Nietzsche und Marx haben zahlreiche Listen und Fälschungen des Sinns entlarvt. Unser ganzes hermeneutisches Problem rührt, wie wir im folgenden Kapitel sehen werden, von jener doppelten Möglichkeit einer gleichsam unschuldigen analogen Beziehung her oder von einer, wenn ich so sagen darf, durchtriebenen Entstellung. Eben diese Polarität des Symbols wird uns bei der Erörterung der psychoanalytischen Deutung beschäftigen. Es genügt, daß wir sie erkannt haben, um nach einer Definition des Symbols suchen zu können, die enger ist als die symbolische Funktion Cassirers und weiter als die Analogie der platonischen Tradition und des literarischen Symbolismus.

Um diese Diskordanz zwischen einer zu »langen« und einer zu »kurzen« Definition aufzulösen, schlage ich vor, den Anwendungsbereich des Symbolbegriffs unter Bezugnahme auf den Akt der Deutung abzugrenzen. Ich möchte sagen, daß es dort Symbole gibt, wo der linguistische Ausdruck aufgrund seines Doppelsinns oder seines vielfachen Sinns zu einer Interpretationsarbeit Anlaß gibt. Diese Arbeit wird angeregt *durch eine intentionale Struktur, die nicht im Verhältnis von Sinn und Sache besteht, sondern in einer Architektur des Sinns, in einem Verhältnis von Sinn und Sinn, von zweitem und erstem Sinn, ob es sich nun um ein Analogieverhältnis handelt oder nicht, ob der erste Sinn den zweiten verschleiert oder enthüllt.* Diese Textur ist es, die die Interpretation ermöglicht, wenngleich einzig die tatsächliche Bewegung der Interpretation sie offenbart.
Diese doppelte Annäherung an das Symbol mittels einer zu »langen« und einer zu »kurzen« Definition verweist uns auf die Frage, mit der sich die nächste Untersuchung befassen wird: Was ist Interpretation? Wir haben die dieser Frage innewohnende Diskordanz bereits erkannt. Zumindest hat die Tatsache, daß das Symbol auf ein

hermeneutisches Verständnis verweist, eine philosophische Bedeutung, die ich zum Abschluß dieser ersten Untersuchung herausstellen möchte.

Oben wurde gesagt, daß sich das Problem des Symbols mittels der Interpretation in das umfassendere Problem der Sprache einfüge. Diese Verbindung zur Interpretation ist dem Symbol jedoch nicht äußerlich, ist ihm nicht gleichsam als ein Nebengedanke hinzugefügt. Gewiß, im griechischen Sinn des Wortes ist das Symbol ein »Rätsel«, doch Heraklit sagt: »Der Herr, dem das Orakel in Delphi gehört, sagt nichts und birgt nichts, sondern er bedeutet« (οὔτε λέγει οὔτε κρύπτει ἀλὰ σημαίνει).[9] Das Rätsel blockiert nicht das Verständnis, sondern provoziert es; im Symbol gibt es etwas zu enthüllen, zu entflechten; gerade der Doppelsinn, die intentionale Ausrichtung des zweiten Sinns innerhalb und vermittels des ersten Sinns, ruft das Verständnis hervor; an den bildlichen Ausdrücken des unfreien Willens, welche die Symbolik des Geständnisses bilden, habe ich zeigen können, daß gerade das – im Vergleich zum wörtlichen Ausdruck – Mehr an Sinns es ist, das die Interpretation in Gang setzt: so sieht, im archaischen Symbolismus, der Beichtende in dem Sinn des Fleckens spontan den der Beschmutzung; zur Charakterisierung dieser Art und Weise, innerhalb und mittels der Analogie zu leben, ohne daß diese als besondere semantische Struktur erkannt würde, kann von symbolischer Naivität gesprochen werden, doch diese Naivität befindet sich von Anfang an auf dem Wege der Interpretation, kraft der Überschreitung des Sinns durch den Sinn innerhalb der symbolischen Struktur selbst; allgemeiner ausgedrückt: Jeder Mythos enthält einen latenten Logos, der entblößt zu werden verlangt. Deshalb gibt es kein Symbol ohne einen Anfang von Interpretation; dort, wo ein Mensch träumt, prophezeit oder dichtet, erhebt sich ein anderer, um zu interpretieren; die Interpretation gehört organisch zum symbolischen Denken und seinem Doppelsinn.

Dieser vom Symbol ausgehende Ruf nach Interpretation gibt uns die Gewißheit, daß die Reflexion über das Symbol zu einer Philosophie der Sprache und selbst der Vernunft gehört, wie wir es versuchen werden darzulegen, wenn wir den Sinn des Symbols in der Hermeneutik mit seinem Sinn in der symbolischen Logik verglei-

---

9 Diels-Kranz, *Die Fragmente der Vorsokratiker*, Heraklit B 93.

chen; dieses Symbol umschließt eine eigene Semantik, weckt eine intellektuelle Tätigkeit der Entzifferung, Entschlüsselung. Anstatt außerhalb des Bereichs der Sprache zu fallen, erhebt es das Gefühl zur Artikulierung des Sinns; so erschien uns das Geständnis wie eine Sprache, welche das Gefühl seiner stummen Undurchsichtigkeit entreißt; alle Revolutionen des Gefühls können somit von semantischen Revolutionen abgesteckt sein. Das Symbol ist keine Nicht-Sprache; der Schnitt zwischen eindeutiger und mehrdeutiger Sprache verläuft quer durch das Reich der Sprache; und es ist die vielleicht niemals zu Ende kommende Interpretationsarbeit, die diesen Reichtum, diese Überdeterminierung des Sinns offenbart und die Zugehörigkeit des Symbols zur integralen Rede deutlich macht.

Der Augenblick ist gekommen, zu sagen, was interpretieren heißt und wie die psychoanalytische Deutung sich in den Konflikt der Interpretationen einfügt.

Erst am Ende dieses ersten Überblicks über das hermeneutische Verstehen kann das aufgeschobene Problem der Doppelnatur (eindeutig/mehrdeutig) der Rede wiederaufgenommen und das Symbol in der Hermeneutik mit dem Symbol in der symbolischen Logik verglichen werden.

Kapitel II
Der Konflikt der Interpretationen

Was heißt interpretieren? Diese Frage hängt mit der folgenden zusammen: Wie fügt sich die Psychoanalyse in den Konflikt der Interpretationen? Das Problem der Interpretation ist kaum weniger schwierig als das des Symbols. Wir glaubten, die Gegensätze hinsichtlich der Definition des Symbols dadurch aufheben zu können, daß wir Zuflucht zu einer intentionalen Struktur nahmen, der Struktur des Doppelsinns, die ihrerseits erst bei der Interpretationsarbeit zum Vorschein gebracht wird.
Doch dieser Interpretationsbegriff ist selber ein Problem.

1. Der Interpretationsbegriff

Zunächst wollen wir eine Schwierigkeit beseitigen, die wiederum nur eine Schwierigkeit der Wörter ist und die implizit durch unsere mittlere Definition des Symbols gelöst ist.
In der Tat empfiehlt uns die Tradition zwei verschiedene Anwendungen; die eine schlägt uns einen zu »kurzen«, die andere einen zu »langen« Interpretationsbegriff vor; diese beiden Variationen in der Ausdehnung des Interpretationsbegriffs spiegeln in etwa jene wieder, die wir bei der Definition des Symbols ins Auge gefaßt haben. Wenn wir hier an die beiden historischen Wurzeln jener verschiedenen Traditionen erinnern – an den Traktat *Peri Hermeneías* von Aristoteles und an die biblische Exegese –, so deshalb, weil sie recht deutlich anzeigen, durch welche Korrektur man wieder zu unserem mittleren Begriff der Hermeneutik gelangen kann.
Beginnen wir mit Aristoteles: der zweite Traktat des Organon heißt bekanntlich *Peri Hermeneías,* Über die Interpretation. Von ihm rührt der zu »lange« Interpretationsbegriff her; in gewisser Weise erinnert er an den Gebrauch des Symbols im Sinn der symbolischen Funktion Cassirers und mancher Modernen.[1] Es ist nicht illegitim,

---

[1] Bei Aristoteles bedeutet *sýmbolon* übrigens die Ausdruckskraft der Stimmlaute im Hinblick auf die Affektionen der Seele (*ta pathémata*). Das Symbol ist das konventionelle Zeichen der Affektionen der Seele, während diese die

in dem Aristotelischen Interpretationsbegriff den Ursprung unseres eigenen Problems zu suchen, obwohl der Zusammenhang mit der Aristotelischen »Interpretation« rein verbal zu sein scheint. Das Wort selbst taucht in der Tat einzig im Titel auf; mehr noch: es bezeichnet nicht eine sich auf Bedeutungen beziehende Wissenschaft, sondern die Bedeutung selbst, die des Nomens, des Verbums, der Aussage und allgemein der Rede. Interpretation ist jeder durch die Stimme hervorgebrachte und Bedeutung tragende Laut – jede *phoné semantiké*, jede *vox significativa*.[2] In diesem Sinn ist das Nomen schon an sich Interpretation, desgleichen das Verbum[3], weil wir damit etwas sagen; doch das einfache Sagen (*phásis*) ist dem totalen Sinn des Logos entnommen; der volle Sinn der *hermeneía* erscheint also erst mit dem komplexen Sagen, dem Satz, den Aristoteles *logos* nennt und der sowohl den Befehl, den Wunsch, die Bitte als auch die aussagende Rede umfaßt. Die *hermeneía,* im *vollen* Sinn, ist die Bedeutung des Satzes. Doch im *starken* Sinn, dem des Logikers, ist sie der Satz, der wahr oder falsch sein kann, das heißt die Aussage[4]; der Logiker überläßt der Rhetorik und der Poetik die anderen Arten der Rede und behält sich nur die aussagende Rede vor, deren erste Form die Bejahung ist, die »etwas von etwas aussagt«.

Bleiben wir bei diesen Definitionen stehen: sie genügen, um ver-

---

Abbilder (*homoiómata*) der Dinge sind. Interpretation hat also die gleiche Ausdehnung wie Symbol; beide Wörter decken die Totalität der konventionellen Zeichen, sei es in ihrem Ausdruckswert oder in ihrem Bedeutungswert. Der Traktat *Über die Interpretation* spricht nicht mehr von Symbolen (außer 16 a 27), da die Theorie des Ausdrucks nicht zu diesem Traktat gehört, sondern zum Traktat *Über die Seele*. Der vorliegende Traktat betrifft einzig die Bedeutung. Aubenque (*Le problème de l'Etre chez Aristote*, Paris 1961, S. 107) bemerkt, daß Aristoteles zuweilen Symbol im Sinn von Bedeutung gebraucht. Der vorherrschende Gedanke bleibt aber das konventionelle Zeichen; dieses ist das Mittelglied zwischen dem Gedanken und dem Sein, was uns auf die Spur Cassirers führt – freilich über Kant!

2 »Das Nomen ist ein Laut, der konventionell etwas bedeutet, ohne eine Zeit einzuschließen und ohne daß ein Teil von ihm eine Bedeutung für sich hat.« § 2, 16 a 19 [Übers. Eugen Rolfes].

3 »Das Verbum ist ein Wort, das die Zeit mit anzeigt, dessen Teile nie etwas für sich bedeuten und das immer etwas zu verstehen gibt, was von einem anderen gilt.« § 3, 16 b 5.

4 »Bejahung ist eine Aussage, die einem etwas zuspricht, Verneinung ist eine Aussage, die einem etwas abspricht.« § 6, 17 a 25.

ständlich zu machen, inwiefern die »semantische Stimme« – das signifikante Wort – *Interpretation* ist. Sie ist es in dem Sinn, wie bei Cassirer das Symbol allgemeine Vermittlung ist; wir sagen das Wirkliche, indem wir es bezeichnen; in diesem Sinn interpretieren wir es. Der Bruch zwischen der Bezeichnung und dem Ding hat sich bereits mit dem Nomen vollzogen, und dieser Abstand markiert den Ort der Deutung. Nicht jede Rede bewegt sich notwendig im Wahren; sie haftet dem Sein nicht an; in dieser Hinsicht zeigen die Nomen, welche fiktive Dinge bezeichnen – der »Bockhirsch« in § 1 des Aristotelischen Traktats –, sehr deutlich, was Bedeutung ohne Seinsbestimmung ist. Doch wir wären nicht auf den Gedanken gekommen, die Nomen Interpretation zu nennen, wenn wir nicht ihre signifikative Tragweite im Lichte derjenigen der Verben sähen und die der Verben im Kontext der Rede, und wenn sich ihrerseits die der Rede nicht in der aussagenden Rede konzentrierte, die etwas von etwas aussagt. Etwas von etwas aussagen heißt, im vollen und starken Sinn des Wortes, interpretieren.[5]

Inwiefern weist diese der Aussage eigentümliche »Interpretation« auf den modernen Begriff der Hermeneutik hin? Die Beziehung ist nicht von vornherein evident; das »etwas von etwas aussagen« interessiert Aristoteles nur insofern, als es der Ort des Wahren und Falschen ist; deshalb wird das Problem des Gegensatzes zwischen Bejahung und Verneinung zum zentralen Thema des Traktats. Die Semantik des aussagenden Satzes dient lediglich zur Einführung in die Aussagenlogik, die im wesentlichen eine Logik des Gegensatzes ist, welche ihrerseits in die *Analytiken* einführt, d. h. in die Logik der Beweise. Diese logische Absicht verhindert, daß die Semantik sich für sich selbst entwickelt. Außerdem scheint auf der anderen Seite der Weg für eine Hermeneutik der doppelsinnigen Bedeutungen versperrt zu sein; der Begriff der Bedeutung erheischt die Eindeutigkeit des Sinns: die Definition des Identitätsprinzips im logischen und ontologischen Sinn verlangt diese Eindeutigkeit des Sinns; sie grün-

---

5 Im Verbum erfährt der Interpretationsbegriff seine Wende. Einerseits orientiert es sich am Nomen, weil es »zur Bedeutung des Nomens die des gegenwärtigen Seins hinzufügt«; andrerseits »gibt es immer etwas zu verstehen, was von einem anderen gilt«; was Aristoteles folgendermaßen kommentiert: »Und es gibt immer etwas zu verstehen, was von einem anderen gilt, was nämlich an oder in einem Subjekte ist.« (§ 3, 16 b 10) Damit orientiert sich das Verbum am Satz oder der aussagenden Rede, und in diesem Sinne »interpretiert«, d. h. »bedeutet« es, als Instrument der näheren Bestimmung.

det letztlich im *einen*, sich selbst gleichen Wesen; auf dieser Zuflucht zum Wesen beruht die gesamte Widerlegung der sophistischen Argumente: »Nicht *ein* Bestimmtes bezeichnen ist dasselbe wie *nichts* bezeichnen«.[6] Die Gemeinschaft, die Kommunikation unter den Menschen ist also nur möglich, wenn die Wörter *einen* Sinn haben, d. h. einen *bestimmten* Sinn.

Und doch führt uns die Reflexion, welche die eigentlich semantische Analyse des »etwas von etwas aussagen« fortsetzt, in den Umkreis unseres eigenen Problems. Wenn der Mensch die Wirklichkeit interpretiert, indem er etwas von etwas aussagt, so deshalb, weil die wahren Bedeutungen indirekte sind; ich berühre die Dinge nur dadurch, daß ich einem Sinn einen Sinn zuschreibe. Die »Prädikation«, im logischen Sinn des Wortes, bringt ein Bedeutungsverhältnis in kanonische Form, das uns zwingt, die Arbeit an der Theorie der Eindeutigkeit von neuem aufzunehmen; es zeigt sich nun, daß die Sophistik nicht nur ein Problem, sondern zwei Probleme aufwarf: das der Eindeutigkeit der Bedeutungen, ohne die kein Dialog möglich ist, und das ihrer »Gemeinschaft« – um den Ausdruck aus Platons *Sophist* aufzugreifen –, ohne welche keine Zuschreibung möglich ist. Ohne dieses Gegenstück muß die Eindeutigkeit zu einem logischen Atomismus führen, demzufolge eine Bedeutung nur das ist, was sie ist: es genügt also nicht, die sophistische Mehrdeutigkeit zu bekämpfen; es muß eine zweite Front gegen die eleatische Eindeutigkeit eröffnet werden. Aber auch dieser zweite Kampf findet seinen Widerhall in der Aristotelischen Philosophie. Er kommt sogar mitten in der *Metaphysik* zum Ausbruch; der Begriff des Seienden läßt bekanntlich keine eindeutige Definition zu: »Das Seiende wird in vielfacher Bedeutung ausgesagt«; Sein heißt: Substanz, Qualität, Quantität, Zeit, Ort etc. Diese berühmte Unterscheidung zwischen den vielfachen Bedeutungen des Seienden stellt innerhalb der Rede keine Anomalie, in der Theorie der Bedeutung keine Ausnahme dar; diese vielfachen Bedeutungen des Seienden sind die »Kategorien« – die »Figuren« – der Prädikation selbst, und daher zieht sich diese Vielheit auch durch die gesamte Rede, und sie ist unbezwingbar. Zweifellos erschöpft sie sich nicht in einem bloßen Durcheinander der Wörter, da die verschiedenen Bedeutungen des Wortes »Sein« sich alle in bezug auf eine erste, ursprüngliche Bedeutung ordnen;

---

6 *Metaphysik*, 1006 b 7.

doch diese Bezugseinheit – *pros en legómenon* – schafft keine *eine* Bedeutung; der Begriff des Seienden ist, wie kürzlich gesagt wurde, nur die »problematische Einheit einer irreduziblen Pluralität von Bedeutungen«[7].

Ich will aus der allgemeinen Semantik des *Peri Hermeneías* und der besonderen Semantik des Wortes »Sein« nicht mehr herausholen, als erlaubt ist; ich behaupte nicht, daß Aristoteles das Problem der vielfachen Bedeutungen so gestellt hat, wie wir es hier behandeln; ich sage lediglich, daß seine Definition der Interpretation als »etwas von etwas aussagen« eine von der Logik unterschiedene Semantik einführt und daß seine Erörterung der vielfachen Bedeutungen des Seienden eine Bresche schlägt in die rein logische und ontologische Theorie der Eindeutigkeit. Freilich bleibt noch viel zu tun, um eine Theorie der als das Verstehen vielsinniger Bedeutungen begriffenen Interpretation zu begründen. Die zweite Tradition wird uns dem Ziel näherbringen.

Die zweite Tradition rührt her von der biblischen Exegese; die Hermeneutik ist in diesem Sinne die Wissenschaft der Regeln der Exegese, wobei diese verstanden wird als die besondere Auslegung eines Textes. Unbestreitbar hat sich das Problem der Hermeneutik zum großen Teil innerhalb dieser Grenzen der Auslegung der Heiligen Schrift konstituiert; was man herkömmlicherweise die »Vier Bedeutungen der Schrift« genannt hat, bildet den Kern dieser Hermeneutik; in dieser Hinsicht kann man nicht nachdrücklich genug sagen, daß die Philosophen den exegetischen Debatten, in denen es um eine allgemeine Theorie der Interpretation ging, mehr Aufmerksamkeit schenken sollten.[8] Insbesondere wurden hier die Begriffe Analogie, Allegorie, symbolischer Sinn erarbeitet; wir werden häufig auf sie zurückgreifen müssen. Diese zweite Tradition verbindet also die Hermeneutik mit der Definition des Symbols durch die Analogie, ohne sie jedoch ausschließlich darauf zu reduzieren.

Was dieser Definition der Hermeneutik durch die Exegese Grenzen setzt, ist zunächst, daß sie sich auf eine seis monarchische, kollegiale oder klerikale Autorität beruft, z. B. bei der biblischen Hermeneutik, wie sie innerhalb der christlichen Gemeinschaften betrieben wird; doch vor allem ist es die Tatsache, daß sie auf einen literari-

---

7 Aubenque, op. cit., S. 204.
8 Henri de Lubac, *Exégèse médiévale*, 4 Bde., Paris 1959/64.

schen Text angewandt wird: die Exegese ist eine »skripturale« Wissenschaft.
Die Tradition der Exegese bietet indes eine gute Ausgangsbasis für unser Unternehmen: der Textbegriff selbst läßt sich in der Tat in analogischem Sinn fassen; das Mittelalter konnte von einer *interpretatio naturae* sprechen, dank der Metapher vom Buch der Natur; diese Metapher birgt eine mögliche Ausdehnung des Exegesebegriffs, insofern der Begriff des »Textes« über den der »Schrift« hinausgreift. Seit der Renaissance hat sich die *interpretatio naturae* so vollständig von ihren spezifisch skripturalen Bezügen befreit, daß Spinoza sich ihrer bedienen konnte, um eine neue Auffassung der biblischen Exegese zu begründen; im *Tractatus theologico-politicus* sagt er, daß die neue, durch das Prinzip der Schriftinterpretation bestimmte Hermeneutik sich von der Naturerklärung leiten lassen muß. Dieser Weg Spinozas, der uns hier in streng biblischer Hinsicht nicht interessiert, markiert eine merkwürdige Einwirkung der zum Modell gewordenen *interpretatio naturae* auf das alte skripturale Modell, das jetzt zur Debatte steht.
Dieser Begriff des »Textes« – befreit von dem der »Schrift« – ist interessant: Freud gebraucht ihn häufig, besonders wenn er die Arbeit der Analyse mit der Übersetzung einer Sprache in eine andere vergleicht; die Traumerzählung ist ein unverständlicher Text, den die Analyse durch einen verständlicheren Text ersetzt. Verstehen heißt, diese Substitution vornehmen. Auf diese Analogie zwischen Analyse und Exegese spielt der Titel *Traumdeutung* an, bei dem wir schon einmal verweilten.
Es ist nicht uninteressant, hier zum ersten Mal Freud neben Nietzsche zu stellen: Nietzsche war es, der der Philologie ihren Begriff der *Deutung, Auslegung* entlehnte, um ihn in die Philosophie einzuführen; freilich bleibt Nietzsche Philosoph, wenn er die griechische Tragödie oder die Vorsokratiker interpretiert; doch mit ihm wird die gesamte Philosophie Interpretation. Interpretation wovon? Darauf werden wir später kommen, wenn wir den Konflikt der Interpretationen behandeln; hier nur soviel: dieser neue Weg, der sich dem Interpretationsbegriff eröffnet, ist mit einer neuen Problematik der *Vorstellung* verbunden; es geht nicht mehr um die Kantische Frage, ob eine subjektive Vorstellung objektive Gültigkeit besitzen kann. Diese in der kritischen Philosophie zentrale Frage tritt zugunsten einer radikaleren Frage in den Hintergrund; das Problem

der Gültigkeit blieb noch im Bannkreis der platonischen Philosophie der Wahrheit und der Wissenschaft, deren Gegensätze Irrtum und Meinung waren. Das Problem der Interpretation bezieht sich auf eine neue Möglichkeit, die nicht mehr der Irrtum im erkenntnistheoretischen Sinn, auch nicht mehr die Lüge im moralischen Sinn ist, sondern die *Illusion,* deren Status wir weiter unten erörtern werden. Lassen wir für den Augenblick beiseite, was später zur Debatte stehen wird, nämlich die Anwendung der Interpretation als Taktik des Zweifels und als Kampf gegen die Masken; diese Anwendung erfordert eine sehr spezielle Philosophie, welche dem Ausdruck des Willens zur Macht das gesamte Problem von Wahrheit und Irrtum unterordnet. Worauf es uns hier ankommt, ist die neue Ausdehnung des exegetischen Interpretationsbegriffs hinsichtlich der Methode.

Am einen Ende dieser Reihe steht Freud: für ihn bietet sich nicht allein eine »Schrift« der Deutung dar, sondern jede Gesamtheit von Zeichen, die sich als ein zu entziffernder Text betrachten läßt, also ebensowohl ein Traum oder ein neurotisches Symptom wie ein Ritus, ein Mythos, ein Kunstwerk, ein Glaubensinhalt. Muß man somit nicht zu unserem Begriff des Symbols als Doppelsinn zurückkehren, ohne daß man schon wüßte, ob der Doppelsinn Verschleierung oder Offenbarung, Lebenslüge oder Zugang zum Heiligen ist? Wir hatten einen erweiterten Exegesebegriff im Auge, als wir oben die Hermeneutik als die Wissenschaft der exegetischen Regeln definierten und die Exegese als die Interpretation eines besonderen Textes oder einer Gesamtheit von Zeichen, die sich als Text betrachten läßt.

Diese mittlere Definition, die über eine einfache skripturale Wissenschaft hinausgreift, ohne sich in einer allgemeinen Theorie der Bedeutung aufzulösen, leitet ihre Autorität also sowohl vom einen wie vom anderen Ursprung her; der exegetische Ursprung scheint der am nächsten liegende zu sein, doch das Problem der Eindeutigkeit und der Mehrdeutigkeit, zu welchem die Interpretation im Aristotelischen Sinne führt, ist vielleicht noch einschneidender als das der Analogie in der Exegese; im nächsten Kapitel werden wir darauf zurückkommen. Die Problematik der Illusion hingegen, die der Nietzscheschen *Auslegung* innewohnt, führt uns zu der Hauptschwierigkeit, welche das Los der modern Hermeneutik bestimmt. Diese Schwierigkeit, die wir nunmehr betrachten wollen, ist nicht mehr ein

Abbild jener, die mit der Definition des Symbols zusammenhing; sie ist dem Akt des Interpretierens als solchem eigentümlich.

Diese Schwierigkeit – eben jene, die den Anstoß zu meiner Untersuchung gab – ist folgende: Es gibt keine allgemeine Hermeneutik, keinen universellen Kanon für die Exegese, sondern getrennte und einander entgegenstehende Theorien über die Regeln der Interpretation. Das hermeneutische Feld, dessen äußere Umrisse wir nachgezeichnet haben, ist in sich selbst zerspalten.

Ich habe nicht die Absicht – und im übrigen auch nicht die Mittel –, eine vollständige Aufzählung der hermeneutischen Stile zu versuchen. Es erschien mir aufschlußreicher, mit dem extremsten Gegensatz zu beginnen, jenem, der am Anfang unserer Untersuchung die größte Spannung erzeugt. Auf der einen Seite wird die Hermeneutik aufgefaßt als die Manifestation und Wiederherstellung eines Sinns, der in der Art einer Botschaft, einer Verkündigung oder, wie es zuweilen heißt, eines *Kerygma* an mich gerichtet ist; auf der anderen Seite wird sie verstanden als Entmystifizierung, als Illusionsabbau. Auf dieser Seite des Kampfes steht die Psychoanalyse, zumindest bei der ersten Lektüre.

Diese doppelte Möglichkeit müssen wir von Anfang an vor Augen haben; diese extreme Spannung ist der wahrhaftigste Ausdruck unserer »Modernität«; die Situation, in der sich die Sprache heute befindet, birgt ein doppeltes Anliegen, eine doppelte Notwendigkeit: einerseits die Rede von ihren Auswüchsen zu reinigen, die Idole zu beseitigen, vom Rausch zur Nüchternheit überzugehen, ein für allemal die Bilanz unserer Armut zu ziehen; und andererseits die »nihilistischste«, zerstörerischste, ikonoklastischste Bewegung zu nutzen, um das *sprechen zu lassen*, was einmal, was jedesmal *gesagt* wird, wenn der Sinn neu auftaucht, wenn der Sinn voll ist; die Hermeneutik scheint mir von dieser doppelten Motivation getrieben: Wille zum Zweifel, Wille zum Horchen; Wunsch nach Strenge, Wunsch nach Gehorsam; wir sind jene Menschen, die noch nicht damit zu Ende sind, die *Idole* zu töten, und gerade erst damit beginnen, die *Symbole* zu vernehmen. Vielleicht ist diese Situation in ihrer offensichtlichen Not belehrend: vielleicht gehört der extreme Ikonoklasmus zur Wiederherstellung des Sinns.

Die Krise der Sprache, aufgrund derer wir heute zwischen Entmystifizierung und Wiederherstellung des Sinns hin und her schwanken, offenbar zu machen, das ist der tiefe Grund, der unsere Problem-

stellung motiviert; ich meine, daß eine Einführung in die Psychoanalyse der Kultur diesen weiten Umweg nehmen muß. Im nächsten Kapitel werden wir versuchen, diese Prolegomena zu vertiefen und die Krise der Sprache mit einer Askese der Reflexion in Zusammenhang zu bringen, die auf den Ursprung des Sinns zu verzichten beginnt.
Skizzieren wir kurz die Termini des Konflikts.

2. Die Interpretation als Sammlung des Sinns

Als erstes wollen wir die Hermeneutik als Wiederherstellung des Sinns begreifen. Worum es in der Psychoanalyse der Kultur und in der Schule des Zweifels geht, werden wir besser verstehen können, wenn wir zuerst davon sprechen, was hier von Grund auf *in Frage gestellt* wird.

Das Gegenteil des Zweifels ist, grob gesagt, der Glaube. Welcher Glaube? Sicherlich nicht mehr jener erste Glaube des Köhlers, sondern der zweite Glaube des Hermeneutikers, der Glaube, der durch die Kritik hindurchgegangen ist, der post-kritische Glaube. Ich suche ihn in der Nachfolge der philosophischen Entscheidungen, die insgeheim eine Phänomenologie der Religion anregen und die sich bis in deren augenscheinlicher Neutralität verbergen. Es ist ein vernünftiger Glaube, da er interpretiert, aber doch Glaube, weil er mittels der Interpretation nach einer zweiten Naivität sucht. Für ihn ist die Phänomenologie das Instrument des Hörens, der Sammlung, der Wiederherstellung des Sinns. Glauben, um zu verstehen, und verstehen, um zu glauben – das ist seine Maxime, und seine Maxime, das ist der »hermeneutische Zirkel« des Glaubens und des Verstehens selbst.

Wir werden unsere Beispiele aus der Phänomenologie der Religion im weiten Sinne nehmen: ich schließe Leenhardt, Van der Leeuw, Eliade mit ein und stelle auch meine eigene Untersuchung über die *Symbolik des Bösen* in diesen Rahmen.

Wir wollen versuchen, den vernünftigen Glauben zu entflechten und aufzurollen, der quer durch die rein intentionale Analyse des religiösen Symbolismus verläuft und durch den diese Analyse von innen heraus in Hören »konvertiert«.

1. Zunächst sehe ich in der Sorge um das *Objekt,* dem Charakteristikum jeder phänomenologischen Analyse, die erste Spur jenes Glaubens an eine Offenbarung durch das Wort. Wie man weiß, tritt diese Sorge in Gestalt eines »neutralen« Willens nach *Beschreibung* und nicht nach *Reduktion* auf. Man *reduziert,* indem man durch Ursachen (psychologische, soziale etc.), durch die Genesis (die individuelle, historische etc.), durch die Funktion (die affektive, ideologische etc.) *erklärt.* Man beschreibt, indem man die (noetische) Zielrichtung und ihr (noematisches) Korrelat herausarbeitet: das gemeinte *Etwas,* das im Ritus, Mythos und Glauben implizierte Objekt. So lautet im obenerwähnten Symbolismus von *rein* und *unrein* die Aufgabe, das zu verstehen, was bezeichnet wird, welche Qualität von Heiligem gemeint ist, welche Nuance von Drohung in jener Analogie von Fleck und Beschmutzung, von physischer Ansteckung und existentiellem Integritätsverlust steckt. Die Sorge um das Objekt, das bedeutet für uns: empfänglich sein für die Bewegung des Sinns, der, ausgehend von der wörtlichen Bedeutung – Fleck, Ansteckung –, auf das Ergreifen von Etwas im Bereich des Heiligen zielt. Verallgemeinernd können wir sagen, daß das Thema der Phänomenologie der Religion jenes in der rituellen Handlung, dem mythischen Wort, dem Glaubensinhalt oder dem mystischen Gefühl gemeinte *Etwas* ist; ihre Aufgabe besteht darin, dieses »Objekt« aus den verschiedenen Intentionen des Verhaltens, der Rede oder des Affektes herauszulösen. Dieses gemeinte Objekt wollen wir »heilig« nennen, ohne schon ein Urteil über seine Beschaffenheit zu fällen, mag es sich nun um das *tremendum numinosum* nach Rudolf Otto, um das Mächtige nach Van der Leeuw oder um den *Temps fondamental* nach Eliade handeln. In diesem allgemeinen Sinn und zur Hervorhebung dieser Sorge um das intentionale Objekt sagen wir, daß jede Phänomenologie der Religion eine Phänomenologie des »Heiligen« ist. Kann nun eine Phänomenologie des »Heiligen« in einer »neutralen« Haltung verharren, die von der *epoché* bestimmt wird, von der Einklammerung der absoluten Realität und jeder das Absolute berührenden Frage? Die *epoché* fordert, daß ich am Glauben an die Realität des religiösen Objekts teilhabe, jedoch auf neutralisierte Weise: daß ich mit dem Gläubigen glaube, aber ohne das Objekt seines Glaubens absolut zu setzen.

Aber wenn auch der Forscher als solcher diese Methode der Einklammerung praktizieren kann und muß, der Philosoph als solcher kann und darf der Frage nach der absoluten Gültigkeit seines Objekts nicht ausweichen; denn würde ich mich für das »Objekt« *interessieren*, könnte ich der Sorge um das Objekt den Vorrang geben, und zwar trotz aller Erwägungen hinsichtlich der Ursache, des Ursprungs oder der Funktion, wenn ich nicht darauf wartete, daß, aus dem Verstehen heraus, dieses »Etwas« sich an mich »*wendet*«? Ist es nicht die Erwartung eines Anrufs, die jene Sorge um das Objekt in Bewegung setzt? Letztlich liegt dieser Sorge ein Vertrauen in die Sprache zugrunde, – der Glaube, daß die Sprache, die die Symbole trägt, weniger von den Menschen als zu den Menschen gesprochen wird, daß die Menschen inmitten der Sprache, im Licht des Logos geboren werden, »das alle Menschen erleuchtet, die in diese Welt kommen«. Es ist diese Erwartung, dieses Vertrauen und dieser Glaube, die dem Studium der Symbole seinen besonderen Ernst verleihen. Um der Wahrheit willen muß ich sagen, daß sie auch meine Untersuchung durchdringen. Und eben diese Erwartung wird heute von einer ganzen Strömung der Hermeneutik in Frage gestellt, die wir weiter unten unter das Zeichen des »Zweifels« stellen werden; diese andere Theorie der Interpretation beginnt gerade mit dem Zweifel, ob es ein solches Objekt gibt und ob dieses Objekt der Ort sein kann, wo die intentionale Absicht in Kerygma, Offenbarung und Verkündigung umschlägt. Deshalb ist diese Hermeneutik kein Herauslösen des Objekts, sondern ein Herunterreißen der Maske, eine die Verkleidungen reduzierende Interpretation.

2. Der Phänomenologie der Religion zufolge gibt es eine »Wahrheit« der Symbole; in der neutralen Haltung der Husserlschen Epoché bedeutet diese Wahrheit nichts anderes als die *Erfüllung* der bedeutsamen Intention. Damit die Phänomenologie der Religion möglich sei, ist es nötig und genügt es, daß es nicht nur einen, sondern mehrere Wege der Erfüllung der verschiedenen Bedeutungsintentionen gibt, je nach den verschiedenen Objektbereichen; die »Verifizierung« im Sinne des logischen Positivismus ist lediglich ein Typus der Erfüllung unter anderen und nicht die kanonische Weise der Erfüllung. Dieser Typus wird durch den entsprechenden Objekttypus erfordert, nämlich den des physischen Objekts und, in einem anderen Sinn, des historischen Objekts – nicht aber durch den Wahrheitsbegriff als solchen, anders gesagt: durch die Forderung

nach Erfüllung im allgemeinen. Aufgrund dieser Vielfalt der »Erfüllung« spricht die Phänomenologie auf abgeschwächte, neutralisierte Weise von der religiösen Erfahrung, nicht durch Analogie, sondern je nach dem spezifischen Objekttypus und nach dem spezifischen Erfüllungsmodus in diesem Feld.

Wie aber waren wir auf dieses Problem der Erfüllung im Bereich der symbolischen Bedeutungen gestoßen? Im wesentlichen anläßlich unserer Untersuchung des analogischen Bandes zwischen primärem oder wörtlichem Signifikant und sekundärem Signifikat – sagen wir: zwischen Fleck und Beschmutzung, zwischen Abweichung (oder Abirrung) und Sünde, zwischen Gewicht (oder Last) und Schuld. Wir stoßen hier auf eine uranfängliche, unzerstörbare Verbindung, die niemals den instituierten und willkürlichen Charakter der »technischen« Zeichen besitzt, die nichts anderes sagen wollen, als was in ihnen gesetzt ist.

In dieser Verbindung von Sinn zu Sinn liegt, was ich das *Volle* der Sprache genannt habe. Diese Fülle besteht darin, daß der zweite Sinn gewissermaßen dem ersten Sinne *innewohnt*. In seinem *Traité d'histoire générale des religions* zeigt Mircea Eliade sehr gut, daß die Kraft der kosmischen Symbolik in dem nicht-willkürlichen Band zwischen dem sichtbaren Himmel und der Ordnung liegt, die er offenbart: er *spricht* vom Weisen und Gerechten, vom Unermeßlichen und Geordneten, dank der analogischen Macht, die den Sinn mit dem Sinn verbindet. Das Symbol ist *gebunden,* und zwar in doppeltem Sinne: gebunden *an* und gebunden *durch*. Einerseits ist das Heilige an seine primären, wörtlichen, sinnlichen Bedeutungen gebunden: das bewirkt seine Undurchsichtigkeit; auf der anderen Seite ist die wörtliche Bedeutung durch den symbolischen Sinn gebunden, der in ihr liegt: das ist, was ich die enthüllende Macht des Symbols genannt habe, die, seiner Undurchsichtigkeit zum Trotz, seine Kraft ausmacht. Und eben dies bringt es in Gegensatz zum technischen Zeichen, das nichts weiter bezeichnet, als was in ihm gesetzt ist, und das aus diesem Grunde entleert, formalisiert und auf ein einfaches Rechenobjekt reduziert werden kann. Einzig das Symbol *gibt,* was es sagt.

Aber haben wir, wenn wir dies sagen, nicht bereits die phänomenologische »Neutralität« verletzt? Ich gebe es zu. Ich gebe zu, daß das, was in der Tiefe jenes Interesse für die *volle* Sprache, für die *gebundene* Sprache motiviert, jene Umkehrung der Bewegung des

Gedankens ist, der sich an mich »wendet« und mich zum angerufenen Subjekt macht. Und diese Umkehrung vollzieht sich in der Analogie. Inwiefern bindet mich, was den Sinn an den Sinn bindet? Darin, daß mich die Bewegung, die mich zum zweiten Sinn führt, dem *angleicht,* was ausgesagt worden ist, mich dessen teilhaftig macht, was mir verkündet wurde. Die Ähnlichkeit, in der die Kraft des Symbols liegt und der es seine enthüllende Macht verdankt, ist in der Tat nicht eine objektive Übereinstimmung, die ich als eine vor mir ausgebreitete Beziehung betrachten könnte; es ist eine existentielle Angleichung meines Seins an das Sein, gemäß der Bewegung der Analogie.

3. Diese Anspielung auf das alte Thema der Teilhabe erlaubt uns einen dritten Schritt auf dem Weg der Explikation, der auch der Weg der intellektuellen Redlichkeit ist: die philosophische Entscheidung, welche die intentionale Analyse durchdringt, wäre die moderne Form der antiken Anamnese. Die moderne Sorge um die Symbole bringt einen neuen Wunsch zum Ausdruck, den Wunsch, angerufen zu werden, jenseits von Schweigen und Vergessen, die durch die Manipulation der leeren Zeichen und die Konstruktion formalisierter Sprachen immer größer werden.

Dieses Erwarten eines neuen Wortes, einer neuen Aktualität des Wortes, ist der implizite Gedanke jeder Phänomenologie der Symbole, die zuerst den Akzent auf das Objekt legt, dann die Fülle des Symbols unterstreicht, um schließlich die enthüllende Macht des ursprünglichen Wortes zu begrüßen.

3. *Die Interpretation als Übung des Zweifels*

Wir wollen die Situierung Freuds damit beenden, daß wir ihm nicht nur ein Gegenüber, sondern auch Gesellschaft geben. Der Interpretation als Wiederherstellung des Sinns wollen wir global die Interpretation im Sinne dessen gegenüberstellen, was ich zusammenfassend die Schule des Zweifels nennen möchte.

Eine Theorie der Interpretation hätte somit nicht nur dem Gegensatz zwischen zwei Interpretationen der Interpretation Rechnung zu tragen – der einen als Sammlung des Sinns, der anderen als Abbau von Illusionen und Lügen des Bewußtseins –, sondern auch dem

Zerfallen einer jeden dieser beiden großen »Schulen« der Interpretation in verschiedene, sogar einander fremde »Theorien«. Das gilt zweifellos in noch stärkerem Maße für die Schule des Zweifels als für die der Anamnese. Drei große, scheinbar einander ausschließende Meister beherrschen sie: Marx, Nietzsche und Freud. Es ist leichter, ihren gemeinsamen Widerstand gegen eine als Propädeutik zur »Enthüllung« des Sinns verstandene Phänomenologie des Heiligen deutlich zu machen als ihr Ineinandergreifen innerhalb ein und derselben Entmystifizierungsmethode. Es läßt sich relativ leicht feststellen, daß diese drei Unternehmen miteinander gemeinsam haben, das Primat des »Objekts« in unserer Vorstellung des Heiligen sowie die »Erfüllung« des Ziels des Heiligen durch eine Art *analogia entis* in Frage zu stellen, die uns kraft einer assimilatorischen Intention mit dem Sein verknüpfen soll. Auch läßt sich unschwer erkennen, daß es sich dabei jedesmal um eine verschiedene Übung des Zweifels handelt; die Wahrheit als Lüge: so würde die negative Formel lauten, auf die man die drei Übungen des Zweifels bringen könnte. Doch wir sind noch weit davon entfernt, die positive Bedeutung dieser drei Unternehmungen erarbeitet zu haben; wir achten noch zu sehr auf ihre Unterschiede und auf die Einschränkungen, die das Vorurteil ihrer Epoche mehr noch ihren Epigonen als ihnen selbst auferlegt. Marx wird in den Ökonomismus und die absurde Widerspiegelungstheorie verbannt, Nietzsche in einen Biologismus und Perspektivismus gedrängt, der unfähig ist, sich ohne Widersprüche auszudrücken, und Freud auf die Psychiatrie beschränkt und mit einem simplizistischen Pansexualismus ausstaffiert.

Blickt man auf ihre gemeinsame Intention zurück, so findet man darin den Entschluß, das Bewußtsein im ganzen als »falsches« Bewußtsein zu betrachten. Von hier aus nehmen sie, jeder in einem anderen Bereich, das Problem des Cartesischen Zweifels wieder auf, um ihn ins Zentrum der Cartesischen Festung selbst zu tragen. Der von der Descartesschen Schule geprägte Philosoph weiß, daß die Dinge zweifelhaft sind, daß sie nicht so sind, wie sie erscheinen; aber er zweifelt nicht daran, daß das Bewußtsein so ist, wie es sich selbst erscheint; in ihm fallen Sinn und Bewußtsein des Sinns zusammen; seit Marx, Nietzsche und Freud zweifeln wir daran. Nach dem Zweifel an der Sache sind wir nun in den Zweifel am Bewußtsein eingetreten.

Doch diese drei Meister des Zweifels sind keine Meister des Skeptizismus. Gewiß sind sie drei große »Zerstörer«; doch darf uns das nicht irreführen. Die Destruktion, sagt Heidegger in *Sein und Zeit*, ist Moment einer völlig neuen Grundlegung, einschließlich die Destruktion der Religion, insofern sie, nach einem Wort Nietzsches, »Platonismus fürs Volk« ist. Erst jenseits der »Destruktion« stellt sich die Frage nach dem, was Denken, Vernunft und sogar Glaube noch bedeuten.

Alle drei aber legen den Horizont frei für eine authentischere Sprache, für ein neues Reich der Wahrheit, nicht allein mittels einer »destruktiven« Kritik, sondern durch die Erfindung einer Kunst des *Interpretierens*. Descartes triumphiert über den Zweifel am Ding durch die Evidenz des Bewußtseins; sie hingegen triumphieren über den Zweifel am Bewußtsein durch eine Exegese des Sinns. Mit ihnen ist das Verstehen eine Hermeneutik geworden; den Sinn suchen heißt von nun an nicht mehr, das Bewußtsein des Sinns buchstabieren, sondern seine *Äußerungen entziffern*. Man müßte also nicht nur drei Formen des Zweifels gegeneinanderhalten, sondern auch drei Formen der List. Wenn das Bewußtsein nicht so ist, wie es zu sein glaubt, dann muß ein neues Verhältnis zwischen Manifestem und Latentem begründet werden; dieses neue Verhältnis würde demjenigen entsprechen, welches das Bewußtsein zwischen der Erscheinung und der Wirklichkeit des Dings begründet hatte. Die Grundkategorie des Bewußtseins ist für alle drei die Beziehung verborgen/offen oder, wenn man lieber will, simuliert/offenbart. Ob sich die Marxisten nun auf die Theorie der »Widerspiegelung« versteifen, ob Nietzsche sich widerspricht, wenn er über den »Perspektivismus« des Willens zur Macht dogmatisiert, ob Freud mit seiner »Zensur«, seinem »Türhüter« und seinen »Verkleidungen« mythologisiert: das Wesentliche liegt nicht in diesen Verwicklungen und Sackgassen. Das Wesentliche ist, daß alle drei mit den vorhandenen Mitteln, d. h mit und gegen die Vorurteile ihrer Zeit eine mittelbare *Wissenschaft* des Sinns schaffen, die nicht auf das unmittelbare *Bewußtsein* des Sinns zurückführbar ist. Alle drei versuchten auf verschiedenen Wegen, ihre »bewußten« Entschlüsselungsmethoden mit der »unbewußten« Verschlüsselungsarbeit in Übereinstimmung zu bringen, die sie dem Willen zur Macht, dem gesellschaftlichen Sein, dem unbewußten Seelenleben zuschrieben.

Was nun Marx, Freud und Nietzsche voneinander trennt, ist die

Hypothese sowohl hinsichtlich des Prozesses des »falschen« Bewußtseins wie hinsichtlich der Entzifferungsmethode. Beides gehört zusammen, da der zweifelnde Mensch die Fälschungsarbeit des listigen Menschen in umgekehrter Richtung vollführt. Freud ist in das Problem des falschen Bewußtseins durch das doppelte Tor des Traums und des neurotischen Symptoms eingedrungen; seine Arbeitshypothese hat die gleichen Grenzen wie sein Angriffswinkel: es ist, worauf wir unten ausführlicher eingehen werden, eine Ökonomik der Triebe. Marx nimmt das Problem der Ideologien im Rahmen der ökonomischen Entfremdung in Angriff, und zwar im Sinn der politischen Ökonomie. Nietzsche, auf das Problem der »Werte« ausgerichtet – der Bewertung und Umwertung –, sucht den Schlüssel der Lügen und Masken in der »Kraft« und der »Schwäche« des Willens zur Macht. Die Genealogie der Moral im Nietzscheschen Sinne, die Theorie der Ideologien im Marxschen Sinne, die Theorie der Ideale und Illusionen im Freudschen Sinne stellen im Grunde drei konvergierende Verfahren der Entmystifizierung dar.

Doch ist dies vielleicht noch nicht ihre größte Gemeinsamkeit; ihre unterirdische Verwandtschaft reicht weiter; alle drei beginnen mit dem Zweifel bezüglich der Illusionen des Bewußtseins und fahren mit der List der Entschlüsselung fort; und schließlich trachten alle drei, weit entfernt, das »Bewußtsein« zu verleumden, nach dessen Ausdehnung. Marx will die *Praxis* durch die Erkenntnis der Notwendigkeit befreien; aber diese Befreiung ist nicht zu trennen von einer »Bewußtwerdung«, die den Mystifikationen des falschen Bewußtseins eine schlagende Antwort erteilt. Nietzsche will die Steigerung der *Macht* des Menschen, die Wiederherstellung seiner *Kraft;* doch das, was »Wille zur Macht« meint, muß wiedergewonnen werden durch die Vermittlung der Chiffren »Übermensch«, »ewige Wiederkunft« und »Dionysos«, ohne die diese Macht nichts anderes wäre als diesseitige Gewalt. Freud schließlich will, daß der Analysierte dadurch, daß er den Sinn, der ihm fremd war, zu dem seinen macht, sein Bewußtseinsfeld erweitert, besser lebt und schließlich ein wenig freier und, wenn möglich, ein wenig glücklicher wird. Eine der ersten Huldigungen an die Psychoanalyse spricht von »Heilung durch das Bewußtsein«. Ein treffendes Wort, vorausgesetzt man sagt, daß die Analyse ein unmittelbares und verschleierndes Bewußtsein durch ein mittelbares und vom Realitätsprinzip belehrtes Bewußtseins ersetzen will. Derselbe *Zweifler*, der das Ich als ein »armes Ding« beschreibt, drei Herren untertan, dem Es, dem Über-Ich und der Realität oder Notwendigkeit, ist somit auch der Exeget, der die Logik des illogischen Reiches wiederfindet und es wagt, mit einer Scheu und Bescheidenheit sondergleichen, seinen Essay DIE ZUKUNFT EINER ILLUSION mit der Anrufung des Gottes Logos zu beenden, des Gottes mit der zwar leisen, doch unermüdlichen Stimme, nicht des allmächtigen, sondern nur auf die Dauer wirksamen Gottes.

Dieser letzte Verweis auf das »Realitätsprinzip« bei Freud und dessen Gegenstücke bei Nietzsche und Marx – begriffene Notwendigkeit bei diesem, ewige Wiederkunft bei jenem – zeigt den positiven Nutzen der Askese, die von einer reduzierenden und destruktiven Interpretation gefordert wird: die Begegnung mit der nackten Realität, die Disziplin der *Ananke*, der Notwendigkeit.

Zur selben Zeit, wie unsere drei Meister des Zweifels ihre positive Konvergenz finden, verhelfen sie der Phänomenologie des Heiligen sowie jeder als Sammlung des Sinns und als Anamnese des Seins verstandene Hermeneutik zu ihrem radikalsten Gegensatz. Es geht dabei um das Schicksal dessen, was ich abkürzend den mythischpoetischen Kern der Imagination nennen möchte. Der »Illusion«, der »fabulatorischen Funktion« stellt die entmystifizierende Hermeneutik die harte Disziplin der Notwendigkeit gegenüber. Es ist die Lektion Spinozas: man entdeckt, daß man Sklave ist, man versteht seine Versklavung, man findet seine Freiheit wieder in der begriffenen Notwendigkeit. Die *Ethik* ist das erste Modell dieser Askese, durch welche die Libido, der Wille zur Macht, der Imperialismus der herrschenden Klasse hindurch muß. Doch fehlt dieser Disziplin des Wirklichen, dieser Askese des Notwendigen andererseits nicht die Gnade der Imagination, das Auftauchen des Möglichen? Und hat diese Gnade der Imagination nicht etwas mit dem »Wort als Offenbarung« zu tun?

Darum also geht es. Die Frage, die sich uns nun stellt, ist die, bis zu welchem Punkt eine solche Debatte noch im Rahmen einer *Philosophie der Reflexion* ausgetragen werden kann.

Kapitel III
Hermeneutische Methode und Reflexionsphilosophie

In den einleitenden Kapiteln haben wir es uns zur Aufgabe gemacht, Freud in die Bewegung des zeitgenössischen Denkens hineinzustellen. Bevor wir in die Technizität seiner Sprache und in sein spezifisches Problem eindringen, wollten wir den Zusammenhang herstellen, in den die Psychoanalyse sich einfügt. Zuerst haben wir seine Hermeneutik der Kultur vor den Hintergrund der Problematik der Sprache gestellt; von Anfang an erschien uns die Psychoanalyse als eine versteckte Beleuchtung und ein Infragestellen unseres Sprechens; Freud gehört zu unserer Zeit mit der gleichen Berechtigung wie Wittgenstein und Bultmann. Genauer: die Psychoanalyse tritt als eine Episode im Streit der Hermeneutiken in die große Auseinandersetzung über die Sprache ein, ohne daß wir noch wüßten, ob sie nur eine hermeneutische Sekte unter anderen ist oder ob sie, auf eine Weise, die wir herauszufinden hätten, auf alle anderen übergreift. In diesem Kapitel möchten wir weiter vordringen und in der Psychoanalyse, im hermeneutischen Streit und in der gesamten Problematik der Sprache eine Krise der Reflexion ausmachen, d. h., im starken und philosophischen Sinn des Wortes, ein Abenteuer des *Cogito* und der von ihm herrührenden Reflexionsphilosophie.

1. Die Zuflucht des Symbols zur Reflexion

Ich werde mir erlauben, den Weg meiner Selbstbefragung nachzuzeichnen. Zunächst bin ich auf den »Übergang zur Reflexion« gestoßen, wie ich es am Ende der *Symbolique du Mal* nannte, als auf eine Forderung nach Klarheit, Wahrhaftigkeit und Strenge. Ist es möglich, so fragte ich, die Interpretation der Symbole und die philosophische Reflexion auf kohärente Weise miteinander zu verbinden? Auf diese Frage antwortete ich lediglich mit einem in sich widersprüchlichen Gelöbnis: einerseits schwor ich mir, auf die reiche Sprache der Symbole und Mythen zu *horchen*, die meiner Reflexion vorausgeht, sie belehrt und nährt, und andererseits schwor ich mir, mittels der philosophischen Exegese der Symbole und Mythen die rationale Tradition der Philosophie, unserer abendländischen Philosophie fortzusetzen. Das Symbol gibt zu denken, sagte ich, ein Wort von Kant aus der *Kritik der Urteilskraft* aufgreifend. Das Symbol gibt, es ist die Gabe der Sprache: doch diese Gabe macht es mir zur Pflicht, zu denken, die philosophische Rede gerade mit dem zu eröffnen, was stets ihr vorausgeht und sie begründet. Ich habe den paradoxen Charakter dieses Schwurs nicht verborgen: im Gegenteil, ich habe ihn hervorgehoben, indem ich sowohl behauptete, daß die Philosophie nichts beginne, da die Fülle der Sprache ihr vorausgeht, als auch, daß sie von sich aus beginne, da sie es ist, welche die Frage nach dem Sinn und der Grundlegung des Sinns einführt.

In diesem Unternehmen wurde ich ermutigt durch das, was sich mir als der *präphilosophische* Reichtum des Symbols zeigte. Das Symbol, so schien mir, appelliert nicht allein an die Interpretation, wie wir im ersten Kapitel sagten, sondern wirklich an die *philosophische Reflexion*. Daß uns dies nicht schon früher deutlich wurde, lag daran, daß wir uns bisher auf die semantische Struktur des Symbols beschränkten, nämlich auf jenen Überschuß an Sinn, der von seiner »Überdeterminierung« herrührt.

Doch der Appell an die Reflexion hängt noch mit einem zweiten Zug des Symbols zusammen, den wir im Dunkel gelassen haben; der rein semantische Aspekt ist nur der abstrakteste Aspekt des Symbols; tatsächlich aber sind die linguistischen Ausdrücke nicht nur Riten und Affekten einverleibt, wie wir oben andeuteten, als wir von der Symbolik von rein und unrein sprachen, sondern auch Mythen, d.h. großen Erzählungen über Anfang und Ende des Bösen. Vier Zyklen dieser Mythen habe ich untersucht: die Mythen vom ursprünglichen Chaos, die Mythen des bösartigen Gottes, die Mythen der in einen bösen Körper verbannten Seele und die Mythen vom geschichtsträchtigen Fehler eines Vorfahren, der gleichzeitig ein Prototyp der Menschlichkeit sein soll. Hier treten neue Züge des Symbols hervor und mit ihnen neue Anregungen für eine Hermeneutik: zunächst führen diese Mythen exemplarische Personen ein – Prometheus, Anthropos, Adam –, welche die menschliche Erfahrung auf der Ebene eines konkreten Universalen, eines Paradigmas zu verallgemeinern beginnen, von dem wir unsere Bedingung und unser Geschick ablesen; dank der Struktur der Erzählung, welche in »damaliger Zeit« vorgefallene Ereignisse berichtet, erhält unsere Erfahrung zudem eine zeitliche Orientierung, einen von einem Beginn zu einem Ende reichenden Schwung; unsere Gegenwart wird mit einem Gedächtnis und einer Hoffnung beschwert. Und tiefer noch berichten diese Mythen, nach Art eines transhistorischen Ereignisses, von dem irrationalen Bruch, dem absurden Sprung, der zwei Konfessionen voneinander trennt, von denen sich die eine auf die Unschuld des Werdens und die andere auf die Schuld der Geschichte stützt; auf dieser Ebene haben die Symbole nicht nur Ausdruckswert, wie auf der bloß semantischen Ebene, sondern auch einen heuristischen Wert, da sie unserem Selbstverständnis Allgemeinheit, Zeitlichkeit und ontologisches Gewicht verleihen. Die Interpretation besteht also nicht einfach in der Herauslösung der zweiten Intention, die im wörtlichen Sinn gegeben und zugleich verhüllt ist; sie versucht, diese im Mythos implizierte Allgemeinheit, Zeitlichkeit und ontologische Exploration zu thematisieren. Somit ist es das Symbol selbst, das in seiner mythischen Form zum spekulativen Ausdruck drängt; das Symbol selbst ist das Erwachen der Reflexion. Das hermeneutische Problem wird der Reflexion also nicht von außen aufgezwungen, sondern von innen heraus gestellt, und zwar durch die Bewegung des Sinnes selbst, durch das implizite Leben der Symbole, auf ihrer semantischen und mythischen Ebene genommen.

Noch auf eine dritte Weise appelliert die Symbolik des Bösen an eine Wissenschaft der Interpretation, an eine Hermeneutik: sowohl auf semantischer wie auf mythischer Ebene sind die Symbole des Bösen immer die Kehrseite einer umfassenderen Symbolik, einer Symbolik des Heils. Dies gilt bereits auf semantischer Ebene: dem Unreinen entspricht das Reine, der Abirrung der Sünde die Vergebung in ihrem Symbol der Wiederkunft, der Sündenlast die Erlösung und, allgemeiner, der Symbolik der Versklavung die der Befreiung. Noch deutlicher ausgedrückt: im Bereich der Mythen verleihen die Bilder des Endes denen des Anfang ihren wahrhaften Sinn, – die Symbolik des Chaos bildet lediglich die Einleitung zu einem Gedicht, welches die Inthronisierung Marduks feiert; dem tragischen Gott entspricht die Reinigung Apolls, des gleichen Apolls, der durch sein Orakel Sokrates dazu aufrief, die anderen Menschen zu »prüfen«. Dem Mythos der verbrannten Seele entspricht die Symbolik der Erlösung durch Erkenntnis; der Gestalt des ersten Adam entsprechen die sukzessiven Gestalten des Königs, des Messias, des leidenden Gerechten, des Menschensohns, des Herrn, des Logos. Der Philosoph, in seiner Eigenschaft als Philosoph, hat nichts zu sagen in bezug auf die Verkündigung, das apostolische *Kerygma*, demzufolge jene Gestalten sich im Auftreten Jesu Christi erfüllt haben; doch kann und muß er über diese Symbole als Vorstellungen vom Ende des Bösen reflektieren. Was bedeutet nun aber jene wörtliche Entsprechung zweier Symboliken? Sie bedeutet zunächst, daß die Symbolik des Heils der Symbolik des Bösen ihren wahrhaften Sinn verleiht; diese ist nur ein besonderer Bereich innerhalb der religiösen Symbolik. So sagt auch das christliche *Credo* nicht: »Ich glaube an die Sünde«, sondern: »Ich glaube an die Vergebung der Sünden«; doch diese Entsprechung zwischen einer Symbolik des Bösen und einer Symbolik des Heils bedeutet noch wesentlicher, daß man der Faszination einer Symbolik des Bösen, die vom übrigen symbolischen und mythischen Universum abgeschnitten ist, entrinnen und auf die Totalität reflektieren muß, welche die Symbole des Anfangs und des Endes bilden. Hiermit zeigt sich die bereits im Spiel der mythischen Entsprechungen vorgezeichnete architektonische Aufgabe der Vernunft; diese Totalität als solche ist es, die auf der Ebene der Reflexion und der Spekulation ausgesagt zu werden verlangt.

Und dies verlangen die Symbole selbst. Eine Interpretation, die ihren philosophischen Sinn herauslöste, wäre keine ihnen aufgesetzte; sie wird gefordert durch die semantische Struktur, durch die latente Spekulation der Mythen, schließlich durch die Zugehörigkeit eines jeden Symbols zu einer signifikanten Totalität, welche das erste Schema des Systems liefert.

Ohne daß wir schon wüßten, welchen *bevorzugten*[1] Platz die Symbole und Mythen des Bösen innerhalb des Reichs der Symbolik einnehmen, werden wir hier versuchen, das Problem in seiner ganzen Allgemeinheit zu erfassen und die Frage zu stellen: wie kann eine

[1] Indem wir dem Problem der Methode den Vorrang geben, lassen wir die gesamte Symbolik des Bösen auf die Stufe eines Beispiels zurücktreten. Wir werden es nicht zu bedauern haben: eines der Resultate der Reflexion wird es nämlich sein, daß die Symbolik des Bösen kein Beispiel unter anderen ist, sondern ein *bevorzugtes* Beispiel, vielleicht gar der Ursprungsort jeder Symbolik, der Geburtsort des hermeneutischen Problems in seiner ganzen Ausdehnung. Aber dies verstehen wir nur durch die Bewegung der Reflexion – einer Reflexion, welche die Symbole des Bösen zunächst nur als ein beliebiges und willkürlich gewähltes Beispiel kennt.

Reflexionsphilosophie bei der symbolischen Quelle Nahrung finden und sich selbst zur Hermeneutik machen?
Man muß zugeben, daß die Frage recht verwirrend erscheint; traditionellerweise – d. h. seit Platon – wird sie folgendermaßen gestellt: Welchen Platz nimmt der Mythos in der Philosophie ein? Wenn der Mythos nach der Philosophie ruft, stimmt es dann auch, daß die Philosophie nach dem Mythos ruft? Oder, in den Termini des vorliegenden Werks, ruft die Reflexion nach den Symbolen und nach der Deutung der Symbole? Diese Frage steht am Beginn eines jeden Versuchs, von mythischen Symbolen zu spekulativen Symbolen überzugehen, in welchem symbolischen Register auch immer. Man muß sich zuerst dessen versichern, daß der philosophische Akt in seiner innersten Natur so etwas wie eine Interpretation nicht nur nicht ausschließt, sondern erheischt.
Auf den ersten Blick scheint es eine hoffnungslose Frage zu sein.
Die Philosophie, in Griechenland entstanden, hat neue Forderungen in bezug auf das mythische Denken erhoben; vor allem und über allem hat sie die Idee einer »Wissenschaft« eingesetzt, im Sinn der Platonschen *Episteme* oder der *Wissenschaft* des deutschen Idealismus.
Im Hinblick auf diese Idee der philosophischen Wissenschaft hat die Zuflucht zum Symbol etwas Skandalöses.
Erstens bleibt das Symbol in der Vielfalt der Sprachen und Kulturen gefangen und nimmt deren irreduzible Besonderheit an. Warum von den Babyloniern, Hebräern, Griechen ausgehen – seien sie nun Tragiker oder Pythagoreer? Weil sie meine Erinnerung nähren? Damit stelle ich meine Besonderheit ins Zentrum meiner Reflexion. Fordert die philosophische Wissenschaft aber nicht gerade, daß die Besonderheit der kulturellen Schöpfungen und der individuellen Erinnerungen in der Allgemeinheit der Rede resorbiert wird?
Zweitens scheint die Philosophie als strenge Wissenschaft *eindeutige* Bedeutungen zu erheischen. Das Symbol aber, aufgrund seiner analogischen Textur, ist undurchsichtig; der Doppelsinn, der ihm konkrete Wurzeln verleiht, beschwert es mit Materialität; dieser Doppelsinn ist nun aber nicht zufällig, sondern konstitutiv, insofern der analogische Sinn, der existentielle Sinn nur innerhalb und mittels des wörtlichen Sinns gegeben ist; in epistemologischen Termini: diese Undurchsichtigkeit kann nur Zweideutigkeit heißen. Darf die Philosophie systematisch das Zweideutige kultivieren?

Drittens, und das ist das Schwerwiegenste, liefert das Band zwischen Symbol und Interpretation, in dem wir die Verheißung einer organischen Verbindung zwischen *mythos* und *logos* sahen, einen neuen Grund zum Argwohn; jede Interpretation ist widerrufbar; kein Mythos ohne Exegese, doch keine Exegese ohne Kontestation. Die Entschlüsselung von Rätseln ist keine Wissenschaft, weder im Platonschen, noch im Hegelschen, noch im modernen Sinn des Wortes Wissenschaft. Das vorhergehende Kapitel deutet den Ernst des Problems an: wir haben dort den extremsten Gegensatz, der auf dem hermeneutischen Feld überhaupt vorstellbar ist, betrachtet, nämlich den Gegensatz zwischen der Phänomenologie der Religion, aufgefaßt als eine Remystifizierung der Rede, und der Psychoanalyse, aufgefaßt als eine Entmystifizierung der Rede. Und in dem Augenblick, wo unser Problem präzise wird, verschärft es sich auch; nicht nur: weshalb eine Interpretation?, sondern auch: weshalb *diese* gegensätzlichen Interpretationen? Die Aufgabe besteht nicht allein darin, die Zuflucht zu irgendeiner Art von Interpretation zu rechtfertigen, sondern die Abhängigkeit der Reflexion von bereits bestehenden Hermeneutiken zu rechtfertigen, die sich gegenseitig ausschließen.

Die Zuflucht zum Symbol in der Philosophie rechtfertigen, das heißt letztlich, die kulturelle Zufälligkeit, die zweideutige Sprache und den Streit der Hermeneutiken innerhalb der Reflexion selbst rechtfertigen.

Das Problem wird gelöst sein, wenn es uns gelingt zu zeigen, daß die Reflexion in ihrem Prinzip selbst so etwas wie Interpretation fordert; von dieser Forderung ausgehend kann, ebenfalls in seinem Prinzip, der Umweg über die Zufälligkeit der Kulturen, über eine unheilbar zweideutige Sprache und über den Konflikt der Interpretationen gerechtfertigt werden.

Beginnen wir am Anfang: die Zuflucht der Reflexion zum Symbol legt Rechenschaft ab von der Zuflucht des Symbols zur Reflexion, die wir bisher allein in Betracht gezogen haben.

2. Die Zuflucht der Reflexion zum Symbol

Wenn wir sagen: die Philosophie ist Reflexion, dann meinen wir zweifellos Reflexion auf sich selbst. Doch was bedeutet das *Selbst*? Wissen wir das besser, als wir die Wörter Symbol und Interpretation verstehen? Ja, wir wissen es, doch es ist ein abstraktes, leeres, nichtiges Wissen. Ziehen wir also als erstes die Bilanz dieser nichtigen Gewißheit. Vielleicht ist es die Symbolik, welche die Reflexion von ihrer Nichtigkeit erlösen kann, zur gleichen Zeit, wie die Reflexion jedem hermeneutischen Konflikt die Tür öffnen und Struktur geben wird. Was also bedeutet »Reflexion«? Was bedeutet das »Selbst« der Reflexion auf sich selbst?

Ich will hier annehmen, daß das Setzen des Selbst die erste Wahrheit ist für den Philosophen, der in der großen Tradition der modernen Philosophie steht, jener Philosophie, die von Descartes ausgeht, sich mit Kant, Fichte und der reflektiven Strömung der europäischen Philosophie weiterentwickelt. Für diese Tradition, die wir, bevor wir ihre Hauptvertreter einander gegenüberstellen, als ein Ganzes betrachten, ist das Setzen des Selbst eine Wahrheit, die sich selbst setzt; sie kann weder verifiziert noch deduziert werden; es handelt sich gleichzeitig um das Setzen eines Seins und einer Handlung; das Setzen einer Existenz und einer Gedankentätigkeit: *Ich bin, ich denke*; existieren, das heißt für mich: denken; ich existiere, insofern ich denke. Da diese Wahrheit nicht gleich einer Tatsache verifiziert noch gleich einem Schluß deduziert werden kann, muß sie in der Reflexion gesetzt werden; ihr Sich-selbst-Setzen ist Reflexion; Fichte nannte diese erste Wahrheit: das thetische Urteil. Das ist unser philosophischer Ausgangspunkt.

Doch dieses erste Bezugnehmen der Reflexion auf das Setzen des Selbst als existierendes und denkendes reicht zur Charakterisierung der Reflexion nicht aus. Insbesondere verstehen wir noch nicht, weshalb die Reflexion eine Entschlüsselungsarbeit, eine Exegese und eine Wissenschaft der Exegese oder Hermeneutik erheischt, und noch weniger, weshalb diese Entschlüsselung entweder Psychoanalyse oder Phänomenologie des Heiligen sein muß. Dieser Punkt kann nicht verstanden werden, solange die Reflexion als eine Rückkehr zur vermeintlichen Evidenz des unmittelbaren Bewußtseins erscheint; wir müssen ein zweites Charakteristikum der Reflexion einführen. Reflexion ist nicht Intuition, oder positiv ausgedrückt: die Reflexion ist das Bestreben, das Ego des »Ego Cogito« im Spiegel seiner Objekte, seiner Werke und schließlich seiner Handlungen zurückzuerobern. Warum aber muß die Position des Ego durch seine Handlungen hindurch zurückerobert werden? Eben deshalb, weil sie weder in einer psychologischen Evidenz, noch in einer intellektuellen

Intuition, noch in einer mystischen Schau gegeben ist. Eine reflektive Philosophie ist das Gegenteil einer Philosophie des Unmittelbaren. Die erste Wahrheit – *ich bin, ich denke* – bleibt ebenso abstrakt und leer wie unbezwinglich. Sie muß »mediatisiert« werden durch die Vorstellungen, Handlungen, Werke, Institutionen und Denkmäler, welche sie objektivieren; in diesen Objekten, im weitesten Sinn des Wortes, muß das Ego sich verlieren und finden. In etwas paradoxem Sinne können wir sagen, daß eine Philosophie der Reflexion keine Philosophie des Bewußtseins ist, wenn man unter Bewußtsein das unmittelbare Bewußtsein seiner selbst versteht. Das Bewußtsein, so werden wir später sagen, ist eine Aufgabe; eine Aufgabe, weil es keine Gegebenheit ist... Gewiß, ich habe eine Wahrnehmung meiner selbst und meiner Handlungen, und diese Wahrnehmung ist eine Art von Evidenz; Descartes kann nicht um den unbestreitbaren Satz gebracht werden: Ich kann nicht an mir selbst zweifeln, ohne wahrzunehmen, daß ich zweifle. Doch was bedeutet diese Wahrnehmung? Eine Gewißheit zwar, doch eine Gewißheit ohne Wahrheit; wie Malebranche es sehr richtig gegen Descartes gesehen hat, ist dieses unmittelbare Erfassen nur ein Gefühl, nicht eine Idee. Wenn die Idee Licht und Anschauung ist, so gibt es weder Anschauung des Ego, noch Licht der Wahrnehmung; ich fühle lediglich, daß ich existiere und daß ich denke; ich fühle, daß ich wach bin, und dies ist die Wahrnehmung. In Kantischer Sprache: eine Wahrnehmung des Ego mag zwar alle meine Vorstellungen begleiten, doch diese Wahrnehmung ist nicht Selbsterkenntnis, sie kann nicht in Intuition umgewandelt werden, die sich auf eine substantielle Seele bezöge; die entscheidende Kritik, die Kant an jeder »rationalen Psychologie« übt, hat die Reflexion endgültig von jeder vermeintlichen Selbsterkenntnis abgespalten.[2]

Diese zweite These, daß Reflexion nicht Intuition ist, gestattet uns zu erkennen, welchen Platz die Interpretation in der Selbsterkenntnis einnehmen könnte; dieser Platz ist im Unterschied zwischen Reflexion und Intuition selbst vorgezeichnet.

Ein weiterer Schritt wird uns dem Ziel näherbringen: nachdem ich, mit Kant gegen Descartes, Reflexion und Intuition einander gegenübergestellt habe, möchte ich die Aufgabe der Reflexion von einer bloßen Kritik der Erkenntnis unterscheiden; dieser neue Schritt

---

2 In Husserlscher Sprache: das Ego Cogito ist apodiktisch, aber nicht notwendig adäquat.

führt uns diesmal von Kant weg und hin zu Fichte und Nabert. Die grundlegende Begrenztheit einer kritischen Philosophie liegt in ihrem ausschließlichen Interesse an der Erkenntnistheorie; die Reflexion wird auf eine einzige Dimension beschränkt: die alleinigen kanonischen Tätigkeiten des Denkens sind jene, welche die »Objektivität« unserer Vorstellungen begründen. Diese der Erkenntnistheorie eingeräumte Priorität erklärt, weshalb bei Kant, allem Anschein zum Trotz, die praktische Philosophie der kritischen Philosophie untergeordnet wird; die zweite »Kritik«, die der praktischen Vernunft, entlehnt in der Tat alle ihre Strukturen der ersten, der Kritik der reinen Vernunft. Eine einzige Frage beherrscht die kritische Philosophie: was in der Erkenntnis ist *a priori* und was nur empirisch? Diese Unterscheidung ist der Schlüssel der Theorie der Objektivität; sie wird ohne weiteres in die zweite Kritik übertragen; die Objektivität der Maximen des Willens beruht auf der Unterscheidung zwischen der Gültigkeit der Pflicht, die *a priori* ist, und dem Inhalt der empirischen Wünsche. Gegen diese Reduzierung der Reflexion auf eine bloße Kritik behaupte ich, mit Fichte und seinem französischen Nachfolger, Jean Nabert, daß die Reflexion weniger eine Rechtfertigung der Wissenschaft und der Pflicht, als eine Wiederaneignung unseres Strebens nach Existenz ist; die Erkenntnistheorie ist lediglich ein Teil jener umfassenderen Aufgabe: wir müssen den Existenzakt wiedererlangen, das Setzen des Selbst in der ganzen Dichte seiner Werke. Warum muß nun diese Wiederaufnahme als Aneignung, ja sogar als Wiederaneignung charakterisiert werden? Ich muß etwas wiedererlangen, was zunächst verloren war; ich mache zu »eigen«, was aufgehört hat, mein, mein eigen zu sein. Ich mache das zu dem »Meinen«, wovon ich getrennt bin, sei es durch Zeit oder Ort, durch Gedankenlosigkeit oder »Zerstreuung«, oder aufgrund irgendeines schuldhaften Vergessens. Aneignung bedeutet, daß die Anfangssituation, von der die Reflexion ausgeht, das »Vergessen« ist; ich bin verloren, »verirrt« zwischen den Objekten und vom Zentrum meiner Existenz getrennt, so wie ich von den anderen getrennt und der Feind aller bin. Welches auch das Geheimnis dieser »Diaspora«, dieser Trennung sein mag, sie bedeutet, daß ich zunächst nicht besitze, was ich bin; die Wahrheit, die Fichte *thetisches Urteil* nannte, setzt sich selbst in der Einöde der Abwesenheit meiner selbst; deshalb ist die Reflexion *Aufgabe* – die Aufgabe, meine konkrete Erfahrung dem Setzen des *Ich bin* gleichzustellen. Dies ist die letzte Gestalt unseres Anfangssatzes: die Reflexion ist nicht Intuition; jetzt sagen wir: das Setzen des Selbst ist nicht gegeben, es ist eine Aufgabe, – es ist nicht *gegeben*, sondern *aufgegeben*.

Nun kann man sich natürlich fragen, ob wir die praktische und ethische Seite der Reflexion nicht zu sehr betont haben. Ist dies nicht eine neue Einschränkung, ähnlich jener der epistemologischen Strömung der Kantischen Philosophie? Mehr noch, sind wir nicht weiter denn je von unserem Problem der Interpretation entfernt? Ich glaube nicht; die ethische Betonung der Reflexion bedeutet keine Einschränkung, wenn wir den Begriff Ethik in seinem weiten Sinne begreifen, im Sinne Spinozas, wenn er *Ethik* den gesamten Prozeß der Philosophie nennt.

Die Philosophie ist Ethik, insofern sie von der Entfremdung zur Freiheit und Glückseligkeit führt; bei Spinoza ist diese Umkehrung dann erreicht, wenn die Selbsterkenntnis der Erkenntnis der *einen* Substanz gleich geworden ist; doch dieser spekulative Progreß hat in dem Maße eine ethische Bedeutung, in dem das entfremdete Individuum durch die Erkenntnis des Ganzen verwandelt wird. Die Philosophie ist Ethik, doch die Ethik ist nicht rein moralisch. Wenn wir diesem Spinozischen Gebrauch des Wortes Ethik folgen, müssen wir sagen, daß die Reflexion Ethik ist, bevor sie zur Kritik der Moralität wird. Ihr Ziel ist es, das Ego in seinem Streben nach Existenz zu erfassen, in seinem Wunsch nach Sein. Und hier trifft die Reflexionsphilosophie wieder mit der Platonschen Idee zusammen und rettet sie vielleicht, mit jener Idee, daß die Quelle der Erkenntnis Eros ist, Begehren, Liebe, und auch mit der Spinozischen Idee, daß sie *connatus*, Streben ist. Dieses Streben ist Begehren, weil es niemals befriedigt wird; und jenes Begehren ist Streben, weil es das affirmative Setzen eines besonderen Wesens ist und nicht nur ein Mangel an Sein. Streben und Begehren sind die beiden Seiten des Selbstsetzens in der ersten Wahrheit: *ich bin*.

Wir sind nunmehr in der Lage, unseren negativen Satz – die Reflexion ist nicht Intuition – durch einen positiven Satz zu ergänzen: *die Reflexion ist die Aneignung unseres Strebens nach Existenz und unseres Wunsches nach Sein, durch die Werke hindurch, die von diesem Streben und diesem Wunsche zeugen;* deshalb ist die Reflexion mehr als bloße Kritik der Erkenntnis und selbst mehr als bloße Kritik der moralischen Urteilskraft; jeglicher Kritik der Urteilskraft vorgängig, reflektiert sie auf jenen Existenzakt, den wir im Streben und Begehren entfalten.

Dieser dritte Schritt führt uns an die Schwelle unseres Interpretationsproblems: das Setzen dieses Strebens und Begehrens entbehrt nicht nur jeglicher Intuition, sondern wird auch einzig durch die Werke bezeugt, deren Bedeutung zweifelhaft und widerrufbar bleibt. Und hier appelliert die Reflexion an eine Interpretation und will sich in Hermeneutik verwandeln. Dies ist die letzte Wurzel unseres Problems: sie liegt in jenem ursprünglichen Zusammenhang zwischen dem Existenzakt und den Zeichen, die wir in unseren Werken entfalten; die Reflexion muß Interpretation werden, weil ich diesen Existenzakt nirgendwo anders denn in den in dieser Welt verstreuten Zeichen zu fassen vermag. Und daher muß eine Reflexionsphilosophie die Resultate, Methoden und Voraussetzungen aller Wissenschaften einschließen, die die Zeichen des Menschen zu entschlüsseln und zu interpretieren suchen.[3]

Dies ist im Prinzip und in der größtmöglichen Allgemeinheit die Wurzel des hermeneutischen Problems. Es wird einerseits gestellt durch die tatsächliche Existenz der symbolischen Sprache, die an die Reflexion appelliert, aber umgekehrt auch durch die Dürftigkeit der Reflexion, die an die Interpretation appelliert: indem sich die Reflexion selbst setzt, begreift sie ihr Unvermögen, die nichtige und leere Abstraktion des »Ich denke« sowie die Notwendigkeit zu überwinden, durch Entschlüsselung ihrer in der Welt der Kultur verlorenen Zeichen sich selbst wiederzuerlangen. Damit begreift die Reflexion, daß sie nicht in erster Linie Wissenschaft ist, daß sie, um sich zu entfalten, die undurchsichtigen, zufälligen und zweideutigen Zeichen wieder in sich aufnehmen muß, die in den Kulturen, in denen unsere Sprache wurzelt, verstreut liegen.

3. Die Reflexion und die zweideutige Sprache

Dadurch, daß wir das hermeneutische Problem in die Bewegung der Reflexion eingefügt haben, können wir den scheinbar gültigen Einwänden entgegentreten, die sich gegen eine Philosophie erheben

---

[3] vgl. meinen Artikel »Acte et signe dans la philosophie de Jean Nabert«, *Etudes philosophiques*, 1962/63.

lassen, welche sich als Hermeneutik darstellt. Diese Einwände haben wir oben auf drei wesentliche zurückgeführt: Kann die Philosophie ihre Allgemeinheit an zufällige kulturelle Produktionen knüpfen? Kann sie ihre Strenge auf zweideutigen Bedeutungen errichten? Kann sie schließlich ihren Wunsch nach Kohärenz auf die Fluktuationen eines unbestimmten Konflikts zwischen rivalisierenden Interpretationen gründen?

Das Ziel dieser Einführungskapitel ist weniger, die Probleme zu lösen, als ihre Legitimität aufzuzeigen, wenn sie richtig gestellt sind, Gewißheit darüber zu schaffen, daß sie nicht des Sinns ermangeln, sondern in der Natur der Dinge und der Sprache liegen. Daß die Allgemeinheit der philosophischen Rede durch die Zufälligkeit der Kulturen führt, daß ihre Strenge auf zweideutigen Sprachen gründet, daß ihre Kohärenz durch den Streit der Hermeneutiken führt – das kann und muß als der obligatorische Weg, als die durchgebildete dreifache Aporie erscheinen. Am Ende dieser drei Untersuchungszyklen, die ich mit Bedacht eine »Problematik« genannt habe, sollte eines klargeworden sein: daß die Aporien der Interpretation diejenigen der Reflexion selbst sind.

Ich werde hier nur wenig über die erste Schwierigkeit sagen, die ich in der Einleitung zur *Symbolique du Mal* erörtert habe. Von einer bereits vorhandenen Symbolik ausgehen – das war mein Einwand –, heißt, sich etwas zu denken geben; doch es heißt gleichzeitig, eine radikale Zufälligkeit in die Rede einführen, die Zufälligkeit der angetroffenen Kulturen. Damals erwiderte ich, daß der Philosoph nicht von nirgendwoher spricht: jede Frage, die er stellt, kommt aus der Tiefe seines griechischen Gedächtnisses; das Feld seiner Forschungen ist fortan unausweichlich orientiert; sein Gedächtnis enthält den Gegensatz von »nah« und »fern«. Durch diese Zufälligkeit historischer Begegnungen hindurch müssen wir zwischen den verstreuten kulturellen Themen Sequenzen unterscheiden. Heute füge ich hinzu: einzig die abstrakte Reflexion spricht von nirgendwoher. Um konkret zu werden, muß die Reflexion ihren unmittelbaren Anspruch auf Allgemeinheit aufgeben, bis sie die Notwendigkeit ihres Prinzips und die Zufälligkeit der Zeichen, durch die hindurch sie sich wiedererkennt, miteinander verschmolzen hat. Und gerade in der Bewegung der Interpretation kann sich diese Fusion vollziehen.

Wir müssen nun dem ernsteren Einwand zu Leibe rücken, demzufolge das Denken durch die Zuflucht zur Symbolik der zweideutigen Sprache und trügerischen Argumenten ausgeliefert wird, die eine gesunde Logik verdammt. Diesem Einwand darf um so weniger ausgewichen werden, als die Logiker die symbolische Logik erfunden haben, und zwar in der ausdrücklichen Absicht, die Zweideutigkeit unserer Argumente zu beseitigen; für den Logiker bedeutet das Wort Symbol genau das Gegenteil dessen, was es für uns bedeutet; die Geltung, welche die symbolische Logik erlangt hat, macht es uns zur Pflicht, uns über diesen Doppelsinn klarzuwerden, der zumindest eine seltsame Homonymie bildet; wir müssen dies um so mehr, als wir ständig auf jene Dualität der eindeutigen und der mehrdeutigen Ausdrücke angespielt und stillschweigend angenommen haben, daß die letzteren eine unersetzliche philosophische Funktion haben können.

Die Rechtfertigung der Hermeneutik kann nur dann eine entscheidende sein, wenn man in der Natur des reflektiven Denkens selbst das Prinzip einer komplexen und nicht willkürlichen, in ihren Gliederungen strengen, doch auf die Linearität der symbolischen Logik irreduziblen *Logik des Doppelsinns* sucht. Diese Logik ist dann nicht mehr eine formale Logik, sondern eine transzendentale, – nicht der Bedingungen der Objektivität einer Natur, sondern der Bedingungen der Aneignung unseres Wunsches nach Sein; eben darin ist die Logik des Doppelsinns, die der Hermeneutik eignet, transzendentaler Art.

Dieses Band zwischen Logik des Doppelsinns und transzendentaler Reflexion gilt es nun zu knüpfen.

Wenn der Hermeneutiker die Debatte nicht auf dieser Ebene führt, wird er sich schnell in eine unhaltbare Situation getrieben sehen. Vergeblich wird er die Debatte auf der Ebene der semantischen Struktur des Symbols zu halten suchen. Er wird zwar, wie wir selbst es bisher taten, Nutzen ziehen aus der Überdeterminierung des Sinns jener Symbole, um eine Theorie der doppelten Symbolik zu verteidigen und ihre jeweiligen Anwendungsbereiche vor jeglichem Übergriff zu schützen. Doch der Gedanke, daß es zwei Logiken *auf gleicher Ebene* geben könne, ist ganz einfach unhaltbar; ihr bloßes Nebeneinander kann nur zur Eliminierung der Hermeneutik durch die symbolische Logik führen.

Auf welche Vorteile kann sich der Hermeneutiker denn angesichts der formalen Logik tatsächlich berufen? Der Künstlichkeit des logischen Symbols, das sich schreiben und lesen, aber nicht aussagen läßt, wird er eine im wesentlichen orale, jedesmal wie ein Erbe empfangene Symbolik gegenüberstellen. Der Mensch, der in Symbolen spricht, ist in erster Linie ein Berichtender; und er übermittelt eine Sinnfülle, über die er so wenig verfügt, daß sie es ist, die ihm zu denken gibt; die Dichte des vielfachen Sinns appelliert an seine Intelligenz, und die Deutung besteht weniger darin, die Ambiguität zu beseitigen, als sie zu verstehen und ihren Reichtum zu erklären. Man wird wiederum sagen, die logische Symbolik sei leer und die hermeneutische voll; sie offenbare den Doppelsinn der weltlichen oder psychischen Realität. Dies deuteten wir oben an, als wir sagten, das Symbol sei gebunden: das sinnliche Zeichen, sagten wir, ist vom symbolischen Sinn gebunden, der in ihm liegt und ihm Durchsichtigkeit und Leichtigkeit verleiht; dieser wiederum ist an seinen sinnlichen Träger gebunden, der ihm Gewicht und Undurchsichtigkeit verleiht. Man könnte noch hinzufügen, daß es uns selbst auf diese Weise bindet, indem es dem Denken einen Inhalt, Fleich und Dichte verleiht.

Diese Unterscheidungen und Gegensätze sind nicht falsch; sie sind nur nicht begründet. Eine Gegenüberstellung, die sich auf die symbolische Textur des Symbols beschränkt und nicht zur Frage ihrer Begründung in der Reflexion kommt, wird dem Hermeneutiker unweigerlich zur Verwirrung geraten. Die Künstlichkeit und die Leere der logischen Symbolik sind in der Tat nur das Gegenstück und die Bedingung der wirklichen Absicht dieser Logik, nämlich die Nicht-Ambiguität der Argumente zu garantieren; was nun aber der Hermeneutiker Doppelsinn nennt, ist in logischen Termini Ambiguität, d. h. Zweideutigkeit der Wörter und Amphibolie der Aussagen. Man kann also die Hermeneutik und die symbolische Logik nicht einfach nebeneinandersetzen; sehr schnell macht die symbolische Logik jeglichen faulen Kompromiß unhaltbar. Gerade ihre »Intoleranz« zwingt die Hermeneutik, ihre eigene Sprache auf radikale Weise zu rechtfertigen.

Es gilt also, diese Intoleranz zu verstehen, um *a contrario* zur Begründung der Hermeneutik zu gelangen.

Wenn die Strenge der symbolischen Logik ausschließlicher erscheint als die der traditionellen formalen Logik, so deshalb, weil sie nicht deren einfache Fortsetzung ist; sie repräsentiert nicht einen höheren

Grad der Formalisierung. Sie rührt von einer Entscheidung her, welche die gewöhnliche Sprache in ihrer Gesamtheit betrifft; sie bedeutet einen Bruch mit ihr und ihrer unheilbaren Ambiguität. Was sie in Frage stellt, ist der zweideutige Charakter ihrer Konstruktionen, die Unklarheit des metaphorischen Stils und der idiomatischen Wendungen, die Gefühlsresonanz der beschreibenden Sprache. Die symbolische Logik verzweifelt gerade an der natürlichen Sprache, wo die Hermeneutik an deren implizite »Weisheit« glaubt.

Dieser Kampf beginnt mit dem Ausstoßen all dessen aus der eigentlich kognitiven Sphäre, was in der Sprache über die Tatsachen informiert; die übrige Rede wird in die Rubrik der Ausdrucks- und der Weisungsfunktion der Sprache verwiesen. Was nicht über die Tatsachen informiert, drückt Affekte, Gefühle oder Verhaltensweisen aus oder veranlaßt andere zur Erzeugung eines besonderen Verhaltens.

Solcherart auf die Informationsfunktion reduziert, muß die Sprache noch von der Zweideutigkeit gereinigt werden; es gilt also, die Ambiguität der Wörter zu entlarven, um sie aus den Argumenten auszumerzen und diese Wörter auf kohärente Weise in derselben Bedeutung innerhalb eines selben Arguments verwenden zu können; es ist die Funktion der Definition, die Bedeutung zu erklären und damit die Ambiguität zu beseitigen: dies gelingt einzig den wissenschaftlichen Definitionen, die sich nicht damit begnügen, über die Bedeutung Rechenschaft abzulegen, welche die Wörter bereits, unabhängig von der Definition, in ihrem Gebrauch besitzen, sondern die ein Objekt genauestens gemäß einer wissenschaftlichen Theorie charakterisieren (so z. B. die Definition der Kraft als Produkt von Masse und Beschleunigung im Rahmen der Newtonschen Theorie).

Doch die symbolische Logik geht noch weiter. Der Preis der Eindeutigkeit ist für sie die Schaffung einer Symbolik ohne Bindung an die natürliche Sprache. Und dieser Gebrauch des Symbols schließt den anderen aus. Die Zuflucht zu einer vollkommen künstlichen Symbolik führt in die Logik einen Unterschied nicht nur des Grades, sondern der Natur ein; die Symbole des Logikers kommen gerade dort ins Spiel, wo die Formulierung von Argumenten der klassischen Logik in der natürlichen Sprache auf eine unüberwindliche und gleichsam remanente Ambiguität stießen; so eliminiert z. B. das Zeichen »v« die Ambiguität der Wörter, welche in der gewöhnlichen Sprache die Disjunktion ausdrücken (*oder, ou, or*); »v« drückt einzig die der nichtausschließenden und der ausschließenden Disjunktion gemeinsame Teilbedeutung aus – die der nichtausschließenden Disjunktion (lateinischer Sinn von *vel*), derzufolge mindestens eines der Glieder der Disjunktion wahr ist, aber vielleicht auch beide, und die der ausschließenden Disjunktion (lateinischer Sinn von *aut*), derzufolge mindestens eines der Glieder wahr und mindestens eines falsch ist; »v« behebt die Ambiguität, indem es die nichtausschließende Disjunktion formuliert, die der den beiden Arten der Disjunktion gemeinsame Teil ist. Desgleichen läßt sich durch das Symbol »⊃« die Ambiguität beheben, welche der Begriff der Implikation noch enthält (er kann die formale Implikation bezeichnen, seis durch Definition, Kausalität oder Entscheidung); das Symbol »⊃« formuliert die gemeinsame Teilbedeutung, nämlich daß in keiner hypothetischen Aussage zugleich der Vordersatz wahr und der Nachsatz falsch sein kann; das Symbol verkürzt folglich eine längere Symbolik, welche die Verneinung der Konjunktion von Wahrheitswert des Vordersatzes und Falschheit des Nachsatzes, also »∼ (*p*. ∼ *q*)«.

Somit erlaubt die künstliche Sprache der logischen Symbolik, über die Gültigkeit der Argumente in allen den Fällen zu entscheiden, wo eine remanente Ambiguität mit der Struktur der gewöhnlichen Sprache zusammenhängt. Der Punkt, an dem die symbolische Logik die Hermeneutik kreuzt und sie in Frage stellt, ist also der folgende: die Zweideutigkeit des Vokabulars, die Amphibolie der Syntax, kurz, die Ambiguität der gewöhnlichen Sprache kann einzig auf der Ebene einer Sprache überwunden werden, deren Symbole einen vollständig durch die Wahrheitstafel bestimmten Sinn haben, die sie zu konstruieren gestatten. So ist die Bedeutung des Symbols »v« vollständig durch seine Wahrheitsfunktion bestimmt, insofern es dazu dient, die Gültigkeit des disjunktiven Syllogismus zu bewahren; desgleichen erschöpft die Bedeutung des Symbols »⊃« voll und ganz seinen Sinn in der Konstruktion der Wahrheitstafel des hypothetischen Syllogismus. Eben diese Konstruktionen bezeugen, daß das Symbol vollkommen eindeutig ist, und die Eindeutigkeit des Symbols garantiert die allgemeine Gültigkeit der Argumente.

Solange die Logik des Doppelsinns nicht in ihrer reflektiven Funktion begründet ist, verstößt sie notwendig gegen die formale und symbolische Logik; die Hermeneutik wird in den Augen des Logikers immer im Verdacht stehen, eine sträfliche Nachsicht gegenüber zweideutigen Bedeutungen zu hegen und Ausdrücken, die nur eine Ausdrucksfunktion, ja sogar nur eine Weisungsfunktion besitzen, heimlich eine Informationsfunktion zu unterschieben. Die Hermeneutik fällt somit in die *fallacies of relevance,* welche die gesunde Logik denunziert.

Einzig die Problematik der Reflexion kann den zweideutigen Ausdrücken zu Hilfe kommen und wirklich eine Logik des Doppelsinns begründen. Was die zweideutigen Ausdrücke allein zu rechtfertigen vermag, ist ihre *a priori*-Rolle in der Bewegung der Aneignung des Selbst durch das Selbst, welche die reflektive Tätigkeit ausmacht. Diese *a priori*-Funktion untersteht nicht mehr einer formalen, sondern einer transzendentalen Logik, wenn man unter transzendentaler Logik die Festlegung von Möglichkeitsbedingungen eines Objektivitätsbereichs im allgemeinen versteht; die Aufgabe einer solchen Logik ist es, auf regressivem Wege die Begriffe herauszuarbeiten, die durch die Konstituierung eines Erfahrungstypus und eines entsprechenden Realitätstypus vorausgesetzt werden. Die transzendentale Logik erschöpft sich nicht im Kantischen *a priori.* Das Band, welches wir geknüpft haben zwischen der Reflexion über das *Ich denke, ich bin* als eines Aktes und den in den Kulturen des Existenzaktes verstreuten Zeichen, eröffnet ein neues Feld der Erfahrung, der Objektivität und der Realität. Und zu diesem Feld gehört die Logik des Doppelsinns, von der wir oben sagten, daß sie zwar komplex, doch nicht willkürlich und in ihren Gliederungen streng sein kann. In der Struktur der Reflexion selbst liegt das Prinzip einer Schranke gegenüber den Forderungen der symbolischen Logik; wenn es nicht so etwas wie das Transzendentale gibt, dann bleibt die Intoleranz der symbolischen Logik ohne Antwort; ist hingegen das Transzendentale eine authentische Dimension der Rede, dann gewinnen die Gründe wieder an Kraft, die man dem Anspruch des Logizismus, jede Rede an ihrer Behandlung der Argumente zu messen, entgegenhalten kann und die uns mangels einer Grundlage »in der Luft« zu hängen schienen.

1. Die Forderung nach Eindeutigkeit gilt nur für eine Rede, die sich als *Argument* darstellt: die Reflexion aber argumentiert nicht, sie zieht keinerlei Schlüsse, sie deduziert und argumentiert nicht; sie sagt, unter welchen Möglichkeitsbedingungen das empirische Be-

wußtsein dem thetischen Bewußtsein gleichgestellt werden kann. Infolgedessen ist nur jener Ausdruck zweideutig, der innerhalb ein und desselben »Arguments« eindeutig sein sollte und es nicht ist; hingegen besteht keinerlei *fallacy of ambiguity* im reflektiven Gebrauch von Symbolen mit vielfachem Sinn: über diese Symbole reflektieren und sie interpretieren ist ein und derselbe Akt.

2. Die Einsicht, die durch das Verständnis der Symbole sich herausbildet, ist kein kümmerlicher Ersatz für die Definition, weil die Reflexion kein Denken ist, das nach »Klassen« definiert und denkt. Wir stoßen hier wieder auf das Aristotelische Problem der »vielfachen Bedeutung des Seidenden«: Aristoteles hat als erster genau erkannt, daß die philosophische Rede sich nicht der logischen Alternative des Eindeutigen und des Zweideutigen unterordnet, weil das Seiende keine »Gattung« ist; zwar wird das Seiende ausgesagt, doch »es wird auf vielfache Weise ausgesagt«.

3. Kehren wir zu der ersten Alternative zurück, die wir oben betrachteten: eine Aussage, sagten wir, welche nicht über Tatsachen informiert, drückt lediglich die Gefühle oder Verhaltensweisen eines Subjekts aus; die Reflexion fällt nun aber nicht in diese Alternative; was die Aneignung des *Ich denke, ich bin* ermöglicht, ist weder eine empirische noch eine emotionale Aussage, sondern etwas anderes als die eine und die andere.

Dieses Plädoyer für die Interpretation beruht voll und ganz auf ihrer *reflektiven* Funktion. Wenn die doppelte Bewegung – des Symbols zur Reflexion und der Reflexion zum Symbol – gilt, dann ist das interpretierende Denken wohlbegründet. Dann kann man, zumindest in negativer Form, sagen, daß sich das Denken nicht durch eine Argumentenlogik ausmessen läßt; die Semantik der Philosophie geht nicht vollständig in eine symbolische Logik ein.
Diese Äußerungen bezüglich der philosophischen Rede erlauben es nicht zu sagen, was wirklich eine philosophische Aussage ist; nur das ausgesagte Sein könnte das Sagen völlig rechtfertigen. Zumindest aber können wir behaupten, daß die indirekte, symbolische Sprache der Reflexion gültig sein *kann*, nicht weil sie zweideutig ist, sondern *obwohl* sie zweideutig ist.

4. Die Reflexion und der hermeneutische Konflikt

Doch die Antwort der Hermeneutik auf die Einwände der symbolischen Logik läuft Gefahr, ein fruchtloser Sieg zu bleiben; die Kontestation kommt nicht allein von außen, sie ist nicht nur die Stimme des »intoleranten« Logikers; sie kommt auch von innen, von der inneren Inkonsistenz der Hermeneutik, die vom Widerspruch zerrissen wird. Wir wissen nun, daß man der Reflexion nicht *eine,* sondern mehrere Interpretationen integrieren muß. Es ist also der hermeneutische Konflikt selbst, der den Reflexionsprozeß nährt und den Übergang von der abstrakten Reflexion zur konkreten bestimmt. Ist dies möglich, ohne die Reflexion zu »zerbrechen«?

Als wir versuchten, die Zuflucht zu bereits bestehenden Hermeneutiken zu rechtfertigen – zu der der Phänomenologie der Religion und zu der der Psychoanalyse –, deuteten wir an, daß ihr Konflikt vielleicht nicht nur eine Krise der Sprache sei, sondern tiefer noch eine Krise der Reflexion: die Idole töten und auf die Symbole horchen, ist dies nicht, so fragten wir, ein und dasselbe? In der Tat kann die tiefe Einheit von Entmystifizierung und Remystifizierung der Rede erst am Ende einer Askese der Reflexion sichtbar werden, im Laufe derer die Auseinandersetzung, die das hermeneutische Feld dramatisiert, zu einer Disziplin des Denkens geworden ist.

Von nun an tritt ein Zug dieser Disziplin deutlich hervor: die beiden Unternehmen, die wir zu Beginn einander gegenüberstellten – den Illusionsabbau und die Wiederherstellung des vollen Sinns –, diese beiden Unternehmen haben das gemeinsame Ziel, den Ursprung des Sinns in einen anderen Mittelpunkt zu verlegen, welcher nicht mehr das unmittelbare Subjekt der Reflexion – das »Bewußtsein« –, das wachsame, auf seine Präsenz bedachte, um sich selbst besorgte und an sich selbst gebundene Ich ist. Somit repräsentiert die von ihren entgegengesetztesten Polen aus angegangene Hermeneutik zunächst eine Kontestation und eine Prüfung der Reflexion, deren erste Bewegung es ist, sich mit dem unmittelbaren Bewußtsein zu identifizieren. Uns von den Widersprüchen der extremen Hermeneutiken zerreißen zu lassen heißt, uns dem Staunen überlassen, das die Reflexion in Gang setzt: zweifellos müssen wir von uns selbst getrennt, aus dem Mittelpunkt vertrieben sein, um endlich zu wissen, was *Ich denke, ich bin* bedeutet.

Wir meinten, die Antinomie von Mythos und Philosophie dadurch aufgelöst zu haben, daß wir in der Interpretation selbst die Vermittlung zwischen Mythos und Philosophie oder, in einem weiteren Sinne, zwischen Symbol und Reflexion suchten. Doch diese Vermittlung ist nicht gegeben, sie ist zu konstruieren.
Sie ist nicht gegeben als eine auf der Hand liegende Lösung. Die Entäußerung des Ego, zu der die Psychoanalyse uns mehr als irgendeine andere Hermeneutik aufruft, ist die erste Reflexionstatsache, die die Reflexion nicht begreift. Doch die phänomenologische Interpretation des Heiligen, der sie diametral entgegenzustehen scheint, ist dem Stil und der Grundintention der reflektiven Methode nicht weniger fremd; stellt sie der immanenten Methode der reflektiven Philosophie nicht eine transzendentale Methode gegenüber? Scheint das Heilige, das sich in seinen Symbolen manifestiert, nicht eher zur Offenbarung zu gehören denn zur Reflexion? Mag man nun zurückblicken auf den Willen zur Macht des Nietzscheschen Menschen, auf das Gattungswesen des Marxschen Menschen, auf die Libido des Freudschen Menschen, oder vorwärtsblicken zum transzendenten Bedeutungsbrennpunkt, den wir hier mit dem vagen Terminus des Heiligen belegen – der Brennpunkt des Sinns ist nicht das »Bewußtsein«, sondern Anderes als das Bewußtsein.
Die eine wie die andere Hermeneutik stellen also die gleiche Vertrauensfrage: kann die Entäußerung des Bewußtseins zugunsten eines anderen Sinnbrennpunkts verstanden werden als ein *Akt der Reflexion*, gar als die erste Gebärde der Wiederaneignung? Diese Frage bleibt vorerst noch unentschieden; sie ist noch radikaler als die nach der Koexistenz mehrerer Interpretationsstile und als jede Krise der Sprache, vor welcher der hermeneutische Konflikt sich abzeichnet.
Wir ahnen, daß diese drei »Krisen« – Krise der Sprache, Krise der Interpretation, Krise der Reflexion – nur zusammen gelöst werden können. Um konkret, d. h. ihren reichsten Inhalten gleich zu werden, muß sich die Reflexion zur Hermeneutik wandeln: aber es gibt keine allgemeine Hermeneutik. Diese Aporie setzt uns in Bewegung: wäre es dann nicht ein und dasselbe Unterfangen, den Streit der Hermeneutiken zu schlichten *und* die Reflexion nach Maßgabe einer Kritik der Interpretation zu erweitern? Ist es nicht in ein und derselben Bewegung, in der die Reflexion *konkrete* Reflexion werden *und* die Rivalität der Interpretationen *erfaßt* wer-

den kann, und zwar im doppelten Sinn des Wortes: gerechtfertigt durch die Reflexion und ihrem Werke einverleibt?

Im Augenblick sind wir in großer Bedrängnis: ein dreigliedriges Verhältnis bietet sich uns dar: die Reflexion, die als Wiederherstellung des Sinns verstandene Interpretation und die als Illusionsabbau begriffene Interpretation. Wahrscheinlich muß man sich im Kampf der Interpretationen sehr weit vorwagen, bevor man, als eine Forderung des Streits der Hermeneutiken selbst, die Möglichkeit auftauchen sieht, sie in ihrer *Gesamtheit* in der Reflexion zu verankern. Doch wird die Reflexion ihrerseits nicht mehr das ebenso blutleere wie unumstößliche, ebenso sterile wie unwiderlegbare Setzen des *Ich denke, ich bin* sein: sie wird konkrete Reflexion geworden sein, und zwar gerade dank der rauhen hermeneutischen Disziplin.

Zweites Buch
Analytik
Freud-Lektüre

Einleitung:
Wie Freud zu lesen sei

Bevor ich meinen Essay zum Verständnis Freuds beginne, möchte ich darlegen, wie er geschrieben wurde und wie er gelesen werden sollte.

Es handelt sich hier nicht um eine Interpretation auf einer einzigen Ebene, sondern um eine Reihe von Schnitten, bei denen jede Lektüre durch die nächstfolgende nicht nur ergänzt, sondern korrigiert wird; der Abstand zwischen der ersten und der letzten Lesart wird sogar so groß sein, daß die anfängliche Interpretation widerlegt scheinen könnte; doch dem ist nicht so; jede Lesart ist wesentlich und muß erhalten bleiben.

Dieses Verfahren möchte ich näher erläutern.

Zuerst einige Worte über die beiden großen Abschnitte dieser Studie, die ich *Analytik* und *Dialektik* genannt habe, sodann über die Bewegung der Analytik selbst.

1. Im Hinblick auf eine Dialektik der Hermeneutiken wurde eine gesonderte Studie geschrieben, die sich auf die Freudsche Deutung als solche bezieht. Diese gesonderte Interpretation nenne ich »Analytik« aufgrund des gleichsam mechanischen und äußerlichen Charakters ihres Gegensatzes zu allen anderen Interpretationen. Wie fügt sich diese als Ganzes genommene Analytik in die Dialektik?

Das Verhältnis zwischen *Analytik* und *Dialektik* entspricht der in der *Problematik* gestellten zentralen Schwierigkeit. Zu Anfang erschien mir Freud in der Tat *ein* Repräsentant der reduzierenden und entmystifizierenden Hermeneutik zu sein, neben Marx und Nietzsche. So habe ich ihn auch oben eingeführt und vorgestellt. Zuerst hat mich also der Hang zum Extremen geleitet; Freud erschien mir wie einer, der in der hermeneutischen Auseinandersetzung eine präzise Stellung einnimmt, gegenüber einer nicht-reduzierenden und restaurierenden Hermeneutik und neben anderen Denkern, die einen ähnlichen Kampf führten wie er. Die ganze Bewegung dieses Buches besteht in einer allmählichen Berichtigung dieser Ausgangsposition und der gewissermaßen panoramischen Sicht über den Kampfplatz, die sie bestimmt. Am Ende mag es scheinen, als stehe Freud in diesem ungewissen Kampf nicht mehr nirgendwo, da er überall steht. Dieser Eindruck ist richtig: die Schranken der Psychoanalyse werden letzlich weniger als eine Grenze aufzufassen sein, außerhalb derer es andere, rivalisierende oder verbündete Auffassungen gibt, sondern als die imaginäre Linie einer Forschungsfront, die unaufhörlich vorrückt, während die anderen, zunächst außerhalb stehenden Auffassungen diesseits dieser Linie zu liegen kommen. Zu Anfang ist Freud ein Kämpfer unter anderen; am Ende ist er zum privilegierten Zeugen des totalen Kampfes geworden, weil alle Gegensätze in ihn verlagert sind.

Als erstes finden wir seine Verbündeten *in ihm* wieder, nicht mehr neben ihm. Nach und nach sehen wir das Problem Nietzsches und das von Marx inmitten der Freudschen Frage auftauchen, als das Problem der Sprache, der Ethik und der Kultur. Die drei Kulturinterpretationen, die wir nebeneinanderzustellen pflegen, greifen ineinander über, da die Frage jedes einzelnen zur Frage der anderen wird.

Doch vor allem wird sich die Situation Freuds im Verhältnis zu dem, was ihr am meisten entgegensteht, nämlich zu einer Hermeneutik des Heiligen, im Laufe dieser aufeinanderfolgenden Lektüren verändern. Zunächst wollte ich mich in der schärfsten Konfrontation üben, um mir die größtmögliche Distanz des Denkens zu verschaffen. Bei einer Interpretation der Psychoanalyse, die ausschließlich von ihrer eigenen Systematik bestimmt wird, sind zu Beginn alle Gegensätze äußerlich; die Psychoanalyse hat ihr Anderes außerhalb ihrer. Diese erste Lektüre ist notwendig; sie hat ihre Kraft als Disziplin der Reflexion; sie bewirkt die Entäußerung des Bewußtseins und regelt die Askese jenes Narzißmus, der als das wahre Cogito angesehen werden will. Daher wird dieser Lektüre und ihrer harten Schule niemals abgeschworen werden, sie werden vielmehr in der letzten Lektüre aufbewahrt. Lediglich für eine zweite Lektüre, die unserer *Dialektik,* kann sich der äußerliche Gegensatz und alle Mechanik der Auffassungen in einen inneren Gegensatz umkehren und wird jede einzelne Auffassung gleichsam zu ihrem Anderen werden und die Vernunft der entgegengesetzten Auffassung in sich tragen.

Weshalb, wird man fragen, nicht direkt zu jener dialektischen Auffassung übergehen? Im wesentlichen aus Denkdisziplin. Zuerst gilt es, jeder Auffassung für sich gerecht zu werden; dazu muß man sich, wenn ich so sagen darf, ihre erzieherische Ausschließlichkeit zu eigen machen. Sodann gilt es, ihrem Gegensatz Rechnung zu tragen; dazu muß man die bequemen Eklektizismen zunichte machen und alle Gegensätze als äußerliche setzen. Wir werden versuchen, diese Denkdisziplin aufrechtzuerhalten: deshalb wollen wir in die Psychoanalyse durch das eintreten, worin sie am anspruchsvollsten ist, nämlich durch die Systematik, welche Freud selbst ihre »Metapsychologie« nannte.

2. Doch unsere *Analytik* selbst ist keine Lektüre aus einem Stück und auf derselben Ebene; von Anfang an ist sie auf eine dialektische Auffassung ausgerichtet, und zwar durch die Bewegung vom Abstraktesten zum Konkretesten, welche die folgenden Lektüren nach sich zieht. Das Wort »abstrakt« gebrauche ich hier nicht im vagen und uneigentlichen Sinn, demzufolge eine Idee abstrakt ist, wenn sie keine Grundlage in der Erfahrung besitzt, von den Tatsachen losgelöst, »rein theoretisch« ist, wie man sagt, sondern im präzisen und eigentlichen Sinn des Wortes. Die Topik und die Ökonomik sind nicht abstrakt in dem Sinne, daß sie von den Tatsachen entfernt wären.

In den Geisteswissenschaften werden die Tatsachen selbst von der »Theorie« begründet; die »Tatsachen« der Psychoanalyse sind von der »Theorie« eingesetzt – in Freudscher Sprache: durch die »Metapsychologie«; nur zusammen können »Theorie« und »Tatsachen« entkräftet oder bekräftigt werden.

Die Freudsche »Topik« ist demnach in einem spezifischen Sinne abstrakt. In welchem Sinne? In dem, daß sie nicht vom intersubjektiven Charakter der Dramen Rechenschaft gibt, die ihr Hauptthema bilden; ob es sich nun um das Drama der elterlichen Beziehung oder um das der therapeutischen Beziehung selbst handelt, in dem die anderen Situationen zum Wort gelangen – stets nährt sich die Analyse von einer Auseinandersetzung zwischen Bewußtseinen. In der Freudschen Topik aber wird diese Auseinandersetzung auf eine Vorstellung des psychischen Apparats projiziert, wo einzig das »Schicksal der Triebe« innerhalb einer isolierten Psyche thematisiert wird. Grob gesagt: die Freudsche Systematik ist solipsistisch, während die Situationen und Beziehungen, von denen die Analyse spricht und die in der Analyse sprechen, intersubjektiv sind. Darauf beruht der »abstrakte« Charakter der ersten Lektüre, die wir im ersten Teil der *Analytik* vorschlagen. So erscheint die Topik, die anfangs als notwendige Disziplin angenommen wurde, nach und nach als eine vorläufige Bezugsebene, die nicht aufgegeben, sondern überwunden und aufgehoben wird. Nach und nach wird, innerhalb der *Analytik* selbst, die Freud-Lektüre reicher werden und in ihr Gegenteil umschlagen, bis zu dem Augenblick, wo sie etwas sagen wird, was auch Hegel sagt.

Dies also sind die hauptsächlichen Richtpunkte dieser Bewegung, die unsere *Analytik* zu ihrer *Dialektik* führt. In einem ersten Zyklus mit dem Titel »Energetik und Hermeneutik« werden wir die Grundbegriffe der analytischen Interpretation erläutern; diese Studie, rein erkenntnistheoretischer Art, konzentriert sich auf die Schriften zur Metapsychologie aus den Jahren 1914–1917.[1] Eine Frage leitet uns hierbei: Was heißt deuten in der Psychoanalyse? Diese Untersuchung muß einer jeden Studie vorausgehen, die sich auf Kulturerscheinungen bezieht; denn das gute Recht sowie die Gültigkeitsgrenze der Interpretation hängen ausschließlich von der Lösung dieses epistemologischen Problems ab. Jene ersten Kapitel, in denen wir uns in etwa an die historische Abfolge der Herausbildung der ersten Topik (unbewußt, vorbewußt, bewußt) und die allmähliche Einsetzung der ökonomischen Erklärung halten, stellen uns vor ein offenbares Dilemma: die Psychoanalyse wird uns abwechselnd als die Erklärung psychischer Phänomene durch Kräftekonflikte erscheinen, folglich als Energetik, und als die Exegese des manifesten Sinns durch einen latenten Sinn, folglich als Hermeneutik. Um die Einheit dieser beiden Arten des Verstehens geht es in diesem ersten Teil; einerseits wird uns die Einbeziehung der ökonomischen Auffassung in eine Theorie des Sinns als einzige geeignet erscheinen, die Psychoanalyse als »Deutung« zu konstituieren; andererseits wird uns die ökonomische Auffassung als auf keine andere reduzierbar erscheinen, und zwar aufgrund dessen, was wir den unüberwindbaren Charakter des Wunsches nennen möchten.

Im zweiten Zyklus, »Die Interpretation der Kultur«, beginnt sich allmählich die Bewegung des Durchbruchs von innen abzuzeichnen. In der Tat läßt sich die gesamte Freudsche Kulturtheorie als eine bloß analogische Transposition der ökonomischen Erklärung des Traums und der Neurose betrachten. Doch die Anwendung der

[1] siehe S. 126, Fn. 1.

Psychoanalyse auf ästhetische Symbole, auf Ideale und Illusionen zwingt rückwirkend zur Umgestaltung des Anfangsmodells und des im ersten Teil erörterten Interpretationsschemas; diese Umgestaltung findet ihren Ausdruck in der zweiten Topik (Ich–Es–Über-Ich), die zur ersten hinzukommt, ohne sie zu beseitigen; neue Beziehungen werden entschleiert, im wesentlichen neue Beziehungen zum Mitmenschen, die nur durch Kultursituationen und Kulturwerke zum Vorschein gebracht werden können. Im Laufe dieser Kapitel beginnt sich also der abstrakte Charakter der ersten Topik und insbesondere ihr solipsistischer Charakter zu enthüllen; damit wird die Konfrontation mit der Hegelschen Exegese des Wunsches und der Verdopplung des Bewußtseins im Selbstbewußtsein vorbereitet, die uns in der *Dialektik* beschäftigen soll. Doch auch hier ist der Traum ein zugleich überwundenes und nicht zu überwindendes Modell, ähnlich dem Setzen des Wunsches im ersten Teil; deshalb wird auch die Theorie der Illusion am Ende dieses zweiten Zyklus wie eine Wiederholung des Ausgangspunktes auf dem Gipfel der Kultur erscheinen.

Ein dritter Zyklus ist schließlich der letzten Umarbeitung der Triebtheorie im Zeichen des Todes gewidmet. Diese neue Triebtheorie ist von großer Bedeutung. Einerseits gestattet nur sie es, eine Kulturtheorie zu vollenden, indem wir sie auf das Feld des Kampfes zwischen Eros und Thanatos zurückstellen. Gleichzeitig erlaubt sie es, die Freudsche Interpretation des Realitätsprinzips zum Abschluß zu bringen, das dem Lustprinzip durchweg als Gegenpol diente. Doch indem diese neue Triebtheorie somit die Theorie der Kultur wie die der Realität vollendet, beschränkt sie sich nicht darauf, das anfängliche Traummodell in Frage zu stellen: sie stößt den topischen Ausgangspunkt selbst um, genauer die mechanistische Form, in welcher die Topik zuerst formuliert wurde; dieser Mechanismus, dessen Grundhypothese bezüglich des Funktionierens des psychischen Apparats wir zu Beginn des ersten Teils darlegen, ist aus den späteren Darlegungen der Topik nie gänzlich verschwunden; nun widersteht er aber jeder Integration in eine Interpretation des Sinns durch den Sinn und verunsichert das Band zwischen Energetik und Hermeneutik, welches wir im ersten Teil darlegten; erst auf der Ebene dieser letzten Triebtheorie wird er grundsätzlich bestritten. Doch paradoxerweise zeigt diese letzte Entwicklung der Theorie die Rückkehr der Psychoanalyse zu einer Art mythologischer Philosophie an, deren Sinnbilder die Gestalten Eros, Thanatos und Ananke sind.

Somit führt unsere *Analytik* schrittweise, durch sukzessive Überschreitungen, zu einer *Dialektik*. Deshalb müssen diese Kapitel wie sukzessive Schnitte gelesen werden, bei denen das Verständnis dadurch, daß es vom Abstrakten zum Konkreten fortschreitet, seinen Sinn ändert. Bei einer ersten, analytischen Lektüre läßt der Freudianismus das, was er reduziert, außerhalb seiner; bei einer zweiten, dialektischen Lektüre umschließt er in gewisser Weise, was, indem er es reduzierte, auszuschließen schien. Ich bitte also den Leser nachdrücklich, sein Urteil aufzuschieben und sich darin zu üben, von einem ersten Verständnis, das seine eigenen Kriterien hat, zu einem zweiten überzugehen, in dem der konträre Gedanke im Text des Meisters des Zweifels selbst vernommen wird.

Erster Teil
Energetik und Hermeneutik

Das erkenntnistheoretische Problem des Freudianismus

Unser erster Forschungszyklus ist der Struktur der psychoanalytischen Rede gewidmet. Er bereitet also einer Inspizierung des Kulturphänomens den Weg, welcher der zweite Zyklus gewidmet sein wird.
Ich habe diese Untersuchung unter einen Titel gestellt, der sofort die zentrale Schwierigkeit der psychoanalytischen Erkenntnistheorie beleuchtet. Die Schriften von Freud präsentieren sich von Anfang an als eine gemischte, sogar zwiespältige Rede, die bald Aussagen über – einer Energetik unterworfene – Kräftekonflikte macht, bald Aussagen über – einer Hermeneutik unterworfene – Sinnbeziehungen. Ich möchte zeigen, daß diese offenbare Ambiguität wohlbegründet und daß diese gemischte Rede die Basis der Psychoanalyse ist.
Ich werde mich in dieser Einleitung darauf beschränken, nacheinander die Notwendigkeit der einen wie der anderen Dimension dieser Rede aufzuzeigen; die Aufgabe der vier Kapitel dieses ersten Teils wird gerade darin bestehen, den Abstand zwischen den beiden Ebenen der Rede zu überwinden und den Punkt zu erreichen, wo verständlich wird, daß die Energetik durch eine Hermeneutik *hindurchgeht* und daß die Hermeneutik eine Energetik *entdeckt*. An eben diesem Punkt kündigt sich das Setzen des Wunsches innerhalb und mittels eines Prozesses der Symbolisierung an.
Der Status der *Deutung* zeigt sich nun aber in einer topisch-ökonomischen Erklärung zunächst als eine Aporie. In dem Maße, wie wir die bewußt anti-phänomenologische Wendung der Topik unterstreichen, scheinen wir einer als Hermeneutik zu lesenden Psychoanalyse jede Grundlage zu entziehen; daß ökonomische Begriffe wie »Besetzung« an die Stelle von solchen wie »intentionales Bewußtsein« und »Zielobjekt« treten, scheint eine naturalistische Erklärung zu gebieten und ein Verständnis des Sinns durch den Sinn auszuschließen.

Kurz, der topisch-ökonomische Standpunkt kann, so scheint es, zwar eine Energetik stützen, nicht aber eine Hermeneutik. Es steht jedoch außer Zweifel, daß die Psychoanalyse eine Hermeneutik ist: nicht durch Zufall, sondern ihrer Bestimmung nach zielt sie darauf ab, eine Interpretation der Kultur in ihrer Gesamtheit zu liefern; die Kunstwerke, Ideale und Illusionen sind nun aber in verschiedener Hinsicht Vorstellungsmodi. Und wenn wir von der Peripherie zum Zentrum zurückkehren, von der Kulturtheorie zur Theorie des Traums und der Neurose, welche den harten Kern der Psychoanalyse bildet, werden wir wieder und immer wieder auf die Interpretation, den Deutungsakt, die Deutungsarbeit verwiesen. An der Arbeit der Traumdeutung hat sich die Freudsche Methode erhärtet. Nach und nach sind alle »Inhalte«, an denen der Analytiker arbeitet, Vorstellungen geworden – von der Phantasie bis hin zum Kunstwerk und zu den religiösen Glaubensinhalten. Das Problem der Interpretation umfaßt aber genau das des Sinns oder der Vorstellung. Die Psychoanalyse ist somit durch und durch Interpretation.

Und hier meldet sich die Aporie: welches ist der Status der Vorstellung hinsichtlich der Begriffe Trieb, Triebziel und Affekt? Wie läßt sich eine Interpretation des Sinns durch den Sinn schaffen aufgrund einer Ökonomik der Besetzungen, Entziehung der Besetzungen und Gegenbesetzungen? Auf den ersten Blick sieht es so aus, als bestehe eine Antinomie zwischen der von den Prinzipien der Metapsychologie bestimmten Erklärung und der Interpretation, die es notwendig mit Bedeutungen und nicht mit Kräften, mit Vorstellungen und nicht mit Trieben zu tun hat. Das ganze Problem der Freudschen Erkenntnistheorie scheint sich zu einer einzigen Frage zu verdichten: Wie ist es möglich, daß die ökonomische Erklärung durch eine Interpretation *hindurchgeht,* die Bedeutungen betrifft, und umgekehrt, daß die Interpretation *ein Moment* der ökonomischen Erklärung ist? Es ist leichter, sich einer Alternative zu verschreiben, einem Erklären energetischer Art oder einem Verstehen phänomenologischer Art. Nun muß man aber zugeben, daß der Freudianismus nur durch die Ablehnung dieser Alternative lebt.

Die Schwierigkeit der Freudschen Erkenntnistheorie ist nicht allein die ihrer Problemstellung, sondern auch die ihrer Lösung. Tatsächlich hat Freud nicht auf Anhieb eine klare Anschauung über das Ineinandergreifen der Standpunkte in der Metapsychologie erreicht. Die sukzessiven Darlegungen der Topik tragen die – freilich immer schwächere – Spur eines Anfangszustandes, wo diese Topik von der Deutungsarbeit abgeschnitten ist. Die quantitative Hypothese, wie wir sie im folgenden nennen werden, lastet schwer auf der ökonomischen Erklärung. Daraus ergibt sich, daß alle späteren Darlegungen an einer remanenten Dissoziation kranken; wir werden den Schlüssel zu dieser anfänglichen Trennung von Erklärung und Deutung im ENTWURF von 1895 suchen. Dies ist der Gegenstand unseres ersten Kapitels. Sodann werden wir zeigen, auf welche Weise das berühmte VII. Kapitel der TRAUMDEUTUNG die Darlegungen des ENTWURFS wieder aufgreift, sie aber auch überholt und ihre Integrierung in die Deutungsarbeit vorbereitet. Damit befaßt sich unser zweites Kapitel. Schließlich werden wir in den metapsychologischen Schriften der Jahre 1914–1917 den ausgereiftesten Ausdruck der Theorie finden und ausführlicher auf das Verhältnis zwischen Trieb und Vorstellung eingehen, in dem zugleich alle Schwierigkeiten und alle Lösungsversuche ihre Rechtfertigung finden.

Vielleicht liegt tatsächlich gerade im Setzen des Wunsches die Möglichkeit, von der Kraft zur Sprache *überzugehen*, aber auch die Unmöglichkeit, die Kraft völlig in die Sprache *einzubringen*.

Kapitel I
Eine Energetik ohne Hermeneutik

Der ENTWURF von 1895[1] stellt einen sozusagen nicht-hermeneutischen Zustand des Systems dar. In der Tat scheint die Konzeption des »psychischen Apparats«, die ihn beherrscht, keineswegs einer Entzifferungsarbeit reziprok zu sein; nichtsdestoweniger wird man weiter unten sehen, daß die Interpretation der Neurosensymptome in dieser Konzeptualisierung nicht fehlt. Diese gründet auf einem Prinzip – dem Konstanzprinzip –, das der Physik entlehnt ist und zu einer quantitativen Behandlung der Energie tendiert. Diese Zuflucht zum Konstanzprinzip und zur quantitativen Hypothese bildet nun aber den Aspekt des Freudianismus, welcher der Lesart, die ich vorschlage, am meisten Widerstand leistet, einer Lesart, die auf der Korrelation von Energetik und Hermeneutik, von Kräfteverhältnissen und Sinnbeziehungen basiert. Doch der ENTWURF von 1895 ist eben noch keine »Topik« im Sinne der Versuche über Metapsychologie, und es kommt darauf an, den Begriff des »psychischen Apparats« und den »topischen Standpunkt« zu Beginn nicht miteinander zu identifizieren; der erstere ist lediglich einem physikalischen Modell nachgeahmt, der zweite steht in Korrelation mit

---

[1] Der unter dem Titel ENTWURF EINER PSYCHOLOGIE bekannte Versuch wurde zum ersten Mal 1950 veröffentlicht als Anhang zu den »Briefen an Wilhelm Fließ«, zusammen mit Abhandlungen und Notizen, unter dem Gesamttitel AUS DEN ANFÄNGEN DER PSYCHOANALYSE (Imago Publishing, London 1950; zitiert nach der Paperback-Ausgabe Frankfurt 1962). Ursprünglich hatte dieser Versuch keinen Titel: Freud spricht von seiner »Psychologie für den Neurologen« (Brief an Fließ Nr. 23, vom 27. April 1895, AUS DEN ANFÄNGEN..., S. 106) oder einfach vom System φψω (ibid., S. 109) aus Gründen, auf die wir später zurückkommen (vgl. Fn. 16). Über Titel und Absicht des ENTWURFS vgl. E. Kris, Einleitung zu AUS DEN ANFÄNGEN ... (S. 28 ff.) sowie Vorbemerkung zum ENTWURF (ibid., S. 299 ff.) und Ernest Jones, *Das Leben und Werk von Siegmund Freud* [dt. Übers.], Bern 1960, Bd. I, S. 403 f. – Für das Wort »Metapsychologie« siehe Briefe an Fließ Nr. 41 und 84. – Für die ersten Skizzen zum ENTWURF vgl. den Brief an Breuer vom 29. Juni 1892 (GW XVII, 5) sowie die »Vorläufige Mitteilung« vom Dezember 1892, die Anfang 1893 in Berlin und Wien publiziert wurde und am Anfang der STUDIEN ÜBER HYSTERIE aus dem Jahre 1895 steht (GW I, 81 ff.). Unter den vor dem ENTWURF entstandenen Notizen und Manuskripten beachte man besonders die Manuskripte D und G.

einer Interpretation des Sinns durch den Sinn. Gewiß, man muß wohl zugeben, daß diese quasi-physikalische Auffassung des psychischen Apparats aus dem Freudianismus niemals völlig beseitigt wurde; dennoch meine ich, daß die Entwicklung des Freudianismus als die allmähliche Reduzierung des Begriffs des »psychischen Apparats« – im Sinn einer »Maschine«, die »nächstens auch von selber gehen« wird[2] – auf eine Topik betrachtet werden kann, in der der Raum nicht länger ein realer Ort ist, sondern eine Szene, auf der Rollen und Masken miteinander in Streit liegen[3]; dieser Raum wird zum Ort der Chiffre und der Dechiffrierung werden.

Gewiß, das Konstanzprinzip wird bis zum Ende eine gewisse Äußerlichkeit der energetischen Erklärung gegenüber der Interpretation des Sinns durch den Sinn aufrechterhalten, die »Topik« immer einen zwiespältigen Charakter bewahren; man könnte darin die Entwicklung der ursprünglichen Theorie des psychischen Apparats und zugleich eine langandauernde Bewegung, sich von ihr zu befreien, erblicken. Daher werden wir auch das Schicksal der quantitativen Hypothese in den verschiedenen Stadien, welche vom ENTWURF zur Topik (oder zu den Topiken) führen, aufmerksam verfolgen; in dieser Hinsicht haben die vier oder fünf Ausdrucksformen des Systems absolut nicht die gleiche erkenntnistheoretische Bedeutung. Insbesondere nimmt, zwischen dem ENTWURF und den beiden Topiken, das VII. Kapitel der TRAUMDEUTUNG eine äußerst zweideutige Stellung ein. Es ist wirklich eine Weiterführung des ENTWURFS, des Konstanzprinzips und der quantitativen Hypothese, und dennoch ist es in gewisser Weise, und darin kündigt sich die spätere Topik an, mit der Interpretation verbunden. Diese Situation darf uns nicht verwirren: ich hoffe, später zeigen zu können, daß die quantitative Hypothese nicht etwa in der »Topik« radikal in Frage gestellt wird, sondern in der – nicht-topischen oder hypertopischen – Konfrontation aller Kräfte des Wunsches, aller Formen der Libido mit dem Todestrieb. Der Todestrieb ist es, der alles umstößt: denn was sich »jenseits des Lustprinzips« befindet, muß notwendig (rückwirkend) die Konstanzhypothese verändern, an welche das Lustprinzip anfänglich gebunden war (vgl. *Analytik,* 3. Teil, Kap. III).

2 Brief an Fließ Nr. 32, l. c., S. 115.
3 Im Manuskript L (AUS DEN ANFÄNGEN ..., S. 171) heißt es: »Mehrheit der psychischen Personen – Die Tatsache der Identifizierung gestattet vielleicht sie *wörtlich* zu nehmen.«

1. Das Konstanzprinzip und der quantitative Apparat

Die einleitende Erklärung des ENTWURFS verdient es, zitiert zu werden: »Es ist die Absicht dieses Entwurfs, eine naturwissenschaftliche Psychologie zu liefern, d. h. psychische Vorgänge darzustellen als quantitativ bestimmte Zustände aufzeigbarer materieller Teile, und sie damit anschaulich und widerspruchsfrei zu machen. Der Entwurf enthält zwei Hauptideen, 1. das, was Tätigkeit von Ruhe unterscheidet, als Quantität (Q) aufzufassen, die dem allgemeinen Bewegungsgesetz unterworfen ist, 2. als materielle Teilchen die Neuronen anzunehmen.«[4]

Bernfeld[5], Jones[6] und Kris[7] verdanken wir eine sorgfältige Rekonstruktion des wissenschaftlichen Milieus, in dem ein solches Vorhaben enstehen konnte. Auch gegen dieses Milieu hat die Psychoanalyse zu kämpfen; zumindest wird Freud niemals dessen wesentlichen Überzeugungen abschwören: wie alle seine Lehrer, aus Wien und Berlin, sieht er sein Leben lang in der Wissenschaft die einzige Disziplin der Erkenntnis, die einzige Richtschnur der intellektuellen Redlichkeit, eine Weltanschauung, die jede andere und vor allem die der alten Religion ausschließt. In Wien wie in Berlin sind die »Naturphilosophie« und ihr wissenschaftliches Surrogat, der Vitalismus, in der Biologie einer physiko-physiologischen Theorie gewichen, die auf den Vorstellungen von Kraft, Anziehung und Abstoßung gründet, Vorstellungen, die vom Prinzip der Erhaltung der

---

[4] »Entwurf einer Psychologie«, AUS DEN ANFÄNGEN . ., S. 305. In einem Brief aus dem Jahre 1895 heißt es: »Mich quälen zwei Absichten, nachzusehen wie sich die Funktionslehre des Psychischen gestaltet, wenn man die quantitative Betrachtung, eine Art Ökonomik der Nervenkraft einführt, und zweitens aus der Psychopathologie den Gewinn für die normale Psychologie herauszuschälen.« (ibid., S. 107) Und einige Monate später: »Die drei Systeme von Neuronen, der freie und gebundene Zustand von Quantität, der Primär- und Sekundärvorgang, die Haupttendenz und die Kompromißtendenz des Nervensystems, die beiden biologischen Regeln der Aufmerksamkeit und der Abwehr, die Qualitäts-, Real- und Denkzeichen ... – die Sexualitätsbedingung der Verdrängung, endlich die Bedingungen des Bewußtseins als Wahrnehmungsfunktion – das alles stimmte und stimmt heute noch! Ich weiß mich vor Vergnügen natürlich nicht zu fassen.« (ibid., S. 115).
[5] S. Bernfeld, »Freud's earliest theories and the school of Helmholtz«, *Psychoanl. Quart.* 13, S. 341.
[6] E. Jones, op. cit., I, S. 61–65.
[7] E. Kris, »Einleitung« zu AUS DEN ANFÄNGEN ..., S. 9–48.

Energie gelenkt werden, das Robert Mayer im Jahre 1852 entdeckt hatte und das von Helmholtz wieder zu Ehren gebracht worden war; diesem Prinzip zufolge bleibt die Summe der (motorischen und potentiellen) Kräfte in einem isolierten System konstant. Heute kennen wir vor allem die Wiener Ausläufer der Schule von Helmholtz[8], ebenso die ersten wissenschaftlichen Arbeiten Freuds auf den Gebieten der Neurologie und Embryologie; so erscheint uns der ENTWURF von 1895 weniger ungewöhnlich. Seine Bedeutung liegt nicht so sehr in den Voraussetzungen, die nicht nur ihm eignen, als vielmehr in seiner Absicht, die Konstanzhypothese bis zum Ende in neuen Bereichen aufrechtzuerhalten, in denen sie noch nicht erprobt worden war: Theorie des Wunsches und der Lust, Erziehung zur Realität durch die Unlust, Eingliederung des beobachtenden und urteilenden Denkens in das System. Damit führte Freud nicht nur Helmholtz' Ideen fort, sondern knüpfte auch an die Tradition von Herbart an[9], der seit 1824 gegen den freien Willen angetreten war, das Los des Determinismus mit der unbewußten Motivation verknüpft und die physikalische Terminologie auf eine Ideendynamik angewandt hatte; ebenfalls auf Herbart geht der Gebrauch des Wortes »Idee« im Sinne von Wahrnehmung und Vorstellung zurück, ebenso die Auffassung von der Vorgängigkeit der Idee vor dem Affekt, die eine eminente Rolle in Freuds metapsychologischen Schriften spielt, vielleicht sogar das Wort (wenn nicht der Begriff) der »Verdrängung«. Die Verbindung von Herbart zu Freud, speziell in bezug auf das Konstanzprinzip, steht außer Zweifel: das »Streben nach Gleichgewicht« ist das Leitprinzip dieser »mathematischen Psychologie« und seines Kräfte- und Größenkalküls. Schließlich wird Freud sich Herbart und Fechner[10] annähern, wenn er für sein psychisches System auf jede anatomische Basis verzichtet

---

8 E. Brücke, Freuds erster Lehrer, ist das Wiener Bindeglied zwischen Helmholtz und Freud; vgl. Jones, op. cit., I, S. 428–437.

9 Es bestehen zwei Linien: eine Helmholtz-Freud-Linie und eine Herbart-Fechner-Freud-Linie, die sich im übrigen sowohl bei Brücke wie bei Griesinger und Meynert schneiden. – Für das Wort »Vorstellung« im Herbartschen Sinne bei Freud vgl. A. C. MacIntyre, *Das Unbewußte*, Frankfurt 1968, S. 11. – Für den Herbartschen Ursprung des Wortes »Verdrängung« vgl. die Bemerkung von Jones, op. cit., I, S. 330.

10 Brief an Fließ Nr. 83, l. c., S. 210: »Das einzige vernünftige Wort ist dem alten Fechner in seiner erhabenen Einfalt in den Sinn gekommen. Der Traumvorgang spielt auf einem anderen psychischen Terrain.«

und der Psychologie den Platz zuweist, den Herbart ihr geben wollte.
Somit gehört der ENTWURF von 1895 zu einer ganzen Epoche des wissenschaftlichen Denkens. Interessant ist nur, wie Freud, indem er dieses Denken weiterführt, es so lange umformt, bis es zerplatzt. In dieser Hinsicht erscheint der ENTWURF als die größte Anstrengung, die Freud jemals unternommen hat, um einer Masse psychischer Tatsachen in eine quantitative Theorie Eingang zu verschaffen, und als der Beweis per absurdum, daß der Inhalt den Rahmen sprengt: selbst im VII. Kapitel der TRAUMDEUTUNG versucht Freud nicht, so viele Dinge in ein so enges System zu zwingen; deshalb läßt sich durchaus sagen, daß nichts so überholt ist wie der explikative Plan des ENTWURFS und nichts so unerschöpflich wie sein Beschreibungsprogramm: je tiefer man in den ENTWURF eindringt, desto mehr gewinnt man den Eindruck, daß der quantitative Rahmen und der neuronische Träger in den Hintergrund treten, bis sie nur noch einen gegebenen und unmittelbar verfügbaren Bezugsrahmen bilden, welcher den Zwang liefert, dessen der Ausdruck für ungeheure Entdeckungen bedarf; das gleiche Abenteuer wiederholt sich später in JENSEITS DES LUSTPRINZIPS, wo die Biologie die Doppelrolle eines Bezugsrahmens und eines Alibis für die Auffindung des Todestriebs spielt.

Versuchen wir die zwei Linien zu entwirren: die der Verallgemeinerung des Konstanzprinzips und die seiner Überziehung durch seine eigenen Anwendungen.
Bemerkenswerterweise sagt Freud nicht viel über den Ursprung und die Natur dessen, was er Quantität nennt; was den Ursprung betrifft, so rührt sie von äußeren oder inneren Reizen her und deckt sich ungefähr mit dem Begriff der Wahrnehmungs- und Triebreize; der Begriff »Q« dient also dazu, alles, was Energie produziert, in einen einzigen Begriff zusammenzufassen; und was seine Natur betrifft, so beschränkt sich Freud darauf, sie als eine der physikalischen Energie homologe Summation von Reizen zu charakterisieren: sie ist eine »Strömung«, die fließt, Neuronen »besetzt«, »erfüllt« oder »entleert«. Der so wichtige Begriff der »Besetzung« wurde zuerst innerhalb dieses neuronischen Systems erarbeitet, als Synonym für Okkupation und Erfüllung (S. 307–311); in diesem Sinne spricht der ENTWURF von »leeren« oder »besetzten Neuro-

nen«; es wird auch von Erhöhung oder Herabdrückung des Spannungsniveaus gesprochen, von Abfuhr und von Widerständen, die sich der Abfuhr entgegensetzen, von Kontaktschranken, Schirmvorrichtungen, Quantitätsvorrat, von freier oder gebundener Quantität. Damit integriert Freud einen von Breuer überkommenen Begriff: wir werden später sehen, weshalb. Alle diese Begriffe finden wir in anderem Zusammenhang wieder, in einem mehr und mehr metaphorischen Sinn. Doch bemerkenswerterweise verfolgt Freud im ENTWURF den Weg der Determination der »Q« nicht weiter.[11] Über die absolute Größenordnung wird nichts ausgesagt, lediglich von »geringerer« Quantität (S. 314), von »großen Quantitäten« (S. 315) oder von »übergroßen Quantitäten« (S. 316) gesprochen; aber hinsichtlich dieser Quantität gibt es kein numerisches Gesetz. Eine wahrlich seltsame Quantität! Wir kommen am Ende dieses Kapitels noch einmal darauf zurück.

Aber wenn auch die Quantität keinem numerischen Gesetz unterliegt, so wird sie doch durch ein Prinzip gelenkt, und zwar das Konstanzprinzip, das Freud an das Trägheitsprinzip anknüpfend entwickelt. Das Trägheitsprinzip besagt, daß das System die Tendenz hat, seine Spannungen auf Null zu reduzieren, d. h. seine Quantitäten abzugeben, sich ihrer zu »entledigen« (S. 315 f.); das Konstanzprinzip besagt, daß das System dahin tendiert, das Spannungsniveau so niedrig wie möglich zu halten. Dieser Unterschied zwischen Konstanz und Trägheit ist für sich selber höchst interessant[12], denn er deutet bereits das Eingreifen dessen an, was kurz darauf als »Sekundärvorgang« beschrieben wird; daß es dem System unmöglich ist, alle Spannungen zu beseitigen, rührt daher, daß es für die von innen kommenden Gefahren kein Äquivalent der Reizflucht gibt: der psychische Apparat ist gezwungen, eine Masse von Erregungsgrößen zu speichern; diese wird gebildet durch eine permanente Gesamtheit gebundener Quantitäten, die dazu bestimmt sind, die Spannungen zu reduzieren, ohne sich ihrer ganz entledigen

---

11 MacIntyre (op. cit., S. 16–22) vergleicht den Freudschen Begriff der Quantität mit Engels' »Materie in Bewegung« und setzt ihn in Gegensatz zu K. Lorenz, für den die energetische Darstellung nur ein Modell ist.

12 E. Kris (l. c., S. 307, Anm. 1) erblickt hier den Ansatz für die künftige Unterscheidung zwischen dem Nirwana-Prinzip und dem Lustprinzip. Man könnte auch fragen, ob sich in der Tendenz zum Niveau = 0 nicht bereits der Todestrieb ankündigt. Jedenfalls wird man nicht behaupten können, Eros wolle $Q = 0$. Vgl. unten *Analytik*, 3. Teil, Kap. III.

zu können. »Hiemit ist das Neuronensystem gezwungen«, schreibt Freud bereits zu Beginn des ENTWURFS, »die ursprüngliche Tendenz zur Trägheit d. h. zum Niveau = 0 aufzugeben. Es muß sich Vorrat von Quantität gefallen lassen, um den Anforderungen zur spezifischen Aktion zu genügen. In der Art, wie es dies macht, zeigt sich indes die Fortdauer derselben Tendenz modifiziert zum Bestreben, die Quantität (Qη) wenigstens möglichst niedrig zu halten und sich gegen Steigerung zu wehren, d. h. konstant zu halten. Alle Leistungen des Neuronensystems sind entweder unter den Gesichtspunkt der Primärfunktion oder der Sekundärfunktion, die durch die Not des Lebens aufgedrungen ist, zu bringen.« (306 f.)[13] Somit bringt das Konstanzprinzip schon in seiner ersten Formulierung, die es vom Trägheitsprinzip unterscheidet, den »Sekundärvorgang« ins Spiel, dessen anatomische Basis völlig unbekannt ist: gewiß, Freud postuliert etwas später, aus Gründen der Symmetrie, eine Gesamtheit von Neuronen mit einem Vorrat an gebundener Energie, die er »Ich« nennt (S. 330 f.). Freud versuchte immer wieder, das Konstanzprinzip als das Äquivalent des Trägheitsprinzips zu betrachten, im Hinblick auf einen Apparat, der handeln und sich der inneren Gefahren erwehren muß, gegen die er keinen dem sinnlichen Apparat vergleichbaren, ebensowohl als Schranke wie als Empfänger wirkenden Schirm besitzt.[14]

Der metaphorische Charakter dieses Prinzips verstärkt sich, wenn man berücksichtigt, daß es bei einer Vielfalt von Apparaten mitspielt, von denen zumindest einer das Gegenteil der Quantität betrifft, nämlich die Qualität[15]: »Das Bewußtsein gibt uns, was man

---

[13] Der Unterschied zwischen Primärvorgang und Sekundärvorgang wird etwas später ausführlich dargelegt; hier nur soviel: es geht um die Gegenüberstellung von Reaktionen in quasi-halluzinatorischer Form und von Verhaltensweisen, die (mit Hilfe der Ichhemmung) durch richtige Verwertung der Realitätszeichen reguliert werden (AUS DEN ANFÄNGEN . . ., S. 333 f.).

[14] Dies ist eines der Hauptthemen in DAS ICH UND DAS ES. Während es einen »Wahrnehmungsschild« gibt, ist das Ich den Reizungen seiner Triebe schutzlos ausgeliefert. Es ist ein tiefer Gedanke, daß die Wahrnehmung im Hinblick auf die Reizungen der Außenwelt ein selektives System ist, während der Wunsch uns wehrlos antrifft. Dieser Gedanke läßt sich mit der Nietzscheschen Auffassung der »Gefahr« vergleichen.

[15] Man darf sich fragen, ob die Unterscheidung von φ-Neuronen, welche die Quantität »durchlassen« und zu ihrem früheren Zustand zurückkehren, und den ψ-Neuronen, die durch den Erregungsablauf »dauernd verändert« werden (AUS DEN ANFÄNGEN . . ., S. 308 f.), nicht die Umschreibung eines im Grunde qualitati-

Qualitäten heißt ...« (Wir werden später die immense Bedeutung dieser Qualitäten für die Realitätsprüfung sehen.) »So schöpft man Mut zur Annahme, es gäbe ein drittes System von Neuronen, Wahrnehmungsneuronen etwa ...« (S. 317)[16] Dieses System hat die Aufgabe, »die äußere *Quantität* in Qualität zu verwandeln« (S. 318). Freud hat versucht, diese Neuronen dadurch mit dem quantitativen System zu verbinden, daß er ihnen eine *zeitliche* Eigenschaft beimaß, die Periodizität; er sagt, daß »die *Periode* der Neuronenbewegung sich ungehemmt überallhin fortpflanzt, gleichsam als Induktionsvorgang« (S. 318 f.).[17] Damit erhält Freud die Möglichkeit, sich von der parallelistischen Schule und den Epiphänomenisten loszusagen: das Bewußtsein ist nicht eine unwirksame Dublette des Nervenvorgangs im allgemeinen, da es an eine spezifische Gesamtheit von Neuronen gebunden ist.

Doch dies ist noch nicht das Entscheidende. Das ganze System beruht auf einer nur postulierten Äquivalenz von Unlust und Erhöhung des Spannungsniveaus einerseits und Lust und Niveausenkung andererseits: »Da uns eine Tendenz des psychischen Lebens, *Unlust zu vermeiden,* sicher bekannt ist, sind wir versucht, diese mit der primären Trägheitstendenz zu identifizieren. Dann wäre *Unlust* zu decken mit Erhöhung des Quantitätsniveaus (Qη) oder quantitativer Drucksteigerung, wäre die Wahrnehmung Empfindung bei Quantitätssteigerung (Qη) in ψ. Lust wäre die Abfuhrempfindung.« (S. 320) Ein reines Postulat, da Unlust und Lust Empfindungen sind, die Freud neben den sinnlichen Qualitäten ansiedelt, und zwar in einer dritten Art von Neuronen, den ω-Neuronen, und diese Inten-

ven Unterschiedes ist, nämlich des Gegensatzes zwischen empfangen und behalten, zwischen wahrnehmen und sich erinnern.

16 Freud bezeichnet diese Neuronen durch den Buchstaben W (Wahrnehmung) oder ω (humoristische Transkription von W), der es erlaubt, die drei Klassen von Neuronen φ, ψ, ω zu nennen. Und in seinen Briefen spricht Freud von seinem φψω-System (»Briefe an Wilhelm Fließ«, l. c., S. 109, 110). Die φ-Neuronen, im wesentlichen durchlässig, die keinen Widerstand leisten und nichts zurückhalten, dienen der Wahrnehmung; die ψ-Neuronen, im wesentlichen undurchlässig, sind Quantität zurückhaltende Neuronen: sie sind die Träger des Gedächtnisses, wahrscheinlich der psychischen Vorgänge überhaupt (l. c., S. 309).

17 Die Einführung der Zeit ist von größter Bedeutung; wir werden noch oft darauf zurückkommen: *das Unbewußte kennt keine Zeit.* Bemerkenswert ist, daß die Zeit mit der Qualität verknüpft ist, die eine Rolle in der Realitätsprüfung spielt. Zeit, Bewußtsein, Realität sind also korrelative Begriffe.

sitäten als Besetzung von ω durch ψ charakterisiert[18]; in Wahrheit ist dies ein weiteres Beispiel für den Übergang von Quantität in Qualität, den Freud dem vorherigen anzugleichen sucht, indem er abermals zur Periodizität Zuflucht nimmt (S. 321), auf die er sich bereits berufen hatte, um der sinnlichen Qualität Rechnung zu tragen[19]. Auch der Wunsch fügt sich in diese mechanistische Theorie der Affekte (S. 329), und zwar vermittels der durch die Erfahrungen der Lust und der Unlust hinterlassenen Bahnen: man muß annehmen, daß die Besetzung der freundlichen Erinnerung im Begierdezustand die bei bloßer Wahrnehmung erfolgte weit übersteigt; und dies ermöglicht es, die Verdrängung (hier mit der primären Abwehr identifiziert) zum ersten Mal als einen Rückzug der Besetzung aus dem feindlichen Erinnerungsbild zu definieren (S. 329).[20]

Doch gerade an diesem Punkt beginnt das System aus den Fugen zu geraten: das Gegensatzpaar Lust/Unlust bringt weit mehr als das isolierte Funktionieren des seelischen Apparats ins Spiel, nämlich auch die Außenwelt (Nahrung, Sexualobjekt); mit der Außenwelt erscheint der Mitmensch. Merkwürdigerweise hat Freud es vorgezogen, von *Befriedigungserlebnis* zu sprechen, um den vollständigen Vorgang, der die Hilfe des Mitmenschen umfaßt, zu bezeichnen: »Der menschliche Organismus ist zunächst unfähig, die spezifische Aktion herbeizuführen. Sie erfolgt durch *fremde Hilfe*, indem durch die Abfuhr auf dem Wege der inneren Veränderung ein erfahrenes Individuum auf den Zustand des Kindes aufmerksam gemacht wird. Diese Abfuhrbahn gewinnt so die höchst wichtige Sekundärfunktion der *Verständigung* und die anfängliche Hilflosigkeit des Menschen ist die *Urquelle* aller *moralischen Motive*.« (326)

---

18 »... wobei W und ψ gewissermaßen kommunizierende Gefäße darstellen« (S. 320 f.). MacIntyre (op. cit., S. 18) hat recht: es ist ein hydraulisches Modell.
19 Freud war zeit seines Lebens auf der Suche nach einem Gesetz, das den Wechsel von sinnlicher Qualität und affektiver Lust-Unlustqualität erklärt: die sinnlichen Qualitäten liegen in der Indifferenzzone und scheinen so etwas wie ein Optimum an Wahrnehmung zu erstreben, das mit dem Phänomen der Periodizität zusammenhängt (l. c., S. 321); diesseits wie jenseits werden Zufuhr oder Abfuhr als solche wahrgenommen. Freud hat richtig erkannt, daß diese Wahrnehmung Summations- und Schwellengesetzen unterliegt (S. 324).
20 Für das Verhältnis zwischen den Begriffen Abwehr und Verdrängung siehe die wichtige Arbeit von Peter Madison, *Freud's concept of repression and defense, its theoretical and observational language,* University of Minnesota Press, 1961; unten S. 148, Fn. 57, und S. 363, Fn. 18.

Dieses Befriedigungserlebnis ist wirklich eine »Prüfung«: es ist mit der Realitätsprüfung verwandt und markiert den Übergang vom Primärvorgang zum Sekundärvorgang.

Gewiß hat Freud versucht, diesen Umweg über die Realität im Rahmen des Konstanzprinzips zu halten, indem er die Regulierung durch die Realität einzig auf das Unlustprinzip zurückführte: »Die Unlust bleibt das einzige Erziehungsmittel.« (S. 369) Doch die Unlustentbindung impliziert ihrerseits mehrere Vorgänge, die kaum quantifizierbar sind: nämlich im wesentlichen eine Arbeit der Unterscheidung zwischen Wunschhalluzination und sinnlichen Qualitäten, eine an die Hemmungsfunktion der Ichinstanz gekoppelte Arbeit.

Auf den ersten Blick fügen sich diese Themen recht gut in die zentrale Hypothese: beim Primärvorgang, wo der Apparat dem Trägheitsprinzip am gemäßesten arbeitet, nimmt die Abfuhr den Weg der Neubesetzung der Erinnerungsbilder des begehrten Objekts sowie der Anstrengungen, es zu erreichen; es wird angenommen, daß diese Reaktivierung das Analogon einer Wahrnehmung produziert, d. h. eine Halluzination: »Ich zweifle nicht, daß diese Wunschbelebung zunächst dasselbe ergibt wie die Wahrnehmung, nämlich eine *Halluzination.*« (327)[21] Diese Täuschung erzeugt eine reale Unlust und eine exzessive primäre Abwehr; zusammen haben diese Reaktionen eine schädliche biologische Wirkung. Im VII. Kapitel der TRAUMDEUTUNG wird ein weiteres Mal dieses Nicht-Unterscheiden zwischen Bild und Wahrnehmung im Primärvorgang postuliert und, um dem Rechnung zu tragen, eine topische Regression im Funktionieren des psychischen Apparats ersonnen[22]; man muß also annehmen, daß überstarke Wunschbesetzung ein Bild erzeugt, welches das Qualitätszeichen der Wahrnehmung vortäuscht. Zu gegebener Zeit werden wir über diese Hypothese einiges zu sagen haben.[23] Wie nun vollzieht sich die Unterscheidung im Sekundärvorgang?

---

21 Man erkennt hier die akute halluzinatorische Verworrenheit oder *Amentia* von Meynert, in der Jones einen der Ausgangspunkte für die Theorie des Primärsystems im VII. Kapitel der TRAUMDEUTUNG sieht (op. cit., I, S. 409).
22 Dieser Mechanismus kündet sich bereits im ENTWURF an: »Wir sind genötigt, im Halluziniertwerden ein Rückströmen der Quantität (Q) nach φ und damit nach W (ω) zu sehen; ein gebundenes Neuron läßt solche Rückströmung also nicht zu.« (S. 379)
23 vgl. unten die Auseinandersetzung mit dem VII. Kapitel der TRAUMDEUTUNG sowie der Interpretation des Traums als quasi halluzinatorischem: *Analytik*, 1. Teil, Kap. III, Abschn. 2.

Zum ersten Mal stellt Freud eine Verbindung her zwischen der Unterscheidung des Realen vom Imaginären und der Hemmungsfunktion, die er der sogenannten »Ich-Organisation« zuschreibt (S. 330 f.). Ein für allemal steht fest: konstante Besetzung des Ich, Hemmungsfunktion, Realitätsprüfung gehören immer zusammen.[24] »Wenn also ein Ich existiert, muß es psychische Primärvorgänge hemmen.« (S. 331) Um diesen neuen Gedanken mit dem System in Einklang zu bringen, postuliert Freud eine Gesamtheit von Neuronen mit konstanter Besetzung – »ein Netz besetzter, gegeneinander gut gebahnter Neuronen« (S. 331). In diesem Text findet man sogar den ersten Entwurf einer genetischen Erklärung des Ich. Wie auch später in DAS ICH UND DAS ES ist diese energetische Reserve, durch kumulative Entlehnungen, von der endogenen Quantität abgeleitet; diese gebundene Energie bildet ein System mit konstantem Spannungsniveau.

Was aber heißt »hemmen«? Freud formuliert es so: das Ich lernt, daß es die Bewegungsbilder *nicht* besetzen darf, ebensowenig wie die Wunschvorstellungen. Diese »Schranke«, die bereits die berühmte Schrift DIE VERNEINUNG von 1925 ankündigt, wird hier als die mechanische Wirkung einer Unlustdrohung dargestellt, ohne daß man sähe, wie die obenerwähnten »moralischen Motive« und die »Verständigung« sich in dieses hedonistische Prinzip fügen. Im übrigen gesteht Freud, nicht angeben zu können, wie sich die Nichtbesetzung von im Ich aufgespeicherten Quantitäten durch Unlustdrohung mechanisch darstellen ließe (S. 369); bei dieser Gelegenheit erklärt er: »Ich gestatte mir von jetzt an, die mechanische Darstellung solcher biologischer Regeln, die auf Unlustdrohung beruhen, schuldig zu bleiben; zufrieden, wenn ich von da aus einer anschaulichen Entwicklung treu bleiben kann.« (S. 369 f.) Noch schwieriger ist es, das Band zwischen Hemmung und Unterscheidung mechanisch darzustellen; Freud nimmt an, daß die letztere sich auf »Realitätszeichen« aus dem ω-System stützt. »*Die Abfuhrnachricht von W (ω) ist dann das Qualitäts- oder Realitätszeichen für ψ.*« (S. 332) Wie aber gestattet es die Hemmung diesen Zeichen, zu wirken? Freud umreißt die Schwierigkeit so: »Es ist demnach *die Ichhemmung, welche ein Kriterium zur Unterscheidung zwischen Wahrnehmung und Erinnerung ermöglicht.*« (S. 333) Doch die Erklärung,

---

24 Kris sieht in dieser Analyse die erste Vorwegnahme der Ich-Theorie in DAS ICH UND DAS ES von 1923 (AUS DEN ANFÄNGEN..., S. 330, Anm. 1).

die er gibt, ist weit eher eine Beschreibung des zu lösenden Problems: »Die Wunschbesetzung bis zur Halluzination, die volle Unlustentwicklung, die vollen Abwehraufwand mit sich bringt, bezeichnen wir als *psychische Primärvorgänge*; hingegen jene Vorgänge, welche allein durch gute Besetzung des Ich ermöglicht werden und Mäßigung der obigen darstellen, als *psychische Sekundärvorgänge*. Die Bedingung der letzteren ist, wie man sieht, eine richtige Verwertung der Realitätszeichen, die nur bei Ichhemmung möglich ist. – Nachdem wir die Annahme eingeführt haben, daß beim Wunschvorgang die Ichhemmung eine gemäßigte Besetzung des gewünschten Objekts herbeiführt, welche es gestattet, es als nicht real zu erkennen, dürfen wir die Analyse dieses Vorgangs fortsetzen.« (S. 333 f.)

Mit der Unterscheidung finden Funktionen in das System Eingang, die sich immer weniger durch meßbare Energien bestimmen lassen; der dritte Teil des Entwurfs führt sogar deskriptive Themen ein, von denen viele erst sehr viel später ausgewertet wurden: das »Urteilen« – ein W. Jerusalem entlehnter Begriff[25] – wird aufgefaßt als Erkennen der Identität einer Wunschbesetzung mit einem Wahrnehmungsrealitätszeichen: das wirkliche Erkennen eines begehrten Objekts bildet den ersten Schritt zum Realitätsurteil, zum Glauben. Freud gibt die Hoffnung nicht auf, diesen Vorgang quantitativ zu interpretieren: aber es ist klar, daß die »Besetzung von psychischen Neuronen« (S. 340) eine bloße Transkription der Psychologie in eine überkommene Sprache ist.

Das gleiche läßt sich von der »Aufmerksamkeit« sagen, die begriffen wird als ein durch das Realitätszeichen in ψ erregtes Interesse; die vorgeschlagene Erklärung ist bereits eine ökonomische Erklärung, da dieses Interesse in der Anleitung des Ich, die Wahrnehmung überzubesetzen, besteht (S. 361). Doch ist dies noch eine mechanische und quantitative Interpretation?

Noch bemerkenswerter ist die den Wortbildern des »beobachtenden Denkens« zugeschriebene Rolle[26]: die Wortbilder tragen nicht nur

---

25 Jones, op. cit., I, S. 428; »Briefe an Wilhelm Fließ«, l. c., S. 107.
26 Dieses Thema kann nicht genug betont werden: der Brief Nr. 46 verbindet auf die gleiche Weise das Bewußtwerden mit dem »Wortbewußtsein« (l. c., S. 146). Wir werden bei unserer Untersuchung der Schrift Das Ich und das Es darauf zurückkommen. Derselbe Brief nimmt noch einen anderen wesentlichen Punkt vorweg: »Das Wachstum der ungehemmten Vorgänge bis zum Alleinbesitz des Weges zum Wortbewußtsein schafft die *Psychose*.«

zur Phantasiebildung bei – der Vermischung von »Gehörtem« und »Erlebnissen«[27], ihre positive Funktion erscheint zusammen mit der *Aufmerksamkeit* und dem *Verstehen* (S. 365); die Wortbilder tragen zur Sekundärfunktion bei, indem sie sich als gedachte und nicht mehr als wahrgenommene Realitätszeichen konstituieren: »Wir haben also als charakteristisch für den Vorgang des erkennenden Denkens herausgefunden, daß dabei von vorneherein die Aufmerksamkeit den Denkabfuhrzeichen, den Sprachzeichen zugewendet ist.« (S. 366) Freud sollte diesem Begriff einer zweistufigen Realität treu bleiben: die eine Stufe ist die biologische und perzeptive, die andere die intellektuelle und wissenschaftliche: »*Das Denken mit Besetzung der Denkrealitätszeichen oder Sprachzeichen ist also die höchste, sicherste Form des erkennenden Denkvorganges.*« (S. 372) In Wahrheit sind hier die Unparteilichkeit des Wissenschaftlers und seine Fähigkeit des Beharrens und Vertrauens auf die Idee in energetische Termini übertragen worden. Freud übernimmt zu diesem Zweck Breuers Begriff der »gebundenen« Energie, die er als einen Zustand beschreibt, »*der bei hoher Besetzung doch nur eine geringe Strömung gestattet*« (S. 367). »*Durch diesen gebundenen Zustand, der hohe Besetzung mit geringer Strömung vereint, würde sich also der Denkvorgang mechanisch charakterisieren.*« (S. 367) Doch muß man wohl zugeben, daß jegliche anatomische Basis von nun an fehlt; mehr noch: im Unterschied zur Verwechslung von Halluzination und Wahrnehmung zieht der Denkfehler keine biologische Sanktion nach sich: »Im theoretischen Denken spielt die Unlust keine Rolle« (S. 383). Und gerade hier wird am deutlichsten, daß die Beschreibung die Oberhand über die mechanische Erklärung hat.

2. Auf dem Wege zur Topik

Wenn wir nun etwas Abstand nehmen und den ENTWURF wieder in die Entwicklungsbahn der verschiedenen Topiken stellen, so drängen sich zwei Fragenkomplexe auf:

1. Wodurch die Erklärung von jeder Entzifferungsarbeit, von jedem Lesen der Symptome und Zeichen abgeschnitten wird, ist ihr Anspruch, eine quantitative Psychologie des Wunsches, vergleichbar

---

27 vgl. das bedeutsame, dem Brief Nr. 63 vom 25. Mai 1897 beigefügte Manuskript M (l. c., S. 175 f.).

der quantitativen Psychologie der Empfindungen Fechners, mit einem mechanischen Neuronensystem in Übereinstimmung zu bringen; der ENTWURF ist nun aber in dieser Hinsicht Freuds letzter Versuch, seine Entdeckungen anatomisch zu umschreiben; der ENTWURF ist der Abschied von der Anatomie in Form einer phantastischen Anatomie. Gewiß wird die Topik stets in der Sprache einer Quasi-Anatomie formuliert werden; das Bewußtsein, verstanden als sinnliches, »oberflächliches« Organ, wird immer ein Quasi-Kortex bleiben; doch versucht Freud nie wieder irgendeine Lokalisierung der den »Instanzen« der letzten Topik zugesprochenen Funktionen und Rollen. Man muß sogar noch weitergehen: dieser letzte Versuch ist auch der erste Emanzipationsakt der »Psychologie«; die Pointe des Textes ist psychologisch, nicht neurologisch. Zur selben Zeit, da Freud den ENTWURF schrieb, war die anatomische Basis seines Systems bereits unterminiert.

Freud, geteilt zwischen Klinik und Labor, zwischen Charcot und Brücke, steht den – klinischeren – Franzosen bereits näher als den – anatomistischeren – Deutschen.[28] Sehr früh – schon 1891! –, anläßlich des Aphasie-Streites, hatte ihn seine Kritik der Lokalisationstheorien vor jeder übereilten organischen Erklärung psychischer Störungen gewarnt.[29] Doch vor allem wird die große Entdeckung dieser Jahre, die ihn dem wissenschaftlichen Milieu, der Universität wie der Medizin, entfremden sollte – nämlich die Entdeckung der sexuellen Ätiologie der Neurosen[30] – mit keiner eigentlich organischen Hy-

---

28 Jones, op. cit., I, S. 227; »Briefe an Wilhelm Fließ«, l. c., S. 53, 54. Welchen Stellenwert hat Freuds dreifaches Scheitern (von 1878, 1884 und 1885) bei der Handhabung der experimentellen Methode? Jones, op. cit., I, S. 77 f. Die Kokainepisode (1884–1887) ist vielleicht noch entscheidender (ibid., S. 102–124); Freuds Selbstanalyse sollte ihren tiefen und dauerhaften Widerhall offenbaren und ihn dazu veranlassen, sie als unbewußte Schuldgefühle zu interpretieren: vgl. den in der TRAUMDEUTUNG berichteten Traum von Irmas Injektion vom 24. Juli 1895 (Jones, op. cit., I, S. 410). Für alle diese Punkte vgl. Didier Anzieu, *L'auto-analyse*, Paris 1951, Kap. I: Freuds Selbstanalyse ist die Entdeckung der Psychoanalyse.
29 Jones, op. cit., I, S. 253–257; Freud, »SELBSTDARSTELLUNG«, 1925, GW XIV, 42. In seinem ersten, 1891 veröffentlichten Buch, ZUR AUFFASSUNG DER APHASIE, wagt Freud einen Angriff gegen die von Wernicke und Lichtheim vertretene Lokalisationstheorie und schlägt eine funktionelle Erklärung vor, wobei er sich auf Hughlings Jackson und dessen »Dis-involution« (Rückbildung) beruft.
30 Sexualität und Sprache befinden sich im übrigen in einer ähnlichen Stellung zwischen Organischem und Psychischem (Jones, op. cit., I, S. 320).

pothese unterlegt; sie bleibt rein klinisch. Insbesondere wird, gegen die Anatomen, der klinische Charakter der hysterischen Paralyse statuiert: alles geht so vor sich, bemerkt Freud, als gäbe es keine Gehirnanatomie.[31]

Dieses Ereignis trug ebenso entscheidend wie das der Aphasie dazu bei, Freud von jeder übereilten organischen Erklärung abzubringen. Zur gleichen Zeit bestätigen ihm das kathartische Verfahren Breuers[32] sowie die Enttäuschungen der Elektrotherapie[33] den psychischen Ursprung der Symptome: »Der Hysterische leidet größtenteils an Reminiszenzen«, sagten Breuer und Freud in der VORLÄUFIGEN MITTEILUNG[34]; was durch psychische Verfahren verschwindet, muß auch auf psychischem Wege entstanden sein. Es ist erregend, in den BRIEFEN AN WILHELM FLIESS sowie in den ihnen beigegebenen Abhandlungen und Notizen das Fortschreiten des Gedankens zu verfolgen, wonach die physische Energie der Sexualität eine eigentlich psychische Entwicklungsstufe erheischt; und der Begriff der Libido, auf ihrer psychologischen, nicht-anatomischen Stufe, wurde im wesentlichen deshalb geprägt, um den Störungen dieser psychischen Verarbeitung der Sexualität Rechnung zu tragen. Die Libido ist der erste Begriff, von dem man sagen kann, er sei zugleich energetisch und nicht-anatomisch.[35] Die DREI ABHANDLUNGEN ZUR SEXULTHEO-

---

31 Jones, S. 276; Freud, »SELBSTDARSTELLUNG«, GW XIV, 39.
32 »SELBSTDARSTELLUNG«, GW XIV, 46; Jones, S. 279.
33 ZUR GESCHICHTE DER PSYCHOANALYTISCHEN BEWEGUNG, 1914, GW X, 46.
34 »Vorläufige Mitteilung«, STUDIEN ÜBER HYSTERIE, GW I, 86.
35 Für den Übergang von »physisch sexualer Spannung« zu »psychischer Libido« siehe »Briefe an Wilhelm Fließ«, l. c., S. 83. Im wesentlichen ist es die Tatsache der Angst, welche zur Betrachtung der »psychischen Verarbeitung« (S. 84) und genauer der »Verwandlung in Affekte« der »Sexualspannung« nötigt. In den Fußnoten von Kris zum Manuskript G vom 7. Januar 1895 findet man einen wichtigen Auszug aus dem ersten der beiden Artikel Freuds über die Angstneurose (1895); die Rolle der »Vorstellung«, auf die wir in Kap. III dieses ersten Teils der *Analytik* eingehen werden, ist dort ausdrücklich festgelegt: sobald die Erregung zum psychischen Reiz geworden ist, »wird die in Psyche vorhandene Vorstellungsgruppe mit Energie ausgestattet, und es entsteht der psychische Zustand libidinöser Spannung, welcher den Drang nach Aufhebung dieser Spannung mit sich bringt« (AUS DEN ANFÄNGEN ..., S. 92, Anm. 1). Im gleichen Sinne spricht das Manuskript G von der »psychischen Sexualgruppe« (S. 94). Die gesamte Theorie der Angstneurose beruht auf der Vorstellung einer Hemmung der psychischen Reizverarbeitung (Jones, op. cit., I., S. 285–296, 305).

RIE sollten dann endgültig den Begriff der »psychischen Energie der Sexualtriebe« fixieren.

2. Man kann vielleicht noch weitergehen: der ENTWURF ist nicht nur ein aufgrund seiner anatomischen Hypothese von der Interpretation unabhängiges mechanisches System; er ist bereits eine Topik, die insgeheim mit der Dechiffrierung der Symptome in Verbindung steht. Es ist schon Hermeneutik in diesem Text vorhanden.

Zunächst der Begriff der Quantität: wir haben uns gewundert, daß sie niemals gemessen wird; doch hat sie von Anfang an auch einen konkreten und sinnlichen Charakter, den sie der Klinik verdankt: »Sie [die quantitative Auffassung] ist direkt pathologisch-klinischen Beobachtungen entnommen«, sagt Freud schon zu Anfang des ENTWURFS, »besonders wo es sich um überstarke Vorstellungen handelte, wie in der Hysterie und in der Zwangsneurose, wobei, wie sich zeigen wird, der quantitative Charakter reiner als im Normalen hervortritt.« (S. 305)[36]

In dieser Rücksicht ist es vielleicht die Angst, die der Quantität am augenscheinlichsten eine sinnliche *Präsenz* verleiht; die Angst ist die nackte Quantität. Der mechanische Aspekt der Quantität ist letztlich weniger entscheidend als ihr intensiver Aspekt.

Man muß noch weitergehen: alle zu jener Zeit beschriebenen »Mechanismen« stehen bereits auf der Ebene dessen, was etwas später »Arbeit« genannt wird: Traumarbeit, Trauerarbeit usw. Alle dynamischen Begriffe – Abwehr, Widerstand, Verdrängung, Übertragung[37] – werden aus der Arbeit der Neurose, aus der »psychischen

---

36 Im zweiten Teil des ENTWURFS, der zwischen dem »Allgemeinen Plan« und dem »Versuch, die normalen ψ-Vorgänge darzustellen« (Sekundärvorgang etc.), eingefügt ist, wird dieser Gedanke wiederaufgegriffen: die Hysterien unterliegen einem Zwang, »der von *überstarken* Vorstellungen ausgeübt wird« (S. 348), und dieser Zwang ist gleichzeitig ein Beweis für die Quantität: »Der Terminus ›überstark‹«, so bemerkt Freud, »weist auf quantitative Charaktere hin.« (S. 350) An den Mechanismen der Neurose (Affektverwandlung bei der Hysterie, Affektverschiebung bei der Angstneurose) »liest« Freud ein Jahr vor dem ENTWURF die Quantität ab: »Sexualaffekt«, so schreibt er, »natürlich im weitesten Sinn genommen als Erregung von fester Quantität.« (Brief Nr. 18, l. c., S. 78) Das Manuskript D zeigt deutlich die Korrelation zwischen der sexuellen Ätiologie der Neurosen und der Konstanztheorie (AUS DEN ANFÄNGEN..., S. 80).

37 Die Korrelation zwischen klinischen und ökonomischen Auffassungen fällt besonders auf in den ersten Bemerkungen über Trauer, Abneigung, Selbstvorwürfen einerseits und Abwehr, Konflikt, Widerstand, Verdrängung andererseits (»Briefe an Wilhelm Fließ«, l. c., S. 112–116, 121, 129, 144). Man beachte beson-

Verarbeitung der Libido« erschlossen. Damit stehen die energetischen Begriffe bereits in Korrelation mit der gesamten, durch die Ätiologie der Neurosen eingeführten Deutungstätigkeit. Schließlich stützen die Konstanztheorie und ihre anatomische Transkription das Gebäude so wenig, daß, als der kaum redigierte ENTWURF dem Zweifel anheimfällt, ihn einzig die Klinik der Neurosen überlebt.[38] In der Tat hatte die sexuelle Ätiologie der Neurosen weitergeführt als jeder Mechanismus und jedes quantitative System. Von Anfang an hatte Freud »die deutliche Empfindung, an eines der großen Geheimnisse der Natur gerührt zu haben« (Brief Nr. 18 aus dem Jahre 1894).

Man darf indessen aus dieser zweiten Reihe von Bemerkungen nicht schließen, daß zusammen mit der pseudo-anatomischen Transkription auch das Konstanzprinzip und die quantitative Auffassung erledigt sei. Der Affekt wird auch weiterhin als »Quantität« behandelt, die verschiebbar oder gebunden ist und die Vorstellung begleitet. Und der Begriff der Besetzung bleibt auch weiterhin eng an jene seltsame Quantität geknüpft, die niemals gemessen wird. Man kann sogar der Meinung sein, daß Entdeckung und Praxis der Methode der freien Assoziation, die an die Stelle der kathartischen Methode getreten ist, den Gedanken, daß das Psychische eine bestimmte, wohldefinierte Anordnung zeige, eher verstärkt hat. Die Überzeugung, daß das Psychische kein Chaos ist, sondern eine geheime Ordnung aufweist, hat zur selben Zeit, wie sie die Deutungsmethode ins Leben rief, die deterministische Erklärung verstärkt; wie Jones zu Beginn seines Buches sagt: »Er gab den Determinismus zeitlebens nie zugunsten einer teleologischen Auffassung preis.«[39] Das Konstanzprinzip war das Mittel, durch welches eine Theorie des Wunsches, mit ihren Vorstellungen von »Ziel« und »Intention«, der deterministischen Hypothese untergeordnet blieb. Wir werden uns mit diesem Zusammenfallen der Idee der Deutung, als Beziehung vom Sinn zum Sinn, mit der Idee der Ordnung und des Systems am Ende von Kapitel IV befassen. Aus diesem Grunde überlebte das Kon-

---

ders die schöne Definition der Trauer: »Sehnsucht nach etwas Verlorenem« (S. 92). Die Korrelation zwischen Trauer und Melancholie ist bereits hergestellt: »Die Melancholie bestünde in der Trauer über den Verlust der Libido.« (ibid.)
38 »Briefe an Wilhelm Fließ«, l. c., S. 119, 120: »Eventuell müßte ich lernen, mich mit der klinischen Klärung der Neurosen zu begnügen.«
39 Jones, op. cit., I, S. 67.

stanzprinzip, verstanden als Selbstregulierung eines psychischen Systems, seine Formulierung im Rahmen der Neuronentheorie: das Realitätsprinzip wurde lange Zeit als eine Komplikation und ein Umweg betrachtet; einzig der Todestrieb sollte dieses Prinzip ernsthaft in Frage stellen; angesichts des Todes kündigt das Leben sich als Eros an. Man könnte sich fragen, ob nicht der Freudianismus, in dieser letzten Phase der Metapsychologie, die *Naturphilosophie,* die die Helmholtzsche Schuld liquidieren wollte, sowie die Goethesche *Weltanschauung,* die den jungen Freud begeisterte, erneuert hat. Dann hätte Freud schließlich das verwirklicht, was er sich einst prophezeite: zur Philosophie zurückzukehren über die Medizin und die Psychologie.[40]

---

40 »... wie ich im geheimsten die Hoffnung nähre, über dieselben Wege [die Medizin] zu meinem Anfangsziel der Philosophie zu kommen. Denn das wollte ich ursprünglich, als mir noch gar nicht klar war, wozu ich auf der Welt bin.« (»Briefe an Wilhelm Fließ«, l. c., S. 125) Für Freud und Goethe vgl. Jones, op. cit., I, S. 65.

Kapitel II
Energetik und Hermeneutik in der
Traumdeutung

Das schwierige VII. Kapitel der Traumdeutung ist ein unbestreitbares Erbe des Entwurfs von 1895; dieser Entwurf, den Freud selbst nicht veröffentlicht hat, ist, so darf man wohl behaupten, in die Traumdeutung eingebracht.[1] Und doch gibt es mindestens zwei Änderungen; die erste ist zu erheblich, als daß sie hätte unbemerkt bleiben können: der seelische Apparat der Traumdeutung funktioniert ohne anatomischen Bezug, er ist ein *psychischer* Apparat; von nun an fordert der Traum eine, wie man es wohl nennen darf, Herbartsche Thematik: es gibt einen Traum-»Gedanken«; was der Traum verwirklicht, oder besser das, dessen Erfüllung er ist, ist ein Wunsch, d. h. wieder eine »Vorstellung«, ein »Gedanke«. Aus diesem Grunde spricht die Traumdeutung von besetzten Vorstellungen und nicht mehr von besetzten Neuronen. Diese erste Änderung zieht eine weitere nach sich, die weniger zutage liegt, vielleicht aber für eine erkenntnistheoretische Reflexion über die »Modelle« von noch größerer Bedeutung ist: das Schema des seelischen Apparats schwankt zwischen einer *realen* Darstellung, ähnlich der »Maschine« im Entwurf, und einer *bildlichen* Darstellung, ähnlich den späteren Schemata der Topik: wir werden diese Ambiguität zu verstehen und vielleicht bis zu einem gewissen Punkt zu rechtfertigen versuchen.

Diese beiden Änderungen sind der Ausdruck einer noch radikaleren Umwandlung, welche die Beziehungen zwischen der topisch-ökonomischen *Erklärung* einerseits und der *Deutung* andererseits berührt. Im Entwurf blieb diese Beziehung im dunkeln: die Deutung der Symptome, den Übertragungsneurosen entlehnt, lenkte den Aufbau

---

[1] In den Briefen an Fließ, die nach dem Entwurf geschrieben wurden, läßt sich die Entwicklung der Theorie verfolgen; siehe insbesondere die Briefe 39 und 52, die dem Entwurf noch naheliegen. Für die spätere Diskussion ist der Hinweis wichtig, daß die Theorie des halluzinatorischen Charakters des Traums, die sich bereits im Entwurf findet (S. 344), der allgemeineren These, daß der Traum eine Wunscherfüllung sei, vorausging: Brief Nr. 28, 45, 62; vgl. Didier Anzieu, op. cit., S. 82–129.

des Systems, ohne selbst innerhalb des Systems thematisiert zu werden. Daher schien die Erklärung unabhängig zu sein von der konkreten Arbeit des Analytikers und der Arbeit des Kranken selbst an seiner Neurose. In der TRAUMDEUTUNG hat sich dies geändert: die systematische Erklärung wird ans Ende einer effektiven Arbeit gesetzt, deren *Regeln* erarbeitet werden; und diese Erklärung ist ausdrücklich dazu bestimmt, das, was sich bei der »Traumarbeit« abspielt, graphisch umzusetzen, einer Arbeit, die selbst nur während und mittels der Deutungsarbeit faßbar ist. Die Erklärung ist der Deutung also ausdrücklich untergeordnet; nicht durch Zufall heißt dieses Buch TRAUMDEUTUNG.

1. Die Traumarbeit und die exegetische Arbeit

Die These, daß *der Traum einen Sinn hat,* ist in erster Linie eine polemische These, die Freud auf zwei Fronten verteidigt: einerseits steht sie einer jeden Auffassung entgegen, die den Traum für ein zufälliges Spiel der Vorstellungen hält, für ein Überbleibsel des geistigen Lebens, bei dem einzig der Mangel an Sinn problematisch wäre: vom Sinn des Traumes sprechen heißt hier erklären, daß er eine intelligible, sogar intellektuelle Tätigkeit des Menschen sei; verstehen heißt, die Erfahrung der Intelligibilität machen. Die These steht andererseits einer jeden übereilten organischen Erklärung des Traums entgegen; sie besagt, daß sich die Traumerzählung stets durch eine andere Erzählung ersetzen läßt, samt Semantik und Syntax, und daß man diese beiden Erzählungen miteinander vergleichen kann, wie einen Text mit einem anderen; Freud vergleicht sogar zuweilen – mit mehr oder weniger Erfolg – diese Beziehung von Text zu Text mit der Beziehung eines Originals zu seiner Übersetzung; wir werden später auf die Richtigkeit der Analogie zurückkommen. Nehmen wir es für den Augenblick als eine unzweideutige Behauptung hin, daß sich die Deutung von einem wenig verständlichen Sinn zu einem verständlicheren hinbewegt; das gleiche muß für die Analogie des Bilderrätsels gelten, die zum selben Beziehungskreis gehört, der Beziehung von dunklem Text zu klarem Text.[2]

2 »Ich habe mir vorgesetzt zu zeigen, daß Träume einer Deutung fähig sind ... Mit der Voraussetzung, daß Träume deutbar sind, trete ich sofort in Widerspruch

Diese Angleichung von Sinn und Text erlaubt es, zu korrigieren, was am Begriff des Symptoms zweideutig bleibt; das Symptom ist gewiß schon ein *Wirkzeichen* und weist jene gemischte Struktur auf, die unsere Studie einkreisen möchte; doch diese gemischte Struktur enthüllt der Traum besser als das Symptom.³ Durch seine Zugehörigkeit zur Rede enthüllt der Traum das Symptom als Sinn und ermöglicht es, das Normale und das Pathologische in einer allgemeinen Seminologie, wie man es nennen könnte, zu koordinieren.

Kann man aber die Deutung auf dieser unzweideutigen Ebene halten, wo die Beziehungen solche von Sinn zu Sinn wären? Die Deutung kann sich nicht entwickeln, ohne ganz anders geartete und eigentlich energetische Begriffe einzusetzen; es ist in der Tat nicht möglich, die erste Aufgabe der Deutung zu leisten, die nämlich, herauszufinden, welcher »Gedanke«, welche »Vorstellung«, welcher »Wunsch« in verkleideter Form »erfüllt« wird, ohne die »Mechanismen« zu berücksichtigen, die die Traumarbeit konstituieren und

---

zu der herrschenden Traumlehre, ja zu allen Traumtheorien mit Ausnahme der Schernerschen, denn ›einen Traum deuten‹ heißt, seinen ›Sinn‹ angeben, ihn durch etwas ersetzen, was sich als vollwichtiges, gleichwertiges Glied in die Verkettung unserer seelischen Aktionen einfügt.« (GW II/III, 100) Etwas später, zu Anfang des II. Kapitels, vergleicht Freud die Situation des Analytikers, der die ersten Schwierigkeiten der Deutung überwunden hat, mit der eines Forschungsreisenden, der am Ausgang eines engen Hohlwegs ins helle Licht tritt, und ruft aus: »Wir stehen in der Klarheit einer plötzlichen Erkenntnis.« (S. 127) Der Traum erscheint dann als »ein vollgültiges psychisches Phänomen, und zwar eine Wunscherfüllung; er ist einzureihen in den Zusammenhang der uns verständlichen seelischen Aktionen des Wachens; eine hoch komplizierte geistige Tätigkeit hat ihn aufgebaut«. (ibid.) Für die Vergleichung der Deutung mit der Übersetzung von einer Sprache in eine andere oder mit der Lösung eines Bilderrätsels vgl. S. 283 f.

3 In chronologischer Hinsicht steht die Breuer und Freud gemeinsame Idee des Symptoms gewiß an erster Stelle; doch die Umkehrung der Priorität ist in methodologischer Hinsicht wesentlich: »Mir waren die Gesichtspunkte für die Auffassung des Traums durch vorhergegangene Arbeiten über die Psychologie der Neurosen gegeben, auf die ich mich hier nicht beziehen soll und doch immer wieder beziehen muß, während ich in umgekehrter Richtung vorgehe und vom Traume aus den Anschluß an die Psychologie der Neurosen erreichen möchte.« (GW II/III, 593) Die strukturale Identität von neurotischem Symptom und Traum wird erst am Ende der Topik unter dem Titel *Traumbildung und Symbolbildung* hergestellt (S. 611 ff.). Doch die Interpretation des Symptoms als Symbol in den STUDIEN ÜBER HYSTERIE ist das Hauptglied: vgl. unten, S. 109, Fn. 14.

die »Entstellung« des Traumgedankens in manifesten Inhalt garantieren. Die Erforschung der Traumarbeit bildet, nach einem der methodologischen Texte der TRAUMDEUTUNG, die zweite Aufgabe.[4] Doch die Unterscheidung dieser beiden Aufgaben hat nur pädagogischen Wert: das Zutagefördern unbewußter Traumgedanken zeigt lediglich, daß diese Gedanken die gleichen sind wie die des Wachens; erst auf die Traumarbeit konzentriert sich die ganze Eigentümlichkeit des Traums. Die *Entstellung,* in der im großen und ganzen diese Arbeit besteht, trennt den Traum vom übrigen psychischen Leben, wie die Enthüllung der Traumgedanken ihn dem Wachleben annähert.

Mehr noch: die erste Aufgabe, von der zweiten innerhalb des Buches sehr schlecht unterschieden, kann ohne Hinzuziehung ökonomischer Begriffe nicht einmal sehr weit geführt werden. Die Traum-»Gedanken« wiederfinden heißt in der Tat, einen gewissen rückläufigen Weg nehmen, der – jenseits der aktualen Körpereindrücke und -erregungen, jenseits der wachen Erinnerung oder der Tagesreste, jenseits des aktualen Wunsches nach Schlaf – das Unbewußte entdeckt, das heißt die *ältesten Wünsche.* Unsere Kindheit ist es, die an die Oberfläche gelangt, mit all ihren vergessenen, unterdrückten, verdrängten Triebregungen, und mit unserer Kindheit diejenige der Menschheit, die sich in der des Individuums gewissermaßen abgekürzt wiederholt. Der Traum schafft Zugang zu einem grundlegenden Phänomen, das uns in diesem Buch ohne Unterlaß beschäftigen wird: das Phänomen der *Regression,* deren Aspekte, nicht nur die zeitlichen, sondern auch die topischen und dynamischen, wir in Kürze besser verstehen werden. Was uns – bei dieser Regression – von Begriffen des Sinns auf Begriffe der Kraft verweist, ist der »Kurzschluß« zwischen Archaischem und Traumhaftem; denn diese Phantastik ist eine Phantastik des Wunsches. Wenn der Traum aufgrund seines Erzählcharakters zur Rede hingezogen wird, so wirft

---

[4] Siehe den wichtigen methodologischen Text am Ende von Kap. VI. »Die seelische Arbeit bei der Traumbildung zerlegt sich in zwei Leistungen: die Herstellung der Traumgedanken und die Umwandlung derselben zum Trauminhalt.« Die Traumgedanken, fügt Freud hinzu, sind nicht von besonderer Art. Hingegen ist die Traumarbeit für den Traum charakteristisch; diese Tätigkeit ist etwas davon [vom wachen Denken] qualitativ völlig Verschiedenes und darum zunächst nicht mit ihr vergleichbar. Sie denkt, rechnet, urteilt überhaupt nicht, sondern sie beschränkt sich darauf, umzuformen.« (GW II/III, 510 f.) Das Thema wird in Kap. VII wieder aufgenommen (S. 597).

ihn sein Verhältnis zum Wunsch wieder auf die Seite der Energie, des *conatus,* des Begehrens, des Willens zur Macht, der Libido, oder wie immer man es nennen mag. Damit steht der Traum, als Ausdruck des Wunsches, zwischen Sinn und Kraft.

Die Deutung, die noch nicht mit der der Traumarbeit entsprechenden Entzifferungsarbeit identifiziert und mehr an den psychischen Inhalt als an den Mechanismus geknüpft wird, erhält nichtsdestoweniger allmählich ihre eigene Struktur; und diese Struktur ist eine gemischte Struktur. Einerseits ist die Deutung, im Rahmen der Bedeutung, eine Bewegung vom Manifesten zum Latenten; deuten heißt, den Ursprung des Sinns auf einen anderen Ort verschieben. Die Topik, zumindest in ihrer statischen, topographischen Form, wird eben diese Bewegung der Interpretation vom offenbaren Sinn zu einem anderen Ort des Sinns anschaulich machen. Doch schon auf dieser ersten Ebene ist es nicht mehr möglich, die *Deutung* für eine einfache Relation zwischen chiffrierter und dechiffrierter Rede zu halten; man kann sich nicht mehr mit dem Satz begnügen, daß das Unbewußte eine andere Rede sei, eine unverständliche Rede. Die *Verstellung,* welche die Deutung vom manifesten Inhalt zum latenten Inhalt verfolgt, enthüllt eine andere *Verstellung,* die nämlich des Wunsches in Bilder, der Freud das IV. Kapitel widmet. Um einen Ausdruck der metapsychologischen Aufsätze zu verwenden: der Traum ist bereits ein »Triebschicksal«.

Aber dann ist es nicht mehr möglich, diese *Verstellung* mit größerer Genauigkeit zu thematisieren, ohne zur zweiten Aufgabe überzugehen, das heißt, ohne den Mechanismen der »Traumarbeit« Rechnung zu tragen, mit der sich Kapitel VI befaßt. Diese zweite Aufgabe erheischt, noch deutlicher als die erste, das Zusammensetzen zweier Welten der Rede, der Rede des Sinns und der Rede der Kraft. Zu sagen, der Traum sei die Erfüllung eines verdrängten Wunsches, heißt zwei Begriffe zusammenbringen, die zwei verschiedenen Bereichen angehören: die *Erfüllung,* die zur Rede des Sinns gehört (wie es die Verwandtschaft mit Husserl bezeugt), und die *Verdrängung,* die zur Rede der Kraft gehört; der Begriff der *Verstellung,* der beides vereint, drückt die Verschmelzung der beiden Begriffe aus, da die Verkleidung eine Art von Offenbarung und gleichzeitig die Verstellung ist, die diese Offenbarung verfälscht, *die dem Sinn angetane Gewalt.* Die in der Verkleidung gegebene Beziehung vom Verborgenen zum Gezeigten erheischt also eine Deformation, die nur als ein Kräftekompromiß formuliert werden kann. Zu dieser gemischten Rede gehört auch der Begriff der »Zensur«, der dem der Verstellung entspricht: Verstellung ist die Wirkung, Zensur die Ursache. Was aber bedeutet Zensur? Das Wort ist vorzüglich gewählt: einerseits offenbart sich die Zensur auf der Ebene des Textes, dem sie Leerstellen aufnötigt, die Auswechslung von Wörtern, abgeschwächte Ausdrücke, Anspielungen, Kunstgriffe beim Umbruch, so daß anstößige oder subversive Nachrichten sich verschieben und in harmlosen Zwischenartikeln verstecken; andererseits ist die Zensur der Ausdruck einer Macht, genauer einer politischen Macht, die sich gegen die Opposition richtet, indem sie dieser das Recht auf Ausdruck beschneidet; in der Idee der Zensur sind die beiden Sprachsysteme so eng miteinander verschmolzen, daß man einerseits sagen muß, die Zensur verfälsche einen Text nur dann, wenn sie eine Kraft unterdrückt, und andererseits, sie unterdrücke eine unliebsame Kraft nur dadurch, daß sie ihren Ausdruck stört.

Was wir soeben über Begriffe wie Verkleidung, Verstellung, Zensur sagten, welche zusammen die von der Traumarbeit vollzogene »Entstellung« charakterisieren, tritt noch offener zutage, wenn wir die verschiedenen Mechanismen, welche die Traumarbeit konstituieren, gesondert betrachten; keiner läßt sich formulieren ohne Rückgriff auf jene gemischte Sprache.

Auf der einen Seite ist die Traumarbeit tatsächlich das Gegenstück zur Entzifferungsarbeit des Analytikers; hierin ist sie den Denkprozessen verwandt, die sie in umgekehrter Richtung durchlaufen; so sind die im VI. Kapitel der TRAUMDEUTUNG untersuchten Hauptvorgänge, die *Verdichtungsarbeit* und die *Verschiebungsarbeit*, Sinneffekte, die sich durchaus mit rhetorischen Verfahren vergleichen lassen. Freud selbst vergleicht die Verdichtung mit einer knappen, lakonischen Redewendung, einem lückenhaften Ausdruck. Gleichzeitig ist sie ein Gebilde aus verschiedenartigsten Ausdrücken, die mehreren Gedankenketten angehören; die Verschiebung vergleicht er mit einer Dezentrierung, einer Verlagerung des Mittelpunkts oder auch mit einer Akzent- oder Wertverschiebung, bei der die verschiedenen Vorstellungen des latenten Inhalts im manifesten Inhalt ihre »psychischen Intensitäten« vertauschen. Diese beiden Vorgänge bezeugen, im Bereich des Sinns, eine Überdeterminierung, die an die Deutung appelliert. Von jedem Element des Trauminhalts kann man sagen, es erweise sich als überdeterminiert, »als mehrfach in den Traumgedanken vertreten«[5]. Diese Überdeterminierung beherrscht auch, obwohl auf andere Weise, die Traumverdichtung und die Traumverschiebung; für die Verdichtung liegt dies auf der Hand: hier gilt es, mittels der freien Assoziation die Vielfalt der Bedeutungen herauszuarbeiten und zu explizieren. Doch die Verschiebung, die mehr die psychischen Intensitäten als die Zahl der Vorstellungen betrifft, bedarf der Überdeterminierung nicht minder; um neue Wertigkeiten zu schaffen, die Akzente zu versetzen, die Intensitäten zu verlagern, muß die Verschiebung den Weg der Überdeterminierung beschreiten.[6]

Aber diese Überdeterminierung, die sich in der Sprache des Sinns äußert, ist das Gegenstück jener Vorgänge, die sich in der Sprache der Kraft äußern: Verdichtung heißt Kompression; Verschiebung heißt Kräfteübertragung: »Es liegt nun der Einfall nahe, daß bei der Traumarbeit eine psychische Macht sich äußert, die einerseits die psychisch hochwertigen Elemente ihrer Intensität entkleidet, und andererseits auf dem Wege der Überdeterminierung aus minderwertigen, neue Wertigkeiten schafft, die dann in den Trauminhalt gelangen. Wenn das so zugeht, so hat bei der Traumbildung eine Übertragung und Verschiebung der psychischen Intensitäten der einzelnen Elemente stattgefunden, als deren Folge die Textverschiedenheit von Trauminhalt und Traumgedanken erscheint. Dieser Vorgang, den wir so supponieren, ist geradezu das wesentliche Stück der Traumarbeit: er verdient den Namen der *Traumverschiebung*. *Traumverschiebung* und *Traumverdichtung* sind die beiden Werkmeister, deren Tätigkeit wir die Gestaltung des Traumes hauptsächlich zuschreiben dürfen.«[7] Es besteht also zwischen der »Überdeterminierung« (oder »mehrfachen Determinierung«) und der Verschiebungs- oder Verdichtungsarbeit die gleiche Relation wie zwischen Sinn und Kraft.

Dieselbe gemischte Rede erfordert das dritte Verfahren, das dem Traum seinen besonderen »Szenen«-Charakter verleiht; während Verdichtung und Verschiebung von der Verfälschung der Themen oder des »Inhalts« Rechenschaft ablegen, bezeichnet die »Darstellung« einen anderen Aspekt der Regression, den Freud *formale Regression* nennt (im Unterschied zur zeitlichen Regression, von der

---

5 GW II/III, 289.
6 GW II/III, 313.
7 ibid.

wir bereits gesprochen haben, und der topischen Regression, von der
wir noch sprechen werden[8]). Diese »Darstellung« aber eignet sich zu
einer Beschreibung in Termini der Bedeutung; so bemerkt man den
syntaktischen Zusammenbruch, die Ersetzung aller logischen Relationen durch bildliche Entsprechungen, die Darstellung der Negation durch die Vereinigung der Gegensätze in einem einzigen Objekt, den mimischen oder Rebuscharakter des manifesten Inhalts,
wie überhaupt das Rückschreiten zum imaginierten oder konkreten
Bild; lassen wir für den Augenblick die Frage der sexuellen Symbolik beiseite, auf die sich die Diskussion allzusehr konzentriert hat
und deren exakten Platz wir später erkennen werden, und stellen
wir in seiner ganzen Ausdehnung das Problem, das Freud selbst
»die Rücksicht auf Darstellbarkeit«[9] nennt. Was in dieser Hinsicht
den Traum zu charakterisieren scheint, ist die Regression zur halluzinatorischen Belebung der Wahrnehmung, über die Erinnerungsbilder hinaus. Freud kann also sagen: »Das Gefüge der Traumgedanken wird bei der Regression in sein Rohmaterial aufgelöst.«[10]
Doch diese Regression zum Bild, die wir als halluzinatorische Belebung der Wahrnehmung beschrieben haben, ist gleichzeitig ein
ökonomisches Phänomen, das sich nur als »Veränderungen in den
Energiebesetzungen der einzelnen Systeme«[11] ausdrücken läßt.

Man wird einwenden, daß die TRAUMDEUTUNG hier mit einer Illusion belastet ist, die Freud kurz nach Veröffentlichung seines Hauptwerkes aufgeben sollte; unschwer läßt sich im Hintergrund dieser
quasi-halluzinatorischen Traumtheorie, wie auch im ENTWURF von
1895, der Glaube an die Realität der infantilen Verführungsszene erkennen: es sind in der Tat die dieser Szene entsprechenden Wahrnehmungsspuren, die nach Neubelebung streben und eine Art Anziehung auf die verdrängten, nach Ausdruck ringenden Gedanken
ausüben: »Nach dieser Auffassung ließe sich der Traum auch beschreiben *als der durch Übertragung auf Rezentes veränderte Ersatz
der infantilen Szene.*«[12] Diesem Modell der Infantilszene zufolge,
das Freud für exemplarisch hält, würde der remanente Kern des

---

8 Für die drei Formen der Regression, die formale, topische und zeitliche, vgl.
GW II/III, 554 (Zusatz von 1914).
9 GW II/III, 344 ff.
10 GW II/III, 549.
11 ibid.
12 GW II/III, 552.

Traums darin bestehen, daß »eine volle halluzinatorische Besetzung der Wahrnehmungssysteme ermöglicht wird. Was wir bei der Analyse der Traumarbeit als die ›Rücksicht auf Darstellbarkeit‹ beschrieben haben, dürfte auf die *auswählende Anziehung* der von den Traumgedanken berührten, visuell erinnerten Szenen zu beziehen sein.«[13]

Diese Texte lassen keinen Zweifel: die Bevorzugung der Darstellung in der Traumarbeit hält Freud für die halluzinatorische Neubelebung einer Urszene, die wirklich der Wahrnehmung angehört hat. Nichtsdestoweniger richtet sich der Einwand, den man hier erheben kann, mehr gegen die Topik des VII. Kapitels als gegen die Beschreibung der Darstellung im Rahmen der Traumarbeit. Es steht außer Zweifel, daß Freud, wenn er die Infantilszene als eine reale Erinnerung interpretiert, die Phantasie mit dem Erinnerungsbild einer realen Wahrnehmung verwechseln muß; die topische Regression ist dann eine Regression zur Wahrnehmung, und die eigentliche Dimension des Imaginären ist verfehlt. Wir werden darauf noch zurückkommen. Für den Augenblick kommt es uns lediglich auf die Feststellung an, daß die formale Regression, welche die »Darstellung« charakterisiert, das heißt das Rückschreiten des Logischen zum Bildlichen, ein der Verdichtung und Verschiebung analoges Problem stellt: auch die Darstellung ist eine »Entstellung«, folglich eine Hemmung des unmittelbaren Ausdrucks, die erzwungene Subsitution einer Ausdrucksweise durch eine andere. In allen drei Fällen – Verdichtung, Verschiebung und Darstellung – ist demnach der Traum eine Arbeit. Daher ist die ihnen entsprechende Deutung ebenfalls eine Arbeit, die, um zum Thema werden zu können, eine gemischte, weder rein linguistische noch rein energetische, Sprache erheischt.

Daß die Deutung eine Arbeit sei, ist der Schlüssel zu einer Schwierigkeit, mit der ich die Untersuchung dieser Hauptbegriffe der TRAUMDEUTUNG abschließen will, bevor ich an die Topik des VII. Kapitels herangehe. Diese Schwierigkeit betrifft Freuds Gebrauch des Begriffs Symbol und symbolische Deutung.

Auf den ersten Blick ist er ziemlich verwirrend, da Freud seine eigene Deutung einerseits der symbolischen Deutung entgegensetzt und andererseits, *gerade im Rahmen der Darstellung,* der sexuellen Traumsymbolik einen wichtigen Platz einräumt, mit der man leicht

---

13 GW II/III, 553.

das ganze Buch identifiziert. In erster Linie geht es uns um eine Klarstellung, da das Symbol, im Vokabular unserer *Problematik*, alle doppeldeutigen Ausdrücke umfaßt und den Angelpunkt der Interpretation bildet. Wenn das Symbol der Sinn des Sinns ist, müßte die gesamte Freudsche Hermeneutik eine Hermeneutik des Symbols als einer Sprache des Wunsches sein. Freud jedoch gibt dem Symbol eine weit geringere Ausdehnung.[14]

14 Eine systematische Untersuchung des Symbolbegriffs bei Freud steht noch aus. Guy Blanchet, der eine solche Untersuchung in Angriff genommen hat, machte mich auf die erste Freudsche Symbolauffassung aufmerksam, die aus den STUDIEN ÜBER HYSTERIE. Seit der »Vorläufigen Mitteilung« von 1892 (Untertitel des ersten Kapitels dieser Arbeit) bezeichnet die symbolische Beziehung den verborgenen Zusammenhang zwischen auslösender Ursache und hysterischem Symptom; symbolische Beziehung steht somit in Gegensatz zu manifester Beziehung. Der gleiche Text zieht zum ersten Mal eine Parallele zwischen dieser symbolischen Beziehung und dem Traumvorgang. Zunächst auf den hysterischen Schmerz beschränkt, dehnt sich diese Beziehung allmählich auf alle hysterischen Symptome aus, und zwar mit Hilfe des sich langsam herausschälenden Verhältnisses zwischen Symbol und Erinnerung; das Symbol gewinnt nun den Wert einer Schmerzreminiszenz, und Freud gebraucht den Ausdruck »Erinnerungssymbol« (STUDIEN ÜBER HYSTERIE, GW I, 146). Das Symbol ist damit ein Äquivalent des Gedächtnisses für die traumatisierende Szene, an die keine Erinnerung mehr besteht. Wenn es stimmt, wie es schon in der »Vorläufigen Mitteilung« heißt, daß der Hysteriker vor allem an Reminiszenzen leide (GW I, 86), dann ist das Erinnerungssymbol das Mittel, wodurch sich das Trauma im Symptom fortsetzt. Das Erinnerungssymbol ist, im Unterschied zu den (treuen) »Erinnerungsresten«, entstellt, konvertiert, im Sinne der hysterischen Konversion. Die Symbolisierung umfaßt also das gesamte Feld der mit der Verdrängung verbundenen Entstellung (wobei die Verdrängung selbst zu jener Zeit mit der Abwehr identifiziert wird). Der ENTWURF von 1895 trägt noch den Stempel dieser ersten Auffassung des Symbols als eines Äquivalents der Erinnerung an ein anderes verdrängtes Trauma (AUS DEN ANFÄNGEN ..., S. 350). Die Symbolisierung tendiert also dahin, jede Ersatzbildung in solchen Fällen zu bezeichnen, wo gegen die Rückkehr der verdrängten Erinnerung Widerstand geleistet wird.

Dieser erste Freudsche Gebrauch des Wortes Symbol ist also umfassender als der in der TRAUMDEUTUNG, da er alles einschließt, was hier *Entstellung* genannt wird. Immerhin kündigt sich in der Zwischenrolle, die den idiomatischen Ausdrücken bei der hysterischen Symbolbildung zugeschrieben wird, die künftige Eingrenzung der Symbolik auf das kulturelle Stereotyp an. So symbolisiert der Gesichtsschmerz einer Kranken, die Breuer und Freud gemeinsam behandelten, eine Kränkung, die als »ein Schlag ins Gesicht« empfunden wurde; abgeschwächte, banal gewordene Redensarten erhalten beim Hysteriker ihren ursprünglichen Sinn zurück: eine andere Patientin, die daran leidet, im Leben »nicht von der Stelle zu kommen«, symbolisiert durch ihre Beinschmerzen – die freilich auch schon anderswoher motiviert sind – ihr moralisches Leiden. In den STUDIEN ÜBER

Bei seinem Überblick über die früheren Traumtheorien begegnet er unter den populären Interpretationen auch der symbolischen Deutung, welcher er als wesentlich verschieden die »Chiffriermethode« entgegenstellt: »Das erste dieser Verfahren faßt den Trauminhalt als Ganzes ins Auge und sucht denselben durch einen anderen, verständlichen und in gewissen Hinsichten analogen Inhalt zu ersetzen. Dies ist die symbolische Traumdeutung; sie scheitert natürlich von vornherein an jenen Träumen, welche nicht bloß unverständlich, sondern auch verworren erscheinen.«[15] Nach diesem Verfahren erklärte Joseph die Träume des Pharao und gab der Dichter Jensen, der Autor jener *Gradiva,* die Freud einige Jahre später kommentierte, dem Helden seiner Novelle künstliche, aber leicht zu deutende Träume. Die zweite Methode, die *Chiffriermethode,* »behandelt den Traum wie eine Art Geheimschrift, in der jedes Zeichen nach einem feststehenden Schlüssel in ein anderes Zeichen von bekannter Bedeutung übersetzt wird«.[16] Diese mechanische, Wort-für-Wort-Übersetzung weiß also absolut nichts von Verschiebung und Verdichtung; gleichwohl steht die Chiffriermethode der analytischen Methode näher als die symbolische Deutung, denn sie ist bereits eine Deutung »*en détail*« und nicht »*en masse*«[17]; wie diese faßt auch die Analyse den Traum als etwas »Zusammengesetztes«, als ein »Konglomerat« von »psychischen Bildungen« auf[18]. Durch die Methode der freien Assoziation nähert sich die Analyse also dem »Chiffrierverfahren« und entfernt sich von der symbolischen Methode.

Ist mit der symbolischen Deutung aber auch das Symbol selbst aus dem Feld der Analyse ausgeschlossen? In einer zweiten, wiederum negativen Anspielung kündigt sich die Einsetzung des Symbols an, was in den verschiedenen Ausgaben der TRAUMDEUTUNG auf sehr kohärente Weise fortgeführt wird. Die Anspielung erfolgt im Zuge der Auseinandersetzung mit Scherner, von dem Freud sagt, er sei der einzige, dem er zu irgend etwas verpflichtet bleibe. Diese

HYSTERIE hat Freud also geahnt, daß die Symbolisierung nicht nur eine phantastische Entstellung des Körpers, sondern das Wiederauftauchen des ursprünglichen Wortsinns ist, wie er es in seinem Versuch von 1910, ÜBER DEN GEGENSINN DER URWORTE, darzulegen versuchte, den wir später erörtern werden.

15 GW II/III, 101.
16 GW II/III, 102.
17 GW II/III, 108.
18 ibid.

Auseinandersetzung wird im Rahmen der somatischen Traumtheorien geführt. Scherner ist zwar noch in diesem engen Rahmen befangen, hat aber sehr wohl erkannt, daß die Traumarbeit »freie Betätigung der ihrer Tagesfesseln entledigten Phantasie ist«, bei der die Natur des Organs und die Art des Reizes »symbolisch« dargestellt werden.[19] Wir befinden uns also bereits in der Darstellung; trotz seinem begrenzten Ausgangspunkt (Reiz und Körperorgan) hat Scherner unter den Namen Symbol die Darstellungsarbeit erkannt, die dahin tendiert, den Körper zu irrealisieren und ihn, im wörtlichen Sinne, zu einem phantastischen zu machen. Der Mangel dieser Interpretation ist zunächst der der Interpretation der Alten mit ihren globalen Entsprechungen; doch vor allem macht diese Art und Weise, den Körper zu »phantasieren«, den Traum zu einer nutzlosen Betätigung. Man muß die Symbolisierung von Körperorganen mit der »Erledigung des Reizes« verbinden, folglich mit dem komplexen Spiel der tiefen Kräfte, welche die wahren Traumquellen sind.

Im Laufe der Neuausgaben[20] hat die Symbolik einen immer größeren

19 GW II/III, 230.
20 Vor der kritischen Ausgabe der *Standard Edition* von Strachey war es ausgeschlossen, die späteren Zusätze vom Text aus dem Jahre 1900 zu unterscheiden. Wichtig ist, daß der Abschnitt E des VI. Kapitels, »Die Darstellung durch Symbole im Traume«, 1909, 1911 und 1914 hinzugefügt wurde und daß Freud ihn bei den späteren Ausgaben noch durch verschiedene Abschnitte und Anmerkungen ergänzte. In der 2. und 3. Auflage wurden diese Zusätze dem Abschnitt D des V. Kapitels (»Typische Träume«) eingegliedert. Erst die Ausgabe von 1914 behandelt die Symbolik im Anschluß an die Theorie der Darstellung, eine Verschiebung, durch die sie ihre wahre Bedeutung erhält. Im ersten Absatz (1925) dieses neuen Abschnitts erklärt Freud seine Dankesschuld gegenüber Steckel (*Die Sprache des Traums*, 1911); er hatte dies bereits im Vorwort zur 3. Auflage getan. Eine ernsthafte Untersuchung der Entwicklung des Freudschen Denkens müßte ebenfalls dem Einfluß von Silberer und Havelock Ellis sowie seiner damaligen engen Zusammenarbeit mit Otto Rank Rechnung tragen, der im Jahre 1909 *Der Mythus von der Geburt des Helden* publizierte und dessen Aufsätze »Traum und Dichtung« und »Traum und Mythus« Freud in die 4., 5., 6. und 7. Auflage aufnahm. Der Einfluß von Karl Abraham, dessen Buch *Träume und Mythen* im Jahre 1909 erschien, und von Ferenczi, der zwischen den Jahren 1910 und 1917 zahlreiche Artikel über den Traum veröffentlichte, ist wahrscheinlich nicht weniger beträchtlich. Schließlich müßte das gesamte Dossier der Beziehungen zwischen Freud und Jung in diesen Prozeß mit einbezogen werden. Bedeutsam ist dieser Konflikt auch für das Verständnis der Neuauflagen der TRAUMDEUTUNG sowie für das Verständnis von TOTEM UND TABU, das 1913 erschien, im Jahre des Bruchs mit Jung.

Platz gewonnen, wenn auch stets in einem untergeordneten Rahmen; zuerst im Rahmen der »typischen Träume« (Kap. V), dann unter dem Titel *Darstellung* (Kap. VI); die »typischen Träume« (Träume der Nacktheit, Träume vom Tod geliebter Personen etc.) haben Freuds Aufmerksamkeit auf den besonderen Sinn der Symbolik gelenkt; sehr früh bemerkt er, daß es sich hier um Träume handelt, denen mit der Deutungsmethode am wenigsten beizukommen ist; nach und nach kommt er zu dem Schluß, daß die Symbolisierung ein spezifisches Problem stellt, wenngleich es keine eigentlich symbolische Funktion gibt, die wert wäre, zu den Verfahren der Traumarbeit gezählt zu werden. »Alles leitet zum gleichen Schluß, daß man keine besondere symbolisierende Tätigkeit der Seele bei der Traumarbeit anzunehmen braucht, sondern daß der Traum sich solcher Symbolisierungen, welche im bewußten Denken bereits fertig enthalten sind, bedient, weil sie wegen ihrer Darstellbarkeit, zumeist auch wegen ihrer Zensurfreiheit, den Anforderungen der Traumbildung besser genügen.«[21]

Dieser Satz liefert den Schlüssel für das übrige: die Darstellung ist problematisch, und Freud hat eine ganze Metapsychologie der Regression geschaffen, um ihr Rechnung zu tragen; die Symbolisierung ist nicht problematisch, weil in der Symbolik die Arbeit bereits anderswo getan worden ist; der Traum bedient sich der Symbolik, er erarbeitet sie nicht. Man versteht nun, weshalb der Träumer keine Erinnerung bei seinen typischen Träumen findet: in seinem Traum hat er lediglich, wie eine gebräuchliche Redewendung, symbolische Bruchstücke benutzt, die alltäglich geworden, vom Gebrauch verschlissen sind, Phantome, die er für einen Augenblick belebt hat; man denkt an den Husserlschen Begriff der »Sedimentierung«; und man muß sich, gesteht Freud, »die Frage vorlegen, ob nicht viele dieser Symbole wie die ›Sigel‹ der Stenographie mit ein für allemal fest-

---

21 GW II/III, 354. Diese Bemerkung über die Beziehung zwischen Darstellung und Symbolisierung ist die älteste der ganzen TRAUMDEUTUNG (sie findet sich bereits in der ersten Auflage von 1900); sie kann als der Ausgangspunkt aller späteren Ausführungen über die »Darstellbarkeit durch Symbole im Traume« betrachtet werden; die Verschiebung dieser Ausführung ab der 4. Auflage (1914) ans Ende der Untersuchung über »Die Darstellungsmittel« (Abschnitt E des VI. Kapitels) ist die logische Folge dessen, was von Anbeginn erkannt worden war; mit dem von uns zitierten Satz endet in der Tat der Abschnitt D des VI. Kapitels über die Darstellung; so diente er dem neuen Abschnitt E des VI. Kapitels seit 1914 als Ausgangspunkt.

gelegter Bedeutung auftreten, und sieht sich vor der Versuchung, ein neues Traumbuch nach der Chiffriermethode zu entwerfen.«[22] Damit ist das Symbol auf die andere Seite der Grenze getreten, die anfangs symbolische Methode und Chiffrierverfahren voneinander trennte. Doch es erhält einen präzisen Platz, als stereotypierte Chiffre; und es ist nicht mehr verwunderlich, daß diese allgemeine Symbolik dem Traum nicht eigentümlich angehört, sondern sich in den unbewußten Vorstellungen, in den Legenden, Mythen, Sagen, Redensarten, Spruchweisheiten und umlaufenden Witzen eines Volkes findet, und sogar »vollständiger als im Traum«[23]. Der Träumer, der sie für sich aufgreift, folgt nur den vom Unbewußten hinterlassenen Spuren. Hier begegnen wir wieder der Symbolik von Scherner und den symbolischen Übersteigerungen der Neurotiker: »... überall, wo die Neurose sich solcher Verhüllung bedient, wandelt sie die Wege, die einst in alten Kulturperioden die ganze Menschheit begangen hat, und von deren Existenz unter leichter Verschüttung heute noch Sprachgebrauch, Aberglaube und Sitte Zeugnis ablegen.«[24]

Aus diesem Grunde muß die analytische Deutung hier von einer genetischen Deutung abgelöst werden: das Symbol hat eine besondere Überdeterminierung, die nicht Ergebnis der Traumarbeit, sondern eine vorgängige Kulturtatsache ist: so ist es oft nur der Rest einer begrifflichen und sprachlichen Identität von einst. Daher die Mahnung an den Leser oder den eifrigen Benutzer der Psychoanalyse, die Traumübersetzung nicht auf Symbolübersetzung einzuschränken und die Symbolik nur als ein »Hilfsmittel« zuzulassen: der eigentliche Weg der Deutung sind die Einfälle des Träumers und nicht die vorgegebenen Verbindungen im Symbol selbst. Letztlich bleiben symbolische Deutung und analytische Deutung zwei verschiedene Techniken, wobei die erste der zweiten »als Hilfsmittel« untergeordnet ist.[25]

22 GW II/III, 356. Der Text von 1900 knüpft an die Bemerkungen der STUDIEN ÜBER HYSTERIE betreffend die Rolle der Redewendungen bei der Bildung der symbolischen Beziehung an. Zweifellos muß man, wie wir es in Fn. 14 anregten, die Kontinuität der Freudschen Symbolauffassung in dieser Richtung suchen. Die X. Vorlesung der EINFÜHRUNG IN DIE PSYCHOANALYSE, »Die Symbolik im Traum« (1917), auf die wir in Kapitel VI des letzten Teils unseres Buches zurückkommen, wird unsere Interpretation bestätigen.
23 ibid.
24 GW II/III, 532.
25 GW II/III, 365.

Hat Freud recht, wenn er das Symbol auf jene stenographischen Sigel beschränkt? Müssen nicht mehrere Aktualitätsebenen des Symbols unterschieden werden? Außer den gewöhnlichen, vom Gebrauch verschlissenen, ausgedienten Symbolen, die nur eine Vergangenheit haben, und gar außer den gebräuchlichen, nützlichen und benützten Symbolen, die eine Vergangenheit und eine Gegenwart haben und die, in der Synchronie einer gegebenen Gesellschaft, der Gesamtheit der sozialen Bündnisse als Unterpfand dienen, gibt es da nicht auch symbolische Neuschöpfungen, die dazu dienen, neue Bedeutungen zu befördern? Anders gesagt: ist das Symbol nur Rest? ist es nicht auch Erwachen des Sinns? Was immer es mit diesem Streitpunkt auf sich haben mag, den wir zu gegebener Zeit im Freudschen Vokabular und auch im Rahmen der ökonomischen Erklärung wieder aufnehmen werden – es gibt kein Problem der *Symbolisierung*, wohl aber ein Problem der *Darstellung*. Doch selbst innerhalb der engen Grenzen, in die Freud das Symbol verbannt, ist das Problem nicht erschöpft, da die Psychoanalyse der Mythen, auf die wir im zweiten Teil dieser *Analytik* zu sprechen kommen, sich gerade auf symbolischer Ebene artikuliert. Nicht durch Zufall fügt sich die Deutung von König *Ödipus* und *Hamlet,* die wir später im einzelnen erörtern werden, in die Analyse der »typischen Träume«.[26]

2. *Die »Psychologie« des VII. Kapitels*

Wie fügt sich die Systematisierung des VII. Kapitels ihrerseits in das Spiel der ökonomischen und hermeneutischen Auffassungen, die außerhalb dieses schwierigen Schlußkapitels entwickelt werden?
Sein Verhältnis zum übrigen Werk ist komplex: einerseits ist es die Erklärung – mittels einer »Hilfsvorstellung« – dessen, was bereits

---

[26] Bemerkenswerterweise blieb die Deutung des Ödipus-Mythos in den späteren Auflagen mit dem Abschnitt über »Typische Träume« (Kap. V, Abschn. D) verknüpft und wurde bei der großen Umstellung von 1914 nicht in den Abschnitt über »Darstellung durch Symbole« (Kap. VI, Abschn. E) aufgenommen. Die Analyse des Ödipus-Themas schließt auch weiterhin an die typischen Todeswunschträume an und vor allem an den Kindertraum vom Tod des Vaters. Freud war in der Tat beim Ödipus-Mythos mehr an den »Traumquellen« (Titel des V. Kapitels), d. h. an der Verwurzelung des Traums in den infantilen Wünschen interessiert als an der Rolle der Darstellung oder Symbolisierung in der legendären Verkleidung.

in impliziten oder unklaren Termini erarbeitet und formuliert wurde, aber andererseits die Einsetzung einer Theorie, die dem Material, das sie sammelt und koordiniert, ein wenig äußerlich bleibt. Daher gesellt sich auch die Theorie zur halb ökonomischen, halb hermeneutischen, mehr vollzogenen denn reflektierten Konzeptualisierung, die wir in dem Werk selbst ermittelt haben.

Die Topik des VII. Kapitels ist geschickt auf drei Abschnitte verteilt, unterbrochen von beschreibenden und klinischen Themen, die das Lesen mehr erschweren denn erleichtern. Das erste Mal[27] handelt es sich um ein orientiertes Schema, das im Funktionieren des seelischen Apparats eine progressive und eine regressive Richtung zu unterscheiden erlaubt, das zweite Mal[28] um ein evolutionäres, mit einer zeitlichen Dimension versehenes System; das dritte Mal[29] erhält der Apparat, außer Raum und Zeit, noch Kraft und Konflikt.

Diese Progression begleitet jene, die wir auf der Ebene der Deutung nachzuvollziehen suchten.

Die Deutung, sagten wir, zielt in erster Linie darauf ab, den wirklichen Traumgedanken zu situieren, den wir zunächst in den somatischen Reizen, sodann in den Tagesresten und schließlich im Wunsch zu schlafen suchen; die Topik dient dazu, die Region zu bestimmen, die für den Ursprungsort der wirklichen Traumgedanken gehalten werden kann. Dies ist die erste Funktion der Topik in ihrer rein statischen Form.

Die topische Situation des Schlafwunsches in bezug auf den Wunsch als den wahren Ursprung des Traums wird das Problem verständlich machen. Bekanntlich schreibt Freud selbst dem Traum eine bestimmte Funktion hinsichtlich des Schlafs zu; die Erfüllung, die ihn charakterisiert, ist ein Substitut der Handlung, die den Schlaf beschützt.[30] Der Wunsch zu schlafen ist so wichtig, daß ihm die Umwandlung von Außenreizen in Bilder sowie die gesamte Entrealisierung des Körpers zugeschrieben werden muß, zu der die von Scherner beschriebene symbolische Umwandlung das Gegenstück bildet. Gewisse Texte könnten sogar zu der Ansicht führen, daß dieser

---

27 GW II/III, 541–555.
28 GW II/III, 570–578.
29 GW II/III, 604–614.
30 »In gewissem Sinne sind alle Träume – Bequemlichkeitsträume; sie dienen der Absicht, den Schlaf fortzusetzen, anstatt zu erwachen. *Der Traum ist der Wächter des Schlafes, nicht sein Störer.*« GW II/III, 239.

Wunsch der beherrschende sei, da die Zensur nur *die* Deutungen des Reizes durchläßt, die sich mit dem Wunsch zu schlafen vertragen.[31] Es scheint also, als seien wir wieder bei Aristoteles angelangt, für den »der Traum das in den Schlafzustand – insoferne man schläft – fortgesetzte Denken«[32] ist. Die Lösung dieser Schwierigkeit ist eine topische Lösung: der Wunsch zu schlafen wird auf das vorbewußte System bezogen, und die traumerregenden Wünsche der tiefen Triebschichten gehören zum unbewußten System.[33] Aus diesem Grunde bleibt die genaue Beziehung zwischen dem intermittierenden Wunsch zu schlafen und den permanenten Wünschen, die sich im Traume Ausdruck zu verschaffen suchen, bis zu diesem berühmten VII. Kapitel unentschieden.[34]

Die dieser Diskussion zugrundeliegende These lautet, daß kein Wunsch, nicht einmal der nach Schlaf, wirksam werden kann, wenn er sich nicht den »unzerstörbaren« und sozusagen »unsterblichen« Wünschen unseres Unbewußten zugesellt, von deren infantilem Charakter die Neurosen Zeugnis ablegen.[35]

Somit besteht die erste Funktion der Topik darin, auf bildhafte Weise die Verteilung der Tiefengrade des Wunsches bis hin zum *Unzerstörbaren* zu bestimmen. Wir können vielleicht schon sagen, daß die Topik die metaphorische Gestalt des Unzerstörbaren als solchen ist: »Im Unbewußten ist nichts zu Ende zu bringen, ist nichts

---

31 »*Der Wunsch zu schlafen, auf den sich das bewußte Ich eingestellt hat und der nebst der Traumzensur und der später zu erwähnenden ›sekundären Bearbeitung‹ dessen Beitrag zum Träumen darstellt, muß so als Motiv der Traumbildung jedesmal eingerechnet werden, und jeder gelungene Traum ist eine Erfüllung desselben.*« GW II/III, 240.

32 GW II/III, 555.

33 »Was für Veränderung der Schlafzustand im System *Vbw* hervorruft, weiß ich nicht anzugeben; aber es ist unzweifelhaft, daß die psychologische Charakteristik des Schlafes wesentlich in den Besetzungsveränderungen gerade dieses Systems zu suchen ist, das auch den Zugang zu der im Schlaf gelähmten Motilität beherrscht. Im Gegensatze dazu wüßte ich von keinem Anlaß aus der Psychologie des Traums, der uns annehmen hieße, daß der Schlaf anders als sekundär in den Verhältnissen des Systems *Ubw* etwas verändere.« GW II/III, 560.

34 »Zur Wunscherfüllung«, GW II/III, 555 ff.

35 Ein Unternehmer, so vergleicht Freud, vermag nichts ohne Kapital und ohne Kapitalisten: »... dieser Kapitalist, der den psychischen Aufwand für den Traum beistellt, ist alle Male und unweigerlich, was immer auch der Tagesgedanke sein mag, *ein Wunsch aus dem Unbewußten.*« GW II/III, 556. Für die Ausdrücke »unzerstörbar« und »unsterblich« vgl. GW II/III, 559 und 583.

vergangen oder vergessen.«[36] Man denkt bereits an die Formulierungen der metapsychologischen Schriften: das Unbewußte ist außer der Zeit. Die Topik ist der Ort, welcher das »Außer der Zeit« veranschaulicht.

Doch diese bildliche Darstellung ist gleichzeitig eine Falle: die Falle des Dings. Daher bemüht sich Freud vom ersten der Topik gewidmeten Abschnitt an, den Raum-Aspekt seines Schemas abzuschwächen und den Ziel-Aspekt zu akzentuieren. Die Gelegenheit zu dieser Korrektur bietet sich bei der Wiederaufnahme des Problems der Regression. Wie erinnerlich, bezeichnet die Regression das Rückschreiten des Denkens zur bildlichen Darstellung und zugleich das Rückschreiten des Menschen zur Kindheit; dieser formalen und zeitlichen Regression fügt Freud eine andersgeartete hinzu, die topische, das heißt das Rückströmen eines Gedankens zum Wahrnehmungspol, und zwar in halluzinatorischer Weise. Diese dritte Art der Regression ist also von den beiden anderen nicht zu trennen, die nur durch die Entzifferung des Traumes enthüllt werden konnten. Die Frage ist nun, ob sie zu den vorherigen hinzutritt oder lediglich eine graphische Darstellung für sie liefert.

Freud deutet den berühmten Traum vom toten Kind, dessen Leichnam brennt und das seinen Vater aufweckt. Bei dieser Gelegenheit fragt er nach der Natur der nicht-anatomischen »psychischen Lokalität«[37] der Traum*szene*; diese Idee einer psychischen Lokalität ist von vornherein analogischer Art: der seelische Apparat funktioniert *wie* ein zusammengesetztes Mikroskop oder *wie* ein photographischer Apparat; die psychische Lokalität ist *wie* ein Ort innerhalb des Apparats, an dem das Bild zustande kommt. Dieser Punkt ist bereits selbst eine ideelle Örtlichkeit, dem kein greifbarer Bestandteil des Apparats entspricht; der Vergleich führt also zum Paradox einer Reihe von Örtlichkeiten, die weniger eine reale Fläche als eine regelmäßige Ordnung bilden: »Streng genommen brauchen wir die Annahme einer wirklichen räumlichen Anordnung der psychischen Systeme nicht zu machen. Es genügt uns, wenn eine feste Reihenfolge dadurch hergestellt wird, daß bei gewissen psychischen Vor-

---

36 GW II/III, 583.
37 GW II/III, 541. Bemerkenswerterweise stammt dieser Ausdruck aus Fechners *Psychophysik* (II. Teil, S. 520), der die Vermutung ausspricht, »daß der Schauplatz der Träume ein anderer sei als der des wachen Vorstellungslebens« (GW II/III, 541).

gängen die Systeme in einer bestimmten zeitlichen Folge von der Erregung durchlaufen werden.«[38] Die eigentliche Räumlichkeit ist also nur eine »Hilfsvorstellung«: sie will nicht das Zusammengesetztsein des Apparats aus unterschiedlichen Systemen darstellen, sondern die Richtung seiner Tätigkeit.

Nun muß man zugeben, daß die Ausführung dieses Programms den Stempel jener Illusion trägt, deren Prüfung wir bis jetzt zurückgestellt haben. Freud steht noch unter dem Einfluß der Theorie der realen Verführung des Kindes durch den Erwachsenen, und von dieser Illusion nährt sich die Deutung der Regression als einer Anziehung durch Erinnerungsspuren, die nahe bei der Wahrnehmung liegen und aus ihr hervorgegangen sind; daher werden die beiden »Enden« des Apparats einerseits durch die Motilität und andererseits durch die Wahrnehmung definiert. Die Erinnerungsspuren liegen »in der Nähe« des Wahrnehmungsendes und die kritisierende Instanz »in der Nähe« des Motilitätsendes; die Erinnerungsspur steht der Wahrnehmung nahe, so wie das Vorbewußte der Motilität nahesteht. Das Unbewußte schließlich liegt »hinter« dem letzteren, insofern es keinen Zugang zum Bewußtsein hat, »außer durch das Vorbewußte«. Die progrediente Richtung, Charakteristikum der Vorgänge im wachen Leben, ist ein Schritt zum motorischen Ende, während die regrediente Richtung die Bewegung bezeichnet, durch welche sich »die Vorstellung in das sinnliche Bild zurückverwandelt, aus dem sie irgendeinmal hervorgegangen ist«.[39] Was diese Topik wahrscheinlich hinfällig macht, ist die Charakterisierung des regressiven Endes als eines Wahrnehmungsendes. Dieses Schema ist eng mit der Halluzinationstheorie des Wunsches, einem Erbe des ENTWURFS von 1895, verbunden und stützt sich auf die Theorie der infantilen Verführung als einer realen Erinnerung. Das entscheidende Moment für Freud ist nicht, daß der Weg zur Motilität versperrt ist, sondern daß die somit vom Bewußtsein abgeschnittenen Traumgedanken von Kindheitserinnerungen angezogen werden, die aufgrund ihrer sinnlichen Lebhaftigkeit der Wahrnehmung nahe-

---

38 GW II/III, 542.
39 GW II/III, 548. Bei diesem regredienten Schritt führt der Weg der Besetzungen von den unbewußten Schichten zu den Erinnerungsspuren der Wahrnehmung zurück, so daß es möglich wird, »das System der W bis zur vollen sinnlichen Lebhaftigkeit in umgekehrter Richtung, von den Gedanken her, zu besetzen«. GW II/III, 548.

geblieben sind: »Nach dieser Auffassung ließe sich der Traum auch beschreiben als *der durch Übertragung auf Rezentes veränderte Ersatz der infantilen Szene*. Die Infantilszene kann ihre Erneuerung nicht durchsetzen; sie muß sich mit der Wiederkehr als Traum begnügen.«[40] Man versteht, daß Freud, als er seinen Irrtum schließlich entdeckt, einen Augenblick lang glaubte, sein ganzes System würde zusammenbrechen.[41]

Man darf sich in der Tat fragen, ob nicht gerade diese Vermengung der beiden Szenen, die der Wahrnehmung und die der Phantasie, die Topik der TRAUMDEUTUNG darin hindert, sich voll und ganz in der natürlichen Räumlichkeit zu entfalten und alle Konsequenzen aus der Idee einer »psychischen Lokalität« zu ziehen; so schwebt diese Topik zwischen zwei Wassern, zwischen der Darstellung einer Reihe von Lokalitäten, welche psychischen Lokalitäten entsprechen, und einer »Szene«, die überhaupt nicht mehr ein Teil der Welt ist, sondern die bloße graphische Darstellung dessen, was als die »Darstellbarkeit« beschrieben worden ist.

Dennoch glaube ich nicht, daß das Wesentliche dieser Topik einem Zweifel unterliegt; die Theorie der realen Verführung erklärt lediglich die Zweideutigkeiten der Topik, nicht aber ihre grundlegende Berechtigung. Eben diese habe ich ans Licht zu bringen begonnen, wenn ich den Ort des Unbewußten als das Symbol des »Außer der Zeit« bezeichne. Die folgenden Etappen der Topik werden uns erlauben, dies herauszuarbeiten.

Um dem zeitlichen Aspekt der Regression Rechnung zu tragen, führt

---

40 GW II/III, 552.
41 In den »Briefen an Wilhelm Fließ« lassen sich die Phasen dieser Auflösung und auch die Hartnäckigkeit der Anfangshypothese verfolgen (AUS DEN ANFÄNGEN ..., S. 68, 112, 113, 117, 144 f., 159 f., 161 Anm. 1, 166, 169, 170 f.). Und doch sprach Freud seit 1895 von jenen »gesehenen und halb verstandenen Dingen« (S. 68). Vgl. auch die Anspielung auf die Sublimierung (S. 169 ff.). In seiner Selbstanalyse hat Freud dann den reinen Phantasiecharakter der Infantilszene erkannt: Jones, op. cit., I, S. 332; Anzieu, op. cit., S. 61. Gleichzeitig bestätigen ihm Folklore und Religionsgeschichte, insbesondere die Untersuchung der dämonischen Besessenheit die Irrealität der infantilen Szene (AUS DEN ANFÄNGEN ..., S. 161 f., 163 f.; für die Phantasie siehe S. 176). Man darf sich fragen, ob es sich nicht um die gleiche hartnäckige Illusion handelt, die in der Freudschen Religionsdeutung wiederauftaucht, wenn mit großem geschichtlichen und ethnologischen Aufwand versucht wird, einen wirklichen Vatermord der Urhorde und einen wirklichen Mord des Moses von Ägypten zu rekonstruieren (vgl. unten, Zweites Buch, 2. Teil, Kap. III).

Freud die Zeit in sein System ein, in Form einer Geschichte ihres Funktionierens. »*Das Träumen*«, sagt er, »*ist ein Stück des überwundenen Kinderseelenlebens.*«[42] Wozu diese topisch-genetische Rekonstruktion? Um einen rätselhaften Zug des Wunsches zu erhellen, nämlich sein Streben nach *Erfüllung*. Man muß einen ursprünglichen Zustand des psychischen Apparats annehmen – worin man den Primärvorgang des ENTWURFS wiedererkennt –, in welchem die Wiederholung des Befriedigungserlebnisses eine solide Verbindung zwischen Bedürfniserregung und Erinnerungsbild schafft: »Sobald dies Bedürfnis ein nächstesmal auftritt, wird sich, dank der hergestellten Verknüpfung, eine psychische Regung ergeben, welche das Erinnerungsbild jener Wahrnehmung wieder besetzen und die Wahrnehmung selbst wieder hervorrufen, also eigentlich die Situation der ersten Befriedigung wiederherstellen will. Eine solche Regung ist das, was wir einen Wunsch heißen; dies Wiedererscheinen der Wahrnehmung ist die Wunscherfüllung, und die volle Besetzung der Wahrnehmung von der Bedürfniserregung der kürzeste Weg zur Wunscherfüllung. Es hindert uns nichts, einen primitiven Zustand des psychischen Apparats anzunehmen, in dem dieser Weg wirklich so begangen wird, das Wünschen also in ein Halluzinieren ausläuft. Diese erste psychische Tätigkeit zielt also auf eine *Wahrnehmungsidentität*, nämlich auf die Wiederholung jener Wahrnehmung, welche mit der Befriedigung des Bedürfnisses verknüpft ist.«[43] Dies ist der kürzeste Weg der Erfüllung. Doch dieser kürzeste Weg ist nicht jener, den die Realität uns gelehrt hat; Enttäuschungen haben uns beigebracht, die Regression beim Erinnerungsbild anhalten zu lassen und den Umweg über das Denken zu finden. Dies zweite System ist in genetischer Hinsicht der Ersatz des halluzinatorischen Wunsches. Wir verstehen nun, in welchem Sinne die topische Regression des Traums auch eine zeitliche Regression ist: und angetrieben wird sie von der Sehnsucht nach dem primitiven Zustand des halluzinatorischen Wunsches; diese Rückkehr zum primären System ist der Schlüssel zur Darstellung.[44]

---

42 GW II/III, 573.
43 GW II/III, 571.
44 »Und wirklich gipfelt die Theorie aller psychoneurotischen Symptome in dem einen Satz, *daß auch sie als Wunscherfüllungen des Unbewußten aufgefaßt werden müssen.*« GW II/III, 574. – Die Bezugnahme auf Hughlings Jackson ist nicht uninteressant (*find out all about dreams and you will have found*

Noch ein letztes Mal setzt die TRAUMDEUTUNG – unter dem Titel »Der Primär- und der Sekundärvorgang« – die Theorie des psychischen Apparats ins Werk; deshalb erhält der Apparat, außer Zeit und Raum, Kraft und Konflikt; was diese Umarbeitung erforderlich macht, ist die Berücksichtigung der Traumarbeit und hauptsächlich die Verdrängung, auf die alle Traummechanismen bezogen werden. Der anfängliche, rein topische Gesichtspunkt hing mit der Frage nach dem Ursprung der Traumgedanken *im* Unbewußten zusammen; es war also ganz natürlich, diesen Ursprung als einen Ort und die Regression zur Wahrnehmung als eine Regression zum einen Ende des Apparats darzustellen. Nun aber geht es um die Beziehungen an den Grenzen dieses Systems; deshalb müssen die Lokalitäten durch Vorgänge und verschiedene »Ablaufarten der Erregung« ersetzt werden: »Wir ersetzen hier wiederum eine topische Vorstellungsweise durch eine dynamische.«[45] Von diesem Standpunkt aus gesehen ist der Primärvorgang ein freies Abströmen der Erregungsquantitäten, der Sekundärvorgang eine Hemmung dieses Abströmens und eine Verwandlung in ruhende Besetzung; diese Sprache kennen wir seit dem ENTWURF; es handelt sich also um die »mechanischen Verhältnisse« des Erregungsabflusses, je nach dem Vorherrschen des einen oder des anderen Systems.

Was bedeutet dieses Problem? Es geht um das Schicksal der Regulierung durch das Unlustprinzip und ferner um das Schicksal des Konstanzprinzips. Freuds Bemühungen zielen dahin, den Sekundärvorgang im Rahmen der Regulierung durch das Unlustprinzip zu halten; zu diesem Zweck rekonstruiert er die Verdrängung nach dem Modell der durch äußere Gefahr hervorgerufenen und durch die antizipierende Vorstellung des Schmerzes regulierten Flucht. Die Verdrängung ist eine Art »Abwendung von der Erinnerung, die nur die Wiederholung der einstigen Flucht vor der Wahrnehmung ist«[46]; es ist dies, sagt Freud, »das Vorbild und das erste Beispiel der *psychischen Verdrängung*«[47]. Diese Preisgabe des Erinnerungsbildes läßt sich ökonomisch deuten als eine Regulierung durch Unlustent-

---

out all about insanity); und wirklich ist es Jacksons Schema der funktionellen Befreiung, das hier mit dem rein topischen Schema des seelischen Apparats verknüpft wird (vgl. unten, Zweites Buch, Kap. I).
45 GW II/III, 615.
46 GW II/III, 606.
47 ibid.

zug; Sekundärvorgang wird genannt, was sich unter diesen Hemmungsbedingungen vollzieht.[48]

Nichts Neues also im Vergleich zum ENTWURF. Im Gegenteil, ein aufmerksamer Leser wird überrascht sein, wie weit der ENTWURF hinsichtlich der Beschreibung des Sekundärvorganges der TRAUMDEUTUNG voraus ist; das Zurückbleiben der TRAUMDEUTUNG hinter dem ENTWURF liefert uns vielleicht den Schlüssel zu dieser Topik und zu dem, was von ihr zu überleben verdient.
Auffällig ist in der Tat, daß die TRAUMDEUTUNG mit Erklärungen des Sekundärvorgangs geizt, *so als ob das Funktionieren des psychischen Apparats in der progredienten Richtung sie nichts anginge.* Gewiß findet man einige verstreute Bemerkungen über die Rolle des Bewußtseins, welche den ENTWURF bestätigen; auch hier ist das Bewußtsein sowohl für die peripheren Erregungen wie für die Lust/Unlust zugänglich; es wird »Sinnesorgan zur Wahrnehmung psychischer Qualitäten« genannt. Auch hier fällt das Schicksal der Bewußtwerdung den Wortbildern, dem Kern des Vorbewußten, anheim; durch sie kompliziert sich die Regulierung durch die Lust oder Unlust; den Ablauf der Besetzungen reguliert nicht mehr automatisch das Unlustprinzip. Das Bewußtsein wird jetzt von anderen Zeichen als denen der Lust oder Unlust angezogen, und dies kann deshalb geschehen, weil das System der Sprachzeichen eine zweite »Sinnesoberfläche« bildet, wie Freud es nennt. Das Bewußtsein ist nicht mehr nur der Wahrnehmung zugewendet, sondern auch den vorbewußten Denkvorgängen. Man erkennt hier die beiden Stufen der Realitätsprüfung des ENTWURFS. Doch es fällt auf, daß die TRAUMDEUTUNG nicht diesen Aspekt weiterentwickelt; auf dem progredienten Weg begegnen wir wiederum einem der Vorgänge der Traumarbeit, von dem wir bisher noch nicht gesprochen haben und den Freud »sekundäre Bearbeitung« nennt; dieser Vorgang bildet innerhalb des Traumes selbst eine erste Deutung, eine Rationalisierung, die den Traum einerseits auf den Weg des Erwachens stellt und ihn andererseits der Träumerei annähert.
Diese Einsilbigkeit der TRAUMDEUTUNG fällt noch stärker auf, wenn

---

48 In den Worten der TRAUMDEUTUNG: »Halten wir aber daran fest, – es ist der Schlüssel zur Verdrängungslehre, – *daß das zweite System nur dann eine Vorstellung besetzen kann, wenn es imstande ist, die von ihr ausgehende Unlustentwicklung zu hemmen.*« GW II/III, 607.

die Frage ausdrücklich die Natur des Sekundärvorganges betrifft. So wird z. B. das im ENTWURF so wichtige Problem der Beziehung zwischen der Hemmung der Ichinstanz und der Unterscheidung der wahrgenommenen Qualitäten nicht entwickelt: daher der rätselhafte Charakter jener der »Denkidentität« gewidmeten Zeilen, die von der »Wahrnehmungsidentität«[49] unterschieden wird und der Theorie des Urteils entlehnt ist, die wir oben erörterten. Aus diesem Grunde scheint sich die TRAUMDEUTUNG weit weniger als der ENTWURF dem zu nähern, was uns als die Bruchstelle des Systems erschien, nämlich der Befreiung des Denkens in bezug auf das Lustprinzip; Freud sagt allerdings ausdrücklich: »Die Tendenz des Denkens muß also dahin gehen, sich von der ausschließlichen Regulierung durch das Unlustprinzip immer mehr zu befreien und die Affektentwicklung durch die Denkarbeit auf ein Mindestes, das noch als Signal verwertbar ist, einzuschränken.«[50] Und er evoziert in enigmatischen Worten jene Aufgabe des »Bewußtseins« als eine durch »Überbesetzung« erreichte »Verfeinerung«.[51] Man erkennt das im ENTWURF gestellte Problem wieder, das Problem des Übergangs des beobachtenden Denkens zum erkennenden Denkvorgang, der nicht mehr mit Zeichen der Wahrnehmungsrealität operiert, sondern mit Zeichen der Denkrealität.

Wenn die TRAUMDEUTUNG nicht so weit wie der ENTWURF in die Untersuchung des Sekundärvorganges eindringt, so deshalb, weil ihr Problem ein ganz anderes ist: der ENTWURF wollte eine vollständige Psychologie für den Neurologen sein: die TRAUMDEUTUNG will Rechenschaft ablegen über das *befremdende* Phänomen der Traumarbeit. Warum funktioniert der Apparat so oft in regredienter statt in progredienter Richtung? Eben dies ist das Problem der TRAUMDEUTUNG; und so kommt es ihm weniger auf die Erforschung des »Denkens« an als auf die *Verspätung* des Sekundärvorgangs gegenüber dem Primärvorgang. Der Primärvorgang ist wirklich primär: er ist »von Anfang an gegeben«[52]; der Sekundärvor-

---

49 ibid.
50 GW II/III, 608.
51 Kurz vorher hatte Freud gesagt: »Der zielbesetzte Gedankengang wird unter gewissen Bedingungen fähig, die Aufmerksamkeit des Bewußtseins auf sich zu ziehen, und erhält dann durch dessen Vermittlung eine ›Überbesetzung‹.« GW II/III, 599.
52 GW II/III, 609.

gang tritt mit Verspätung ein und ist niemals endgültig ausgebildet.⁵³

Genau dies ist die Pointe des VII. Kapitels; die Unzerstörbarkeit des primären Systems ist sein wahres Problem. Weil das Lust-Unlustprinzip niemals vollständig und endgültig ersetzt wird, bleibt das Konstanzprinzip *unsere* gewöhnliche Wahrheit. Und deshalb ist, was das System sprengen könnte, weniger bedeutsam, als was es bestätigt; und was es bestätigt, ist, daß es dem Menschen nicht gelingt, sich dem Lust-Unlustprinzip zu entziehen; so sprachen wir oben von der »Tendenz des Denkens«, sich von diesem Prinzip zu befreien.

Daß eben dies die fundamentalste Absicht dieser »Psychologie« ist, das bestätigt der Platz, der der Verdrängung auf den letzten Seiten eingeräumt wird.⁵⁴ Es ist kein beliebiger Platz. Freud läßt die letzte Analyse, die er in diesem Werk von ihr gibt, dicht auf seine pessimistischen Bemerkungen über die Verspätung des sekundären Systems gegenüber dem primären System folgen: die Verdrängung ist das tägliche Brot einer zur Verspätung verdammten und immer dem Infantilen, dem Unzerstörbaren verfallenen Psyche; der aus dieser unbezwinglichen Tiefe aufsteigende Wunsch kann auf dem Wege der Unlust nur durch Affektverwandlung aufgehalten werden, – die das Wesen der Verdrängung ausmacht.⁵⁵ Zwar ist es das sekundäre System, das diese Wirkungen erzeugt, doch nicht durch Zugang zu dem, was wir vorhin das »Denken« nannten; das sekundäre System ist dazu verurteilt, innerhalb der Lust/Unlust zu wirken,

---

53 »Infolge dieses verspäteten Eintreffens der sekundären Vorgänge bleibt der Kern unseres Wesens, aus unbewußten Wunschregungen bestehend, unfaßbar und unhemmbar für das Vorbewußte, dessen Rolle ein für allemal darauf beschränkt wird, den aus dem Unbewußten stammenden Wunschregungen die zweckmäßigsten Wege anzuweisen. Diese unbewußten Wünsche stellen für alle späteren seelischen Bestrebungen einen Zwang dar, dem sie sich zu fügen haben, den etwa abzuleiten und auf höher stehende Ziele zu lenken sie sich bemühen dürfen. Ein großes Gebiet des Erinnerungsmaterials bleibt auch infolge dieser Verspätung der vorbewußten Besetzung unzugänglich.« GW II/III, 609.
54 GW II/III, 609–614.
55 »... *und worin wir die infantile Vorstufe der Verurteilung (der Verwerfung durch das Urteilen) erkennen*«. Dieser Satzteil findet sich weder GW II/III, 609 noch SE, 604, sondern nur in den ersten deutschen Auflagen (z. B. 3. Aufl., S. 402). – Für die Verurteilung vgl. DIE VERDRÄNGUNG: »Eine Vorstufe der Verurteilung, ein Mittelding zwischen Flucht und Verurteilung ist die Verdrängung...« (GW X, 248).

durch Verwandlung der Affekte. Das Vorbewußte wendet sich von den peinlich gewordenen Gedanken ab, und damit hat sich das Lust-Unlustprinzip durchgesetzt. Freud kann also folgern – und dieser Schluß bestätigt die vorangegangene Idee der Verspätung des sekundären Systems sowie die des unzerstörbaren Charakters des primären Systems: ». . . somit wird das Vorhandensein eines infantilen, dem *Vbw* von Anfang an entzogenen Erinnerungsschatzes zur Vorbedingung der Verdrängung.«[56]

Gleichzeitig verstehen wir nun auch zwei Charakteristika, über die wir uns gewundert haben. Einerseits erschien uns die TRAUMDEUTUNG hinter dem ENTWURF zurückzubleiben, was die Überwindung des Konstanzprinzips und des Unlustprinzips betrifft; doch die Regression, deren Zeuge und Modell der Traum ist, liefert den Beweis für die Ohnmacht des Menschen, diese Überwindung tatsächlich zu vollziehen. Andererseits schien uns die Topik des VII. Kapitels zwischen einem Dingrealismus und einer bloßen Hilfsvorstellung von Vorgängen zu schwanken, die einen anderen Schauplatz erfordern als den Raum der Natur. Die Illusion Freuds hinsichtlich der realen Erinnerung der Infantilszene erklärt dieses Schwanken nur zum Teil; die Räumlichkeit der Topik ist letztlich der Ausdruck der menschlichen Ohnmacht, von der Sklaverei zur Freiheit und Glückseligkeit zu gelangen, oder – in weniger spinozistischen und mehr freudschen (wenngleich durchaus äquivalenten) Worten – Ausdruck der menschlichen Unfähigkeit, von der Regulierung durch das Lust-Unlustprinzip zum Realitätsprinzip überzugehen. Der »Apparat«, den das VII. Kapitel in seinen drei sukzessiven Versuchen einkreist, ist der Mensch, sofern er *Ding war* und *bleibt*.

56 GW II/III, 610.

Kapitel III
Trieb und Vorstellung
in den metapsychologischen Schriften

Der TRAUMDEUTUNG ist es nicht gelungen, die vom ENTWURF ererbte Theorie und die durch die Deutungsarbeit selbst eingeführte Konzeptualisierung wirklich harmonisch miteinander zu verschmelzen. Daher bleibt das VII. Kapitel der organischen Entwicklung des Werkes ein wenig äußerlich. Diese Nichtübereinstimmung in der Ausführung ist das Zeichen dafür, daß die von der Deutungsarbeit implizierte Sprache des Sinns und die von der Sprache der Topik implizierte quasi-physikalische Sprache noch nicht völlig koordiniert sind.

In den metapsychologischen Schriften[1], die fast alle im Strudel der Kriegsjahre entstanden, erreicht diese Problematik ihren Reifepunkt, während gleichzeitig die beiden Forderungen der analytischen Rede ihr Gleichgewicht erreichen. Auf der einen Seite thematisieren diese Schriften auf kohärente Weise den topisch-ökonomischen Standpunkt der sogenannten *ersten Topik*: Unbewußt-Vorbewußt-Bewußt; auf der anderen Seite zeigen sie, auf welche Weise das Unbewußte in den Sinnbezirk reintegriert werden kann, in das Unbewußte selbst – durch eine neue Verschränkung zwischen Trieb und Vorstellung: ein Trieb kann im Unbewußten nur durch die Vorstellung repräsentiert werden. Auf diesen Begriff der Vorstellungsrepräsentanz wollen wir die Diskussion konzentrieren; in ihm schneiden sich und koinzidieren die Interpretation des Sinns durch den Sinn und die Erklärung durch in den Systemen lokalisierte Energien. Die erste Bewegung ist also eine Bewegung *zum* Trieb, die zweite eine Bewegung *ausgehend vom* Vorstellungszei-

---

[1] Fünf im Jahre 1915 geschriebene Texte – TRIEBE UND TRIEBSCHICKSALE, DIE VERDRÄNGUNG, DAS UNBEWUSSTE, METAPSYCHOLOGISCHE ERGÄNZUNG ZUR TRAUMLEHRE, TRAUER UND MELANCHOLIE –, das ist alles, was von zwölf Texten übriggeblieben ist, die die »Präliminarien zu einer Metapsychologie« (SE, XIV, 105 ff.) bilden sollten. Hinzuzählen lassen sich noch EINIGE BEMERKUNGEN ÜBER DEN BEGRIFF DES UNBEWUSSTEN IN DER PSYCHOANALYSE und vor allem der Essay ZUR EINFÜHRUNG DES NARZISSMUS (1914).

chen des Triebs. Die Frage ist, ob es den metapsychologischen Schriften besser als der TRAUMDEUTUNG gelingt, die beiden Gesichtspunkte, den der Kraft und den des Sinns, miteinander zu verschmelzen.
Wir werden also zwei Wege durchlaufen: der eine führt uns von der angeblichen Evidenz des Bewußtseins zum Ursprung des Sinns im Setzen des Wunsches; diese erste Bewegung ist die der Eroberung des topisch-ökonomischen Standpunkts und zugleich die des Triebbegriffs, der alles übrige als Triebschicksal bestimmt. Sodann müssen wir den umgekehrten Weg beschreiten; der Trieb ist in der Tat dem Kantischen »Ding« ähnlich – das Transzendentale = X; wie dieses kann er immer nur durch das, was ihn anzeigt und darstellt, erfaßt werden. Wir werden also von der Problematik des Triebs auf die Problematik der Triebrepräsentanzen verwiesen.[2]
Wird nun jegliche Inkohärenz, jede Kluft zwischen der energetischen Rede und der Rede des Sinns beseitigt sein? Das ist die Frage, die wahrscheinlich auch am Schluß dieses Kapitels noch bestehen bleibt. Zumindest aber werden wir verstehen können, warum dem so sein muß.

1. Die Eroberung des topisch-ökonomischen Standpunkts und des Triebbegriffs

Als Wegweiser mag uns zu Anfang dieser Strecke der 1912 erschienene Artikel »Einige Bemerkungen über den Begriff des Unbewußten in der Psychoanalyse«[3] sowie die beiden ersten Kapitel des großen Essays von 1915, DAS UNBEWUSSTE, dienen.

---

[2] In der *Dialektik*, Kap. II, werden wir versuchen, diese doppelte Bewegung im Rahmen einer Reflexionsphilosophie wieder aufzunehmen. Die erste Bewegung ist die der *Entäußerung*, durch die sich die Reflexion völlig von der Illusion des Bewußtseins, vom unmittelbaren und trügerischen Cogito trennt; die zweite Bewegung ist die *Wiederaneignung*, der Erneuerung des Sinns durch die Interpretation. Um zur Wurzel des Wunsches zu gelangen, muß sich die Reflexion vom bewußten Sinn der Rede lösen und sich an einen anderen Ort des Sinns verlagern; doch da der Wunsch nur faßbar ist in den Verkleidungen, die er anlegt, kann das Setzen des Wunsches nur dann in die Reflexion einbezogen werden, wenn man die Zeichen des Wunsches interpretiert.
[3] Zuerst in englischer Sprache erschienen in den *Proceedings of the Society for Psychical Research*, 1912, Teil 66, Vol. 26, und dann deutsch in *Internationale Zeitschrift für ärztliche Psychoanalyse*, 1913, Bd. 1.

Interessant sind diese Arbeiten zunächst aufgrund der Freudschen Apologetik, wie man es nennen könnte: sie bemühen sich, den Begriff des Unbewußten plausibel zu machen, die erstere für ein Publikum von Nicht-Spezialisten, die letztere für ein wissenschaftliches Publikum (beide verzichten darauf, die vom Vorurteil über das Bewußtsein infizierten Philosophen zu überzeugen). Vor allem aber erscheint hier die Topik als das Resultat einer Umkehrung des Standpunkts, einer Anti-Phänomenologie, die schon, ohne reflektiert worden zu sein, in der Deutungsarbeit vollzogen war. Diese Umkehrung wollen wir nun unter Freuds Anleitung thematisieren.
Die Denkbewegung führt von einem beschreibenden Begriff, wo »unbewußt« noch Adjektiv ist, zu einem systematischen Begriff, wo es zum Substantiv wird; den Verlust seiner beschreibenden Bedeutung zeigt das Kürzel *Ubw* an. Zum topischen Standpunkt gelangen heißt, vom Adjektiv »unbewußt« zum Substantiv »das Unbewußte« übergehen, von der Qualität »unbewußt« zum System »das Unbewußte«. Es handelt sich also um eine Reduktion, eine umgekehrte *Epoché*, da, was anfangs am besten bekannt ist, das Bewußte, suspendiert wird und zu dem am wenigsten Bekannten wird. Zu Beginn wird die Qualität »unbewußt« noch im Verhältnis zum Bewußtsein verstanden: sie bezeichnet einzig das Attribut des Verschwundenen, das jedoch von neuem auftauchen kann; das Nicht-Gewußte liegt auf der Seite des Unbewußten; wir nehmen dieses letztere an und rekonstruieren es aufgrund von Anzeichen, die alle dem Bewußtsein entstammen, da dieses es ist, woraus die Erinnerung verschwindet und worin sie wieder auftaucht. Obwohl wir nicht wissen, auf welche Weise eine solche unbewußte Vorstellung persistieren und in jenem nicht wahrgenommenen Seinszustand verharren kann, definieren wir diese erste Auffassung des Unbewußten als eines latenten Zustandes dennoch mit Rücksicht auf das Bewußtsein.[4]
Die Wende vom beschreibenden Standpunkt zum systematischen Standpunkt, den die Psychoanalyse erfordert, tritt ein, sobald man die dynamischen Attribute dieses Unbewußten berücksichtigt: die Tatsachen der posthypnotischen Suggestion, die schreckliche Macht der Themen der Hysterie, die Psychopathologie des Alltagslebens etc. zwingen dazu, jenen »starken unbewußten Gedanken«

---

4 GW VIII, 433.

Wirksamkeit zuzusprechen.[5] Und die Erfahrung der Psychoanalyse zwingt uns, noch weiter zu gehen und den Begriff von »Gedanken« zu bilden, die vom Bewußtsein durch Kräfte ausgeschlossen sind, die sich ihrer Aufnahme entgegenstellen. Dieses energetische Schema motiviert den Umschwung: zunächst gibt es die unbewußte Modalität (Freud spricht nunmehr von »unbewußten psychischen Akten«); sodann das Bewußtwerden als eine Möglichkeit, die sich hinzugesellt oder nicht. Das Bewußtsein ist nichts Selbstverständliches, sondern es stößt dem Unbewußten zu. Die Schranke des Widerstandes zwingt dazu, sich das Bewußtwerden als einen Durchbruch, ein Überschreiten vorzustellen; *bewußt werden* heißt, in das Bewußte eindringen; *unbewußt sein* heißt, vom Bewußten entfernt sein.[6] Die topische Darstellung ist nicht weit; seinerseits nämlich besitzt das Bewußtwerden zwei Modalitäten: wenn es möglich und einfach ist, sprechen wir lediglich von Vorbewußtem; ist es untersagt, »abgeschnitten«, sprechen wir von Unbewußtem. Somit haben wir drei Instanzen: *Ubw, Vbw, Bw*. Man sieht bereits, wie sehr energetische und topische Überlegungen miteinander verknüpft sind: Lokalitäten gibt es, weil es Ausschlußrelationen gibt, die *Kräfte*relationen sind (Widerstand, Abwehr, Verbot). Wir befinden uns also wieder auf der Ebene des VII. Kapitels der TRAUMDEUTUNG; so ist es auch der Traum, der Freud den letzten Beweis für das Unbewußte liefert: die Traumarbeit, ihre Tätigkeit der »Entstellung« zwingen uns dazu, dem Unbewußten nicht nur eine besondere Lokalität, sondern eine eigene *Legalität* zuzusprechen: wir lernen, »daß die Gesetze der unbewußten Seelentätigkeit sich im weiten Ausmaß von jenen der bewußten unterscheiden«[7]; und wiederum bringt uns die Entdeckung unbewußter Vorgänge und Gesetze auf die Idee, daß sie »zu einem System« gehören, was die wahre psychoanalytische Auffassung des Unbewußten ist. Dieser Standpunkt ist voll und ganz nicht-phänomenologisch; nicht mehr Rätsel des Bewußtseins dienen ihm als Anzeichen; das Unbewußte wird nicht mehr als »Latenz« im Vergleich zu einer »Präsenz« im Bewußtsein definiert; die Zugehörigkeit zu einem System erlaubt es, das Unbewußte für sich selbst zu setzen.[8]

5 GW VIII, 434 f.
6 GW VIII, 435.
7 GW VIII, 438.
8 »Das System, welches sich uns durch das Kennzeichen kundgibt, daß die ein-

Der große Text Das Unbewusste hält das Zwischenstadium, das wir vorhin das dynamische nannten, bereits für erreicht; das Unbewußte ist die Seinsweise dessen, was, da verdrängt, weder aufgehoben noch vernichtet ist. Vom Bewußtsein ausgeschlossen sein und bewußt werden, sind nunmehr zwei einander entsprechend und umgekehrte Schicksale, die bereits in einer Perspektive stehen, die man topisch heißen darf, da eine Schranke über den Ausschluß vom oder den Zugang zum Bewußtsein entscheidet, und die Schranke macht die Topik aus. Auf dieser Ebene gewinnt die Rechtfertigung des Unbewußten den Charakter einer wissenschaftlichen Notwendigkeit: der Text des Bewußtseins ist ein lückenhafter, verstümmelter Text; das Unbewußte anerkennen kommt einer Interpolationsarbeit gleich, durch die der Text Sinn und Zusammenhang erhält.[9] Die Annahme des Unbewußten ist aber nicht allein notwendig, sondern auch legitim, da sie sich nicht wesentlich von der Rekonstruktion unterscheidet, die wir vom Bewußtsein des Nebenmenschen aufgrund seines Verhaltens vornehmen, wenngleich wir in der Psychoanalyse kein zweites Bewußtsein deduzieren, vielmehr eine Psyche ohne Bewußtsein. Die dieser Diskussion zugrundeliegende Idee ist, daß das Bewußtsein, weit entfernt, die erste Gewißheit zu sein, eine *Wahrnehmung* ist, die eine ähnliche Kritik erheischt, wie Kant sie an der äußeren Wahrnehmung vorgenommen hat. Indem Freud das Bewußtsein eine Wahrnehmung nennt, macht er es zum Problem, während er zugleich seine künftige Behandlung als eines »Oberflächenphänomens« vorbereitet. Letztlich sind *bewußt sein* und *unbewußt sein* sekundäre Merkmale: es zählen einzig die Beziehungen, die die seelischen Akte zu den Trieben und deren Zielen unterhalten, aufgrund ihrer Zugehörigkeit zu einem psychischen System, dem sie sich unterordnen.

Freilich realisiert Freud diesen Wunsch, von den bewußten und unbewußten Merkmalen völlig zu abstrahieren, erst in der zweiten Topik, auf die wir später eingehen werden; trotz ihrem Doppelsinn,

---

zelnen Vorgänge, die es zusammensetzen, unbewußt sind, belegen wir mit dem Namen ›das Unbewußte‹, in Ermangelung eines besseren und weniger zweideutigen Ausdruckes. Ich schlage als Bezeichnung dieses Systems die Buchstaben ›*Ubw*‹, eine Abkürzung des Wortes ›Unbewußt‹ vor. Dies ist der dritte und wichtigste Sinn, den der Ausdruck ›unbewußt‹ in der Psychoanalyse erworben hat.« GW VIII, 438 f.
9 GW X, 265.

deskriptiv und systematisch, werden die Termini *bewußt* und *unbewußt* in der ersten Topik beibehalten, und zwar zur Bezeichnung der Systeme selbst, und Freud beschränkt sich darauf, den systematischen Sinn durch die Abkürzungen *Ubw*, *Vbw* und *Bw* zu bezeichnen. Bemerkenswerterweise gibt Freud nur einen einzigen Grund zugunsten eines Vokabulars an, das noch an das Bewußtsein erinnert: weil dieses »den Ausgangspunkt aller unserer Untersuchungen bildet«[10]. Auf dieses Bekenntnis kommen wir später zurück.

Zumindest ist das Bewußtsein zum Unbekanntesten geworden, denn *bewußt werden* heißt, unter bestimmten Bedingungen Objekt der Wahrnehmung werden. Das Problem des Bewußtseins ist zum Problem des Bewußtwerdens geworden, und dieses fällt zu einem großen Teil mit der Beseitigung der *Widerstände* zusammen. Um diesen Übergang von einem rein dynamischen zu einem topischen Gesichtspunkt zu veranschaulichen, scheut sich Freud nicht vor einer dem Anschein nach absurden Frage: wenn das Bewußtsein eine »Umsetzung« aus dem unbewußten System in das bewußte System ist, darf man sich fragen, ob diese Umsetzung nicht einer zweiten Niederschrift in einer neuen psychischen Lokalität gleichkommt[11] oder ob es sich um eine Zustandsänderung handelt, die sich an demselben Material und an derselben Lokalität vollzieht. Eine abstruse Frage, gesteht Freud, die jedoch aufgeworfen werden muß, will man mit dem topischen Standpunkt Ernst machen.[12] Die Frage ist nur dann ernst zu nehmen, wenn man diese psychische Lokalität nicht mit anatomischen Örtlichkeiten verwechselt.[13] Und Freud schlägt vor, zumindest vorläufig die naive, gröbere Hypothese in Betracht zu ziehen, nämlich die vom Übergang einer Vorstellung aus einem Ort in einen anderen sowie die einer doppelten Niederschrift ein und derselben Vorstellung an zwei verschiedenen Orten. Wozu diese Absurdität? Bemerkenswert ist, daß Freud sich hier auf die analytische Praxis beruft, so als sei die naivste, am gröbsten naturalistische Erklärung die getreuste Erklärung dessen, was bei der Deutung tatsächlich geschieht. Wenn man einem Patienten, so sagt er, den Sinn seiner Störung mitteilt, indem man ihm eine ehemals von ihm verdrängte Vorstellung nennt, so ist er weder erleichtert

---

10 GW X, 271.
11 GW X, 273.
12 ibid.
13 ibid.

noch geheilt, weil er von dieser Vorstellung durch Widerstände getrennt bleibt, die eine neuerliche Ablehnung der Vorstellung bewirken. Sie ist also sowohl in der bewußten Region der Erinnerung an das Gehörte wie auch im Unbewußten niedergeschrieben, in dem sie eingeschlossen bleibt, solange die Widerstände nicht überwunden sind. Die »doppelte Niederschrift« ist also die vorläufige Art und Weise, den Statusunterschied ein und derselben Vorstellung zu bestimmen: auf der Oberfläche des Bewußtseins und in der Tiefe des Verdrängten. Wir werden später sehen, wie und weshalb diese Theorie der doppelten Niederschrift überwunden werden kann.

Wir haben soeben die Umkehrung des Standpunkts *motiviert,* die von einem rein beschreibenden *Latenz*begriff zum systematischen Begriff des topischen Systems führt; nun gilt es, diese Verkehrung des Standpunkts zu *realisieren.* Während die Husserlsche *Epoché* eine Reduktion *auf* das Bewußtsein war, zeigt sich die Freudsche *Epoché* als eine Reduktion *des* Bewußtseins; aus diesem Grunde sprechen wir von umgekehrter Epoché[14]. Diese Umkehrung ist aber erst dann vollendet, wenn wir den Trieb als Grundbegriff setzen, der alles übrige als ein Triebschicksal bestimmt. Ich werde versuchen, diese Substitution begreiflich zu machen, indem ich fortfahre, die anti-phänomenologischen Züge des Freudschen Ansatzes herauszuarbeiten. Die umgekehrte Epoché impliziert einerseits, daß wir aufhören, das »Objekt« zum Führer zu nehmen, im Sinne eines Gegenübers des Bewußtseins, und es durch die »Ziele« des Triebs ersetzen, – und daß wir andererseits aufhören, zum Pol das »Subjekt« zu nehmen, dem und für das die Objekte erscheinen; kurz, man muß auf die Subjekt-Objekt-Problematik als Bewußtseinsproblematik verzichten.[15]

---

14 Nur als erste Annäherung läßt sich die Epoché des Bewußtseins, Charakteristikum der Freudschen Psychoanalyse, der Husserlschen Epoché gegenüberstellen; später werden wir die Konfrontation sehr viel weiter treiben (s. *Dialektik,* Kap. I), wobei ein subtiler Unterschied zutage kommen wird.

15 Mit Absicht verwende ich die Wörter: »Führer des Objekts«, »Pol des Subjekts«, die an das phänomenale Vokabular erinnern. Aber die Phänomenologie, die so zerstört wird, wäre nur eine Bewußtseinspsychologie; man muß das Objekt als ein Gegenüber des Bewußtseins und das Subjekt selbst als Bewußtsein aufgeben, um das Objekt als den transzendentalen Führer und das Subjekt als das reflektierende und meditierende »Ich« zurückzuerobern. Dieses Thema werden wir in der *Dialektik,* Kap. II, systematisch erörtern.

Die Preisgabe des »Objekts« als psychologischen Führers wird von Freud in dem Artikel TRIEBE UND TRIEBSCHICKSALE vollzogen, der die früheren Errungenschaften der DREI ABHANDLUNGEN ZUR SEXUALTHEORIE thematisiert.

Wenn Freud den Trieb als einen Grundbegriff setzt, der den empirischen Tatsachen zu einer systematischen Verkettung verhelfen soll, wie es in den experimentellen Wissenschaften geschieht, ist er sich dessen bewußt, sich nicht mehr auf der deskriptiven, sondern auf der systematischen Ebene zu bewegen.[16] Diese Systematisierung impliziert nicht nur Konventionen (Definition von Reiz, Bedürfnis und Befriedigung), sondern Voraussetzungen, an deren erster Stelle wir die Konstanzhypothese finden, d. h. die automatische Regulierung »durch Empfindungen der Lust-Unlustreihe«[17], welche die Übereinstimmung von Lust-Unlustqualitäten und den »auf das Seelenleben wirkenden Reizgrößen« voraussetzt[18]. Wir befinden uns also auf dem bekannten Terrain der quantitativen Auffassung und haben es seit dem ENTWURF auch keineswegs verlassen.

Mit dem Trieb zwingen wir die Topik, sich in Ökonomik zu verwandeln: »Jeder Trieb ist ein Stück Aktivität.«[19] Der ökonomische Standpunkt aber drückt sich zunächst im Vorherrschen des Begriffs des Zieles vor dem des Objekts aus. »Das Ziel eines Triebes ist allemal die Befriedigung, die nur durch Aufhebung des Reizzustandes an der Triebquelle erreicht werden kann«[20]; von nun an wird das Objekt nach dem Ziel definiert und nicht umgekehrt: »Das Objekt des Triebes ist dasjenige, an welchem oder durch welches der Trieb sein Ziel erreichen kann. Es ist das variabelste am Triebe, nicht ursprünglich mit ihm verknüpft, sondern ihm nur infolge seiner Eignung zur Ermöglichung der Befriedigung zugeordnet«[21]; als solches kann es sowohl ein fremder Gegenstand wie ein Teil des eigenen Körpers sein. Diese Dialektik von Ziel und Objekt hatte Freud in

---

16 Bei dieser Gelegenheit schreibt Freud einen seiner bedeutsamsten methodologischen Texte: TRIEBE UND TRIEBSCHICKSALE (GW X, 210 ff.); die Beziehungen zwischen Definition, Grundbegriffen, Konventionen und Erfahrungen in der Psychologie sind nach dem Modell der experimentellen Naturwissenschaften konstruiert; vgl. unten, *Dialektik,* Kap. I.
17 GW X, 214.
18 ibid.
19 ibid.
20 GW X, 215.
21 ibid.

den DREI ABHANDLUNGEN ZUR SEXUALTHEORIE entdeckt und expliziert.[22]

Aufgrund dieser neuen Problematik von Ziel und Objekt gibt es »Triebschicksale«. Da das Studium der Triebquellen der Biologie angehört, wird uns der Trieb nur durch seine Ziele bekannt: sie allein gehören zur Psychologie. Das heißt mit anderen Worten, daß der Apparat, den wir betrachten, ein psychischer Apparat ist und daß die Regulierung durch das Lust-Unlustprinzip psychologischer, wenn auch quantitativer Art ist.

In TRIEBE UND TRIEBSCHICKSALE gibt Freud ein systematisches, obzwar absichtlich eingeschränktes Bild dieser »Schicksale«; in der Tat bedarf es noch einer weiteren Voraussetzung: der Unterscheidung zwischen Ich- oder Selbsterhaltungstrieben und Sexualtrieben. Aber diese Voraussetzung liegt nicht auf der gleichen Ebene wie die Konstanzhypothese: diese war eine allgemeine Hypothese, während die Unterscheidung von zwei Triebarten eine Arbeitshypothese ist, die gerade später noch einmal aufgegriffen werden wird; sie entspricht im großen und ganzen der Unterscheidung der Biologen zwischen *Soma* und *Keimplasma* und erweist sich als ein gutes Werkzeug für die psychoanalytische Praxis, da gerade die Klinik es erlaubt hatte, die Sexualtriebe von den anderen Trieben zu isolieren. An ihnen aber wird das Primat des Ziels über das Objekt am deutlichsten: Freud sagt, daß sie vikariend füreinander eintreten und leicht ihre Objekte wechseln können.[23]

Unter Vorbehalt dieser Einschränkung auf die Sexualtriebe kann das Bild der Triebschicksale als systematisch gelten; in der Tat liegt die Verdrängung, die in der TRAUMDEUTUNG als einzige berücksichtigt wurde, nunmehr zwischen der Verkehrung der Triebe ins Gegenteil und der Wendung gegen die eigene Person einerseits und der Sublimierung andererseits. (Diese wird in jener Arbeit nicht behandelt, sondern einzig die Wendung und die Verkehrung; der Verdrängung ist eine gesonderte Arbeit gewidmet.)

Es fällt nun aber auf, daß Wendung und Verkehrung nicht im Rah-

---

22 »... heißen wir die Person, von welcher die geschlechtliche Anziehung ausgeht, das *Sexualobjekt*, die Handlung, nach welcher der Trieb drängt, das *Sexualziel*«, GW V, 34. Die Unterscheidung zwischen Abweichung »in Bezug auf das Sexualobjekt« und Abweichung »in Bezug auf das Sexualziel« beherrscht die erste Abhandlung.
23 GW X, 219.

men des *Zielobjekts* verstanden werden können; im Gegenteil, das Zielobjekt wird selber im ökonomischen Rahmen neu interpretiert. Nur das Ziel ändert sich, wenn eine Verkehrung von der Aktivität zur Passivität stattfindet, beim Gegensatzpaar Schaulust-Exhibitionismus; hingegen ändert sich nur das Objekt (bei unverändertem Ziel: quälen), wenn eine inhaltliche Verkehrung[24] stattfindet, beim Gegensatzpaar Sadismus-Masochismus. Doch läßt sich die »Verkehrung« auch als eine »Wendung« formulieren, da der Masochismus als ein gegen das eigene Ich gewendeter Sadismus betrachtet werden kann und der Exhibitionismus das Beschauen des eigenen Körpers mit einschließt. Die spezielle Untersuchung dieser verschiedenen Schicksale interessiert uns hier nicht, vielmehr das strukturale Prinzip. Am bemerkenswertesten in dieser Hinsicht ist die Umarbeitung des Objektbegriffes selbst, nach Maßgabe der ökonomischen Libidoverteilung.

Doch diese ökonomische Umarbeitung des Objektbegriffs zieht die des Subjektbegriffs nach sich. Der Rollenwechsel zwischen dem Ich und dem Anderen nicht nur beim Gegensatzpaar Sadismus-Masochismus, sondern auch beim Gegensatzpaar Schaulust-Exhibitionismus zwingt bereits zur Infragestellung aller sogenannten Evidenzen bezüglich des Verhältnisses zwischen einem Subjektpol und seinem objektiven Gegenüber. Die Subjekt-Objektordnung ist selbst eine ökonomische. Daher zögert Freud nicht, im Falle der Wendung des Sadismus zum Masochismus von einer »Rückkehr zum narzißtischen Objekt« zu sprechen[25], als Gegenstück zur Subjektvertauschung. Beim primären Narzißmus und jeder Rückkehr zum Narzißmus von narzißtischem Objekt sprechen heißt ganz einfach, die Definition des Objekts als eines Mittels für das Triebziel in Anwendung bringen. In dieser Hinsicht fällt der Narzißmus unter eine umfassende Ökonomik, in der nicht nur Objekte vertauscht werden, sondern auch die jeweiligen Stellungen des Subjekts und Objekts. Nicht nur das Dieses und das Jenes, sondern auch das Ich und der Andere vertauschen sich beim Übergang von der aktiven zur passiven Rolle, vom Anschauen zum Angeschautwerden, vom Quälen

---

24 ibid. Der Text datiert aus einer Zeit, da Freud noch nicht auf die Idee des ursprünglichen Masochismus gestoßen war; vgl. DAS ÖKONOMISCHE PROBLEM DES MASOCHISMUS (1924), GW XIII, 371–383. Wir werden später darauf zurückkommen (Zweites Buch, 3. Teil, Kap. I).
25 GW X, 224.

zum Gequältwerden. Hinsichtlich dieser Permutationen, dieser ökonomischen Vertauschungen, dient der Narzißmus als wichtigster Anhaltspunkt: er repräsentiert das ursprüngliche Zusammenfallen von »etwas lieben« und »sich selbst lieben«. Um dieses zu bezeichnen, spricht Freud von narzißtischem Objekt oder besetztem Ich.

Diese Permutationsstruktur erlaubt Freud die Verwendung eines von Ferenczi entliehenen Begriffs, der großen Erfolg verspricht, aber auch zu großem Mißbrauch verleitet, nämlich des Begriffs der *Introjektion,* dem die Projektion entgegensteht. Wenn man eine narzißtische Stufe annimmt, auf der die Außenwelt gleichgültig und einzig das Subjekt eine Lustquelle ist, dann ist die Scheidung von Außen und Innen, von Außenwelt und Ich ein Vorgang der ökonomischen Verteilung zwischen dem, was das Ich sich einverleiben und als den Schatz des »Lust-Ichs«[26] behandeln kann, und dem, was es als Quelle der Unlust, als feindlich verwirft. Diese Scheidung von Innen und Außen, gemäß der Grenzlinie der Liebe (sofern man unter Liebe die Relation des Ichs zu den Lustquellen versteht), wird überdies durch einen weiteren Scheidungsvorgang gemäß der Haßlinie kompliziert: die Liebe hat in der Tat einen »zweiten Gegensinn«[27]: außer der Unlust, dem Gegenteil des für das Lust-Ich Angenehmen, gibt es noch das, was im Hinblick auf die Selbsterhaltungstriebe hassenswert ist. Was wir gewöhnlich Objekt nennen – Liebesobjekt, Haßobjekt –, ist alles andere als vorgegeben; es ist das Resultat einer doppelten Reihe von Spaltungen zwischen Innerem und Äußerem, und wir können, um dieses Endresultat der anfänglichen narzißtischen Stufe entgegenzustellen, von Objektstufe sprechen.[28]

Man könnte sagen, daß gerade das »Objekt« im phänomenologischen Sinne am Ende dieses Vorgangs ökonomisch rekonstruiert wird. Am Schluß des Essays TRIEBE UND TRIEBSCHICKSALE findet Freud zur gewöhnlichen Sprache zurück: wir *sprechen* von der Anziehung des Objekts; wir *sagen,* daß wir dieses Objekt lieben; wir sagen, daß *wir* lieben – ein Gesamt-Ich gegenüber dem Objekt –, nicht aber, daß der Trieb liebt oder haßt; der Sprachgebrauch, der das Objekt zum Komplement der Verben *lieben* und *hassen* macht, wird erst am Ende einer Genesis der Objektfunktion gerechtfertigt, zu einem Zeitpunkt des Wunsches, wo Liebe und Haß ihre konträ-

26 GW X, 228.
27 ibid.
28 GW X, 229.

ren Objekte sowie ihr Subjekt sozusagen konstituiert haben. Die Geschichte des Objekts ist die Geschichte der Objektfunktion, und diese ist die Geschichte des Wunsches selber. Doch nicht sie interessiert uns hier – die berühmte Stufentheorie[29] –, sondern ihre methodologische Bedeutung; bei Freud ist das Objekt nicht das unmittelbare Gegenüber eines mit unmittelbarem Bewußtsein begabten Ichs; es ist die Variable einer ökonomischen Funktion.

Diese ökonomische Vertauschung zwischen dem Ich und den Objekten muß bis zu dem Punkt verfolgt werden, wo nicht nur das Objekt eine Funktion des Triebziels, sondern wo das Ich selbst ein Triebziel ist.[30] Und eben dies bedeutet die Einführung des Narzißmus in die Psychoanalyse. Natürlich kennen wir diesen primären Narzißmus niemals von Angesicht: deshalb führt Freud in ZUR EINFÜHRUNG DES NARZISSMUS einen Indizienbeweis: der Narzißmus hat zunächst die Bedeutung einer Perversion, der eigene Körper wird als Liebesobjekt behandelt; sodann ist der Narzißmus eine libidinöse Ergänzung der Selbsterhaltungstriebe; fügen wir hinzu: das Desinteresse des Schizophrenen an der Realität, so als hätte er seine Libido von den Objekten zurückgezogen, ohne sie auf andere, nicht einmal auf imaginierte zu setzen; die Überschätzung der Macht der Gedanken bei primitiven Völkern und Kindern. Außerdem gibt es noch das Sich-in-sich-Zurückziehen des Leidenden und des Hypochonders, schließlich den Egoismus des Schlafs. In allen diesen Fällen kennen wir lediglich den Besetzungsrückzug; doch indem wir ihn als eine Rückkehr zum primitiven Narzißmus, als sekundären Narzißmus fassen, haben wir in die Theorie eine neue Intelligibilität *eingeführt,* welche die Eroberung des topisch-ökonomischen Standpunkts krönt. Diese Einführung entspricht einer Radikalisierung des Triebbegriffs selbst, da der Trieb für ursprünglicher als jede Subjekt-Objektrelation erachtet werden muß; er wird zur Energiereserve, die alle Energieverteilungen unter das Ich und die Objekte überdauert. Die Objektwahl wird selbst, als ein Ausweg aus dem

---

29 Freud hat einen Überblick darüber gegeben in NEUE FOLGE DER VORLESUNGEN ZUR EINFÜHRUNG IN DIE PSYCHOANALYSE, GW XV, 105–109.

30 ZUR EINFÜHRUNG DES NARZISSMUS, GW X, 139–170. Für eine Reflexionsphilosophie wird die Einführung des Narzißmus die höchste Prüfung darstellen: auf das Subjekt, so wie es unmittelbar erscheint, muß verzichtet werden: ein vereiteltes Cogito ist an die Stelle der ersten Wahrheit getreten: *ich denke, ich bin.* Mit dem äußersten Punkt im Abbau jeglicher Phänomenologie ist auch der äußerste Punkt in der Krise des Cogito erreicht. Vgl. unten, *Dialektik,* Kap. II.

Narzißmus, ein zum Narzißmus in Beziehung stehender Begriff; unter diesem Gesichtspunkt gibt es nur Auswege aus dem Narzißmus und die Rückkehr zu ihm.

Zu gegebener Zeit werden wir eine wichtige Anwendung hiervon in der Theorie der Identifizierung und der Sublimierung kennenlernen. Die Arbeit über den Narzißmus ist in dieser Hinsicht den Schriften aus der Zeit von 1920 bis 1940 erstaunlich weit voraus und kündigt die Umgestaltungen der Topik gemäß einer neuen Reihe an: Ich – Es – Über-Ich. Nachdem Freud einige weitere Anwendungen (Mechanismus der Paraphrenie, narzißtische Objektwahl, Überschätzung des Sexualobjekts, Weiblichkeit) betrachtet hat, führt er nämlich den wichtigen Gedanken ein, daß die Idealbildung durch Verschiebung des Narzißmus vor sich gehe.[31] Wir sind noch nicht in der Lage, alle Konsequenzen aus dieser bedeutsamen Entdeckung zu ziehen: zumindest aber wissen wir, daß das Ideal, an dem das Subjekt sein aktuelles Ich mißt, von der Libidotheorie bewältigt werden kann, und zwar mittels des Narzißmus; dieser »Kurzschluß« zwischen *Ideal* und *Narzißmus* ist ungemein suggestiv: dank dieser Komplizenschaft zwischen dem, was uns der Gipfel des Egoismus zu sein scheint, und der Verehrung eines Ideals, vor dem das Ich zurückweicht, tritt das *Ideal* selbst in die Bilanz der Triebverschiebung ein. Dies wird die Achse des zweiten Teils unserer *Analytik* sein.

Hingegen können wir schon jetzt einen anderen Terminus in unsere Reflexion einbeziehen, den Freud im Zusammenhang dieses Verhältnisses von Idealisierung und Narzißmus vorbringt; dieser andere Faktor ist die *Sublimierung*, die schon in TRIEBE UND TRIEBSCHICKSALE als viertes Triebschicksal genannt wurde: »Die Sublimierung«, so heißt es hier, »ist ein Prozeß an der Objektlibido und besteht darin, daß sich der Trieb auf ein anderes, von der sexuellen Befriedigung

---

31 »Diesem Idealich gilt nun die Selbstliebe, welche in der Kindheit das wirkliche Ich genoß. Der Narzißmus erscheint auf dieses neue ideale Ich verschoben, welches sich wie das infantile im Besitz aller wertvollen Vollkommenheiten befindet. Der Mensch hat sich hier, wie jedesmal auf dem Gebiete der Libido, unfähig erwiesen, auf die einmal genossene Befriedigung zu verzichten. Er will die narzißtische Vollkommenheit seiner Kindheit nicht entbehren, und wenn er diese nicht festhalten konnte, durch die Mahnungen während seiner Entwicklungszeit gestört und in seinem Urteil geweckt, sucht er sie in der neuen Form des Ichideals wieder zu gewinnen. Was er als sein Ideal vor sich hin projiziert, ist der Ersatz für den verlorenen Narzißmus seiner Kindheit, in der er sein eigenes Ideal war.« GW X, 161.

entferntes Ziel wirft; der Akzent ruht dabei auf der Ablenkung vom Sexuellen. Die Idealisierung ist ein Vorgang mit dem Objekt, durch welchen dieses ohne Änderung seiner Natur vergrößert und psychisch erhöht wird. Die Idealisierung ist sowohl auf dem Gebiete der Ichlibido wie auch der Objektlibido möglich. So ist zum Beispiel die Sexualüberschätzung des Objektes eine Idealisierung desselben. Insofern also Sublimierung etwas beschreibt, was mit dem Trieb, Idealisierung etwas, was am Objekt vorgeht, sind die beiden begrifflich auseinanderzuhalten.«[32] Das ist also ein erster Grund für die Unterscheidung von Idealisierung und Sublimierung. Doch vor allem kann die Unterwerfung unter ein Ideal vorkommen, ohne daß eine Sublimierung gelungen wäre; gerade der Neurotiker ist das Opfer der enormen Anforderung, die die Ichbildung seinen Trieben auferlegt, eine Forderung, der nur eine schwache Sublimierungskraft folgt. Freilich bedarf die Idealisierung, will sie gelingen, der Sublimierung; doch kann sie sie nicht erzwingen.[33] Wir rühren hier an etwas höchst Wichtiges: es gibt einen »kurzen Weg« zur Idealbildung: ein Gewaltstreich, den wir erst später begreifen werden, wenn wir auch den Masochismus als ein primäres Phänomen einführen; die Sublimierung hingegen wäre eine Art von sanfter Konversion... Verständen wir sie, so verständen wir auch, daß sie wirklich ein anderes Schicksal ist als die Verdrängung: »Die Sublimierung stellt den Ausweg dar, wie die Anforderung erfüllt werden kann, ohne die Verdrängung herbeizuführen.«[34]

Doch all dies wird erst beim Übergang von der ersten zur zweiten Topik und durch die bereits in ZUR EINFÜHRUNG DES NARZISSMUS vorgeschlagene Einführung einer »besonderen psychischen Instanz« Sinn erhalten: des Über-Ichs. Und mehr noch: mit der Frage des Über-Ichs ist auch die Frage des Ichs gestellt, und diese Frage fällt schon nicht mehr genau mit der des Bewußtseins zusammen, die in einer Topik, der es zunächst darum geht, die Position des Unbewußten im Vergleich zu den Evidenzen des Bewußtseins zu befreien, allein thematisiert wird.

Wir können die Erforschung der Beziehungen zwischen Narzißmus und Objektlibido noch etwas weiter vorantreiben, ohne der zweiten Topik und den neuen Problemen, die sie aufwirft, allzusehr vorzu-

32 ibid.
33 ibid.
34 GW X, 162.

greifen, und ein letztes, vielleicht das anschaulichste Beispiel anführen, das der *Trauerarbeit*, der Freud einen seiner bewundernswerten kleinen Essays gewidmet hat: TRAUER UND MELANCHOLIE.[35] Die Trauer ist eine Arbeit: »Trauer ist regelmäßig die Reaktion auf den Verlust einer geliebten Person oder einer an ihre Stelle gerückten Abstraktion wie Vaterland, Freiheit, ein Ideal usw.«[36] Die absorbierende Trauerarbeit, die ausschließliche Hingabe an diese Arbeit, von der uns einige Anzeichen gut bekannt sind – Verlust des Interesses für die Außenwelt, die Abwendung von jeder Leistung, die nicht mit dem Andenken an den Verstorbenen in Beziehung steht –, wirft ein ungeheures Problem auf, nämlich das der Ökonomie des Schmerzes (der nebenbei gesagt etwas ganz anderes ist als die Unlust des Gegensatzpaares Lust-Unlust). Und diese Ökonomie des Schmerzes führt uns mitten in das Problem der Beziehungen zwischen Narzißmus und Objektlibido. Die Realitätsprüfung hat gezeigt, daß das geliebte Objekt nicht mehr besteht, und die Libido mußte auf alle ihre Verknüpfungen mit diesem Objekt verzichten; die Libido sträubt sich dagegen, und nur unter großem Aufwand an Zeit und Besetzungsenergie führt sie für jede einzelne der Erinnerungen an das verlorene Objekt das von der Realität erlassene Gebot aus. Diese Arbeit absorbiert das Ich und hemmt es; nach ihrer Vollendung ist das Ich wieder frei und ungehemmt. Der Melancholiker aber fügt diesen Zügen noch etwas Entscheidendes hinzu: die Herabsetzung des Selbstgefühls[37], und diese Herabsetzung paart sich mit einer mitleidlosen Selbstkritik, die uns ein weiteres Mal an die problematische Schwelle des Über-Ichs führt: diese beobachtende und kritisierende Instanz ist in der Tat die Grundlage des Gewissens[38]. Uns kommt es hier weniger auf die Struktur dieser Instanz als darauf an, daß das Ich die Stelle des Liebesobjekts einnimmt, gegen das die Vorwürfe ursprünglich gewendet waren. (»Ihre *Klagen* sind *Anklagen*.«) Was ist geschehen? Statt sich auf ein ande-

---

35 GW X, 428–450.
36 GW X, 428 f.
37 Dieser Ausdruck findet sich auch am Ende von ZUR EINFÜHRUNG DES NARZISSMUS, im Rahmen der Auseinandersetzung mit den Adlerschen Theorien. GW X, 166–170.
38 »Was wir hier kennen lernen, ist die gewöhnlich *Gewissen* genannte Instanz; wir werden sie mit der Bewußtseinszensur und der Realitätsprüfung zu den großen Ichinstitutionen rechnen und irgendwo auch die Beweise dafür finden, daß sie für sich allein erkranken kann.« GW X, 433.

res Objekt zu verschieben, hat sich die Libido ins Ich zurückgezogen, und dort dient sie dazu, eine Identifizierung mit dem aufgegebenen Objekt herzustellen, um die für den anderen bestimmten Schläge gegen dieses Ich zu richten: das Ich ist es, das verlorengin und das mißhandelt wird.

Wir haben somit etwas Neues ans Licht gebracht, das Freud narzißtische Identifizierung mit dem Objekt nennt, nämlich jene Verschiebung der Objektliebe durch Identifizierung.[39] Die Identifizierung als solche wird später ernste Probleme aufwerfen; hier dient sie als Anzeichen für die Aufdeckung einer versteckteren Beziehung zwischen Objektwahl und Narzißmus. Damit dieser Vorgang vonstatten gehen kann, muß in der Tat 1. die Objektwahl unter bestimmten Bedingungen zum ursprünglichen Narzißmus regredieren können; dazu muß, wie es scheint, eine narzißtische Grundlage bestanden haben; eben diese Regression fehlt bei der Trauer. 2. müssen auch die Liebesbeziehungen eine große Ambivalenz enthalten haben, damit die durch den Verlust des geliebten Objekts gewissermaßen befreite Haßkomponente sich in die narzißtische Identifizierung flüchten und mit Hilfe der Identifizierung in Selbstvorwürfe verkehren kann; es besteht also eine zweite Regression, eine Rückkehr zur sadistischen Stufe; auch das wird von größter Bedeutung für den Mechanismus des Gewissens, der Reue und der Selbstbestrafung sein.

Aber, wird man einwenden, gerade weil die Trauer nicht Melancholie ist, zeigt sie nicht jenen Komplex von Beziehungen zum Narzißmus. Das ist nicht richtig: nach dem Umweg über die Melancholie zur Trauer zurückkehrend, sagt Freud: »An jede einzelne der Erinnerungen und Erwartungssituationen, welche die Libido an das verlorene Objekt geknüpft zeigen, bringt die Realität ihr Verdikt heran, daß das Objekt nicht mehr existiere, und das Ich, gleichsam vor die Frage gestellt, ob es dieses Schicksal teilen will, läßt sich

---

39 In diesem Text weist Freud auf einen möglichen Übergang zwischen Objektwahl und Identifizierung hin: diese Brücke wäre die orale Phase, jene Zeit, da lieben noch fressen bedeutete (GW X, 436). Die Regression der Objektwahl zur narzißtischen Stufe würde also von der Regression zur oralen Phase der Libido abgelöst; das hieße, daß die orale Stufe selbst noch zum Narzißmus gehörte. Man muß schon jetzt darauf hinweisen, daß Freud seine Erklärungen der Identifizierung niemals überschätzt hat; sie ist für die Psychoanalyse wirklich der Stachel im Fleisch. Nicht durch Zufall gibt Freud dreimal zu, daß er die Ökonomie der Trauer nicht kenne: GW X, 430, 439, 442.

durch die Summe der narzißtischen Befriedigungen, am Leben zu sein, bestimmen, seine Bindung an das vernichtete Objekt zu lösen.«[40] Ein grausamer, doch eindringlicher Zug: die Trauerarbeit ist eine Arbeit mit dem Ziel, das Objekt zu überleben; das Festhalten an sich selbst besorgt das Geschäft der Loslösung vom Objekt. Doch ist dies vielleicht nicht die einzige Funktion des Narzißmus in der Trauerarbeit: eine frühere Bemerkung blieb bisher noch unberücksichtigt; das von der Realität erlassene Gebot, so hieß es, wird nur langsam und unter großem Aufwand an Besetzungsenergie durchgeführt und, wie Freud hinzufügte, »unterdies die Existenz des verlorenen Objekts psychisch fortgesetzt«[41]. Diese Verinnerlichung, dieses Sich-Festhalten des Objekts in uns bringt Trauer und Melancholie einander wieder näher; die Bindung der Trauer an den Narzißmus erscheint dann weniger monströs; der Narzißmus betreibt nicht mehr nur das Rette-sich-wer-kann des Überlebenden, sondern das Überleben des Anderen in mir, und man kann mit Freud sagen: »Die Liebe hat sich so durch ihre Flucht ins Ich der Aufhebung entzogen.«[42] Zudem bezeugen die Zwangsvorwürfe, die man nach Todesfällen gegen sich selbst richtet, daß auch die Trauer in gewisser Weise ambivalente Züge trägt, zwischen Liebe und Haß; daher die Regression dieser ambivalenten Libido ins Ich in Gestalt von Selbstvorwürfen; so daß die Regression der Libido auf den Narzißmus sich am Ende dieses Essays als die der Trauer und der Melancholie gemeinsame Grundbedingung herausstellt.

Wir wollen die Untersuchung der Beziehungen und Vertauschungen zwischen Objektlibido und Ichlibido hier abbrechen. Wir wollten lediglich zeigen, daß das Ego der Psychoanalyse nicht das ist, was sich in einer Bewußtseinsbeschreibung als das erste Subjekt zeigt; der dem Begriff des Objektstriebs korrespondierende Begriff des Ichtriebes macht den Trieb selbst zu einer Struktur, die der phänomenalen Subjekt-Objektrelation vorausgeht. Der Triebbegriff erscheint als das *quid*, auf das jedes Zurückgehen hinter das Symptom »Bewußtsein« zielt. Der Trieb hat sich nicht nur vom Objektbezug, sondern auch vom Subjektbezug befreit, da das »Ich« selber auf die andere Seite getreten ist: im Begriff des *Ichtriebs* ist das Ich nicht

40 GW X, 442.
41 GW X, 430.
42 GW X, 445.

mehr Subjekt, sondern Objekt, im Sinne einer variablen Funktion des Ziels. Das Ich befindet sich nun bezüglich des Triebs in einer solchen Position, daß es zusammen mit den Objekten durch Substitution, durch Besetzungsverschiebung vertauscht werden kann. Um eine andere Sprache zu gebrauchen, die der Streit mit Adler hier gebietet: das Selbst und das Selbstgefühl (Minderwertigkeitsgefühl etc.) entziehen sich keineswegs der Ökonomie der Libido; das Selbstgefühl fällt unter eine verallgemeinerte »Erotik« mittels jener großen Neuverteilungen des Liebesbesetzungen.[43]

Ich glaube, daß man die doppelte *Destruktion*, die des Zielobjekts als angeblichen Führers und die des Subjekts als eines angeblichen Bezugspols aller Absichten des Bewußtseins, vor Augen haben muß, um die Topik richtig zu verstehen. Man könnte sagen, die Topik sei jener nicht-anatomische, psychische Ort, den man in die psychoanalytische Theorie als die Möglichkeitsbedingung aller »Triebschicksale« einführen muß; auf dem Markt der Besetzungen findet der Austausch von Ichtrieb und Objekttrieb statt.

Am Ende dieser umgekehrten Epoché ist das Bewußtsein nun das am wenigsten Bekannte; es ist zum Problem geworden und nicht mehr Evidenz. Und dieses Problem ist das des Bewußtwerdens: auch es fügt sich in die Topik ein.

Dies ist, wie ich meine, der Sinn des schwierigen V. Kapitels des Essays Das Unbewusste mit der Überschrift »Die besonderen Eigenschaften des Systems *Ubw*«, dessen Erörterung wir noch aufgeschoben haben. Freud stellt dieses System zwar in einer Beschreibung vor, doch sein Sinn wird gerade gegen jede Beschreibung errungen; es ist vielmehr die in deskriptiven, quasi-phänomenologischen Termini vorgenommene Übersetzung des Resultats der Anti-Phänomenologie. Deshalb präsentiere ich es hier als Resultat und nicht als Gegebenheit:

»Eine neue Bedeutung erhält die Unterscheidung der beiden psychischen Systeme, wenn wir darauf aufmerksam werden, daß die Vorgänge des einen Systems, des *Ubw*, Eigenschaften zeigen, die sich in dem nächst höheren nicht wiederfinden.«[44] In pseudo-deskriptiven Termini: das Unbewußte ist außer der Zeit; das Unbewußte kennt keinen Widerspruch; das Unbewußte folgt dem Lustprinzip und

43 GW X, 167.
44 GW X, 285.

nicht dem Realitätsprinzip etc. Aber diese Merkmale sind in keiner Weise deskriptiv; in der Tat ist es so, »daß die Bewußtheit, der einzige uns unmittelbar gegebene Charakter der psychischen Vorgänge, sich zur Systemunterscheidung in keiner Weise eignet«[45]. Und etwas weiter: »Das Bewußtsein hat so weder zu den Systemen noch zur Verdrängung ein einfaches Verhältnis.«[46] Woraus folgt: »In dem Maße, als wir uns zu einer metapsychologischen Betrachtung des Seelenlebens durchringen wollen, müssen wir lernen, uns von der Bedeutung des Symptoms ›Bewußtsein‹ zu emanzipieren.«[47] Und diese Emanzipation übersetzen wir in die Topik.

2. Vorstellung und Repräsentanz

Nunmehr müssen wir den umgekehrten Weg gehen; gleich auf den ersten Seiten des Essays DAS UNBEWUSSTE stellt sich die Frage: wie kommen wir zur Kenntnis des Unbewußten? Und die Antwort: »Wir kennen es natürlich nur als Bewußtes, nachdem es eine Umsetzung oder Übersetzung in Bewußtes erfahren hat.«[48] Und Freud fügt hinzu: »Die psychoanalytische Arbeit läßt uns alltäglich die Erfahrung machen, daß solche Übersetzung möglich ist.«[49]
Worin besteht eine solche Möglichkeit? Hier gelangen wir zur schwierigsten Problematik, nämlich jener, welche der Titel unseres Kapitels nennt: *Trieb und Vorstellung*. Es gibt einen Punkt, an dem das Problem der Kraft und das des Sinns zusammenfallen; dieser Punkt ist jener, wo der Trieb sich selbst bezeichnet, sich kundtut, sich in einer psychischen Repräsentanz zeigt, das heißt in etwas Psychischem, das »für« den Trieb »gilt«; alles, was ins Bewußte tritt, ist nur eine Umsetzung dieser psychischen Repräsentanz, dieses ursprünglichen »Geltens für«. Um diesen Punkt zu bezeichnen, hat Freud den ausgezeichneten Begriff der *Repräsentanz* geprägt. Es gibt etwas Psychisches, das den Trieb als Energie repräsentiert; doch darf man nicht einmal von »Vorstellung« sprechen, da das, was wir Vorstellung nennen, d. h. die Idee *von* etwas, bereits eine abgelei-

---

45 GW X, 291.
46 ibid.
47 ibid.
48 GW X, 264.
49 ibid.

tete Form jenes Indexes ist, der, bevor er etwas vorstellt – Welt, eigenen oder irrealen Körper –, den Trieb als solchen ankündigt, ihn schlechthin *repräsentiert*. Diese Funktion der Repräsentanz wird schon in den ersten Zeilen des Essays DAS UNBEWUSSTE evoziert: »Wir haben aus der Psychoanalyse erfahren, das Wesen des Prozesses der Verdrängung bestehe nicht darin, eine den Trieb repräsentierende Vorstellung aufzuheben, zu vernichten, sondern sie vom Bewußtwerden abzuhalten.«[50]

Worin besteht nun diese Repräsentanzfunktion, die nicht nur die Vorstellung beherrscht, sondern, wie wir sehen werden, auch den Affekt?

Das Problem, dem wir uns hier nähern, ist zwar seinem Inhalt nach nicht neu[51], neu aber ist, wie es gestellt wird. Die Originalität Freuds besteht darin, daß er den Punkt des Zusammenfallens von Sinn und Kraft ins Unbewußte verlegt. Er setzt diese Verschränkung voraus als das, was alle »Umsetzungen« und »Übersetzungen« vom Unbewußten ins Bewußte ermöglicht. Trotz der Schranke, welche die Systeme voneinander trennt, muß man zwischen ihnen eine strukturale Gemeinsamkeit annehmen, aufgrund derer sowohl das Bewußte wie das Unbewußte etwas Psychisches sind. Und diese strukturale Gemeinsamkeit ist die Funktion der Repräsentanz; sie ermöglicht es, die unbewußten Akte im Text der bewußten Akte zu »interpolieren«; sie sichert die enge »Berührung«[52] der bewußten mit den unbewußten seelischen Vorgängen und gestattet es, diese letzteren mit einer gewissen Arbeitsleistung in erstere umzusetzen, durch sie zu ersetzen[53]. Und schließlich können sie »mit all den Kategorien beschrieben werden, die wir auf die bewußten Seelenakte anwenden, als Vorstellungen, Strebungen, Entschließungen u. dgl. Ja, von manchen dieser latenten Zustände müssen wir aussagen, sie unterscheiden sich von den bewußten eben nur durch den Wegfall des Bewußtseins.«[54]

Diese Funktion der Repräsentanz ist gewiß ein Postulat; Freud

---

50 ibid.
51 Die Auseinandersetzung mit diesem Freudschen Begriff in unserer *Dialektik*, Kap. II, wird seine Verwandtschaft mit ähnlichen Begriffen bei Spinoza und Leibniz aufzeigen.
52 GW X, 267.
53 ibid.
54 ibid.

führt keinerlei Beweis für sie; er stellt sie hin als das, wodurch man Unbewußtes in Bewußtes umsetzen und beide für vergleichbare seelische Modalitäten halten kann; daher nimmt er diese Funktion in die Definition des Triebes selbst hinein. Eines Tages wird er sagen: »Die Trieblehre ist sozusagen unsere Mythologie.«[55] Wir wissen nichts über die Triebe in ihrer Dynamik. Wir behaupten den Trieb nicht an sich; wir behaupten ihn in seiner psychischen Repräsentanz; damit behaupten wir ihn zugleich als psychische und nicht als biologische Realität. Zwar konnten wir ihn »ein Stück Aktivität« nennen: damit bezeichneten wir ihn als Energie, Drang, Spannung etc. ... Doch die psychologische Qualifizierung dieser Energie gehört mit zu ihrer Definition, insofern sie im Hinblick auf die organischen Energien nicht »repräsentiert durch«, sondern »Repräsentant von« ist: »Wenden wir uns nun von der biologischen Seite her der Betrachtung des Seelenlebens zu, so erscheint uns der ›Trieb‹ als ein Grenzbegriff zwischen Seelischem und Somatischem, als psychischer Repräsentant der aus dem Körperinnern stammenden, in die Seele gelangenden Reize ...«; und um den gemischten Charakter dieser Auffassung zu betonen, wendet Freud auf sie den Begriff der *Arbeit* an, in der wir einen bevorzugten Ausdruck jener zusammengesetzten Sprache erkannt haben, die die Psychoanalyse erheischt: der Trieb ist »ein Maß der Arbeitsanforderung, die dem Seelischen infolge seines Zusammenhanges mit dem Körperlichen auferlegt ist«[56]. Es muß

---

55 NEUE FOLGE DER VORLESUNGEN ZUR EINFÜHRUNG IN DIE PSYCHOANALYSE, GW XV, 101.
56 GW X, 214. In der folgenden terminologischen Diskussion nimmt Freud für jeden der mit dem Trieb zusammenhängenden Begriffe wieder den gleichen Bezug auf die indikative oder repräsentierende Funktion: »Unter dem Drange eines Triebes versteht man dessen motorisches Moment, die Summe von Kraft oder das Maß von Arbeitsanforderung, das er repräsentiert.« (ibid.) »Unter der Quelle des Triebes versteht man jenen somatischen Vorgang in einem Organ oder Körperteil, dessen Reiz im Seelenleben durch den Trieb repräsentiert ist.« (215) Diese Passagen spiegeln sehr gut die letzte Zweideutigkeit des Triebbegriffs wieder: bald bezeichnet der Trieb *das, was* »repräsentiert« wird (durch den Affekt und die Vorstellung), bald ist *er selbst* die psychische »Repräsentanz« einer noch wenig bekannten organischen Energie. In seinem Vorwort zu TRIEBE UND TRIEBSCHICKSALE vergleicht der Herausgeber der *Standard Edition* (SE XIV, 11–116) die prinzipiellen Texte Freuds zu diesem Problem: DREI ABHANDLUNGEN ZUR SEXUALTHEORIE (Vorwort von 1914); ÜBER EINEN AUTOBIOGRAPHISCH BESCHRIEBENEN FALL VON PARANOIA, Abschn. III (1911); ZUR EINFÜHRUNG DES NARZISSMUS (1914); DAS UNBEWUSSTE, DIE VERDRÄNGUNG (1915), JENSEITS

also nicht nur heißen, der Trieb drücke sich durch Vorstellungen aus – dies ist *einer* der von der repräsentierenden Funktion des Triebes abgeleiteten Aspekte. Es muß radikaler heißen, daß der Trieb selbst auf psychischer Ebene den Körper in der Seele repräsentiere, ausdrücke. Dies ist das vielleicht grundlegendste Postulat der Psychoanalyse, dasjenige, das sie als *Psycho*analyse qualifiziert. Man muß es in all seinen Konsequenzen entwickeln.

Alle *Triebschicksale* sind Schicksale der »psychischen Repräsentanten«; im Fall der »Verkehrung« und der »Wendung«, die als einzige in TRIEBE UND TRIEBSCHICKSALE näher behandelt werden, liegt dies auf der Hand: die Verkehrung vom Schauen zum Beschautwerden, die Wendung von Den-Anderen-Quälen in Sich-selbst-Quälen kommen in Vorstellungen und Affekten zum Ausdruck, welche die rein energetischen Verschiebungen innerhalb eines psychischen Feldes repräsentieren, wo sie sich bezeichnen, erkennen lassen und so mit Hilfe einer spezifischen Arbeit bewußt werden können.

Weit aufschlußreicher ist das Schicksal der »psychischen Repräsentanten« im Fall der Verdrängung, die, wie erinnerlich, das dritte Triebschicksal bildet. Diese nämlich führt in die psychische Triebrepräsentanz die ganze Komplexität ein, die Freud mit den Worten »Entfremdung« und »Entstellung« bezeichnet (welch letzterer Terminus bereits dazu diente, die Gesamtheit jener Vorgänge zu charakterisieren, die die Traumarbeit konstituieren). Die Verdrängung ist es, die den Trieb vom Bewußtsein abspaltet; aber er spaltet deshalb noch keineswegs den Trieb von seiner psychischen Repräsentanz ab; er kann es nicht tun, da der Trieb selbst Repräsentant des Organischen ist. Aus eben diesem Grunde ist das Freudsche Unbewußte ein *psychisches* Unbewußtes; es besteht aus *psychischen* Repräsentanten (wobei dieser Ausdruck nicht nur die »Vorstellung« umfaßt – das, was die TRAUMDEUTUNG die »Gedanken« des Traums nennt –, sondern auch die Affekte, die späterhin eine erhebliche Schwierigkeit aufwerfen werden).

DES LUSTPRINZIPS (1920) sowie den Artikel der *Encyklopaedia Britannica* (1926). Ich stimme mit dem Autor darin überein, diese Zweideutigkeit für nebensächlich zu halten. Wesentlich ist, daß wir den Trieb nur an seiner psychischen Repräsentanz zu erkennen vermögen. Eben dies bestimmt seinen psychologischen *Gehalt*. Was die Auflösung dieser Zweideutigkeit selbst betrifft, so muß man sie zweifellos im Begriff der Urverdrängung suchen, welche die allererste »Fixierung« der psychischen Repräsentanz an den Trieb mit sich bringt. Wir werden diesen Punkt sogleich erörtern (Fn. 57).

Aber die Verdrängung hindert uns andererseits auch daran, den primären psychischen Ausdruck des Triebes direkt zu erfassen: daher können wir ihn lediglich postulieren. Die »Entfernung« der bekannten und wiedererkannten Ausdrücke des Triebs ist, im Vergleich zu seinem ersten Ausdruck, stets größer, als man meint; das sagt Freud, wenn er die eigentliche Verdrängung bereits eine zweite Stufe der Verdrängung in bezug auf die Urverdrängung nennt, die »darin besteht, daß der psychischen (Vorstellungs-)Repräsentanz des Triebes die Übernahme ins Bewußtsein versagt wird«.[57] Deshalb

---

[57] GW X, 250. Jede systematische Untersuchung des Freudschen Begriffs der Verdrängung muß heute die Arbeit von Peter Madison berücksichtigen, *Freud's concept of repression and defense, its theoretical and observational language*, Minnesota U. P. 1961. Der Autor wendet auf ihn die erkenntnistheoretischen Gedanken der Carnapschen Schule an und versucht, den Freudschen Begriff dadurch zu erhellen, daß er die beiden Ebenen der »beobachtenden Sprache« und der »theoretischen Sprache« unterscheidet. Zur ersten gehören die beobachtbaren Manifestationen des Spiels zwischen Trieb und Gegenbesetzung, zur zweiten die nicht beobachtbaren Strukturen dieses Kräftespiels. Die Vielfalt der Manifestationen dieser hypothetischen Interaktion erklärt die offenbaren Schwankungen innerhalb des Freudschen Vokabulars: in der »Vorläufigen Mitteilung« von 1892 (STUDIEN ÜBER HYSTERIE, Kap. I), bezeichnet die Verdrängung das unbewußt motivierte, absichtliche Vergessen bei der Hysterie; während nun hysterische Amnesie und Verdrängung einander decken, wie Freud es später in dem wichtigen XI. Kapitel von HEMMUNG, SYMPTOM UND ANGST in Erinnerung bringt (1926), werden auch Abwehr und Verdrängung synonym gebraucht: »... Motiv der ›Abwehr‹, der Verdrängung von Vorstellungen aus dem Bewußtsein ...« (Vorwort zur 1. Aufl., GW I, 77). Zweite Komplikation: es gibt noch andere Abwehrmaßnahmen als die hysterische Amnesie; z. B. Konversion, Projektion, Substitution, Isolierung (die den BEMERKUNGEN ÜBER EINEN FALL VON ZWANGSNEUROSE, 1909, zufolge die Vorstellung zwar ins Bewußtsein läßt, jedoch ihrer Affektbesetzung beraubt). Dann verschwindet der Begriff der Abwehr aus der Freudschen Terminologie und macht bis zum Jahre 1926 dem der *Verdrängung* Platz; in dem Essay von 1915 heißt es von der Verdrängung ausdrücklich, »daß ihr Wesen nur in der Abweisung und Fernhaltung vom Bewußtsein besteht«. Der Begriff wird hier in seiner theoretischen Dimension gefaßt: er deckt verschiedene Mechanismen, derer sich die drei ins Auge gefaßten Neurosen bedienen; aber ihrerseits ist die Verdrängung nur *ein* Triebschicksal unter anderen. Die Abwehrfunktion scheint also die Gesamtheit jener Schicksale zu umfassen. Man kann somit von einer Substitution des Begriffs der Verdrängung durch den der Abwehr sprechen, wenngleich der letztere bis zum Jahre 1926 aus dem Freudschen Vokabular verschwunden war. Die Wiederaufnahme des Abwehrbegriffs in HEMMUNG, SYMPTOM UND ANGST zur Bezeichnung all jener Techniken, deren sich das Ich in seinen eventuell zur Neurose führenden Konflikten bedient, ist also nicht überraschend: neben dem durch die hysterische Verdrängung sehr gut illustrierten

Ausschluß aus dem Bewußtsein werden von neuem die »Isolierung« und die »Regression« auf eine früher Libidophase, eine bei der Zwangsneurose zu beobachtende Stufe, sowie eine magisch zu nennende Prozedur des »Ungeschehenmachens« evoziert; all dies sind Abwehrmaßnahmen im Sinne, daß sie das Ich gegen Triebansprüche schützen. Doch erst in dem Kapitel »Nachträge« wird der Begriff der Verdrängung dem der Abwehr nicht nur untergeordnet, sondern erneut auf die hysterische Amnesie beschränkt; im Hauptteil des Werkes werden die anderen Abwehrmaßnahmen zuweilen als Formen der Verdrängung behandelt. Madison meint, daß die Begriffe Abwehr und Verdrängung »unlösbar mit dem Bewußtsein verknüpft sind, so daß sie sich nicht aufgrund einer einfachen terminologischen Übereinkunft trennen lassen« (op. cit., S. 27). Die erste Aufgabe, die sich eine Erkenntnistheorie stellen kann, besteht darin, die Vielfalt der beobachtbaren Tatsachen, Zeugen des intrapsychischen, nicht-beobachtbaren Konflikts, zu ordnen und den Abwehrbegriff dem gemeinsamen Grundmotiv vorzubehalten: nämlich dem präventiven Schutz des Ichs gegen die Angst. Mit diesem Ordnen beschäftigt sich der erste Teil der Arbeit von Madison. Die Psychoanalyse hat es im wesentlichen mit *mißglückten* Abwehrmethoden zu tun; die anderen, so sagt Freud 1915, entziehen sich meist unserem Studium. Zu den *geglückten* Abwehrmethoden zählt er die »Zerstörung des Ödipuskomplexes« – die »mehr ist als eine Verdrängung«, in dem Sinne, daß die Triebregung selbst im Es zerstört wird –, die Urteilsverwerfung und vor allem die Sublimierung, deren Natur wir im Hinblick auf die Desexualisierung erörtern. In DAS UNBEHAGEN IN DER KULTUR behauptet Freud, daß die Triebe selbst durch Aufzehrung, Sublimierung oder Verdrängung modifiziert werden können; die Bildung von Charaktereigenschaften ist ein Beispiel der Triebaufzehrung. Was die mißglückten Abwehrmaßnahmen betrifft, so kann man sie in repressive und nicht-repressive unterteilen: die ersteren erreichen den Schutzeffekt dadurch, daß sie die auf die gefährliche Triebregung fixierten Vorstellungen verändern; die Amnesie ist nur eine Modalität neben der Konversion, der Verschiebung, der Projektion, der Reaktionsbildung, der Isolierung, dem Ungeschehenmachen, der Verneinung. Das Kriterium für den Grad der Verdrängung ist durch den Grad der »Entstellung« und der »Entfernung« der Abkömmlinge des Unbewußten gegeben, in den Träumen, den Symptomen und den verschiedenen Zeichen und Masken des verdrängten Triebes. Von nicht-repressiven Abwehrmechanismen können wir im Fall der Regression sprechen, die sich durch Triebersetzung (z. B. Rückkehr zu einem prägenitalen Interesse) und nicht durch Änderung der Vorstellung vollzieht. Es gibt jedoch Abwehrmechanismen, die sich dieser Alternative von repressiver und nicht-repressiver Abwehr nicht zu fügen scheinen: so die reinen Affekthemmungen, die Freud als Beispiele für vom Affekt gelöste Schicksale nennt: hier wird der Trieb daran gehindert, zur vollen affektiven Manifestation zu kommen. Freud spricht auch in diesem Fall noch von Verdrängung (1915), obwohl die Affekthemmung nicht durch Entstellung des Vorstellungsinhalts erreicht wurde. Und wie steht es schließlich mit dem Begriff des Widerstands? Welchen Stellenwert hat er in bezug auf den der Verdrängung? Man kann einigen Texten zufolge sagen, der Widerstand sei eine der Manifestationen der Verdrängung, nämlich diejenige, die sich der therapeutischen Arbeit als ein Hindernis entgegenstellt; diese Manifestation muß der Symptombildung gleichgestellt werden; der Kranke bedient sich ihrer als

Abwehr gegen die Heilung, in der das Ich eine neue Gefahr sieht. Doch auch der Widerstand umfaßt eine Vielfalt von Methoden, und nur diese sind direkt beobachtbar (Schweigen, Auslassung, Wiederholung etc.). Als hypothetische Kraft gehört der Widerstand zu den theoretischen Begriffen; in der analytischen Situation ist er das Gegenstück zur Gegenbesetzung; der Begriff der Gegenbesetzung aber dient ausdrücklich dazu, die Urverdrängung zu definieren (während sich die sekundäre Verdrängung überdies der Entziehung der *Vbw*-Besetzung bedient). Dank dieser begrifflichen Verkettung (Widerstand-Gegenbesetzung-Verdrängung) wirkt der Begriff des Widerstands auf mehreren Ebenen: in einem undifferenzierten Sinne ist er der Name der Verdrängung in der analytischen Situation; auf theoretischer Ebene wird die in dieser Situation eingesetzte Gegenkraft mit dem identifiziert, was die Theorie der Verdrängung Gegenbesetzung nennt; auf der Ebene der Beobachtung umfaßt er alle Methoden, mit denen sich der Patient der theoretischen Regel zu entziehen sucht; in dieser Hinsicht ist die mächtigste aller Formen des Widerstandes diejenige, welche sich der Übertragung als eines Hindernisses gegen die Analyse bedient. – Die Theorie der Verdrängung enthält also nicht nur ein sehr kompliziertes Netz beobachtbarer Tatsachen, sondern auch ein System gegensätzlicher Kräfte, die selbst nicht beobachtbar sind; dieses System hat sich in der Freudschen Lehre oft verändert, da es von der Theorie der sexuellen Organisationen und den verschiedenen Triebtheorien nicht zu trennen ist. Die abstrakteste Form erreichte die Theorie mit der Unterscheidung zwischen Urverdrängung und späterer (oder »eigentlicher«) Verdrängung. Die erstere stellt der zweiten eine Summe von verdrängten infantilen Erfahrungen zur Verfügung; durch sie besteht jede Verdrängung in einer wahren Affektverwandlung, kraft derer das, was Lust erzeugt hätte, jetzt Unlust erzeugt, z.B. in Form von Ekel. In Über einen autobiographisch beschriebenen Fall von Paranoia (1911), Abschn. III, ist die Theorie der primären Verdrängung am vollständigsten; der kurze Text von 1915 stellt nur ein Resümee von ihr dar; in diesem ersten Text ist die der primären Verdrängung eigentümliche Fixierung die Bedingung der sekundären Verdrängung, die sich in den doppelten Vorgang der Abstoßung der bewußten und der Anziehung der unbewußten Systeme scheidet. Die abstrakteste Form der Theorie wurde 1915 mit dem Begriff der Gegenbesetzung erreicht; zur Voraussetzung hat sie den kontinuierlichen Druck des Triebes und den Gegendruck, der selbst nur durch seine gegen den Trieb gerichtete Energie definiert wird. Dieses dem Anschein nach mechanistische System ist in Wahrheit ein *Motivations*system. Hierin liegt letztlich das gesamte Interesse einer Diskussion über die Beziehungen zwischen Verdrängung und Abwehr: das ganze System ist auf die Idee des Schutzes mehr gegen die innere (libidinöse oder moralische) Angst als gegen die äußere oder physische Angst ausgerichtet. Man begreift, daß die Angst, die lange Zeit für eine Folge der Verdrängung galt (1915 ist sie eines der vom Affekt gesonderten Schicksale, die Umsetzung in Angst), im Jahre 1926 eine antizipierende und signalisierende Funktion erhalten konnte; während die traumatische Angst in der ganz passiven Einschätzung der Ohnmacht des Ichs gegenüber einer Gefahr besteht, die seine Kräfte übersteigt (traumatische Situation), antizipiert die Signalangst diese traumatische Situation; sie wiederholt aktiv das Trauma in gemilderter Form, in der Hoffnung, seinen Ablauf leiten zu können. Demgegenüber ist das, was wir für den ursprünglichen Ausdruck des Triebes halten, bereits das Ergebnis einer *Fixierung*; die Beziehung zwischen Ausdruck und Trieb erscheint uns immer nur als eine instituierte, sedimentierte, »fixierte« Beziehung: man müßte hinter diese Urverdrängung zurückgehen können (deren klinische Realität wir hier nicht erörten, nur ihre erkenntnistheoretischen Implikationen), um zu einem unmittelbaren Ausdruck zu gelangen. Aber Freud hat meines Wissens niemals gesagt, unter welcher Bedingung man hinter die Urverdrängung zurückgehen könnte.

Die Urverdrängung bedeutet, daß wir uns immer schon im Mittelbaren befinden, im Schon-Ausgedrückten, Schon-Gesagten. Um so mehr verurteilt uns die eigentliche Verdrängung dazu, uns unter bloßen Ableitungen zu bewegen. »Die zweite Stufe der Verdrängung, die *eigentliche* Verdrängung, betrifft psychische Abkömmlinge der verdrängten Repräsentanz, oder solche Gedankenzüge, die, anderswoher stammend, in assoziative Beziehung zu ihr geraten sind.«[58] Das Unbewußte erscheint so als ein von den unbestimmten Verästelungen dieser »Abkömmlinge« gebildetes, weitverzweigtes Netz; dadurch wird es zum System und eignet es sich zu einer innersystematischen Erforschung, wie die Analytiker es nennen. Doch stets ist es ein System psychischer Äußerungen, und jede Analyse besteht in der Kunst, diese Abkömmlinge zu interpretieren in ihrem Verhältnis zu immer ursprünglicheren Triebäußerungen, je nach dem Grad ihrer »Entfernung« und »Entstellung«.[59] Die Beziehungen

---

erscheint die primäre Verdrängung mit dem verbunden zu sein, was jetzt traumatische Angst genannt wird; in JENSEITS DES LUSTPRINZIPS wurde bereits jede Durchbrechung des Reizschutzes traumatisch genannt; ehe das Ich über die antizipierende Angst verfügt, kann es sich nur des Dranges bedienen, den früheren Ruhezustand wiederherzustellen; die primäre Verdrängung, die nur die Nichtbefriedigung des infantilen Bedürfnisses zur Voraussetzung zu haben scheint, ist von nun an eindeutig von jeder Maßnahme zu unterscheiden, die auf die Bildung des Über-Ichs folgt und die Freud nunmehr als Auslösung einer »Signalangst« charakterisiert; diese funktioniert als antizipatorische Warnung, durch Erinnerung an eine frühere Gefahrensituation. Das ist die außergewöhnliche Verkettung von Tatsachen und Theorien, die die Freudschen Auffassungen von der Verdrängung kennzeichnen. – Wir werden in der *Dialektik,* Kap. I, S. 363, auf den zweiten Teil des Buches von Peter Madison und seinen Versuch, auf den Freudianismus die Regeln von Carnap anzuwenden, eingehen.
58 GW X, 250.
59 ibid. »Die Psychoanalyse kann uns noch anderes zeigen, was für das Verständnis der Wirkungen der Verdrängung bei den Psychoneurosen bedeutsam

der »Entfernung« und »Entstellung« der Abkömmlinge entsprechen damit seitens der analysierten Psyche den Beziehungen der »Übersetzung«, auf die wir zu Anfang verwiesen haben, seitens der Analyse selbst. Dank dieser Korrelation auf der Ebene der psychischen Äußerungen zwischen Verdrängungsarbeit und analytischer Arbeit kommt all das, was wir unter dem »[energetischen] Schicksal der Triebe« abhandeln konnten, als Schicksal ihrer psychischen Repräsentanten *zur Sprache.*

In diesem Begriff des psychischen Ausdrucks oder der psychischen Repräsentanz fallen also Ökonomik und Hermeneutik zusammen; der Abstand zwischen den beiden Reichen der psychoanalytischen Rede, der uns auf der Ebene der TRAUMDEUTUNG unüberwindlich vorkam, scheint in den metapsychologischen Schriften verschwunden zu sein.

Und dennoch sind wir noch nicht am Ende; alles wäre gut, wenn wir die psychischen Repräsentanten den Vorstellungen, d. h. den Ideen von etwas, einfach gleichstellen könnten. Die Vorstellungen aber sind nur eine Kategorie psychischer Äußerungen, und wir haben so getan, als wüßten wir nicht, daß es noch eine andere Kategorie gibt, nämlich die der *Affekte,* daß diese ein anderes Schicksal haben und daß dieses ihr Eigenschicksal für die Psychoanalyse vielleicht wichtiger ist als das der Vorstellung.

Befinden wir uns nicht wiederum auf offener See? Wird der Affekt nicht die Zuflucht einer von der exegetischen Deutung geschiedenen ökonomischen Erklärung sein? Ist der Affekt nicht das reine Quantitative? Kurz, fallen Interpretation und ökonomische Erklärung nur im Schicksal der Vorstellungen zusammen, d. h. im unwichtigsten Schicksal, um sich mit dem Schicksal der Affekte erneut voneinander zu lösen?

ist. Z. B. daß die Triebrepräsentanz sich ungestörter und reichhaltiger entwickelt, wenn sie durch die Verdrängung dem bewußten Einfluß entzogen ist. Sie wuchert dann sozusagen im Dunkeln und findet extreme Ausdrucksformen, welche, wenn sie dem Neurotiker übersetzt und vorgehalten werden, ihm nicht nur fremd erscheinen müssen, sondern ihn auch durch die Vorspiegelung einer außerordentlichen und gefährlichen Triebstärke schrecken. Diese täuschende Triebstärke ist das Ergebnis einer ungehemmten Entfaltung in der Phantasie und der Aufstauung infolge versagter Befriedigung. Daß dieser letztere Erfolg an die Verdrängung geknüpft ist, weist darauf hin, worin wir ihre eigentliche Bedeutung zu suchen haben.« GW X, 251.

Kehren wir zu den Texten zurück.[60]
Zunächst ist zu bemerken, daß Freud sehr darauf bedacht war, die Frage des Affekts auszuklammern und seine Theorie der unbewußten Inhalte auf der Grundlage der Äquivalenz zwischen Repräsentanz und Vorstellung zu erarbeiten; in dieser Hinsicht ist der Ausgangsschritt der beiden ins Auge gefaßten Texte parallel.[61] Erst ein zweiter Schritt führt all das wieder ein, was der erste aufgeschoben hatte. »In den bisherigen Erörterungen behandelten wir die Verdrängung einer Triebrepräsentanz und verstanden unter einer solchen eine Vorstellung oder Vorstellungsgruppe, welche vom Trieb her mit einem bestimmten Betrag von psychischer Energie (Libido, Interesse) besetzt ist.«[62] Dieser »Affektbetrag« aber bildet »ein anderes Element« der »psychischen Repräsentanz«[63], und es ist die Verdrängung, die uns, da sie ihm ein anderes Schicksal auferlegt, dazu nötigt, ihn selbst zum Thema zu machen. Dieses »andere Element« nennt Freud den »quantitativen Faktor der Triebrepräsentanz« oder »Affektbetrag der Repräsentanz« oder die »an der Vorstellung haftende Triebenergie«. Zuweilen sogar spricht er vom »quantitativen Anteil«, der dem »Vorstellungsanteil« gegenübersteht. Ist dieses zweite Moment nicht das rein energetische Moment? Verweist es uns nicht auf die Physik? Keineswegs: denn diese Quantität, selbst wenn sie sich von der Vorstellung abgelöst hat, ist nur an den Affekten zu erkennen und zu spüren, die gleichsam der »seiner [des Triebes] Quantität gemäße Ausdruck« sind. Diese Schicksale der Quantität sind Affektschicksale; Freud unterscheidet drei solche Schicksale: das völlige Verschwinden des Affekts (z. B. in »la belle indifférence« der Hysterischen, wie Charcot es nannte); den »qua-

---

60 Ende des Essays DIE VERDRÄNGUNG, GW X, 254 ff., und III. Kapitel von DAS UNBEWUSSTE, GW X, 275–279.
61 »Die klinische Beobachtung nötigt uns nun zu zerlegen, was wir bisher einheitlich aufgefaßt hatten, denn sie zeigt uns, daß etwas anderes, was den Trieb repräsentiert, neben der Vorstellung in Betracht kommt, und daß dieses andere ein Verdrängungsschicksal erfährt, welches von dem der Vorstellung ganz verschieden sein kann. Für dieses andere Element der psychischen Repräsentanz hat sich der Name *Affektbetrag* eingebürgert; es entspricht dem Triebe, insofern er sich von der Vorstellung abgelöst hat und einen seiner Quantität gemäßen Ausdruck in Vorgängen findet, welche als Affekte der Empfindung bemerkbar werden.« GW X, 255.
62 GW X, 254 f.
63 GW X, 255.

litativ gefärbten« Affekt und schließlich seine Verwandlung in »Angst«; nur die beiden letzteren verdienen es, »Umsetzung« der psychischen Triebenergien in Affekte genannt zu werden.

Da ist also wieder die Quantität, die uns seit dem ENTWURF so verwirrt! Wie recht hatten wir, als wir sagten, die Quantität gehöre nicht zum Maß, sondern zur Diagnose und Interpretation, da sie uns, abgesehen von den Vorstellungsschicksalen, nur in den Affektschicksalen zugänglich ist. Auch haben wir schon bemerkt, daß das Konstanzprinzip, in dem sich der Quantitätsbegriff konkretisiert, nichts andres bedeutet als die Lust-Unlustregulierung. Das vom Affekt losgelöste Schicksal aber legt den Sinn dieser Regulierung bloß; wenn die Verdrängung mit dem Affekt im Kampfe liegt, enthüllt sie seine wahre Bedeutung in bezug auf das Lust-Unlustprinzip. »Wir erinnern uns, daß Motiv und Absicht der Verdrängung nichts anderes als die Vermeidung von Unlust war. Daraus folgt, daß das Schicksal des Affektbetrags der [Trieb-]Repräsentanz bei weitem wichtiger ist als das der Vorstellung, und daß dies über die Beurteilung [den Erfolg oder das Mißlingen] des Verdrängungsvorganges entscheiden.«[64] Daher versucht Freud, die Theorie der Neurosen im Rahmen der doppelten Perspektive des Schicksals des »Vorstellungsanteils« und des »quantitativen Anteils« neu zu interpretieren; auf die Durchführung kommt es uns hier nicht an, es sei denn im Hinblick auf die ins Spiel gebrachte Konzeptualisierung: »Ersatzbildung«, »Symptome«, »Wiederkehr des Verdrängten« etc.

Die Studie DIE VERDRÄNGUNG berechtigt uns zweifellos zu der Behauptung, daß sich der »quantitative Anteil« nur an Affekten erkennen läßt; doch indem sie die beiden Schicksale, das der Vorstellung und das des Affekts, voneinander unterscheidet, läßt sie die Frage offen, ob die ökonomische Erklärung der Affekte überhaupt auf die Deutung der Vorstellungen reduzierbar sei oder, mit anderen Worten, ob sich die Deutung nicht auf die Vorstellung fixiert und die ökonomische Erklärung auf die Affekte. Wenn die »eigentliche Aufgabe der Verdrängung« sich auf die »Erledigung des Affektbetrages« bezieht, ist es dann nicht letztlich unmöglich, die Ökonomik der Verdrängung auf eine Interpretation des Sinns durch den Sinn zu reduzieren?

---

64 GW X, 256.

Das III. Kapitel des Essays Das Unbewusste scheint dahin zu tendieren, da es den ökonomischen Standpunkt ausdrücklich mit der Betrachtung der Affekte in Zusammenhang bringt[65]; der topische Gesichtspunkt dagegen wurde im II. Kapitel eingeführt, und zwar mittels der Identifizierung von psychischen Äußerungen und Vorstellungen. In einem rein topischen und noch nicht ökonomischen Sinne sagt Freud zu Beginn des III. Kapitels: »Ein Trieb kann nie Objekt des Bewußtseins werden, nur die Vorstellung, die ihn repräsentiert. Er kann aber auch im Unbewußten nicht anders als durch die Vorstellung repräsentiert sein.«[66] Das dreifache Schicksal der Affekte stellt ein spezifisch ökonomisches Problem, nämlich das der »Abfuhrvorgänge«[67]. In diesem Sinne muß man von »Zugang zum Affekt« sprechen, so wie wir von Zugang zur Motilität sprechen; in beiden Fällen handelt es sich um Abfuhr, und in beiden ist das Bewußtsein der Wächter. Das stimmt zwar, doch kann uns das vom Affekt losgelöste Schicksal nicht darüber hinwegtäuschen, daß der Affekt immer Affekt einer Vorstellung bleibt; eben deshalb war es möglich und notwendig, ihn zunächst auszuklammern. Die Sprache düpiert uns, wenn wir eine strenge Parallele zwischen Vorstellung und Affekt herzustellen glauben; so vergessen wir, wenn wir von unbewußten Gefühlen sprechen – von unbewußter Angst, unbewußtem Schuldgefühl –, daß das Gefühl *stricto sensu* empfunden wird, also bewußt ist: »Wir können nichts anderes meinen als eine Triebregung, deren Vorstellungsrepräsentanz unbewußt ist, denn etwas anderes kommt nicht in Betracht.«[68] Wir bezeichnen den Affekt immer durch die Vorstellung, *deren* Affekt er ist; doch da wir die Vorstellung mißdeuten und den Affekt selbst für den Ausdruck einer anderen Vorstellung als der seinen nehmen, sprechen wir in unangemessener Weise von unbewußten Affekten.

Aber, wird man sagen, diese Strenge des Vokabulars betrifft doch nur den deskriptiven Standpunkt; das Schicksal des quantitativen Faktors bleibt in systematischer Hinsicht ein gesondertes Schicksal: der Begriff des unbewußten Affekts drängt sich erneut auf, sobald

---

65 Man findet in diesem Kapitel eine ziemlich systematische Aufzählung der Affekte nach dem Grad ihrer Abfuhr; an einem Ende liegen die Triebregungen, am anderen die Empfindungen.
66 GW X, 275 f.
67 GW X, 277.
68 GW X, 276.

man die spezifischen Auswirkungen der Verdrängung auf den Affektbetrag und das dreifache Schicksal des letzteren berücksichtigt. Was aber ist ein gehemmter Affekt? Eine verdrängte Vorstellung bleibt »eine reale Bildung im System *Ubw*«[69]: was ein verdrängter Affekt ist, weiß man nicht recht anzugeben, es sei denn eine »Ansatzmöglichkeit«, die nicht zur Entfaltung kommen darf[70]. Wir kennen von diesen Abfuhrvorgängen nichts außer ihren psychischen Äußerungen, den Empfindungen. Allerhöchstens können wir einen bestimmten Weg ausmachen, eine gewisse Entwicklung ermessen, ausgehend von jenen affektiven Keimen, von denen wir nicht viel wissen, über die Triebregungen bis hin zum ausgeprägten Affekt; auf diesem Weg standen wir oben, als wir von der Macht des Bewußten über die Affektbefreiung sprachen, so wie wir von der Herrschaft des Bewußtseins über die Motilität sprachen. Aber auch dann dürfen wir nicht aus den Augen verlieren, daß ein reiner, ein direkt aus dem Unbewußten stammender Affekt – wie Angst ohne Objekt – ein Affekt in Erwartung einer Ersatzvorstellung ist, an die er sein Geschick knüpfen kann. Schließlich ist ein Affekt, der uns deskriptiv als ein losgelöster Affekt erscheint, ein Affekt auf der Suche nach einem neuen Vorstellungsträger, der ihm den Weg ins Bewußtsein bahnt.

Wir können also den Affekt und seinen quantitativen Faktor weder auf die Vorstellung zurückführen noch ihn als eine gesonderte Realität behandeln. Zumindest um diesen Unterschied dreht sich die Unterscheidung von Topik und Ökonomik. Das IV. Kapitel von DAS UNBEWUSSTE geht bis zur äußersten Grenze der Autonomiemöglichkeiten, welche die vorherige Theorie der Affekte in ökonomischer Hinsicht bot. Es geht sogar so weit, diesen Standpunkt als einen dritten Standpunkt vorzustellen, der sich zum dynamischen und topischen hinzugesellt; es ist bestrebt, »die Schicksale der Erregungsgrößen zu verfolgen und eine wenigstens relative Schätzung derselben zu gewinnen«.[71] Dies ist, sagt Freud, die Vollendung der psychoanalytischen Forschung: »Ich schlage vor, daß es eine *metapsychologische* Darstellung genannt werden soll, wenn es uns gelingt, einen psychischen Vorgang nach seinen *dynamischen, topischen* und *ökonomischen* Beziehungen zu beschreiben. Es ist vorherzusagen,

---

[69] GW X, 277.
[70] ibid.
[71] GW X, 280.

daß es uns bei dem gegenwärtigen Stand unserer Einsichten nur an vereinzelten Stellen gelingen wird.«[72]
Dieser »zaghafte Versuch« und diese »vereinzelten Stellen« bedeuten eine neue systematische Wiederaufnahme der Theorie der Neurosen auf der Linie des Aufsatzes DIE VERDRÄNGUNG; doch diesmal konstruiert Freud, anstatt das von der Vorstellung und vom Affekt getrennte Schicksal zu verfolgen, eine Art Typologie oder Kombinatorik, indem er die beiden Ordnungen des psychischen Ausdrucks auf verschiedene Weisen zusammensetzt. Ich will auf diesen Entwurf des klinischen Bildes der Neurosen nicht näher eingehen, hier sowenig wie anderswo; ich weise lediglich auf die Verschiebung der Sprache und der Begriffsbildung in diesem Kapitel hin. Diese Analyse tendiert wirklich zu einer reinen Ökonomik; es geht hier nur um Besetzung und Verschiebung, um Entziehung von Besetzung und Gegenbesetzung: »Also Entziehung der vorbewußten, Erhaltung der unbewußten Besetzung oder Ersatz der vorbewußten Besetzung durch eine unbewußte.«[73]
Daß Freud hier eine wirkliche Ersetzung der topischen Erklärung durch die ökonomische ins Auge faßt, davon gibt die Lösung, die er für die rein topische Annahme der zweifachen Niederschrift findet, ein sicheres Zeugnis; sie wird ersetzt durch die rein ökonomische Annahme einer Änderung des Besetzungszustandes; und er fügt hinzu: »Die funktionale Annahme hat hier die topische mit leichter Mühe aus dem Felde geschlagen.«[74] Dieser Reihe (Entziehung, Erhaltung, Ersatz der Besetzung) fügt Freud noch einen weiteren ökonomischen Mechanismus hinzu, den der Gegenbesetzung, von dem er sagt, er sei der alleinige Mechanismus der Urverdrängung, durch den sich das System Vbw gegen das Andrängen der unbewußten Vorstellung schützt. Etwas später fügt er noch den Mechanismus der Überbesetzung hinzu.
Die Theorie des Unbewußten scheint also in eine reine Ökonomik umgeschlagen zu sein; es ist nicht mehr das Schicksal der Vorstellung in einer Geschichte des Sinns, die das Spiel bestimmt; die Vorstellung scheint nur noch die Ankerstelle der wirklichen Vorgänge zu sein, die ökonomischer Art sind und die Freud gewissermaßen in dem von der Besetzung regulierten Spiel schematisiert.

72 GW X, 281.
73 GW X, 279.
74 ibid.

Muß man nicht noch weiter gehen und sagen, daß das Freudsche Unbewußte letztlich mehr von der Energetik denn vom Signifikanten geprägt ist? Das V. Kapitel (»Die besonderen Eigenschaften des Systems *Ubw*«), auf das wir bereits angespielt haben, in das wir jedoch noch nicht wirklich eingedrungen sind, charakterisiert dieses System *Ubw* weit mehr in Termini der Affektabfuhr als in solchen der Vorstellung: »Der Kern des *Ubw* besteht aus Triebrepräsentanzen, die ihre Besetzung abführen wollen, also aus Wunschregungen.«[75]

Aus diesem Grunde tragen alle Merkmale des Unbewußten, die wir bereits aufgezählt haben, den Stempel des Nicht-Signifikanten[76]: Wenn es in diesem System »keine Negation, keinen Zweifel, keine Grade von Sicherheit« gibt, so deshalb, weil die Triebe ohne signifikantes Verhältnis koexistieren: »Im *Ubw* gibt es nur mehr oder weniger stark besetzte Inhalte.« Daß der Primärvorgang vorherrscht, rührt daher, daß die Besetzungen hier beweglicher sind, die Verschiebungen und Verdichtungen leichter.

Und zeitlos ist das Unbewußte deshalb, weil es überhaupt keine Beziehung zur Zeit hat: wir befinden uns jenseits einer Transzendentalen Ästhetik. »Auch die Zeitbeziehung ist an die Arbeit des *Bw*-Systems geknüpft.«

Schließlich bedeutet die Herrschaft des Lustprinzips, daß das Schicksal der unbewußten Vorgänge nur davon abhängt, »wie stark sie sind, und ob sie die Anforderungen der Lust-Unlustregulierung erfüllen«.

Was das Bewußtwerden betrifft, so ist auch dieses ökonomisch zu definieren, wenn wir bedenken, daß es »kein bloßer Wahrnehmungsakt (sei), sondern wahrscheinlich auch eine *Überbesetzung*, ein weiterer Fortschritt der psychischen Organisation«.[77]

Alle diese Charakteristika der Systeme bringen uns in unmittelbare Nähe des ENTWURFS, nämlich zu den beiden Zuständen der Besetzungsenergie: tonisch gebundener Zustand und mobiler Zustand. Daß die kritische Grenze jetzt zwischen dem Unbewußten und dem Vorbewußten gezogen wird (und nicht mehr zwischen dem Vorbewußten und dem Bewußten), ist die letzte Bestätigung dieses Triumphes des ökonomischen Standpunkts über den topischen.[78]

---

75 GW X, 285.
76 GW X, 286.
77 GW X, 292.
78 GW X, 291.

Wir wollen hier abbrechen und die Schwierigkeiten zusammenfassen; die durchlaufene Strecke bestand in einer allmählichen Umkehrung der Prioritäten. Zu Beginn haben wir das Problem der psychischen Triebrepräsentanz gestellt; wir haben den Affekt ausgeklammert und sind vom Primat der Vorstellung in der topischen Konstitution ausgegangen; dann haben wir die Klammer des Affekts aufgehoben und versucht, den Affektbetrag der Vorstellung unterzuordnen; wir haben das eigene Schicksal dieses quantitativen Faktors betrachtet, und diese Betrachtung führte uns dazu, dem topischen Standpunkt den ökonomischen hinzuzufügen und dem Spiel der Besetzungen das Primat über die Bedeutung zuzuerkennen.
Ich glaube der Freudschen Systematik gerecht zu werden, wenn ich zwei Schlußfolgerungen aus dieser Diskussion ziehe:
1. Der irreduzible Charakter des Affekts in ökonomischer Hinsicht – d. h. hinsichtlich des Spiels der Besetzungen – bringt eine Situation zum Ausdruck, deren Züge sich allmählich präzisieren, wenn wir die gegenwärtige Schlußfolgerung mit der unserer Kapitel über den ENTWURF und über die TRAUMDEUTUNG vergleichen: die Sprache der Kraft ist von der Sprache des Sinns niemals zu besiegen. Am Ende des letzten Kapitels sagten wir nichts anderes, als wir behaupteten, die Topik und ihre naturalistische Naivität seien dem Wesen des Wunsches gemäß, insofern er »unzerstörbar«, »unsterblich«, d. h. der Sprache und Kultur immer vorgängig sei.[79]
2. Es ist nicht möglich, diese reine Ökonomik am Rande des Darstellbaren und Sagbaren zu *realisieren*; wir können das Unnennbare des Wunsches nicht hypostasieren, wollen wir nicht in eine »Psychologie« zurückfallen. Eben dies aber verbietet uns die Theorie der *Repräsentanz*. Gewiß kann sie nicht eine bloße Theorie der *Vorstellung* sein, da der Affekt den Trieb *repräsentiert* und der Trieb selbst den Körper »in der Seele« *repräsentiert*. So kann auch keine Ökonomik jene Konstitution des Affekts vergessen machen, nämlich daß er Träger der Vorstellung ist; auch die Loslösung vom Affekt ist noch ein Aspekt jener intentionalen Beziehung, die zwar

---

[79] Wir werden in der *Dialektik*, Kap. II, auf diese Situation des Wunsches zurückkommen; was sich im Affekt repräsentiert und nicht in die Vorstellung eingeht, ist der Wunsch als Wunsch; die Psychoanalyse ist die Grenzerkenntnis dieses Unnennbaren an der Wurzel des Sagens; hier werden wir die letzte Begründung für den »ökonomischen Standpunkt« im Rahmen einer Reflexionsphilosophie suchen.

unendlich weit gelockert, doch niemals annulliert werden kann; daher sucht sich der Affekt einen anderen Vorstellungsträger, um den Zugang zum Bewußtsein zu erzwingen.

Freud hat die Sinndeutung so wenig auf die Ökonomik der Kraft reduziert, daß sein Essay Das Unbewusste nicht ohne eine signifikante zirkuläre Bewegung schließt, die uns zum Ausgangspunkt zurückführt, d. h. zur Entschlüsselung des Unbewußten anhand seiner »Abkömmlinge«. Bei dieser Rückkehr zum Ausgangspunkt sollte man der Argumentationsstruktur halber verweilen. Die Topik hatte die Systeme getrennt, und die Ökonomik hatte diese Trennung in einer Theorie der jedem System eigenen Gesetze vollendet (Beziehung innerhalb der Systeme); doch die Ökonomik fordert, daß man zur Betrachtung der Beziehungen zwischen den Systemen schreitet; daher endet Das Unbewusste nicht mit den »Besonderheiten des Systems *Ubw*«, sondern mit dem »Verkehr der beiden Systeme«[80]. Erst dann wird das Unbewußte wirklich »agnosziert«[81]. Der Verkehr *zwischen* den Systemen kann aber nur anhand der signifikanten Architektur der Abkömmlinge entschlüsselt werden: »Man muß zusammenfassend sagen, das *Ubw* setzt sich in die sogenannten Abkömmlinge fort...«[82] Freud verweilt insbesondere bei solchen Abkömmlingen, die sowohl die hohe Organisation des bewußten Systems wie die Merkmale des Unbewußten aufweisen. Diese Art von »Mischlingen« kennen wir gut; dazu gehören die Phantasiebildungen der Normalen wie der Neurotiker; dazu gehören auch die Ersatzbildungen. Dieser zusammengesetzte Charakter der Phantasiebildungen bezeugt, daß das Unbewußte immer anhand dessen entziffert, diagnostiziert werden muß, was wir am Ende der vorherigen Analyse das »Symptom Bewußtsein« nannten. Mehr noch, die zwischen den beiden Systemen vermittelnden »Abkömmlinge« bahnen uns nicht nur den Weg zum Unbewußten, sondern ermöglichen es auch, es zu *beeinflussen*, was das Wesen der psychoanalytischen Kur ausmacht.[83]

Was bedeutet diese zirkuläre Bewegung der Argumentation?

Sie wäre unverständlich, wenn der ökonomische Standpunkt sich völlig von der Interpretation des Sinns durch den Sinn emanzipie-

---

80 Kap. VI.
81 »Die Agnoszierung des Unbewußten«, Kap. VII.
82 GW X, 289.
83 GW X, 293.

ren sollte. Die Psychoanalyse stellt uns niemals vor nackte Kräfte, sondern immer vor Kräfte auf der Suche nach einem Sinn; diese Bindung der Kraft an den Sinn macht den Trieb selbst zu einer psychischen Realität oder genauer zum Grenzbegriff zwischen Organischem und Psychischem. Man kann also das Band zwischen Hermeneutik und Ökonomik so weit dehnen wie irgend möglich – und die Theorie des Affekts bezeichnet den äußersten Punkt dieser Ausdehnung in der Freudschen Metapsychologie –, nie wird dieses Band zerrissen werden können, ohne daß die Ökonomik selbst aufhörte, zu einer *Psycho*analyse zu gehören.

Zweiter Teil
Interpretation der Kultur

Der erste Teil unserer *Analytik* war einer Epistemologie der Psychoanalyse gewidmet, d. h. einer Untersuchung der »Aussagen« der Psychoanalyse und ihrer Situation innerhalb der Rede. Der zweite Teil wird der Interpretation der Kultur gewidmet sein.

In der *Problematik* hatten wir uns über ihre Bedeutung in bezug auf eine Phänomenologie der Religion und des Heiligen im allgemeinen geäußert und sie neben Marx und Nietzsche gestellt, zu den Formen der Destruktion des Heiligen und den Entmystifizierungsbestrebungen. Diesen Platz wollen wir nun auf der Grundlage unserer *Analytik* begründen; wir werden also in die große Antinomie der Hermeneutik eindringen – die Antinomie von Setzung und Tilgung –, wobei wir uns vorbehalten, das Problem in der *Dialektik* erneut zu behandeln.

Die uns in diesem zweiten Teil mögliche Analyse des Kulturphänomens zeigt einen dreifachen Charakter:

1. Die Exegese der Kultur ist zunächst einfach eine »Anwendung« der Psychoanalyse und eine Analogie der Deutung von Träumen und Neurosen. Mit diesem ersten Merkmal charakterisieren wir die Gültigkeit und zugleich die Gültigkeitsgrenzen der psychoanalytischen Kulturdeutung. Diese Gültigkeit und ihre Grenzen sind keineswegs auf seiten des Objekts, d. h. der Thematik zu suchen, sondern auf seiten des Standpunkts bzw. der operativen Begriffe. Der Anwendungsbereich der Psychoanalyse kennt keine Grenzen; in diesem Sinne ist er unbeschränkt; doch der Blickwinkel ist durch den topisch-ökonomischen Standpunkt festgelegt, der ihm seine volle Berechtigung verleiht. In diesem Sinne bestehen Grenzen, und diese Grenzen hängen, wie anderswo, von der Gültigkeit des Standpunkts ab. Alles, was sich in der Psychoanalyse über Kunst, Moral, Religion sagen läßt, ist doppelt determiniert: zuerst durch das topisch-ökonomische Modell, welches die Freudsche »Metapsychologie« konstituiert, sodann durch das Beispiel des Traums, der das erste Glied einer Reihe von Analoga liefert, einer Reihe vom Traumhaften zum Sublimen, die ins Unendliche ausgedehnt werden kann.

Verweilen wir bei dieser doppelten Beschränkung: Beschränkung durch das Modell, Beschränkung durch das Beispiel. Die erste bedeutet, daß man von der Psychoanalyse nicht verlangen darf, was zu geben sie sich untersagt, nämlich eine Problematik des Ursprünglichen. Alles, was in der Analyse »primär« ist – Primärvorgang, primäre Verdrängung, primärer Narzißmus und später primärer Masochismus –, ist es nicht in einem transzendentalen Sinn: es geht nicht um das, was rechtfertigt oder begründet, sondern um das, was der Entstellung, der Verkleidung vorausgeht. So bringt der Primärvorgang die halluzinatorische Wunscherfüllung zum Ausdruck, die jeder anderen Phantasiebildung vorausgeht; die Urverdrängung entscheidet über die allerersten Fixierungen einer Vorstellung an einen Trieb; der primäre Narzißmus bezeichnet, hinter allen Objektbesetzungen, das Reservoir, aus dem jeder Trieb hervorgeht. Doch niemals ist dieses Erste für die Analyse auch ein Erstes für die Reflexion; das Primäre ist nicht Begründung. Daher darf man von der Psychoanalyse nicht verlangen, daß sie Fragen des *radikalen* Ursprungs löse, weder im Bereich des Realen noch dem des Wertes. Es versteht sich, daß Ideale und Illusionen immer nur als Triebschicksale betrachtet werden, als mehr oder weniger »entfernte«, mehr oder weniger »entstellte« Abkömmlinge psychischer Triebäußerungen; ästhetische Schöpfung und ästhetisches Vergnügen, Ideale des moralischen Lebens wie Illusionen der religiösen Sphäre treten nur als Elemente der ökonomischen Triebbilanz in Erscheinung, als Lust-Unlustkosten; man kann von ihnen nur in Termini der Besetzung, Entziehung der Besetzung, Überbesetzung, Gegenbesetzung sprechen, je nach der oben skizzierten ökonomischen Kombinatorik (S. 157). In diesem Sinne ist die analytische Kulturtheorie eine »angewandte Psychoanalyse«.

Zur gleichen Zeit, wie sie das in den metapsychologischen Schriften erarbeitete Begriffsmodell »anwendet«, verallgemeinert diese Exegese der Kultur das erste Beispiel des Traums; vielleicht sollte man besser sagen, sie verallgemeinere das Gegensatzpaar Traum-Neurose, so wie es die Vorlesungen zur Einführung in die Psychoanalyse auf meisterhafte Weise an die Spitze aller Anwendungen der Psychoanalyse gestellt haben. Was aber der Traum der angewandten Psychoanalyse vorgibt, ist jene Struktur, welche die Traumdeutung unter dem Titel »Wunscherfüllung« unerbittlich verteidigt hat. Um dieser Erfüllung und ihrer dreifachen Regression Rechnung zu tragen, wurde, wie erinnerlich, seit der Zeit des ENTWURFS die Topik erarbeitet. Damit bietet die Psychoanalyse der Kulturinterpretation ein Untermodell: das der »Wunscherfüllung«. Die psychoanalytische Kulturdeutung verallgemeinert dieses Muster aller kulturellen Vorstellungen; in diesem zweiten Sinne ist sie begrenzt; sie kennt die Kulturerscheinungen nur in dem Maße, wie sie sich als Analoga der vom Traum veranschaulichten »Wunscherfüllung« betrachten lassen. Die beste Art und Weise, den Freudschen Schriften über Kunst, Moral und Religion gerecht zu werden, ist, sie als Versuche »angewandter« Psychoanalyse und als rein »analogische« Deutung anzusehen; wir werden nicht – zumindest noch nicht – mit einer totalen Erklärung konfrontiert, sondern mit einer fragmentarischen, wiewohl bis in die Einseitigkeit ihres Angriffs hinein außergewöhnlich intensiven Erklärung.

Dies ist, wie mir scheint, die doppelte innere Beschränkung dieser – wenn auch äußerlich unbegrenzten – Interpretation der Kulturphänomene.

2. Doch hat man noch nicht das Wesentliche gesagt, solange man diese Exegese der Kultur nur als angewandte Psychoanalyse und als analogische Deutung charakterisiert. Bei aufmerksamer Lektüre zeigt sich, daß diese Anwendung und diese Umsetzung, gleichsam rückwirkend, das Modell selbst verwandelt haben, das formale Modell der Ökonomik und das materiale Modell des Traums. Eben deshalb können wir diesen zweiten Teil als einen neuen Tiefenschnitt, eine neue Lektüre betrachten, im Laufe derer die Psychoanalyse, über den ursprünglichen Bereich des Traums und der Neurose hinausgreifend, ihren eigentlichen Sinn entdecken und sich ihrem anfänglichen philosophischen Horizont nähern wird. (vgl. oben, S. 98 f.).

Der wesentliche kritische Punkt ist der Übergang zur zweiten Topik: Ich, Es, Über-Ich. Dieser Übergang stellt besondere Schwierigkeiten, denn die neue Triade hebt die erste nicht auf. Man kann auch nicht sagen, sie geselle sich ihr hinzu, zumindest nicht im gleichen Begriffsrahmen. Die Erwägung von *Rollen* oder Institutionen, durch die sie sich von der ersten Topik unterscheidet, leitet sich nicht als bloße Korrektur von der Theorie der drei *Systeme* her (Unbewußtes, Vorbewußtes, Bewußtes). Sie ist ganz anderer Art. Aus diesem Grunde haben wir jene zweite Topik nicht unter dem Titel der psychoanalytischen Erkenntnistheorie erscheinen lassen, die man, wo nicht für vollendet, so doch für hinreichend durch die erste Topik motiviert erachten kann; wir haben es vorgezogen, sie mit der Kulturinterpretation zu verbinden, um einerseits zu betonen, daß die Kulturinterpretation weit mehr ist als ein Nebenprodukt der Psychoanalyse, da sie mit der Konzeption der zweiten Topik zusammengeht, und andererseits, daß die zweite Topik etwas anderes ist als eine Umarbeitung der ersten, da sie von einer Konfrontation der Libido mit der nicht-libidinösen Größe ausgeht, die sich als Kultur manifestiert. Die erste Topik blieb an eine Ökonomik des Triebs als des einzigen Grundbegriffs gebunden; nur in bezug auf die Libido gliederte sich die Topik in drei Systeme. Die zweite Topik ist eine Ökonomik neuer Art: die Libido ist etwas anderes als sich selbst ausgesetzt, nämlich einer *Forderung* auf Verzicht, die eine neue ökonomische Situation schafft; daher bringt sie nicht mehr eine Reihe von Systemen für eine solipsistische Libido, sondern Rollen – persönliche, unpersönliche, überpersönliche – ins Spiel, solche einer Libido in der Kultursituation. Um diesen Zusammenhang der zweiten Topik mit der Exegese der Kultur zu verdeutlichen, werden wir sie am Ende dieses zweiten Teils vorführen. Man könnte sagen, daß die Kulturtheorie, als »Anwendung« der Psychoanalyse, von der ersten Topik ausgeht, doch daß sie, rückwirkend, eine neue Topik ins Leben ruft, die ihre Vollendung ist; der Essay DAS ICH UND DAS ES ist der gewichtige Zeuge dieser Erweiterung der Psychoanalyse.

3. Indes ist man der Kulturdeutung noch immer nicht voll gerecht geworden, wenn man sie mit der zweiten Topik verbindet; erst eine noch radikalere Umgestaltung der Triebtheorie ermöglicht es, von einer fragmentarischen, lateralen und bloß analogischen Sicht der Kulturphänomene zu einer systematischen Kulturanschauung zu gelangen. Mit dem Todestrieb und der Neuinterpretation der Libido als Eros, gegenüber dem Tod, wird das Problem der Kultur als einheitliches Problem tatsächlich erarbeitet sein. Nicht in DAS ICH UND DAS ES ist dann die letzte Deutung zu suchen, sondern in JENSEITS DES LUSTPRINZIPS. Zwischen Eros und Tod wird die Kultur den größten Schauplatz des »Streits der Giganten« darstellen.

Gleichzeitig aber werden wir den Punkt erreicht haben, an dem die Psychoanalyse von der Wissenschaft zur Philosophie, vielleicht sogar zur Mythologie umschwenkt. Der zweite Teil unserer *Analytik* wird diesseits dieses Punktes bleiben, auf halbem Wege zwischen den noch beruhigenden Hügeln der »angewandten Psychoanalyse« und den Gipfeln – oder Abgründen – einer neuen Dramaturgie, deren »Personen« alle mythische sind: Eros, Thanatos und Ananke. Diese mythisch-philosophische Dramaturgie wird den Gegenstand des dritten Teils der *Analytik* bilden.

Kapitel I
Die Analogie des Traums

1. Der Vorrang des Traums

Der Vorrang des Traums in der Reihe der kulturellen Analoga ist nicht zufällig. Zwischen dem Stil der Deutung und ihrer ersten Veranschaulichung besteht ein Verhältnis der Konvenienz, an das man erinnern muß, bevor man sich über den paradigmatischen Charakter der Traumdeutung wundert. Was den Traum zu einem Modell macht, läßt sich wie folgt zusammenfassen.

1. Der Traum hat einen Sinn: es gibt Traum*gedanken,* und diese Gedanken unterscheiden sich nicht grundsätzlich von denen des Wachens. Alles, was den Traum in den gleichen Strom wie das übrige Seelenleben einmünden läßt, macht ihn der Umsetzung in kulturelle Analoga fähig.

2. Der Traum ist die verkleidete Erfüllung eines verdrängten Wunsches; diese zweite These richtet sich auf einen präzisen Interpretationstypus, die Hermeneutik der Entzifferung. Weil sich im Traum der Wunsch verbirgt, muß die Interpretation das Dunkel des Wunsches durch das Licht des Sinns ersetzen. Die Interpretation ist die hellsichtige Antwort auf seine List. Wir befinden uns hier an der Quelle jeder Theorie einer als Illusionsabbau begriffenen Interpretation.

3. Die Verkleidung ist die Folge einer Arbeit, der »Traumarbeit«, deren Mechanismen weit komplexer sind, als eine Verallgemeinerung der skripturalen Exegese oder sogar eine Vertiefung der »Genealogie der Moral« nach Nietzsche es ahnen lassen könnten; Verschiebung, Verdichtung, sinnliche Darstellung, sekundäre Verarbeitung – diese sehr präzisen Vorgänge bahnen ungeahnten strukturalen Analogien den Weg. Daß nämlich die Traumdeutung einer jeglichen Deutung als Paradigma dienen kann, rührt daher, daß der Traum selbst das Paradigma aller Listen des Wunsches ist.

4. Der durch den Traum dargestellte Wunsch ist notwendig ein infantiler. Der Traum deutet auf die Regression des psychischen Apparats, im dreifachen formalen Sinn: Rückkehr zum Bild, zeitlich; Rückkehr zur Kindheit, topisch; Rückkehr zum »Kurzschluß« von

Wunsch und Lust, je nach dem – »Primärvorgang« genannten – Typus der halluzinatorischen Erfüllung. Somit verschafft der Traum uns Zugang zu einem allgemeinen Phänomen, das nie aufhören wird, uns zu beschäftigen: dem Phänomen der Regression; er erlaubt uns auch, seine dreifache Gliederung zu fassen. Von nun an können wir die analogische Deutung nicht nur als Entschlüsselung, als Kampf gegen die Masken charakterisieren, sondern auch als Offenbarung von Archaismen jeglicher Art; welche wichtigen Konsequenzen sich daraus für die Ethik ergeben, werden wir später sehen.

5. Schließlich gestattet uns der Traum, das zu erarbeiten, was man die Sprache des Wunsches nennen könnte, d. h. eine Architektonik der symbolischen Funktion in dem, worin sie typisch, universal ist. Wie man weiß, ist die Sexualität dasjenige, was diese Symbolik grundlegend nährt; sie ist das Symbolisierbare *par excellence*; in ihr gipfelt die »Darstellbarkeit«. Das, worauf der Traum als auf eine sedimentierte, abgenutzte Sprache, ein »Symbol« im präzisen und sogar engen Sinn, den Freud diesem Wort gibt, trifft, ist gleichsam, in der Psyche des Individuums, die Spur des großen Tagtraums der Völker, der Folklore und Mythologie heißt.

Dennoch darf man sich diese Verallgemeinerung des Traummodells nicht als eine monotone Wiederholung vorstellen. Seine Ausdehnung auf das *wache* Leben ist gleichzeitig auch ein Problem. Jedes der Merkmale, an die wir erinnerten, muß aus der *nächtlichen* Partikularität des Traums befreit werden, damit der Traum, wenn ich so sagen darf, das Traumhafte im allgemeinen werden kann.

1. Damit sich der Traum einer allgemeinen Theorie des Sinns erschließen kann, muß sich der Ausdruck des Instinktlebens in der narzißtischen Form, die ihm der Schlaf verleiht, mit dem Ausdruck der Welt verbinden, der das wache Leben charakterisiert.

2. Wenn die Wunscherfüllung des Traums einen exemplarischen Wert haben soll, muß der zufällige Charakter des Schlafs, des Wunsches zu schlafen, der in der Tat der nicht umsetzbare Kern des Traums zu sein scheint, bei seiner Umsetzung ins Wache überwunden werden. Muß man auch den »Schlaf« verallgemeinern – als Metapher eines dem Gesetz des Tages innewohnenden Nokturnen?

3. Noch mehr haben die Vorgänge, mittels derer die Traumarbeit die Sinnentstellung erwirkt, etwas Besonderes, Befremdendes, das Freud in der TRAUMDEUTUNG hervorhob und den wachen Gedanken

entgegensetzte.[1] Eine der Aufgaben der Kulturtheorie wird also darin bestehen, aus der Traumarbeit eine Gesamtheit von Strukturen herauszuschälen, Strukturen, die sich auf die allgemeine Funktion der »Zensurtäuschung« beziehen; diese Beziehung der Struktur auf die Funktion kann durch den Witz, durch Märchen, Legenden und Mythen aufgefunden werden. Doch dann gilt es, den Begriff der Regression über die elementare Vorstellung hinaus auszudehnen, welche ihr die TRAUMDEUTUNG noch gab; die topische Regression auf die *Wahrnehmung* scheint für das *Phantastische* in seiner Gesamtheit nicht charakteristisch zu sein; in dieser Hinsicht ist die Kulturinterpretation von Anfang bis Ende ein Kampf mit dem Thema der »Urszene«, die Freud immer wieder als eine reale Erinnerung zu erklären suchte, auch dann noch, als er auf ihren ersten Ausdruck in der vermeintlichen Verführungsszene des Kindes durch den Erwachsenen verzichtet hatte. Es scheint wenig wahrscheinlich, daß sich eine topisch-ökonomische Theorie der Kulturerscheinungen nach dem Modell des Primärvorganges und der »halluzinatorischen Besetzung der Wahrnehmungssysteme« errichten läßt.

4. Dieselbe Schwierigkeit, nur in anderen Termini, wirft das Thema des Infantilismus der Träume auf. Der zeitliche Aspekt der Regression tritt hier in den Vordergrund. Wie lassen sich »progressive« Themen in eine Interpretation einführen, die in erster Linie den »regredienten« Schritt des psychischen Apparats im Auge hat? Wie man sehen wird, weigert sich Freud, so weit es irgend geht, Progression und Regression einander gegenüberzustellen, um die Allgemeingültigkeit des Traummodells aufrechterhalten zu können; das Ziel seiner Theorie des Über-Ichs ist es, zu statuieren, daß die Phantasiebildungen des Menschen von Grund aus eine Wiederherstellung der aufgegebenen Libidopositionen, eine rückwärtsgerichtete Bewegung sind. Hier wurzelt ein gewisser Kulturpessimismus von Freud, den die Entdeckung des Todestriebs noch verstärken wird.

5. Die Kulturtheorie ermöglicht es, das Problem der Symbolisierung erneut aufzugreifen, das die TRAUMDEUTUNG als der eigentlichen Traumarbeit äußerlich erklärte. Wenn Freud in diesem Werk auf die Interpretation der Mythen zurückgriff, so eben deshalb, um der Interpretation der Symbole zu Hilfe zu kommen, die sich der Methode des freien Assoziierens widersetzten. Eine genetische Me-

---

1 vgl. oben, S. 103 und Fn. 4 sowie S. 123.

thode auf der Ebene der Kulturgeschichte muß hier die Entschlüsselungsmethode auf der Ebene der individuellen Psyche ablösen.² Erst in einer Kulturinterpretation läßt sich die Verschränkung des genetischen Standpunkts, der seit der Unterscheidung zwischen Primär- und Sekundärvorgang beschworen wurde, mit dem topisch-ökonomischen Standpunkt erkennen.

Aus all diesen Gründen ist die Interpretation der Kultur der große Umweg, der das Traummodell in seiner universalen Bedeutung offenbart. Es erweist sich, daß der Traum wirklich etwas anderes ist als eine Merkwürdigkeit des nächtlichen Lebens oder ein Mittel, um zu den Konflikten der Neurose vorzustoßen. Er ist das *königliche Tor der Psychoanalyse*.³ Er besitzt diese Modellfunktion, weil sich in ihm alles Nokturne des Menschen offenbart, das Nokturne des Tages, wenn ich so sagen darf, wie das des Schlafs. Der Mensch ist jenes Wesen, das seine Wünsche zu realisieren vermag mittels der Verkleidung, der Regression und der stereotypierten Symbolisierung. Im und durch den Menschen schreitet der Wunsch maskiert einher. Die Psychoanalyse gilt in dem Maße, in dem Kunst, Moral und Religion analoge Gestalten, Varianten der Traummaske sind. Die gesamte Dramatik des Traums sieht sich damit zu den Dimensionen einer universalen Poetik verallgemeinert.

Wenn die Methode der TRAUMDEUTUNG niemals verleugnet, höchstens erweitert und vertieft wurde, so rührt das daher, daß sich das Thema der »Verkleidung« selbst, das zentrale Thema der TRAUMDEUTUNG, in allen Bereichen erweitert und vertieft sah, in welche die Triebe ihre Repräsentanten und Abkömmlinge schicken. Unter diesen Masken des Wunsches, den Analoga unserer nächtlichen Träume, müßten wir die Idole wiederfinden, die unsere falschen Kulte bevölkern. Das Idol als Wachtraum der Menschheit – so könnte der Untertitel der Kulturhermeneutik lauten.

Eine erste Konfrontation, die noch nicht auf augenfällige Weise die gefürchteten, mit dem Begriff des Über-Ichs zusammenhängenden Schwierigkeiten ins Spiel bringt, wird von diesem originalen Stil der »angewandten Psychoanalyse« Zeugnis geben: das *Kunstwerk* ist die erste Gestalt des Nokturnen am hellichten Tag, das erste

---

2 vgl. oben, S. 114.
3 DIE TRAUMDEUTUNG, GW II/III, 613: »Die Traumdeutung ist die Via regia zur Kenntnis des Unbewußten im Seelenleben.«

Analogon des Traumhaften; es wird uns zudem auf den Weg des Sublimen und der Illusion führen, den uns die folgenden Kapitel dann durchmessen lassen.

2. Die Analogie des Kunstwerks

Freuds Anwendung des topisch-ökonomischen Standpunkts auf die Kunstwerke kommt mehr als einem Vorhaben zugute. Sie bedeutet eine Erholung für den Kliniker, der auch ein großer Reisender war, ein leidenschaftlicher Sammler und Bibliophile, ein Liebhaber der klassischen Literatur – von Sophokles über Shakespeare und Goethe bis zur zeitgenössischen Dichtung –, ein eingeweihter Dilettant in Ethnographie und Religionsgeschichte; für den Apologeten seiner eigenen Lehre bedeutete sie – vor allem während der Periode der Isolierung vor dem Ersten Weltkrieg – eine Verteidigung und Illustrierung der Psychoanalyse, dem nicht-wissenschaftlichen Publikum zugänglich; mehr noch bedeutete sie eine Prüfung und einen Wahrheitsbeweis für den Theoretiker der *Metapsychologie*; schließlich war sie ein Markstein auf dem Weg zu dem großen philosophischen Vorhaben, das er nie aus den Augen verloren hatte und das die Theorie der Psychoneurosen ebensosehr verhüllte wie offenbarte.

Der genaue Stellenwert der Ästhetik innerhalb dieses großen Vorhabens tritt nicht auf Anhieb zutage, gerade aufgrund des fragmentarischen Charakters, den wir nicht nur eingestehen, sondern zur Rechtfertigung der Übungen in psychoanalytischer Ästhetik sogar betonen; doch wenn man bedenkt, daß Freuds Sympathien für die Kunst nur von seiner Strenge gegen die religiöse Illusion eingeholt wird und daß andererseits die ästhetische *Verlockung* das Ideal der Wahrhaftigkeit und Wahrheit nicht voll befriedigt, dem einzig die Wissenschaft kompromißlos dient, so darf man darauf gefaßt sein, hinter den scheinbar zufälligsten Analysen große Spannungen zu entdecken, die erst ganz zum Schluß deutlich werden, wenn die ästhetische Verlockung ihren Platz zwischen Liebe, Tod und Notwendigkeit gefunden hat. Die Kunst ist für Freud die nicht-zwanghafte, nicht-neurotische Form der Ersatzbefriedigung: der *Zauber* der ästhetischen Schöpfung rührt nicht von der Wiederkehr des Verdrängten her. Wo aber ist, zwischen dem Lustprinzip und dem Realitätsprinzip, ihr genauer Platz? Dies ist die große, unerledigt bleibende Frage.

Zunächst gilt es, den zugleich systematischen und fragmentarischen Charakter von Freuds ästhetischen Schriften richtig zu verstehen. Gerade der systematische Standpunkt erzwingt und verstärkt den fragmentarischen Charakter. In der Tat läßt sich die analytische Erklärung von Kunstwerken nicht mit einer therapeutischen oder didaktischen Psychoanalyse vergleichen, aus dem einfachen Grunde, weil sie nicht über die Methode der freien Assoziation verfügt und ihre Deutungen nicht in das Feld der dualistischen Beziehung zwischen Arzt und Patient zu stellen vermag; in dieser Hinsicht sind die biographischen Dokumente, auf die sich die Deutung stützen kann, nicht bedeutungsvoller als die Auskünfte Dritter während einer Kur. Die psychoanalytische Kunstdeutung ist fragmentarisch, weil sie nur analogisch ist.

So hat auch Freud selbst seine Versuche aufgefaßt; sie ähneln etwa einer archäologischen Rekonstruktion, die das vollständige Bauwerk als einen wahrscheinlichen Kontext anhand eines architektonischen Details skizziert. Andererseits hält die systematische Einheit des Standpunkts diese Bruchstücke zusammen, in Erwartung der Gesamtdeutung des Kulturwerks, die später gegeben wird. Daraus erklärt sich der sehr besondere Charakter dieser Versuche, die erstaunliche Genauigkeit im Detail und die Strenge, ja selbst Starrheit der Theorie, die diese fragmentarischen Studien dem großen Fresko des Traums und der Neurose koordiniert. Als isolierte Stücke betrachtet, ist jede dieser Studien wohlumrissen; DER WITZ UND SEINE BEZIEHUNG ZUM UNBEWUSSTEN ist eine brillante, doch vorsichtige Ausdehnung der Gesetze der Traumarbeit und der fiktiven Befriedigung auf das Komische und den Humor; die Deutung der *Gradiva* von Jensen will keine allgemeine Theorie des Romans liefern, sondern die Theorie des Traums und der Neurose kontrollieren anhand der fiktiven Träume, die ein in der Psychoanalyse unbewanderter Romancier seinem Helden andichtet, und anhand der quasi-analytischen Heilung, zu der er diesen führt; der *Moses des Michelangelo* wird als ein singuläres Werk behandelt, ohne daß irgendeine Gesamttheorie des Genies oder der Kunstschöpfung vorgeschlagen würde. Was den *Leonardo da Vinci* betrifft, so überschreitet er, allem Anschein zum Trotz, nicht den bescheidenen Titel: EINE KINDHEITSERINNERUNG DES LEONARDO DA VINCI; einzig einige Besonderheiten des künstlerischen Schicksals von Leonardo werden erhellt, wie Lichtpunkte in einem Gesamtbild, das im Schatten bleibt; Lichtpunkte, Lichtlöcher, die vielleicht, wie wir später sehen werden, nur sprechende Dunkelheiten sind.

Niemals wird über die einfache strukturale Analogie zwischen Arbeit und Arbeit hinausgegangen, zwischen Traumarbeit und Kunstarbeit – und, wenn ich so sagen darf, zwischen Schicksal und Schicksal: Triebschicksal und Künstlerschicksal.

Dieses indirekte Verständnis wollen wir zu explizieren versuchen, indem wir einige Analysen von Freud etwas näher untersuchen. Ich will mich nicht zu einer streng historischen Reihenfolge verpflichten und beginne mit der kleinen Schrift von 1908, DER DICHTER UND DAS PHANTASIEREN.[4] Zwei Gründe rechtfertigen es, sie an den Anfang zu stellen: erstens illustriert dieser kleine, unscheinbare Essay sehr gut die indirekte Annäherung an das ästhetische Phänomen über den Umweg einer geschickten allmählichen Angleichung; der Dichter tut dasselbe wie das spielende Kind: »Er erschafft eine Phantasiewelt, die er sehr ernst nimmt, d. h. mit großen Affektbeträgen ausstattet, während er sie von der Wirklichkeit scharf sondert.«[5] Vom Spiel gehen wir zur Phantasie über; nicht aufgrund einer vagen Ähnlichkeit, vielmehr aufgrund der Annahme einer notwendigen Verbindung: nämlich daß der Mensch auf nichts verzichtet, sondern nur eines mit dem anderen vertauscht, sich somit einen Ersatz bildet; daher phantasiert der Erwachsene, anstatt zu spielen. Die Phantasie aber, in ihrer Funktion als Spielersatz, ist der Tagtraum. Wir befinden uns hier auf der Schwelle der Dichtung; das verbindende Glied liefert der Roman, d. h. die Kunstwerke in Form von Erzählungen; Freud erkennt in der fiktiven Geschichte des Helden »Seine Majestät das Ich«[6]. Von den anderen Formen der dichterischen Schöpfung wird angenommen, daß sie durch eine lückenlose Reihe von Übergängen mit diesem Modell in Beziehung stehen.

So zeichnen sich die Umrisse dessen ab, was man das Traumhafte im allgemeinen nennen könnte. In einer anschaulichen Abkürzung vergleicht Freud die beiden Enden der Kette des Phantastischen: Traum und Dichtung; der eine wie die andere sind Zeugen desselben Schick-

---

4 GW VII, 211–223.
5 GW VII, 214.
6 GW VII, 220; vgl. ZUR EINFÜHRUNG DES NARZISSMUS, GW X, 157.

sals, des Schicksals des unzufriedenen, unbefriedigten Menschen: »Unbefriedigte Wünsche sind die Triebkräfte der Phantasien, und jede einzelne Phantasie ist eine Wunscherfüllung, eine Korrektur der unbefriedigenden Wirklichkeit.«[7]

Heißt das, daß nur die TRAUMDEUTUNG zu wiederholen bleibt? Zwei hingetupfte Bemerkungen sagen uns, daß dem nicht so ist. Zunächst ist es nicht gleichgültig, daß die Kette der Analogien über das *Spiel* führt; der Essay JENSEITS DES LUSTPRINZIPS wird uns später lehren, daß sich bereits im Spiel eine Bewältigung der Abwesenheit erkennen läßt; und diese Bewältigung ist anderer Natur als die einfache halluzinatorische Wunscherfüllung. Auch die Etappe des *Tagtraums* ist nicht bedeutungslos; die Phantasie tritt in ihm mit einer »Zeitmarke« auf, welche die reine unbewußte Vorstellung nicht besitzt, von der wir im Gegenteil sagten, sie sei außer der Zeit; die Imagination, im Gegensatz zur reinen unbewußten Phantasie, ist imstande, die Gegenwart des aktuellen Eindrucks, die Vergangenheit der Kindheit sowie die Zukunft der Realisierung des Projekts miteinander zu verschränken. Diese beiden flüchtigen Bemerkungen bleiben isoliert, wie Zeichen am Wege.

Andererseits enthält diese kurze Studie eine wichtige Anregung, die uns vom fragmentarischen Aspekt zum systematischen zurückführt. Da wir die künstlerische Schöpfung in ihrer tiefen Dynamik nicht zu durchdringen vermögen, könnten wir vielleicht etwas über das Verhältnis zwischen der *Lust,* die sie bereitet, und der *Technik,* die sie einsetzt, sagen. Wenn der Traum eine Arbeit ist, ist es nur natürlich, daß die Psychoanalyse das Kunstwerk an seiner gewissermaßen handwerklichen Seite packt, um mit Hilfe der strukturalen Analogie eine noch weit wichtigere funktionale Analogie zu entschleiern. Nunmehr gilt es, die Untersuchungen auf die Überwindung der Widerstände zu lenken. Daß wir unsere eigenen Phantasien ohne Vorwurf und ohne Scham genießen können, das wäre die allgemeinste Absicht des Kunstwerkes; diese Intention würde sich dann zweier Verfahren bedienen: den egoistischen Tagtraum durch geeignete Abänderungen und Verhüllungen zu mildern, und durch einen rein formalen Lustgewinn zu bestechen, der mit der Darstellung der Dichterphantasien verbunden ist. »Man nennt einen solchen Lustgewinn, der uns geboten wird, um mit ihm die Entbindung größerer

---

7 GW VII, 216.

Lust aus tiefer reichenden psychischen Quellen zu ermöglichen, eine Verlockungsprämie oder eine Vorlust.«[8]

Diese Gesamtkonzeption der ästhetischen Lust als eines Auslösers tiefer Entladungen bildet die kühnste Erkenntnis der gesamten psychoanalytischen Ästhetik. Dieser Zusammenhang von Technik und Hedonismus kann den scharfsinnigsten Untersuchungen Freuds und seiner Schule als Leitfaden dienen. Sie leistet der von einer analytischen Interpretation geforderten Bescheidenheit wie Kohärenz Genüge. Statt sich die unübersehbare Frage der Schöpferkraft zu stellen, erforscht man das begrenzte Problem der Beziehungen zwischen Lusteffekt und Technik des Werkes. Diese vernünftige Frage bleibt innerhalb der Kompetenzgrenzen einer Ökonomik des Wunsches.

In DER WITZ UND SEINE BEZIEHUNG ZUM UNBEWUSSTEN (1905) hat Freud einige präzise Markesteine in Richtung auf diese ökonomische Theorie der Vorlust gesetzt. Dieser brillante und sorgfältige Essay schlägt keine Theorie der Kunst in ihrer Gesamtheit vor, sondern die Untersuchung eines präzisen Phänomens und eines präzisen, weil durch die Abfuhr des Lachens sanktionierten Lusteffekts. Doch innerhalb dieser engen Grenzen entfaltet sich eine tiefschürfende Analyse.

Freud untersucht zunächst die verbalen Techniken des Witzes und erkennt in ihnen das Wesen der Traumarbeit wieder: Verdichtung, Verschiebung, Darstellung durch das Gegenteil etc., – auf diese Weise die immer wieder postulierte Reziprozität zwischen der Arbeit, die einer Ökonomik untersteht, und der Rhetorik verifizierend, die die Deutung ermöglicht. Doch zu gleicher Zeit, wie der Witz die sprachliche Deutung der Traumarbeit verifiziert, liefert der Traum die Grundzüge zu einer ökonomischen Theorie des Komischen und des Humors. Hier knüpft Freud an Theodor Lipp an (*Komik und Humor*, 1898) und übertrifft ihn zugleich; und hier vor allem begegnen wir wieder dem Rätsel der Vorlust. Der Witz eignet sich in der Tat zu einer Analyse im eigentlichen Sinne, d. h. einer Zerlegung, die das durch die bloße Worttechnik erzeugte Vergnügen absetzt von der tiefen Lust, die der Witz auslöst und die die obszönen, aggressiven oder zynischen Wortspiele in den Vordergrund stellen. Gerade diese Verschränkung von technischem Ver-

---

[8] GW VII, 223.

gnügen und Instinktlust bildet den Kern der Freudschen Ästhetik und verbindet sie mit der Ökonomik des Triebes und der Lust. Wenn wir auch annehmen, daß die Lust mit einer Spannungsverminderung zusammenhängt, werden wir doch sagen, daß die Lust an der technischen Arbeit eine minimale, mit der Ersparung an psychischem Aufwand verbundene Lust ist, welche die Verdichtung, die Verschiebung etc. realisieren; damit befreit uns die Lust am Unsinn von den Einschränkungen, die die Logik unserem Denken auferlegt, und erleichtert das Joch aller intellektuellen Disziplin. Doch wenn die Lust auch minimal ist, so wie die Ersparungen minimal sind, die sie ausdrückt, so hat sie doch die bemerkenswerte Kraft, zu den erotischen, aggressiven, skeptischen Tendenzen als Ergänzung oder besser als Prämie hinzuzutreten. Freud verwendet hier eine Theorie von Fechner über das »Zusammentreffen« oder die Anhäufung von Lustwerten und integriert sie einem mehr Jacksonschen denn Fechnerschen Schema der funktionalen Befreiung.[9]

Diese Verbindung zwischen der Technik des Kunstwerks und der Produktion eines Lusteffekts bildet den Leitfaden und, wenn man so sagen darf, das Rückgrat der analytischen Ästhetik. Man könnte sogar die ästhetischen Essays aufteilen in solche, die dem Deutungsmodell des WITZES nahekommen, und solche, die ihm weniger treu sind. DER MOSES DES MICHELANGELO (1914) wäre ein Hauptbeispiel der ersten Gruppe, EINE KINDHEITSERINNERUNG DES LEONARDO DA VINCI eines der zweiten Gruppe. (Wir werden noch sehen, was uns am LEONARDO zunächst irreführt; vielleicht ist es auch das, was sodann hinsichtlich der wahren analytischen Erklärung im Bereich der Kunst und in anderen Bereichen am meisten zu denken gibt.)

Bewundernswert im MOSES DES MICHELANGELO[10] ist, daß die Interpretation des Kunstwerks nach der Art einer Traumdeutung vom Detail aus durchgeführt wird; diese eigentlich analytische Methode gestattet es, Traumarbeit und Schöpfungsarbeit, Traumdeutung und Deutung des Kunstwerks zur Deckung zu bringen. Anstatt auf der Ebene der größten Allgemeinheit die Natur der durch das Kunstwerk erzeugten Befriedigung zu untersuchen – eine Aufgabe, in die sich schon allzu viele Psychoanalytiker verrannt haben –, versucht die Analyse auf dem Umweg über ein einzelnes Werk und die von diesem Werk geschaffenen Bedeutungen das allgemeine Rätsel der

9 GW VI, 153 f.
10 GW X, 172–201.

Ästhetik zu lösen. Die Geduld und die Genauigkeit dieser Interpretation sind bekannt. Wie in einer Traumanalyse zählt auch hier das präzise und dem Anschein nach geringfügige Faktum und nicht der Gesamteindruck: die Stellung des Zeigefingers der rechten Hand des Propheten, jenes Zeigefingers, der allein mit dem fließenden Bart in Berührung ist, während die übrige Hand sich von ihm wegstemmt, die auf der Kippe stehenden Gesetzestafeln, dem Druck des Armes fast entgleitend. Die Deutung rekonstruiert, im Filigran dieser spontanen, wie zu Stein erstarrten Haltung, das Ineinandergreifen antagonistischer Bewegungen, die in dieser unterbrochenen Bewegung zu einer Art von schwankendem Kompromiß gefunden haben; in einer Geste der Wut soll sich Moses zuerst mit der Hand in den Bart gegriffen haben, auf die Gefahr hin, die Tafeln fallen zu lassen, während sein Blick heftig von dem Schauspiel des götzendienerischen Volkes angezogen wurde; doch eine Gegenbewegung, die erste bändigend und durch das lebendige Bewußtsein seiner religiösen Mission hervorgerufen, habe die Hand zurückgezogen. Vor Augen haben wir also den Rest einer abgelaufenen Bewegung, die der Analytiker so zu rekonstruieren versucht, wie er die gegensätzlichen Vorstellungen rekonstruiert, welche die Kompromißbildungen des Traums, der Neurose, des Versprechens, des Witzes erzeugen. Und indem Freud diese Kompromißbildung noch weiter untergräbt, entdeckt er mehrere Schichten in der Dichte des offenbaren Sinns. Hinter dem exemplarischen Ausdruck eines überwundenen Konflikts, wahrhaft würdig, das Grabmal des Papstes zu bewachen, erkennt die Analyse einen geheimen Vorwurf gegen den Jähzorn des Verstorbenen und noch weiter dahinter eine Mahnung des Künstlers an sich selbst.

Mit diesem letzten Zug sprengt DER MOSES DES MICHELANGELO bereits die Grenzen einer einfachen angewandten Psychoanalyse; er beschränkt sich nicht darauf, die analytische Methode zu verifizieren, er zielt auf einen Typus der Überdeterminierung, den der LEONARDO besser erkennen läßt, trotz oder mittels der Mißverständnisse, die er zu fördern scheint; diese Überdeterminierung des vom Bildhauer errichteten Symbols gibt zu verstehen, daß die Analyse die Erklärung nicht blockiert, sondern sie auf eine Sinndichte öffnet; der *Michelangelo* sagt schon mehr, als er sagt; seine Überdeterminierung betrifft Moses, den verstorbenen Papst, Michelangelo – und vielleicht Freud selber in seinem zwiespältigen Verhältnis zu

Moses ... Es eröffnet sich ein Kommentar ohne Ende, der das Rätsel keineswegs verringert, es vielmehr vergrößert. Heißt das nicht bereits zugeben, daß die Psychoanalyse der Kunst dem Wesen nach endlos ist?

Ich komme nun zum *Leonardo*.[11] Warum nannte ich ihn vorhin eine Quelle der Mißverständnisse? Ganz einfach deshalb, weil dieser breit angelegte, brillante Essay der schlechten Psychoanalyse der Kunst, der biographischen Psychoanalyse, Vorschub zu leisten scheint. Hat Freud nicht versucht, dem Mechanismus der ästhetischen Schöpfung im allgemeinen auf die Spur zu kommen, in seinem Verhältnis einerseits zu den Hemmungen, sogar den sexuellen Perversionen, und andererseits zu den Sublimierungen der Libido in Wißbegier, in Forscherdrang? Hat er nicht einzig aufgrund der Deutung der Geierphantasie – ein Geier, der im übrigen gar keiner ist! – das Rätsel um das Lächeln der Mona Lisa rekonstruiert? Sagt er nicht, daß die Erinnerung an die verlorene Mutter und ihre überzärtlichen Küsse sich in die Phantasie vom Geierschwanz im Mund des Kindes, in die homosexuelle Neigung des Künstlers und zugleich in das rätselhafte Lächeln der Mona Lisa umsetzt? »... und wir beginnen die Möglichkeit zu ahnen, daß seine Mutter das geheimnisvolle Lächeln besessen, das er verloren hatte, und das ihn so fesselte, als er es bei der Florentiner Dame wiederfand.«[12] Das gleiche Lächeln wiederholt sich in den verdoppelten Bildern der Mutter in der Komposition der »Heiligen Anna«: »Denn wenn das Lächeln der Gioconda die Erinnerung an die Mutter in ihm heraufbeschwor, so verstehen wir, daß es ihn zunächst dazu trieb, eine Verherrlichung der Mütterlichkeit zu schaffen, und das Lächeln, das er bei der vornehmen Dame gefunden hatte, der Mutter wiederzugeben.«[13] Und er fügt hinzu: »In diesem Bild ist die Synthese seiner Kindheitsgeschichte eingetragen; die Einzelheiten desselben sind aus den allerpersönlichsten Lebenseindrücken Leonardos erklärlich.«[14] »Die mütterliche Gestalt weiter weg vom Knaben, die Großmutter heißt, entspricht nach ihrer Erscheinung und ihrem räumlichen Verhältnis zum Knaben der echten früheren Mutter Catarina. Mit dem seligen

---

11 EINE KINDHEITSERINNERUNG DES LEONARDO DA VINCI (1910), GW VIII, 128–211.
12 GW VIII, 183.
13 ibid.
14 GW VIII, 184.

Lächeln der heiligen Anna hat der Künstler wohl den Neid verleugnet und überdeckt, den die Unglückliche verspürte, als sie der vornehmen Rivalin wie früher den Mann, so auch den Sohn abtreten mußte.«[15]

Verdächtig wird diese Analyse – nach den Kriterien, die wir aus dem WITZ herausgearbeitet haben – dadurch, daß Freud weit über die strukturalen Analogien hinauszugehen scheint, wozu einzig eine Analyse der Kompositionstechnik befugt wäre, und daß er sich bis an die Triebthematik heranwagt, die das Werk verleugnet und überdeckt. Ist es nicht gerade dieser Anspruch, welcher der schlechten Psychoanalyse Nahrung gibt, derjenigen an Toten, an Schriftstellern und Künstlern?

Betrachten wir uns die Dinge etwas näher: zunächst fällt auf, daß Freud nicht wirklich von der Schöpferkraft Leonardos spricht, sondern von deren Hemmung durch den Forscherdrang: »Das Ziel unserer Arbeit war die Erklärung der Hemmungen in Leonardos Sexualleben und in seiner künstlerischen Tätigkeit.«[16] Diese Einbuße an Schöpferkraft bildet den wahren Gegenstand des ersten Kapitels des LEONARDO und veranlaßt Freud zu äußerst scharfsinnigen Bemerkungen über die Beziehungen zwischen Wunsch und Wissen. Mehr noch: innerhalb dieses engen Rahmens selbst erscheint die Umsetzung des Triebs in Wißbegier als ein auf kein anderes reduzierbares Verdrängungschicksal. Die Verdrängung, sagt Freud, kann entweder zur Hemmung der Wißbegier selbst führen, die damit das Schicksal der Sexualität teilt – das ist der Typus der neurotischen Hemmung; oder sie kann zu sexuell gefärbten Zwängen führen, die das Denken selbst sexualisieren – das ist der zwanghafte Typus; aber »der dritte, seltenste und vollkommenste, Typus entgeht kraft besonderer Anlage der Denkhemmung wie dem neurotischen Denkzwang.... die Libido entzieht sich dem Schicksal der Verdrängung, indem sie sich von Anfang an in Wißbegier sublimiert und sich zu dem kräftigen Forschertrieb als Verstärkung schlägt.... der Charakter der Neurosen (bleibt) aus, die Gebundenheit an die ursprünglichen Komplexe der infantilen Sexualforschung entfällt, und der Trieb kann sich frei im Dienste des intellektuellen Interesses betätigen. Der Sexualverdrängung, die ihn durch den Zuschuß von sublimierter Libido so stark gemacht hat, trägt er noch Rechnung, in-

---

15 GW VIII, 185 f.
16 GW VIII, 204 f.

dem er die Beschäftigung mit sexuellen Themen vermeidet.«[17] Es ist klar, daß wir damit nur beschreiben und klassifizieren und daß wir das Rätsel eher verstärken, wenn wir es Sublimierung nennen. Freud gesteht es ohne weiteres in seiner Schlußfolgerung ein. Wir sagen zwar, daß die schöpferische Arbeit eine Ableitung sexueller Wünsche ist und daß diese Triebschicht durch die Regression zur Kindheitserinnerung aktiviert wurde, eine durch die Begegnung mit der Florentiner Dame begünstigte Regression: »Mit Hilfe seiner urältesten erotischen Regungen feiert er den Triumph, die Hemmung in seiner Kunst noch einmal zu überwinden.«[18] Aber damit erkennen wir lediglich die Umrisse eines Problems: »Da die künstlerische Begabung und Leistung mit der Sublimierung innig zusammenhängt, müssen wir zugestehen, daß auch das Wesen der künstlerischen Leistung uns psychoanalytisch unzugänglich ist.«[19] Und etwas weiter: »Wenn uns die Psychoanalyse auch die Tatsache der Künstlerschaft Leonardos nicht aufklärt, so macht sie uns doch die Äußerungen und die Einschränkungen derselben verständlich.«[20]

In diesem begrenzten Rahmen unternimmt Freud keine erschöpfende Bestandsaufnahme, er schürft nur unter vier oder fünf rätselhaften Merkmalen, die er als archäologische Überbleibsel behandelt. Und dabei spielt die Deutung der – gerade als Überbleibsel behandelten – Geierphantasie die Rolle des Angelpunkts. Diese Deutung aber ist rein analogischer Art, mangels einer wirklichen Psychoanalyse; sie wird erreicht durch das Zusammensetzen von Indizien, die aus den verschiedensten Quellen stammen: da gibt es einerseits die Psychoanalyse der Homosexuellen und ihre eigene Motivkette (erotische Bindung an die Mutter, Verdrängung, Identifizierung mit der Mutter, narzißtische Objektwahl, Projektion des narzißtischen Objekts auf ein Objekt gleichen Geschlechts etc.); andererseits gibt es die Theorie der infantilen Sexualität, betreffend den mütterlichen Phallus; schließlich die mythologischen Parallelen (der von den Archäologen bezeugte Phallus der geierköpfigen Göttin *Mut*). In einem rein analogischen Stil schreibt Freud: »Die kindliche Annahme des mütterlichen Penis ist nun die gemeinsame Quelle, aus der sich die androgyne Bildung der mütterlichen Gottheiten

17 GW VIII, 147 f.
18 GW VIII, 207.
19 GW VIII, 209.
20 GW VIII, 210.

wie der ägyptischen *Mut* und die ›Coda‹ des Geiers in Leonardos Kindheitsphantasie ableiten.«[21]

Aber was für ein Verständnis des Kunstwerkes wird uns damit übermittelt? Hier kann uns die Mißdeutung des Sinns von Freuds Studie über Leonardo weiterführen als die Interpretation des Moses des Michelangelo.

Bei der ersten Lektüre meinen wir, das Lächeln der Mona Lisa sei entschleiert, es sei gezeigt worden, was sich dahinter verbirgt; die Küsse, die die vertriebene Mutter Leonardo gab, seien *sichtbar gemacht*. Doch hören wir mit einem kritischeren Ohr auf einen Satz wie diesen: »Möglich, daß Leonardo in diesen Gestalten das Unglück seines Liebeslebens verleugnet und künstlerisch überwunden hat, indem er die Wunscherfüllung des von der Mutter betörten Knaben in solch seliger Vereinigung von männlichem und weiblichem Wesen darstellte.«[22] Dieser Satz klingt wie jener, den wir oben aus der Analyse des Moses herauslösten. Was heißt denn »verleugnet« und »überwunden«? Diese Vorstellung, die den Wunsch des Kindes erfüllt, wäre also etwas anderes als eine Dublette der Phantasie, eine Exhibition des Wunsches, ein einfaches zutage tretendes Produkt dessen, was verborgen war? – Das Lächeln der Gioconda interpretieren, hieße das nicht unsererseits anhand der Bilder des Meisters die durch die Analyse der Kindheitserinnerung verschleierte Phantasie *zeigen*? Diese Fragen führen uns von einer ihrer selbst zu sicheren Erklärung zu einem Zweifel zweiten Grades. Die Analyse hat uns nicht vom Unbekanntesten zum Bekanntesten gebracht. Jene Küsse, die die Mutter Leonardos auf den Mund des Kindes drückte, sind keine Realität, von der ich ausgehen könnte, kein fester Boden, auf dem ich das Verständnis des Kunstwerkes errichten könnte; die Mutter, der Vater, die Beziehungen des Kindes zu ihnen, die Konflikte, die ersten Wunden der Liebe, all dies existiert nur noch als ein abwesendes Signifikat. Wenn der Pinsel des Meisters im Lächeln der Mona Lisa das der Mutter wiedererschafft, dann muß man sagen, daß das Lächeln nirgendwo anders als in diesem, wenn auch irrealen Lächeln der Gioconda existiert, einzig durch die Gegenwart von Farbe und Zeichnung angezeigt. Das Lächeln der Gioconda verweist zwar auf die »Kindheitserinnerung des Leonardo da Vinci«, aber es existiert seinerseits nur als symbolisierbare

21 GW VIII, 167.
22 GW VIII, 189.

Abwesenheit, die sich hinter dem Lächeln der Mona Lisa höhlt. Als Erinnerung verloren, ist das Lächeln der Mutter eine Leerstelle der Wirklichkeit; es ist der Punkt, an dem alle realen Spuren sich verlaufen, wo das Vergangene an die Phantasie grenzt; nicht etwas besser Bekanntes würde also das Rätsel des Kunstwerks erklären, sondern eine zum Ziel genommene Abwesenheit, die, weit entfernt, das anfängliche Rätsel zu lösen, es vielmehr verstärkt.

Und gerade hier schützt uns die *Lehre* – will sagen die »Metapsychologie« – gegen die Maßlosigkeiten ihrer eigenen »Anwendungen«. Wie wir wissen, haben wir niemals Zugang zu den Trieben als solchen, sondern nur zu ihren psychischen Äußerungen, zu ihren Repräsentanten in Vorstellungen und Affekten; damit ist die Ökonomik der Textentschlüsselung unterworfen; die Bilanz der Triebbesetzungen ist nur am Gitter einer sich auf das Spiel der Signifikanten und Signifikate beziehenden Exegese abzulesen. Das Kunstwerk ist eine bemerkenswerte Form dessen, was Freud selbst die »psychischen Abkömmlinge« der »Triebrepräsentanzen« nannte; strenggenommen sind es *geschaffene* Abkömmlinge; damit meinen wir, daß die Phantasie, die nur ein verlorengegebenes Signifikat war (die Analyse der Kindheitserinnerung zielt gerade auf diese Abwesenheit), als ein im Kulturschatz existierendes Werk verkündet wird. Die Mutter und ihre Küsse existieren zum ersten Mal unter den der menschlichen Betrachtung sich darbietenden Werken; Leonardos Pinsel erweckt nicht die Erinnerung an die Mutter, er schafft diese Erinnerung als Kunstwerk. In diesem Sinne konnte Freud sagen, daß »Leonardo in diesen Gestalten das Unglück seines Liebeslebens verleugnet und künstlerisch überwunden« hat. Das Kunstwerk ist damit Symptom und Kur zugleich.

Diese letzten Bemerkungen erlauben uns, einige der Probleme vorwegzunehmen, die uns in unserer dialektischen Untersuchung beschäftigen werden.

1. Bis zu welchem Punkt ist die Psychoanalyse berechtigt, Kunstwerk und Traum dem einheitlichen Standpunkt einer Triebökonomik zu unterwerfen, das Kunstwerk, das, wie es heißt, eine dauerhafte und – im starken Sinn des Wortes – denkwürdige Schöpfung unserer Tage ist, und den Traum, der, wie man weiß, ein flüchtiges und steriles Produkt unserer Nächte ist? Wenn das Kunstwerk dauert und standhält, heißt das nicht, daß es das Erbe der Kulturwerte mit Bedeutungen bereichert? Und wenn es diese Macht hat,

heißt das nicht, daß es von einer spezifischen Arbeit ausgeht, einer handwerklichen Arbeit, die einem harten Material einen Sinn aufprägt, diesen Sinn einem Publikum vermittelt und damit ein neues Selbstverständnis des Menschen erzeugt? Diesen Wertunterschied übersieht die Psychoanalyse keineswegs; gerade ihm nähert sie sich auf dem Umweg der Sublimierung. Doch die Sublimierung ist ebensosehr Name eines Problems wie einer Lösung.[23]

Immerhin läßt sich sagen, daß der Daseinsgrund der Psychoanalyse nicht darin besteht, sich den Unterschied zwischen der Sterilität des Traums und der Kreativität der Kunst zu *geben,* sondern ihn als einen Unterschied zu behandeln, der innerhalb einer Semantik des Wunsches ein *Problem darstellt.* Darin trifft sie sich mit den Ansichten Platons über die grundlegende Einheit von Dichtung und Erotik, mit denen von Aristoteles über die Kontinuität zwischen Reinigung und Läuterung und denen Goethes über den Dämonismus.

2. Diese der Psychoanalyse und einer Philosophie der Kunstschöpfung gemeinsame Grenze enthüllt sich an einem anderen Punkt: das Kunstwerk ist nicht nur gesellschaftlich gültig, sondern, wie der Moses des Michelangelo und der Leonardo es deutlich gemacht haben und wie die Erörterung des *König Ödipus* von Sophokles es eindringlich zeigen wird: wenn diese Werke Schöpfungen sind, dann insofern, als sie nicht bloße Projektionen der künstlerischen Konflikte sind, sondern die Skizzierung ihrer Lösung; der Traum blickt zurück, in die Kindheit, in die Vergangenheit; das Kunstwerk ist dem Künstler selbst voraus: es ist mehr ein prospektives Symbol der persönlichen Synthese und der Zukunft des Menschen als ein regressives Symptom seiner ungelösten Konflikte. Doch vielleicht ist dieser Gegensatz zwischen Regression und Progression nur in erster Annäherung wahr; vielleicht muß man ihn überwinden, trotz seiner offenkundigen Stärke; das Kunstwerk bringt uns gerade auf die Spur neuer Entdeckungen hinsichtlich der symbolischen Funktion und der Sublimierung selbst. Könnte der wahre Sinn der Sublimierung nicht darin bestehen, neue Bedeutungen aufzustellen, indem sie alte, zuerst in archaische Gestalten investierte Energien mobilisiert? Fordert uns Freud nicht selber auf, in dieser Richtung zu suchen, wenn er im Leonardo die Sublimierung von der Hemmung und dem Zwang unterscheidet und wenn er, noch nachdrücklicher,

---

[23] Wir behalten die Gesamterörterung der Sublimierung dem Kap. IV unserer *Dialektik* vor. Dort rechtfertigen wir auch die Aufschiebung dieser Diskussion.

in Zur Einführung des Narzissmus die Sublimierung gegen die Verdrängung abhebt?[24]

Um aber diesen Gegensatz zwischen Regression und Progression überwinden zu können, muß man ihn herausgearbeitet und bis zu einem Punkt geführt haben, wo er sich selbst zerstört. Dies wird eines der Themen unserer *Dialektik* sein.

3. Diese Aufforderung, die Psychoanalyse dadurch zu vertiefen, daß man sie mit anderen Gesichtspunkten konfrontiert, die ihr diametral entgegenzustehen scheinen, läßt den wahren Sinn der Grenzen der Psychoanalyse ahnen. Es sind keineswegs feste Grenzen; sie sind beweglich und können immer wieder von neuem überwunden werden. Es sind nicht eigentlich Schranken, wie etwa ein verschlossenes Tor, auf welchem stünde: bis hierher und nicht weiter. Die Grenze ist, wie Kant es uns lehrte, keine äußere Schranke, sondern die Funktion der inneren Gültigkeit einer Theorie. Die Psychoanalyse ist gerade durch das begrenzt, was sie rechtfertigt, nämlich ihre Entscheidung, in den Kulturphänomenen nur das zu erkennen, was in eine Ökonomik des Wunsches und der Widerstände fällt. Diese Entschlossenheit und Strenge sind der Grund, weshalb ich Freud vor Jung den Vorzug gebe. Mit Freud weiß ich, woran ich bin und wohin der Weg führt; mit Jung läuft alles Gefahr, sich zu verwirren: das Psychische, die Seele, die Archetypen, das Heilige. Gerade diese innere Begrenzung der Freudschen Problematik fordert uns dazu auf, ihr in einem ersten Schritt einen anderen explikativen Standpunkt entgegenzuhalten, der, wie es scheint, der Konstitution der Kulturobjekte als solchen angemessener ist, und sodann, in einem zweiten Schritt, in der Psychoanalyse selber den Grund für ihre eigene Überwindung zu finden. Die Diskussion des Freudschen Leonardo läßt uns etwas von dieser Bewegung ahnen: die Erklärung durch die Libido hat uns nicht zu einem Ende, sondern zu einer Schwelle geführt. Nicht eine reale, selbst psychische *Sache* enthüllt die Deutung; der Wunsch, auf den sie verweist, ist selbst wieder ein Verweis auf die Reihe seiner »Abkömmlinge« und unbestimmte Symbolisierung seiner selbst. Dieses symbolische Wuchern gibt Anlaß zu einer Erforschung mit anderen Methoden: phänomenologischen, Hegelschen, sogar theologischen; in der semantischen Struktur des Symbols selbst muß die Berechtigung jener ande-

---

24 vgl. oben, S. 138.

ren Annäherungen und ihre Beziehung zur Psychoanalyse aufgedeckt werden. Der Psychoanalytiker selber müßte, nebenbei gesagt, durch seine eigene Kultur auf diese Konfrontation vorbereitet sein; sicher nicht, um seine Disziplin äußerlich begrenzen zu lernen, sondern um sie zu erweitern und *in ihr* die Gründe zu suchen, die schon erreichten Grenzen immer weiter hinauszurücken. Somit fordert uns die Psychoanalyse von sich aus dazu auf, von einer ersten, rein reduzierenden Lektüre zu einer zweiten Lektüre der Kulturphänomene fortzuschreiten; die Aufgabe dieser zweiten Lektüre bestünde weniger darin, das Verdrängte und das Verdrängende zu demaskieren, um das, was hinter den Masken ist, *sichtbar zu machen,* als vielmehr darin, das Spiel der Verweise zwischen den Zeichen freizulegen: aufgebrochen, die abwesenden Signifikate des Wunsches zu suchen – das Lächeln der *verlorenen* Mutter –, werden wir, gerade durch diese Abwesenheit, auf eine andere Abwesenheit verwiesen – auf das irreale Lächeln der Gioconda. Einzig das Kunstwerk gibt den Phantasien des Künstlers eine Gegenwart; und die ihnen so verliehene Realität ist diejenige des Kunstwerks im Innern einer Kulturwelt.

Kapitel II
Vom Traumhaften zum Sublimen

Das Sublime bezeichnet weniger ein Problem denn einen verschlungenen Knoten von Schwierigkeiten; Freud spricht nicht vom Sublimen, sondern von Sublimierung; immerhin bezeichnet er mit diesem Wort den Vorgang, durch den der Mensch aus dem Wunsche Ideales, Erhabenes, d. h. Sublimes schafft.

1. Das Wort verweist zunächst auf eine gewisse Verschiebung des Schwerpunkts der Deutung vom Verdrängten auf das Verdrängende. Diese »thematische Verschiebung« führt die Deutung unausweichlich in das Feld der Kulturphänomene; die verdrängende Instanz kündigt sich als der psychologische Ausdruck einer vorhergehenden sozialen Tatsache an, des Phänomens der Autorität, und zwar durch feststehende, geschichtliche Gestalten hindurch: die Familie, die als effektive Moral einer Gruppe verstandenen Sitten, Tradition, explizite oder implizite Belehrung, politische und kirchliche Macht, Strafen und ganz allgemein gesellschaftliche Sanktionen. Anders gesagt, der Wunsch ist nicht mehr allein; er hat sein Anderes, die Autorität. Mehr noch: er hatte seit je sein Anderes im Verdrängenden, und zwar einem solchen, das ihm innewohnt. Nunmehr kann die Psychoanalyse der Kultur weniger als je zuvor für eine einfache Anwendung der Theorie der Neurosen und Träume gehalten werden; gewiß, die Psychoanalyse bleibt ihren früheren Hypothesen verpflichtet; jedes Ereignis und jede Situation, einschließlich der Kulturerscheinungen, werden einzig vom Standpunkt der Lust-Unlustkosten aus betrachtet; die Kultur selbst fällt nur insoweit in den Bereich der Psychoanalyse, als sie die Bilanz der libidinösen Besetzungen eines Individuums berührt. Die Frage der Ideale ist in der Psychoanalyse durch die Niederschrift der kulturellen Thematik in die ökonomische Problematik genau bestimmt; doch diese Problematik geht aus jener Konfrontation, wenn man so sagen darf, nicht unversehrt hervor; das, was man die zweite Topik nennt, von der Das Ich und das Es (1923) die hervorragendste Formel liefert, bringt auf theoretischer Ebene die tiefgreifenden Veränderungen zum Ausdruck, denen die Interpretation unterliegt. Die zweite Topik, so könnte man sagen, drückt die Rückwirkung der neuen The-

matik auf die frühere Problematik aus; eben deshalb können wir nicht von der zweiten Topik ausgehen, sondern müssen sie als Zielpunkt nehmen. Sie resümiert alle Umarbeitungen der Metapsychologie, die durch die »Anwendungen« der Psychoanalyse auf die Kultur erforderlich wurden; diese Umarbeitungen, zunächst vom ersten Zustand des Systems reguliert, haben wirklich einen neuen Zustand geschaffen, eben die zweite Topik.

2. Doch das Kulturphänomen kann in die »Theorie« nicht unmittelbar eingehen; um dieses neue Material der Interpretation einzugliedern, muß die Psychoanalyse einen massiven Gebrauch von der *genetischen* Erklärung machen. Der Grund dafür ist klar: das Verdrängte, so sagten wir, hat keine Geschichte (»das Unbewußte ist außer der Zeit«); nur das Verdrängende hat eine Geschichte; es *ist* Geschichte: Geschichte des Menschen, von der Kindheit bis zum Erwachsenenalter, und Geschichte der Menschheit von der Vorgeschichte bis zur Geschichte. Die thematische Verschiebung wird also von einer methodologischen Verschiebung begleitet; die Deutung muß nun zur Konstruktion von Modellen neuer Art, genetischen Modellen schreiten, die bestimmt sind, eine Ontogenese und eine Phylogenese miteinander zu koordinieren, und zwar innerhalb einer einzigen fundamentalen Geschichte, die man die Geschichte des Wunsches und der Autorität nennen könnte; worauf es in dieser Geschichte tatsächlich ankommt, ist die Art und Weise, wie sie den Wunsch affiziert. TOTEM UND TABU ist kein Buch der Ethnologie; MASSENPSYCHOLOGIE UND ICH-ANALYSE kein Buch der Sozialpsychologie; und die Geschichte des Ödipuskomplexes ist nicht einmal ein Kapitel der Psychologie des Kindes. Alle diese Schriften gehören der Psychoanalyse an, insofern die genetische Methode und die ethnologischen oder psychologischen Dokumente, die sie einbezieht, selbst nur eine Etappe der psychoanalytischen Deutung sind. Man darf also diese genetischen Modelle – Bildung und Auflösung des Ödipuskomplexes, Vatermord und Brüderclan etc. – nicht nur als Operatoren verstehen, dazu bestimmt, Ontogenese und Phylogenese zu koordinieren, sondern als Interpretationsinstrumente, dazu bestimmt, jede Geschichte – die der Sitten, Glaubensinhalte, Institutionen – der Geschichte des Wunsches in seiner großen Auseinandersetzung mit der Autorität unterzuordnen. Man begreift nun, daß in dieser Auseinandersetzung eine noch fundamentalere Auseinandersetzung sich abzeichnet und, wenn man so sagen darf, sich media-

tisiert, jene nämlich, die seit den Anfängen der Psychoanalyse erkannt worden war und die erst an ihrem Ende eine vollständige Formulierung erhalten wird: die Auseinandersetzung zwischen dem Lust-Unlustprinzip und dem Realitätsprinzip. Wahrscheinlich wird sich die wahre Stellung der Ethnologie im Werke Freuds nicht leicht bestimmen lassen; sie ist ein notwendiger, doch einer Eigenbedeutung beraubter Schritt. Auch wird nicht leicht herauszufinden sein, bis zu welchem Punkt die Psychoanalyse durch die Schwäche – ja sogar Hinfälligkeit – ihrer ethnologischen Hypothesen betroffen wird.

3. Die thematische und die methodologische Verschiebung, notwendig geworden durch die Berücksichtigung ethischer Phänomene (ethisch im starken Sinn von *ethos*, in dem es *mores*, Sittlichkeit bedeutet), sind also nur Etappen auf dem Weg zu einer neuen Formulierung der »Theorie«. Es gilt zu verstehen, wie die zweite Topik die verschiedenen Verschiebungen sanktioniert; was ist das Wichtigste in diesem neuen Ausdruck der Topik: die Reduktion aller klinisch beschriebenen und genetisch erklärten Vorgänge auf den früheren topisch-ökonomischen Standpunkt? oder die Umwälzung der Topik unter dem Druck neuer Tatsachen? Es ist leicht vorauszusehen, daß die Sublimierung, bisher unter dem Titel »Triebschicksal« beschrieben oder vielmehr angekündigt, den Kristallisationspunkt aller Diskussionen bilden wird.

1. Die deskriptiven und klinischen Annäherungen der Interpretation

Wir haben das neue Thema im groben durch eine thematische Verschiebung der Aufmerksamkeit von dem Verdrängten auf das Verdrängende charakterisiert. In Wahrheit hatte dieser Standpunkt freilich nie gefehlt; er entstand sogar gleichzeitig mit der Psychoanalyse, insofern diese von Anfang an als ein Kampf gegen die Widerstände begriffen wurde.[1] Wovon unter der Überschrift »das Sublime« die Rede sein wird, ist also innerhalb der analytischen Erfahrung selbst immer gesehen worden. Das gleiche Thema hat sich zudem in der Theorie der Neurose und des Traums unter dem Na-

[1] Brief Nr. 72 vom 27. Oktober 1897, in: AUS DEN ANFÄNGEN DER PSYCHOANALYSE, S. 195 f.

men Abwehr oder Zensur bemerkbar gemacht; es stand somit am Ursprung dessen, was wir Entstellung nannten. Schließlich war die gesamte Metapsychologie, in dem Maße, wie sie sich um das Triebschicksal »Verdrängung« ordnete, weniger eine Theorie des Verdrängten als eine Theorie des Verhältnisses zwischen Verdrängendem und Verdrängtem.

Dennoch sprechen wir mit vollem Recht von einer thematischen Verschiebung. Die »Instanzen«, von denen nunmehr die Rede sein wird, sind weniger »Orte« als »Rollen« in einer Personologie. Ich, Es, Über-Ich sind Variationen über das Personalpronomen oder das grammatische Subjekt; worum es geht, ist die Beziehung vom Persönlichen zum Anonymen und Überpersönlichen in der Person.[2]

Die Frage des Ichs ist in der Tat nicht die des Bewußtseins, weil die Frage des Bewußtwerdens, das zentrale Thema der ersten Topik, die des Ichwerdens nicht ausschöpft. Diese beiden Fragen sind von Freud niemals verwechselt worden, und man kann die Termini »Bewußtsein« und »Ich« nicht gegeneinander austauschen. Die Frage des Ichs hat sich uns bisher in einer Reihe von Polaritäten gezeigt: Ichtriebe und Sexualtriebe (vor ZUR EINFÜHRUNG DES NARZISSMUS), Ichlibido und Objektlibido (seit ZUR EINFÜHRUNG DES NARZISSMUS). In dieser letzteren Theorie, die man die Theorie der verallgemeinerten Libido nennen kann, ist das Ich zum Thema und mit dem Objekt vertauschbaren Glied geworden; das Ego erweist sich damit als fähig, geliebt oder gehaßt zu werden. In diesem Sinne kann man von einer erotischen Funktion des Ego sprechen. Die wahre Problematik des Ego ist jedoch noch nicht determiniert; sie liegt jenseits der Alternative: geliebt werden oder gehaßt werden, und manifestiert sich wesentlich in der Alternative: herrschen oder beherrscht werden, Herr sein oder Sklave sein. Diese Frage aber ist nicht die des Bewußtseins. Das letztere, immer mehr nach Art eines embryologischen Modells behandelt, ist der Sitz aller Beziehungen zur Außenwelt; Freud sagt, es sei ein »Oberflächenwesen«. Das Bewußtsein, das ist Sein für die Außenwelt; schon im ENTWURF war deutlich geworden: das Bewußtsein beweist sich in der Prüfung der Realitätszeichen. Gewiß, Bewußtwerden ist etwas anderes; doch

---

[2] Die älteste Anspielung auf die künftige Theorie des Über-Ichs findet sich in einem Text von 1897: »*Mehrheit der psychischen Personen.* Die Tatsache der Identifizierung gestattet vielleicht, sie wörtlich zu nehmen.« (Manuskript L zum Brief Nr. 61 vom 2. Mai 1897.) AUS DEN ANFÄNGEN..., S. 171.

war Freud immer bestrebt, das Bewußtwerden als eine Änderung der Wahrnehmung zu verstehen, folglich nach dem Modell eines Oberflächenphänomens; für ihn ist die innere Wahrnehmung der äußeren analog; daher spricht er verallgemeinernd von Wahrnehmungsbewußtsein (W-Bw). Mit eben dieser Oberflächenfunktion hängen alle Modalitäten des Bewußtseins zusammen, die den Eigenschaften des Unbewußten in dem großen Aufsatz DAS UNBEWUSSTE entgegenstehen; von ihr hängt die zeitliche Organisation ab, die Energieverknüpfung etc. Das Netz dieser Bewußtseinsfunktionen bildet in Freuds Werk den Entwurf einer wahren transzendentalen Ästhetik, die übrigens der Kantischen durchaus vergleichbar ist, insofern sie alle Bedingungen der »Exteriorität« neu gruppiert.

Eine ganz andere Frage ist die des Ichs, d. h. der Beherrschung. Man kann sie durch das Thema der Gefahr und der Drohung, Urphänomene der Nicht-Bewältigung, einführen. Das Ego ist das, was bedroht wird und, um sich zu verteidigen, die Situation meistern muß. Von Anfang an hatte Freud es bemerkt: es ist leichter, sich einer äußeren als einer inneren Gefahr zu erwehren; nicht nur kann die Flucht ein uns erreichbares Hilfsmittel sein, sondern die Wahrnehmung kann als Filter oder besser als ein Schutz gegen die Außenreize interpretiert werden. Der Mensch ist im wesentlichen ein von innen bedrohtes Wesen: daher muß man zur äußeren Gefahr noch die Drohung der Triebe, die Quelle der Angst, sowie die Drohung des Gewissens, die Quelle des Schuldgefühls, hinzufügen. Diese dreifache Gefahr und dreifache Angst bilden die Problematik, aus der die zweite Topik entstand. Wie Spinoza nähert sich Freud dem Ich über dessen Ausgangssituation der Sklaverei, d. h. der Nicht-Herrschaft. Darin bestätigt er auch den marxistischen Begriff der Entfremdung und Nietzsches Begriff der Schwäche. Das Ich ist in erster Linie das, was der Drohung gegenüber schwach ist. Wir kennen die berühmte Beschreibung, die DAS ICH UND DAS ES (V. Kap.) von dem »armen Ding« gibt, das unter dreierlei Dienstbarkeiten steht, der der Realität, der Libido und des Gewissens. Der Unterschied, den wir zwischen Bewußtwerden und Ichwerden machen, ist wahrscheinlich zu schematisch; die beiden Vorgänge der Wachsamkeit und der Bewältigung sind nur durch Abstraktion zu sondern, – um so mehr, als Eigenschaften, die in der ersten Topik dem Bewußtsein zugeschrieben werden, in der zweiten Topik auf das Ich übergehen, so wie die dem Unbewußten zugeschriebenen Merkmale jetzt

dem Es zukommen, ohne daß Unbewußtes und Es zusammenfallen, da »Anteile von beiden, Ich und Über-Ich selbst, unbewußt sind«.[3] Dennoch sollte man diesen Leitfaden festhalten: Ich-Sein heißt, seine Rolle behaupten, Herr seiner Handlungen sein, dominieren. Der Neurotiker ist im wesentlichen derjenige, der »nicht Herr in seinem eigenen Hause« ist, wie es in einem Aufsatz heißt, auf den wir später eingehen werden: EINE SCHWIERIGKEIT DER PSYCHOANALYSE[4].
Das Bemerkenswerteste und auf den ersten Blick Verwirrendste jedoch ist etwas anderes: nicht nur der Neurotiker ist nicht Herr in seinem Hause, sondern vor allem der moralische, der ethische Mensch. Das Verdienst einer jeden psychoanalytischen Forschung hinsichtlich des moralischen Phänomens besteht darin, daß die Beziehung des Menschen zur Pflicht zunächst in einer Situation der Schwäche, der Nicht-Herrschaft beschrieben wird. Hier ist die Nachbarschaft von Freud und Nietzsche natürlich offenkundig.
Diese Bedingung der Schwäche, der Drohung und Angst hat Freud in der Beziehung des Ichs zum Über-Ich niedergelegt.

Beginnen wir mit den Wörtern: im dritten Kapitel von DAS ICH UND DAS ES sagt Freud: das »Ichideal oder Über-Ich«. Sind diese beiden Termini Synonyme? Nicht genau. Der Unterschied ist sogar ein doppelter: während das Ichideal einen beschreibenden Aspekt, eine Äußerung bezeichnet, anhand derer man das Über-Ich entziffert, ist das Über-Ich keineswegs ein deskriptiver, sondern ein konstruierter Begriff, eine Entität gleichen Ranges wie die im ersten Teil betrachteten topischen und ökonomischen Begriffe; daher werden wir die Frage des Über-Ichs zurückstellen und zuerst das Ichideal abhandeln. Doch was die Dinge schwierig macht, ist, daß Ichideal und Über-Ich nicht nur in erkenntnistheoretischer Hinsicht Begriffe ungleicher Ebenen sind, sie haben nicht einmal eine mit ihrer jeweiligen Ebene identische Ausdehnung. In der NEUEN FOLGE DER VORLESUNGEN, in der Freuds Terminologie am klarsten geordnet ist, erscheint das Ichideal nur als die dritte Funktion des Über-Ichs, neben der Selbstbeobachtung und dem Gewissen.[5] Dieses Schwanken in der

---

[3] NEUE FOLGE DER VORLESUNGEN ZUR EINFÜHRUNG IN DIE PSYCHOANALYSE, GW XV, 75.
[4] vgl. unten, *Dialektik*, Kap. II, S. 436.
[5] »Kehren wir zum Über-Ich zurück! Wir haben ihm die Selbstbeobachtung, das Gewissen und die Idealfunktion zugeteilt.« GW XV, 72.

Terminologie ist nicht verwunderlich: abgesehen davon, daß alle diese Begriffe einen explorativen Charakter zeigen, impliziert die Eigenart der Psychoanalyse, daß sie approximativ bleiben. Zunächst bezeichnen sie überhaupt keine ursprüngliche Funktion: für die Psychoanalyse gibt es keine dem ethischen Phänomen eigene Intelligibilität; die Entstehung des Über-Ichs verstehen heißt, es selbst verstehen; es ist nur das, was es geworden ist; daher kann man es in der Beschreibung der »Funktionen« des »Über-Ichs« nicht sehr weit bringen, ohne die Geschichte ihrer Herausbildung heranzuziehen; gerade eine gewisse Inkonsistenz der Beschreibung wird uns auf die genetische Erklärung verweisen. Noch aus einem zweiten Grunde müssen sich die Phänomene, die der Beschreibung unterliegen, in zersprengter Ordnung präsentieren; was sie vereinen kann – das Über-Ich –, ist keine Realität, die der Beschreibung zugänglich wäre; es ist ein theoretischer Begriff. So vereinigt er auch sehr disparate Phänomene, welche die Beschreibung voneinander unterscheidet oder sogar in Gegensatz bringt, die Theorie aber vereint oder gar identifiziert. Schließlich der letzte Grund: einige der Phänomene, die wir durchgehen werden, sind selber interpretierte Resultate; so ist der Widerstand für sich kein einfaches Phänomen: er zeigt sich ebenso in der Abwesenheit von Gedanken, in der Amnesie, wie in der Flucht in ein anderes Thema oder der Erzeugung unangenehmer Gefühle. Dasselbe gilt für das »unbewußte Schuldgefühl«, das durchaus keine phänomenale, sondern eine erschlossene Realität ist (ich erörtere hier nicht die Legitimität dieses Ausdrucks, den Freud selber in Frage stellt[6]). Freud setzt nun aber an den Anfang der Theorie des Über-Ichs die beiden großen Entdeckungen – die des Widerstands gegen das Bewußtwerden und die des Schuldgefühls –, denen die Analyse als Hindernissen der Heilung begegnet.

Nach diesen Einschränkungen wollen wir nun die drei in der NEUEN FOLGE DER VORLESUNGEN aufgezählten Funktionen des Über-Ichs betrachten: Beobachtungen, Gewissen, Ideal.

Mit Beobachtung bezeichnet Freud die Verdopplung: das Gefühl,

---

[6] Für das Recht, von unbewußten Gefühlen zu sprechen, vgl. DAS UNBEWUSSTE, Kap. III. Wir haben das Problem oben, S. 155, erörtert. Der Ausdruck »unbewußtes Schuldgefühl« ist sehr alt (ZWANGSHANDLUNGEN UND RELIGIONSÜBUNGEN (1907), GW VII, 135, und taucht in DAS ICH UND DAS ES am Ende des zweiten Kapitels wieder auf; er wird im V. Kapitel ausführlich behandelt im Zusammenhang mit dem Todestrieb.

beobachtet, überwacht, kritisiert, verurteilt zu werden; das Über-Ich erweist sich als Auge und Blick.

Das Gewissen dagegen bezeichnet die Strenge und Grausamkeit dieser Instanz; es widersetzt sich während der Handlung, gleich dem Dämon des Sokrates, der »nein« sagt, und tadelt nach der Handlung; das Ich wird also nicht nur beobachtet, sondern durch sein inneres und höheres Anderes auch mißhandelt; diese beiden Merkmale der Beobachtung und der Verurteilung sind – muß man es noch betonen? – nicht einer Kantischen Reflexion über die Bedingungen des guten Willens, über die *a priori*-Struktur der Pflicht entlehnt, sondern der Klinik. Im Beobachtungswahn zeigt sich, ins Riesenhafte vergrößert, die Abspaltung der beobachtenden Instanz vom übrigen Ich, und in der Melancholie zeigt sich ihre Grausamkeit.

Das Ideal schließlich, wird wie folgt umrissen: »Es [das Über-Ich] ist auch der Träger des Ichideals, an dem das Ich sich mißt, dem es nachstrebt, dessen Anspruch auf immer weitergehende Vervollkommnung es zu erfüllen bemüht ist.«[7] Auf den ersten Blick scheint dieser Analyse kein pathologisches Modell zugrunde zu liegen; handelt es sich hier nicht um das moralische Bestreben, den Wunsch, sich an einem Vorbild zu messen, ihm nachzueifern, sich mit dem gleichen Inhalt zu erfüllen wie dieses? Der vorstehende Text erlaubt diese Interpretation; gleichwohl achtet Freud mehr auf das Zwanghafte als auf die Spontaneität der Antwort, die das Ich den Forderungen des Über-Ichs erteilt, mehr auf die Unterwerfung als auf den Aufschwung. Außerdem erhält dieser dritte Charakter, in die Nähe der beiden anderen Merkmale gerückt, eine Färbung, die man wohl »pathologisch« im klinischen und im Kantischen Sinn des Wortes nennen kann. Kant sprach von der »Pathologie des Wunsches«; Freud spricht von der »Pathologie der Pflicht«, in den drei Modi der Beobachtung, der Verurteilung und der Idealisierung.

Wird man eine solche Analyse verwerfen, weil sie dem Gewissen keine Originalität zuerkennt und es im Rahmen der Klinik wahrnimmt? Das Freudsche »Vorurteil« hat den Vorzug, nichts im voraus einzuräumen: indem die Analyse die moralische Wirklichkeit als eine konstituierte und sedimentierte Wirklichkeit *a posteriori* behandelt, durchbricht sie die Bequemlichkeit, die jeder Berufung auf

---

7 GW XV, 71.

das *Apriori* anhaftet. Was die klinische Annäherung betrifft, so erlaubt sie es, mit Hilfe der Analogie die Nicht-Authentizität des gewöhnlichen Gewissens zu denunzieren. Der Zugang mittels der Pathologie offenbart die zunächst verfremdete und verfremdende Situation der Moralität; eine »Pathologie der Pflicht« ist ebenso instruktiv wie eine Pathologie des Wunsches; die erstere ist letztlich nur die Fortsetzung der letzteren. In der Tat befindet sich das vom Über-Ich unterdrückte Ich diesem inneren Fremden gegenüber in einer ähnlichen Situation wie das dem Druck seiner Wünsche ausgesetzte Ich; durch das Über-Ich sind wir uns zunächst selber »Fremde«: so spricht Freud vom Über-Ich als vom »inneren Ausland«[8]. Diese verborgene Nachbarschaft von Wunsch und Sublimem – in topischer Sprache: von Es und Über-Ich – wird die genetische Deutung zu explizieren und die Ökonomik der Ideale zu systematisieren versuchen.

Sicherlich darf man von der Psychoanalyse nicht verlangen, was sie nicht zu geben vermag: nämlich den Ursprung des ethischen Problems, d. h. seine Begründung und sein Prinzip; geben kann sie jedoch seine Quelle und Genesis; hier wurzelt das schwierige Problem der Identifizierung; die Frage ist die: wie kann ich, ausgehend von einem Anderen – dem Vater oder wem auch immer –, ich selbst werden? Der Vorteil eines Gedankens, der zunächst den originären Charakter des ethischen Ichs verwirft, besteht darin, daß er die Aufmerksamkeit auf den Vorgang der Verinnerlichung lenkt, durch den das, was uns äußerlich war, innerlich wird. Hier offenbart sich nicht nur die Verwandtschaft mit Nietzsche, sondern auch die Möglichkeit einer Gegenüberstellung mit Hegel und seinem Begriff der Verdopplung des Bewußtseins, durch die das Bewußtsein Selbstbewußtsein wird. Gewiß, indem Freud den originären Charakter des ethischen Phänomens verwirft, kann er der Moralität nur als Erniedrigung des Wunsches begegnen, als Verbot und nicht als Bestreben; doch die Begrenzung des Standpunkts ist der Preis seiner Kohärenz: wenn das ethische Phänomen sich zuerst in einer Wunde des Wunsches preisgibt, unterliegt es einer allgemeinen Erotik, und das Ich, seinen verschiedenen Herren unterworfen, fällt wiederum in eine von einer Ökonomik abhängige Interpretation.

8 GW XV, 62.

2. Die genetischen Wege der Interpretation

»Da es [das Über-Ich] selbst auf den Einfluß der Eltern, Erzieher und dergleichen zurückgeht, erfahren wir noch mehr von seiner Bedeutung, wenn wir uns zu diesen seinen Quellen wenden.«[9] Dieser Ausspruch bringt die Funktion der genetischen Erklärung in einem System, das weder den originären Charakter des Cogito noch die ethische Dimension dieses Cogito anerkennt, sehr gut zum Ausdruck[10]; hier tritt die Genesis an die Stelle der Begründung.
Es wäre müßig zu bestreiten, daß der Freudianismus in seiner Grundabsicht etwas anderes ist als eine Abart des Evolutionismus oder des moralischen Genetismus. Gleichwohl erlaubt das Studium der Texte die Behauptung, daß der Freudianismus, der mit einem dogmatischen Schritt begonnen hat, seine eigene Erklärung, in dem Maße, wie er sie einsetzt, immer wieder problematisch macht.
Zunächst stellt die vorgeschlagene Genesis keine Erklärung dar, die nichts schuldig bliebe: die genetische Erklärung enthüllt eine Autoritätsquelle – die Eltern –, die selbst nur eine vorgängige Kraft des Zwangs und des Strebens weiterträgt; der oben angeführte Text fährt fort: »So wird das Über-Ich des Kindes eigentlich nicht nach dem Vorbild der Eltern, sondern des elterlichen Über-Ichs aufgebaut; es erfüllt sich mit dem gleichen Inhalt, es wird zum Träger der Tradition, all der zeitbeständigen Wertungen, die sich auf diesem Wege über Generationen fortgepflanzt haben.«[11] Es wäre also müßig, in der genetischen Erklärung eine Rechtfertigung des Obligatorischen als solchen, des Gültigen als solchen zu suchen: dieses ist gewissermaßen in der Kulturwelt gegeben. Die Erklärung umgrenzt lediglich das erste Phänomen der Autorität, ohne es wirklich zu erschöpfen. In diesem Sinne ist die Genesis der Moral, der Freudschen Psychoanalyse gemäß, nur eine Paragenese. Eben deshalb verweist sie ihrerseits, aufgrund ihres unendlichen Charakters, auf eine ökonomische Erklärung des Über-Ichs als einer Institution, die zum selben System gehört wie das Es; die Frage ist, ob die ökonomische Erklärung des Über-Ichs das von der individuellen und kollektiven Geschichte des Über-Ichs vererbte Problem ausschöpfen wird.

9 GW XV, 73.
10 vgl. oben, *Problematik*, S. 57 ff.
11 GW XV, S. 73.

Noch aus einem zweiten Grunde darf man sich von der genetischen Erklärung nicht alles erwarten. Selbst auf eine intermediäre Rolle zwischen klinischer Beschreibung und ökonomischer Erklärung reduziert, erweist sich die Genesis von überraschender, letztlich enttäuschender Komplexität. Handelt es sich um eine psychologische Erklärung? Ja, wenn man berücksichtigt, daß der Ödipuskomplex die entscheidende Krise darstellt, aus der, kraft des berühmten Mechanismus der Identifizierung, die persönliche Struktur des Ichs hervorgeht. Doch diese Ontogenese des Über-Ichs – abgesehen davon, daß sie, wie gesagt, das Problem des Obligatorischen als solchen unangetastet läßt – fordert auf der ihr eigenen historischen Ebene eine soziologische Erklärung: der Ödipuskomplex bringt die Institution der Familie und ganz allgemein das soziale Phänomen der Autorität ins Spiel; damit wird Freud von der Ontogenese auf die Phylogenese verwiesen, und er hofft, in der Institution des Inzestverbots und ganz allgemein der Institution als solcher das soziologische Pendant für den Ödipuskomplex zu finden. Aber die Untersuchung von TOTEM UND TABU zeigt mühelos, daß die Psychoanalyse gezwungen ist, auf eine phantastische, zuweilen abenteuerliche Ethnologie, jedenfalls eine Ethnologie aus zweiter Hand zu rekurrieren, und sich damit begnügt, das soziale Phänomen zu psychologisieren; in eben dem Augenblick, da sie im sozialen Phänomen den ihr fehlenden Beweis für den abgeleiteten Charakter des Über-Ichs sucht, sieht sie sich genötigt, eine psychologische Erklärung des Tabu zu erarbeiten, damit den Ast absägend, auf den sie gesetzt hat. Aus diesem Grunde auch muß man sich statt auf eine unendliche Genesis auf eine ökonomische Erklärung berufen. Wie man sieht, erwarten uns mancherlei Überraschungen und Enttäuschungen auf dem Weg der genetischen Erklärung. Versuchen wir also, dieses Hin und Her zwischen Ontogenese und Phylogenese nachzuzeichnen.

Eines frappiert jeden Leser der ersten Schriften Freuds, nämlich das Blitzartige der Entdeckung des Ödipuskomplexes, der mit einem Schlag voll erkannt wurde, als individuelles Drama *und* als kollektives Schicksal der Menschheit, als psychologische Tatsache *und* als Quelle der Moral, als Ursprung der Neurose *und* als Ursprung der Kultur.
Individuell, persönlich, intim, erhält der Ödipuskomplex seinen

»geheimnisvollen« Charakter durch die Entdeckung, die Freud im Laufe seiner Selbstanalyse von ihm machte. Doch gleichzeitig wird im Filigran jener *besonderen* Erfahrung sogleich auch sein *allgemeiner* Charakter erkannt. Zunächst erhält der Ödipuskomplex augenblicklich seinen Platz in der Ätiologie der Neurosen, weil er dort eine frühere Hypothese ersetzt, deren Kehrseite er ist: man erinnert sich, welches Gewicht Freud der Theorie der Verführung des Kindes durch den Erwachsenen beimaß, einer Theorie, zu der ihn die Erzählungen seiner Patienten während der Analyse brachten. Der Ödipuskomplex ist nun aber die umgestülpte Verführungstheorie; vielmehr erweist sich die Verführung durch den Vater nachträglich als die entstellte Darstellung des Ödipuskomplexes: nicht der Vater verführt das Kind, sondern das Kind, das die Mutter besitzen möchte, wünscht den Tod des Vaters. Man muß sich klarmachen, daß die Verführungsszene nur eine »Deckerinnerung« gegenüber dem Ödipuskomplex ist; diese tritt ganz selbstverständlich an die Stelle der früheren Phantasie.[12]

Doch indem der Ödipuskomplex seinen Platz in der Ätiologie der Neurosen erhält, findet er auch seinen Platz im Gebäude der Kultur: »Eine Ahnung sagt mir noch, als ob ich es schon wüßte – ich weiß aber gar nichts – daß ich nächstens die Quelle der Moral aufdecken werde.«[13] Das Erstaunliche an dieser Entdeckung ist, daß sie sofort von der Überzeugung begleitet wird, dieses einzigartige Abenteuer sei auch ein exemplarisches Schicksal. So deute ich den überaus

---

[12] Die »Briefe an Wilhelm Fließ« von 1897 bilden in dieser Hinsicht ein wertvolles Dokument: während vorher »in sämtlichen Fällen der Vater als pervers beschuldigt werden mußte« (Brief Nr. 69), zeigt der Ödipuskomplex nunmehr die »Unschuld des Vaters«; andererseits muß dem Kind Sexualität zugebilligt werden; eben dies verschleierte die Phantasie der Urszene (vgl. auch Zur Geschichte der psychoanalytischen Bewegung (1914), GW X, 55–61; zu Freuds Selbstanalyse und seinem eigenen Ödipuskomplex vgl. Briefe Nr. 69, 70, 71. Die fehlende aktive Rolle des Vaters, die fromme, diebische Kinderfrau (»meine Lehrerin in sexuellen Dingen«), die Leidenschaft für die Mutter, die Eifersucht auf den Bruder, die zwiespältige Stellung des älteren Neffen etc.: vgl. Jones, op. cit., I, Kap. XIV. Für die Übertragung der Zärtlichkeit des jungen Sigmund auf seinen Freund Fließ und die Feindseligkeit gegenüber seinem Kollegen Breuer vgl. Jones, op. cit., I, S. 358 ff., Anzieu, op. cit., S. 59–73. Die erste Anspielung auf den Ödipuskomplex findet sich im Manuskript N zum Brief Nr. 64 vom 31. Mai 1897. Der Begriff der »Deckerinnerung« wird in einem Artikel aus dem Jahre 1899 systematisch behandelt: GW I, 531–534.
[13] Brief Nr. 64 vom 31. Mai 1897, Aus den Anfängen..., S. 197.

primitiven Parallelismus zwischen Freuds Selbstanalyse und der Interpretation des griechischen Ödipus-Mythos. Die Ehrlichkeit mit sich selbst fällt hier mit dem Verständnis eines universellen Dramas zusammen[14]; es ist ein reziprokes Verhältnis: die Selbstanalyse enthüllt die »packende Macht«, den zwanghaften Aspekt der griechischen Sage; demgegenüber bezeugt der Mythos die Fatalität – ich meine den nicht-willkürlichen Schicksalscharakter –, die der Einzelerfahrung anhaftet. Vielleicht muß man in dieser globalen Erkenntnis eines Zusammenfallens von Einzelerfahrung und Universalschicksal die tiefe Motivation, die keine ethnologische Untersuchung zu erschöpfen vermag, aller Freudschen Versuche sehen, Ontogenese – anders gesagt, das individuelle Geheimnis – und Phylogenese – d. h. das universelle Schicksal – miteinander zu verschränken.
Der Umfang dieses universellen Dramas wird von Anfang an erkannt; das bezeugt die Ausdehnung der Interpretation des *König Ödipus* auf die Hamlet-Figur: wenn der »Hysteriker Hamlet« zaudert, den Liebhaber seiner Mutter zu töten, so »durch die Qual, welche ihm die dunkle Erinnerung bereitet, er habe sich mit derselben Tat gegen den Vater aus Leidenschaft zur Mutter getragen...«[15] Eine blitzartige und entscheidende Annäherung: denn wenn Ödipus den schicksalhaften Aspekt offenbart, so offenbart Hamlet den dem Komplex anhaftenden Aspekt der Schuld; nicht durch Zufall zitiert Freud bereits 1897 den Ausspruch Hamlets, der später in DAS UNBEHAGEN IN DER KULTUR wiederkehrt: »So macht Gewissen

---

14 »Ein einziger Gedanke von allgemeinem Wert ist mir aufgegangen. Ich habe die Verliebtheit in die Mutter und die Eifersucht gegen den Vater auch bei mir gefunden und halte sie jetzt für ein allgemeines Ereignis früher Kindheit, wenn auch nicht immer so früher wie bei den hysterisch gemachten Kindern. (Ähnlich wie den Abkunftsroman der Paranoia – Heroen, Religionsstifter.) Wenn das so ist, so versteht man die packende Macht des Königs Ödipus trotz aller Einwendungen, die der Verstand gegen die Fatumsvoraussetzung erhebt, und versteht, warum das spätere Schicksalsdrama so elend scheitern mußte. Gegen jeden willkürlichen Einzelzwang, wie er in der Ahnfrau etc. Voraussetzung ist, bäumt sich unsere Empfindung, aber die griechische Sage greift einen Zwang auf, den jeder anerkennt, weil er dessen Existenz in sich verspürt hat. Jeder der Hörer war einmal im Keime und in der Phantasie ein solcher Ödipus und vor der hier in die Realität gezogenen Traumerfüllung schaudert jeder zurück mit dem ganzen Betrag der Verdrängung, der seinen infantilen Zustand von seinem heutigen trennt.« Brief Nr. 71 vom 15. Oktober 1897. AUS DEN ANFÄNGEN..., S. 193.
15 ibid.

Feige aus uns allen«, was Freud wie folgt kommentiert: »Sein Gewissen ist sein unbewußtes Schuldbewußtsein.«[16]

Was aber macht das individuelle Geheimnis zu einem universellen und überdies ethischen Schicksal, wenn nicht der Gang durch die Institution? Der Ödipuskomplex ist der geträumte Inzest; der Inzest aber ist »antisozial – Kultur besteht in diesem fortschreitenden Verzicht«[17]. Damit fällt die Verdrängung, die zur Geschichte des Wunsches in jedem Menschen gehört, mit einer der gewaltigsten Kulturinstitutionen zusammen, dem Inzestverbot. So ist durch Ödipus der große Konflikt der Kultur und der Triebe gesetzt, den Freud immer wieder erläutern sollte, angefangen mit DIE »KULTURELLE« SEXUALMORAL UND DIE MODERNE NERVOSITÄT (1908) über TOTEM UND TABU (1913) bis zu DAS UNBEHAGEN IN DER KULTUR (1913) und WARUM KRIEG? (1933). Verdrängung und Kultur, intrapsychische Institution und soziale Institution fallen also in diesem exemplarischen Punkt zusammen.

Aus diesem Netz von Institutionen geht einerseits die psychoanalytische Genesis und andererseits die soziologische Genesis hervor. Die erste Richtung wird mit der TRAUMDEUTUNG und den DREI ABHANDLUNGEN ZUR SEXUALTHEORIE eingeschlagen, die zweite mit TOTEM UND TABU.

Die TRAUMDEUTUNG übersetzt fast wörtlich die großen Entdeckungen der vorangegangenen Jahre, mit denen die BRIEFE AN WILHELM FLIESS uns heute bekannt machen; doch gleichzeitig wird ihre kulturelle Tragweite verschleiert; die Deutung des Ödipuskomplexes wird nämlich unter die Traumbeispiele vom Tod geliebter Personen verwiesen, die unter die Rubrik der typischen Träume fallen, welche ihrerseits in dem Kapitel »Das Traummaterial und die Traumquellen« erscheinen – folglich vor dem großen Kapitel »Die Traumarbeit«.[18] Diese Anordnung und mehr noch die Behandlung des Ödipuskomplexes als einfachen *Traumthemas* ist äußerst irreführend: die griechische Sage dient einzig dazu, die »Allgemeingültigkeit der besprochenen Voraussetzung aus der Kinderpsychologie«[19] zu bestätigen; unsere Träume bezeugen, daß die Erklärung der Tragödie in jedem von uns vorhanden ist: »König Ödipus, der seinen Vater

---

16 ibid.
17 Manuskript N, 31. Mai 1897, AUS DEN ANFÄNGEN..., S.182.
18 vgl. unsere Diskussion oben, S. 114 und Fn. 26.
19 GW II/III, 267.

Laïos erschlagen und seine Mutter Jokaste geheiratet hat, ist nur die Wunscherfüllung unserer Kindheit ... Vor der Person, an welcher sich jener urzeitliche Kindheitswunsch erfüllt hat, schaudern wir zurück mit dem ganzen Betrag der Verdrängung, welche diese Wünsche in unserem Innern seither erlitten haben.«[20] Damit wird der große Kultur- und Triebkonflikt auf die intrapsychische Ebene, genauer auf den Traumschirm projiziert: »Daß die Sage von Ödipus einem uralten Traumstoff entsprossen ist, welcher jene peinliche Störung des Verhältnisses zu den Eltern durch die ersten Regungen der Sexualität zum Inhalte hat, dafür findet sich im Texte der Sophokleischen Tragödie selbst ein nicht mißzuverstehender Hinweis.«[21] Jokaste selbst erzählt Ödipus ihre Geschichte als typischen und universellen Traum: »Denn viele Menschen sahen auch in Träumen schon / Sich zugesellt der Mutter: Doch wer alles dies / Für nichtig achtet, trägt die Last des Lebens leicht.« Und Freud kann folgern: »Die Ödipus-Fabel ist die Reaktion der Phantasie auf diesen beiden typischen Träume [Begehren der Mutter, Tod des Vaters], und wie die Träume von Erwachsenen mit Ablehnungsgefühlen erlebt werden, so muß die Sage Schreck und Selbstbestrafung in ihren Inhalt mit aufnehmen.«[22]
Weshalb diese offenkundige Reduzierung der kulturellen Tragweite des Ödipuskomplexes in der TRAUMDEUTUNG? Mehr noch als die Geschicklichkeit, mit der Freud in diesem Buch die Wahrheit destilliert und sie ebensosehr verbirgt wie enthüllt, möchte ich seine Hauptsorge betonen, sich nicht mit zufälligen kulturellen Verhältnissen aufzuhalten; man könnte also versucht sein, gewisse Züge der Feindschaft zwischen Vater und Sohn als ein Überbleibsel der antiken *potestas*, des römischen *pater familias* in unserer bürgerlichen Kultur zu erklären, wie Freud es nebenbei anregt[23]; wenn man sich nicht auf seine kultursoziologische Erklärung beschränken will, zu der gerade viele Neufreudianer zurückgekehrt sind, muß man

20 GW II/III, 269.
21 GW II/III, 270.
22 ibid.
23 »Alle diese Verhältnisse liegen offenkundig vor jedermanns Augen. Sie fördern uns aber nicht bei der Absicht, die Träume vom Tod der Eltern zu erklären, welche sich bei Personen finden, denen die Pietät gegen die Eltern längst etwas Unantastbares geworden ist. Auch sind wir durch die vorhergehenden Erörterungen darauf vorbereitet, daß sich der Todeswunsch gegen die Eltern aus der frühesten Kindheit herleiten wird.« (GW II/III, 263).

auf die archaische Konstitution der Sexualität zurückgehen. Deshalb wird hier der institutionelle Aspekt dem Phantasieaspekt untergeordnet und dieser in den Träumen gesucht, die Neurotikern und Normalen gemeinsam sind.[24] Nichtsdestoweniger wird im Kontext der TRAUMDEUTUNG der Aspekt des *universellen* Schicksals, den einzig der Mythos offenbart – was ich die hyperpsychologische und hypersoziologische Dimension des Mythos nennen möchte –, durch mehrere präzise Bemerkungen unterstrichen: die mit einem Male entdeckte Schicksalsgemeinschaft zwischen Ödipus und jedem Menschen zeugt von dem *universellen* Charakter der Inzestregung; und der »volle und universale Erfolg« der Sage zeugt seinerseits von jener Schicksalsgemeinschaft. Der Mythos sieht sich auf eine Traumphantasie reduziert; aber diese Phantasie ist eine universelle, weil sie »einen uralten Traumstoff« darstellt. Daher wird der Komplex für immer den Namen des Mythos tragen, auch wenn die Psychoanalyse den Mythos durch die Traumphantasie zu erklären scheint; einzig der Mythos drückt dem Traume selbst mit einem Schlag den Stempel des »Typischen« auf.[25]

Die DREI ABHANDLUNGEN ZUR SEXUALTHEORIE sind ein wichtiger Markstein auf dem Wege der eigentlich psychologischen Interpreta-

---

24 GW II/III, 263–267.

25 »Wenn der König Ödipus den modernen Menschen nicht minder zu erschüttern weiß als den zeitgenössischen Griechen, so kann die Lösung wohl nur darin liegen, daß die Wirkung der griechischen Tragödie nicht auf dem Gegensatz zwischen Schicksal und Menschenwillen ruht, sondern in der Besonderheit des Stoffes zu suchen ist, an welchem dieser Gegensatz erwiesen wird. Es muß eine Stimme in unserem Innern geben, welche die zwingende Gewalt des Schicksals im Ödipus anzuerkennen bereit ist ... Sein Schicksal ergreift uns nur darum, weil es auch das unsrige hätte werden können, weil das Orakel vor unserer Geburt denselben Fluch über uns verhängt hat wie über ihn.« (GW II/III, 269) Etwas später folgert Freud hinsichtlich *Hamlet* und *Macbeth*: »Wie übrigens jedes neurotische Symptom, wie selbst der Traum der Überdeutung fähig ist, ja dieselbe zu seinem vollen Verständnis fordert, so wird auch jede echte dichterische Schöpfung aus mehr als aus einem Motiv und einer Anregung in der Seele des Dichters hervorgegangen sein und mehr als eine Deutung zulassen.« (GW II/III, 272) Diese »Überinterpretation« scheint mir nicht auf die gewöhnliche »Überdeterminierung« durch Verdichtung oder Verschiebung zurückführbar zu sein; diese führt, so scheint mir, nur zu *einer* Interpretation, der nämlich, die die Überdeterminierung erklärt. Es handelt sich um eine wirkliche »Überinterpretation«, die ich in Kap. IV der *Dialektik* zu erarbeiten suchen werde. Es werden sich neue Aspekte des Freudschen Textes über den *Ödipus* des Sophokles ergeben, die diesen Begriff der »Überinterpretation« voll und ganz rechtfertigen.

tion des Ödipuskomplexes: die Voraussetzung aller späteren Thesen über die Rolle des Ödipuskomplexes bei der Errichtung des Über-Ichs ist die Existenz einer infantilen Sexualität; darin liegt die ungeheure Bedeutung der Drei Abhandlungen. Genauer, die Drei Abhandlungen haben der Interpretation des Ödipuskomplexes zwei fundamentale Themen geliefert: das der *Struktur* der infantilen Sexualität und das ihrer *Geschichte* oder ihrer *Phasen*.

Mehr als diese oder jene besondere These in bezug auf die »sexuellen Abirrungen«, die »infantile Sexualität« oder die »Umgestaltungen der Pubertät« (dies sind die Titel der Drei Abhandlungen) hat dieses kleine Buch im wesentlichen die Bedeutsamkeit der prähistorischen Vorzeit für die Sexualgeschichte des Menschen zeigen wollen, einer Vorzeit, die gewissermaßen durch eine beflissene »Amnesie« verwischt ist, worauf wir später zurückkommen werden. Nach Aufhebung des Verbots, das uns den Zugang zur Sexualität des Kindes versperrt, erheben sich große, schreckliche Wahrheiten: Objekte und Ziele, so wie wir sie in einem Kulturzustand erkennen, sind sekundäre Funktionen einer viel weiter reichenden Tendenz, die jeglicher »Überschreitung« und jeglicher »Perversion« fähig sind; ein loses Bündel von Triebregungen, darunter die Grausamkeit, ist immer bereit, sich aufzulösen und bildet die Neurose als Negativ der Perversion. Die Zivilisation entsteht auf Kosten der Sexualtriebe, mit Hilfe ihrer abgelenkten Verwendung und als Reaktion gegen die Perversionsdrohung (zu jener Zeit belegt Freud jede Ablenkung der sexuellen Triebkräfte von ihren Zielen und jede Hinwendung auf neue, sozial nützliche Ziele mit dem allgemeinen Terminus »Sublimierung«[26]).

All diese Gedanken dienen der speziellen Psychologie des Ödipuskomplexes als Grundlage; allerdings muß man zugeben, daß es keine Diskussion des Ödipuskomplexes gibt, die zu dem oder jenem Zeitpunkt die Themen der Drei Abhandlungen in ihrer Gesamtheit in Frage stellte: die Existenz der infantilen Sexualität, ihre

---

26 »Die Kulturhistoriker scheinen einig in der Annahme, daß durch solche Ablenkung sexueller Triebkräfte von sexuellen Zielen und Hinlenkung auf neue Ziele, ein Prozeß, der den Namen *Sublimierung* verdient, mächtige Komponenten für alle kulturellen Leistungen gewonnen werden. Wir würden also hinzufügen, daß der nämliche Prozeß in der Entwicklung des einzelnen Individuums spielt, und seinen Beginn in die sexuelle Latenzperiode der Kindheit verlegen.« Drei Abhandlungen zur Sexualtheorie, GW V, 79.

polymorphe Struktur, ihre potentiell perverse Anlage; der infantile Inzest, den der Ödipuskomplex voraussetzt, ist nur ein Sonderfall dieses allgemeinen Themas.
Doch die Interpretation des Ödipuskomplexes verdankt den DREI ABHANDLUNGEN auch die detaillierte Erarbeitung der »Phasen« oder »Organisationen« der Libido; dieses genetische Thema ist das unabdingbare Komplement des strukturalen Themas; zwar wird die Differenzierung der Phasen in der zweiten Abhandlung noch nicht sehr weit getrieben; der in der Auflage von 1915 den Entwicklungsphasen der sexuellen Organisation gewidmete Abschnitt kennt erst zwei »prägenitale Organisationen«: die orale und die sadistisch-anale Organisation; aber der grundlegende Unterschied von Sexuellem und Genitalem steht fest, nicht nur in seiner strukturalen Bedeutung, sondern auch in seiner historischen Ausarbeitung; er ist die Grundbedingung aller späteren Analysen. Dieser Unterschied ermöglicht es später (1923), in den folgenden Auflagen der DREI ABHANDLUNGEN, den Ödipuskomplex präziser mit einer anderen prägenitalen Organisation zu verknüpfen, nämlich mit der phallischen Stufe, also mit einer Stufe, die dem Autoerotismus folgt, wo die Libido bereits ein Gegenüber besitzt, doch wo andererseits die Sexualität mangels Organisation gescheitert ist; mit dieser phallischen Organisation verbindet sich später die Kastrationsdrohung, weshalb im Jahre 1924 die Auflösung des Ödipuskomplexes sowohl durch die Kastrationsdrohung wie durch die fehlende Organisation und Reifung der entsprechenden Stufe erklärt werden kann. All dies ist im Keim in der Stufentheorie der DREI ABHANDLUNGEN angelegt: sogar das Thema der Identifizierung findet in dieser Stufentheorie einen Rückhalt, insofern die Identifizierung die Einverleibung zum »Vorbild« hat, das »Fressen« in der oralen oder kannibalischen Phase.[27]
Die Bedeutung dieses kleinen Buches – das sein Autor besonders schätzte – für die Erklärung des Ödipuskomplexes liegt auf der Hand; es folgt einer der hartnäckigsten Tendenzen des Freudianismus, nämlich seiner Betonung der »Vorzeit«[28] – ein Marx und Freud gemeinsames Thema –, einer Vorzeit, die ihre eigenen Gesetze und, wenn man so sagen darf, ihre eigene Geschichte hat.
Das Gewicht der Vorzeit fördert einen für Freud sehr charakteristi-

27 GW V, 98.
28 GW V, 73.

schen Pessimismus, den sämtliche neufreudianischen Spielarten zu mildern und zu eliminieren trachteten; er ist uns schon in verschiedenen Formen begegnet: »Unzerstörbarkeit des Wunsches«, gemäß der TRAUMDEUTUNG, »Zeitlosigkeit« des Unbewußten, gemäß den metapsychologischen Versuchen; die DREI ABHANDLUNGEN fügen diesem Hauptthema die Idee einer ursprünglichen Abirrung des Geschlechtstriebes hinzu, Abirrung in bezug auf sein Objekt und sein Ziel: »Angesichts der nun erkannten großen Perversionsneigungen«, heißt es in der Zusammenfassung, »drängt sich uns der Gesichtspunkt auf, daß die Anlage zu den Perversionen die ursprüngliche allgemeine Anlage des menschlichen Geschlechtstriebes sei, aus welcher das normale Sexualverhalten infolge organischer Veränderungen und psychischer Hemmungen im Laufe der Reifung entwickelt werde.« [29] Deshalb auch ist die menschliche Sexualität der Ort für eine ähnliche Auseinandersetzung wie jene, die die Sophisten über die Sprache führten, die Auseinandersetzung zwischen *physis* und *nomos*; die menschliche Sexualität, als Sprache, ist sowohl institutioneller wie natürlicher Art; das Thema der Perversion, in dem wir zuweilen einen Überrest der bürgerlichen Moral erblicken, erinnert daran, daß die Libido »von Natur aus« alle »Verletzungen« der gewöhnlichen Moralität vorrätig hält. Die genitale Vereinigung ist immer ein Sieg über die ursprüngliche Zerstreuung der Libido auf Zonen, Ziele und Objekte, die in bezug auf die Achse der heterosexuellen Geschlechtlichkeit dezentriert sind. Der Perverse wie der Neuropath sind die Zeugen dieser ursprünglichen Abirrungen der menschlichen Sexualität. Fixierung und Regression auf überwundene Phasen sind speziell menschliche Möglichkeiten, niedergeschrieben in der Struktur und Geschichte dieser »Vorzeit«.

Das ist der Grund, weshalb die Institution notwendig ein Joch auferlegt: der Mensch erzieht sich nur, indem er auf eine archaische Übung »verzichtet«, überholte Objekte und Ziele »aufgibt«; die Institution ist das Gegenstück zu jener »polymorph-perversen« Struktur. Weil der Erwachsene dem Kind verfallen bleibt, das er einmal war, weil er zaudern und regredieren kann, weil er des Archaismus empfänglich ist, ist der Konflikt kein Unfall, den eine bessere soziale Organisation oder eine bessere Pädagogik ihm zu ersparen vermöchte; das menschliche Wesen kann den Eintritt in die

---

29 GW V, 132.

Kultur nur nach einem Konfliktmodus erleben. Es gibt ein Leiden, das der Kulturaufgabe anhaftet wie ein Schicksal, gleich jenem Schicksal, das die Ödipus-Tragödie illustriert. Möglichkeit zur Abirrung und Notwendigkeit der Verdrängung sind korrelativ[30]; die kulturelle Versagung, ähnlich der oben erörterten Trauerarbeit, entspricht der Angst der Hegelschen Dialektik von Herr und Knecht; die Identifizierung mit dem Vater wird es uns bald ermöglichen, diesen Vergleich zu vertiefen. Die Entdeckung des Todestriebs ist bereits in den DREI ABHANDLUNGEN angelegt; die vielen Anspielungen auf die Grausamkeit werden es erlauben, den Vergleich zwischen Hegel und Freud weiterzutreiben.

Gegen diesen dunklen Hintergrund also hebt sich die ödipale Situation ab.

Warum ist diese Krise wichtiger als die anderen, sogar so wichtig, daß Freud fast ausschließlich ihr den Eintritt in die Neurose wie den in die Kultur zuschreibt?[31] Berechtigterweise könnte man gegen diese offenbare Majorisierung des ödipalen Vorfalls einwenden, daß

30 In den DREI ABHANDLUNGEN ZUR SEXUALTHEORIE begegnet man häufig dem Ausdruck »seelische Dämme« (GW V, 78, 92, 134). Dieser Begriff präjudiziert nicht den ins Spiel gebrachten Mechanismus; drei »Verarbeitungen« (GW V, 138-141) werden berücksichtigt: die erste führt zur Perversion, sie ist mit dem Mißlingen der Unterordnung anderer Ziele und Zonen unter die genitale Komponente verbunden; die zweite führt zur Neurose, wenn nämlich der Trieb eine Verdrängung erfährt und unterschwellig weiterlebt; die dritte schließlich führt zur Sublimierung, dann nämlich, wenn der Tendenz Abfluß und Verwendung auf andere Gebiete eröffnet wird: »Eine der Quellen der Kunstbetätigung ist hier zu finden und, je nachdem solche Sublimierung eine vollständige oder unvollständige ist, wird die Charakteranalyse hochbegabter, insbesondere künstlerisch veranlagter Personen jedes Mengungsverhältnis zwischen Leistungsfähigkeit, Perversion und Neurose ergeben.« (GW V, 140). Verdrängung, Sublimierung und Reaktionsbildung (hier als »Unterart« der Sublimierung behandelt) sind einander recht ähnliche Mechanismen und setzen sich zu dem, was wir Charakter heißen, zusammen (ibid.).

31 Eine 1920 hinzugefügte Anmerkung präzisiert: »Man sagt mit Recht, daß der Ödipuskomplex der Kernkomplex der Neurosen ist, das wesentliche Stück im Inhalt der Neurose darstellt. In ihm gipfelt die infantile Sexualität, welche durch ihre Nachwirkungen die Sexualität des Erwachsenen entscheidend beeinflußt. Jedem menschlichen Neuankömmling ist die Aufgabe gestellt, den Ödipuskomplex zu bewältigen; wer es nicht zustande bringt, ist der Neurose verfallen. Der Fortschritt der psychoanalytischen Arbeit hat diese Bedeutung des Ödipuskomplexes immer schärfer gezeichnet; seine Anerkennung ist das Schiboleth geworden, welches die Anhänger der Psychoanalyse von ihren Gegnern scheidet.« (GW V, 127 f., Fn.)

alle Übergänge – sowohl in bezug auf die Ziele wie auf die Objekte – Krisen und Versagungen sind und daß das Ödipus-Drama nur ein Segment in dem allgemeinen Drama ist, das Freud selber die »Objektfindung« nennt[32] und das, angefangen vom Stillen und Entwöhnen und der Prüfung der Abwesenheit der geliebten Person, nur eine lange Geschichte von »Objektwahlen« und »Objektverlusten«, von Erwählungen und Enttäuschungen ist; die Inzestschranke ist im Grunde nur eine der vielen Beschneidungen des Wunsches (wie Entwöhnung, Abwesenheit, Liebesentzug). Was indes der Inzestschranke eine in dieser harten Schulung des Wunsches und präziser in der Erziehung zur Objektwahl einmalige Stellung verleiht, ist gerade ihre kulturelle Dimension. Die DREI ABHANDLUNGEN sagen es deutlich: »Die Beachtung dieser Schranke ist vor allem eine Kulturforderung der Gesellschaft, welche sich gegen die Aufzehrungen von Interessen durch die Familie wehren muß, die sie für die Herstellung höherer sozialer Einheiten braucht, und darum mit allen Mitteln dahin wirkt, bei jedem einzelnen, speziell beim Jüngling, den in der Kindheit allein maßgebenden Zusammenhang mit seiner Familie zu lockern.«[33]

In diesem Text erscheint die Inzestschranke als eine Kulturerwerbung, die jedes neue Individuum sich aneignen muß, wenn sie nicht schon durch Vererbung fixiert ist; die Erklärung ihres Ursprungs wird also von der Psychologie zur Ethnologie verlagert.

Führt die Phylogenese nun weiter als die Ontogenese?
Das wird die Untersuchung von TOTEM UND TABU uns festzustellen gestatten. Wir lassen soweit wie möglich das präzise Problem des Ursprungs der religiösen Glaubensinhalte beiseite, d. h. des Glaubens an die Existenz von Göttern, den Freud bekanntlich von der totemistischen Institution ableitet; gewiß können wir das Tabu nicht lange vom Totem trennen, da Freuds These gerade darin besteht, das moralische Verbot vom primitiven Tabu-Verbot herzuleiten und dieses auf die totemistische Abstammung zu gründen, die wiederum als historischer und kollektiver Ödipuskomplex interpretiert

---

[32] GW V, 123 ff.
[33] GW V, 127. Eine Fußnote von 1915 weist deutlich darauf hin, daß sich die Korrelation zwischen den DREI ABHANDLUNGEN ZUR SEXUALTHEORIE und TOTEM UND TABU auf dieser Ebene herstellt. Der Begriff der »Inzestschranke« im ersteren Werk stimmt mit dem des »Tabu« im zweiten überein.

wird. Dennoch ist es legitim, die Untersuchung dieses Textes soweit wie möglich zu führen[34], ohne das ins Spiel zu bringen, was in ihm das Fragwürdigste ist, nämlich den historischen Ödipus der Wilden, der vielleicht nur ein wissenschaftlicher Mythos ist, ein Mythos, der an die Stelle des Sophokleischen tritt und, gleich einer »Urszene«, hinter die Selbstanalyse Freuds und die Psychoanalyse seiner Patienten projiziert wird.

Wenn wir uns also vorerst diesseits des wissenschaftlichen Mythos vom Totem bewegen, d. h. auf der Ebene der beiden ersten Kapitel von TOTEM UND TABU (»Die Inzestscheu« – »Das Tabu und die Ambivalenz der Gefühlsregungen«), was finden wir dann in TOTEM UND TABU? Kaum mehr als »angewandte Psychoanalyse«, d. h. eine von Traum und Neurose auf das Tabu übertragene Psychoanalyse; Freud bringt in diesen beiden Kapiteln die psychoanalytische Deutung eines ziemlich begrenzten ethnologischen Materials in Vorschlag; es wäre müßig, in ihnen eine ethnologische Erhellung des Problems der Institution zu suchen, das die psychoanalytische Deutung zwar aufgedeckt, aber nicht weiter verfolgt hat. Die Funktion des ethnologischen Mythos ist genau der Übergang von einer »angewandten Psychoanalyse«, wo das Modell des Traums und der Neurose auf das Tabu ausgedehnt wird, zu einer Phantastik des Totem, wo die Ethnologie für fähig gehalten wird, das durch die Psychologie des Ödipus hervorgerufene Rätsel zu lösen.

Wenn die Psychoanalyse des Tabu in den beiden ersten Kapiteln von TOTEM UND TABU kaum weiter vordringt als eine angewandte Psychoanalyse, so liegt das an den beiden Postulaten dieses Buches – die im übrigen nicht nur ihm eignen: einerseits ist der Wilde der späte Zeuge einer unserer eigenen Entwicklung vorausgegangenen Phase und dient daher als experimentelle Illustration unserer Vorzeit;

---

34 Freud ermächtigt zu dieser relativen Disjunktion: »Die beiden Hauptthemata, welche diesem kleinen Buch den Namen geben, der Totem und das Tabu, werden darin nicht in gleichartiger Weise abgehandelt. Die Analyse des Tabu tritt als durchaus gesicherter, das Problem erschöpfender Lösungsversuch auf. Die Untersuchung über den Totemismus bescheidet sich zu erklären: Dies ist, was die psychoanalytische Betrachtung zur Klärung der Totemprobleme derzeit beibringen kann.« (Vorwort) Zu Beginn des I. Kapitels fügt Freud hinzu: man könne annehmen, »die Exogamie habe ursprünglich – im Beginne der Zeiten und dem Sinne nach – nichts mit dem Totemismus zu tun, sondern sei ihm irgend einmal, als sich Heiratsbeschränkungen notwendig erwiesen, ohne tieferen Zusammenhang angefügt worden.« (GW IX, 9)

andererseits ist er, aufgrund der großen Ambivalenz seiner Gefühlsregungen, ein Bruder des Neurotikers. Indem Freud die Psychoanalyse auf die Ethnographie anwendet, meint er einen doppelten Wurf zu tun: auf der einen Seite erklärt er dem Ethnologen, was dieser beschreibt, aber nicht versteht, auf der andern Seite liefert er dem Publikum – und den ungläubigen Kollegen! – den experimentellen Nachweis für die Wahrheit der Psychoanalyse. Das Gegenstück dieses Unternehmens ist, daß die psychoanalytischen Erklärungen des Tabu ohne den totemistischen Mythos nicht weiter führt als die der Neurosen und Träume und auf die Tatsache des Verbots und hinter diesem auf die Tatsache der Institution oder Autorität stößt.

Folgen wir also der Beweisführung, ohne uns im einzelnen bei Argumenten aufzuhalten, die uns hier nicht interessieren. Der Kernpunkt ist die Inzestscheu: von den wildesten Wilden – »diesen armen, nackten Kannibalen« – erfahren wir, »daß sie sich mit ausgesuchtester Sorgfalt und peinlichster Strenge die Verhütung inzestuöser Geschlechtsbeziehungen zum Ziele gesetzt haben. Ja ihre gesamte soziale Organisation scheint dieser Absicht zu dienen oder mit ihrer Erreichung in Beziehung gebracht worden zu sein.«[35] Das soziale Instrument dieser Verhütung ist das berühmte Gesetz der Endogamie, das Frazer in *Totemism and Exogamy* (1910) dargelegt hatte, demzufolge »Mitglieder desselben Totem nicht in geschlechtliche Beziehungen zueinander treten, also auch einander nicht heiraten dürfen«[36]. Die Grundlage des Verbots ist also die Zugehörigkeit zum Totem; deshalb muß man, unerachtet unserer Bemühung, den totemistischen Mythos auszuklammern und nur das Tabu zu berücksichtigen, sogleich die totemistische Bindung einführen, auf die das Verbot sich gründet; das gesamte Gebäude ruht auf der Ersetzung der realen Blutsverwandtschaft durch die Totemverwandtschaft. Gleichwohl darf man auf dieser Ebene der Analyse dafürhalten, daß das Wichtige nicht der Glaube an das Totem ist, nicht einmal der Glaube an die mystische Natur der Abstammungs- oder Zugehörigkeitsbeziehung, sondern die soziale Tatsache der Ersetzung der sexuellen Promiskuität durch die »Gruppenehe«. Die Exogamie ist das Mittel, durch das diese Ersetzung erreicht wird; anders gesagt, das Verbot ist das Gegenstück zur Niveauänderung der Sexuali-

35 GW IX, 6.
36 GW IX, 8.

tät³⁷; auf dieses Minimum reduziert, stimmt die Interpretation des Inzestverbots in TOTEM UND TABU mit der des Ödipuskomplexes in den DREI ABHANDLUNGEN ZUR SEXUALTHEORIE überein.
Der eigentlich ethnologische Beitrag der beiden ersten Kapitel von TOTEM UND TABU hat hiermit sein Bewenden. Die Pointe des Buches weist in die entgegengesetzte Richtung; alles Folgende ist mehr eine psychoanalytische Erklärung der Inzestscheu denn eine soziologische Erklärung der Institution, deren Negativ das Verbot ist; das Rätsel der Institution wird auf den späteren wissenschaftlichen Mythos verwiesen: »Was wir zu ihrer Würdigung hinzufügen können, ist die Aussage, sie sei ein exquisit infantiler Zug und eine auffällige Übereinstimmung mit dem seelischen Leben des Neurotikers.«³⁸ Die Entdeckung des Inzestthemas der Neurose bildet also den Leitfaden; die Inzestangst der Wilden erbringt lediglich den Beweis für den heute im Unbewußten verlorenen zentralen Komplex. Die eigentliche institutionelle und strukturierende Funktion des Verbots ist aus Freuds Blickfeld verschwunden. Ich erkläre diese Verschiebung auf zweierlei Weise: 1. Zur Zeit der Herausbildung der ersten Topik, d. h. vor der Entstehung des Über-Ichs, verfügt Freud noch nicht über den theoretischen Begriff der *Identifizierung*, sondern nur über die noch rohe Idee der »Reaktionsbildung« einer

---

37 Freud hat, wie vor ihm schon L. H. Morgan, sehr wohl erkannt, daß die »Klassifizierung« die Sprache jener neuen Beziehung ist; anläßlich der Heiratsklassen in einem System mit zwei Klassen und drei Unterklassen bemerkt er: »Aber während die Totemexogamie den Eindruck einer heiligen Satzung macht, die entstanden ist, man weiß nicht wie, also einer Sitte, scheinen die komplizierten Institutionen der Heiratsklassen, ihrer Unterteilungen und der daran geknüpften Bedingungen zielbewußter Gesetzgebung zu entstammen, die vielleicht die Aufgabe der Inzestverhütung neu aufnahm, weil der Einfluß des Totem im Nachlassen war.« (GW IX, 14). Die Klassifizierung ist also eine Verstärkung und eventuell ein Ersatz des ursprünglich heiligen Verbots. Freud steht hierin dem zeitgenössischen Strukturalismus nahe, mit dem – allerdings beträchtlichen – Unterschied, daß die Klassifizierung in bezug auf die mystische Bindung zum Totem zweitrangig ist. Dennoch sollte dieser Unterschied nicht zu hoch veranschlagt werden: selbst bei diesem Rückgriff auf die totemistische Bindung zählt allein die Kulturtatsache, die in der Ersetzung der spontanen Sexualität durch eine soziale Beziehung besteht; diese Änderung des biologisch-sozialen Niveaus ist das positive und erste Faktum gegenüber dem negativen und zweitrangigen Faktum des Inzestverbots.
38 GW IX, 24. Als Freud die vier Teile von TOTEM UND TABU gesondert in der Zeitschrift *Imago* publizierte, gab er ihnen den Titel »Einige Übereinstimmungen im Seelenleben der Wilden und der Neurotiker«.

psychisch höher entwickelten Organisation[39]; wir werden die in dieser Hinsicht entscheidende Rolle des Essays MASSENPSYCHOLOGIE UND ICH-ANALYSE von 1921 noch kennenlernen; 2. außerdem ist Freud viel mehr damit beschäftigt, die pathogene Rolle des Ödipuskomplexes in der Neurose zu rechtfertigen, als seine strukturierende und instituierende Rolle zu entwickeln; die Ethnologie hat die Funktion der experimentellen Verifizierung. Zur Verteidigung der Freudschen Ethnologie läßt sich nichts Besseres sagen, als daß sie nur ein Nebengerüst der Neurosentheorie ist. In dieser Hinsicht gehört TOTEM UND TABU noch zum Zyklus der »analogischen« Interpretationen, wie wir die »angewandte Psychoanalyse« charakterisiert haben.[40]

Den Leitfaden der Analogie liefert die strukturale Verwandtschaft von Tabu und Zwangsneurose; diese funktioniert als individuelles Tabu, jenes als kollektive Neurose; die Übereinstimmung äußert sich in vier Punkten: »1. In der Unmotiviertheit der Gebote, 2. in ihrer Befestigung durch eine innere Nötigung, 3. in ihrer Verschiebbarkeit und in der Ansteckungsgefahr durch das Verbotene, 4. in der Verursachung von zeremoniösen Handlungen, Geboten, die von den Verboten ausgehen.«[41] Doch den bedeutsamsten Punkt dieser Annäherung bildet die Analyse der Gefühlsambivalenz; man kann sagen, daß hier die Interpretation des Tabu als Leitfaden dient; das

---

39 DREI ABHANDLUNGEN ZUR SEXUALTHEORIE, GW V, 78 f. In einer Fußnote von 1915 unterscheidet Freud Sublimierung und Reaktionsbildung, die der Text von 1905 beide den »seelischen Dämmen« (Ekel, Schamgefühl, moralische Idealanforderung) zurechnete (ibid.).
40 Zweifellos muß man dem Streit mit Jung, der 1912 die *Wandlungen und Symbole der Libido* und 1913 den *Versuch einer Darstellung der psychoanalytischen Theorie* veröffentlichte, eine gewisse Bedeutung beilegen: »Die nachstehenden vier Aufsätze ... enthalten also einen methodischen Gegensatz einerseits zu dem groß angelegten Werk von W. Wundt, welches die Annahmen und Arbeitsweisen der nicht analytischen Psychologie derselben Absicht dienstbar macht, und andererseits zu den Arbeiten der Züricher psychoanalytischen Schule, die umgekehrt Probleme der Individualpsychologie durch Heranziehung von völkerpsychologischem Material zu erledigen streben.« (GW IX, 3) In der SELBSTDARSTELLUNG (1925) ist Freud mehr darauf bedacht, seine Schuld gegenüber Jung anzuerkennen: »Später, 1912, wurde der nachdrückliche Hinweis von Jung auf die weitgehenden Analogien zwischen den geistigen Produktionen der Neurotiker und der Primitiven mit zum Anlaß, meine Aufmerksamkeit diesem Thema zuzuwenden.« (GW XIV, 92). Aber diese Schuld besteht gerade in einer »psychologischen« Interpretation der Ethnologie.
41 GW IX, 39.

Tabu ist das Anziehende und Gefürchtete zugleich. Diese doppelte Gefühlskonstitution, als Wunsch und als Furcht, erhellt auf erstaunliche Weise die Psychologie der Verführung und erinnert an Paulus, Augustin, Kierkegaard und Nietzsche; das Tabu stellt uns vor eine Situation, wo das Verbotene verlockend ist, weil verboten, wo das Verbot Gelüste weckt: »Grundlage des Tabu ist ein verbotenes Tun, zu dem eine starke Neigung im Unbewußten besteht.«[42]

Damit verbleibt die ganze Beweislast auf seiten der Neurose: das Phänomen der Autorität, dem sich der Wunsch konfrontiert sieht, wird vorausgesetzt, ohne explizit zu werden; es sind dem Wunsche bereits »Dämme« (um mit den DREI ABHANDLUNGEN zu reden) aufgenötigt und entgegengestellt, dem Wunsch, der schon Wunsch nach Übertretung geworden ist; daher folgt Freud in der weiteren Erklärung des Tabu[43] dem Gefälle seiner Interpretation, statt zu ihren Bedingungen und Annahmen zurückzugehen. Die Interpretation entfaltet sich gewissermaßen so, daß sie Züge umfaßt, die vom zentralen Kern der Ambivalenz von Verbotenem und Begehrtem immer weiter entfernt liegen und zum größten Teil Frazers Sammlung in seinem Werk *The Golden Bough* entstammen (ambivalente Gefühle gegenüber Feinden, Häuptlingen und Toten). Es ist eine Psychologie und sogar eine Psychopathologie des Tabu, die sich immer weiter verzweigt, ohne daß je das eigentlich konstitutionelle Moment des Verbots erarbeitet würde.[44] Die Psychopathologie reicht oft sehr weit: so läßt sich im Fall des königlichen Zeremoniells – durch den Vergleich des Tabu-Zeremoniells mit dem Zwangszere-

---

42 GW IX, 42.
43 II. Kapitel.
44 Im folgenden Kapitel werden wir sehen, wie der Mechanismus der »Projektion« den Anschein von Transzendenz erklärt, der der religiösen Quelle des Verbotenen und Gefürchteten anhaftet; der Mechanismus der Introjektion, durch den eine Autoritätsquelle im Ich eingesetzt wurde, kompliziert sich damit durch den Mechanismus der Projektion, mittels dessen die Allmacht des Gedankens in reale Mächte projiziert wird: Dämonen, Geister und Götter; die Projektion ist nicht dazu bestimmt, von der Institution als solcher Rechenschaft zu geben, sondern von der Illusion der Transzendenz, die dem Glauben an Geister und Götter anhaftet, d. h. der realen Existenz der den Menschen überlegenen Mächte; die Projektion ist das ökonomische Mittel, durch das ein intrapsychischer Konflikt wo nicht gelöst, so doch leichter wird; die Äußerlichkeit der Autorität scheint wirklich irreduzibel zu sein; sie wird durch die Definition des Tabu selbst vorausgesetzt: »Das Tabu ist ein uraltes Verbot, von außen (von einer Autorität) aufgedrängt und gegen die stärksten Gelüste der Menschen gerichtet.« (GW IX, 45).

moniell – unter dem Mantel des Respekts die bildliche Erfüllung des Verbotenen entdecken, d. h. die Feindschaft, und diese auf den Vaterkomplex zurückführen. Der Primitive ist der späte Zeuge dieser Ambivalenz des Seelenlebens; was letztlich in der Furcht durchscheint, ist die Kraft der Wünsche und die »Unzerstörbarkeit und Unkorrigierbarkeit unbewußter Vorgänge«[45]. Weil der Wilde ein großes Kind ist, zeigt er deutlich und gleichsam in einer phantastischen Vergrößerung, was uns nur noch in der sehr versteckten und gemilderten Form des moralischen Imperativs oder in den entstellten Zügen der Zwangsneurose sichtbar wird. Die Gefühlsambivalenz erscheint also als der »Boden«, der einerseits dem Tabugewissen (und dem Tabuschuldgefühl), andererseits dem moralischen Imperativ, so wie Kant ihn formulierte, gemeinsam ist.[46]

Wollte Freud das Gewissen durch die Ambivalenz erklären? Einige Texte, die verstohlen die Analogie in Abstammung verwandeln, könnten zu diesem Glauben berechtigen.[47] Doch die Ambivalenz ist nur die Art und Weise, wie wir gewisse menschliche Beziehungen erleben, wenn das Verbot, das aus dem Auftauchen einer dem Wunsch überlegenen Bindung herrührt, einmal aufgestellt ist: die Vaterfigur im Ödipuskomplex, der Übergang von biologischen

---

45 GW IX, 88.

46 Bei dieser Gelegenheit vergleicht Freud *Gewissen* mit *Wissen*: »Denn was ist ›Gewissen‹? Nach dem Zeugnis der Sprache gehört es zu dem, was man am gewissesten weiß; in manchen Sprachen scheidet sich seine Bezeichnung kaum von der des Bewußtseins. Gewissen ist die innere Wahrnehmung von der Verwerfung bestimmter in uns bestehender Wunschregungen; der Ton liegt aber darauf, daß diese Verwerfung sich auf nichts anderes zu berufen braucht, daß sie ihrer selbst gewiß ist.« (GW IX, 85).

47 »Wenn wir nicht irren, so wirft das Verständnis des Tabu auch ein Licht auf die Natur und Entstehung des *Gewissens*. Man kann ohne Dehnung der Begriffe von einem Tabugewissen oder von einem Tabuschuldbewußtsein nach Übertretung des Tabu sprechen. Das Tabugewissen ist wahrscheinlich die älteste Form, in welcher uns das Phänomen des Gewissens entgegentritt.« (ibid.) Und kurz darauf: »Man kann in der Tat den Ausspruch wagen, wenn wir nicht an den Zwangskranken die Herkunft des Schuldbewußtseins ergründen können, so haben wir überhaupt keine Aussicht, dieselbe zu erfahren. Die Lösung dieser Aufgabe gelingt nun beim einzelnen neurotischen Individuum; für die Völker getrauen wir uns eine ähnliche Lösung zu erschließen.« (GW IX, 86) Die gesamte spätere Geschichte der Moralität scheint sich auf eine Geschichte der Ambivalenz zu reduzieren: »Eine Veränderung in den Verhältnissen der grundlegenden Ambivalenz kann allein die Ursache sein, daß das Verbot nicht mehr in der Form des Tabu erscheint.« (GW IX, 88)

Beziehungen zur »Gruppenehe« in der totemistischen Organisation verweisen auf das erste Phänomen der Autorität oder Institution, von der T OTEM UND T ABU bisher mehr die affektiven Wirkungen als den dem Wunsche »äußerlichen« Ursprung erhellte. Die Psychologie der Verführung, zu der das Thema der Gefühlsambivalenz gehört, macht das Fehlen einer ursprünglicheren Dialektik von Wunsch und Gebot nur um so deutlicher. Was in diesen beiden Kapiteln unausgesprochen bleibt, ist die Institution selbst.[48]

Um diese Lücke auszufüllen, setzt Freud an den Ursprung der Menschheit einen realen Ödipuskomplex, einen ursprünglichen Vatermord, dessen Narbe die gesamte spätere Geschichte tragen soll. Das letzte Kapitel von T OTEM UND T ABU erarbeitet eine Theorie des Totemismus, die aus mehreren Entlehnungen besteht und deren Zement der Ödipuskomplex selber ist, jedoch in die Urgeschichte der Menschheit projiziert. Frazer – zumindest dessen *Totemism and Exogamy* – und Wundt entlehnt Freud die Überzeugung, daß die soziale Funktion des Tabu von der religiösen Funktion des Totem abhängt, daß das Exogamiegebot von der Totemverwandtschaft herrührt – und zwar trotz den Vorbehalten und Abweichungen von Frazer selbst und der schon von manchen Ethnologen vertretenen Tendenz, Totemismus und Exogamie voneinander zu trennen[49]; weil der Wilde vom Totem abstammt, darf er, Freud zufolge,

---

[48] Freud hebt einen Zipfel des Schleiers, wenn er einräumt: »... aber das Tabu ist doch keine Neurose, sondern eine soziale Bildung« (ibid.), und: »*Somit ist das Überwiegen der sexuellen Triebanteile gegen die sozialen das für die Neurose charakteristische Moment.*« (GW IX, 91) Doch nur, um sogleich hinzuzufügen: »Die sozialen Triebe sind aber selbst durch Zusammentreten von egoistischen und erotischen Komponenten zu besonderen Einheiten entstanden.« (ibid.) Der Unterschied taucht auf andere Weise wieder auf: der Neurotiker, vom Lustprinzip beherrscht, flieht die Realität, die ihn verletzt; aber die »Gesellschaft der Menschen und die von ihnen gemeinsam geschaffenen Institutionen« (GW IX, 92) sind ein grundlegender Zug der »realen Welt«, von der der Neurotiker sich abgekehrt und ausgeschlossen hat. Wie kommt es, daß sich diese kollektive Arbeit und die aus ihr hervorgehenden Institutionen eher mit dem Realitätsprinzip als mit dem Lustprinzip verbinden? Diese Frage bleibt in T OTEM UND T ABU unbeantwortet.
[49] GW IX, 132, 146; 176: »Im Gegensatz zu den neueren und in Anlehnung an die älteren Auffassungen des totemistischen Systems heißt uns also die Psychoanalyse einen innigen Zusammenhang und gleichzeitigen Ursprung von Totemismus und Exogamie vertreten.«

weder das Totem töten (oder was es repräsentiert) noch die Frauen derselben Gruppe heiraten; man erkennt hier bereits die beiden Hauptverbote des Ödipuskomplexes. Nun bleibt nur noch die Vaterfigur im Totem wiederzufinden, um endlich den historischen Ursprung des Ödipuskomplexes zu kennen.

Das entscheidende Glied erbringt die Psychoanalyse selbst: der Fall des »kleinen Hans« und der eines Patienten von Ferenczi überzeugten Freud davon, daß der Vater das maskierte Thema der Tierphobien bei Kindern ist: »Was wir neu aus der Analyse des ›kleinen Hans‹ erfahren, ist die für den Totemismus wertvolle Tatsache, daß das Kind unter solchen Bedingungen einen Anteil seiner Gefühle von dem Vater weg auf ein Tier verschiebt.«[50] Diese in der infantilen Neurose entschlüsselte Verschiebung liefert von nun an den Leitfaden im Labyrinth der ethnologischen Erklärungen; Freud wird zudem in dieser Richtung ermutigt durch die bereits betonte Übereinstimmung zwischen der Gefühlsambivalenz des Wilden gegenüber dem Tabu und derjenigen der Beziehungen zum Vater, wobei die Verschiebung auf eine Tiergestalt die verfehlte Lösung dieser Ambivalenz ist. Nun bedarf es nur noch eines historischen Äquivalents für die phantasmatische Verschiebung, die im Fall des kleinen Hans festgestellt worden ist; was dieser Fall in kleinen Buchstaben darstellt, gilt es nun, in den großen Buchstaben der Urgeschichte geschrieben zu finden.

Die Entdeckung des Vaterkomplexes in den Tierphobien hat, so scheint es, Freud dazu verleitet, dem ersten Kern der Totemtheorie – dem Kern Frazer-Wundt – zwei entscheidende und recht abenteuerliche Züge zu amalgamieren. Darwin und Atkinson[51] entlehnt er die Theorie einer Urhorde, bei der die Eifersucht des Männchens, das das Monopol auf die Weibchen besitzt, gegenüber den vom Mitbesitz ausgeschlossenen Männchen eine im übrigen zweifelhafte Rolle spielt, ohne daß sich, zumindest bei Darwin, klar erkennen ließe, wie die Stärke sich in Recht und die Eifersucht in Exogamie

---

50 GW IX, 157. Der Beitrag Ferenczis ist grundlegend: ihm ist die Kastrationsdrohung entlehnt, die im folgenden eine so große Rolle spielen soll, »nicht direkt im Zusammenhang des Ödipuskomplexes, sondern auf Grund der narzißtischen Voraussetzung desselben, der Kastrationsangst«. (GW IX, 158) Dieses Thema wird in DER UNTERGANG DES ÖDIPUSKOMPLEXES (1924) wiederaufgegriffen.
51 *Primal Law,* 1903.

verkehrt.⁵² Doch vor allem entlehnt er Robertson Smith, dem Autor von *The Religion of the Semits* (1889), die Theorie einer Totemmahlzeit, die es ermöglichen wird, die Erklärungslücken zu stopfen. Man muß einräumen, daß das Opfer am Altar in den alten Religionen immer die gleiche Rolle gespielt hat, daß es sich jedesmal um einen Akt der Geselligkeit, eine Kommunion der Gläubigen mit ihrem Gott handelte, daß die Tieropfer die ältesten sind, daß das Töten des Opfers dem Clan erlaubt, dem Individuum verboten ist, daß schließlich das Opfertier mit dem alten Totemtier identisch ist; die Totemmahlzeit würde also den stets unsicheren ethnologischen »Beweis« für die berühmte totemistische Abstammung liefern. Doch muß man dieses schon sehr vereinfachte Schema noch mit »einigen wahrscheinlichen Zügen« ausstatten⁵³: daß das Totem zuerst grausam getötet, roh verzehrt und dann beweint und beklagt wurde, bevor das Fest anhob.

Das Material ist nun beisammen: amalgamiert man Frazer, Wundt, Darwin, Atkinson und Robertson Smith, so ergibt sich die folgende Geschichte: »Eines Tages taten sich die ausgetriebenen Brüder zusammen, erschlugen und verzehrten den Vater und machten so der Vaterhorde ein Ende. Vereint wagten sie und brachten sie zustande, was dem einzelnen unmöglich geblieben wäre. (Vielleicht hatte ein Kulturfortschritt, die Handhabung einer neuen Waffe, ihnen das Gefühl der Überlegenheit gegeben.) Daß sie den Getöteten auch verzehrten, ist für den kannibalen Wilden selbstverständlich. Der gewalttätige Urvater war gewiß das beneidete und gefürchtete Vorbild eines jeden aus der Brüderschar gewesen. Nun setzten sie im Akte des Verzehrens die Identifizierung mit ihm durch, eigneten sich ein jeder ein Stück seiner Stärke an. Die Totemmahlzeit, vielleicht das erste Fest der Menschheit, wäre die Wiederholung und die Gedenkfeier dieser denkwürdigen verbrecherischen Tat, mit welcher so

---

52 Die einzige Anspielung, die in die Richtung der Freudschen Erklärung weist, ist folgende: »The younger males, being thus expelled and wandering about, would, when at last succeful in finding a partner, prevent too close interbreeding within the limits of the same family.« Darwin, *The Descent of Man* (1872), II, S. 362; zitiert in GW IX, 153: »Die jüngeren Männchen, welche hiedurch ausgestoßen sind und nun herumwandern, werden auch, wenn sie zuletzt beim Finden einer Gattin erfolgreich sind, die zu enge Inzucht innerhalb der Glieder einer und derselben Familie verhüten.« Allenfalls läßt sich in diesem Text ein Hinweis auf das, was wir später den Brüderbund nennen werden, finden.
53 GW IX, 169.

vieles seinen Anfang nahm, die sozialen Organisationen, die sittlichen Einschränkungen und die Religion.«[54]
Es ist schwierig, sich des Eindrucks zu erwehren, daß der im Traum und in der Neurose entdeckte Ödipuskomplex es war, der aus dem verfügbaren ethnologischen Material das herauszuklauben gestattete, was die Rekonstruktion eines kollektiven Ödipuskomplexes der Menschheit ermöglichte und es erlaubte, in ihm ein reales, am Ursprung der Geschichte vorgefallenes Ereignis zu vermuten; die Identifizierung mit dem Totemtier und die ambivalente Gefühlseinstellung gegen dasselbe sind in einer wörtlichen und nicht mehr symbolischen Interpretation gewissermaßen verdinglicht: wenn das Tier in den Tierphobieträumen für den Vater steht, dann erlaubt es der ethnologische Mythos, den Vater an Stelle des Tiers einzusetzen: die symbolische Verschiebung in Traum und Neurose ist so durch eine reale Verschiebung verdoppelt und kompensiert, die in der Geschichte stattgefunden haben soll: »Wir haben nur eine Aussage dieser Völker wörtlich genommen, mit welcher die Ethnologen wenig anzufangen wußten, und die sie darum gern in den Hintergrund gerückt haben. Die Psychoanalyse mahnt uns, im Gegenteil gerade diesen Punkt hervorzusuchen und an ihn den Erklärungsversuch des Totemismus zu knüpfen.«[55]
Die psychoanalytische Deutung des Ödipuskomplexes hat sich damit in eine realistische Archäologie projiziert; sie bespiegelt sich selbst in einer wörtlichen Deutung des Totemismus. Der Sinn des Ödipuskomplexes, erschlossen im Filigran der Träume und Neurosen, erstarrt zu einer realen Äquivalenz: das Totem ist der Vater; der Vater wurde getötet und verzehrt; die Reue der Söhne findet nie ein Ende; um sich mit dem Vater und sich selbst zu versöhnen, haben sie die Moral erfunden: wir haben jetzt ein reales Ereignis und nicht mehr eine Phantasie. Auf diesem ersten Stein lassen sich alle anderen, lediglich erschlossenen Konfliktsituationen auftürmen; wahr ist leider, daß der erste Vatermord nur ein anhand ethnologischer Bruchstücke, unter der Ägide der analytisch erschlossenen Phantasie konstruiertes Ereignis ist. Als wissenschaftliches Dokument genommen ist TOTEM UND TABU nur ein gewaltiger circulus vitiosus, bei dem die Phantasie des Analytikers mit der Phantasie des Analysierten übereinstimmt.

54 GW IX, 171 f.
55 GW IX, 160.

Ich meine also, daß man, will man der Psychoanalyse einen Dienst erweisen, nicht ihren wissenschaftlichen Mythos als Wissenschaft verteidigen soll[56], sondern ihn als Mythos interpretieren muß. Am Ende von TOTEM UND TABU glaubt Freud, die griechische Tragödie aus der realen Totemmahlzeit ableiten zu können[57]; das Umgekehrte ist wahr: der Freudsche Mythos ist die positivistische Transkription des tragischen Mythos in den ethnographischen Termini des beginnenden 20. Jahrhunderts. Durch diese positivistische Transkription meint Freud den Phantasien seiner Patienten und denen seiner Selbstanalyse die Präambel einer wahren Geschichte zu liefern. Doch diese rationale Phantasie des Menschen Freud, die sich später seine Schule zu eigen gemacht hat, ist mit der Platonschen Konstruktion im IV. Buch des *Staats* zu vergleichen, wo der Philosoph es unternimmt, die »kleinen Buchstaben« der menschlichen Seele mit ihren drei Kräften an den »großen Buchstaben« des Staats mit seinen drei sozialen Klassen abzulesen. Nichts anderes geschieht in TOTEM UND TABU: *am* Vater und Sohn der Darwinschen Horde liest Freud die Eifersucht des Vaters und die Entstehung der Institution aus der Gewalt ab; *an* der Totemmahlzeit nach Robertson Smith liest er die Ambivalenz von Liebe und Haß, von Zerstörung und Partizipation ab, die die Symbolik der Mahlzeit beseelt, bis hin zu ihrer brutalsten kannibalischen Äußerung; *an* der das Fest eröffnenden

---

56 Freud hat die vielen Schwierigkeiten sehr wohl erkannt, welche der Rekurs auf die psychologische Vererbung mit sich bringt, eine verwirrende Variante der Vererbung erworbener Merkmale (GW IX, 190, 193). Mit wachsender Hartnäckigkeit wird Freud in DER MANN MOSES UND DIE MONOTHEISTISCHE RELIGION all ihre Nachteile auf sich nehmen; für die Kritik der Ethnologen vgl. Malinowski, *Sex and Repression in Savage Society* (1927), insbesondere III, 3; Kroeber, »An ethnologic Psychoanalysis«, *American Anthropologist*, XXII, 1920, S. 48–57; »Totem and Taboo in retrospect«, *American Journal of Sociology*, XLV, Nov. 1939, S. 446 ff.; *Anthropology*, 1948 (rev. Ausgabe), S. 616 f.; Claude Lévi-Strauss, *Les Structures Elémentaires de la Parenté*, 1949.

57 »Warum muß aber der Held der Tragödie leiden, und was bedeutet seine ›tragische‹ Schuld? Wir wollen die Diskussion durch rasche Beantwortung abschneiden. Er muß leiden, weil er der Urvater, der Held jener großen urzeitlichen Tragödie ist, die hier eine tendenziöse Wiederholung findet, und die tragische Schuld ist jene, die er auf sich nehmen muß, um den Chor von seiner Schuld zu entlasten.« (GW IX, 188) Diese Interpretation des tragischen Helden als Erlöser des Chors, der seinerseits mit der Brüderhorde identifiziert wird, ermöglicht es, die griechische Tragödie zwischen der Totemmahlzeit und der Passion Christi anzusiedeln.

Trauer liest er den Verlust des Objekts ab, die enge Pforte jeder Metamorphose der Liebe; *an* der Reue und dem nachträglichen Gehorsam liest er den Übergang zur Institution ab, das doppelte Leid des Verbrechens und des Verzichts; kurz, durch diesen neuen tragischen Mythos interpretiert er die gesamte Geschichte als Erbe des Verbrechens: »Die Gesellschaft beruht jetzt auf der Mitschuld an dem gemeinsam verübten Verbrechen, die Religion auf dem Schuldbewußtsein und der Reue darüber, die Sittlichkeit teils auf den Notwendigkeiten dieser Gesellschaft, zum anderen Teil auf den vom Schuldbewußtsein geforderten Bußen.«[58]
Durch diesen neuen, scheinbar wissenschaftlichen Mythos bricht Freud mit jeder Geschichtsanschauung, die ausschalten würde, was Hegel die »Arbeit des Negativen« nannte; die ethische Geschichte der Menschheit ist nicht die Rationalisierung des Nützlichen, sondern die Rationalisierung eines ambivalenten, eines befreienden Verbrechens, das zugleich die ursprüngliche Wunde bleibt; eben dies bedeutet die Totemmahlzeit, zwiespältige Zelebrierung der Trauer und des Festes.
Gleichzeitig taucht das Problem der Institution mit aller Kraft wieder auf; in mythischen Termini: wie konnte aus einem »Vatermord« das Verbot des »Brudermordes« entstehen? Indem Freud in dem vorgeblichen Totem die Vatergestalt enthüllte, hat er das Problem, das er lösen wollte, nur verschärft, nämlich die Billigung des äußeren Verbots durch das Ich; gewiß, ohne die »Eifersucht« des Vaters der Horde gibt es kein Verbot; ohne den »Vatermord« gibt es auch kein Abbrechen der Eifersucht; doch die beiden Chiffren »Eifersucht« und »Vatermord« sind wiederum Chiffren der Gewalt: der Vatermord unterbindet die Eifersucht; was aber unterbindet den Vatermord als wiederholbares Verbrechen? Das war schon das Problem von Aischylos in der *Orestie*. Freud räumt es bereitwillig ein: die Reue und der nachträgliche Gehorsam erlauben es, von einem »Pakt mit dem Vater« zu sprechen, doch dieser erklärt allenfalls das Verbot zu töten, nicht aber das Inzestverbot; dieses erheischt einen anderen Pakt, einen Pakt unter Brüdern; durch diesen Pakt beschließt man, die Eifersucht des Vaters nicht zu wiederholen, man verzichtet auf den gewaltsamen Besitz, der doch das Motiv des Mordes gewesen war: »Somit blieb den Brüdern, wenn sie miteinander

---

58 GW IX, 176.

leben wollten, nichts übrig, als – vielleicht nach Überwindung schwerer Zwischenfälle – das Inzestverbot aufzurichten, mit welchem sie alle zugleich auf die von ihnen begehrten Frauen verzichteten, um deren wegen sie doch in erster Linie den Vater beseitigt hatten.«[59] Und etwas später: »Indem die Brüder sich einander so das Leben zusichern, sprechen sie aus, daß niemand von ihnen vom anderen behandelt werden dürfe, wie der Vater von ihnen allen gemeinsam. Sie schließen eine Wiederholung des Vaterschicksals aus. Zum religiös begründeten Verbot, den Totem zu töten, kommt nun das sozial begründete Verbot des Brudermords hinzu.«[60] Mit diesem Verzicht auf Gewalt gibt man sich alles, was zur Entstehung der Institution nötig ist: das wahre Rechtsproblem ist der Brudermord, nicht der Vatermord; mit dem Symbol des Brüderclans hat Freud das eigentliche *Requisit* der analytischen Erklärung gefunden, das, was das Problem von Hobbes, Spinoza, Rousseau und Hegel gewesen war: nämlich die Mutation von Krieg in Recht; die Frage ist, ob diese Mutation noch einer Ökonomie des Wunsches untersteht. Die ganze Problematik des Über-Ichs, die wir nun erörtern wollen, verdichtet sich in diesem Punkt: nicht, wie der Ödipuskomplex entstanden ist, sondern wie er bei der Errichtung des Über-Ichs untergeht.

3. Das metapsychologische Problem: der Begriff des Über-Ichs

Zu Beginn dieses Kapitels schlugen wir vor, zwei Freudsche Begriffe, das Ichideal und das Über-Ich, voneinander zu unterscheiden, indem wir den ersten auf die deskriptive, phänomenale, symptomatologische Ebene, den zweiten auf die theoretische, systematische, ökonomische Ebene beziehen. Das Über-Ich ist tatsächlich eine metapsychologische Konstruktion gleichen Ranges wie jene, die wir im Rahmen der ersten Topik betrachtet haben. Doch wenn die Reihe »Ich, Es, Über-Ich« in erkenntnistheoretischer Hinsicht der Reihe »*Bw, Vbw, Ubw*« vergleichbar ist, darf man sich berechtigterweise fragen, auf welche Weise sie sich mit der letzteren deckt. Zu sagen, in der ersten Topik handle es sich um »psychische Lokalitäten« und

---

59 GW IX, 174.
60 GW IX, 176.

in der zweiten um Rollen, personologische Funktionen, ist kaum erhellend, denn die Unterscheidung bleibt weiterhin metaphorischer Art.[61] Gleichwohl weist die Metapher die Untersuchung in die richtige Richtung. Tatsächlich bezeichnet der Unterschied zwischen »Rollen« und »Lokalitäten« einen Unterschied in der Behandlung der ökonomischen Probleme. Gewiß bleibt das Problem auf beiden Seiten ein ökonomisches; in der zweiten wie in der ersten Topik ist niemals von etwas anderem die Rede als von Änderungen der Besetzung. Doch während die erste Topik diese Änderungen unter dem Gesichtspunkt des Ausschlusses *aus* dem Bewußtsein oder des Zugangs *zum* Bewußtsein behandelt (ob dieser Zugang nun in verkleideten oder substituierten, erkannten oder verkannten Formen erfolgt), behandelt die zweite Topik diese Änderungen unter dem Gesichtspunkt der Kraft oder der Schwäche des Ichs, also unter dem Gesichtspunkt der Herrschaft oder der Unterwerfung des Ichs. Dem Titel eines der Kapitel von Das Ich und das Es zufolge hat die zweite Topik die »Abhängigkeiten des Ichs« zum Thema (Kap. V). Diese Abhängigkeiten sind zunächst Herr-Knecht-Beziehungen: Abhängigkeit des Ichs vom Es, Abhängigkeit des Ichs von der Außenwelt, Abhängigkeit des Ichs vom Über-Ich. Durch diese entfremdeten Beziehungen hindurch zeichnet sich eine Personologie ab: die Rolle des Ichs, des Personalpronomens, konstituiert sich in Beziehung zum Anonymen, Sublimen und Realen, d. h. zu Variationen über das Personalpronomen.

Welches ist die Aufgabe dieser Ökonomik? Das als eine »Differenzierung« des Triebkerns sichtbar zu machen, was bisher dem Wunsche äußerlich geblieben war. Anders gesagt, einen ökonomischen Vorgang der Besetzungsverteilung mit dem historischen Vorgang der Introjektion der Autorität in Übereinstimmung zu bringen. Damit stellt sich ein neuer Zusammenhang zwischen Hermeneutik und Ökonomik her: der Ödipuskomplex wurde im Mythos und in der Geschichte, im Traum und in der Neurose entziffert: jetzt geht es darum, die entsprechende Energieverteilung in topischen und ökonomischen Termini auszudrücken. Die beiden Topiken bringen also zwei Typen der Differenzierung des Triebkerns zum Ausdruck. Parallel zur Differenzierung innerhalb des Ichs, die Freud dem Einfluß

---

61 Für die Metapher der drei Provinzen, die von drei Völkern besetzt sind, deren Verteilung ihnen bald entspricht, bald nicht entspricht, vgl. Neue Folge der Vorlesungen ... (GW XV, 79).

der Außenwelt zuschreibt und dem System *W-Bw* zuordnet, muß noch eine andere, eine »innere« und nicht mehr »oberflächliche«, sublime und nicht mehr perzeptive Differenzierung in Betracht gezogen werden: jene Differenzierung, jene Triebveränderung nennt Freud »Über-Ich«. In dieser Hinsicht ist die neue Ökonomik weit mehr als die Übersetzung des klinischen, psychologischen und ethnologischen Materials in eine konventionelle Sprache. Ihr obliegt es, ein unlösbar gebliebenes Problem nicht nur auf deskriptiver, sondern auch auf historischer Ebene zu lösen; die Tatsache der Autorität erschien immer als die Voraussetzung des individuellen oder kollektiven Ödipuskomplexes; man muß sich Autorität, Verbote geben, um von der individuellen oder kollektiven Vorzeit zur Geschichte des Erwachsenen und Kulturmenschen zu gelangen. Alle Bemühung der neuen Theorie der Instanzen geht dahin, die Autorität in die Geschichte des Wunsches einzutragen, sie als einen »Unterschied« zum Wunsch sichtbar zu machen; dieser Forderung entspricht die Institution des Über-Ichs. Die Beziehung zwischen Genetik und Ökonomik ist also reziprok: Einerseits weist die neue Theorie der Instanzen auf die Rückwirkung des genetischen Standpunkts und der Entdeckung des Ödipuskomplexes auf die erste Systematik hin; andererseits liefert sie der Genesis selbst eine Begriffsstruktur, die es ihr erlaubt, ihr Hauptproblem wo nicht zu lösen, so doch in systematischen Termini zu stellen: *nämlich der Aufstieg des Sublimen innerhalb des Wunsches*. Wenn das Ödipusdrama der Angelpunkt dieser Instituierung ist, geht es darum, das ödipale Ereignis und die Heraufkunft des Über-Ichs miteinander in Beziehung zu setzen und diese Beziehung in ökonomischen Termini auszudrücken.

Die Lösung dieses Problems – sofern man überhaupt sagen kann, die Psychoanalyse habe es gelöst – wird in dem berühmten Essay Das Ich und das Es von 1923 in sehr konzisen Begriffen ausgedrückt. Man wird seinen bemühten, ja problematischen Charakter besser verstehen, wenn man diesen Text als die Synthese einer Reihe von metapsychologischen Entwürfen behandelt, die noch zur Zeit der ersten Topik entstanden sind. Wir werden drei oder vier Marksteine auf dem Weg zu dieser Synthese vorstellen.
Eine 1920 der dritten der Drei Abhandlungen zur Sexualtheorie hinzugefügte Fußnote zeigt an, in welcher Richtung die Lösung gesucht wurde: »Jedem menschlichen Neuankömmling ist die Auf-

gabe gestellt, den Ödipuskomplex zu bewältigen; wer es nicht zustande bringt, ist der Neurose verfallen.«[62] Im Visier liegt das Thema vom *Untergang* des Ödipuskomplexes als einem Schlüssel zur Einführung des Über-Ichs. Somit verschiebt das ökonomische Problem des Über-Ichs das Interesse an der Bildung des Ödipuskomplexes auf das an seinem Untergang (um den Titel eines Artikels aus dem Jahre 1924 vorwegzunehmen).

Ein erster Markstein wurde in ZUR EINFÜHRUNG DES NARZISSMUS gesetzt[63]; dieser Essay deutet an, daß der spätere Begriff der Identifizierung nicht die ganze Ökonomik des Über-Ichs in sich begreift; er schlägt nämlich ein Differenzierungsschema vor, das, wie mir scheint, durch die spätere Theorie weder aufgesogen noch aufgehoben wurde. Diesem Schema zufolge ist die Idealbildung oder Idealisierung eine Differenzierung innerhalb des Narzißmus. Aber auf welche Weise? Die Verdrängung, bemerkt Freud, geht vom Ich aus, als dem Pol der kulturellen und ethischen Vorstellungen des Individuums. Doch wenn man berücksichtigt, daß dieses Ich gleichzeitig die Selbstachtung des Ichs ist, dann ist es nicht unmöglich, die Bedingung der Verdrängung durch die Libidotheorie zu bewältigen: »Wir können sagen, der eine habe ein *Ideal* in sich aufgerichtet, an welchem er sein aktuelles Ich mißt ... Die Idealbildung wäre von seiten des Ichs die Bedingung der Verdrängung.«[64] Was aber ist Idealisierung? »Diesem Idealich gilt nun die Selbstliebe, welche in der Kindheit das wirkliche Ich genoß. Der Narzißmus erscheint auf dieses neue ideale Ich verschoben, welches sich wie das infantile im Besitz aller wertvollen Vollkommenheiten befindet.«[65] Unfähig, auf die einmal genossene Befriedigung, auf die »narzißtische Vollkommenheit seiner Kindheit« zu verzichten, »sucht er sie in der neuen Form des Ichideals wieder zu gewinnen. Was er als sein Ideal vor sich hin projiziert, ist der Ersatz für den verlorenen Narzißmus seiner Kindheit, in der er sein eigenes Ideal war.«[66] Die Idealisierung

---

62 GW V, 127 (Anm. 2).
63 Man erinnert sich, wie Freud den Narzißmus in die Psychoanalyse »einführt«, vgl. oben, S. 137 und Anm. 30. Wir werden in der *Dialektik* die philosophische Bedeutung des Narzißmus als eines *gescheiterten Cogito* zeigen. Es ist also wichtig zu verstehen, auf welche Weise Freud das Sublime, das höhere Ich, aus diesem gescheiterten Cogito herzuleiten versucht.
64 GW X, 161.
65 ibid.
66 ibid.

ist also eine Art und Weise, die narzißtische Vollkommenheit der Kindheit *festzuhalten,* indem wir sie auf eine neue Gestalt *verschieben.*

Was läßt sich auf einer so schmalen Basis errichten? Freud selbst gibt kaum Aufklärung; er begnügt sich damit, zwei weitere Züge anzuführen. Idealisierung ist nicht Sublimierung, welche das Triebziel, also den Trieb selbst in seiner Orientierung ändert, während die Idealisierung nur das Objekt des Triebes ändert, ohne daß er in seiner Grundrichtung affiziert würde; daher »steigert« die Idealbildung »die Anforderungen des Ichs«, also das Verdrängungsniveau, während die Sublimierung ein anderes Schicksal ist als die Verdrängung, eine wirkliche innere Triebverkehrung; dieser erste Zusatz erlaubt die Behauptung, daß die Idealisierung nur einer der Wege zur Bildung des Über-Ichs ist, der narzißtische Weg.[67]

Eine zweite Bemerkung weist darauf hin, daß diese Methode mit einer anderen koordiniert werden muß; weiter unten schreibt Freud: »Es wäre nicht zu verwundern, wenn wir eine besondere psychische Instanz auffinden sollten, welche die Aufgabe erfüllt, über die Sicherung der narzißtischen Befriedigung aus dem Ichideal zu wachen, und in dieser Absicht das aktuelle Ich unausgesetzt beobachtet und am Ideal mißt.«[68] Diese beobachtende Instanz hat Freud bereits erkannt, nicht nur im Beobachtungswahn, sondern auch in der Traumarbeit, zumindest in solchen Träumen, in denen der Träumer sich beim Träumen, Schlafen und Erwachen beobachtet; bei dieser Gelegenheit meint Freud, daß die Selbstwahrnehmung im Schlaf und Erwachen, die Traumzensur, das Ichideal, das Gewissen, ein und dieselbe Instanz sein müssen; doch die Äußerungen dieser einen Instanz weisen eher auf eine dem Narzißmus äußerliche Quelle hin, die elterliche Quelle.[69] Man hat allen Grund anzunehmen, daß,

---

[67] Diese Entdeckung ist freilich schon für sich allein ungeheuer; sie bedeutet, daß unser »besseres Ich« in gewisser Weise auf der Linie des falschen, des gescheiterten Cogito steht.

[68] GW X, 162.

[69] »Die Anregung zur Bildung des Ichideals, als dessen Wächter das Gewissen bestellt ist, war nämlich von dem durch die Stimme vermittelten kritischen Einfluß der Eltern ausgegangen, an welche sich im Laufe der Zeiten die Erzieher, Lehrer und als unübersehbarer, unbestimmbarer Schwarm alle anderen Personen des Milieus angeschlossen hatten. (Die Mitmenschen, die öffentliche Meinung.) ... Die Institution des Gewissens war im Grunde eine Verkörperung zunächst der elterlichen Kritik, in weiterer Folge der Kritik der Gesellschaft, ein Vorgang,

wenn ein Teil der narzißtischen Energie sich auf ein mehr ideales denn reales Ich »verschiebt«, es deshalb geschieht, weil er von dem vom Elternkomplex herrührenden Kern »angezogen« wird. Anders gesagt, der Narzißmus muß durch die Autorität vermittelt sein, damit er sowohl verschoben wie in idealer Form festgehalten werden kann. Die Idealisierung verweist also auf die Identifizierung.

Dennoch gibt vielleicht der narzißtische Kern der Idealisierung der Identifizierung eine Grundlage und erklärt, daß die Entlehnungen vom Anderen Ich werden; vielleicht müssen die Bruchstücke der Mitmenschen, die das Ichideal bilden, sich einem Idealich beigesellen, das im Narzißmus wurzelt, damit die Identifizierung gelingt. Diese Bemerkung könnte dem Unterschied zwischen Idealich und Ichideal, der bei Freud selbst nur eine magere Stütze hat, zu einigem Ansehen verhelfen.[70] Daß Freud ihn nicht herausgearbeitet hat, liegt daran, daß er seine Radikalität bis zum Ende verfolgen wollte: das Über-Ich wird von außen nach innen aufgepfropft.

Auch der Identifizierungsvorgang, auf den die Idealisierung verweist, hat eine lange Geschichte: in einem 1915 der zweiten Abhandlung der DREI ABHANDLUNGEN hinzugefügte und den verschiedenen Organisationen der Sexualität gewidmeten Abschnitt[71] sieht Freud den Ort der Identifizierung in der sogenannten oralen oder kannibalischen prägenitalen Organisation: doch die Frage ist eben, ob die von der Theorie des Über-Ichs geforderte Identifizierung auf der Linie des Besitzens, des Habens liegt oder ob sich der Wunsch,

---

wie er sich bei der Entstehung einer Verdrängungsneigung aus einem zuerst äußerlichen Verbot oder Hindernis wiederholt.« (GW X, 163)

70 Der Ausdruck »Idealich« ist selten. Wir begegnen ihm in ZUR EINFÜHRUNG DES NARZISSMUS (GW X, 161); in DAS ICH UND DAS ES erscheint er in veränderter Schreibweise: Ideal-Ich; meines Wissens kommt er sonst nirgends mehr vor. Dagegen findet sich der Ausdruck »Ichideal« an die hundertmal. Der Ausdruck »Idealich« muß trotz seiner Seltenheit für beabsichtigt gelten: der Kontext weist darauf hin, daß Freud im Gegensatz zum »effektiven« oder wirklichen Ich vom Idealich spricht. Das Idealich ist das verschobene narzißtische Ich. Der Ausdruck ist mit dem des »narzißtischen Ichideals« vollkommen synonym; man muß also diesem Ausdruck unbedingt seinen narzißtischen Kontext erhalten. Das hindert uns nicht, den Unterschied zu konsolidieren, indem wir uns auf Freuds Bemerkungen über den Charakter der Achtung stützen, der sich ursprünglich mit dem Narzißmus verbindet und den Freud *Selbstachtung* nennt; er ist das eigene Ideal des Narzißmus: »... einer Zeit, in der er sein eigenes Ideal war.« (GW X, 161)

71 GW V, 98.

zu sein wie, von dem Wunsche, zu haben, nicht radikal unterscheidet, dessen brutalster Ausdruck das Fressen ist. In TRAUER UND MELANCHOLIE hat Freud das Ausmaß dieses Vorgangs zu erkennen begonnen; zum ersten Mal wird die Identifizierung als eine Reaktion auf den Objektverlust begriffen. Diese Funktion erscheint im Gegensatz von Melancholie und Trauer; bei der Trauerarbeit fügt sich die Libido der Realität, die ihr befiehlt, auf alle ihre Bindungen nach und nach zu verzichten, sich durch Entziehung der Besetzung zu befreien. Anders bei der Melancholie; eine Identifizierung des Ichs mit dem verlorenen Objekt ermöglicht es der Libido, ihre Besetzung im Innern fortzusetzen; das Ich wird so durch Identifizierung das ambivalente Objekt seiner Liebe und seines Hasses; der Objektverlust wird in einen Verlust im Ego verwandelt, und der Konflikt zwischen Ego und geliebter Person setzt sich in dem neuen Zwiespalt zwischen der Kritikfähigkeit des Ego und dem durch die Identifizierung veränderten Ego fort.[72]

Dieser Text über die Identifizierung schlägt eine Brücke zwischen Narzißmus und Introjektion der idealen Vorbilder; tatsächlich ist die Identifizierung – zumindest bei der Melancholie – ökonomisch gesprochen eine Regression der Objektlibido auf den narzißtischen Kern; einer Anregung von Otto Rank folgend, prägt Freud bei dieser Gelegenheit den Begriff der narzißtischen Identifizierung: »Die Melancholie entlehnt also einen Teil ihrer Charaktere der Trauer, den anderen Teil dem Vorgang der Regression von der narzißtischen Objektwahl zum Narzißmus.«[73] Freilich ist diese »narzißtische Identifizierung« eine pathologische Identifizierung; ihre Verwandtschaft mit dem Fressen, die selbst eine noch narzißtische Stufe der Libido darstellt, bezeugt, daß sie zu den archaischen Organisationen der Libido gehört; nichtsdestoweniger zeichnet sich hinter dieser

---

[72] »Die Objektbesetzung erwies sich als wenig resistent, sie wurde aufgehoben, aber die freie Libido nicht auf ein anderes Objekt verschoben, sondern ins Ich zurückgezogen. Dort fand sie aber nicht eine beliebige Verwendung, sondern diente dazu, eine *Identifizierung* des Ichs mit dem aufgegebenen Objekt herzustellen. Der Schatten des Objekts fiel so auf das Ich, welches nun von einer besonderen Instanz wie ein Objekt, wie das verlassene Objekt, beurteilt werden konnte. Auf diese Weise hatte sich der Objektverlust in einen Ichverlust verwandelt, der Konflikt zwischen dem Ich und der geliebten Person in einen Zwiespalt zwischen der Ichkritik und dem durch Identifizierung veränderten Ich.« (GW X, 435)
[73] GW X, 437.

pathologischen Gestalt ein allgemeiner Vorgang ab: die Verlängerung des verlorenen Objekts ins Ich.
So ist zur Zeit der ersten Topik das Problem außerordentlich komplex; einerseits spricht Freud von der Sublimierung als von einem Triebschicksal, das sich von jedem anderen und besonders von der Verdrängung grundsätzlich unterscheidet; andererseits hat er begonnen, den Begriff der Idealisierung vom Narzißmus aus zu erarbeiten; schließlich hat er den Begriff der Identifizierung von der oralen Stufe der Libido aus skizziert und begonnen, Narzißmus und Identifizierung nach dem Vorbild der narzißtischen Identifizierung bei der Melancholie zu verbinden. Aber noch läßt sich nicht die Beziehung dieser drei Themen untereinander erkennen: Sublimierung, Idealisierung, Identifizierung; ebensowenig erkennt man ihre gemeinsame Beziehung zum Ödipuskomplex, und vor allem nicht den Übergang zwischen der Identifizierung mit dem verlorenen Objekt in der Melancholie und der Identifizierung mit dem Vater im Ödipuskomplex: wie kann der regressive Charakter der narzißtischen Identifizierung mit der strukturierenden Funktion der Identifizierung übereinstimmen, die zum Über-Ich führt?

Eine Brücke ist geschlagen zwischen diesen Texten, die zur Zeit der ersten Topik entstanden, und der Synthese, die in DAS ICH UND DAS ES sowie im VII. Kapitel von MASSENPSYCHOLOGIE UND ICH-ANALYSE (1921) geschaffen wurde. In diesem letzten großen Text vor DAS ICH UND DAS ES untersucht Freud die Natur der »Libidoverbindungen, welche eine Masse charakterisieren«.[74] So wie TOTEM UND TABU in psychoanalytischen Termini das von Wundt und Frazer gestellte Problem des totemistischen Ursprungs des Inzestverbots aufgriff, so greift dieser wichtige und relativ weitläufige Essay das Problem der »Massenpsychologie« nach Gustave Le Bon und der Nachahmung und affektiven Ansteckung nach Theodor Lipps auf. Um seine eigene Analyse auf die Ebene der Begriffe der Nachahmung, affektiven Ansteckung, »Einfühlung«, wie sie damals in der Sozialpsychologie im Schwange war, zu bringen, arbeitet Freud seinen Begriff der Identifizierung um und gibt ihm zum ersten Mal eine weit größere Tragweite als in den früheren Aufsätzen; gleichzeitig jedoch wird die Identifizierung mehr zum Namen eines

---

74 GW X, 110.

Problems als zu dem einer Lösung, insofern dieser Begriff dahin zielt, das gleiche Feld wie das der Nachahmung oder »Einfühlung« zu decken[75]: »Die Identifizierung ist der Psychoanalyse als früheste Äußerung einer Gefühlsbindung an eine andere Person bekannt« – so beginnt das VII. Kapitel unter der Überschrift »Die Identifizierung«.

Sehen wir uns diesen wichtigen Text näher an. Zum ersten Mal wird die Identifizierung mit dem Ödipuskomplex in Verbindung gebracht; doch zu unserem Erstaunen erfahren wir, daß die Identifizierung dem Ödipuskomplex ebensosehr *vorausgeht,* wie sie ihm *nachfolgt.* In den ersten Phasen des Komplexes stellt der Vater das dar, was das Kind »werden und sein möchte«; darauf folgt – »gleichzeitig mit dieser Identifizierung, vielleicht sogar vorher« – die Libidobewegung hin zur Mutter: »Er [der Knabe] zeigt also dann zwei psychologisch verschiedene Bindungen, zur Mutter eine glatt sexuelle Objektbesetzung, zum Vater eine vorbildliche Identifizierung. Die beiden bestehen eine Weile nebeneinander, ohne gegenseitige Beeinflussung oder Störung. Infolge der unaufhaltsam fortschreitenden Vereinheitlichung des Seelenlebens treffen sie sich endlich und durch dies Zusammenströmen entsteht der normale Ödipuskomplex.«[76] Es scheint also, als sei es der zur Mutter gewendete Wunsch, der die Identifizierung zwinge, eine eifersüchtige Tönung anzunehmen; dann verwandelt sich die Identifizierung in den Wunsch, den Vater zu ersetzen, in einen Todeswunsch; auf dieser Stufe ist die Identifizierung das Resultat des Ödipuskomplexes und nicht mehr sein Ursprung. Doch geht man von der Identifizierung als Resultat zu einer Identifizierung als Bedingung zurück, so stellt sie sich als ein großes Rätsel dar. Freud selbst sagt es mit Nachdruck: »Es ist leicht, den Unterschied einer solchen Vateridentifizierung von einer Vaterobjektwahl in einer Formel auszusprechen. Im ersten Fall ist der Vater das, was man *sein,* im zweiten das, was man *haben* möchte. Es ist also der Unterschied, ob die Bindung

---

[75] »Eine andere Ahnung kann uns sagen, daß wir weit davon entfernt sind, das Problem der Identifizierung erschöpft zu haben, daß wir vor dem Vorgang stehen, den die Psychologie ›Einfühlung‹ heißt, und der den größten Anteil an unserem Verständnis für das Ichfremde anderer Personen hat. Aber wir wollen uns hier auf die nächsten affektiven Wirkungen der Identifizierung beschränken und auch ihre Bedeutung für unser intellektuelles Leben beiseite lassen.« (GW XIII, 118 f.)
[76] GW XIII, 115.

am Subjekt oder am Objekt des Ichs angreift. Die erstere ist darum bereits vor jeder sexuellen Objektwahl möglich. Es ist weit schwieriger, diese Verschiedenheit metapsychologisch anschaulich darzustellen. Man erkennt nur, die Identifizierung strebt danach, das eigene Ich ähnlich zu gestalten wie das andere zum ›Vorbild‹ genommene.«[77] Nie wieder bringt Freud den problematischen und nicht dogmatischen Charakter der Identifizierung nachdrücklicher zum Ausdruck.

Wie läßt sich in der Tat diese Identifizierung mit einer Ökonomik des Wunsches verknüpfen? Die Schwierigkeiten sind zahlreicher als die gelösten Probleme. Wie steht es zunächst mit dem oralen Ursprung der Identifizierung? Es scheint, als rühre nur der Wunsch zu »haben« und nicht der Wunsch »zu sein wie« von der oralen Phase der Libidoorganisation her (der Phase, »in welcher man sich das begehrte oder geschätzte Objekt durch Essen einverleibte und es dabei als solches vernichtete«). Wie steht es außerdem mit der narzißtischen Wurzel der Identifizierung? Die neurotische Identifizierung, von der in diesem Kapitel sodann die Rede ist, scheint mehr mit der neurotischen Neigung zum Vater als dem Wunsch, ihm ähnlich zu werden, verknüpft; im Fall Dora, die den Husten des Vaters imitiert, ist die Verbindung offenkundig. Freud faßt diese Analyse wie folgt zusammen: »Dann können wir den Sachverhalt so beschreiben, *die Identifizierung sei an Stelle der Objektwahl getreten, die Objektwahl sei zur Identifizierung regrediert.*«[78] Hier handelt es sich also nicht um die ursprüngliche Identifizierung, die jeder Objektwahl vorausgeht, sondern um eine abgeleitete Identifizierung, mittels Regression zum Narzißmus aus der libidinösen Objektwahl entstanden; wir befinden uns auf dem in Trauer und Melancholie und in Zur Einführung des Narzissmus beschriebenen Terrain. Es gibt also mindestens zwei Identifizierungen, vielleicht sogar drei, bemerkt Freud, wenn man nämlich einräumt, daß eine Identifizierung auch unabhängig von jedem Objektverhältnis zur kopierten Person stattfinden kann, auf dem Wege der psychischen Ansteckung, die in der Hysterie wohl bekannt ist und auch durch alle Fälle illustriert wird, wo die Imitation unabhängig von irgendeiner Sympathie erfolgt; diese dritte Form trifft sich mit der »Einfühlung« der Psychologen.

77 GW XIII, 116.
78 GW XIII, 117.

Das Bild der Identifizierung ist letztlich komplexer, als wir erwarteten; Freud faßt es wie folgt zusammen: »Das aus diesen drei Quellen Gelernte können wir dahin zusammenfassen, daß erstens die Identifizierung die ursprünglichste Form der Gefühlsbindung an ein Objekt ist, zweitens daß sie auf regressivem Wege zum Ersatz für eine libidinöse Objektbindung wird, gleichsam durch Introjektion des Objekts ins Ich, und daß sie drittens bei jeder neu wahrgenommenen Gemeinsamkeit mit einer Person, die nicht Objekt der Sexualtriebe ist, entstehen kann.«[79] Alles deutet darauf hin, daß die Identifizierung, die den Ödipuskomplex beendet, die Züge dieser vielfachen Identifizierung trägt.

Am Ende des Kapitels integriert Freud seiner Analyse der Identifizierung die beiden früheren Beschreibungen aus TRAUER UND MELANCHOLIE und ZUR EINFÜHRUNG DES NARZISSMUS; die Art und Weise, wie die Melancholie die Rache gegen das verlorene Objekt verinnerlicht, erscheint als eine neue Variante der Identifizierung; das so durch Identifizierung mit dem Objekt seines Hasses in ein Zentrum des Hasses gegen sich selbst verwandelte Ich steht in gewisser Analogie zu dem, was wir als die kritische Instanz des Ichs beschrieben haben, die Instanz, die beobachtet, beurteilt und verurteilt. Doch Freud sagt in diesem Text nicht, wie es möglich wäre, die Wahl eines äußeren Ideals einerseits der Introjektion eines verlorenen Objekts nach dem Modell der Melancholie, andererseits einer Differenzierung des Narzißmus gleichzusetzen. Gerade aufgrund seiner Anlage operiert dieser Text eher durch sukzessive Annäherungen als durch systematische Konstruktion. Nur die Ökonomie des Untergangs des Ödipuskomplexes wird es erlauben, diese noch unzusammenhängenden Themen miteinander zu verbinden: Identifizierung mit einem äußeren Ideal, Aufrichtung eines verlorenen Objekts im Ich, Differenzierung des Narzißmus durch Idealbildung.

DAS ICH UND DAS ES[80] stellt einen entscheidenden Fortschritt in der

---

79 GW XIII, 118.
80 DAS ICH UND DAS ES (1923), GW XIII, 237-289. Freud übernimmt den Begriff »Es« von Georg Groddeck, dem Autor von *Das Buch vom Es* (1923), und, durch ihn, von Nietzsche. Das neutrale Pronomen ist ausgezeichnet gewählt zur Bezeichnung der anonymen, passiven, unbekannten und unkontrollierbaren, ehedem mit dem Begriff des Unbewußten belegten Kräfte. In der NEUEN FOLGE DER VORLESUNGEN schreibt Freud: »Es ist der dunkle, unzugängliche Teil unserer

Integrierung dieses Materials dar, und zwar aufgrund seines strikt topisch-ökonomischen Charakters[81]: und darin liegt im übrigen die ungeheure Schwierigkeit dieses Textes. Ein für allemal muß man wissen, daß es sich nicht um phänomenale, sondern um »systematische« Entitäten handelt, in dem Sinne, den wir im ersten Kapitel angegeben haben; DAS ICH UND DAS ES hebt die Synthese des früheren Materials auf das metapsychologische Niveau des ENTWURFS von 1895, des VII. Kapitels der TRAUMDEUTUNG und des Aufsatzes DAS UNBEWUSSTE von 1915. Das *Prinzip* der Vereinheitlichung der oben beschriebenen Vorgänge muß also in den Beziehungen zwischen den Systemen gesehen werden.

Die im III. Kapitel vorherrschende Frage ist folgende: auf welche Weise bezieht das in historischer Hinsicht von der Elternautorität ererbte Über-Ich seine Energien vom Es? Wie kann die Verinnerlichung der Autorität eine Differenzierung intrapsychischer Energien sein? Die Übereinstimmung dieser beiden Vorgänge, die in methodologischer Hinsicht zwei verschiedenen Ebenen angehören, erklärt, daß das, was Sublimierung hinsichtlich der Wirkungen und Introjektion hinsichtlich der Methode ist, in ökonomischer Hinsicht einer »Regression« gleichgestellt werden kann. Daher wird das Problem

---

Persönlichkeit; das wenige, was wir von ihm wissen, haben wir durch das Studium der Traumarbeit und der neurotischen Symptombildung erfahren und das meiste davon hat negativen Charakter, läßt sich nur als Gegensatz zum Ich beschreiben. Wir nähern uns dem Es mit Vergleichen, nennen es ein Chaos, einen Kessel voll brodelnder Erregungen.« (GW XV, 80) Die Fortsetzung des Textes zeigt deutlich, daß das Es alle früher dem Unbewußten zugeschriebenen Eigenschaften angenommen hat: Lustprinzip, Zeitlosigkeit, Unzerstörbarkeit der Primärvorgänge etc.

[81] Inwieweit handelt es sich noch um eine Topik? Der bildhafte und metaphorische Charakter der »zweiten Topik« tritt stärker hervor als der der ersten, deren Realismus wir bis zu einem gewissen Punkt nachwiesen. Bei der zweiten Topik geht es weit offenkundiger um ein Diagramm (vgl. die Zeichnung im II. Kap. von DAS ICH UND DAS ES). Bemerkenswert ist übrigens, daß das Über-Ich in diesem Diagramm nicht vorkommt; es sucht die beiden Topiken dadurch zu verbinden, daß es die Verdrängungsschranke zwischen dem Ich und dem Es in der Tiefe der Seinssphäre darstellt, dann das Vorbewußte und die Hörspuren kurz vor der Oberfläche, schließlich das System *W-Bw* an der Peripherie. Dieses Diagramm ist also selbst ein Kompromiß zwischen zwei Vorstellungssystemen, in dem die andere Dimension der Verinnerlichung, die des Sublimen, keinen Platz findet. Am Ende der 31. Vorlesung in der NEUEN FOLGE DER VORLESUNGEN versucht Freud, ein vollständigeres Diagramm auszuarbeiten, das auch das Über-Ich umfaßt.

der »Ablösung einer Objektbesetzung« durch eine Identifizierung in seiner ganzen Allgemeinheit verstanden, gleichsam als eine Art Algebra der Besetzungen, Verschiebungen und Ersetzungen. So dargestellt, erscheint die Identifizierung eher als ein Postulat im strengen Sinne, als eine Forderung, die zu Anfang akzeptiert werden muß. Wenden wir uns dem Text zu: »Soll oder muß ein solches Sexualobjekt aufgegeben werden, so tritt dafür nicht selten Ichveränderung auf, die man als Aufrichtung des Objekts im Ich wie bei der Melancholie beschreiben muß ... Vielleicht erleichtert oder ermöglicht das Ich durch diese Introjektion, die eine Art von Regression zum Mechanismus der oralen Phase ist, das Aufgeben des Objekts. Vielleicht ist diese Identifizierung überhaupt die Bedingung, unter der das Es seine Objekte aufgibt. Jedenfalls ist der Vorgang zumal in früheren Entwicklungsphasen ein sehr häufiger und kann die Auffassung ermöglichen, daß der Charakter des Ichs ein Niederschlag der aufgegebenen Objektbesetzungen ist, die Geschichte dieser Objektwahlen enthält.«[82]

Damit fällt das Aufgeben des Liebesobjekts, das die Sublimierung einleitet, mit einer Art Regression zusammen: wo nicht im Sinne einer zeitlichen Regression zu einer der Libidoorganisation vorausgehenden Phase, so doch im ökonomischen Sinne einer Regression der Objektlibido zur als Energiereservoir verstandenen narzißtischen Libido; wenn nämlich die Umsetzung einer erotischen Objektwahl in eine Ichveränderung wirklich ein Weg ist, das Es zu »bemeistern«, dann ist der Preis dafür der folgende: »Wenn das Ich die Züge des Objektes annimmt, drängt es sich sozusagen selbst dem Es als Liebesobjekt auf, sucht ihm seinen Verlust zu ersetzen, indem es sagt: ›Sieh, du kannst auch mich lieben, ich bin dem Objekt so ähnlich.‹«[83]

Wir sind nun bereit für die Verallgemeinerung, die von nun an das Problem beherrscht: »Die Umsetzung von Objektlibido in narzißtische Libido, die hier vor sich geht, bringt offenbar ein Aufgeben der Sexualziele, eine Desexualisierung mit sich, also eine Art von Sublimierung. Ja, es entsteht die eingehender Behandlung würdige Frage, ob dies nicht der allgemeine Weg zur Sublimierung ist, ob nicht alle Sublimierung durch die Vermittlung des Ichs

---

82 GW XIII, 257.
83 GW XIII, 258.

vor sich geht, welches zunächst die sexuelle Objektlibido in narzißtische verwandelt, um ihr dann vielleicht ein anderes Ziel zu setzen.«[84]

Wir verstehen nun, nachdem die Haupthypothese aufgestellt ist, die Reihe: Sublimierung (hinsichtlich des Ziels), Identifizierung (hinsichtlich der Methode), Regression zum Narzißmus (hinsichtlich der Ökonomie der Besetzungen).

Wenden wir nun das Schema auf die ödipale Situation an; die Identifizierung erhält einen konkreten, historischen Sinn: den der Identifizierung »mit dem Vater der persönlichen Vorzeit«.[85]
Inwieweit gelingt es Freud, die Identifizierung mit dem Vater in das theoretische Schema der Identifizierung durch Aufgeben der Objektbesetzung einzubeziehen?
Von Anbeginn sieht sich Freud der in MASSENPSYCHOLOGIE UND ICH-ANALYSE erarbeiteten Schwierigkeit gegenüber, daß nämlich der aus der Objektbesetzung entstandenen Identifizierung eine andere Identifizierung vorausgeht, die eine »direkte und unmittelbare und frühzeitiger als jede Objektbesetzung« ist.[86] Mehr noch, diese frühere Identifizierung erklärt die Liebes- und Haßambivalenz im Verhältnis zum Vater. Der Vater ist sowohl das Hindernis auf dem Wege zur Mutter wie das nachahmenswerte Vorbild. Wenn man die Identifizierung nicht auf diese Weise verdoppelt, ist die Ökonomie des Ödipuskomplexes unverständlich. Denn nach dem Schema der Identifizierung durch Objektaufgabe würde man nicht eine Identifizierung mit dem Vater, sondern eine Identifizierung mit der Mutter erwarten; die Mutter ist das vom Knaben aufgegebene Objekt; mit ihr also müßte er sich identifizieren. Freud gesteht es: die Tatsachen scheinen nicht mit der Theorie übereinzustimmen; daher gelangt man zu dem, was er den »vollständigen Ödipuskomplex« nennt, nur dann, wenn man die Identifizierung verdoppelt, d. h. wenn man in den Konflikt selbst das Aufeinanderprallen einer Objektwahl und einer, jeder Objektwahl vorgängigen, Identifizierung einführt, so daß sich die Identifizierung mit dem Vater selbst als eine zweifache darstellt: negativ durch Rivalität, positiv durch Imitation; schließlich muß man noch die Bisexualität einführen, ein Thema, das

84 ibid.
85 GW XIII, 259.
86 ibid.

auf die Zeit der Freundschaft mit Fließ zurückgeht[87], auch wenn es ihm nicht einfach entlehnt ist. Die Bisexualität verlangt, daß man jede dieser Beziehungen noch ein zweites Mal teilt, je nachdem ob sich der Knabe wie ein Knabe oder wie ein Mädchen verhält; dies ergibt »vier Strebungen«, die zwei Identifizierungen erzeugen, eine mit dem Vater und eine mit der Mutter, wobei eine jede zugleich negativ und positiv ist.

Ist es uns gelungen, die Genesis des Über-Ichs mit der Identifizierung durch Objektaufgabe in Übereinstimmung zu bringen? Auf den ersten Blick sieht es so aus; und der folgende Text, von Freud selbst hervorgehoben, scheint den Erfolg der Interpretation zu sanktionieren: »So kann man als allgemeinstes Ergebnis der vom Ödipuskomplex beherrschten Sexualphase einen Niederschlag im Ich annehmen, welcher in der Herstellung dieser beiden, irgendwie miteinander vereinbarten Identifizierungen besteht. Diese Ichveränderung behält ihre Sonderstellung, sie tritt dem anderen Inhalt des Ichs als Ichideal oder Über-Ich entgegen.«[88] Dieser Niederschlag der aufgegebenen Objektbesetzung, durch die eine Objektwahl zu einer Ichveränderung wird, erinnert durchaus an die *Selbstaffektion* Kants. Das Ich affiziert sich selbst durch seine eigenen, zu Versagungen gewordenen Objektwahlen. Diese Ichveränderung ist zugleich ein Verlust für das Es – das Es lockert den Griff, trennt sich von seinen Objekten, damit das Ich komme – und zugleich eine Erweiterung des Es, da diese neue Bildung vom Es nur angenommen werden kann, wenn es sich, wie einst das verlorene Objekt, Liebe erwirbt. »Die Ankunft [des Über-Ichs] von den ersten Objektbesetzungen des Es, also vom Ödipuskomplex, ... bringt es ... in Beziehung zu den phylogenetischen Erwerbungen des Es und macht es zur Reinkarnation früherer Ichbildungen, die ihre Niederschläge im Es hinterlassen haben. Somit steht das Über-Ich dem Es dauernd nahe und kann dem Ich gegenüber dessen Vertretung führen. Es taucht tief ins Es ein, ist dafür entfernter vom Bewußtsein als das Ich.«[89] Damit sind alle noch versprengten Elemente vereinigt: Identifizierung mit dem Ähnlichen, Ichveränderung durch das aufgege-

---

[87] Brief Nr. 113: »Ich gewöhne mich auch, jeden sexuellen Akt als einen Vorgang zwischen vier Personen aufzufassen.« AUS DEN ANFÄNGEN ..., S. 249.
[88] GW XIII, 262.
[89] GW XIII, 278.

bene Objekt, Ausweitung des primären Narzißmus zu einem sekundären Narzißmus.

So kompliziert das Schema auch sein mag, es ist weit entfernt, alle Anforderungen des Problems zu erfüllen; abgesehen davon, daß es die Unterscheidung zwischen Identifizierung mit dem Ähnlichen und Objektbeziehung (oder auch zwischen Identifizierung als Wunsch, ähnlich zu werden, und Identifizierung als Wunsch, zu haben) unangetastet läßt, stellt die sekundäre Identifizierung selbst noch manche Probleme: wie kann ein »Niederschlag« der Identifizierung sich als »Gegensatz« zum Ich verhalten? Wie kann das Über-Ich sowohl dem Es entstammen wie sich ihm und seinen ersten Objektwahlen entgegenstellen? Wir müssen noch eine weitere Verwicklung einführen, die der »Reaktionsbildung«; dieser Vorgang geht auf die DREI ABHANDLUNGEN zurück und wurde, in dem Essay über den Narzißmus, gegen Adler wiederaufgenommen, um dessen Begriff des »männlichen Protests« und der »Überkompensation« ökonomisch zu fassen; seine Funktion ist, die doppelte Beziehung des Über-Ichs zum Ödipuskomplex zu erklären: jenes entwickelt sich aus diesem aufgrund von Energieentlehnungen und wendet sich gegen ihn; das Über-Ich ist also das Erbe des Ödipuskomplexes in dem doppelten Sinne, daß es von ihm herrührt und daß es ihn unterdrückt; auf diesen doppelten Sinn bezieht sich der Ausdruck »Untergang« des Ödipuskomplexes: der Untergang bezeichnet die Erschöpfung einer hinfälligen Libidoorganisation (phallische Stufe), aber auch die Zerstörung, die Zertrümmerung der Objektbesetzung.[90]

Um dieser »Reaktionsbildung« Rechnung zu tragen, fühlte sich Freud bewogen, den aggressiven und strafenden Charakter der Elternfigur zu betonen, mit der das Ich sich identifiziert.

Ein Jahr nach DAS ICH UND DAS ES widmete Freud dem Untergang des Ödipuskomplexes einen gesonderten Aufsatz[91] und betonte die repressive Funktion dieses »Niederschlags der Identifizierung«. Gewiß, dem Ödipuskomplex ist ein natürlicher Tod beschieden: er gehört einer Libidoorganisation an, die zuerst zur »Enttäuschung« verurteilt ist (der Knabe wird von seiner Mutter kein Kind bekommen und das Mädchen wird vom Vater als Geliebte zurückgewiesen) und dann »programmgemäß« vergehen muß; in dieser Hinsicht

---

[90] »Bei der Zertrümmerung des Ödipuskomplexes muß die Objektbesetzung der Mutter aufgegeben werden.« GW XIII, 260.
[91] DER UNTERGANG DES ÖDIPUSKOMPLEXES, GW XIII, 393–402.

geht der Ödipuskomplex zugrunde, weil die Libidoorganisation, der er entspricht, vergangen ist. Doch die Kastrationsdrohung beschleunigt die Zerstörung der phallischen Organisation; die Drohung wurde durch die vielen anderen Erfahrungen der Abtrennung vorbereitet; so konnte sie auch schon vor der phallischen Stufe ausgesprochen werden. Aber sie gelangt erst nachträglich zur Wirkung, nämlich zur Zeit, da die infantile Theorie über den Penisverlust des Mädchens dieser Drohung eine quasi empirische Grundlage verleiht.

Indem Freud somit den aggressiven und strafenden Charakter der elterlichen Antwort unterstreicht, verbessert er seine Interpretation in mehreren Punkten. Einerseits verknüpft er das Aufgeben der libidinösen Besetzung der elterlichen Objekte stärker mit dem Narzißmus; denn »das Ich des Kindes wendet sich vom Ödipuskomplex ab«, um seinen Narzißmus zu retten. Auf diese Weise wird diese Objektbesetzung »aufgegeben« und durch die Identifizierung »ersetzt«. Indem er so das Aufgeben des Objekts mit dem Narzißmus verbindet, verstärkt Freud sein Thema: »Das Ich-Ideal ... ist Ausdruck der mächtigsten Regungen und der wichtigsten Libidoschicksale des Es.«[92] Andererseits versteht man besser, daß sich das Über-Ich dem übrigen Ich entgegenstellt, weil es vom Vater die Strenge »entlehnt« und sein Inzestverbot perpetuiert; man kann sogar sagen, daß das narzißtische Interesse und die Stimme des Über-Ichs in diesem Punkte übereinstimmen, da die Drohung des Über-Ichs das Ich gegen die Wiederkehr der libidinösen Objektbesetzung »versichert«. Schließlich erlaubt es diese »Zerstörung«, bis zu einem gewissen Punkt Sublimierung und Verdrängung zu vergleichen, die die früheren Texte einander entgegensetzten; auf der einen Seite ist die Zerstörung eine Art von Desexualisierung; sie entspricht also der Definition der Sublimierung (die, wie man weiß, eine Änderung des Ziels und nicht nur des Objekts ist); der Trieb ist »zielgehemmt« und wird in eine zärtliche Regung verwandelt; dann setzt die Latenzperiode ein; diese durch die Zerstörung des Ödipuskomplexes entdeckten ökonomischen Beziehungen verallgemeinernd, kann man sagen, daß die »libidinösen Bestrebungen zum Teil desexualisiert und sublimiert [werden], was wahrscheinlich bei jeder Umsetzung in Identifizierung geschieht«; auf der anderen Seite besteht

92 GW XIII, 264.

kein Grund, dieser »Abwendung« des Ichs vom Ödipuskomplex den Namen einer »Verdrängung« zu versagen, auch wenn spätere Verdrängungen unter Beteiligung des Über-Ichs zustande kommen, das durch diese Verdrängungen erst gebildet wird; gleichwohl muß man sagen, daß im normalen Ödipuskomplex diese gewissermaßen geglückte Verdrängung von einer Sublimierung nicht zu unterscheiden ist, da sie den Komplex »zerstört« und »aufhebt«.[93]

Haben wir das Ziel erreicht? Haben wir die »äußere« Autorität wirklich als einen »inneren« Unterschied sichtbar gemacht?
Die letzten Kapitel (IV und V) von DAS ICH UND DAS ES lassen keinen Zweifel an der Unzulänglichkeit der erzielten Resultate. Die Identifizierung kann nicht allein die Last der Ökonomik des Über-Ichs tragen. Es bedarf nicht nur einer Verstärkung der im Es entstandenen *Differenz* durch einen *Gegensatz* oder eine »Rektionsbildung«, sondern auch der Einführung eines *Negativitäts*faktors, der einer anderen Triebquelle entstammt, über die wir bisher überhaupt noch nicht gesprochen haben und der Freud den Namen »Todestrieb« gibt. Von nun an muß man zugeben, daß eine Ökonomik des Über-Ichs nicht nur eine Revision der ersten Topik und eine neue Art der Libidodifferenzierung erheischt, sondern auch eine Revision der Triebtheorie auf der Ebene ihrer Grundlagen selbst. Wir werden also die Genesis des Über-Ichs an dieser Schwelle abbrechen, wo DAS ICH UND DAS ES durch JENSEITS DES LUSTPRINZIPS abgelöst werden muß; wir begnügen uns damit, diese Verbindung anzudeuten, um eine Vorstellung von dem Weg zu vermitteln, der noch zu durchlaufen ist: wir nehmen an, daß dieser Todestrieb entweder in einer »Mischung« mit Eros oder im Zustand der »Entmischung« wirken kann[94]; die sadistische Komponente der Libido wäre ein Beispiel für die erste Wirkungsweise und der Sadismus, als

---

93 Ich habe es versäumt, die Diskussion des weiblichen Ödipuskomplexes zu erwähnen, auf den Freud immer wieder zurückgekommen ist; vgl. DAS ICH UND DAS ES, Kap. III; DER UNTERGANG DES ÖDIPUSKOMPLEXES (gegen Ende des Aufsatzes); EINIGE PSYCHISCHE FOLGEN DES ANATOMISCHEN GESCHLECHTSUNTERSCHIEDS (1925); ÜBER DIE WEIBLICHE SEXUALITÄT (1931); und NEUE FOLGE DER VORLESUNGEN ZUR EINFÜHRUNG IN DIE PSYCHOANALYSE, Vorlesung XXXIII.
94 Die Begriffe »Mischung« und »Entmischung« gelten strenggenommen nur für die Lebens- und Todestriebe und ihre Verbindung gemäß JENSEITS DES LUSTPRINZIPS; gleichwohl haben sie eine Basis in der von den DREI ABHANDLUNGEN ZUR SEXUALTHEORIE ererbten Theorie der Libido als eines zur Dissoziation berei-

Perversion, ein Beispiel für die zweite; damit läge die Vermutung nahe, daß die Regression zu einer vergangenen Stufe auf einer solchen »Triebentmischung« beruht. Wenn wir nun die Differenzierung der drei Instanzen – Ich, Über-Ich, Es – und die Entmischung der beiden Triebe – Eros und Tod – miteinander verbinden, sehen wir eine neue Komplikation in der Genesis des Über-Ichs auf uns zukommen. Könnte es nicht sein, daß die Grausamkeit des Über-Ichs, die wir schon bei der deskriptiven und klinischen Etappe unserer Untersuchung betonten, ein »Repräsentant« des Todestriebes ist?

Wir sind noch nicht in der Lage, die Tragweite dieser durchgreifenden Revolution des psychoanalytischen Gebäudes zu erfassen; angesichts des Todestriebs verrät auch die Libido neue Dimensionen und ändert ihren Namen; wir werden künftig von Eros sprechen. Was bedeutet das für das Lustprinzip, für den Narzißmus? Und wie ist das Verhältnis zwischen den Todestrieben, die »im wesentlichen stumm sind«[95], und seinen »Repräsentanten«, insbesondere seinen kulturellen oder antikulturellen Repräsentanten? Wie ist das Verhältnis zwischen Sadismus und Masochismus, von dem in JENSEITS DES LUSTPRINZIPS die Rede ist, und den anderen Formen des Masochismus? Wir müssen zugeben, daß die Theorie des Über-Ichs unvollendet bleibt, solange wir seine Todeskomponente nicht verstanden haben.

---

ten Bündels von Triebregungen: die Dissoziation des Sadismus ist hier deutlich vorgebildet.
95 GW XIII, 275, vgl. 289.

Kapitel III
Die Illusion

Es ist nicht leicht, das wirklich Psychoanalytische der Freudschen Religionsdeutung herauszuschälen. Dennoch ist es unerläßlich, scharf zu umgrenzen, was in ihr sowohl von Gläubigen wie von Ungläubigen in Betracht gezogen zu werden verdient. Die Gefahr liegt nämlich darin, daß die ersteren der radikalen Infragestellung der Religion aus dem Wege gehen, unter dem Vorwand, daß Freud ja nur den Unglauben des Szientismus und seinen eigenen Agnostizismus zum Ausdruck bringe, – aber auch darin, daß die letzteren die Psychoanalyse mit diesem Unglauben und Agnostizismus in eins setzen. Meine Arbeitshypothese, die ich schon in der *Problematik* vorgetragen habe, lautet, daß die Psychoanalyse notwendig ikonoklastisch ist, ganz unabhängig vom Glauben oder Unglauben des Psychoanalytikers, und daß diese »Zerstörung« der Religion das Komplement zu einem von jeder Idolatrie gereinigten Glauben sein kann. Die Psychoanalyse als solche kann über die Notwendigkeit des Ikonoklasmus nicht hinweggehen. Diese Notwendigkeit führt zu einer doppelten Möglichkeit: der des Glaubens und der des Unglaubens; doch die Entscheidung zwischen diesen beiden Möglichkeiten kommt ihr nicht zu.

Wir werden hier wie bei der Analyse des Sublimen vorgehen; auf einer ersten Ebene, entsprechend dem, was wir »die deskriptiven und klinischen Annäherungen an das Sublime« genannt haben, wollen wir versuchen, das abzugrenzen, was in den eigentlichen Bereich der Psychoanalyse fällt; zwei Themen werden uns beschäftigen: die religiöse Praxis und die Illusion. Sodann werden wir die »genetischen Wege der Interpretation« einschlagen und die Genesis der Götter an dem Punkt wieder aufnehmen, wo wir sie im vorigen Kapitel verlassen haben; wir werden versuchen, die eigentlich psychoanalytische Tragweite einer Phylogenese der Religion zu ermessen. Schließlich gelangen wir dann zum eigentlich ökonomischen Thema der »Wiederkehr des Verdrängten«: die gesamte Psychoanalyse der Religion erschöpft sich in der Tat in der Bloßlegung ihres regressiven Charakters. Damit schließt sich auch der Zyklus der Phantasie: vom Traum zur ästhetischen Verlockung, von der

Verlockung zur ethischen Idealisierung, vom Sublimen zur Illusion
– damit sind wir wieder an unserem Ausgangspunkt der quasi-halluzinatorischen Wunscherfüllung angelangt. Gleichwohl liegt er nicht auf der gleichen Ebene, da die Religion, als Illusion, keine private Phantasie mehr ist, sondern eine öffentliche Phantasie; zwischen Traum und Illusion muß die Kultur treten. Man muß verstehen, wie die illusorische Wunscherfüllung auf zwei so verschiedenen Ebenen wie der des privaten Traums unserer Nächte und der des Tagtraums der Völker stattfinden kann; die Aufgabe einer Ökonomik der Kultur wird es sein, von dieser Rückkehr zum Ausgangspunkt der Spirale der Phantasie Rechenschaft zu geben.

1. Die Illusion und die Strategie des Wunsches

In bezug auf die Religion hat Freud nie etwas anderes getan, als unablässig zwei Themen zu kommentieren; und diese beiden Themen befinden sich von vornherein im Bereich der Analogie zur Neurose und zum Traum: das erste betrifft die Praxis, die Observanz, das zweite den Glaubensinhalt, d. h. Aussagen über die Realität; dieses zweite, die Illusion, bildet die der Religion eigene Thematik; aber das erste bezeugt am besten den grundlegend analogischen Charakter der psychoanalytischen Annäherung an die Religion; aus diesem Grunde werden wir mit ihm beginnen.
Auch die Chronologie berechtigt uns dazu, denn die erste Arbeit, die Freud der Religion widmete, bezieht sich auf die Ähnlichkeit zwischen Zwangshandlungen und Religionsübungen.[1] Man kann sagen, daß dieser Artikel die ganze spätere Religionstheorie im Keim enthält, obwohl das Thema der Illusion noch nicht gestellt wird. Die exakte Ebene der Vergleichung – das darf man in der späteren Diskussion nicht vergessen – ist die des Verhaltens und des Mimens, der Inszenierung. Von Zeremoniell zu Zeremoniell wird die Verwandtschaft ermittelt, wie einst zwischen der Traumarbeit und den Mechanismen des Witzes. Diese erste Annäherung kommt über die einfache Analogie nicht hinaus[2]; das Ziel der großen ethnologischen

---

1 ZWANGSHANDLUNGEN UND RELIGIONSÜBUNGEN (1907), GW VII, 129–139.
2 Philip (*Freud and religious belief*) hat den analogischen Charakter der psychoanalytischen Religionsbeschreibung stark unterstrichen.

und historischen Konstruktionen, in TOTEM UND TABU und DER MANN MOSES UND DIE MONOTHEISTISCHE RELIGION, wird es sein, die Ähnlichkeit als Identität nachzuweisen. Doch kommt es zuerst darauf an, auf der Ebene der Analogie zu bleiben und zu berücksichtigen, daß sie doppelsinnig ist; man darf nicht aus den Augen verlieren, daß Freud auch entdeckt hat, daß die Neurose sinnvoll, daß das Zeremoniell des Zwangsneurotikers sinnvoll ist. Der Vergleich vollzieht sich also zwischen Sinn und Sinn. Es ist somit nicht nur legitim, sondern auch aufschlußreich, das Augenmerk auf die vielfältigen Knotenpunkte der Ähnlichkeit zu richten: Gewissensangst bei Unterlassung eines Rituals – Bedürfnis, den Ablauf des Rituals vor äußeren Störungen zu bewahren – peinliche Gewissenhaftigkeit in der Ausführung – Hineingleiten in ein immer komplizierteres, esoterischeres, ja sogar kleinliches Zeremoniell. Zudem kann auf dem Weg des Zeremoniells ein erster Blick auf das »Schuldbewußtsein« geworfen werden: das Zeremoniell – zu dem man auch Bußhandlungen und Anrufungen rechnen kann – hat im Hinblick auf eine antizipierte und gefürchtete Strafe Präventivwert; die Observanz gewinnt so die Bedeutung einer »Abwehr- und Schutzmaßregel«.

Diese Analogien sind um so lehrreicher, als ihre vielfachen Bedeutungen unentschieden bleiben; gewiß, der Mensch Freud zweifelt nicht daran, daß der Sinn des Glaubens sich darin erschöpft, doch das darf uns nicht aufhalten. Selbst die berühmte Formulierung, die das einzige Leitmotiv der gesamten Psychoanalyse der Religion bilden wird, besitzt mehr als einen Sinn; Freud schreibt: »Nach diesen Übereinstimmungen und Analogien könnte man sich getrauen, die Zwangsneurose als pathologisches Gegenstück zur Religionsbildung aufzufassen, die Neurose als eine individuelle Religiosität, die Religion als eine universelle Zwangsneurose zu bezeichnen.«[3] Ja, diese Formel öffnet ebensosehr, wie sie verschließt. Zunächst ist es eine erstaunliche Tatsache, daß der Mensch sowohl der Religion wie der Neurose fähig ist, so daß die Analogie eine reziproke Nachahmung sein kann. Diese Nachahmung bewirkt, daß der Mensch, als *homo religiosus,* neurotisch und, als Neurotiker, religiös ist. Eine andere Formel Freuds, neben die erste gestellt, enthüllt ihren problematischen Charakter: »Die Zwangsneurose liefert hier ein halb komisches, halb trauriges Zerrbild einer Privatreligion.«[4] Die Religion ist

3 GW VII, 138 f.
4 ibid.; 132.

also das, was sich zu einem neurotischen Zeremoniell verzerren läßt: geschieht dies aufgrund ihrer tiefen Intention oder auf dem Weg ihrer Degradierung und Regression, nämlich wenn sie den Sinn ihrer eigenen Symbolik zu verlieren beginnt? Und auf welche Weise zählt dieses Vergessen des Sinns bei der Observanz zum Wesen der Religion? Gehört es zu einer noch grundlegenderen Dialektik, vielleicht der Dialektik von Religion und Glauben? Das also muß unentschieden bleiben, auch wenn es für Freud nicht zur Debatte steht.

Nur etwas hat Freud beunruhigt: die Diskrepanz zwischen dem *privaten* Charakter der »Religion des Neurotikers« und dem *universellen* Charakter der »Neurose des religiösen Menschen«. Die Phylogenese wird die Funktion haben, nicht nur die Analogie als Identität auszuweisen, sondern diesem Unterschied auch auf der Ebene der manifesten Inhalte Rechnung zu tragen.

Das zweite, klinische Thema der Psychoanalyse der Religion bei Freud ist das der Illusion. Hier bereitet es noch größere Schwierigkeiten als bei dem ersten Thema, den spezifischen Beitrag der Psychoanalyse von Freuds eigenen Überzeugungen zu trennen. Dennoch muß man es versuchen, denn gerade hier unterscheidet sich die Problematik der Religion von der des Sublimen.

Gewiß, Ethik und Religion haben für Freud einen gemeinsamen Stamm, den Vaterkomplex ödipalen Ursprungs. In diesem Sinne ist die Theorie der Illusion ein Teil der Theorie der Ideale und bildet das, was man eine Phantastik des Über-Ichs nennen könnte. Doch die Abzweigung des ethischen und des religiösen Astes vom ödipalen Stamm verlangt die Unterscheidung der beiden Vorgänge: den der Introjektion des Ideals und den der Projektion der Allmacht, die sich in Kürze in der genetischen Erklärung finden wird. Es kommt also darauf an, den Sinn dieser Unterscheidung auf deskriptiver und klinischer Ebene zu fassen. Es gibt in der Tat zwei verschiedene Problematiken, die des Ideals und die der Illusion. Das Ideal repräsentiert eine Verinnerlichung der Autorität nach dem unpersönlichen Modus des Imperativs; das existentielle Indiz der Autoritätsquelle ist geschwunden; festgehalten wurde allein das imperative Indiz, mit Ausschluß des Indikativs. Problematisch bei dem als Illusion betrachteten religiösen Glauben ist nun jenes Setzen von vaterähnlichen Gestalten in der Realität.

Ich weiß sehr wohl, daß diese Problematik zum größten Teil nicht nur der Psychoanalyse eignet. Es macht keine Schwierigkeit, in Freuds Formulierungen das Echo des Rationalismus und Szientismus seiner Zeit und seines Milieus zu vernehmen; diesem Rationalismus zufolge ist jede Sprache, die nicht über Tatsachen informiert, sinnlos; die Unvereinbarkeit von religiösem Dogma und wissenschaftlichem Geist verurteilt die Religion unweigerlich: »Es gibt keine Instanz über der Vernunft«, heißt es in DIE ZUKUNFT EINER ILLUSION (1927).[5]

Freud gesteht es; am Vorgang der Religion, mit sehr viel Härte gelehrt, gibt es nichts zu analysieren.[6] Und dennoch gibt es ein eigentlich analytisches Problem der Illusion; es betrifft die Entschlüsselung der verborgenen Beziehung zwischen Glauben und Wunsch; der wahre Gegenstand der analytischen Religionskritik ist die Strategie des Wunsches, der sich in der religiösen Aussage verbirgt.

Hier erweist sich unser zweites Problem von gleicher analogischer Textur wie das der Observanz. Was allein der Illusion angehört, ist nicht das, was sie dem Irrtum gleichstellt, im erkenntnistheoretischen Sinn des Wortes, sondern das, was sie anderen Phantasien annähert und in die Semantik des Wunsches eingehen läßt. Diese eigentlich analytische Dimension der Illusion hat Freud am Ende des V. Kapitels der ZUKUNFT EINER ILLUSION sehr genau eingegrenzt: »Für die Illusion bleibt charakteristisch die Ableitung aus menschlichen Wünschen ... Wir heißen also einen Glauben Illusion, wenn sich in seiner Motivierung die Wunscherfüllung vordrängt, und sehen dabei von seinem Verhältnis zur Wirklichkeit ab, ebenso wie die Illusion selbst auf ihre Beglaubigung verzichtet.«[7]

Diese Komplizenschaft von Wunscherfüllung und Unbeweisbarkeit

---

[5] GW XIV, 350. »Die wissenschaftliche Arbeit ist aber für uns der einzige Weg, der zur Kenntnis der Realität außer uns führen kann ... Die Unwissenheit ist die Unwissenheit; kein Recht etwas zu glauben, leitet sich aus ihr ab.« GW XIV, 354 f.

[6] »Ich habe bloß ... der Kritik meiner großen Vorgänger etwas psychologische Begründung hinzugefügt ... Alles, was ich hier gegen den Wahrheitswert der Religionen gesagt habe, brauchte die Psychoanalyse nicht, ist lange vor ihrem Bestand von anderen gesagt worden. Kann man aus der Anwendung der psychoanalytischen Methode ein neues Argument gegen den Wahrheitsgehalt der Religion gewinnen, *tant pis* für die Religion, aber Verteidiger der Religion werden sich mit demselben Recht der Psychoanalyse bedienen, um die affektive Bedeutung der religiösen Lehre voll zu würdigen.« (GW XIV, 358 und 360)

[7] GW XIV, 353 f.

macht die Illusion aus. Der Unterschied zwischen Illusion und Wahnidee ist dann nur noch ein gradueller: in der Illusion ist der Konflikt mit der Realität verschleiert, in der Wahnidee liegt er offen zutage; einige religiöse Glaubensvorstellungen, so bemerkt Freud, sind in diesem Sinne wahnhaft.

Ein zweiter analogischer Faden enthüllt sich damit: so wie die religiöse Observanz an das Zeremoniell der Zwangsneurose erinnert, so verweist der vom Wunsch getriebene Glaube auf die Wunscherfüllung, deren Vorbild der Traum ist. Die ZUKUNFT EINER ILLUSION sagt es deutlich: »Auch kam wie im Traumleben der Wunsch dabei auf seine Rechnung.«[8] Die Illusion bezeichnet den Punkt, wo die Phantasie sich wieder ihrem primären Ausdruck zuwendet.

Das Verhältnis der Religion zum Wunsch und zur Furcht ist gewiß ein altes Thema: der Psychoanalyse kommt es zu, diese Beziehung als eine *verborgene* zu entschlüsseln und diese Entschlüsselung auf eine *Ökonomik* des Wunsches zu beziehen. Das Unternehmen ist nicht nur legitim, sondern notwendig; die Psychoanalyse erweist sich dabei nicht als eine Abart des Rationalismus; sie erfüllt ihre eigene Aufgabe. Für jeden einzelnen bleibt die Frage offen, ob die Zerstörung der Idole vollständig ist, und mit dieser Frage hat die Psychoanalyse nichts mehr zu tun. Freud, so wurde gesagt, macht keine Aussagen über Gott, er spricht lediglich über die Gottesvorstellungen der Menschen[9]; es geht nicht um die Wahrheit der Grundlagen, sondern um die Funktion der religiösen Vorstellungen im Gleichgewicht der Versagungen und Befriedigungen, durch die sich der Mensch sein *hartes* Leben erträglich zu machen sucht.

Nun gilt es zu verstehen, weshalb die Ökonomik der Illusion, mehr noch als die des Über-Ichs, das Zwischenstadium eines genetischen Modells, genauer eines phylogenetischen Modells erforderlich macht. Wir haben bereits auf die Diskrepanz zwischen der Privatreligion des Neurotikers und der universellen Neurose der Religion hingewiesen; nun erlaubt uns aber auch die Individualpsychologie nicht, von einer anderen Diskrepanz Rechenschaft zu geben. Ein Abgrund an Sinn trennt eine Traumphantasie – z. B. den Tierphobietraum des kleinen Hans – von der ungeheuren Gestalt der Götter; der in-

---

8 GW XIV, 338.
9 Ludwig Marcuse, *Sigmund Freud*, rde, Hamburg 1956, S. 63.

dividuelle Ödipus ist dem nicht gewachsen. Es bedarf eines Gattungs-Ödipus. Es bedarf der Zeit der Geschichte und der langen Kindheit der Menschheit, um von der Macht, der Feierlichkeit und Heiligkeit des religiösen Phänomens, d. h. in der Sprache des Moses[10], vom »Zwangscharakter«, der den religiösen Phänomenen zukommt, Rechenschaft zu geben.
Daher behält dasselbe Thema von 1907 bis 1939 nicht den gleichen erkenntnistheoretischen Koeffizienten; 1907 handelt es sich um eine Analogie, deren letzter Sinn unbestimmt bleibt; 1949 behauptet Freud, daß es sich um eine historisch bewiesene Identität handelt. Alle ethnologischen und historischen Untersuchungen, die zwischen den beiden Texten liegen, haben nur ein Ziel: die doppelte Analogie der Religion mit der Neurose einerseits und der traumhaften Wunscherfüllung andererseits in Identität zu verwandeln.[11]

2. Die genetische Stufe der Erklärung: Totemismus und Monotheismus

Die Genesis der Religion unterscheidet sich von der des Verbots darin, daß sie die Genesis einer Aussage über die Realität ist, und nicht die einer psychischen Institution. Darum hat der Begriff der *Projektion* hier den gleichen Stellenwert wie der der Introjektion in der Genesis des Über-Ichs; das ist auch der Grund, weshalb man über den Totemismus hinausgehen muß, will man zum Ausgangspunkt dieses Vorgangs der Projektion gelangen.
Im III. Kapitel von TOTEM UND TABU legt Freud der Geschichte der Religionen ein Leserost auf, das durchaus an das *Gesetz der drei Stadien* von Auguste Compte erinnert: »Die Menschheit hat, wenn wir den Autoren folgen wollen, drei solcher Denksysteme, drei große Weltanschauungen im Laufe der Zeiten hervorgebracht: die animistische (mythologische), die religiöse und die wissenschaftliche.«[12] Wozu diese drei Stufen? Es läßt sich nicht bezweifeln, daß die Wahl dieser historischen Folge von Anfang an von psychoanal-

---

10 DER MANN MOSES UND DIE MONOTHEISTISCHE RELIGION, GW XVI, 101–246. Der erste und zweite Teil erschien vor dem ersten Weltkrieg in der Zeitschrift *Imago*, der 3. Teil 1939 in London.
11 GW XVI, 208 f.
12 GW IX, 96.

lytischen Erwägungen beeinfluß ist; diese drei Stadien entsprechen in der Tat drei exemplarischen Momenten in der Geschichte des Wunsches: Narzißmus – Objektwahl – Realitätsprinzip.
Das Eingreifen der Psychoanalyse schon bei der Auswahl des ethnologischen Materials ist so offenkundig, daß Freud, um die Übereinstimmung von Religion und Geschichte des Wunsches auf ihrer ersten Ebene herzustellen, gezwungen ist, einer präanimistischen Phase des Animismus oder Animatismus den Vorrang zu geben, in der sich noch kein ausdrücklicher Glaube an Geister, folglich keine Projektion in transzendente Gestalten erkennen läßt. Freud räumt ein, daß die ethnologische Stütze gering ist; doch diese erste Stufe ermöglicht es ihm, von Anfang an die Übereinstimmung der beiden Reihen zu garantieren: »Diese erste Weltanschauung der Menschheit«, sagt er kühn, »ist nun eine psychologische Theorie.«[13] Um dieser Behauptung einige Geltung zu verschaffen, muß man annehmen, daß diese erste Weltanschauung noch heute in der Magie zum Ausdruck kommt; Freud meint, »daß die Magie das ursprünglichere und bedeutsamere Stück der animistischen Technik ist«[14]; die Magie aber ist eine Technik des Wunsches. Diese Technik, deren Beschreibung im wesentlichen Frazer entlehnt ist, zeigt deutlich, und zwar in der doppelten Form von nachahmender Magie und ansteckender Magie, was die TRAUMDEUTUNG und die Theorie der Zwangsneurose als die »Allmacht der Gedanken« oder »die Überschätzung des psychischen Vorgangs« zu bezeichnen erlaubten: »Zusammenfassend können wir nun sagen: das Prinzip, welches die Magie, die Technik der animistischen Denkweise, regiert, ist das der ›Allmacht der Gedanken‹.«[15] Diese Technik ist also der späte Zeuge des Primärvorgangs, der im VII. Kapitel der TRAUMDEUTUNG lediglich postuliert wurde. Hier durchdringen sich Wunsch und Wirklichkeit: die quasi-halluzinatorische Wunschbefriedigung deutet auf das ursprüngliche Übergreifen des Wunsches auf die Realität; von nun an wird der wahre Sinn der Realität dieser falschen Wirkkraft des Wunsches abgerungen werden. Dieser Parallelismus geht nicht ohne Schwierigkeiten ab: die Beziehung zwischen Narzißmus und

---

13 ibid.
14 GW IX, 97.
15 GW IX, 106. Der »Mann mit den Ratten« hatte Freud zu diesem Ausdruck angeregt: vgl. BEMERKUNGEN ÜBER EINEN FALL VON ZWANGSNEUROSE (1909), GW VII, 450 ff.

der Allmacht der Gedanken ist nicht sehr überzeugend; zwar gibt es auch im Narzismus eine Überschätzung des Ichs, strenggenommen aber keine Überschätzung seiner Wirksamkeit. Die magische Handlung ist ihrerseits mehr eine Beziehung zur Welt denn eine Beziehung zu sich selbst; umgekehrt versteht man nicht, welche Züge der magischen Handlung zu der Behauptung berechtigen, daß »das Denken bei den Wilden noch in hohem Maße sexualisiert« sei und daß »daher der Glaube an die Allmacht der Gedanken« herrühre[16]. Sehr bedeutsam hingegen scheint mir an diesem Ausgangsgedanken Freuds die Erkenntnis, daß die erste religiöse Problematik eine Problematik der Allmacht ist; es war ganz natürlich, daß eine Psychoanalyse der Religion im Bereich des Wunsches nach dem Äquivalent dieser Problematik suchte.

Ist die Reihe der Äquivalenzen einmal anerkannt – Präanimismus, Allmacht der Gedanken, Narzißmus –, welche die erste Grundlage der Theorie liefert, steht das Entwicklungsgesetz fest: es besteht im wesentlichen in einer *Verschiebung* dieser zuerst dem Wunsche eigenen Allmacht; Geister im eigentlichen Animismus, Götter in der Religion, nackte Notwendigkeit nach der wissenschaftlichen Weltanschauung – sie markieren eine andere Geschichte, die Geschichte der Libido, die sich vom Narzißmus zu dem durch die Fixierung auf die Eltern charakterisierten Objektivierungsstadium erhebt, um sich in der genitalen Reife, wo die Objektwahl den Konventionen und Anforderungen der Realität unterliegt, zu vollenden.[17] Dieser Parallelismus erlaubt es, die entsprechende Geschichte der Religion als die einer Entäußerung, eines Verzichts auf die Allmacht zu betrachten. In diesem Sinne zeigt diese Geschichte den Weg der *Ananke*, der dem menschlichen Narzißmus entgegenstehenden *Notwendigkeit*, an. Warum aber ist dieses Aufgeben nicht eine Entäußerung zugunsten der Natur, zum Vorteil der Realität?

Hier müssen wir nun einen neuen Mechanismus einführen, den der *Projektion*[18], zu dem die Paranoia das Modell liefert. Freud gibt

---

16 GW IX, 110.
17 GW IX, 109.
18 GW IX, 113 ff. Im 3. Abschnitt des »Fall Schreber« hat Freud die Theorie der Projektion erarbeitet (vgl. PSYCHOANALYTISCHE BEMERKUNGEN ÜBER EINEN AUTOBIOGRAPHISCH BESCHRIEBENEN FALL VON PARANOIA [DEMENTIA PARANOIDES, 1911], GW VIII, 295–316). Dieser Text ist sein wichtigster Beitrag zur Erforschung der Projektion und genauer der Projektion innerhalb eines religiösen Themas. Doch

in dem hier über die Genesis der Paranoia vorgeschlagenen Schema wird die Funktion der Projektion deutlicher als ihr Mechanismus, der für Freud selber rätselhaft bleibt. Seine Funktion ist in der Tat klar: wenn man annimmt, daß im Mittelpunkt des Falles Schreber eine homosexuelle Neigung zum Vater und später, durch Übertragung, zum behandelnden Arzt steht, dann sind die beiden einsetzenden Mechanismen die »Verkehrung ins Gegenteil«, die das begehrte Objekt in ein gehaßtes Objekt verwandelt und den homosexuellen Drang durch die Wahnidee der sexuellen Verfolgung (Entmannungsphantasie) ersetzt, und die »Projektion«, die in der Ersetzung Flechsigs (des Arztes) »durch die höhere Person Gottes« (GW VIII, 283) besteht. Die ökonomische Funktion dieser Ersetzung ist klar: »die Theodizee«, welche diese Gestalt erzeugt, verwandelt die Entmannungsphantasie in eine Phantasie der Verweiblichung und macht das Subjekt selbst zu einem Erlöser durch die Wollust: »Das Ich ist durch den Größenwahn entschädigt, die feminine Wunschphantasie aber ist durchgedrungen, akzeptabel geworden.« (283 f.) Die Funktion der Projektion ist also die der *Versöhnung:* der »Aufstieg von Flechsig zu Gott« ermöglicht Schreber »eine Versöhnung mit der Verfolgung«, die »Annahme der zu verdrängenden Wunschphantasie«. (284 f.) Doch der Mechanismus der Projektion ist merkwürdigerweise dunkler als seine Rolle: daß »Flechsig« und »Gott« für den Kranken in einer Reihe liegen, setzt eine von einer Spaltung gefolgte Identifizierung voraus, durch die der Verfolger sich in zwei Personen zerlegt, Gott und Flechsig (ohne die Zweiteilung der göttlichen Gestalten selbst mitzurechnen): »Eine solche Zerlegung ist für die Paranoia recht charakteristisch. Die Paranoia zerlegt, so wie die Hysterie verdichtet. Oder vielmehr die Paranoia bringt die in der unbewußten Phantasie vorgenommenen Verdichtungen und Identifizierungen wieder zur Auslösung.« (285) Die folgende Untersuchung aber gestattet es nicht, diesen Mechanismus zu erklären. Das III. Kapitel ist mit etwas ganz anderem beschäftigt: nämlich die sexuelle Ätiologie der Paranoia zu begründen; es muß also die erotische Komponente der sozialen Faktoren (soziale Erniedrigung etc.) bloßgelegt, diese erotische Komponente mit der narzißtischen Stufe der Objektwahl verknüpft und damit der »Satz« aufgedeckt werden, dem der Verfolgungswahn »widerspricht«; dieser ursprüngliche Satz lautet: »*ich* (ein Mann) *liebe ihn* (einen Mann)«; im Verfolgungswahn verkehrt er sich in: »Ich *liebe* ihn nicht – ich *hasse* ihn ja«, – ein Satz, der eine der drei oder vier möglichen Lösungen darstellt, mit denen dem Anfangssatz widersprochen werden kann; mit bewundernswertem Geschick reiht Freud somit den Verfolgungswahn in die anderen Arten des Widerspruchs gegen den Anfangssatz ein: der Eifersuchtswahn widerspricht dem Subjekt, der Verfolgungswahn dem Verbum, die Erotomanie dem Objekt, die Sexualüberschätzung dem Satz insgesamt. Doch in dem Augenblick, wo er uns endlich verraten müßte, worin die Projektion denn nun bestehe, die zur Verkehrung ins Gegenteil hinzutritt, gesteht Freud seine Verwirrung; gewiß können wir die Projektion beschreiben: »An der Symptombildung bei Paranoia ist vor allem jener Zug auffällig, der die Benennung *Projektion* verdient. Eine innere Wahrnehmung wird unterdrückt und zum Ersatz für sie kommt ihr Inhalt, nachdem er eine gewisse Entstellung erfahren hat, als Wahrnehmung von außen zum Bewußtsein. Die Entstellung besteht beim Verfolgungswahn in einer Affektverwandlung; was als Liebe innen hätte verspürt werden sollen, wird als Haß

uns hier keine vollständige Theorie der Projektion, und zwar in
dem Augenblick, wo sie zu einem Ambivalenzkonflikt, vergleichbar
dem, den wir im Trauerverhalten entdeckten, eine ökonomische Lö-

von außen wahrgenommen.« (303) Aber die Projektion deckt sich nicht mit der
Paranoia; ihr Begriff ist bald enger, bald weiter; weil sie »nicht bei allen Formen
von Paranoia die gleiche Rolle spielt« (ibid.) und weil sie »nicht nur bei Paranoia, sondern auch unter anderen Verhältnissen im Seelenleben vorkommt« (ibid.),
z. B. dann, wenn wir die Ursache unserer subjektiven Empfindungen nach außen
verlegen. Daher sagt Freud: »So aufmerksam geworden, daß es sich beim Verständnis der Projektion um allgemeinere psychologische Probleme handelt, entschließen wir uns, das Studium der Projektion, und damit des Mechanismus der
paranoischen Symptombildung überhaupt, für einen anderen Zusammenhang
aufzusparen, und wenden uns der Frage zu, welche Vorstellungen wir uns über
den Mechanismus der Verdrängung bei der Paranoia zu bilden vermögen. Ich
schicke voraus, daß wir zur Rechtfertigung unseres vorläufigen Verzichtes finden
werden, die Art des Verdrängungsvorganges hänge weit inniger mit der Entwicklungsgeschichte der Libido und der in ihr gegebenen Disposition zusammen
als die Art der Symptombildung.« (ibid.) Die Psychoanalyse fühlt sich in der Tat
wohler beim Mechanismus der Verdrängung als bei der Symptombildung durch
Projektion. Bei dieser Gelegenheit gibt Freud auch die klarste Analyse der drei
Verdrängungsphasen: Fixierung, Gegenbesetzung, Regression zum Ausgangspunkt
der Fixierung. Daher betrifft das klarste Resultat der Analyse des Falles Schreber »den bei der Paranoia vorwaltenden Mechanismus der (eigentlichen) Verdrängung« (305), nämlich die Fixierung an der narzißtischen Stufe vorgängige Fixierung und
die Regression, deren Betrag »der *Rückschritt von der sublimierten Homosexualität bis zum Narzißmus*« angibt (309 f.) Was die Symptombildung betrifft, so
sagt Freud, daß wir kein Recht haben anzunehmen, »daß sie auf demselben Wege
vor sich gehe wie die Verdrängung« (302). Das ist begreiflich: die Wiederkehr des
Verdrängten ist eine Sache, die Projektion eine andere. »*Was wir für die Krankheitsproduktion halten, die Wahnbildung ist in Wirklichkeit der Heilungsversuch, die Rekonstruktion.*« (308) Dieser Vorgang macht die Verdrängung »rückgängig«, indem er von außen – über die Veräußerlichung, die Transzendenz –
die verlorenen Objekte wiederherstellt. Und Freud schließt: »Er vollzieht sich bei
der Paranoia auf dem Wege der Projektion. Es war nicht richtig zu sagen, die
innerlich unterdrückte Empfindung werde nach außen projiziert; wir sehen vielmehr ein, daß das innerlich Aufgehobene von außen wiederkehrt. Die gründliche
Untersuchung des Prozesses der Projektion, die wir auf ein anderes Mal verschoben haben, wird uns hierüber die letzte Sicherheit bringen.« (308). – Man
kann also nicht behaupten, daß der Fall Schreber die Projektion erklärt; er
grenzt sie lediglich ein. Zudem läßt er die Frage unberührt, ob die Genesis dieses
Zerrbildes von Gott, des »Schreberschen Gottes«, das ganze Geheimnis dieser
»religionsbildenden Kräfte« preisgibt, wie es der *Nachtrag* zu diesem Essay versichert. Der Mensch ist der Religion wie der Neurose fähig, sagten wir; fügen wir
noch hinzu: er ist der Religion wie der Paranoia fähig. Dieser – wahrhaft bemerkenswerte – Satz ist eher eine Frage, die öffnet, denn eine Antwort, die schließt.

sung anbietet. Doch während die Melancholie den ehemals mit der Liebe vermischten Haß introjiziert und gegen das Ich wendet, projiziert die Paranoia die psychischen Ichvorgänge nach außen. So entstehen die Geister: sie entstammen der Projektion unserer gegenwärtigen wie latenten, bewußten wie unbewußten psychischen Vorgänge in die Realität.[19]

Freilich trägt die Projektion dem systematischen Charakter des Animismus als der ersten vollständigen Theorie der Welt nicht Rechnung: wir werden uns also auf einen Nebenmechanismus stützen[20], der diesmal der Theorie der »Traumarbeit« entlehnt ist, aber auch von der Paranoia bezeugt wird, nämlich auf den der »sekundären Bearbeitung«; diese der Traumarbeit immanente Rationalisierung, dazu bestimmt, ihr einen Schein von Einheit, von Kohärenz und Verständlichkeit zu verleihen, die ihn akzeptierbar macht, hat auf seiten der Religion ihr Gegenstück in der Rechtfertigungsarbeit, die wir Aberglauben heißen. In beiden Fällen handelt es sich um einen zwischen Erkenntnis und Wirklichkeit liegenden Schirm, eine provisorische Konstruktion, die es zu durchdringen gilt, will man zum Kern des Konflikts vorstoßen; denn diese offenbare Rationalität ist selbst ein Instrument der Strategie des Wunsches, ein zusätzlicher Faktor der Entstellung.[21]

Dies sind die Hauptmechanismen – Allmacht der Gedanken und Projektion dieser Allmacht in die Realität –, mit denen sich die neuen, zur Zeit des Ödipuskomplexes entstehenden Mechanismen verschränken.[22] Der Beitrag des Totemismus ist das Thema der *Ver-*

---

19 Die Annäherung wird einerseits durch die der Ambivalenz zugeschriebene Rolle, deren Bedeutung uns die Interpretation des Tabu zeigte, andererseits durch die Verwandtschaft zwischen den »Geistern« und den Toten beglaubigt; wir kennen aber auch die Schwere der Gefühlskonflikte, die der Tod geliebter Personen bei den Überlebenden hervorruft.
20 GW IX, 116–119.
21 Auf den letzten Seiten des III. Kapitels von TOTEM UND TABU schwächt Freud seine pathologische Interpretation des Animismus ein wenig ab: die abergläubische Motivierung stellt für authentische Kulturfaktoren und in erster Linie für das Verbot auch eine »Verkleidung« dar, zumindest wenn »man die Triebverdrängung als ein Maß des erreichten Kulturniveaus« betrachtet; auf gleiche Weise deckt die magische Rationalisierung verschiedene ästhetische und hygienische Intentionen.
22 »Einen einzigen Lichtstrahl wirft die psychoanalytische Erfahrung in dieses Dunkel.« (GW IX, 154) Diesmal liefert der »kleine Hans« das unerläßliche Glied (vgl. ANALYSE DER PHOBIE EINES FÜNFJÄHRIGEN KNABEN, GW VII, 243–377). Das

söhnung. Wie erinnerlich, besteht der eigentlich ethnologische Kern, dem IV. Kapitel von TOTEM UND TABU zufolge, in der Totemmahlzeit, dem Ausdruck der Gemeinschaft zwischen Gott und Gläubigen. Dies ist jedoch, so sagt Freud, die Keimzelle, aus der »die sozialen Organisationen, die sittlichen Einschränkungen und die Religion« hervorgingen.[23] Was ist das Religiöse an dieser Institution, von der wir einige Aspeke, die der Verinnerlichung in Form intrapsychischer Instanzen fähig sind, betrachtet haben? Im wesentlichen das Schuldgefühl, ein Erbe des Ödipuskomplexes. In dem anfänglichen Nebel sind drei Brennpunkte sichtbar geworden: die soziale Institution entstammt dem Brüderpakt, die sittliche Institution dem daraus resultierenden nachträglichen Gehorsam, und was die Religion betrifft, so hat sie die Schuld übernommen: künftig können wir die Religion als die Fortsetzung der Versuche definieren, das durch den Mord und die Schuld gestellte Gefühlsproblem zu lösen und die Versöhnung mit dem beleidigten Vater herbeizuführen.[24]

Das ist noch nicht alles. Die Totemmahlzeit gestattet uns, diesem Bild noch einen weiteren Zug hinzuzufügen: jede Religion ist nicht nur Reue, sondern auch verkleidetes Gedenken des Sieges über den Vater, also versteckter Sohnestrotz; dieser Trotz verbirgt sich noch hinter anderen religiösen Zügen, insbesondere hinter dem »Bestreben des Sohnes, sich an die Stelle des Vatergottes zu setzen«. Unter allen Sohnesreligionen nimmt das Christentum natürlich einen besonderen Platz ein; Christus »ging hin und opferte sein eigenes Leben und dadurch erlöste er die Brüderschar von der Erbsünde«. In diesem Opfer finden sich die beiden Ambivalenzzüge wieder: einerseits wird die Schuld am Mord des Vaters eingestanden und gebüßt; aber gleichzeitig wird der Sohn selbst zu Gott und ersetzt die Reli-

---

psychoanalytische Material mag disparat erscheinen: Paranoia einerseits, Phobie andererseits; mehrere Symptome jedoch bilden den Übergang. Die Tierphobie des Patienten von Ferenczi bezeugt die Rolle der Kastrationsangst, die sich auf das narzißtische Element des Ödipuskomplexes bezieht; der Narzißmus aber ist mit dem Thema der Allmacht der Gedanken im Animismus verbunden; andererseits steht die ödipale Ambivalenz jener Ambivalenz nahe, deren Lösung die paranoische Projektion ist. Damit stellt sich der Übergang vom III. zum IV. Kapitel von TOTEM UND TABU her.
23 GW IX, 172.
24 »Alle späteren Religionen erweisen sich als Lösungsversuche desselben Problems..., es sind alle gleichzielende Reaktionen auf dieselbe große Begebenheit, mit der die Kultur begonnen hat, und die seitdem die Menschheit nicht zur Ruhe kommen läßt.« (GW IX, 175)

gion des Vaters durch die seine; die Wiederbelebung der Totemmahlzeit in der Eucharistie bringt diese Ambivalenz sehr gut zum Ausdruck: gemeint ist sowohl die Versöhnung mit dem Vater wie die Ersetzung des Vaters durch den Sohn, dessen Fleisch und Blut der Gläubige genießt.[25]

Auffallend an dieser Geschichte ist, daß sie nicht einen Vorstoß, eine Entdeckung, einen Fortschritt bedeutet, sondern die immerwährende Wiederholung ihres Ursprungs; strenggenommen gibt es für Freud keine Geschichte der Religion: sein Thema ist die Unzerstörbarkeit ihrer Ursprünge[26]. Die Religion ist der Ort, wo sich die dramatischsten Gefühlskonstellationen als unüberwindbar erweisen; ihre Thematik ist im höchsten Grade archaisch; sie spricht von Vater und Sohn, vom getöteten und betrauerten Vater, und von bereuenden und trotzenden Söhnen. In dieser Hinsicht ist sie der Ort des emotionellen Auf-der-Stelle-Tretens; daher sind die Lücken in dieser Geschichte im Prinzip unerheblich. TOTEM UND TABU nennt ihrer zwei: Freud nimmt an, daß der Übergang vom Totem zum Gott »andere Ursprünge und Bedeutungen« einschließt, »auf welche die Psychoanalyse kein Licht werfen kann«[27]; dieser Übergang wird in DER MANN MOSES UND DIE MONOTHEISTISCHE RELIGION zum Teil ausgefüllt; andererseits bleibt die Rolle der Muttergottheiten, die doch im LEONARDO anläßlich der Phantasien über die phallische Mutter entdeckt wurden, im dunkeln: »Wo sich in dieser Entwicklung die Stelle für die großen Muttergottheiten findet, die vielleicht allgemein den Vatergöttern vorhergegangen sind, weiß ich nicht anzugeben.«[28] Freud interessiert mehr der repetitive Aspekt der Religion. Allmacht der Gedanken, paranoische Projektion, Verschiebung des Vaters auf das Tier, rituelle Wiederholung des Vatermords und des Sohnestrotzes bilden den »unzerstörbaren« Kern der Religion. Man begreift, weshalb Freud immer wieder erklärte, daß die naive Religion die wahre Religion sei; rationale Theologie und Dogma-

---

25 GW IX, 184 ff.
26 »So hatte sich die Erinnerung an jene erste große Opfertat als unzerstörbar erwiesen.« (GW IX, 182)
27 GW IX, 178; die Vermenschlichung der Gottesgestalt, die sich zuerst hinter tierischen Zügen verbarg, ist bereits eine Wiederkehr der Vaterfigur, die ein sehr komplexes Problem stellt: Freud sieht es als eine Wirkung der verstärkten Liebe zum Vater an, wenn der Brüderbund, um überleben zu können, der patriarchalischen Gesellschaft Platz machen muß.
28 GW IX, 180.

tik können nur »Rationalisierungen« sein, die, weit entfernt, die Religion näher an Vernunft und Wirklichkeit zu rücken, die Entstellung verstärken.[29]

Man könnte sich darüber wundern, daß Freud so viel Zeit und Mühe darauf verwandte, eine neue Geschichte der Ursprünge zu verfassen, nicht mehr auf der Ebene des Totemismus, sondern auf der des Monotheismus, genauer des ethischen Monotheismus des jüdischen Volkes. Indes darf man von diesem Buch keine irgendwie geartete Berichtigung von TOTEM UND TABU erwarten, vielmehr den Ausbau und die Verstärkung seiner Wiederholungs- und Regressionstheorie. Mehr noch, dieses Buch hat exorzistischen Wert. Es bezeichnet den Verzicht des Juden Sigmund Freud auf den Vorzug, auf den sein Narzißmus etwa noch pochen könnte, den, zu einer Rasse zu gehören, die Moses hervorbrachte und der Welt den ethischen Monotheismus bescherte. Wenn Moses ein Ägypter und Jahwe nur die sublime Wiederbelebung des Urvaters der Horde ist, dann gibt es, angesichts der Ansprüche des Narzißmus und des Lustprinzips, nichts anderes mehr als die Einwilligung in die harte Notwendigkeit. Vielleicht sollte man hinzufügen, daß Moses für Freud selber ein Vaterbild darstellte, eben jenes Bild, dem er schon zur Zeit des MOSES DES MICHELANGELO die Stirn geboten hatte; diesen Moses galt es, als eine ästhetische Phantasie zu rühmen und als religiöse Phantasie zu beseitigen. Man ahnt, wie schwer es Freud gefallen ist, gerade in dem Augenblick den jüdischen Stolz zu verletzen, da die nationalsozialistische Verfolgung losbrach, da seine Bücher verbrannt und sein Verlagshaus ruiniert wurden, zur Zeit, da er selbst aus Wien fliehen und in London Zuflucht suchen mußte: all dies bedeutet für den Menschen Freud ganz sicher eine schreckliche »Trauerarbeit«.[30]

Welches ist das Thema des *Moses*? Es geht darum, sich »zu bedeutsamen Ansichten über die Entstehung der monotheistischen Religionen im allgemeinen« anregen zu lassen.[31] Man muß also die Begebenheit eines Mordes mit einiger Wahrscheinlichkeit rekonsti-

---

29 DAS UNBEHAGEN IN DER KULTUR, GW XIV, 431.
30 DER MANN MOSES ... beginnt mit der ernsten Erklärung: »Einem Volkstum den Mann abzusprechen, den es als den größten unter seinen Söhnen rühmt, ist nichts, was man gern oder leichthin unternehmen wird, zumal wenn man selbst diesem Volke angehört.« (GW XVI, 103)
31 GW XVI, 113.

tuieren, eine Begebenheit, die für den Monotheismus das wäre, was der primitive Vatermord für den Totemismus war, und die hinsichtlich des letzteren die Rolle eines Relais, der Verstärkung und Erweiterung spielen würde.

Die Anzahl der gewagten Annahmen dieses Buches ist eindrucksvoll. Die erste Annahme ist, daß Moses ein Ägypter war, Anhänger der Religion des Aton, eines ethischen, universellen und toleranten Gottes. Leider vermögen weder die über den Namen des Moses angestellten Vermutungen noch die, zu welchen die Geschichte seiner Geburt anregt, ja nicht einmal der ägyptische Ursprung der Beschneidung, der Hypothese, daß Moses ein Ägypter war, zu einiger Geltung zu verhelfen.

Die zweite Annahme ist, daß die Atonreligion eine monotheistische war, die nach einem friedlichen Prinzip, dem berühmten Pharao Ikhnaton, errichtet worden wäre und die Moses den semitischen Stämmen aufgedrängt haben soll. Aber selbst wenn Freud die Atonreligion und die faszinierende Persönlichkeit Ikhnatons nicht beide überschätzt hat, ist es doch zweifelhaft, ob sie in irgendeinem Zusammenhang mit der hebräischen Religion stehen.

Dritte Annahme: der »Held« Moses – im Sinne Otto Ranks, dessen Einfluß hier beträchtlich ist – soll durch das Volk getötet worden und der Gott des Moses mit Jahwe verschmolzen sein, dem Vulkangott, hinter dessen Maske der mosaische Gott seinen Ursprung verborgen und der Mord am Helden Vergessenheit gesucht hätte. Leider wurde die von Sellin im Jahre 1922 in einem ganz anderen geographischen und historischen Kontext aufgestellte Hypothese eines Mordes an Moses später von ihrem Autor wieder verworfen. Außerdem nötigt sie dazu, Moses zu verdoppeln, in den der Atonreligion und den der Jahwereligion, eine Hypothese, die von keinem Spezialisten unterstützt wird.

Vierte Annahme: die jüdischen Propheten sollen die Urheber der Wiederkehr des mosaischen Gottes gewesen sein; hinter den Zügen des ethischen Gottes soll das traumatische Ereignis selbst zum Vorschein gekommen sein; die Rückkehr zum mosaischen Gott wäre zugleich die Wiederkehr des verdrängten Traums. Hier fänden wir also den Punkt, wo ein Wiederaufleben auf der Vorstellungsebene und eine Wiederkehr des Verdrängten auf emotionaler Ebene zusammenfallen: wenn das jüdische Volk der abendländischen Kultur das Modell der Selbstanklage geliefert hat, so deshalb, weil sein

Gefühl der Schuld von der Erinnerung an einen Mord gespeist wird, den es zu gleicher Zeit zu verbergen trachtete.

Mit dieser vierten Hypothese ist dem Gedankengang Freuds vielleicht am besten auf die Spur zu kommen: Freud zeigt keinerlei Interesse für den Fortschritt des religiösen Gefühls. Nichts interessiert ihn an der Theologie eines Amos oder Hosea, eines Jesaja oder Hesekiel, nichts an der Theologie des Deuteronomium noch an der Beziehung zwischen dem Prophetismus und der kulturellen und priesterlichen Tradition, zwischen Prophetismus und Levitismus. Der Gedanke der »Wiederkehr des Verdrängten« hat ihn einer Hermeneutik enthoben, die über eine Exegese der Texte führen würde, und ihn sofort auf den kürzeren Weg einer *Psychologie des Gläubigen* gebracht, die von Anfang an auf sein neurotisches Modell festgelegt war; doch am erstaunlichsten ist wohl der Leitgedanke: wenn Freud den Weg der historischen Rekonstruktion eingeschlagen hat, und zwar auf einem Gebiet, auf dem er kein Spezialist war (DER MANN MOSES UND DIE MONOTHEISTISCHE RELIGION ist lediglich das Fragment eines gewaltigen Werkes, in dem Freud die psychoanalytische Methode auf die gesamte Bibel anzuwenden gedachte!), so deshalb, weil die Lehre in seinen Augen einen realen Mord erheischte; für ihn erforderte der Übergang zum Monotheismus die Erneuerung des Mordes selber[32], damit die Vatergestalt verstärkt und sublimiert, die Schuld vergrößert, die Versöhnung mit dem Vater gesteigert und später, mit dem Christentum, die substituierte Gestalt des Sohnes verherrlicht werden konnte.

Der jüdische Monotheismus löst also in dieser Geschichte der Wiederkehr des Verdrängten den Totemismus ab. Das jüdische Volk hat an der Person Moses, dem eminenten Stellvertreter des Vaters, den primitiven Frevel erneuert. Der Mord an Christus ist eine weitere Verstärkung der Erinnerung an die Ursprünge, und Pfingsten ist die Wiedererweckung des Moses. Schließlich vollendet die Religion des Paulus diese Wiederkehr des Verdrängten, führt sie zu ihrer vorgeschichtlichen Quelle zurück, indem er ihr den Namen der Erbsünde verlieh: ein Verbrechen war begangen worden gegen Gott, und nur der Tod konnte es sühnen. Gleichzeitig nimmt Freud

---

32 »Die ... Tötung des Moses durch sein Judenvolk wird so ein unentbehrliches Stück unserer Konstruktion, ein wichtiges Bindeglied zwischen dem vergessenen Vorgang der Urzeit und dem späten Wiederauftauchen in der Form der monotheistischen Religion.« (GW XVI, 196)

hier seine alte Hypothese vom Sohnestrotz wieder auf: der Erlöser mußte der Hauptschuldige gewesen sein, der Anführer der Brüderhorde, ähnlich dem aufsässigen Helden der griechischen Tragödie: »... denn er war der wiedergekehrte Urvater der primitiven Horde, verklärt und als Sohn an die Stelle des Vaters gerückt.«[33] Nur die Wiederholung eines realen Mordes ermöglichte diese Verstärkung, die nach Freud den Übergang vom Totem zum Gott bewirkt.

Daher ist Freud keineswegs gewillt, die historische Realität dieser Kette von traumatischen Ereignissen abzuschwächen: »In den Massen wie im Individuum«, sagt er, »bleibt der Eindruck der Vergangenheit in unbewußten Erinnerungsspuren erhalten«[34]; »die Allgemeinheit der Sprachsymbolik« ist für Freud weit mehr ein Beweis für die Erinnerungsspuren der großen Traumata der Menschheit[35] als ein Anreiz, andere Dimensionen der Sprache, des Imaginären, des Mythos zu erforschen. Die Entstellung dieser Erinnerung ist die einzige Funktion des Imaginären, die erforscht wird. Was diese Erbschaft selbst betrifft, die sich auf keine direkte Kommunikation zurückführen läßt, so ist sie gewiß verwirrend, muß aber postuliert werden, denn dann »haben wir die Kluft zwischen Individual- und Massenpsychologie überbrückt, können die Völker behandeln wie den einzelnen Neurotiker ... Wenn es anders ist, kommen wir weder in der Analyse noch in der Massenpsychologie auf dem eingeschlagenen Weg einen Schritt weiter. Es ist eine unvermeidliche Kühnheit.«[36] Man kann also nicht sagen, daß es sich hier um eine nur beiläufige Hypothese handelt; Freud sieht in ihr eine der Klammern, die den Zusammenhalt des Systems garantieren: »Eine Tradition, die nur auf Mitteilung gegründet wäre, könnte nicht den Zwangscharakter erzeugen, der den religiösen Phänomenen zukommt«[37]; eine Wiederholung des Verdrängten kann es nur geben, wenn ein traumatisches Ereignis stattgefunden hat.

---

33 GW XVI, 196.
34 GW XVI, 201.
35 »Seine [des Materials] Beweiskraft erscheint mir stark genug, um den weiteren Schritt zu wagen und die Behauptung aufzustellen, daß die archaische Erbschaft des Menschen nicht nur Dispositionen, sondern auch Inhalte umfaßt, Erinnerungsspuren an das Erleben früherer Generationen. Damit wären Umfang wie Bedeutung der archaischen Erbschaft in bedeutungsvoller Weise gesteigert.« (GW XVI, 206)
36 GW XVI, 207.

3. Die ökonomische Funktion der Religion

Die Freudsche Religionsdeutung bietet uns eine letzte Gelegenheit zu zeigen, wie Hermeneutik und Ökonomik sich in der Freudschen Metapsychologie verschränken. In den letzten Schriften Freuds taucht ein neues Thema auf, das der *Kultur,* unter dem Freud die diversen Vorstellungen zusammenfaßt – ästhetische, ethische, religiöse –, die eine Phänomenologie je nach der Zielrichtung des Objekts in verschiedene Bereiche zersprengen würde. Bei der Erarbeitung dieses Kulturbegriffs versucht Freud, von der ökonomischen Funktion der Religion Rechenschaft zu geben. In der Tat liegt der Unterschied zwischen der Neurose als Privatreligion und der Religion als universeller Neurose im wesentlichen in jenem Übergang vom Privaten zum Öffentlichen, der uns bisher unverständlich geblieben ist. Andererseits zwingen uns die sukzessiven Verschiebungen der Vatergestalt auf das Totem, dann auf die Geister und Dämonen, dann auf die Götter und schließlich auf den Gott Abrahams, Isaaks und Jakobs sowie auf den Gott Jesu Christi, die Phantasiebildungen in einem historischen, institutionellen, linguistischen und literarischen Rahmen zu sehen, welcher den Abstand zwischen einer einfachen Traumphantasie und einem Kulturobjekt anzeigt. Wenn also die Wiederkehr des Verdrängten, in kollektivem Maßstab genommen, eine ökonomische Funktion hat, dann aufgrund dieser kulturellen Funktion; wir müssen also den Rahmen erarbeiten, in den diese Verschiebungen der Allmacht, die quasi-paranoische Projektion, die Versöhnung mit der Vaterfigur und die geheime Rache der Söhne sich einfügen und in dem sie Sinn gewinnen.

Wir können das Problem der Kultur in diesem Kapitel nicht ausdiskutieren. An unserer Methode der sukzessiven Lektüren festhaltend, werden wir darüber nur soviel sagen, wie nötig ist, um der religiösen Problematik auf der Ebene, auf der wir uns hier noch bewegen, Rechnung tragen zu können, der Ebene einer Strategie des Wunsches. Später werden wir sehen, was eine Betrachtung des Todestriebs und des Kampfs von Eros mit dem Tod für die Kultur selbst bedeutet, die auf dem Kreuzungspunkt dieses Konflikts der Giganten, Eros und Thanatos angesiedelt ist. Bleiben wir hier also auf halber Höhe stehen, auf der Ebene der ZUKUNFT EINER ILLUSION.

---

37 GW XVI, 208.

Was ist die Kultur? Sagen wir zunächst negativ, daß keine Veranlassung besteht, Kultur und Zivilisation zu trennen[38]; diese Weigerung, eine Unterscheidung vorzunehmen, ist schon fast klassisch und an sich selbst aufschlußreich; es gibt nicht auf der einen Seite ein utilitarisches Unternehmen zur Beherrschung der Naturkräfte, die Zivilisation, und auf der anderen Seite ein uneigennütziges, idealistisches Bemühen um die Realisierung von Werten, die Kultur; dieser Unterschied, der unter einem anderen Gesichtspunkt als dem der Psychoanalyse einen Sinn haben mag, verliert ihn, sobald man beschließt, sich der Kultur unter dem Gesichtspunkt der Bilanz von Besetzungen und Gegenbesetzungen der Libido zu nähern. Diese ökonomische Interpretation beherrscht alle Freudschen Kulturbetrachtungen.

Der Kulturbegriff stellt bei Freud zum Teil dasselbe dar wie der des Über-Ichs, zum anderen etwas Neues und Umfassenderes. Die Kultur ist nur ein anderer Name für das Über-Ich, solange man ihr als erste Aufgabe das Verbieten sexueller oder aggressiver Wünsche zuweist, die sich mit einer sozialen Ordnung nicht vereinbaren lassen; ökonomisch gesagt: die Kultur impliziert einen Triebverzicht; man braucht nur an die drei universellsten Verbote zu erinnern: das des Inzests, des Kannibalismus, des Mordes. Daß Kultur und Über-Ich hier zwei Namen für ein und dieselbe Realität sind, bezeugt der Mechanismus der Introjektion.

Ganz nebenbei fügt Freud noch zwei weitere Züge hinzu: einerseits sorgt die ästhetische Befriedigung für eine bessere Verinnerlichung der Kultur, die als sublimierter Wunsch und nicht als einfaches Verbot empfunden wird; andererseits verhilft die hochmütige und kriegerische Identifizierung des Individuums mit seiner Gruppe, deren Haß es sich zu eigen macht, ihm zu einer Befriedigung narzißtischer Art, die seiner Feindseligkeit gegen die Kultur entgegenwirkt und die korrigierende Wirkung des sozialen Modells verstärkt; doch diese beiden Befriedigungen – die ästhetische und die narzißtische – führen uns nicht aus dem nun bekannten Rahmen der Triebe, die sich hinter jeder Idealbildung verbergen.

Wir gehen einen weiteren Schritt über die klassisch gewordene Ana-

---

38 DIE ZUKUNFT EINER ILLUSION, GW XIV, 326: »... und ich verschmähe es, Kultur und Zivilisation zu trennen«; am Ende von WARUM KRIEG? (1933) findet sich eine ähnliche Bemerkung. Die beiden ersten Kapitel von DIE ZUKUNFT EINER ILLUSION sind dieser »Ökonomik« des Kulturphänomens im ganzen gewidmet.

lyse des Über-Ichs hinaus, wenn wir berücksichtigen, daß die Kultur außer dem Verbieten und Korrigieren auch die Aufgabe hat, das Individuum gegen die Übermacht der Natur zu schützen. Mit dieser Aufgabe müssen wir später die Illusion verknüpfen. Sie gliedert sich in drei Themen: Verminderung der Last der den Menschen auferlegten Triebopfer; Versöhnung der Individuen mit jenen Verzichten, die unvermeidlich sind; Bereitstellung von befriedigenden Entschädigungen für diese Opfer. Freud nennt dies den »seelischen Besitz der Kultur«[39], und in diesem Besitz ist der wahre Sinn der Kultur zu suchen.

DIE ZUKUNFT EINER ILLUSION dringt in die Analyse des Kulturphänomens kaum tiefer vor; DAS UNBEHAGEN IN DER KULTUR geht sehr viel weiter, unter dem Zeichen des Todestriebs. Wir werden in dem Augenblick darauf zurückkommen, wo wir die gleichfalls in der Schwebe gelassene Analyse des Über-Ichs wieder aufnehmen werden.

Die eigentlich ökonomische Bedeutung jener Kulturfunktion wird sichtbar, wenn man sie zu einem anderen, Freud vertrauten Motiv in Beziehung setzt, dem der *Härte* des Lebens. Dieses Motiv entwickelt sich auf mehreren Stufen; zunächst deutet es auf die natürliche Schwäche des Menschen angesichts der erdrückenden Naturkräfte, angesichts von Krankheit und Tod; sodann betrifft es die bedrohte Stellung des Menschen unter den Menschen (DAS UNBEHAGEN IN DER KULTUR geht in Richtung des berühmten *homo homini lupus* ziemlich weit; der Mensch quält den Menschen, beutet ihn als Arbeiter aus und knechtet ihn als Sexualpartner). Doch die Härte des Lebens ist wiederum nur ein anderer Name für die Schwäche des Ichs in seiner ersten Situation der Abhängigkeit angesichts seiner drei Herren: Es, Über-Ich, Realität; die Härte des Lebens ist dieses anfängliche Primat der Angst.[40] Dieser dreifachen Angst – Realangst, neurotische Angst, Gewissensangst – fügt DAS UNBEHAGEN IN DER KULTUR noch einen weiteren Zug hinzu: der Mensch ist ein grundlegend »unzufriedenes« Wesen, weil er nicht das Glück narzißtisch realisieren und zugleich die historische Aufgabe der Kultur erfüllen kann, die seine Aggressivität in Schach hält; daher ist der Mensch, als in seinem Selbstgefühl bedroht, so auf

---

39 GW XIV, 331; und etwas später: »Es ist ja die Hauptaufgabe der Kultur, ihr eigentlicher Daseinsgrund, uns gegen die Natur zu verteidigen.« (GW XIV, 336)
40 DAS ICH UND DAS ES, Kap. V; NEUE FOLGE DER VORLESUNGEN..., XXXI.

Trost erpicht.⁴¹ Diesem Verlangen kommt nun die Kultur entgegen. Das neue Gesicht, das sie dem Individuum zeigt, ist nicht mehr das des Verbots, sondern das des Schutzes; und dieses wohlwollende Gesicht ist das der Religion.

Damit unterscheidet sich die Religion in ökonomischer wie in deskriptiver und genetischer Hinsicht von der Moral; sie erreicht den Menschen jenseits des Triebverzichts, und zwar auf der Ebene der drei Aufgaben, die wir der Kultur zugesprochen haben; was sie dem Menschen verspricht, ist tatsächlich die Erleichterung seiner Trieblast, die Versöhnung mit seinem unvermeidlichen Schicksal und die Entschädigung für all seine Opfer. Aber dieser Gang zum Jenseits des Wunsches ist auch eine Rückkehr zum Diesseits: denn auch der Trost wendet sich an den Wunsch. Wie nämlich alle Situationen der Ohnmacht und Abhängigkeit die infantile Situation der Hilflosigkeit wiederholen, so verfährt auch der Trost, indem er das Vorbild aller Trostgestalten, die Vatergestalt, wiederholt. Weil der Mensch auf ewig schwach *wie ein Kind* ist, bleibt er von der Sehnsucht nach dem Vater beherrscht. Wenn aber jede Hilflosigkeit Vatersehnsucht bedeutet, dann ist jeder Trost Wiederholung des Vaters. Das Menschenkind formt sich, angesichts der Natur, Götter nach dem Bild des Vaters.

In der Tat kann solch eine wohlwollende Gestalt die ökonomische Aufgabe erfüllen, die wir soeben beschrieben haben. Indem das Individuum die feindliche Gegenwart der Natur in menschlicher Form darstellt, stellt es sie sich als ein Wesen gegenüber, das besänftigt und beeinflußt zu werden vermag; indem die Religion der Naturwissenschaft die Psychologie substituiert, erfüllt sie den tiefsten Wunsch des Menschen. In diesem Sinn kann man sagen, daß es, mehr noch als die Angst, der Wunsch ist, der die Religion schafft.⁴²

Somit hat uns die ökonomische Funktion der Kultur eine Psychoanalyse der Vorsehung zu errichten erlaubt; der Gott, der diese Aufgabe zu erfüllen vermag, kann, über alle Strenge hinaus, nur eine wohlwollende Gestalt sein; allein eine durch solch gnädigen, gerechten und weisen Willen regulierte Natur bleibt dem Wunsche des Menschen angemessen.

---

41 Für dieses Motiv der »Härte des Lebens« vgl. auch DIE ZUKUNFT EINER ILLUSION, GW XIV, 337.
42 ibid.; 352.

Diese direkte Ableitung dessen, was Freud für die höchste Form der Religion hält, hat einen offenkundigen Vorteil: in einer packenden Verkürzung läßt sie den Endpunkt der Religion als eine Rückkehr zu den geschichtlichen Ursprüngen der Gottesidee erscheinen. Der Gott ist wieder eine einmalige Gestalt geworden; künftig kann die Beziehung des Menschen zu ihm wieder die Vertrautheit der Beziehung des Kindes zum Vater erlangen. Außerdem stellt sie die Religion von vornherein in einen kulturellen Zusammenhang und entreißt sie dem privaten Kreis der Individualneurose; die Religion entwickelt sich aus dem gleichen Erfordernis wie die anderen Funktionen der Kultur: der Notwendigkeit, den Menschen gegen die Übermacht der Natur zu schützen.

Hingegen könnte diese direkte Ableitung des Monotheismus, der den langen Umweg über die früheren Gestalten, vom Totemtier bis zu den Geistern und Göttern des Polytheismus zu ersparen scheint, zu dem Glauben verleiten, als habe Freud dem Vaterkomplex von TOTEM UND TABU das Motiv der menschlichen Hilflosigkeit substituiert. Dieses Motiv aber, für sich betrachtet, ist »weniger tief versteckt«[43] als der Vaterkomplex; es gilt also, unablässig die Verbindungswege zwischen »der tieferen und der manifesten Motivierung, dem Vaterkomplex und der Hilflosigkeit und Schutzbedürftigkeit des Menschen aufzuzeigen«[44]. In der Sprache, die ich gewählt habe, ist die Hermeneutik der Kultur in der Psychoanalyse immer das Gegenstück zu einer Ökonomik des Wunsches: zwischen der von der Religion getragenen Kulturfunktion des Trostes und der verborgenen Vatersehnsucht besteht das gleiche Verhältnis wie zwischen dem manifesten und dem latenten Trauminhalt. Was die Verbindung der beiden Gesichtspunkte garantiert, ist gerade der Sinn der Hilflosigkeit des Erwachsenen, insofern sie die Hilflosigkeit des Kindes fortsetzt und wiederholt; dem Menschen »ist es bestimmt, immer ein Kind zu bleiben«[45]; also verleiht er den unbekannten und gefürchteten Mächten die Züge der Vatergestalt.

Dies ist die spezifisch psychoanalytische Interpretation der Religion: ihr »verborgener« Sinn ist die ewige Wiederholung der Sehnsucht nach dem Vater.

---

43 Für diese Gegenüberstellung mit TOTEM UND TABU vgl. GW XIV, 344 ff.
44 ibid.

In den Rahmen dieser Ökonomie können wir nun wieder die doppelte Analogie setzen, die uns bei der klinischen Beschreibung geleitet hat: die Traumanalogie und die neurotische Analogie[46]; diese Analogie ist zu einer Identität geworden. Wenn die Religion keine eigene Wahrheit besitzt, was verleiht ihr dann Kraft und Wirksamkeit? Die religiösen Vorstellungen »sind nicht Niederschläge der Erfahrung oder Endresultate des Denkens, es sind Illusionen, Erfüllungen der ältesten, stärksten, dringensten Wünsche der Menschheit; das Geheimnis ihrer Stärke ist die Stärke dieser Wünsche.«[47] Diese ökonomisch gesehen grundlegende Identität von Illusion und Traumphantasie hat eine wichtige Folge, deren Konsequenzen wir ziehen werden, wenn wir den Sinn des Realitätsprinzips bei Freud erörtern. Wenn die Religion Wunscherfüllung *ist,* ist sie nicht dem Wesen nach die Stütze der Sittlichkeit; so beweist auch die Geschichte, daß »die Unsittlichkeit zu allen Zeiten an der Religion keine mindere Stütze gefunden (hat) als die Sittlichkeit«[48]; wenn dem wirklich so ist, wird eine grundlegende Revision der Beziehungen zwischen Kultur und Religion unumgänglich: wenn die Religion, als Trost, letztlich mehr Beziehungen zum Wunsch als zum Verbot des Wunsches unterhält, wird es denkbar, daß die Kultur die Religion überlebt: in einer solchen post-religiösen Kultur würde das kulturelle Verbot lediglich eine soziale Berechtigung haben; Gesetze und Institutionen hätten nur einen menschlichen Ursprung.

Andererseits aber ist die Religion nicht reine Illusion, da sie »bedeutsame historische Reminiszenzen«[49] enthält. Der Mann Moses spricht in diesem Sinne vom »Wahrheitsgehalt der Religion«[50]. Weshalb dieses Insistieren auf der *Realität* der Erinnerung? Um die Analogie von Religion und Zwangsneurose in Wahrheit zu begründen. Wenn nämlich die Analogie von Illusion und Traum im infantilen Charakter des Vaterkomplexes begründet liegt, dann hat die Analogie von Religion und Neurose die gleiche Basis, sofern es stimmt, daß »das Menschenkind ... seine Entwicklung zur Kultur nicht gut durch-

---

45 ibid.
46 GW XIV, 367 f.
47 GW XIV, 352.
48 GW XIV, 361.
49 GW XIV, 366.
50 GW XVI, 230 f.

machen kann, ohne durch eine bald mehr, bald minder deutliche Phase von Neurose zu passieren«[51].

Dieses in DIE ZUKUNFT EINER ILLUSION deutlich vorgezeichnete Thema bildet den Leitgedanken von DER MANN MOSES UND DIE MONOTHEISTISCHE RELIGION. Den Hauptanlaß dazu liefert die von Freud entdeckte Übereinstimmung zwischen der der Neurose eigenen Latenz und dem »Phänomen der Latenz«, das Freud in der Geschichte des Judaismus enthüllt zu haben glaubt, zwischen dem Mord an Moses und der Wiederbelebung der Mosesreligion zur Zeit der Propheten; man erkennt hier die Durchkreuzung von klinischer, genetischer und ökonomischer Erklärung: »Nachträglich muß es uns auffallen, daß ... zwischen dem Problem der traumatischen Neurose und dem jüdischen Monotheismus doch in einem Punkte eine Übereinstimmung besteht. Nämlich in dem Charakter, den man die *Latenz* heißen könnte.« Diese Analogie, so bemerkt Freud, »ist sehr vollständig, sie kommt der Identität nahe.«[52] Ist das Schema der Entwicklung einer Neurose einmal anerkannt – frühes Trauma, Abwehr, Latenz, Ausbruch der neurotischen Erkrankung, partielle Wiederkehr des Verdrängten –, dann fällt die Annahme, daß im Leben der Menschenart Ähnliches vorgefallen ist wie in dem der Individuen, nicht schwer: »Also daß es auch hier Vorgänge gegeben hat sexuell-aggressiven Inhalts, die bleibende Folgen hinterlassen haben, aber zumeist abgewehrt, vergessen wurden, später, nach langer Latenz zur Wirkung gekommen sind und Phänomene, den Symptomen ähnlich in Aufbau und Tendenz, geschaffen haben.«[53]

Dies ist die wohlbegründete Analogie, mit der die Psychoanalyse der Religion zum Abschluß kommt: sie ist zweifellos das fesselndste Beispiel für die Wechselwirkung zwischen der Deutung von Traum und Neurose und der Hermeneutik der Kultur im Werke Freuds. Ihre Gültigkeit werden wir am Ende unserer *Dialektik* zur Sprache bringen.

---

51 GW XIV, 366.
52 GW XVI, 171, 176 f.
53 GW XVI, 186.

Dritter Teil
Eros, Thanatos, Ananke

Unsere bisherige Lektüre von Freuds Schriften bewegte sich absichtlich diesseits der großen Umwälzung, von der der berühmte Essay von 1920, JENSEITS DES LUSTPRINZIPS[1], Zeugnis gibt. Diese Umarbeitung übertrifft im Ausmaß diejenige, die gegen 1914 mit der Studie ZUR EINFÜHRUNG DES NARZISSMUS den Begriffen Objekt und Subjekt und der Gesamtökonomik des menschlichen Seelenlebens aufgenötigt wurde. Die Einführung des Todestriebs in die *Trieb*theorie ist im wahren Sinn des Wortes eine Umgestaltung von Grund aus. Diese Revision affiziert in erster Linie die psychoanalytische Rede selbst, deren Erkenntnistheorie wir im ersten Teil aufzustellen versuchten, und dann auch die Interpretation all der Zeichen, welche die Semantik des Wunsches bilden, bis hin zum Kulturbegriff, dessen Gesamtbild wir im zweiten Teil provisorisch umrissen haben.

Der Todestrieb betrifft die analytische Rede insofern, als die neue Triebtheorie die Ausgangshypothesen des Freudianismus und hauptsächlich die Vorstellung eines dem Konstanzprinzip unterworfenen psychischen Apparats in Frage stellt. Indem Freud die Äquivalenz von Lustprinzip und Konstanzprinzip postulierte, glaubte er, die Psychoanalyse in die wissenschaftliche Tradition von Helmholtz und Fechner zu stellen. Dank dieser Quasi-Physik des psychischen Apparats und der quantitativen Umschreibung der der Interpretation zugrundeliegenden ökonomischen Phänomene konnte sich die Psychoanalyse als Wissenschaft Ansehen verschaffen. Im ersten Teil haben wir gezeigt, daß der Geist der Psychoanalyse anderswo liegt und auf der Reziprozität von Deutung und Erklärung, von Hermeneutik und Ökonomik beruht; gleichzeitig aber mußten wir zugeben, daß die auf der quantitativen Hypothese gründende Spekulation sich der vollen Erkenntnis des Eigencharakters der analytischen Rede widersetzte. Die neue Triebtheorie ist nun mit einer Spekulation über Leben und Tod verbunden, die sich stark von der quantitativen Theorie unterscheidet und sich den Ansichten Goethes und dem Denken der Romantik, ja selbst Empedokles und den gro-

---

1 GW XIII, 3–69.

ßen Vorsokratikern nähert. Schon der Titel, Jenseits des Lustprinzips, weist uns zur Genüge darauf hin, daß der begriffliche Umschwung auf eben dieser Ebene vollzogen werden muß, der Ebene der allgemeinsten Hypothesen über den Verlauf des Lebens. Um diesem Übergang vom Szientismus zum Romantizismus Rechnung zu tragen, habe ich diesem dritten Teil den Titel der großen Sinnbilder Eros, Thanatos und Ananke gegeben: dem Tod gegenüber ändert die Libido ihren Sinn und erhält den mythischen Namen Eros; und dem Gegensatzpaar Eros–Thanatos gegenüber entfaltet das Realitätsprinzip, dem Lustprinzip diametral entgegengesetzt, eine ganze Sinnhierarchie, die der ebenfalls mythische Name Ananke deckt.

Unsere Aufgabe wird nun vorerst darin bestehen, die große Polarität herauszuarbeiten, die sich durch das gesamte Werk Freuds hindurchzieht: die Polarität von Lustprinzip und Realitätsprinzip; das wird der Gegenstand des ersten Kapitels sein. Diese Antithese hängt eng mit den Ausgangshypothesen des Freudianismus zusammen: Konstanzhypothese und quantitative Hypothese, Vorstellung des Seelenlebens als eines sich selbst regulierenden Apparats etc. Der Zusammenhang zwischen Lutsprinzip und Konstanzprinzip ist so stark, daß man sich rechtens fragen darf, ob die Infragestellung der Ausgangshypothesen nicht nur ein Jenseits des Lustprinzips einschließt, sondern auch ein Jenseits des Realitätsprinzips. Um so wichtiger ist es, den Sinn des Realitätsprinzips richtig zu definieren und den Umfang der Sinnschwankungen abzuschätzen, die ihm die Ausgangshypothesen des Freudianismus einräumen: zwischen der Wahrnehmungsfunktion, die wir oft mit der Institution des Bewußtseins und des Ichs verknüpft sahen, und dem Sichfügen ins Unvermeidliche liegt ohne allen Zweifel eine beträchtliche Sinnspanne. Die Frage ist also, bis zu welchem Punkt es der neuen Triebtheorie gelingt, den Schwerpunkt des Realitätsbegriffs von einem Pol zum anderen zu verlagern.

Bevor der Todestrieb nicht im einzelnen interpretiert ist, können wir auf diese Fage keine endgültige Antwort geben. Daher behalten wir uns für das dritte Kapitel, wo wir einige der kritischen Fragen zusammenstellen, die sich aus dieser neuen Lektüre der Theorie ergeben, eine weitere und letzte Prüfung des Realitätsbegriffs in der Freudschen Theorie vor. Wir schicken aber voraus, daß man sich von dieser neuerlichen Lektüre nicht allzuviel versprechen darf: aus

Gründen, die eng mit der kritischen Funktion des Realitätsprinzips zusammenhängen, ist die älteste Formulierung des Realitätsprinzips diejenige, die der durch die Einführung des Todestriebs verursachten Umwälzung innerhalb der Lehre am meisten standhalten wird.

Wie nun sollen die großen Hypothesen über Leben und Tod angemessen behandelt werden? Dies ist der Gegenstand des zweiten Kapitels.

In unserem ersten Teil erfuhren wir, daß die spekulativen Annahmen des Freudianismus nicht durch sich selbst gerechtfertigt werden können; ihr Sinn entscheidet sich erst im Spiel der Interpretation und der Erklärung; die spekulativen Annahmen bestätigen sich durch ihre Fähigkeit, die hermeneutischen Begriffe, wie offenbarer Sinn, verborgener Sinn, Symptom und Phantasie, Triebrepräsentanz und Gefühlsrepräsentanz, mit ökonomischen Begriffen, wie Besetzung, Verschiebung, Substitution, Projektion, Introjektion etc., zu verschränken. Wir konnten sagen, daß letztlich in der Beziehung zwischen dem Trieb als erstem energetischem Begriff und der Triebrepräsentanz als erstem hermeneutischem Begriff das Spezifische der analytischen Rede liegt, die die beiden Reiche der Kraft und des Sinns in einer Semantik des Wunsches vereint.

Unsere erste Frage ist jetzt also folgende: was wird aus dieser Rede, was aus dieser Semantik des Wunsches, wenn sich eine mehr romantische Spekulation über Leben und Tod einer mehr wissenschaftlichen Spekulation über die Konstanzhypothese und ihr psychologisches Äquivalent, das Lustprinzip, beigesellt?

Der erste Teil unserer *Analytik* gibt uns also einen guten Leitfaden an die Hand: ein Trieb ist immer nur eine erschlossene Realität – erschlossen aus seinen »Repräsentanten«. Was sind die »Repräsentanten« des Todestriebs? Eine neue Phase der Entschlüsselungsarbeit eröffnet sich mit dieser Frage; desgleichen eine neue Beziehung zwischen dem Wunsch und seinen Zeichen. Ausgehend von diesem neuen Zusammenhang zwischen Hermeneutik und Ökonomik werden wir in der Lage sein, das Ausmaß der Umwälzung auf der Ebene der Grundhypothesen über den Verlauf des Lebens zu beurteilen.

Die der Triebtheorie auferlegte Revision, sagten wir oben, ist eine Umgestaltung von Grund aus: die Umarbeitung des Fundaments, von der JENSEITS DES LUSTPRINZIPS spricht, hat an der Spitze des Gebäudes ihre Entsprechung in der Kulturtheorie, die wir im zweiten Teil der *Analytik* darzustellen begonnen haben und die in DAS UNBEHAGEN IN DER KULTUR[2] wenn nicht ihre Vollendung, so doch ihre Entfaltung findet.

Auf der Ebene der Kultur tritt der Todestrieb, ein »stummer« Trieb par excellence, in den »Lärm« der Geschichte. Damit wird der Zusammenhang zwischen der Ökonomik und der Hermeneutik des Todestriebs im wesentlichen zwischen den metabiologischen Hypothesen des Essays von 1920 und der metakulturellen Theorie des Essays von 1929 hergestellt. Dieser Zusammenhang ist doppelsinnig: indem Freud einerseits eine Kulturtheorie auf der manifesten Ebene des Kriegs errichtet, bringt er den Sinn des Todestriebs ans Licht; indem er andererseits den Todestrieb in die *Trieb*theorie einfügt, setzt er sich instand, den Sinn der Kultur als eine einzige Aufgabe zu sehen, der sich die Teilerscheinungen wie Kunst, Moral und Religion unterordnen: in bezug auf den »Streit der Giganten« – Eros und Thanatos – gewinnt das Unternehmen der Kultur seinen radikalen und zugleich umfassenden Sinn.

Die neue Lektüre der Triebtheorie erheischt also eine neue Lektüre der Gesamtheit jener Phänomene, die wir im zweiten Teil in zerstreuter Ordnung betrachtet haben: ästhetische, ethische, religiöse Phänomene; die vorige Lektüre ging aus von der allmählichen Ausweitung auf alle kulturellen Vorstellungen des Traum- und Neurosemodells; es war also eine analogische Lektüre, mit allem, was die Analogie an Fragmentarischem und Nicht-Schlüssigem besitzt: offen blieb nämlich die Frage, ob die Unterschiede entscheidender waren als die Ähnlichkeiten. Indem Freud die Kulturaufgabe in das Feld des Kampfes zwischen Eros und Thanatos stellt, erhebt er seine Kulturinterpretation in den Rang einer einfachen und starken Idee. Sosehr die erste – fragmentarische und analogische – Lektüre die Psychoanalyse als Denkdisziplin charakterisierte, so sehr charakterisiert die zweite – umfassende und souveräne – Lektüre sie als Weltanschauung.

Doch gleichzeitig öffnet die Freudsche Lehre den Weg zu einer radikaleren Fragestellung, die auf die gesichertsten Gewißheiten zurückkommt; gerade diese nicht gelösten Fragen möchte ich im drit-

---

2 GW XIV, 421–506.

ten Kapitel zusammenfassen und unter drei Titel stellen: Was ist Negativität? Was ist Lust? Was ist Realität?[3]

---

[3] »Dagegen würden wir uns gerne zur Dankbarkeit gegen eine philosophische oder psychologische Theorie bekennen, die uns zu sagen wüßte, was die Bedeutungen der für uns so imperativen Lust- und Unlustempfindungen sind. Leider wird uns hier nichts Brauchbares geboten. Es ist das dunkelste und unzugänglichste Gebiet des Seelenlebens, und wenn wir unmöglich vermeiden können, es zu berühren, so wird die lockerste Annahme darüber, meine ich, die beste sein.« GW XIII, 3 f.

Kapitel I
Lustprinzip und Realitätsprinzip

JENSEITS DES LUSTPRINZIPS – das heißt 1920: Einführung des Todestriebs in die Triebtheorie. Dabei hat es in Freuds Lehre stets ein Jenseits des Lustprinzips gegeben, das immer den Namen Realitätsprinzip trug. Man kann also unmöglich die Tragweite der Umwälzung beurteilen, welche die Triebtheorie durch den Todestrieb erfahren mußte, ohne zuvor die allererste Polarität, die von Lust und Realität, festgestellt zu haben.

Der Realitätsbegriff aber ist bei Freud weniger einfach, als es scheint. Seine Entwicklung läßt sich auf folgende Weise schematisieren:

1. Am Anfang decken die beiden Prinzipien des »psychischen Geschehens«, um mit einem wichtigen kleinen Aufsatz von 1911 zu sprechen, ungefähr das, was wir »Primärvorgang« und »Sekundärvorgang« genannt haben; wir haben oben den Sinn dieser Ausdrücke dargelegt, und wir werden uns nun darauf beschränken, diese Analyse in die Termini desjenigen Gegensatzes zu übersetzen, der uns hier interessiert. Dieser Begriff wurde also zuerst innerhalb eines klinischen Kontextes – dem der Traum- und Neurosentheorie – erarbeitet; in den metapsychologischen Schriften von 1914 bis 1917 erfährt der Realitätsbegriff eine erste Ausweitung dadurch, daß ihm ein ökonomischer Sinn gegeben wird, der demjenigen verwandt ist, den die erste Topik den Begriffen des Unbewußten, Vorbewußten und Bewußten verleiht; die Realität ist im großen und ganzen das Korrelat der Funktion des Bewußtseins. Indem wir so von einem deskriptiven und klinischen Sinn zu einem systematischen und ökonomischen Sinn übergehen, haben wir den Ausgangsbegriff zwar in ein neues Register übertragen, jedoch nicht wirklich verwandelt.

2. Eine zweite Bereicherung des Realitätsprinzips ist auf seiten der Erforschung der Objektbeziehung zu suchen; wir bleiben nicht nur auf der Ebene der ersten Triebtheorie (Gegensatz von Sexual- und Ichtrieben), sondern auch auf der der ersten Topik (Vorstellung des psychischen Apparats als einer Reihe von Örtlichkeiten (das Unbewußte, Vorbewußte, Bewußte).

3. Eine entscheidendere Umwandlung des Realitätsprinzips hängt mit den beiden wichtigeren Formen der Theorie zusammen, die wir

in den vorhergehenden Kapiteln betrachtet haben: Einführung des Narzißmus einerseits, Übergang zur zweiten Topik andererseits. Aus verschiedenen, doch konvergierenden Gründen äußern sich diese beiden Reformen in einer wachsenden Dramatisierung des Gegensatzes zwischen Lustprinzip und Realitätsprinzip: das Reale ist nicht mehr nur das Gegenteil der Halluzination, es ist die harte Notwendigkeit, so wie sie sich jenseits des Aufgebens der narzißtischen Position und jenseits der Mißerfolge, Enttäuschungen und Konflikte offenbart, die zur Zeit des Ödipuskomplexes ihren Höhepunkt erreichen. Die Realität heißt nunmehr Notwendigkeit und, zuweilen schon, Ananke.

Die große »Remythisierung« der Triebtheorie, der wir uns im folgenden Kapitel zuwenden und die durch Eros und Tod symbolisiert wird, muß unweigerlich diesen Dramatisierungsvorgang in Mitleidenschaft ziehen; wir werden den Freudschen Realitätsbegriff an dieser Schwelle verlassen, um ihn am Ende unserer Studie über den Tod wieder aufzunehmen. Wir werden also zweimal vom Realitätsprinzip sprechen: *vor* dem Todestrieb und *nach* dem Todestrieb. Der Übergang von einer »wissenschaftlichen« Vorstellung des psychischen Apparats zu einer mehr »romantischen« Deutung des Spiels von Liebe und Tod muß notwendig den Sinn berühren, den der Realitätsbegriff im Freudianismus gewinnt: *vor* dem Todestrieb ist die Realität ein ebenso regulierender Begriff wie das Lustprinzip; daher heißt er auch »Prinzip«; *nach* dem Todestrieb erhält der Realitätsbegriff einen Sinn, der ihn auf die Ebene der großen, quasimythischen Mächte trägt, die sich in die Herrschaft der Welt teilen: die Transfiguration wird durch den Terminus Ananke symbolisiert, der sowohl an das Schicksal der griechischen Tragödie wie an die Natur in der Philosophie der Renaissance und bei Spinoza und an die ewige Wiederkehr Nietzsches gemahnt. Kurz, was zuerst nur ein Prinzip der »seelischen Regulierung« war, ist nun zur Chiffre einer möglichen Weisheit geworden.

1. Realitätsprinzip und »Sekundärvorgang«

Der klinische Ausgangspunkt von Freuds Bemerkungen über die Realität steht außer Zweifel; schon die ersten Zeilen des kleinen Aufsatzes von 1911, Formulierungen über die zwei Prinzipien

DES PSYCHISCHEN GESCHEHENS[1], machen dies deutlich: wie bei Pierre Janet ist die »fonction du réel« das, was der Neurotiker verloren hat; oder, um den Unterschied zwischen Freud und Janet gleich zu markieren, das, wovon der Neurotiker sich abgewendet hat, weil die Realität unerträglich ist. Zu Anfang knüpft sich also kein besonderer philosophischer Sinn an diesen Realitätsbegriff; die Realität steht nicht zur Debatte, sie wird als bekannt vorausgesetzt; sie ist das physische und soziale Anpassungsmilieu.

Dennoch ist es geboten, sich schon auf diesem elementaren Niveau über den wenig homogenen Charakter des Gegensatzpaares Lust–Realität zu wundern. Um ihn homogen zu gestalten, muß man von Anfang an einräumen, daß das Lustprinzip, als Quelle der Phantasien, auf die Realität einwirkt; die halluzinatorische Psychose oder Amentia von Meynert hat das Schema geliefert[2]; und Freud hat es auf alle Neurosen ausgedehnt: »Eigentlich tut aber jeder Neurotiker mit einem Stückchen der Realität das gleiche.«[3] Diese Ausdehnung eines zunächst für die Deutung der Psychose bestimmten Schemas auf die Neurose beruht auf einer alten These (wir haben sie zu gegebener Zeit vorgestellt), derzufolge sich die Wunscherfüllung, in der Neurose und im Traum, selbst einem halluzinatorischen Modell fügt. Und von diesem Kern ausgehend »erwächst uns nun die Aufgabe, die Beziehung des Neurotikers und des Menschen überhaupt zur Realität auf ihre Entwicklung zu untersuchen und so die psychologische Bedeutung der realen Außenwelt in das Gefüge unserer Lehren aufzunehmen.«[4]

Diese Angleichung des Lustprinzips an die quasi-halluzinatorische Funktion des Wunsches ist die Basis des Vorgangs, den Freud zur Zeit des ENTWURFS und des VII. Kapitels der TRAUMDEUTUNG »Primärvorgang« nannte; andererseits erlaubt sie es, das Realitätsprinzip mit dem Sekundärvorgang in Zusammenhang zu bringen.

---

1 GW VIII, 230–238.
2 Die erste Formulierung der beiden Prinzipien findet sich im Brief an Fließ Nr. 105: »Der letzte allgemeine Gedanke hat sich erhalten und scheint ins Unabsehbare wachsen zu wollen. Nicht der Traum allein ist eine Wunscherfüllung, auch der hysterische Anfall. Das hysterische Symptom ist es, wahrscheinlich jedes neurotische Ergebnis, da ich es frühzeitig schon vom akuten Wahnsinn erkannt habe. Realität – Wunscherfüllung, aus diesen Gegensätzen sprießt unser psychisches Leben.« AUS DEN ANFÄNGEN ..., S. 238.
3 GW VIII, 230.
4 GW VIII, 231.

Diese doppelte Angleichung bildet den Leitfaden des Essays von 1911, nicht ohne daß ein Vorstoß zu viel weiter reichenden Themen gemacht würde, die nur in bezug auf die zweite Topik zu verstehen sind.

Das Verhältnis zwischen Primärvorgang und Sekundärvorgang ist selbst kein einfaches; es enthüllt zwei Arten von Beziehungen zwischen dem Lustprinzip und dem Realitätsprinzip. Zum einen ist das Realitätsprinzip nicht wirklich der Gegensatz des Lustprinzips, sondern eine Verlängerung des Wegs der Befriedigung. Der psychische Apparat hat nämlich nie nach dem einfachen Schema des Primärvorgangs funktioniert; letztlich ist das Lustprinzip, im Reinzustand betrachtet, nur eine didaktische Fiktion; das Realitätsprinzip bezeichnet dementsprechend das normale Spiel eines von den Sekundärvorgängen gelenkten seelischen Apparats. Aber zum anderen setzt das Lustprinzip seine Herrschaft in allen möglichen Verkleidungen fort; es belebt alle Phantasien, sowohl in ihren normalen wie in ihren pathologischen Formen, vom Traum über die Ideale bis zu den Illusionen der Religion. Solcherart in ihren verkleideten Formen betrachtet, erscheint das Lustprinzip wirklich unüberwindbar; damit bezeichnet das Realitätsprinzip eine schwer zu erreichende Existenzweise.

Daß das Lustprinzip, absolut genommen, eine immer schon überwundene Fiktion ist, dafür haben wir die verschiedenen Gründe in unserer Untersuchung des ENTWURFS angeführt: zunächst stören die inneren Triebe stets das Gleichgewicht und verhindern die vollständige Reizaufhebung; der psychische Apparat wird damit vom einfachen, durch das Konstanzprinzip repräsentierten energetischen Regime abgewendet. Sodann bringt das Befriedigungserlebnis selbst unausweichlich die Hilfe des Mitmenschen ins Spiel. Man erinnert sich der erstaunlichen Stelle des ENTWURFS: »Der menschliche Organismus ist zunächst unfähig, die spezifische Aktion herbeizuführen. Sie erfolgt durch fremde Hilfe, indem durch die Abfuhr auf dem Wege der inneren Veränderung ein erfahrenes Individuum auf den Zustand des Kindes aufmerksam gemacht wird. Diese Abfuhrbahn gewinnt so die höchst wichtige Sekundärfunktion der Verständigung und die anfängliche Hilflosigkeit des Menschen ist die Urquelle aller moralischen Motive.«[5] Schließlich bleibt die Unlust,

---

5 Aus den Anfängen..., S. 326.

nach einer anderen Formulierung des ENTWURFS, »das einzige Erziehungsmittel«[6]: sie gibt dem Realitätsprinzip einen hedonistischen Sinn und stellt es in die Verlängerung des Lustprinzips. In Wahrheit ist die halluzinatorische Befriedigung eine biologische Sackgasse und mußte unfehlbar scheitern; daher ist die Institution des Realitätsprinzips eine Forderung des Lustprinzips selbst.
Wenn also das Realitätsprinzip mit dem Sekundärvorgang zusammenfällt, dann unterliegt ihm jede menschliche Psyche, insofern sie der Halluzination entgeht.
Der dritte Teil des ENTWURFS liefert das Schema des so verstandenen Sekundärvorgangs; durch ihn verbleibt das Realitätsprinzip in den Grenzen dessen, was man einen kalkulierten oder vernünftigen Hedonismus nennen könnte; und dieses Schema des Sekundärvorgangs erfährt niemals eine grundlegende Umarbeitung. Wir kennen seine Hauptthemen: qualitative Realitätsprüfung (wofür der ENTWURF eine bestimmte Gruppe von »Neuronen« bestimmte), Unterscheidung von Halluzination und Wahrnehmung, aufmerksame Erforschung neuer Reize; Identifizierung der neuen mit den alten Reizen mittels des Urteils (nach einem dem Kantischen Wahrnehmungsurteil verwandten Schema); Übergang von der beobachteten Realität zur Denkrealität, auf der Grundlage von Erinnerungsspuren von Gehörtem; motorische, muskuläre Beherrschung der Realität etc. Das VII. Kapitel der TRAUMDEUTUNG fügt dieser schematischen Analyse des Sekundärvorgangs nichts hinzu; wir konnten sogar sagen, daß, aus Strukturgründen, die mit der Intention dieses letzteren Werks zusammenhängen, der ENTWURF weiter geht als die TRAUMDEUTUNG.
Dies sind die Hauptthemen des ENTWURFS, die der Aufsatz von 1911 im ersten seiner acht dem Realitätsprinzip gewidmeten Abschnitte aufgreift.[7] Auch die Aufmerksamkeit wird hier als antizipatorische Adaption verstanden; das Gedächtnis als Deponierung von Ergebnissen der Vergangenheit; das Urteilen als Vergleichung und Identifizierung von neuen Qualitäten aufgrund von Erinnerungsspuren; die motorische Beherrschung als tonische Bindung der Energie. Schließlich spielt hier die motorische Hemmung oder das Denken die gleiche Rolle; man kann sagen, daß der Text des ENTWURFS in jeder Hinsicht deutlicher ist.

6 ibid., S. 369.
7 GW VIII, 230 f.

Die Analyse des Realitätsprinzips würde eine andere Wendung nehmen, wenn wir es bei dieser Auffassung des Sekundärvorgangs bewenden ließen, dessen Gegensatz eine theoretische Konstruktion bleibt. Aber die TRAUMDEUTUNG zeigte bereits, in umgekehrter Richtung, warum das Lustprinzip unüberwindbar ist. Erinnern wir uns: der seelische Apparat wurde als ein physikalischer Apparat dargestellt, der in progredienter oder regredienter Richtung funktionieren kann; dieses Schema, in vielerlei Hinsicht verwirrend, läßt zumindest die Vorstellung einer Psyche aufkommen, die gegen den Strich arbeitete, weil sie der Ersetzung des Realitätsprinzips durch das Lustprinzip standhält. Das Lustprinzip bezeichnet dann nicht mehr nur ein früheres fiktives Stadium, sondern die umgekehrte Bewegung des Apparats, das, was das VII. Kapitel topische Regression oder Bestreben des Apparats, die ursprüngliche Form der halluzinatorischen Wuscherfüllung wiederherzustellen, nannte; auf diese Weise konnte Freud den *Wunsch* als dieses Bestreben definieren, die halluzinatorische Form der Erfüllung wiederherzustellen: »sobald dies Bedürfnis ein nächstes Mal auftritt, wird sich, dank der hergestellten Verknüpfung, eine psychische Regung ergeben, welche das Erinnerungsbild jener Wahrnehmung wieder besetzen und die Wahrnehmung selbst wieder hervorrufen, also eigentlich die Situation der ersten Befriedigung wiederherstellen will. Eine solche Regung ist das, was wir einen Wunsch heißen; das Wiedererscheinen der Wahrnehmung ist die Wunscherfüllung, und die volle Besetzung der Wahrnehmung von der Bedürfniserregung her der kürzeste Weg zur Wunscherfüllung. Es hindert uns nichts, einen primitiven Zustand des psychischen Apparats anzunehmen, in dem dieser Weg wirklich so begangen wird, das Wünschen also in ein Halluzinieren ausläuft. Diese erste psychische Tätigkeit zielt also auf eine Wahrnehmungsidentität, nämlich auf die Wiederholung jener Wahrnehmung, welche mit der Befriedigung des Bedürfnisses verknüpft ist.«[8] Dieser kürzeste Weg der Erfüllung ist uns zweifellos versperrt, aber wir verfolgen ihn auf eine bildliche, substituierte Weise in allen Bereichen der Phantasie; neurotische Symptome, Nacht- und Tagträume sind die Zeugen dieser Vorherrschaft des Lustprinzips und der Beweis seiner Macht.[9]

Auf diesem zweiten Standpunkt, wo das Lustprinzip eine tatsäch-

8 GW II/III, 571.
9 GW VIII, 234.

liche Funktion darstellt, drückt das Realitätsprinzip eher die Richtung einer Aufgabe als die Beschreibung eines gewöhnlichen Geschehens aus. Es ist die Schwierigkeit dieser Aufgabe, die in der Folge der Analyse immer wieder betont wird; das Lustprinzip ist das am wenigsten kostspielige; das Realitätsprinzip bedeutet Verzicht auf den kurzgeschlossenen Weg des Wunsches und der Halluzination.

Diese dramatische Beziehung faßt der zweite Abschnitt des Aufsatzes von 1911 in wenigen Worten zusammen: »Eine allgemeine Tendenz unseres seelischen Apparats, die man auf das ökonomische Prinzip der Aufwandersparnis zurückführen kann, scheint sich in der Zähigkeit des Festhaltens an den zur Verfügung stehenden Lustquellen und in der Schwierigkeit des Verzichts auf diesen zu äußern. Mit der Einsetzung des Realitätsprinzips wurde eine Art Denktätigkeit abgespalten, die von der Realitätsprüfung frei gehalten und allein dem Lustprinzip unterworfen blieb. Es ist dies das *Phantasieren*, welches bereits mit dem Spielen der Kinder beginnt und später als *Tagträumen* fortgesetzt die Anlehnung an reale Objekte aufgibt.«[10] Hinter diese kurzen Bemerkungen muß all das gesetzt werden, was das VII. Kapitel der TRAUMDEUTUNG über die Unzerstörbarkeit der ältesten Wünsche, über die Unfähigkeit des Menschen, von der Phantasie zur Realität überzugehen, sagt, kurz all das, was die menschliche Psyche zu einer *Sache* macht und die Zuhilfenahme einer Topik rechtfertigt. Ja, der Weg der Realität ist der allerschwierigste. Viele Anspielungen, im ENTWURF wie in diesem Essay, gestatten die Behauptung, daß nur ein der wissenschaftlichen Arbeit ergebenes Denken ihn zu beschreiten vermag.

Das ist, vom ENTWURF von 1895 bis zu dem Aufsatz von 1911, der Begriff des doppelten Geschehens des psychischen Apparats. Freud wird ihn später nicht wesentlich verändern, nur ergänzen. Die metapsychologischen Schriften beschränken sich darauf, eine topische und ökonomische Übersetzung von ihm zu geben, die ihn mit der ersten Darstellung des seelischen Apparats, die wir erste Topik nannten, in Einklang bringt.

Auf diese Weise wird, in dem Essay DAS UNBEWUSSTE, der Gegensatz zwischen Lustprinzip und Realitätsprinzip in die großen »System«-Gegensätze (*Ubw, Vbw, Bw*) eingegliedert; diese Über-

10 ibid.

setzung verdient eine nähere Betrachtung, denn sie ermöglicht es zum ersten Mal, das Realitätsprinzip mit dem *Bw* genannten System in Beziehung zu setzen und die Realität als Korrelat des Bewußtseins zu definieren.

In dem den »besonderen Eigenschaften des Systems *Ubw*« gewidmeten Kapitel findet sich diese »systemische« Übersetzung[11]; das Lust-Unlustprinzip steht auf derselben Seite wie die Widerspruchslosigkeit (Abwesenheit von Negation, von Zweifel, von Graden der Gewißheit), wie die Beweglichkeit der Besetzungen und das Fehlen der Zeitbeziehung; umgekehrt steht das Realitätsprinzip auf der Seite der Negation und des Widerspruchs, der tonischen Energiebindung, der Beziehung zur Zeit.

Die präziseste Formulierung im ganzen theoretischen Werk Freuds erhält diese Korrelation zwischen dem System *Bw* und dem Realitätsprinzip zweifellos in der METAPSYCHOLOGISCHEN ERGÄNZUNG ZUR TRAUMLEHRE von 1916.[12]

Das VII. Kapitel der TRAUMDEUTUNG korrigierend, gesteht Freud, daß die topische Regression – d. h. die Auflösung des Wunschgedankens in den Erinnerungsbildern aus einem früheren Befriedigungserlebnis und die Belebung dieser Bilder – nicht ausreicht, um dem Realitätsglauben Rechnung zu tragen, den die Halluzination mit sich bringt; es bedarf außerdem noch der Ausschaltung der Unterscheidungsfunktion des Wahrnehmungsurteils; diese Unterscheidungsfunktion muß also mit einer besonderen psychischen Institution verknüpft werden, einer »Einrichtung..., mit deren Hilfe eine solche Wunschwahrnehmung von einer realen Erfüllung unterschieden und im weiteren vermieden werden konnte«[13]. Was somit ausgeschaltet wird, nennt Freud die »Realitätsprüfung«[14].

Die Erforschung dieser Funktion aber führt uns zu der Behauptung, daß es ein und dasselbe »System« ist, welches das »Bewußtwerden« wie die »Realitätsprüfung« reguliert; die doppelte Erschaffung eines »Innen« und eines »Außen« untersteht einer einzigen Funktion, die

---

11 »Fassen wir zusammen: *Widerspruchslosigkeit, Primärvorgang* (Beweglichkeit der Besetzungen), *Zeitlosigkeit* und *Ersetzung der äußeren Realität durch die psychische* sind die Charaktere, die wir an zum System *Ubw* gehörigen Vorgängen zu finden erwarten dürfen.« (GW X, 286)
12 GW X, 412–426.
13 GW X, 422.
14 ibid.

ganz offenbar mit der Muskelaktion zusammenhängt, die allein fähig ist, das Objekt zum Erscheinen oder Verschwinden zu bringen. Aus diesem Grunde kann man von einem einzigen System *W-Bw* sprechen, das über eine eigene Besetzung und Spannung verfügt, die der libidinösen Spannung zu widerstehen vermag. Die Realitätsprüfung ist also mit dem System *Bw* und dessen eigener Besetzung verknüpft. Und Freud sagt: »Die Realitätsprüfung werden wir als eine der großen *Institutionen des Ichs* neben die uns bekannt gewordenen Zensuren zwischen den psychischen Systemen hinstellen ...«[15] Diese die Realitätsprüfung begleitenden Zensuren sind eben jene, welche die Systeme *Vbw* und *Bw* gegen die libidinösen Besetzungen schützen, jene, die in der Wunschpsychose durch »Abwendung« und »Entziehung« der Realität oder beim Traum durch »freiwilligen Verzicht« weichen. Die narzißtische Flucht in den Schlaf entspricht also einem Verlust der dem System *Bw* eigentümlichen Besetzung.[16]

Jede topische Regression, Charakteristikum des Verlustes der Realitätsfunktion, setzt also eine Veränderung des Systems *Bw* voraus. Doch Freud räumt ohne weiteres ein, daß die topisch-ökonomische Theorie des Systems *W-Bw* noch aussteht. Auch hier wieder steckt die Lehre eher den Rahmen für eine Untersuchung ab, als daß sie über die Resultate urteilte. Alles, was wir oben über das Bewußtsein als eine »Oberfläche« des seelischen Apparats sagten (auf der Linie des II. Kapitels von DAS ICH UND DAS ES), gehört zu dieser Erforschung des Systems *W-Bw*, von dem wir nunmehr wissen, daß sie das Gegenstück zu jeder Untersuchung des Realitätsprinzips bildet; wenn Freud sagt, das System *W-Bw* sei der Ichkern[17], dann drückt er in der Tat das Realitätsprinzip aus. Damit können wir nun die große Funktion der »Exteriorität« gegenüber Ansprüchen der sowohl ethischen wie triebhaften Innenwelt aufrichten; später, wenn wir das Über-Ich in die Konfrontation mit der Realität einbezogen haben werden, können wir mit DAS ICH UND DAS ES sagen: »Während das Ich wesentlich Repräsentant der Außenwelt, der Realität ist, tritt ihm das Über-Ich als Anwalt der Innenwelt, des Es, gegenüber. Kon-

---

15 GW X, 424.
16 GW X, 425.
17 Im selben Sinne heißt es in TRAUER UND MELANCHOLIE: »Wir werden sie [die *Gewissen* genannte Instanz] mit der Bewußtseinszensur und der Realitätsprüfung zu den großen Ichinstitutionen rechnen ...« (GW X, 433)

flikte zwischen Ich und Ideal werden, darauf sind wir nun vorbereitet, in letzter Linie den Gegensatz von Real und Psychisch, Außenwelt und Innenwelt, widerspiegeln.«[18]

2. Realitätsprinzip und »Objektwahl«

Das Lustprinzip ist der kurze und bequeme Weg; alles Regressive führt zu ihm hin. Das Realitätsprinzip ist der lange und beschwerliche Weg; hier geht es nicht ohne Verzicht auf die archaischen Objekte ab.

Dieses einfache Schema hat sich, ohne wesentlich verändert worden zu sein, mit all den Analysen bereichert, die sich auf die Geschichte des Wunsches, wie wir es des öfteren genannt haben, beziehen. Diese schematische »Chronologie« des Wunsches wird neue Beziehungen zwischen dem Lustprinzip und dem Realitätsprinzip zum Vorschein bringen.

Indem Freud in seiner ersten Libidotheorie die Erforschung der Triebe auf den Bereich der Sexualtriebe eingrenzte, die er vorläufig den Ichtrieben gegenüberstellte, hat er das Spielfeld für die Geschichte des Konflikts zwischen den beiden Prinzipien des psychischen Geschehens abgesteckt; tatsächlich vollzieht sich die Ersetzung des Lustprinzips durch das Realitätsprinzip nicht auf einmal und nicht gleichzeitig auf der ganzen Linie: der Bereich der Libido ist par excellence derjenige, wo eine Änderung des Regimes am schwierigsten zu erreichen ist. Wenn die Libido länger als irgendein anderer Trieb unter der Herrschaft des Lustprinzips verbleibt, so rührt das daher, daß ihr der ursprüngliche Autoerotismus lange Zeit das Frustrationserlebnis und folglich die Erziehung durch die Unlust erspart und daß die Latenzperiode diese Konfrontation mit dem Realen bis zur Pubertät verzögert. Damit ist die Sexualität der Sitz des Archaischen, während die Ichtriebe sofort mit den Widerständen des Realen im Kampf liegen.[19] Das Lustprinzip setzt seine Herrschaft vor allem im Bereich der Phantasie fort; dort hält sich die Struktur des Wunsches am längsten, vielleicht sogar immer. Wir haben diese Spezifität der Semantik des sexuellen Wunsches oft

---

18 GW XIII, 264.
19 Formulierungen über die zwei Prinzipien ..., GW VIII, 234.

betont; im Unterschied zum Hunger oder selbst zur Ichabwehr gibt die Sexualität Anlaß zum Imaginieren und Reden, jedoch auf derealistische Weise; die Semantik des Wunsches ist hier eine Semantik des Wahns. Daher erscheint das Realitätsprinzip als das Ergebnis einer Schlacht, die sich nicht nur in den Substrukturen des Wunsches abspielt, sondern auch in den Verzweigungen der Phantasiewelt, auf der Ebene dessen, was die metapsychologischen Schriften die »Abkömmlinge« des Triebes nennen, in allen Bereichen der Vorstellung, der Affektivität, der gesprochenen Äußerungen des Wunsches.

Diese Geschichte des Wunsches, Ort der Schlacht zwischen Phantasie und Realität, hat Freud durch seine Theorie der Libido-»Stufen« abzustecken versucht; indem er einerseits »die Ablösung des Lustprinzips durch das Realitätsprinzip«, wie es in dem Aufsatz von 1911 heißt[20], und andererseits die Stufentheorie miteinander in Zusammenhang bringt, stellt er eine interessante Verbindung zwischen dem Realitätsprinzip und der »Objektwahl« her, dem zentralen Thema der Geschichte der Libido.

Diese Verbindung ist präziser und aufschlußreicher als jene, die wir oben zwischen Realitätsprinzip und Sekundärvorgang herstellten.

Der Ausgangspunkt findet sich in jener Schlüsselbemerkung der DREI ABHANDLUNGEN ZUR SEXUALTHEORIE, daß der Trieb ein bestimmtes »Ziel«, aber veränderliche »Objekte« habe. Dieser Grundirrtum des Wunsches verleiht der Herrschaft des Lustprinzips Dauer. Da die Objektbindung nicht vorgegeben ist, muß sie erworben werden; dies ist das Problem, das die analytische Lehre durch den Terminus *Objektwahl* kennzeichnet; es bildet das zentrale Thema der Theorie der Libidostufen.

In dieser präzisen Perspektive fällt das Realitätsprinzip mit der Einsetzung der genitalen Stufe, genauer noch mit der Unterordnung der Objektliebe unter die Fortpflanzungsfunktion zusammen. In diesem Punkte hat Freud nie geschwankt; das Realitätsprinzip setzt er einer bestimmten intrapsychischen Organisation gleich: »die Organisation und die Unterordnung der Partialtriebe unter die Fortpflanzungsfunktion«. Dieser wiederholten Behauptung der DREI ABHANDLUNGEN[21] entspricht eine ähnliche Behauptung in dem Artikel

20 ibid.
21 GW V, 99, 109, 139.

von 1911: »Während das Ich die Umwandlung vom Lust-Ich zum Real-Ich durchmacht, erfahren die Sexualtriebe jene Veränderungen, die sie vom anfänglichen Autoerotismus durch verschiedene Zwischenphasen zur Objektliebe im Dienste der Fortpflanzungsfunktion führen.«[22] Damit liegt die Realität in der Beziehung zum Anderen, nicht nur zu einem anderen Körper als einer äußerlichen Lustquelle, sondern zu einem anderen Wunsch und letztlich dem Schicksal der Gattung. Im Bereich der sexuellen Libido liefert die Reziprozität der Beziehung zu einem komplementären und ähnlichen Partner sowie die Unterwerfung des Individuums unter die Gattung das Kriterium für die Vorherrschaft des Realitätsprinzips. Der Hauptbeitrag der Psychoanalyse in dieser Hinsicht ist, gezeigt zu haben, daß diese Eroberung der komplexesten Organisation schwierig und ungewiß ist, und zwar nicht aufgrund eines Defekts der sozialen Konditionierung, sondern aufgrund einer strukturellen Notwendigkeit; das unterscheidet Freud von allen Kulturkritikern, welche die Schwierigkeit des Lebens auf die Umstände des sozialen Milieus zurückführen wollen. Für Freud sind die verschiedenen Stufen der Sexualität hartnäckig und schwer »aufzugeben«; der Weg der Realität ist mit verlorenen Objekten gesäumt[23]; das erste von ihnen ist die mütterliche Brust; sogar der Autoerotismus ist teilweise mit diesen verlorenen Objekten verknüpft. Daher hat die »Objektwahl« einen zugleich prospektiven und sehnsüchtigen Charakter: »Die Objektfindung ist eigentlich eine Wiederfindung.«[24] Für die Libido liegt die Zukunft rückwärts, im »verlorenen Glück«.[25] Oft hat Freud gesagt, daß die Objektwahl sozusagen keine Wahl habe; aufgrund einer Art innerer Fügung nimmt sie entweder den eigenen Körper zum Vorbild oder den des Wesens, das ehemals so reichliche Pflege spendete; sie wird den narzißtischen Typus oder den Anlehnungstypus verkörpern.[26]

Diese dramatische Interpretation der Geschichte des Wunsches erreicht ihren kritischen Punkt mit dem Ödipuskomplex; dieser be-

22 GW VIII, 237.
23 DREI ABHANDLUNGEN ... GW V, 123 f. (»Die Objektfindung«).
24 ibid.
25 GW V, 124.
26 GW V, 123, Fußnote von 1915; Freud bringt damit seinen Text in Übereinstimmung mit den Entdeckungen seines Aufsatzes über den *Narzißmus*, II. Teil, wo die beiden »Wege« – der Anlehnungstypus und der narzißtische Typus – der »Objektfindung« unterschieden wurden.

trifft unsere gegenwärtige Untersuchung aufgrund der Phantasiewucherungen, die er hervorruft; die ödipale Krise ist in der Tat nicht zeitlich lokalisiert; sie setzt sich in inzestuösen Phantasien fort, deren Zeugen der Traum und die Neurose sind. Man weiß, mit welchem Nachdruck Freud den inzestuösen Kern der Neurose behauptet: damit, so sagt er, steht oder fällt die Psychoanalyse. Doch das Wesentliche am ödipalen Drama ist selbst phantastisch; es ist ein gespieltes und geträumtes Drama; das macht es nur um so ernster, denn es entsteht aus einer unmöglichen Forderung des Wunsches. Der Wunsch wollte zuerst das Unmögliche (was die Lehre in Formulierungen ausdrückt, die befremdet und schockiert haben: der Knabe will ein Kind von der Mutter und die Tochter vom Vater); weil er das Unmögliche wollte, ist er zwangsläufig enttäuscht und verletzt worden; künftig ist der Weg der Realität nicht nur mit verlorenen Objekten gesäumt, sondern mit verbotenen und verweigerten Objekten. Es wurde schon oft auf die Bedeutsamkeit dieser Verzichtleistung für die Konstituierung des Über-Ichs hingewiesen; jetzt gilt es, seine Einwirkung auf das Realitätsprinzip darzulegen.

In dem Aufsatz von 1911 stellt Freud das Real-Ich dem Lust-Ich gegenüber[27]; wenn der Wunsch das Hauptmotiv des Lust-Ichs ist, dann ist das Streben nach dem Nutzen das Hauptmotiv des Real-Ichs: »Wie das Lust-Ich nichts anderes kann als *wünschen* ..., so braucht das Real-Ich nichts anderes zu tun als nach *Nutzen* zu streben und sich gegen Schaden zu sichern.«[28] Freud bewegt sich hier auf wohlbekanntem Terrain. Um die Bedeutung des Nutzens drehen sich die ersten sokratischen Dialoge. Die Kantische Kritik darf die positive Bedeutung dieser Reflexion über den Nutzen nicht verdecken; und Freud gibt dem Nutzen sein Realitätszeichen zurück, indem er ihn den Täuschungen des Wunsches entgegenstellt. Dieser Gegensatz greift auf einem komplexeren Niveau denjenigen wieder auf, den wir oben zwischen Primärvorgang und Sekundärvorgang erkannt haben: einerseits ist der Nutzen die Wahrheit des Angenehmen; es ist das wahre Angenehme, das an die Stelle des geträumten Angenehmen tritt. In diesem Sinne ist das Realitätsprinzip die Sicherung des Lustprinzips: »In Wirklichkeit bedeutet die Ersetzung des Lustprinzips durch das Realitätsprinzip keine Absetzung des

---

27 GW VIII, 235.
28 ibid.

Lustprinzips, sondern nur eine Sicherung desselben.«²⁹ Andererseits verfügt das Lust-Ich über so viele Tricks, so viele Verzweigungen auf der Ebene der Abkömmlinge des Unbewußten, daß die Achtung vor dem Nutzen, so bescheiden das Trachten nach ihm in den Augen der Ethik auch sein mag, bereits nach Disziplin aussieht.

Der korrigierende Wert des Nutzens wird manifest, sobald man davon ausgeht, daß der Wunsch eine unerschöpfliche Phantasiequelle und die Triebfeder für Illusionen ist: der Wunsch mystifiziert; das Realitätsprinzip ist der entmystifizierte Wunsch; das Aufgeben der archaischen Objekte äußert sich nun in der Einübung des Zweifels, in der Bewegung der Desillusionierung, im Tod der Idole.

Hier berührt sich die »ethnographische« Geschichte des Wunsches mit der »psychologischen« und bereichert sie zugleich; sie berührt sich insofern mit ihr, als man eine exemplarische Geschichte des Glaubens mit einer Geschichte der Libidostufen zur Deckung bringen kann. Erinnern wir uns, mit welchen Termini es Freud in TOTEM UND TABU versucht hat³⁰: der autoerotischen Stufe würde die Allmacht der Gedanken entsprechen, Charakteristikum des Präanimismus und der Techniken der Magie; der Objektwahl würde die Entäußerung der Allmacht der Gedanken zugunsten der Dämonen, Geister und Götter entsprechen; der genitalen Stufe entspräche die Anerkennung der Allmacht der Natur. Aber diese »ethnographische« Geschichte des Wunsches, so abenteuerlich sie sein mag, stimmt nicht nur mit derjenigen der »Stufen« der Libidoorganisation überein, sie fügt ihr auch ein wesentliches Thema hinzu, das der Allmacht. Dies ist der »religiöse« Kern des Lustprinzips. Es gibt »schlechtes Unendliches« im Wunsch; das Realitätsprinzip – selbst in der scheinbar philisterhaften Formulierung des Prinzips des Nutzens – bringt auf fundamentale Weise den Verlust des »schlechten Unendlichen« zum Ausdruck, die Bekehrung des Wunsches zum Endlichen.

Daher konnte Freud in TOTEM UND TABU sagen, daß der Verzicht auf die »Allmacht« des Wunsches zugunsten der der Götter bereits den ersten Sieg des Realitätsprinzips ausdrücke. Von diesem Standpunkt aus ist der Mythos die phantastische Äußerung dieser Substitution oder, wie es im Aufsatz von 1911 heißt, »die mythische

---

29 ibid.
30 vgl. oben, S. 245 ff.

Projektion dieser psychischen Umwälzung«[31]. Paradox ausgedrückt: für Freud bedeutet die Religion den Sieg des Realitätsprinzips über das Lustprinzip, jedoch in mythischer Weise; daher ist sie sowohl die höchste Gestalt des Wunschverzichts wie die höchste Gestalt der Wunscherfüllung.

Für Freud, den Analytiker und Wissenschaftler, gelingt es einzig der Wissenschaft, dem Realitätsprinzip vollkommen Genüge zu leisten und den Sieg des Nutzens über das Angenehme, des Real-Ichs über das Lust-Ich zu sichern. Nur die Wissenschaft kann die immer gewitzteren und sublimierteren Ersatzgestalten, in denen das Lust-Ich seinen Traum von der Allmacht und der Unsterblichkeit weiterträumt, überwinden.

Das Realitätsprinzip siegt also erst dann, wenn der Erwachsene imstande ist, nicht nur auf die verlorenen archaischen Objekte des narzißtischen oder Anlehnungstypus, nicht nur auf die verbotenen Objekte inzestuösen Typs, sondern auch auf die mythischen Objekte zu verzichten, mittels derer der Wunsch die Befriedigung in der substituierten Form der Entschädigung oder des Trostes fortsetzt. Man könnte sagen, das Realitätsprinzip symbolisiere den Zugang zur wahren Nützlichkeit über den langen Umweg der »Trauer« um die verlorenen, verbotenen und tröstenden Objekte.

Daß der »Szientismus« Freuds seine Realitätsbetrachtung auf das konstatierbare *Faktum* eingeschränkt hat, daß die Kritik der Idole ihm andere Dimensionen der Realität verborgen hat, will ich hier nicht in Abrede stellen; aber auf dieser Reflexionsstufe ist die Kurzsichtigkeit Freuds für mich weniger bedeutsam als die Rolle, die er der Trauer um das archaische Objekt und seine Abkömmlinge zuschreibt; eben dieser Verlust, dieser Verzicht sowie die Beschneidung der Phantasiewelt, die er mit sich bringt, läßt das Thema der Realität dem der Notwendigkeit zusteuern.

Andere Züge der Theorie sowie ihre ganze spätere Entwicklung haben dieses Bündnis zwischen Realität und Notwendigkeit noch weiter gefestigt.

31 GW VIII, 236.

3. Das Realitätsprinzip
und die ökonomische Aufgabe des Ichs

Den Zusammenhang, den wir zwischen der Ichinstanz und dem Realitätsprinzip hergestellt haben, öffnet uns noch ein letztes Forschungsfeld: wenn die Realität das Gegenüber des Ichs im topischen Sinne des Wortes ist, dann betrifft alles, was die »ökonomische Aufgabe des Ichs betrifft«, auch das Realitätsprinzip.

Läuft nun der Realitätsbegriff Gefahr, sich zu verflüchtigen, wenn wir ihn vorschnell ausdehnen? Nein, sofern wir an dem Leitfaden der Unterscheidung zwischen »Innen« und »Außen« festhalten; jede neue Komplexität der »Innenwelt« entspricht dann jeweils einer neuen Aufgabe des Ichs als dem Repräsentanten der Außenwelt.

Freud hat diese Innenwelt auf zwei verschiedenen Ebenen bereichert; die eine entspricht einer Umgestaltung der Triebtheorie, d. h. der Einführung des Narzißmus, die andere dem Übergang der ersten zur zweiten Topik (Ich, Es, Über-Ich). Von diesen beiden Seiten her ist Freud tiefer in die Abgründe der Innerlichkeit vorgedrungen; gleichzeitig hat er die Beziehung zur Realität immer mehr dramatisiert.

Der Narzißmus betrifft die Beziehung zur Realität unmittelbar, insofern Aufmerksamkeit gegenüber sich selbst Unaufmerksamkeit gegenüber dem Anderen bedeutet. In der Sprache der Metapsychologie wird diese Abschließung gegen den Anderen wie folgt ausgedrückt: der Narzißmus ist das »Reservoir« der Libido. Dieser Ökonomie des Narzißmus zufolge ist jede Objektbesetzung eine Art vorläufiger Gefühlsbesetzung: unsere Neigungen und Abneigungen sind die widerrufbaren, dem undifferenzierten Grund des Narzißmus entnommenen Gestalten der Liebe; diese Gestalten können verschwinden wie die Wellen des Meeres, ohne daß der Kern sich änderte. Dieser unaufhörliche Rückfluß zum »egoistischen« Libidoreservoir ermöglicht bekanntlich die Sublimierung; ihm ist es zu verdanken, daß wir die Ziele aufgeben und die Objektwahlen in »Ichveränderungen« umwandeln können, und ihm ist es folglich auch zu verdanken, daß unsere sukzessiven Identifizierungen einen »Niederschlag« bilden, den man einem sekundären Narzißmus gleichstellen kann, aufgrund der ökonomischen Beziehungen zwischen Identifizierung, Sublimierung, Desexualisierung und Narzißmus.

So ergibt sich eine immer reichere und artikuliertere Innerlichkeit: das Gegenstück zu dieser indirekten Verstärkung des Narzißmus selbst ist zweifellos unsere Unfähigkeit, uns bei der Betrachtung der Welt von uns selbst zu trennen. Wir gelangen hier zu einer fesselnden Analyse Freuds, die wir dem kleinen Essay EINE SCHWIERIGKEIT DER PSYCHOANALYSE (1917) entnehmen[32]: der Narzißmus stellte sich schon den Kopernikanischen Entdeckungen entgegen, weil sie uns der Illusion beraubten, der Mittelpunkt der Welt zu sein; er widersetzte sich den Evolutionstheorien von Darwin, der uns in den großen Strom des Lebens zurückwarf; schließlich leistet er auch der Psychoanalyse Widerstand, weil sie das Primat und die Souveränität des Bewußtseins erschüttert. Ein neuer Aspekt des Konflikts zwischen Lustprinzip und Realitätsprinzip wird sichtbar[33]: der Narzißmus schiebt sich zwischen uns und die Realität; daher ist die Wahrheit immer eine Kränkung unseres Narzißmus.

Diese Bemerkungen über die Macht des Narzißmus, der Wahrheit Widerstand zu leisten, werden insbesondere durch das verstärkt, was wir von jener Innenwelt wissen, die wir Über-Ich genannt haben (so bringt auch der Begriff des sekundären Narzißmus das Über-Ich in Zusammenhang mit der ursprünglichen Innenwelt oder dem primären Narzißmus).

Freud hat die Beziehungen des Über-Ichs und der Realität nicht ausdrücklich behandelt; dennoch fordert er uns auf, eben diesen Weg zu erkunden, wenn er in DAS ICH UND DAS ES sagt: »Das Über-Ich steht dem Es dauernd nahe und kann dem Ich gegenüber dessen Vertretung führen. Es taucht tief ins Es ein, ist dafür entfernter vom Bewußtsein als das Ich.«[34] Die letzten Seiten dieses Aufsatzes, den »Abhängigkeiten des Ichs« gewidmet, sind ein erster Beitrag zu dieser Erkundung und kündigen an, was die nachfreudsche Schule »Ich-Analyse« nennt. Die knappen Analysen von Freud beginnen mit einer Erinnerung an die nun klassisch gewordenen Funktionen: zeitliche Ordnung, Realitätsprüfung, Hemmung und motorische

---

32 GW XII, 2–12.
33 In der Sprache unserer *Dialektik* (Kap. II): das *falsche Cogito* schiebt sich zwischen uns und die Realität; es schneidet unsere Beziehung zur Welt ab, es verhindert das Eindringen der Realität, so wie sie ist. Wenn es, wie ich glaube, ein fundamentales Cogito gibt, dann muß man als erstes dieses Deck-Cogito, dieses Schutz-Cogito aufgeben, um zu demjenigen vordringen zu können, das nur insofern begründet, als es gewähren läßt.
34 GW XVIII, 278.

Regulierung; doch diese Funktionen werden von nun an unter dem Gesichtspunkt der *Kraft* und der *Schwäche* des Ichs betrachtet. Man ist fortan versucht, die Realität als das Korrelat nicht nur des Ichs, sondern der Ich-Stärke zu betrachten: die Realität ist das, was einem starken Ich gegenübertritt. Damit geben wir all dem volle Berechtigung, was uns die spezifische Problematik des Ichs zu sein schien, nämlich die Problematik der Herrschaft und Knechtschaft, wie in der *Ethik* Spinozas.

Die Ich-Stärke aber, im Gegensatz zur illusorischen »Allmacht«, von der in TOTEM UND TABU die Rede ist, besteht im wesentlichen in seiner diplomatischen oder kompromißlerischen Stellung. In dieser Mittlerstellung zwischen dem Es und dem Über-Ich, zwischen dem Es und der Realität und zwischen der Libido und dem Todestrieb »unterliegt es nur zu oft der Versuchung, liebedienerisch, opportunistisch und lügnerisch zu werden, etwa wie ein Staatsmann, der bei guter Einsicht sich doch in der Gunst der öffentlichen Meinung behaupten will«.[35] Doch diese Versuchung ist typisch für ein Grenzwesen, das mehr Vermittler denn Schiedsrichter ist, das sich der Liebe des Es versichern muß, um es der Welt gefügig zu machen, den Eskapaden seines Herrn schmeicheln muß, wie der Diener in der Komödie, um sie zu mäßigen. Andernfalls würde es gegen das Über-Ich verstoßen und von neuem den Todestrieben anheimfallen, unter dem Vorwand, die Libido zu bemeistern.

Ein neuer Sinn des Realitätsprinzips, mehr vermutet als ausdrücklich formuliert, drängt sich auf: ich möchte es in einem ganz aristotelischen Sinn des *Klugheits*prinzip nennen; es widersetzt sich dem falschen Idealismus des Über-Ichs, seinen zerstörerischen Forderungen und ganz allgemein allem Schwulst des Sublimen sowie der Unehrlichkeit des guten Gewissens.

Dieses *Klugheits*prinzip, in dem ich bereitwillig den vorgeschobenen Posten des Realitätsprinzips sehe, ist, alles in allem, die Ethik der Psychoanalyse selbst. In dem Text, den wir soeben kommentierten, vergleicht Freud ausdrücklich die ökonomische Aufgabe des Ichs mit der des Analytikers: »Es [das Ich] benimmt sich eigentlich wie der Arzt in einer analytischen Kur, indem es sich selbst mit seiner Rücksichtnahme auf die reale Welt dem Es als Libidoobjekt empfiehlt und dessen Libido auf sich lenken will.«[36] Im gleichen Sinne

---

35 GW XIII, 286.
36 ibid.

sagt Freud am Ende von DAS UNBEHAGEN IN DER KULTUR, nachdem er bestritten hat, daß die übertriebenen Forderungen des Über-Ichs das Ich wirklich zu ändern vermögen: »Wir sind daher in therapeutischer Absicht sehr oft genötigt, das Über-Ich zu bekämpfen, und bemühen uns, seine Ansprüche zu erniedrigen.«[37]
Dieser Vergleich zwischen der ökonomischen Aufgabe des Ichs und der Psychoanalyse ist lehrreich. Man kann sagen, daß der Psychoanalytiker für den Patienten das Realitätsprinzip in Fleisch und Tat darstellt. Er stellt es aber nur insofern dar, als er keine Urteile und Vorschriften erläßt: dieser Verzicht auf jegliche Moralpredigt, dieses analytische Unbeteiligtsein könnte zunächst auf einen Mangel an Ethik deuten; es erhält jedoch einen tiefen Sinn, wenn man es in das Feld des Gegensatzes zwischen Lustprinzip und Realitätsprinzip stellt; das Über-Ich attakiert den Menschen als ein Lustwesen, aber es mutet ihm zuviel zu und kann seine Exzesse nur hinter der narzißtischen Befriedigung verbergen, die es dem Ich zu bieten hat, der Befriedigung, sich für besser halten zu dürfen als die anderen; der Blick des Analytikers dagegen ist der für die Realität geschulte und der Innenwelt zugewandte Blick. Die Epoché des wertbezogenen Sprechens wird damit zum grundlegenden Schritt der Selbsterkenntnis; dank ihrer wird das Realitätsprinzip zur Regel der Bewußtwerdung.
Ist also jede Ethik aufgegeben? Der Analytiker weiß, besser als irgend jemand sonst, daß sich der Mensch immer in der ethischen Situation befindet; er setzt es bei jedem Schritt voraus; was er über Ödipus sagt, bescheinigt dem Menschen mit Nachdruck das moralische Schicksal; doch angesichts der Schludrigkeit des Gewissens und dessen befremdender Komplizenschaft mit dem Todestrieb schlägt das Realitätsprinzip vor, an die Stelle der Verurteilung den neutralen Blick zu setzen. Damit öffnet sich eine Lichtung der Wahrhaftigkeit, wo die Lüge der Ideale und Idole ans Tageslicht kommt und ihre finstere Rolle in der Strategie des Wunsches entlarvt wird. Diese Wahrhaftigkeit ist zweifellos nicht die ganze Ethik. Zumindest aber ist sie ihre Schwelle. Gewiß vermittelt die Psychoanalyse nur Erkenntnis, keine Verehrung.[38] Und warum sie darum ersuchen? Sie hat sie nicht anzubieten.

37 GW XIV, 503.
38 Jean Nabert, *Eléments pour une éthique*, ch. XI, »Les sources de la vénération«.

Kapitel II
Die Todestriebe: Spekulation und Interpretation

1. Die Freudsche »Spekulation« über Leben und Tod

Was sind, so fragten wir, die *Repräsentanten* des Todestriebes? Die Frage drängt sich aus zwei Gründen auf: bemerkenswert ist zunächst, daß der Todestrieb nicht etwa eingeführt wurde, um dem Destruktionstrieb Rechnung zu tragen, wie es die späteren Schriften über die Kultur, vor allem Das Unbehagen in der Kultur, vermuten lassen könnten, sondern um eine Gesamtheit von Tatsachen im Zusammenhang mit dem Wiederholungszwang zu erklären; erst nachträglich ist er von der metabiologischen zur metakulturellen Ebene übergeschwenkt. Die Verkettung der verschiedenen Repräsentanten des Todestriebs steht also zur Debatte. Und vor allem geht es Freud nicht in erster Linie um die Bindung dieses Triebs zu seinen Repräsentanten: Jenseits des Lustprinzips ist der am wenigsten hermeneutische und der am meisten spekulative der Freudschen Essays; ich meine damit, daß hier der Anteil der bis zu ihren äußersten Konsequenzen verfolgten Hypothesen und veranschaulichenden Konstruktionen außerordentlich groß ist.[1] Der Todestrieb wird nicht zuerst aus seinen Repräsentanten erschlossen, sondern auf der Ebene der Hypothesen oder »spekulativen Annahmen« über die Tätigkeit und Regulierung der Seelenvorgänge *gesetzt*. Erst in einem zweiten Schritt wird dieser Trieb in einer Anzahl von klinischen Phänomenen und schließlich, in einem dritten Schritt, auf individueller, historischer und kultureller Ebene als Zerstörungstrieb erkannt und entschlüsselt. Es besteht also ein Überschuß an Hypothese im Vergleich zu ihren bruchstückhaften, partiellen Verifizierungen, den man nicht aus den Augen verlieren sollte.

---

1 »Was nun folgt, ist Spekulation, oft weitausholende Spekulation, die ein jeder nach seiner besonderen Einstellung würdigen oder vernachlässigen wird. Im weiteren ein Versuch zur konsequenten Ausbeutung einer Idee, aus Neugier nach, wohin dies führen wird.« (GW XIII, 23) »Aber vorher mag es uns verlocken, die Annahme, daß alle Triebe Früheres wiederherstellen wollen, in ihre letzten Konsequenzen zu verfolgen.« (GW XIII, 39)

Verfolgen wir also die Etappen der Einführung des Todesbegriffs in JENSEITS DES LUSTPRINZIPS.
Die spekulative Seite des Begriffs enthüllt sich schon in den ersten Zeilen, ja sogar im Titel. Er wird keineswegs als dem Eros gegenüberstehend gesetzt; im Gegenteil, Eros selbst wird später eingeführt, als eine Umarbeitung der Libidotheorie, die durch die Einführung des Todestriebs notwendig geworden ist; wie schon der Titel andeutet, betrifft die Annahme des Todestriebs die Gültigkeitsgrenzen des Lustprinzips. Gleichzeitig stellt dieser Essay einen Zusammenhang mit den ältesten Hypothesen her, denen des ENTWURFS von 1895; sosehr der Libidobegriff zu einem Stil der Entschlüsselung des Triebes aus seinen Repräsentanten gehört, so sehr untersteht das Lustprinzip einem anderen Typus von Annahmen, den Freud selbst als die »Theorie der Psychoanalyse« bezeichnet.
Wir erinnern uns dieser Hypothesen; sie betreffen die automatische Regulierung der Seelenvorgänge; sie beziehen sich folglich auf die Konzeption eines Apparats, der wie ein energetisches, durch die Erzeugung von Spannungen in Bewegung gesetztes und zur allgemeinen Herabsetzung dieser Spannungen tendierendes System funktioniert. Diese Annahme ist eine quantitative, insofern die Lust- und Unlustempfindungen mit der im Seelenleben vorhandenen Erregungsquantität zusammenhängen, wobei Unlust einer Steigerung und Lust einer Verringerung dieser Quantität entspricht.[2] Es gibt also zwei Hypothesen: die erste betrifft die Entsprechung von Lust- und Unlustempfindungen und die Erhöhung einer Erregungsquantität; die zweite betrifft das Bestreben des seelischen Apparats, die Erregungsquantität möglichst niedrig oder wenigstens konstant zu halten. Es ist dies eine Hypothese, welche die Arbeit des seelischen Apparats und seine Richtung betrifft; sie bildet die eigentliche Konstanzhypothese, und die erste Annahme erlaubt es, sie als Lustprin-

---

[2] vgl. oben, *Analytik*, Erster Teil, Kap. I. Im ersten Kapitel von JENSEITS DES LUSTPRINZIPS fügt Freud hinzu, nachdem er an diese Annahmen erinnert hat, daß es kein einfaches Verhältnis zwischen der Stärke der Lust- und Unlustempfindungen und den sich auf sie beziehenden Veränderungen der Erregungsquantität gibt und man einem zeitlichen Faktor Rechnung tragen muß: »Wahrscheinlich ist das Maß der Verringerung oder Vermehrung in der Zeit das für die Empfindung entscheidende Moment.« (GW XIII, 4) Vgl. hierzu den ENTWURF von 1895 (AUS DEN ANFÄNGEN DER PSYCHOANALYSE, S. 318).

zip zu umschreiben und zu sagen: »Das Lustprinzip leitet sich aus dem Konstanzprinzip ab.«[3]

Wie kann man nun von einem Jenseits des Lustprinzips sprechen, wenn die Konstanzhypothese die allgemeinste ist, die man bezüglich des psychischen Apparats zu formulieren vermag? Was überhaupt bezeichnet der Ausdruck »jenseits des Lustprinzips«? Er bezeichnet die »Wirksamkeit von Tendenzen ..., die ursprünglicher als dies [das Lustprinzip] und von ihm unabhängig wären«.[4] Der ganze weitere Verlauf dieses Essays ist ein langer und geschickter Weg zur Entschleierung solcher Tendenzen. Ich sage ein langer und geschickter Weg. Denn Freud, die Widerstände seines Lesers einkreisend und vorsichtig dessen Belagerung vorbereitend, stellt Tatsachen zusammen, die sich durch das Lustprinzip, aber auch ganz anders erklären ließen. Bemerkenswert ist, daß er in eben dem Augenblick, da er sagt, daß diese Tatsachen auch durch das Lustprinzip erklärt werden könnten, dessen vorherrschende Rolle entscheidend untergräbt. Wir müssen berücksichtigen, daß wir über den Verlauf des menschlichen Seelenlebens nichts sagen können, ohne von dem zu sprechen, was diesem Konstanzprinzip entgegenwirkt, also von dem, was es daran hindert, beherrschend zu sein, und es zwingt, tendenziell zu bleiben (Kap. II).

Das Erstaunliche ist nämlich, daß das Lustprinzip nur die Primärvorgänge zu lenken vermag, d. h., dem VII. Kapitel der TRAUMDEUTUNG zufolge, den kurzgeschlossenen Weg des Wunsches und seiner quasi-halluzinatorischen Erfüllung; den Schwierigkeiten der Welt gegenüber ist es nicht nur wirkungslos, sondern auch gefährlich; die Selbsterhaltungstriebe sind es, die von sich aus seine Ablösung durch das Realitätsprinzip fordern. Eine seltsame Situation: das allgemeinste Prinzip des psychischen Geschehens ist zugleich das Glied einer Polarität: Lustprinzip-Realitätsprinzip. Der Mensch ist nur Mensch, wenn er seine Befriedigung aufschiebt, seine Genußmöglichkeiten preisgibt, vorläufig ein gewisses Maß an Unlust auf den Schleichwegen der Lust duldet.

Dies ist die erste Bresche, die Freud sich zu schließen beeilt: noch kann man nicht, sagt er, von einem Jenseits des Lustprinzips sprechen, zum einen, weil die Sexualität bezeugt, daß ein großer Teil

---

3 GW XIII, 5.
4 GW XIII, 15.

der menschlichen Psyche der Erziehung ständig trotzt; zum anderen, weil diese Zulassung der Unlust in jedem menschlichen Verhalten als der lange Umweg betrachtet werden kann, den das Lustprinzip einschlägt, um sich in letzter Instanz dennoch durchzusetzen.
Soviel läßt sich zur Not sagen.
Dasselbe läßt sich zur Not noch von einer anderen Art von Hindernis sagen, das dem Lustprinzip im Wege steht. Der ENTWURF von 1895 erklärte bereits: die Unlust erzieht den Menschen. Der bemerkenswerteste Verlauf dieser Erziehung aber besteht in der Ersetzung einer Libidoorganisation durch eine andere, komplexere: die verschiedenen in den DREI ABHANDLUNGEN ZUR SEXUALTHEORIE untersuchten und in der Freudschen Schule immer weiter differenzierten und artikulierten Organisationsstufen der Sexualität bilden die gewichtigste Illustrierung dieses Entwicklungsgesetzes; eine der Hauptlehren der Neurose ist nun aber, daß die früheren Organisationen nicht schlicht und einfach von den folgenden ersetzt werden und daß die Konflikte zwischen den Resten der vorhergehenden und den Ansprüchen der nachfolgenden entstehen; die solchermaßen von der Befriedigung ausgeschlossenen Triebanteile suchen nach Ersatzbefriedigungen, die das Ich nun als Unlust empfindet. Hier handelt es sich also um Lust, die nicht mehr als solche empfunden werden kann, weil sie zu überwundenen Libidoorganisationen gehört; dieser Kategorie von Unlust entstammt bekanntlich das Leiden des Neurotikers. Aber die Psychoanalyse lehrt uns gerade, das Lustprinzip auch in dem zu erkennen, was das Ich als Unlust empfindet.
Die beiden Ausnahmen vom Lustprinzip, die hier angedeutet wurden, lassen sich also, jede auf ihre Weise, für Modifikationen des Lustprinzips ansehen: das Realitätsprinzip kann zur Not als der Umweg betrachtet werden, den das Lustprinzip einschlägt, um schließlich dennoch die Oberhand zu gewinnen, und das neurotische Leiden als die Maske, welche die archaischste Lust aufsetzt, um sich trotz allem durchzusetzen. Aber es ist klar, daß das, was das Lustprinzip bestätigt, es auch erschüttert, da es sich nur im Gegensatz zu dem, was ihm entgegenwirkt, erfassen läßt.
Seine geschickte Untergrabungsarbeit fortsetzend (Kap. III), stellt Freud eine neue Reihe von Tatsachen auf, von denen er versichert, daß sie die Existenz und die Herrschaft des Lustprinzips vor-

aussetzen und uns noch nicht den offenkundigen Beweis für die Existenz ursprünglicher und von ihm unabhängiger Tendenzen liefert. Die einen sind pathologischer, die anderen normaler Art. Unter den ersteren erwähnt Freud die traumatische Neurose, genauer ein in den Kriegsneurosen häufig auftretendes Traumthema, welches zeigt, daß der Kranke unaufhörlich in die Situation seines Unfalls zurückgeführt wird und an sein Trauma fixiert bleibt. Damit befinden wir uns bereits beim Wiederholungszwang, der den Hauptbezugspunkt dieses Essays bilden wird. Doch Freud zieht sich geschickt zurück und macht einen neuen Vorschlag im Zusammenhang mit dem Kinderspiel.

Es geht um einen Knaben von 18 Monaten, ein braves Kind, das seine Eltern nachts nicht stört; es ist folgsam, rührt verbotene Dinge nicht an und weint vor allem nicht, wenn seine Mutter es allein läßt; es vergnügt sich damit, eine Holzspule zum Verschwinden und Wiedererscheinen zu bringen, und punktiert sein Spiel mit einem triumphierenden »Fort! Da!«. Was bedeutet dieses Spiel? Gewiß hat es zu tun mit jenem Triebverzicht, der uns sagen ließ, es sei ein braves Kind; es ist eine Wiederholung des Verzichts, der aber kein erlittener, passiver mehr ist; das Kind inszeniert das Verschwinden und Widerkommen der Mutter mit dem ihm erreichbaren Gegenstand. So wird die Unlust mittels der Spielwiederholung, der Inszenierung des Verlusts der geliebten Person bemeistert.

Diese Episode, einigen französischen Psychoanalytikern ans Herz gewachsen, ist indes für Freud nicht entscheidend; ein weiteres Mal mindert er seinen Fund herab, mittels jener ihm eigenen Strategie, den Leser immer wieder in Erstaunen zu setzen; könnte man nicht, so deutet er an, einen Bemächtigungstrieb annehmen, der gleichgültig gegen den angenehmen oder unangenehmen Charakter der Erinnerung ist? Oder könnte man nicht vermuten, daß das Kind sich an der Mutter rächt, indem es sie hinauswirft, wie der junge Goethe es tat, als er Geschirr zum Fenster hinauswarf? So veranlassen uns Bemächtigungstrieb und Rache nicht unbedingt, in diesem Drang, eine unangenehme Erfahrung zu wiederholen, irgendein Jenseits des Lustprinzips zu suchen.[5]

---

5 »Wir werden so davon überzeugt, daß es auch unter der Herrschaft des Lustprinzips Mittel und Wege genug gibt, um das an sich Unlustvolle zum Gegenstand der Erinnerung und seelischen Bearbeitung zu machen ...; für unsere Absichten leisten sie nichts, denn sie setzen Existenz und Herrschaft des Lustprin-

Warum aber hat sich Freud bei diesem Beispiel aufgehalten, wenn nicht deshalb, weil sich, mit diesen Motiven der Bemächtigung und der Rache vermengt, eine wesentlichere Tendenz zeigte, die zur Wiederholung der Unlust in spielerischer und symbolischer Form drängt? Ein unschätzbarerer Gedanke, denn das Beispiel des »Fort! Da!« bestätigt nicht nur das des Traums der traumatischen Neurose; der letztere legt den Gedanken nahe, daß das Jenseits des Lustprinzips, die gesuchte ursprüngliche Tendenz, sich einzig im Wiederholungszwang äußert. Aber auch alles Symbolische, alles Spielerische wiederholt die Unlust, wenngleich in nicht-zwanghafter Form: aus Abwesenheit wird Symbolik geschaffen. Das »Fort! Da!« des Kindes fordert uns dazu auf, dem Todestrieb ein anderes Ausdrucksfeld als den Wiederholungszwang und sogar den Destruktionstrieb zuzudenken: könnte dieses andere, nicht-pathologische Gesicht des Todestriebs nicht in jener Bemeisterung des Negativen, der Abwesenheit und des Verlustes bestehen, die der Übergang zum Symbol und zum Spiel einschließt? Man muß es zugeben: nicht in dieser Richtung hat Freud die Theorie des Todestriebs entwickelt, sondern nur in der des Wiederholungszwangs einerseits und des Destruktionstriebs andererseits; vielleicht muß man sagen, daß diese beiden Repräsentanten, indem sie dem stummen Trieb eine sichtbare und lärmende Gestalt verliehen, auch seine Tragweite eingeschränkt haben. Die entscheidende Erfahrung, die Freud auf den Weg der Todestriebe brachte, war eine Peripetie in der analytischen Kur, genauer eine mit dem Kampf gegen die Widerstände verknüpfte Schwierigkeit, nämlich die Tendenz des Patienten, das verdrängte Material als gegenwärtiges Erlebnis zu *wiederholen*, anstatt es als ein Stück der Vergangenheit zu *erinnern*; dieser Zwang ist zugleich der Verbündete und der Gegner des Arztes: sein Verbündeter, weil er der Übertragung innewohnt, – sein Gegner, weil er den Kranken hindert, darin ein Stück seines vergessenen Lebens zu sehen. Wenn nun aber der Widerstand des Ichs gegen die Reminiszenz sich gut mit dem Lustprinzip verträgt, aufgrund der Unlust, die durch ein Freiwerden des Verdrängten ausgelöst würde, und wenn die Fähigkeit, die Unlust der Erinnerung zu dulden, sich auf das Realitätsprinzip berufen kann, dann scheint der Wiederholungszwang außerhalb des

zips voraus und zeugen nicht für die Wirksamkeit von Tendenzen jenseits des Lustprinzips, d. h. solcher, die ursprünglicher als dies und von ihm unabhängig wären.« (GW XIII, 15)

einen wie des anderen Prinzips zu liegen. Denn was der Kranke wiederholt, das sind eben all jene Situationen der Hilflosigkeit und Mißerfolge, die das Kind besonders zur Zeit des Ödipuskomplexes durchlaufen hat. Diese Tendenz, von dem seltsamen Schicksal jener Personen erhärtet, die immer neue Blitzschläge auf sich zu ziehen scheinen, könnte die Annahme eines Wiederholungszwanges rechtfertigen, der »ursprünglicher, elementarer, triebhafter als das von ihm zur Seite geschobene Lustprinzip« erscheint.[6]

Dies ist die reale Basis – eine ziemlich schmale Basis, wie man zugeben muß –, auf der sich die folgende Spekulation (Kap. IV) bezüglich des Todestriebs entfaltet. Mit meisterhaftem Geschick bereitet Freud den Leser auf die Neuheit seiner Spekulation vor, indem er sie mit den ältesten Teilen der Metapsychologie verknüpft, jenen, die auf die Zeit des ENTWURFS und der STUDIEN ÜBER HYSTERIE zurückgehen; wir erinnern uns, daß Freud die Hypothese über die beiden Zustände der psychischen Energie, die »freie« und die »gebundene« Energie, schon Breuer entlehnt hatte; nunmehr bezieht er diese Auffassung in seine eigene Spekulation ein, indem er sie mit der oben dargestellten Theorie verknüpft, derzufolge das Bewußtsein eine *Oberflächen*funktion ist, in einem quasi-anatomischen Sinn. Dieser auf ontogenetischen Gründen beruhende Vergleich erlaubt es, die divergierenden Schicksale der inneren und der äußeren Wahrnehmung miteinander zu vergleichen; in der Tat wird die Aufnahme äußerer Erregungen durch die Vorrichtung eines Reizschutzes konditioniert: »Für den lebenden Organismus ist der Reizschutz eine beinahe wichtigere Aufgabe als die Reizaufnahme«[7]; aber »nach innen zu ist der Reizschutz unmöglich«[8], d. h. nach den Trieben zu. Mit diesem Fehlen eines Reizschutzes verbindet Freud nun den Breuerschen Begriff der gebundenen Energie; gleichzeitig schlägt er eine Bresche in seine eigene Auffassung von der Selbstregulierung des psychischen Apparats durch das Lustprinzip; dieses

---

6 GW XIII, 22.
7 GW XIII, 27.
8 GW XIII, 28. Der Parallelismus zwischen äußerem und innerem Schutz erlaubt es nebenbei, eine Hypothese bezüglich der Projektion zu riskieren: wenn die inneren Erregungen eine Unlustvermehrung herbeiführen »wird sich die Neigung ergeben, sie so zu behandeln, als ob sie nicht von innen, sondern von außen her einwirkten, um die Abwehrmittel des Reizschutzes gegen sie in Anwendung bringen zu können. Dies ist die Herkunft der *Projektion,* der eine so große Rolle bei der Verursachung pathologischer Prozesse vorbehalten ist.« (GW XIII, 29)

tritt nämlich erst dann ins Spiel, wenn zuvor eine andere Aufgabe gelöst ist, diejenige, die in den seelischen Apparat einströmende Energie zu binden, d. h. sie aus dem freiströmenden in den ruhenden Zustand überzuführen. Dies ist, so erklärt Freud, die dem Lustprinzip vorangehende Funktion. Freilich haben wir damit noch nichts über den Todestrieb ausgesagt; zumindest aber haben wir an einem entscheidenden Punkt die Herrschaft des Lustprinzips eingeschränkt; dieser Punkt ist der der Abwehr.

Diese irreduzible und vorgängige Funktion wird bloßgelegt, wenn sie scheitert. Denn was ist der Traumatismus anderes als die Durchbrechung einer sonst wirksamen Reizabhaltung? Vor der Lust stehen also jene Mechanismen, die die hereingebrochenen Energien zu bewältigen haben, die Reaktion auf die energetische Überschwemmung oder, ökonomisch gesagt, Gegenbesetzung und Überbesetzung.

Diese Spekulation über den Reizschutz und seine Durchlöcherung sind nicht müßig, denn sie ermöglichen es, die Beziehungen zwischen Abwehr und Angst zu erkunden. Freud schlägt vor, einen gewissen Zustand wie »Erwartung der Gefahr und Vorbereitung auf dieselbe, mag sie auch eine unbekannte sein« als Angst zu bezeichnen[9], während Schreck den Zustand benennt, in den man gerät, wenn man in Gefahr kommt, ohne auf sie vorbereitet zu sein; ihn charakterisiert das Moment der Überraschung.

Was die Furcht betrifft, so entsteht sie aus einer aktuellen Begegnung mit einer bestimmten Gefahr. Die Vorbereitung auf die Gefahr, die der Angst eine positive Funktion verleiht, ist somit das Äquivalent eines Reizschutzes, und eben diese Angstbereitschaft fehlt bei der Durchbrechung des Reizschutzes oder beim Traumatismus. Gemäß diesen Betrachtungen können wir nun die Träume der traumatischen Neurose neu interpretieren. Sie lassen sich nicht zu den Wunscherfüllungsträumen rechnen, also nicht dem Lustprinzip unterordnen, weil sie mit der Abwehraufgabe zusammenhängen, die der Herrschaft der Lust vorausgeht: »Diese Träume suchen die Reizbewältigung unter Angstentwicklung nachzuholen, deren Unterlassung die Ursache der traumatischen Neurose geworden ist.«[10] Damit sieht sich der Wiederholungszwang als eine Ausnahme vom Lustprinzip

---

9 GW XIII, 10.
10 GW XIII, 32.

bestätigt, insofern die Aufgabe, traumatische Eindrücke zu binden, jener vorausgeht, Lust zu erzeugen und Unlust zu vermeiden.[11]

Aber, so wird man einwenden, diese Priorität der Abwehrmaßnahmen, die die freie Energie zu »binden« bestimmt sind, gegenüber dem Lustprinzip (und seiner Modifikation, dem Realitätsprinzip) steht in keiner Beziehung zu einem eventuellen Todestrieb. Und hier deckt der geschickte Spieler plötzlich seine Karten auf: das, was beim Wiederholungszwang unerklärt bleibt, ist sein »triebhafter« und sogar »dämonischer« Charakter. Man muß den ganzen Absatz zitieren, in dem Freud den entscheidenden, in keinem Verhältnis mehr zu den vorsichtigen Vorbereitungen stehenden Durchbruch ausführt: »Auf welche Art hängt aber das Triebhafte mit dem Zwang zur Wiederholung zusammen? Hier muß sich uns die Idee aufdrängen, daß wir einem allgemeinen, bisher nicht klar erkannten – oder wenigstens nicht ausdrücklich betonten – Charakter der Triebe, vielleicht alles organischen Lebens überhaupt, auf die Spur gekommen sind. *Ein Trieb wäre also ein dem belebten Organischen innewohnender Drang zur Wiederherstellung eines früheren Zustandes,* welchen dies Belebte unter dem Einflusse äußerer Störungskräfte aufgeben mußte, eine Art von organischer Elastizität, oder wenn man will, die Äußerung der Trägheit im organischen Leben.«[12]

Alle jene Vorkehrungen wurden also nur getroffen, um den triebhaften Charakter des Wiederholungszwanges zu isolieren, der vorher als ein Schicksal der Abwehr behandelt und auf diesem Weg dem Lustprinzip entzogen wurde. Und dieses Triebhafte erlaubt es ganz entschieden, die Trägheit in den gleichen Rang zu erheben wie den Lebenstrieb.

Die ganze Fortsetzung des Essays besteht einerseits darin, die Hypothese ins Extrem zu treiben oder vielmehr, sie ins Extrem treiben zu lassen, wie ein Gas, dem man allen Raum zur Ausdehnung ließe, und andererseits, sie durch eine Art Indizienbeweis plausibel zu machen.

Gehen wir also ins Extreme! Das Extreme ist dies: das Lebende wird nicht durch äußere Kräfte getötet, die es übersteigen, wie bei Spi-

---

11 »Gibt es ein ›Jenseits des Lustprinzips‹, so ist es folgerichtig, auch für die wunscherfüllende Tendenz des Traumes eine Vorzeit zuzulassen.« (GW XIII, 33)
12 GW XIII, 38.

noza¹³; es stirbt durch eine innere Bewegung: »Alles Lebende (stirbt) aus inneren Gründen ... Das Ziel alles Lebens ist der Tod.«¹⁴ Besser – oder schlechter? –, das Leben selbst ist nicht Wille, sich zu verändern, zu entfalten, sondern Wille, sich zu bewahren: wenn der Tod das Endziel des Lebens ist, dann sind alle Neuerungen des Lebens nur Umwege zum Tode, und der sogenannte Selbsterhaltungstrieb ist nur der Versuch des Organismus, die eigene Weise zu sterben, den eigenen Todesweg zu sichern. Änderungen werden durch äußere Faktoren aufgezwungen, durch die Erde und die Sonne, d. h. durch die präorganische Umgebung des Lebens; Fortschritt bedeutet Störung und Ablenkung, denen sich das Leben schließlich anpaßt, um auf dieser neuen Stufe seinen konservativen Zweck zu verfolgen. Daher wird das Sterben immer schwerer, so sehr hat sich der Todesweg verlängert und kompliziert, zugleich auch individualisiert und besondert. Und auch in dem anscheinenden Trieb zur »Vervollkommnung« muß man eine Folge jener erzwungenen Anpassung sehen; wenn durch die Verdrängung alle Wege nach rückwärts verlegt sind, bleibt nur noch die Flucht nach vorn, der Weg des geistigen Fortschritts und der ethischen Sublimierung; doch nichts von alledem erheischt einen von den konservativen Tendenzen des Lebens unterschiedenen »Vervollkommnungstrieb«.

Wollen wir Beweise? Denken wir nur an die Wanderungen der Fische und Vögel, die zu den früheren Wohnstätten der Art zurückkehren; an die Wiederholung aller früheren Stadien der Gattung im Embryo; an das organische Reproduktionsvermögen: zeugt all dies nicht von der konservativen Natur des Lebenden, von einem dem Leben innewohnenden Wiederholungszwang?

Der Leser wird fragen: weshalb das alles? Zunächst einmal, um uns mit dem Gedanken vertraut zu machen, im Tod eine Gestalt der Notwendigkeit zu sehen, um uns die Unterwerfung unter die hehre Ananke, das »unerbittliche Naturgesetz«¹⁵ zu erleichtern; vor allem

---

13 Spinoza, *Ethik* III, Lehrsatz 4: »Kein Ding kann anders als durch eine äußere Ursache zerstört werden.« Und Lehrsatz 6: »Jedes Ding strebt, soviel an ihm ist (*quantum in se est*), in seinem Sein zu beharren.«
14 GW XIII, 40.
15 GW XIII, 47; wir werden auf diesen mythischen Terminus *Ananke* noch zurückkommen. Freud bemerkt, seine eigene Kritik einleitend: »Aber vielleicht ist dieser Glaube an die innere Gesetzmäßigkeit des Sterbens auch nur eine der Illusionen, die wir uns geschaffen haben, ›um die Schwere des Daseins zu ertragen‹« (Schiller, *Die Braut von Messina*, I, 8). (ibid.)

aber, um es uns zu ermöglichen, nunmehr das Preislied auf das Leben, die Libido und den Eros anzustimmen! *Weil* das Leben dem Tode zustrebt, ist die Sexualität die große *Ausnahme*[16] auf dem Todesweg. Thanatos ist es, der den Sinn des Eros als das enthüllt, was dem Tod widersteht. Die Sexualtriebe »sind die eigentlichen Lebenstriebe; dadurch, daß sie der Absicht der anderen Triebe, welche durch die Funktion zum Tode führt, entgegenwirken, deutet sich ein Gegensatz zwischen ihnen und den übrigen an, den die Neurosenlehre frühzeitig als bedeutungsvoll erkannt hat.«[17]

Diese windungsreiche Diskussion mündet also in einen offenen *Dualismus*. Aber was für einen Dualismus? Und wie verhält er sich gegenüber den früheren Ausdrücken des Triebdualismus?

Die Ersetzung der Libido durch den Eros signalisiert eine sehr präzise Intention der neuen Triebtheorie: wenn das Lebende aus inneren Gründen stirbt, dann ist das, was gegen den Tod kämpft, nicht etwas dem Leben Innewohnendes, sondern die Kopulation eines Sterblichen mit einem Sterblichen. Eben dies nennt Freud Eros; der Wunsch nach dem Anderen wird unmittelbar mit dem Setzen von Eros impliziert; immer kämpft das Lebende zusammen mit einem Anderen gegen den Tod, gegen seinen Tod, dem es isoliert, alleine zustrebt, auf den langen Umwegen der Anpassung an das natürliche und kulturelle Milieu. Freud sucht den Drang nicht in irgendeinem Lebenwollen, das jedem Einzelnen innewohnte: in dem *alleine* Lebenden findet er nur den Tod.[18]

Dies ist der intuitive Gedanke, den Freud auf die großen und die kleinen Einheiten extrapoliert; auf die großen Einheiten einerseits: in dem Essay MASSENPSYCHOLOGIE UND ICH-ANALYSE VON 1921

---

16 »Gibt es wirklich, *abgesehen von den Sexualtrieben,* keine anderen Triebe als solche, die einen früheren Zustand wiederherstellen wollen, nicht auch andere, die nach einem noch nie erreichten streben?« (GW XIII, 43)

17 ibid.

18 Freud versäumt es nicht, seine Theorie mit der von Weismann zu vergleichen (Kap. VI), der die sterbliche Hälfte der lebenden Substanz mit dem *Soma* und die unsterbliche Hälfte mit dem *Keimplasma* identifiziert. Doch Freud trennt sich von Weismann, wenn dieser die Protozoen für unsterblich erklärt und den Tod für eine späte Erwerbung des Organismus hält. Wenn der Todestrieb ursprünglich ist, darf man nicht einmal den Protozoen Unsterblichkeit zubilligen. Freud nähert sich jenen Autoren, die die Ansicht vertreten haben, daß der Altersverfall eine allgemeine Tatsache des Lebens ist, weil es die Abfallprodukte des Stoffwechsels nicht beseitigen kann, und die auf die »Verjüngung« der Protozoen durch »Kopulation« spekuliert haben.

bezieht er den immer weitergreifenden Zusammenhalt menschlicher Gruppen und insbesondere den der organisierten und künstlichen Gemeinschaften wie Kirche und Armee ausdrücklich auf die libidinöse Bindung; auf die kleinen Einheiten andererseits: die Kopulation der Einzeller könnte uns zu dem Versuch anregen, die Libidotheorie auf das Verhältnis der Zellen zueinander zu übertragen und in jeder einzelnen Zelle eine Sexualität anzunehmen, wodurch sie teilweise den Todestrieb der anderen neutralisierte: »So würde also die Libido unserer Sexualtriebe mit dem Eros der Dichter und Philosophen zusammenfallen, der alles Lebende zusammenhält.«[19]

Diese Verallgemeinerung der Sexualität vereinfacht die Situation nicht, kompliziert sie vielmehr: der Dualismus Eros-Thanatos erscheint eher in einer dramatischen Umkehrung des Für oder Wider als in einer deutlichen Abgrenzung der beiden Bereiche: in einem Sinn ist alles Tod, da die Selbsterhaltung der verschlungene Weg ist, auf dem alles Lebende seinem Tode zustrebt; in einem anderen Sinn ist alles Leben, da der Narzißmus eine Gestalt des Eros ist: sobald nämlich der Eros das ist, was alles erhält, und die Erhaltung des Individuums von der wechselseitigen Verbundenheit der Zellen des Soma herrührt. Der neue Dualismus drückt vielmehr das gegenseitige Aufeinanderübergreifen der beiden, sich genau deckenden Reiche aus.

Die Konfrontation mit den früheren Ausdrücken des Triebdualismus bestätigt diese Verwicklung. Freud war zwar immer Dualist gewesen, aber die Verteilung der entgegengesetzten Termini und die Natur des Gegensatzes haben sich immer wieder verändert. Wenn er Sexualtriebe und Ichtriebe unterschied, so leitete ihn dabei kein Triebantagonismus, sondern die volkstümliche Unterscheidung von Liebe und Hunger sowie die Polarität von Objekt und Ich. Als er den Narzißmus in die Theorie einführte, wurde die Unterscheidung eine topisch-ökonomische und bezeichnete einen Besetzungskonflikt.[20] Der neue Dualismus tritt nicht an die Stelle des vorherigen, da er ihn zunächst verstärkt: wenn nämlich die narzißtische Ichlibido eine Gestalt des Eros ist, dann steht sie auf seiten des Lebens. Und dabei haben wir doch gesagt, daß die Ichtriebe den Sexualtrieben entgegenständen wie die Todestriebe den Lebens-

19 GW XIII, 54.
20 GW XIII, 56.

trieben.[21] Diese Gleichstellung wird nicht aufgehoben. Daher muß der neue Dualismus nicht mehr auf die Ebene der Richtungen, Ziele und Objekte, sondern auf die der *Kräfte* selbst gehoben werden; man darf also nicht mehr versuchen, die Dualität Ichtriebe-Sexualtriebe mit der Dualität Lebenstriebe-Todestriebe zur Deckung zu bringen. Diese zieht sich durch *alle* Formen der Libido hindurch: das wird sich in unserer Untersuchung der »Repräsentanten« des Todestriebs bewahrheiten. Die Objektliebe ist Lebenstrieb *und* Todestrieb; die narzißtische Liebe ist Eros, der nichts von sich weiß, *und* geheime Kultur des Todes. Die Sexualität ist überall am Werk, wo auch der Tod am Werk ist. Doch damit ist der Triebdualismus wirklich zu einem antagonistischen geworden, gerade weil es sich nicht mehr um qualitative Unterschiede handelt, wie in der ersten Triebtheorie zwischen Liebe und Hunger, auch nicht um Besetzungsunterschiede, je nachdem ob sich die Libido dem Ich oder dem Objekt zuwendet, wie in der zweiten Triebtheorie; der Dualismus ist wirklich zu dem geworden, was DAS UNBEHAGEN IN DER KULTUR einen »Streit der Giganten« nennt.

2. *Der Todestrieb und der Destruktionstrieb des Über-Ichs*

Wir haben mit Nachdruck auf den Sinnüberschuß hingewiesen, den die »Spekulation« den Todestrieben im Vergleich zu jeder Entschlüsselung dieses Triebes in den »Repräsentanten« gleich welchen Niveaus und welcher Art verleiht. Dieser Zwiespalt war uns als eine irreduzible Gegebenheit der Theorie erschienen. Nunmehr kommt es darauf an, sie zu verstehen. Woher rührt dieser Mangel an Symme-

---

21 »Unser bisheriges Ergebnis, welches einen scharfen Gegensatz zwischen den ›Ichtrieben‹ und den Sexualtrieben aufstellt, die ersteren zum Tode und die letzteren zur Lebensfortsetzung drängen läßt, wird uns gewiß nach vielen Richtungen selbst nicht befriedigen.« (GW XIII, 46) Und etwas später: »In unserer Absicht läge dies Resultat allerdings nicht. Wir sind ja vielmehr von einer scharfen Scheidung zwischen Ichtrieben = Todestrieben und Sexualtrieben = Lebenstrieben ausgegangen. Wir waren ja bereit, auch die angeblichen Selbsterhaltungstriebe des Ichs zu den Todestrieben zu rechnen, was wir seither berichtigend zurückgezogen haben. Unsere Auffassung war von Anfang eine dualistische und sie ist es heute schärfer denn zuvor, seitdem wir die Gegensätze nicht mehr Ich- und Sexualtriebe, sondern Lebens- und Todestriebe benennen.« (GW XIII, 57)

trie zwischen der Hermeneutik des Lebens und der Hermeneutik des Todes? Weshalb gewinnt die Mutmaßung die Oberhand über die Interpretation, sobald man von der Libidotheorie mit ihren beiden früher erarbeiteten Stufen zur Theorie der Lebens- und Todestriebe übergeht?

Eine nachdrückliche Bemerkung von Freud selbst mag unsere Reflexion einleiten: zu wiederholten Malen – schon in Jenseits des Lustprinzips, doch vor allem in Das Ich und das Es und Das Unbehagen in der Kultur – spricht Freud vom Todestrieb als von einer »stummen« Energie, im Gegensatz zum »Lärm« des Lebens.[22] Dieser Abstand zwischen dem Trieb und seinen Äußerungen, zwischen dem Wunsch und dem Wort – bezeichnet durch das Epitheton »stumm« –, macht uns darauf aufmerksam, daß die Semantik des Wunsches hier nicht mehr den gleichen Sinn hat. Der Todeswunsch spricht nicht wie der Lebenswunsch. Der Tod wirkt in der Stille. Fortan befindet sich die Entschlüsselungsmethode, gegründet auf der Äquivalenz zweier Bezugssysteme, des Triebs und des Sinns, in Schwierigkeiten. Und dennoch verfügt die Psychoanalyse über kein anderes Hilfsmittel, als zu interpretieren, d. h. aus einem Spiel von Symptomen ein Spiel von Kräften herauszulesen. Daher beschränkt sich Freud in seinen letzten Schriften darauf, neben eine partielle Entschlüsselung eine waghalsige Spekulation zu stellen. Lediglich »Anteile« des Todestriebs werden durch diesen oder jenen »Repräsentanten« aufgezeigt. Aber es besteht keine Äquivalenz zwischen dem, was entschlüsselt, und dem, was vermutet worden ist.

Diesen Punkt gilt es, im Auge zu behalten, wenn man sich mit den Schriften befaßt, die den Durchbruch von Jenseits des Lustprinzips weiter ausgebaut haben. Eine doppelte Akzentverschiebung ist zu beobachten: einmal von der Tendenz der *Wiederholung* zur Tendenz der *Zerstörung*, zum anderen von mehr *biologischen* Ausdrücken zu mehr *kulturellen* Ausdrücken. Doch diese Reihe von Manifestationen des Todestriebs erschöpft wahrscheinlich nicht den Sinngehalt, den die Spekulation lieferte; eine wesentliche Bedeutung ist vielleicht gar verlorengegangen, wenn jenes Stummsein in Lärm übertragen wird. So spricht Freud lieber von Todestrieben als von *dem* Todestrieb (was wir bei unserer Rekonstruktion der Spekula-

---

22 »Wir müssen den Eindruck gewinnen, daß die Todestriebe im wesentlichen stumm sind und der Lärm des Lebens meist vom Eros ausgeht.« (GW XIII, 275)

tion nicht berücksichtigt haben), wodurch er die Möglichkeit einer großen Vielfalt von Ausdrucksformen und einer nicht erschöpfenden Aufzählung seiner Äußerungen offenläßt.

Die erste Akzentverschiebung macht sich schon in JENSEITS DES LUSTPRINZIPS deutlich bemerkbar: es ist der Wiederholungszwang, der den Todestrieb einführt; aber die Aggressivität ist es, in der doppelten Gestalt des Sadismus und des Masochismus, die ihn bestätigt und verifiziert. Diese beiden letzten Beispiele haben im übrigen nicht die gleiche Bedeutung: der erstere wird einfach in die neue Theorie übernommen, der zweite in ihrem Lichte wirklich neu interpretiert.

Die Theorie des Sadismus ist in der Tat sehr alt; seit den DREI ABHANDLUNGEN ZUR SEXUALTHEORIE deckt sie drei Gruppen von Phänomenen: zum einen bezeichnet sie eine mehr oder weniger in jeder normalen und integrierten Sexualität vorhandene Komponente, zum anderen eine Perversion, den eigentlichen Sadismus, d. h. eine Art und Weise dieser sexuellen Komponente, sich selbständig zu machen, und schließlich eine prägenitale Organisation, die sadistische Phase, in der diese Komponente eine dominierende Rolle spielt.

Anders der Masochismus, der bisher – in den DREI ABHANDLUNGEN und in TRIEBE UND TRIEBSCHICKSALE – nur als ein gegen das Ich gewendeter Sadismus verstanden wurde. Nun aber sieht Freud in diesen Formen von Masochismus ein abgeleitetes Phänomen; sie wären in Wirklichkeit eine Rückkehr, eine Regression zu einem primären Masochismus. Wir werden in Kürze erkennen, welche Bedeutung dies für die Vollendung einer Theorie des Über-Ichs, des Gewissens und des Schuldgefühls hat.

All dies wird nur in wenigen Zeilen skizziert; im Jahre 1920 hatte Freud die Begriffe der *Vermischung* und *Entmischung* noch nicht erarbeitet, mit denen er später der Kooperation von Todestrieb und Sexualität und seiner abgespaltenen Tätigkeit Rechnung tragen wird.[23] Zumindest zeigen diese beiden Ansätze schon deutlich den Abstand des Todestriebs zu seinen Manifestationen; diese markieren das Auftauchen des Triebs auf der Ebene einer Objektbeziehung. Auf den ersten Blick scheint sich der Fall des Todestriebs nicht von dem des Lebenstriebs zu unterscheiden: auch hier lassen sich Sadismus und Masochismus interpretieren, denn sie haben ein bestimmtes

---

23 DAS ICH UND DAS ES, Kap. IV, »Die beiden Triebarten«.

»Ziel« – zerstören – und bestimmte »Objekte« – den Sexualpartner oder das Ich. Doch nichts gestattet die Behauptung, daß der Todestrieb völlig in diesen den Repräsentanten des Lebenstriebs vergleichbaren Äußerungen aufgeht; weder das Spiel des »Fort! Da!« noch der Wiederholungszwang lassen sich auf den Destruktionstrieb zurückführen. Der Destruktionstrieb ist lediglich *einer* der Todestriebe.[24] Diese doppelte Bewegung – die Ersetzung des Wiederholungszwangs durch den Destruktionstrieb, der Übergang von einer Metabiologie zu einer Metakultur – kommt erst in DAS UNBEHAGEN IN DER KULTUR zum Abschluß; aber das IV. und V. Kapitel von DAS ICH UND DAS ES liefern die unumgängliche Überleitung zwischen der Metabiologie von JENSEITS DES LUSTPRINZIPS und der Metakultur von DAS UNBEHAGEN IN DER KULTUR.

Der Geniestreich in DAS ICH UND DAS ES war es, die Theorie der drei Instanzen aus JENSEITS DES LUSTPRINZIPS aufeinandertreffen zu lassen, wenn ich so sagen darf. Diese Konfrontation erlaubt es, von einer leeren Spekulation zu einer wirklichen Entschlüsselung zu schreiten: aus der Dichte des Es, des Ichs und des Über-Ichs werden wir nunmehr die Todestriebe herauslösen, statt sie in einer dogmatischen Mythologie als einander gegenüberstehend zu betrachten.

Absolut genommen betrifft der Triebdualismus nur das Es: er ist ein Bürgerkrieg im Es.[25] Aber er breitet sich vom Triebhaften ausgehend aus, um in den höheren Schichten der Psyche, im »Sublimen« zum Ausbruch zu kommen. Dieser Vorgang der Triebentmischung sorgt für die Überleitung von der biologischen Spekulation zur kulturellen Interpretation und erlaubt es, alle »Repräsentanten« des Todestriebs bis zu dem Punkt aufzurollen, wo dieser in innere Strafe umschlägt.

Es ist also notwendig, die Begriffe »Vermischung« und »Entmischung« zu erarbeiten; es sind zweifellos ökonomische Begriffe, so wie jene der Besetzung, Regression und selbst der Perversion. Um ihnen eine energetische Basis zu geben, greift Freud zu einer Hypothese, die eine gewisse Verwandtschaft mit dem Jacksonschen Begriff der »funktionellen Freisetzung« verrät: die Entmischung eines

---

24 »Der Todestrieb würde sich nun – wahrscheinlich doch nur teilweise – als *Destruktionstrieb* gegen die Außenwelt und andere Lebewesen äußern.« (GW XIII, 269)
25 Mit diesen Termini verbindet die NEUE FOLGE DER VORLESUNGEN ... die zweite Topik mit der dualistischen Triebtheorie.

Triebes befreit »eine verschiebbare Energie, die, an sich indifferent, zu einer qualitativen differenzierten erotischen oder destruktiven Regung hinzutreten und deren Gesamtbesetzung erhöhen kann«.[26] Sind wir ganz einfach zur Spekulation über das Quantitative, über die freie und die gebundene Energie zurückgekehrt? Der spekulative Charakter läßt sich nicht leugnen; Freud selbst bemerkt: »Ich habe auch in der vorliegenden Diskussion nur eine Annahme, nicht einen Beweis zu bieten. Es erscheint plausibel, daß diese wohl im Ich und im Es tätige, verschiebbare und indifferente Energie dem narzißtischen Libidovorrat entstammt, also desexualisierter Eros ist.«[27] Zeichen dafür ist die von der für die Primärvorgänge charakteristischen »Verschiebung« erforderte Mobilität.

Die Begriffe »Vermischung« und »Entmischung« sind also Begriffe, die konstruiert wurden, um das, was geschieht, wenn ein Trieb seine Energie in den Dienst von in verschiedenen Systemen tätigen Kräften stellt, in energetischer Sprache auszudrücken. Eben darum beruhen sie nicht auf etwas, das sich auf der Ebene der Energie selbst, wo sie angeblich wirken, verifizieren läßt: Vermischung und Entmischung sind – energetisch gesprochen – nur das Korrelat dessen, was in einer auf der Ebene der Triebrepräsentanten angewandten Deutungsarbeit erscheint.

Will man die Reihe der Repräsentanten des Todestriebs in eine Ordnung bringen, so muß man sie von unten nach oben, vom Biologischen bis zum Kulturellen durchgehen.

Auf der niedrigsten Stufe begegnen wir der erotischen Form des Masochismus, der Schmerzlust. In Das Ich und das Es ist wenig von ihr die Rede; ausführlich kommt Freud in Das ökonomische Problem des Masochismus darauf zu sprechen.[28] Wie kann der Mensch dahin gelangen, seinen Schmerz zu genießen? Es genügt nicht, wenn man – wie in den Drei Abhandlungen – sagt, daß durch das Übermaß an Schmerz oder Unlust als Nebenwirkung eine libidinöse Miterregung entsteht; selbst wenn es einen solchen Mechanismus geben sollte, würde er nur die physiologische Grundlage abgeben; das Wesentliche spielt sich anderswo, auf der eigentlichen Triebebene ab. Man muß annehmen, daß der destruktive Trieb sich in zwei Tendenzen spaltet: die eine wird unter dem Druck des Le-

26 GW XIII, 272 f.
27 GW XIII, 273.
28 GW XIII, 371–383.

benstriebs, der sie unschädlich machen will, mit Hilfe der Muskulatur nach außen abgeleitet; dieser Anteil des Destruktionstriebs stellt sich in den Dienst der Sexualität und bildet den eigentlichen Sadismus; doch der nicht nach außen abgeleitete Anteil »verbleibt im Organismus und wird dort mit Hilfe der erwähnten sexuellen Miterregung libidinös gebunden«, in ihm haben wir den ursprünglichen, erogenen Masochismus zu erkennen, die Schmerzlust. Der erogene Masochismus ist also das im Innern verbleibende »Residuum« eines Destruktionstriebes, der entweder ursprünglicher Sadismus oder ursprünglicher Masochismus ist. Wie man sieht, wimmelt es von Rätseln: wir wissen nicht, wie sich die »Bändigung« des Todestriebs durch die Libido vollzieht, die nicht nur im Sadismus am Werk ist, d. h. in dem gegen die Objekte der Außenwelt gerichteten Anteil des Todestriebs, sondern auch in dem im Innern verbliebenen »Residuum«, also im Masochismus selbst, der damit als die ursprüngliche Legierung von Liebe und Tod erscheint. Er ist auch in den wechselnden »Umkleidungen«, den verschiedenen Phasen der Libidoorganisation zu erkennen: Angst, gefressen zu werden (orale Stufe), Wunsch, geschlagen zu werden (sadistisch-anale Stufe), Kastrationsphantasie (phallische Stufe), Phantasie des Koitiertwerdens (genitale Stufe). Vermischung und Entmischung bezeichnen also mehr den Namen einer Schwierigkeit denn die Lösung eines Problems.

In DAS ICH UND DAS ES (Kap. V) profitiert vor allem die Theorie des Über-Ichs von dieser neuerlichen Lektüre der Instanzen unter dem Zeichen des Todes. Wir erinnern uns, daß das Über-Ich für die Psychoanalyse ein Abkömmling des Vaterkomplexes und aus diesem Grunde eine Struktur darstellt, die dem Es nähersteht als das wahrnehmende Ich. Doch ein Zug des Über-Ichs war noch nicht erklärt worden: seine Grausamkeit. Dieser befremdende Charakter trifft sich mit anderen verwirrenden Phänomenen, die auf den ersten Blick in keinem Verhältnis zu ihm zu stehen scheinen, wie der Widerstand gegen die Heilung. Aber wenn man sich vor Augen hält, daß dieser Widerstand einen »moralischen« Aspekt hat, daß er eine Form ist, sich durch Leiden zu bestrafen, daß er ein unbewußtes Schuldgefühl verdeckt, welches im Kranksein seine Befriedigung findet, so zeichnet sich ein kohärentes Netz ab, das einerseits die Zwangsneurose und die Melancholie, andererseits die Strenge des normalen Gewissens umgreift. Wir kommen nicht noch einmal auf die Frage zurück, ob man das Recht hat, von einem »unbewußten Schuldgefühl« zu sprechen. Wichtig ist die zwischen Schuld und Tod aufgedeckte Bindung. Hier liegt die letzte Konsequenz der Verwandtschaft von Über-Ich und Es. Der triebhafte Charakter des Über-Ichs impliziert nicht nur, daß es libidinöse Residuen aus dem Ödipuskomplex enthält, sondern daß es sich mittels der »Entmischung« des Todestriebs mit Zerstörungswut aufgeladen hat. Dies geht so weit, daß es sogar die Bedeutung des Unterrichts, der Lektüre, des »Gehörten«, kurz, Wortvorstellungen im Gewissen zugunsten dunkler, von unten kommender Kräfte schmälert. Wie geht es zu, fragt Freud, daß sich das Über-Ich wesentlich als Schuldgefühl äußert und eine solch schonungslose Härte gegen das Ich entfaltet, so daß es »so grausam (wird) wie nur das Es«?[29] Im Falle der Melancholie neigen wir zu der Auffassung, daß das Über-Ich sich des ganzen verfügbaren Sadismus bemächtigt, die destruktive Komponente sich im Über-Ich abgelagert und gegen das Ich gewendet hat: »Was nun im Über-Ich herrscht, ist wie eine Reinkultur des Todestriebes...«[30]

Indem der Todestrieb dergestalt auf der Ebene des Über-Ichs auftaucht, enthüllt er mit einem Schlage das Ausmaß dessen, was soeben die Reinkultur des Todestriebes genannt wurde: zwischen einem mörderischen Es und einem tyrannischen und ebenso tödlichen Gewissen eingekeilt, scheint es, als habe das Ich keinen anderen Ausweg, als sich selbst zu quälen oder die anderen zu quälen, indem es seine Aggression gegen diese richtet. Daher das Paradox: »Je mehr ein Mensch seine Aggression meistert, desto mehr steigert sich die Aggressionsneigung seines Ideals gegen sein Ich«[31], – so als könnte die Aggression nur gegen den anderen abgewendet oder gegen sich selbst gekehrt werden. Die religiöse Fortsetzung dieser ethischen Grausamkeit in der Projektion eines unerbittlichen, strafenden höheren Wesens leuchtet unmittelbar ein.

Wenn wir die Grausamkeit des Über-Ichs mit der früheren Beschreibung des »erogenen Masochismus« vergleichen, scheint es auf den ersten Blick, als fehle jegliche Verbindung zur Sexualität und als könne man eine direkte Beziehung zwischen Destruktionstrieb und Über-Ich ohne erotisches Zwischenstadium annehmen. In DAS ÖKO-

---

29 GW XIII, 284. Es fällt auf, daß Freud das Schuldgefühl bei einigen Zwangsneurosen »überlaut« nennt: es ist eine der »lauten lärmenden Stimmen« des an sich »stummen« Triebes.
30 GW XIII, 283.
31 GW XIII, 284.

NOMISCHE PROBLEM DES MASOCHISMUS versucht Freud, die verborgenen Beziehungen zwischen dem Erotismus und dem »moralischen Masochismus«, wie er es nennt, zu rekonstruieren, der freilich nicht den gesamten Bereich des Über-Ichs umfaßt.

In dem unbewußten Schuldgefühl, das in dem zwanghaften Widerstand gegen die Heilung zu entdecken ist und korrekter »Strafbedürfnis« genannt wird, läßt sich diese verborgene Beziehung zwischen moralischem Masochismus und Erotismus erkennen. Die Bindung zum Erotismus, welche die Gewissensangst verrät, hängt mit der tiefen Verwandtschaft zusammen, die das Über-Ich mit dem Es aufrechterhält, und zwar aufgrund der libidinösen Bindungen zur elterlichen Quelle des Verbots: hier muß es wiederholt werden: das Über-Ich ist der »Vertreter des Es«. Diese libidinöse Bindung kann sich unendlich weit ausdehnen, je nachdem das elterliche »Imago« durch immer entferntere und immer unpersönlichere Gestalten ersetzt wird, bis hin zur dunklen Macht des Schicksals, welches nur wenige Menschen ganz unpersönlich zu erfassen vermögen.

Aber dieser Vergleich gibt uns zugleich die Gelegenheit, einige Nuancen einzuführen, die in DAS ICH UND DAS ES vernachlässigt zu sein scheinen. Zunächst eine Nuance zwischen dem Sadismus des Über-Ichs und dem Masochismus des Ichs oder dem eigentlichen »moralischen Masochismus«: was in DAS ICH UND DAS ES beschrieben wurde, ist der Sadismus des Über-Ichs, der »eine solche unbewußte Fortsetzung der Moral« darstellt. Das Verlangen des Ichs nach Strafe ist nicht genau dasselbe; es steht dem Wunsch nahe, vom Vater geschlagen zu werden, dessen Stellenwert unter den Äußerungen des »erogenen Masochismus« wir erkannt haben. Dieser Wunsch drückt also eine Resexualisierung der Moral aus, umgekehrt zur normalen Bewegung des Gewissens, das durch die Überwindung, als die Desexualisierung des Ödipuskomplexes, entsteht; eine resexualisierte Moral kann demnach jene ungeheure »Vermischung« von Liebe und Haß erzeugen, die auf der »sublimen« Ebene dem entspricht, was auf der »perversen« Ebene die Schmerzlust war.

Man sieht, wie gefährlich es wäre, alles zu vermengen: normale Sittlichkeit, Grausamkeit (Sadismus des Über-Ichs), Strafbedürfnis (Masochismus des Ichs). Gewiß, diese drei Modalitäten – kulturelle Triebunterdrückung, Wendung des Sadismus gegen das Ich, Verstärkung des eigenen Masochismus des Ichs – sind gefährlich miteinander konkurrierende Tendenzen. Was wir Schuldgefühl nennen, besteht aus alledem, jedoch in verschiedenem Mischungsverhältnis. Wenn man die Analysen von DAS ICH UND DAS ES im Lichte der in DAS ÖKONOMISCHE PROBLEM DES MASOCHISMUS vorgeschlagenen Unterscheidungen wieder aufnimmt, muß man sagen, daß das oben Beschriebene mehr den Sadismus des Über-Ichs betrifft als den Masochismus des Ichs oder »moralischen Masochismus«. Steht dieser Sadismus des Über-Ichs in ebeno scharfem Gegensatz zum normalen Gewissen wie der durch die Resexualisierung des Ödipuskomplexes charakterisierte Masochismus? Diese Behauptung fällt schwerer. Dennoch ist es bemerkenswert, daß sich Freud im V. Kapitel von DAS ICH UND DAS ES damit begnügte, zwei Krankheiten des Schuldgefühls zu beschreiben, die Zwangsneurose und die Melancholie, und daß er mehr Interesse für ihre jeweiligen Unterschiede zur gewöhnlichen Sittlichkeit als für die ihnen gemeinsamen Ähnlichkeiten mit ihr an den Tag legte. In der Melancholie offenbart sich das Über-Ich als Reinkultur des Todestriebes, bis hin zur Selbsttötung. In der Zwangsneurose dagegen schützt sich das Ich gegen seine Vernichtung, indem es seine Liebesobjekte in Haßobjekte verwandelt; gegen diesen nach außen gewendeten Haß, den das Ich nicht aufgenommen hat, sträubt sich das Ich, während es dem Wüten des Über-Ichs ausgesetzt ist, von dem es für verantwortlich gehalten wird; daher die endlose Qual des an zwei Fronten kämpfenden Ichs. Steht diese Selbstqual des Zwangsneurotikers, dieser Todeskult des Melancholikers in ebenso scharfem Gegensatz zur Desexualisierung des normalen Gewissens wie der Masochismus? Anscheinend nicht. Aber das Bild ist nur um so beunruhigender; denn auch wenn der Sadismus des Über-Ichs keine erotische Komponente enthält, schließt er doch unmittelbar den Todestrieb ein und verwirklicht eine, wie man es nennen könnte, tödliche Sublimierung. Das läßt einen Vergleich zwischen Entmischung, Desexualisierung und Sublimierung zu. Der Sadismus des Über-Ichs stellt also eine sublimierte Form des Destruktionstriebes dar; in dem Maße, wie er durch Entmischung desexualisiert wird, wird er zum Vorteil des Über-Ichs mobilisiert und damit zur »Reinkultur des Todestriebes«. Die Desexualisierung des Sadismus ist also nicht weniger gefährlich als die Resexualisierung des Masochismus.[32]

32 »Da aber seine [des Ichs] Sublimierungsarbeit eine Triebentmischung und Freiwerden der Aggressionstriebe im Über-Ich zur Folge hat, liefert es sich durch

Dies ist die erschreckende Entdeckung: auch der Todestrieb kann sublimiert werden; um das finstre Bild zu vollenden, müßte man vielleicht sagen, daß hauptsächlich die Kastrationsangst diesem ganzen Vorgang die Triebbasis liefert. Ich würde in der Tat ohne Zögern den zuletzt zitierten Text mit einer beiläufigen Bemerkung Freuds über die Verbindung zwischen Kastrationsangst und Gewissensangst in Zusammenhang bringen (eine gewichtige Bemerkung, wenn man sich der Rolle erinnert, die in DER UNTERGANG DES ÖDIPUSKOMPLEXES der Kastrationsangst zugeschrieben wurde): sie steht am Ende von DAS ICH UND DAS ES: »Vom höheren Wesen, welches zum Ichideal wurde, drohte einst die Kastration und diese Kastrationsangst ist wahrscheinlich der Kern, um den sich die spätere Gewissensangst ablagert, sie ist es, die sich als Gewissensangst fortsetzt.«[33]

3. Die Kultur zwischen Eros und Thanatos

Die stärkste Einwirkung der neuen Triebtheorie auf die Kulturdeutung ist indes noch nicht berücksichtigt worden: der Destruktionsdrang des Über-Ichs ist nur eine Komponente des individuellen Gewissens auf der Grenze zwischen Normalem und Pathologischem. Der Todestrieb aber zieht eine Neuinterpretation der Kultur selbst nach sich; die Konfrontation zwischen der Kulturdefinition, wie wir sie oben gegeben haben gemäß den ersten Kapiteln von DIE ZUKUNFT EINER ILLUSION, und der Wiederaufnahme derselben Definition im III. und V. Kapitel von DAS UNBEHAGEN IN DER KULTUR zeugt von einer Vertiefung und auch einer Vereinheitlichung des Kulturbegriffs angesichts des Todestriebes.

Gewiß ist Freud in DAS UNBEHAGEN IN DER KULTUR nicht weniger als in DIE ZUKUNFT EINER ILLUSION darauf bedacht, eine rein ökonomische Definition der Kultur zu liefern; doch selbst die Ökonomie des Kulturphänomens sieht sich von Grund auf erneuert durch ihr

---

seinen Kampf gegen die Libido der Gefahr der Mißhandlung und des Todes aus. Wenn das Ich unter der Aggression des Über-Ichs leidet oder selbst erliegt, so ist sein Schicksal ein Gegenstück zu dem der Protisten, die an den Zersetzungsprodukten zugrunde gehen, die sie selbst geschaffen haben. Als solches Zersetzungsprodukt im ökonomischen Sinne erscheint uns die im Über-Ich wirkende Moral.« (GW XIII, 287)

33 GW XIII, 287 f.

Verhältnis zu einer globalen Strategie, der des Eros angesichts des Todes.

Betrachten wir diese Modifikation der ökonomischen Kulturdeutung in DAS UNBEHAGEN IN DER KULTUR.

Sie verläuft in zwei Phasen: zunächst gibt es all das, was man aussagen kann, ohne zum Todestrieb zu greifen; sodann das, was man nicht aussagen kann, ohne diesen Trieb ins Spiel zu bringen.

Vor diesem Wendepunkt, der ihn zum Tragischen der Kultur führt, schreitet der Essay mit einer wohlkalkulierten Biederkeit voran; die Ökonomie der Kultur scheint mit einer allgemeinen »Erotik«, wie man es nennen könnte, zusammenzufallen: die Ziele, welche das Individuum verfolgt, wie jene, welche die Kultur durchdringen, erscheinen als bald konvergierende, bald divergierende Gestalten desselben Eros: »Wir können uns also erst bei der Aussage beruhigen, der Kulturprozeß sei jene Modifikation des Lebensprozesses, die er unter dem Einfluß einer vom Eros gestellten, von der Ananke, der realen Not angeregten Aufgabe erfährt, und diese Aufgabe ist die Vereinigung vereinzelter Menschen zu einer unter sich libidinös verbundenen Gemeinschaft.«[34] Es handelt sich also wirklich um dieselbe »Erotik«, die das innere Band der Gruppe ausmacht und das Individuum dazu treibt, die Lust zu suchen und den Schmerz zu fliehen, – den dreifachen Schmerz, den ihm die Außenwelt, sein Körper und die anderen Menschen zufügen. Die Kulturentwicklung ist, wie die Entwicklung des Einzelnen vom Kinde zum Erwachsenen, die Frucht von Eros und Ananke, der Liebe und der Arbeit; man muß sogar sagen: mehr der Liebe als der Arbeit, denn die Notwendigkeit, sich in der Arbeit zu vereinen, um die Natur nutzbar zu machen, ist wenig gemessen an der libidinösen Bindung, welche die Individuen zu einem einzigen sozialen Körper zusammenschließt. Es scheint also, als sei es derselbe Eros, der das Streben nach individuellem Glück beseelt und die Menschen zu immer größeren Gemeinschaften vereinen will. Doch sehr schnell erhebt sich das Paradox: als organisierter Kampf gegen die Natur verleiht die Kultur dem Menschen die ehedem den Göttern zuerkannte Macht; aber diese Ähnlichkeit mit den Göttern läßt ihn unbefriedigt: Unbehagen in der Kultur ...

Warum? Zweifellos kann man auf der alleinigen Basis dieser allge-

---

34 GW XIV, 499.

meinen »Erotik« über gewisse Spannungen zwischen dem Einzelnen und der Gesellschaft Rechenschaft geben, nicht jedoch über den schweren Konflikt, der das Tragische der Kultur ausmacht; z. B. läßt es sich leicht erklären, daß die Familienbindung einer Ausdehnung auf größere Gruppen trotzt; für jeden Heranwachsenden erscheint der Übergang von dem einen Kreis zum anderen notwendig als ein Zerreißen der ältesten und engsten Bindung; man versteht auch, daß irgend etwas in der weiblichen Sexualität sich der Übertragung des privaten Sexualen auf die libidinösen Energien der sozialen Bindung widersetzt. Man kann die Konfliktsituation noch sehr viel weiter verfolgen, ohne indes auf radikale Widersprüche zu stoßen; man weiß, daß die Kultur jeder Sexualität Einschränkungen auferlegt: Inzestverbot, Zensur der infantilen Sexualität, strenge Kanalisierung der Sexualität in die engen Bahnen der Legitimität und der Monogamie, Fortpflanzungszwang etc. Doch wie quälend die Einschränkungen, wie unlösbar die Konflikte auch sein mögen, sie führen noch zu keinem wirklichen Antagonismus. Allerhöchstens ließe sich sagen, daß einerseits die Libido mit der ganzen Kraft ihrer Trägheit sich gegen das Opfer wehrt, das die Kultur ihr abverlangt, nämlich ihre früheren Positionen zu verlassen, und daß andererseits die libidinöse Bindung, welche die Gesellschaft konstituiert, ihre Energien der privaten Sexualität entnimmt, so daß dieser die Auszehrung droht. Doch all dies ist so wenig »tragisch«, daß wir von einer Art Waffenstillstand oder Vergleich zwischen der individuellen Libido und der sozialen Bindung träumen können.
Und es erhebt sich von neuem die Frage; warum mißlingt es dem Menschen, glücklich zu sein? Warum ist der Mensch als Kulturwesen unbefriedigt?
An diesem Punkt nimmt die Analyse ihre Wende; es wird nämlich dem Menschen gegenüber ein absurdes Gebot aufgestellt: seinen Nächsten zu lieben wie sich selbst; eine undurchführbare Forderung: seine Feinde zu lieben; ein gefährlicher Befehl: sich gegen den Bösen nicht zur Wehr zu setzen – Gebote, welche die Liebe vergeuden, den Bösen belohnen, den Unvorsichtigen, der ihnen gehorcht, ins Verderben stürzen. Die Wahrheit, die sich hinter der *Unvernunft des Imperativs* verbirgt, ist die Unvernunft eines Triebes, der eine bloße Erotik übersteigt: »Das gern verleugnete Stück Wirklichkeit hinter alldem ist, daß der Mensch nicht ein sanftes, liebebedürftiges Wesen ist, das sich höchstens, wenn angegriffen, auch zu verteidigen ver-

mag, sondern daß er zu seinen Triebbegabungen auch einen mächtigen Anteil von Aggressionsneigungen rechnen darf ... Infolgedessen ist ihm der Nächste nicht nur möglicher Helfer und Sexualobjekt, sondern auch eine Versuchung, seine Aggression an ihm zu befriedigen, seine Arbeitskraft ohne Entschädigung auszunützen, ihn ohne seine Einwilligung sexuell zu gebrauchen, sich in den Besitz seiner Habe zu setzen, ihn zu demütigen, ihm Schmerzen zu bereiten, zu martern und zu töten. *Homo homini lupus* ...«[35]

Der Trieb, der solchermaßen das Verhältnis zum Nächsten stört und die Gesellschaft dazu nötigt, sich als unerbittliche Rächerin aufzuwerfen, ist, wie wir wohl erkannt haben, der Todestrieb, hier mit der ursprünglichen Feindseligkeit des Menschen gegen den Mitmenschen identifiziert.

Mit dem Todestrieb wird das sichtbar, was Freud fortan einen »antikulturellen Trieb« nennt. Künftig kann die soziale Bindung nicht mehr als eine bloße Ausdehnung der individuellen Libido angesehen werden wie in MASSENPSYCHOLOGIE UND ICH-ANALYSE. Sie ist selbst der Ausdruck des Triebkonflikts: »Diesem Programm der Kultur widersetzt sich aber der natürliche Aggressionstrieb der Menschen, die Feindseligkeit eines gegen alle und aller gegen einen. Dieser Aggressionstrieb ist der Abkömmling und Hauptvertreter des Todestriebes, den wir neben dem Eros gefunden haben, der sich mit ihm in die Weltherrschaft teilt. Und nun, meine ich, ist uns der Sinn der Kulturentwicklung nicht mehr dunkel. Sie muß uns den Kampf zwischen Eros und Tod, Lebenstrieb und Destruktionstrieb zeigen, wie er sich an der Menschenart vollzieht. Dieser Kampf ist der wesentliche Inhalt des Lebens überhaupt und darum ist die Kulturentwicklung kurzweg zu bezeichnen als der Lebenskampf der Menschenart. Und diesen Streit der Giganten wollen unsere Kinderfrauen beschwichtigen mit dem ›Eiapopaia vom Himmel‹!«[36]

Damit wird also die Kultur selbst in die große kosmische Szenerie von Leben und Tod gestellt! Andererseits spricht der »stumme« Trieb in seinem »Abkömmling« und »Hauptvertreter«. Diesseits einer Kulturtheorie ist der Tod noch nicht offenbar: sein Offenbarungsraum ist die Kultur; daher mußte eine rein biologische Theorie des Todestriebs spekulativ bleiben. Erst in der Deutung von Haß

---

35 GW XIV, 470 f.
36 GW XIV, 481. »Eiapopaia vom Himmel« ist ein Zitat nach Heine, *Deutschland, ein Wintermärchen*, Kaput I, Strophe 7.

und Krieg kann die Spekulation über den Todestrieb Entschlüsselung werden.

Somit gibt es eine fortschreitende Enthüllung des Todestriebs auf allen drei Ebenen, der biologischen, psychologischen und kulturellen. Zuerst im Filigran des Eros erfaßt, bleibt der Todestrieb in seiner sadistischen Komponente verborgen; bald verdoppelte er die Objektlibido, bald überlastete er die narzißtische Libido; sein Antagonismus wird immer weniger schweigsam, in dem Maße, wie der Eros sich entfaltet, indem er das Lebende mit sich selbst, dann das Ich mit seinem Opfer und schließlich die Individuen zu immer umfassenderen Gruppen zusammenfügt. Und auf diesem letzten Niveau wird der Kampf zwischen Eros und Thanatos zum erklärten Krieg; Freud variierend könnte man sagen, der Krieg sei der Lärm des Todes. Der mythische Aspekt seiner Spekulation wird darum nicht geringer; der Tod erscheint nicht mehr nur dämonisch, sondern teuflisch: nunmehr entlehnt Freud die Stimme Mephistopheles', wenn er vom Tod spricht, so wie er zur Illustrierung des Eros das *Gastmahl* von Platon beschwor.

Die Rückwirkung der kulturellen Interpretation des Todestriebs auf die biologische Spekulation ist beträchtlich: ihr letztes Ergebnis ist eine Interpretation des Schuldgefühls, die sich von der Interpretation in den Termini der Individualpsychologie, wie Das Ich und das Es sie lieferte, deutlich unterscheidet. Während in diesem Essay das Schuldgefühl aufgrund der Ähnlichkeit zwischen der Grausamkeit des Über-Ichs und den sadistischen oder masochistischen Zügen der Melancholie und der Zwangsneurose in der Pathologie angesiedelt wurde, betonen das VII. und VIII. Kapitel von Das Unbehagen in der Kultur die kulturelle Funktion des Schuldgefühls. Dieses Gefühl erscheint nun als das Mittel, dessen sich die Kultur bedient, jedoch nicht mehr gegen die Libido, sondern gerade gegen die Aggressionsneigung. Diese Frontverschiebung ist bedeutsam. Jetzt vertritt die Kultur die Interessen des Eros gegen das Ich, den Brennpunkt des tödlichen Egoismus; sie bedient sich meiner Gewalttätigkeit gegen mich selbst, um meine Gewalttätigkeit gegen den Mitmenschen in Schach zu halten.

Diese neue Interpretation des Schuldgefühls verschiebt alle Akzente: vom Standpunkt des Ichs aus sowie im Rahmen seiner »Abhängigkeiten« (Das Ich und das Es, Kap. V) gesehen, erscheint die Strenge des Über-Ichs als übertrieben und gefährlich; das gilt auch jetzt noch, und die Aufgabe der Psychoanalyse bleibt in dieser Hinsicht unverändert: sie besteht noch immer darin, diese Strenge zu mildern. Aber vom Standpunkt der Kultur und von dem aus gesehen, was man die allgemeinen Interessen der Menschheit nennen könnte, ist diese Strenge unersetzbar. Es gilt also, die beiden Lektüren des Schuldgefühls miteinander zu verschränken. Seine Ökonomie hinsichtlich des vereinzelten Bewußtseins und seine Ökonomie hinsichtlich der Kulturaufgabe sind einander komplementär. Die erste Lektüre wird durch die zweite so wenig annulliert, daß Freud sie zu Beginn des VII. Kapitels von DAS UNBEHAGEN IN DER KULTUR in Erinnerung ruft. Doch der zweiten Lektüre zufolge ist der wesentliche Verzicht, den die Kultur dem Individuum abverlangt, nicht der des Wunsches als solchen, sondern der der Aggression. Es genügt also nicht mehr, die Gewissensangst mit der Spannung zwischen Ich und Über-Ich zu definieren; man muß sie selbst in die größere Szenerie von Liebe und Tod stellen: »Das Schuldgefühl [so sagen wir jetzt] ist der Ausdruck des Ambivalenzkonflikts, des ewigen Kampfes zwischen dem Eros und dem Destruktions- oder Todestrieb.«[37]

Die beiden Lektüren werden nicht einfach zusammengelegt, sondern miteinander verzahnt: die Kulturfunktion des Schuldgefühls zieht sich durch die psychologische Funktion der Gewissensangst hindurch; vom Standpunkt der Individualpsychologie aus scheint das Schuldgefühl – zumindest in seiner quasi-pathologischen Form – nur die Wirkung einer verinnerlichten Aggression zu sein, einer dem Über-Ich wieder entnommenen und gegen das eigene Ich gewendeten Grausamkeit. Doch seine vollständige Ökonomie wird erst dann sichtbar, wenn das Strafbedürfnis in eine Kulturperspektive gestellt worden ist: »Die Kultur bewältigt also die gefährliche Aggressionslust des Individuums, indem sie es schwächt, entwaffnet und durch eine Instanz in seinem Inneren, wie durch eine Besatzung in der eroberten Stadt, überwachen läßt.«[38]

Damit befinden wir uns inmitten des dem Kulturleben eigentümlichen »Unbehagens«. Das Schuldgefühl verinnerlicht den im Triebdualismus wurzelnden Ambivalenzkonflikt; daher müssen wir bis zu diesem Konflikt vorstoßen, dem radikalsten von allen, um das Schuldgefühl entschlüsseln zu können: »Und darum ist es sehr wohl

---

37 GW XIV, 492.
38 GW XIV, 483.

denkbar, daß auch das durch die Kultur erzeugte Schuldbewußtsein nicht als solches erkannt wird, zum großen Teil unbewußt bleibt oder als ein Unbehagen, eine Unzufriedenheit zum Vorschein kommt, für die man andere Motivierungen sucht.«[39] Was die außerordentliche Komplexität dieses Gefühls ausmacht, ist, daß der Konflikt der Triebe sich durch einen Konflikt auf der Ebene der Instanzen äußert; daher wird die Lektüre von DAS ICH UND DAS ES nicht aufgehoben, sondern einbezogen.

Das gleiche läßt sich von der ödipalen Interpretation auf der Ebene des Individuums oder der Gattung sagen; auch das der ödipalen Situation eigentümliche Ambivalenzspiel – Liebe und Haß gegenüber der elterlichen Instanz – gehört zu dem umfassenderen Ambivalenzspiel von Lebens- und Todestrieben; isoliert betrachtet, behalten die partiellen genetischen Erwägungen über den Mord am Urvater und die Institution der Reue, die Freud zu verschiedenen Zeiten angestellt hat, etwas Problematisches, und sei es nur aufgrund der Kontingenz, die ein Gefühl in die Geschichte einführt, welches gleichzeitig als »verhängnisvolle Unvermeidlichkeit«[40] auftritt. Der kontingente Charakter dieser Annäherung, wie die genetische Erklärung sie rekonstruiert, schwächt sich ab, sobald die genetische Erklärung selbst den großen Konflikten untergeordnet wird, die die Kultur beherrschen; die Familie, die dem ödipalen Ereignis als kultureller Rahmen dient, ist selbst nur eine Gestalt des großen Unternehmens von Eros: zu verbinden und zu einen; die ödipale Episode ist nicht mehr der einzig mögliche Weg zur Institution der Reue.

So erscheint die Neuinterpretation des Schuldgefühls am Ende von DAS UNBEHAGEN IN DER KULTUR wirklich als der vorgeschobenste Posten des Todestriebs, den wir in seinen aufeinanderfolgenden Gestalten betrachtet haben. Indem die Kultur das Individuum abtötet, stellt sie den Tod in den Dienst der Liebe und kehrt das Ausgangsverhältnis von Leben und Tod um. Wir erinnern uns der pessimistischen Worte von JENSEITS DES LUSTPRINZIPS: »Das Ziel alles Lebens ist der Tod« ... »Die konservativen Triebe ... sind dazu bestimmt, den eigenen Todesweg des Organismus zu sichern ...; auch diese Lebenswächter sind ursprünglich Trabanten des Todes gewe-

---

39 GW XIV, 495.
40 GW XIV, 492.

sen.« Doch der gleiche Text nahm, nachdem er diesen kritischen Punkt erreicht hatte, eine Wendung: die Lebenstriebe kämpfen gegen den Tod. Und nunmehr erscheint die Kultur als das große Unterfangen, das Leben gegenüber dem Tod geltend zu machen: und ihre mächtigste Waffe ist, die verinnerlichte Gewalt gegen die veräußerlichte Gewalt einzusetzen; ihre größte List ist es, den Tod gegen den Tod arbeiten zu lassen.

Diese Vollendung der Kulturtheorie durch die Neuinterpretation des Schuldgefühls ist von Freud ausdrücklich gewollt: er entschuldigt sich für den unerwartet breiten Raum, der diesem Gefühl in der Diskussion eingeräumt wurde, und erklärt: »Das mag den Aufbau der Abhandlung gestört haben, entspricht aber durchaus der Absicht, das Schuldgefühl als das wichtigste Problem der Kulturentwicklung hinzustellen und darzutun, daß der Preis für den Kulturfortschritt in der Glückseinbuße durch die Erhöhung des Schuldgefühls bezahlt wird.«[41]

Eben diese List der Kultur will Freud letztlich illustrieren, wenn er zur Stützung seiner Interpretation den berühmten Satz aus Hamlets Monolog zitiert: *Thus conscience does make cowards of us all* (so macht Gewissen Feige aus uns allen); aber diese »Feigheit« ist auch der Tod des Todes; es ist das Werk des Spions, den die für den Eros arbeitende Kultur als »Bewacher« mitten ins Individuum gesetzt hat, wie in eine eroberte Stadt, denn letztlich ist das »Unbehagen in der Kultur« das »durch die Kultur erzeugte Schuldbewußtsein«[42].

---

41 GW XIV, 493 f.
42 GW XIV, 495.

Kapitel III
Fragen

Ich möchte Freud dadurch würdigen, daß ich in diesem Kapitel einige der Fragen zusammenstelle, die er offenläßt. Trotz dem scharfen Ton und sogar dem Starrsinn des Meisters, der nur selten Meinungsverschiedenheiten ertrug, mündet die letzte Phase der Freudschen Lehre in eine Reihe von nicht gelösten Fragen, deren vorläufige Bilanz wir zu ziehen versuchen wollen:
1. Steht es wirklich fest, daß wir den Todestrieb in dem Maße besser erkennen, wie er manifest wird, um endlich auf der Ebene der Kultur in der Form des Destruktionstriebes zutage zu treten? Gibt es nicht einen Überschuß an biologischer Spekulation, den die kulturelle Entschlüsselung nicht einlöst und der zu weiteren Überlegungen nötigt? Was überhaupt ist die Negativität in der Freudschen Lehre?
2. Müssen wir nicht auch unsere gesichertesten Behauptungen hinsichtlich der Lust in Zweifel ziehen? Wir haben diese stets als den »Wächter des Lebens« betrachtet: kann sie in dieser Eigenschaft nicht auch nur die Herabsetzung der Spannungen ausdrücken? Wenn sie es mit dem Leben und nicht allein mit dem Tod halten soll, muß sie dann nicht etwas anderes sein als das psychische Zeichen der Spannungsverminderung? Wissen wir überhaupt, was Lust bedeutet?
3. Und wie steht es schließlich mit dem Realitätsprinzip, das eine Weisheit jenseits der Illusion und des Trostes anzukündigen scheint? Wie verträgt sich letztlich die Hellsicht und die pessimistische Strenge, die sie wie ein Nimbus umgibt, mit der Liebe zum Leben, welche die Dramaturgie von Liebe und Tod zu erheischen scheint? Findet die Freudsche Lehre schließlich zu einer philosophisch getönten Einheit oder bleibt sie endgültig zwischen dem Szientismus ihrer Ausgangshypothese und der *Naturphilosophie* zerrissen, zu der sie der Eros zurückführt und die jener hartnäckigen Erforschung des Universums der Lust vielleicht schon immer zugrunde lag?
Dies ist der Sinn der drei Fragen, auf die unserer Meinung nach die letzte Freud-Lektüre hinausläuft: Was ist der Todestrieb und was

sein Verhältnis zur *Negativität*? Was ist die Lust und was ihr Verhältnis zur *Befriedigung*? Was ist die Realität und was ihr Verhältnis zur *Notwendigkeit*?

1. Was ist Negativität?

Der Todestrieb ist ein in vieler Hinsicht problematischer Begriff: Zunächst einmal ist das Verhältnis zwischen Spekulation und Interpretation problematisch. Wohl jeder Leser wird den ungewissen, gewundenen und wahrlich »hinkenden«[1] Charakter dieser Spekulation und der kühnen Hypothese in ihrem Gefolge empfinden. Freud selbst gesteht, daß er nicht wisse, wieweit er an sie glaube.[2] Ein andermal spricht er von einer Gleichung mit zwei Unbekannten.[3] Er sagt auch, daß die Annahme eines Bedürfnisses nach Wiederherstellung des früheren Zustandes zwar einem Lichtstrahl im Dunkel vergleichbar, aber »eher ein Mythos als eine wissenschaftliche Erklärung«[4] sei. Keine andere Abhandlung von Freud ist so gewagt, und wir verstehen, weshalb: jede *unmittelbare* Spekulation über die Triebe, außerhalb ihrer Repräsentanten, ist mythisch. Und die dritte Theorie ist es in stärkerem Maße als die vorhergehenden, insofern sie das Substrat der Triebe selbst zu erreichen behauptet. Der erste Libidobegriff, global den Ichtrieben gegenübergestellt, war der durch die verschiedenen Triebschicksale vorausgesetzte vereinigende Begriff; der zweite Libidobegriff, der Objektlibido und Ichlibido zusammenschloß, war umfassender als der erste, da er über den verschiedenen Verteilungen der libidinösen Besetzungen stand. Die Spekulation über Leben und Tod stellt sich hinter diese beiden Libidobegriffe; das Netz der »Analogien, Verknüpfungen und Zusammenhänge«[5], auf das die Hypothese verweist, ist weit lockerer als zuvor; die Spekulation steht in keinem Verhältnis zu dem Phänomen, dessen sie sich zur Enthüllung bedient: Freud gibt zu, daß ihn vielleicht die Hypothese des Todestriebes selbst dazu

---

1 Am Schluß von JENSEITS DES LUSTPRINZIPS zitiert Freud zwei orientalische Verse aus den *Makamen* des Hariri: »Was man nicht erfliegen kann, muß man erhinken ... Die Schrift sagt, es ist keine Sünde zu hinken.«
2 GW XIII, 64.
3 GW XIII, 62.
4 ibid.
5 GW XIII, 66.

verführt habe, die Bedeutung der Tatsachen, die mit dem Wiederholungszwang zusammenhängen, zu überschätzen[6]; wir haben gesehen, daß alle anderen durch dieses zentrale Phänomen angezogenen Tatsachen zur Not auch anders interpretiert werden konnten.

Daher bestand unsere Untersuchung im folgenden darin, auf der Ebene der analogischen Interpretation das nach und nach zurückzuerobern, was zuerst auf der Ebene der Spekulation gesetzt worden war. Aber man muß sich des anfänglichen Übermaßes an Spekulation gegenüber der Interpretation bewußt werden; dies ist in erkenntnistheoretischer Hinsicht der hervorstechendste Charakterzug dieser Abhandlung. Der spekulative Sinnüberschuß hängt hauptsächlich mit dem unmittelbar metabiologischen Charakter der vorgebrachten Hypothese zusammen: »Die Biologie ist wahrlich ein Reich der unbegrenzten Möglichkeiten«.[7] Aber diese Metabiologie ist selbst mehr mythologisch denn wissenschaftlich, trotz den Diskussionen über Weismann und den Tod der Einzeller. Der mythische Name Eros bezeugt schon, daß wir uns mehr in der Nähe der Dichter als der Wissenschaftler, näher bei den spekulativen als den kritischen Philosophen befinden; und es ist kein Zufall, wenn der einzige philosophische Text, der zitiert wird, dem mythischen Teil des Platonschen *Gastmahls* entstammt (die Rede des Aristophanes über das ursprüngliche Zwitterwesen); ein »Dichterphilosoph« lehrt, daß Eros vereinen will, was eine göttliche Bosheit zerrissen und verstreut hat. Mehr noch, vermeinen wir nicht, einen vorsokratischen Denker zu hören, wenn vom Eros als dem, »der alles Lebende zusammenhält«, oder dem »alles erhaltenden« gesprochen wird?[8]

Warum hat sich Freud, mit ebensoviel Zögern wie Starrsinn, auf das Terrain der Metabiologie, der Spekulation und des Mythos gewagt? Es genügt nicht zu sagen, daß bei ihm die Theorie stets die Interpretation überwogen hat. Gerade die quasi-mythologische Natur dieser Metabiologie ist problematisch. Vielleicht muß man annehmen, daß Freud einen seiner ältesten Wünsche verwirklichte, den nämlich, von der Psychologie zur Philosophie zu schreiten, und daß er damit den romantischen Zug seines Denkens, den der mechanistische Szientismus seiner ersten Hypothesen nur verschleiert hatte, freisetzte.

6 GW XIII, 64.
7 GW XIII, 65.
8 GW XIII, 54, 56.

Gleichzeitig ist das Verdächtigste in diesem Essay auch das Enthüllendste: in einer wissenschaftlichen Verkleidung oder vielmehr in der Livree einer wissenschaftlichen Mythologie taucht die *Naturphilosophie* wieder auf, eben jene, die der junge Freud bei Goethe bewundert hatte.

Aber muß man dann nicht sagen, daß die ganze Libidotheorie bereits zur Naturphilosophie gehört und daß die gesamte Freudsche Lehre ein Protest der Naturphilosophie gegen die Bewußtseinsphilosophie ist? Das geduldige *Ablesen* des Wunsches an seinen Symptomen, Phantasien, und ganz allgemein seinen Zeichen hat die *Hypothesen* der Libido, des Triebes, des Wunsches niemals eingeholt. Freud steht in der Linie jener Denker[9], für die der Mensch Wunsch ist, bevor er Wort ist; der Mensch ist Wort, weil die erste Semantik des Wunsches Wahn ist und er diese anfängliche Entstellung niemals ganz zurechtzurücken vermag. Wenn dem so ist, dann wäre die Freudsche Lehre von Anfang bis Ende von einem Konflikt zwischen der »Mythologie des Wunsches« und der »Wissenschaft des psychischen Apparats« durchdrungen, in welch letztere er jene stets vergeblich einzufangen versuchte und die schon seit dem ENTWURF von ihren eigenen Inhalten überflutet worden ist.[10] Diesen dumpfen Konflikt werden wir am Ende unseres Kapitels wieder auftauchen sehen, nicht mehr auf der Ebene der anfänglichen Hypothesen, sondern auf der der schließlichen Weisheit.

Doch der Sinnüberschuß des in seinen spekulativsten Äußerungen gefaßten Todestriebes im Vergleich zu der langen Reihe seiner biologischen, psychischen und kulturellen Äußerungen offenbart einen anderen problematischen Aspekt dieses ungewöhnlichen Begriffes. Geht wirklich aller Sinn, dessen Träger er ist, vollständig in der Kulturinterpretation auf? Der Sinnüberschuß der Spekulation gegenüber der Interpretation deutet, wie es scheint, auf keinen Fehler in der Theorie; er bringt uns im Gegenteil auf den Gedanken, daß die progressive Determinierung des Todestriebs, der schließlich zum Destruktionstrieb, zur Anti-Kultur geworden ist, vielleicht einen anderen möglichen Sinn verbirgt, wie es später die Untersuchung der

---

9 Wir werden in unserer *Dialektik* vorschlagen, die Freudsche *Libido* mit dem Spinozischen *conatus* und dem Leibnizschen *Streben*, sogar mit dem *Willen* bei Schopenhauer und dem *Willen zur Macht* bei Nietzsche zu vergleichen.
10 vgl. oben, *Analytik*, Erster Teil, Kap I.

Verneinung andeutet. Wenn man die Reihe der »Vertreter« des Todestriebes in umgekehrter Reihenfolge liest, ist man überrascht von dem Abstand zwischen drei Themen: Trägheit des Lebens, Wiederholungszwang, Zerstörungstrieb. Man beginnt zu ahnen, daß der Todestrieb ein kollektiver Terminus, ein heterokliter Zusammenschluß ist: biologische Trägheit ist nicht pathologischer Zwang, Wiederholung nicht Destruktion.

Unsere Vermutung verstärkt sich, wenn wir uns anderen Erscheinungsweisen des Negativen zuwenden, die sich nicht auf den Destruktionstrieb zurückführen lassen.

Das berühmte Beispiel des »Fort! Da!«-Spiels hat uns schon einmal beschäftigt; wir müssen darauf zurückkommen. Dieses Spiel, die Mutter symbolisch verschwinden und wiederkommen zu lassen, besteht gewiß auch darin, einen Gefühlsverzicht zu wiederholen; doch im Unterschied zum Traum in der traumatischen Neurose ist die spielerische Wiederholung keine zwanghafte. Mit der Abwesenheit spielen heißt bereits, sie beherrschen und sich gegenüber dem verlorenen Objekt *als* verlorenem aktiv zu verhalten. Entdecken wir dann nicht, wie wir es bei der Darlegung der Freudschen Analyse verlangten, ein anderes Gesicht des Todestriebes, ein nicht-pathologisches Gesicht, das gerade in der Bewältigung des Negativen, der Abwesenheit und des Verlustes selbst bestände? Und ist diese Negativität nicht in jedem Übergang zum Symbol und Spiel impliziert?

Diese Frage trifft sich mit der, die wir hinsichtlich der Schöpfungen des Leonardo stellten; das verlorene archaische Objekt, sagten wir, ist durch die Kunstschöpfung, die es wiedererschafft, vielmehr zum ersten Male erschafft, indem sie es allen als ein zu betrachtendes Objekt darbietet, zugleich »verleugnet und überwunden«.[11] Auch das Kunstwerk ist ein »Fort! Da!«, ein Verschwinden des archaischen Objekts als Phantasie und ein Wiedererscheinen desselben als Kulturobjekt. Hat der Todestrieb dann nicht in dem Verschwinden und Wiedererscheinen, worin die Erhebung der Phantasie zum Symbol besteht, seinen normalen, nicht-pathologischen Ausdruck?

Diese Interpretation findet bei Freud durchaus eine Stütze: wir haben uns für dieses Nachwort zum Todestrieb die Untersuchung einer der erstaunlichsten kleinen Abhandlungen von Freud, DIE VERNEINUNG (1925)[12], vorbehalten. Freud geht hier nach einer Reihe

11 vgl. oben, S. 182, Fn. 22.
12 GW XIV, 11–15.

von Windungen ausdrücklich dazu über, die Verneinung – ein Wort, das gewöhnlich das Gegenteil der *Bejahung* bezeichnet – dem Todestrieb zuzuordnen.

Doch um welche Verneinung handelt es sich? Genau um jene, die sich nicht im Unbewußten findet; das Unbewußte enthält, wie wir uns erinnern, weder Verneinung, noch Zeit, noch Funktion des Realen; folglich gehört die Verneinung zum gleichen System *Bw* wie die zeitliche Organisation, die Handlungskontrolle, der motorische Aufschub, den jeder Denkvorgang und auch das Realitätsprinzip impliziert. Wir stehen also vor einem unerwarteten Resultat: es gibt eine Negativität, die nicht den Trieben angehört, sondern, zusammen mit der Zeit, der motorischen Beherrschung, dem Realitätsprinzip, das Bewußtsein definiert.

Die erste Äußerung dieser Bewußtseins-Negativität ist gerade das Bewußtwerden des Verdrängten: wenn ein Kranker, so bemerkt Freud zu Beginn seines Aufsatzes, zu einem Einfall oder dem Bruchstück eines Traums eine Abweisung wie diese vorbringt: »Die Mutter ist es *nicht*«, dann gehört die Verneinung nicht zu der Kraft, welche die Vorstellung ins Bewußtsein bringt; sie ist vielmehr eine Bedingung dafür, daß der verdrängte Gedanke zum Bewußtsein durchdringen kann: »Die Verneinung ist eine Art, das Verdrängte zur Kenntnis zu nehmen, eigentlich schon eine Aufhebung der Verdrängung, aber freilich keine Annahme des Verdrängten.«[13] Freud kann sogar sagen: »Kein stärkerer Beweis für die gelungene Aufdeckung des Unbewußten, als wenn der Analysierte mit dem Satze: *Das habe ich nicht gedacht,* oder: *Daran habe ich nicht (nie) gedacht,* darauf reagiert.« Das Nein ist ein Ursprungszertifikat, etwa wie das »made in Germany«, das die Zugehörigkeit des Gedankens zum Unbewußten bezeugt. »Die Verurteilung ist der intellektuelle Ersatz der Verdrängung ... Vermittels des Verneinungssymbols macht sich das Denken von den Einschränkungen der Verdrängung frei und bereichert sich um Inhalte, deren es für seine Leistung nicht entbehren kann.«[14]

Der zweite Grad der Verneinung betrifft die Realitätsprüfung; diese neue Funktion ist die Fortsetzung der vorhergehenden: wir wissen in der Tat, daß die Bedingungen des »Bewußtwerdens« und die der »Realitätsprüfung« die gleichen sind, da sie die Unterschei-

13 GW XIV, 12.
14 GW XIV, 15, 12 f.

dung zwischen dem »Innen« und »Außen« regulieren. Das negative Urteil – A besitzt nicht das Attribut B – aber ist nur dann ein wirkliches Realitätsurteil, wenn es den Standpunkt des Lust-Ichs überwindet, für welches *Ja*-Sagen heißt: das ihm Gute in sich introjizieren, d. h. letztlich es »essen«, und *Nein*-Sagen: das ihm Schlechte von sich werfen, d. h. letztlich es »ausspucken«. Das Realitätsurteil bezeichnet die Ersetzung des anfänglichen Lust-Ichs durch das »endgültige Real-Ich«. Es handelt sich nicht mehr darum, ob etwas »Wahrgenommenes« ins Ich »aufgenommen« werden soll, sondern ob etwas im Ich als Vorstellung Vorhandenes in der Realität *wiedergefunden* werden kann. Auf diese Weise vollzieht sich die Entscheidung zwischen der Vorstellung, die nur »innen« ist, und dem Realen, daß auch »draußen« ist. Aber welches ist nun das Moment des *Nein* in dieser Realitätsprüfung? Im Zeitraum zwischen dem »Finden« und dem »Wiederfinden« liegt die Funktion der Verneinung, die jedes, auch das positive Urteil besitzt; die Vorstellung ist in der Tat keine unmittelbare Vorstellung von den Dingen, sondern eine Reproduktion, die nicht mehr vorhandene Dinge wieder gegenwärtig macht: »Man erkennt als Bedingung für die Einsetzung der Realitätsprüfung, daß Objekte verloren gegangen sind, die einst reale Befriedigung gebracht hatten«; vor einem Hintergrund der Abwesenheit, des Verlustes bietet sich die Vorstellung der Realitätsprüfung dar: »Der erste und nächste Zweck der Realitätsprüfung ist also nicht, ein dem Vorgestellten entsprechendes Objekt in der realen Wahrnehmung zu finden, sondern es *wiederzufinden,* sich zu überzeugen, daß es noch vorhanden ist.«[15] Somit ermöglicht der Zeitraum der Verneinung, der die ursprüngliche Gegenwart von der Vorstellung trennt, die kritische Prüfung, aus der sowohl eine *reale* Welt wie ein *reales* Ich hervorgeht. Vergleicht man diese drei Analysen – die des »Fort! Da!« aus JENSEITS DES LUSTPRINZIPS, die der ästhetischen Schöpfung aus EINE KINDHEITSERINNERUNG LEONARDO DA VINCI und die des Wahrnehmungsurteils aus DIE VERNEINUNG –, dann werden die Züge der Negativitätsfunktion allmählich deutlicher. Zwischen dem Verschwinden und Wiederkommen beim Spiel, dem Verleugnen und Überwinden bei der ästhetischen Schöpfung sowie dem Verlieren und Wiederfinden

---

15 GW XIV, 14. In den DREI ABHANDLUNGEN ZUR SEXUALTHEORIE findet sich eine ähnliche Formulierung: »Die Objektfindung ist eigentlich eine Wiederfindung.« (GW V, 123)

beim Wahrnehmungsurteil konnten wir eine gemeinsame Leistung erkennen.

Was ist nun das Verhältnis dieser Negativität zum Todestrieb? Folgendes schreibt Freud am Ende des Aufsatzes DIE VERNEINUNG: »Das Studium des Urteils eröffnet uns vielleicht zum erstenmal die Einsicht in die Entstehung einer intellektuellen Funktion aus dem Spiel der primären Triebregungen. Das Urteilen ist die zweckmäßige Fortentwicklung der ursprünglich nach dem Lustprinzip erfolgten Einbeziehung ins Ich oder Ausstoßung aus dem Ich. Seine Polarität scheint der Gegensätzlichkeit der beiden von uns angenommenen Triebgruppen zu entsprechen. Die Bejahung – als Ersatz der Verneinung – gehört dem Eros an, die Verneinung – Nachfolge der Ausstoßung – dem Destruktionstrieb. Die allgemeine Verneinungslust, der Negativismus mancher Psychotiker ist wahrscheinlich als Anzeichen der Triebentmischung durch Abzug der libidinösen Komponenten zu verstehen. Die Leistung der Urteilsfunktion wird aber erst dadurch ermöglicht, daß die Schöpfung des Verneinungssymbols dem Denken einen ersten Grad von Unabhängigkeit von den Erfolgen der Verdrängung und somit auch vom Zwang des Lustprinzips gestattet hat.«[16]

Freud behauptet nicht, daß die Verneinung ein weiterer Vertreter des Todestriebes sei, er sagt lediglich, daß sie sich genetisch aus ihm entwickelt durch »Ersetzung«, so wie im allgemeinen das Lustprinzip durch das Realitätsprinzip ersetzt wird (oder wie, in der »Charakter«-Analyse, z. B. der Geiz an die Stelle einer archaischen libidinösen Konstitution wie der Analität tritt). Wir haben also nicht das Recht, aus diesem Text mehr herauszulesen, als er erlaubt, und ihm unmittelbar eine Hegelsche Transkription zuteil werden zu lassen. Für uns persönlich, auf eigene Gefahr hin, mögen wir es tun, nicht aber als Interpreten von Freud. Freud formuliert eine »Ökonomik der Verneinung«, nicht eine »Dialektik« der Wahrheit und Gewißheit ähnlich der im ersten Kapitel der *Phänomenologie des Geistes*. Aber auch innerhalb dieser strengen Grenzen ist der Beitrag dieser kleinen Abhandlung beträchtlich: das Bewußtsein impliziert die Verneinung; es impliziert sie im »Bewußtwerden« seines eigenen vergrabenen Reichtums und impliziert sie in der »Erkenntnis« des Realen.

16 GW XIV, 15.

Erstaunlich ist nicht, daß diese Verneinung durch Ersetzung des Todestriebes entsteht, sondern vielmehr umgekehrt, daß der Todestrieb durch eine so bedeutsame Funktion repräsentiert wird, die nichts mit dem Destruktionstrieb zu tun hat, sondern im Gegenteil mit der spielerischen Symbolisierung, der ästhetischen Schöpfung und schließlich der Realitätsprüfung selbst. Diese Entdeckung genügt, die gesamte Analyse der Triebrepräsentanzen wieder in Fluß zu bringen. Der Todestrieb schließt sich nicht über dem Destruktionstrieb, der, so sagten wir, sein Lärm ist; vielleicht öffnet er sich auf andere Aspekte der »Arbeit des Negativen«, die »stumm« bleiben wie er selbst.

2. Lust und Befriedigung

Was ist aus dem Lustprinzip geworden am Ende des Essays, das er zu überschreiten vorgab?
Das zu fragen bedeutet zugleich fragen: was überhaupt ist »jenseits des Lustprinzips«? Auf diese Frage aber gibt es keine bestimmte Antwort. Das mag überraschen, wenn man an den Titel dieser Abhandlung denkt: in Wahrheit erweist sich das Jenseits als unauffindbar. Nicht nur gibt es keine endgültige Antwort, sondern es ist unterwegs auch eine vorläufige Antwort verlorengegangen. Und dies ist nicht der am wenigsten »problematische« Aspekt dieses Essays.
Erinnern wir uns einerseits der anfänglichen Frage und andererseits der vorläufigen Antwort vor der Einführung des Todestriebs.
Die Frage hatte einen bestimmten Sinn, sofern man die Äquivalenz von Konstanzprinzip und Lustprinzip annahm. Unter dieser Voraussetzung – und Freud hat sie in JENSEITS DES LUSTPRINZIPS nicht ernsthaft in Frage gestellt, sondern erst in DAS ÖKONOMISCHE PROBLEM DES MASOCHISMUS – bedeutet ein Jenseits des Lustprinzips zu suchen, sich nach der Existenz von Tendenzen zu fragen, die »ursprünglicher als das Lustprinzip und von diesem unabhängig«[17] wären, d. h. sich nicht auf die Tendenz des psychischen Apparats, seine Spannungen zu vermindern und sie so niedrig wie möglich zu halten, zurückführen lassen.
Diese Tendenz aber hatten wir schon vor der Einführung der Todestriebe gefunden: einerseits war sie durch den Wiederholungszwang

---

17 vgl. oben, S. 291, Fn. 4.

zum Vorschein gekommen, der trotz der Unlust stattfindet, die er erweckt; andererseits konnte sie mit einer dem Streben nach Lust vorgängigen Aufgabe in Zusammenhang gebracht werden, nämlich der Aufgabe, die freie Energie zu »binden«. Zweifellos stehen diese Tendenzen und diese Aufgabe nicht im Gegensatz zum Lustprinzip; aber sie entstammen ihm auch nicht.

Doch nun treten die großen Rollen des Todes und des Lebens auf den Plan. Weit entfernt, das erste Ergebnis zu konsolidieren, löst die Einführung des Todestriebs es vielmehr auf. Der Todestrieb erweist sich als die anschaulichste Illustrierung des Konstanzprinzips, für dessen einfache psychologische Doublette das Lustprinzip noch immer gehalten wird. Es ist in der Tat unmöglich, das »Bestreben, einen früheren Zustand wiederherzustellen«, welches den Todestrieb definiert, nicht mit der Tendenz des psychischen Apparats zu vergleichen, die in ihm vorhandene Erregungsquantität so niedrig wie möglich oder zumindest konstant zu halten. Muß man noch eigens betonen, daß Konstanzprinzip und Todestrieb zusammenfallen? Doch dann ist der Todestrieb, der ausdrücklich eingeführt wurde, um den triebhaften Charakter des Wiederholungszwangs Rechnung zu tragen, nicht jenseits des Lustprinzips, sondern in gewisser Weise identisch mit ihm.

Diesen neuen Schritt muß man meiner Meinung nach tun, zumindest solange man an der Äquivalenz von Lustprinzip und Konstanzprinzip festhält. Wenn die Lust eine Herabsetzung der Spannung zum Ausdruck bringt und der Todestrieb die Rückkehr des Lebenden zum Anorganischen bezeichnet, muß man sagen, daß Lust und Tod auf der gleichen Seite stehen. Mehr als einmal streift Freud dieses Paradox: »Daß wir als die herrschende Tendenz des Seelenlebens, vielleicht des Nervenlebens überhaupt, das Streben nach Herabsetzung, Konstanzerhaltung, Aufhebung der inneren Reizspannung erkannten (das *Nirwanaprinzip* nach einem Ausdruck von Barbara Low), wie es im Lustprinzip zum Ausdruck kommt, das ist ja eines unserer stärksten Motive, an die Existenz von Todestrieben zu glauben.«[18] Und etwas später: »Das Lustprinzip scheint geradezu im Dienste der Todestriebe zu stehen.«[19] Die Verwandtschaft der sexuellen Lust mit einer Schwächung, mit der momentanen Aus-

---

18 GW XIII, 60.
19 GW XIII, 69.

löschung einer intensiven Erregung, weist in die Richtung desselben Paradoxes: Das Ich und das Es betont dasselbe Thema.[20]

Aber was ist dann, wird man fragen, jenseits des Lustprinzips? Alle Termini, die wir bisher einander entgegenstellten, liegen letztlich auf der gleichen Seite, der Seite des Todes: Konstanz, Rückkehr zu einem früheren Zustand, Lust ...; und wenn man berücksichtigt, daß die Funktion, die freie Energie zu »binden«, selbst ein vorbereitender Akt ist, »der die Herrschaft des Lustprinzips einleitet und sichert«[21], dann steht auch diese Funktion im Dienste des Lustprinzips, also des Todestriebes. Alle Unterschiede heben einander auf in der allgemeinen Tendenz zur Aufhebung.

Es bleibt eine einzige mögliche Antwort: wenn das Lustprinzip nichts anderes bezeichnet als das Konstanzprinzip, heißt das dann nicht, daß es jenseits des Lustprinzips nur den Eros gibt? Eros ist die große Ausnahme des Konstanzprinzips. Ich weiß, daß Freud schreibt, alle Triebe seien konservativ[22]; aber er fügt hinzu, daß die Lebenstriebe es in stärkerem Maße sind, indem sie sich gegen äußere Einflüsse als besonders resistent erweisen und für längere Zeiten das Leben erhalten.[23] Im übrigen erlaubt es die Annahme einer »Sexualität der Zellen«, den Selbsterhaltungstrieb und selbst den Narzißmus als einen »erotischen« Tribut jeder einzelnen Zelle an das Ganze des Körpers einzuführen, folglich als eine Äußerung des Eros. Schließlich und vor allem: wenn Eros »alles erhält«, so deshalb, weil er »alles vereint«. Dieses Unternehmen aber wirkt dem Todestrieb entgegen: ».... während die Vereinigung mit einer individuell verschiedenen lebenden Substanz diese Spannungen vergrößert, sozusagen neue *Vitaldifferenzen* einführt, die dann *abgelebt* werden müssen.«[24] Hier zeichnet sich also eine Antwort ab: das, was sich dem Konstanzprinzip entzieht, ist der Eros selber, der Schlafstörer, der »Friedensbrecher«. Aber untergräbt dieser Vorschlag nicht gerade die Hypothese, die am Anfang der psychoanalytischen Theorie steht, nämlich daß der psychische Apparat quasi automatisch durch das Konstanzprinzip reguliert wird?

Wahrscheinlich müssen wir das Infragestellen der Leitbegriffe der

---

20 GW XIII, 276.
21 GW XIII, 67.
22 GW XIII, 42 f.
23 ibid.
24 GW XIII, 60.

Anfangstheorie noch etwas zurückstellen: was mehr als alles andere problematisch wird, ist die Bedeutung der Lust selber. In JENSEITS DES LUSTPRINZIPS stellt Freud die älteste Äquivalenz der gesamten Metapsychologie, die von Lustprinzip und Konstanzprinzip, zwar nicht ausdrücklich in Frage, aber die Schlüsse, die er nach der Einführung des Todestriebes zieht, haben diese Äquivalenz schlechterdings unhaltbar gemacht. Auf der Seite des Todes steht das Nirwanaprinzip, die einzig getreue Umschrift des Konstanzprinzips im menschlichen Gefühlsleben. Erschöpft sich aber das Lustprinzip im Nirwanaprinzip? Die Annahme, daß Lust und Liebe im Streit der Giganten, den sich Leben und Tod liefern, nicht auf der gleichen Seite stehen könnten, läßt sich sicherlich nicht aufrechterhalten. Wie könnte die Lust der Schöpfung von Spannungen, d. h. dem Eros, fernbleiben? Wird diese Schöpfung nicht sogar in der Entspannung empfunden? Muß man dann nicht mit Aristoteles sagen, daß die Lust sich als Zusatz zur Erfüllung der Funktion, der Leistung, der Handlung, oder wie immer man es nennen mag, hinzugesellt? Zweifelhaft aber wird dann die Definition der Lust in rein quantitativen Begriffen als einer bloßen Funktion der Steigerung oder Senkung einer »Reizspannung« genannten Quantität. Diese Folgerung hat Freud 1924 in DAS ÖKONOMISCHE PROBLEM DES MASOCHISMUS zu ziehen begonnen: das Lustprinzip, so räumt er ein, ist nicht dasselbe wie das Nirwanaprinzip, das als einziges »ganz im Dienste der Todestriebe« steht.[25] Man muß zugeben, daß wir »Zunahme und Abnahme der Reizgrößen direkt in der Reihe der Spannungsgefühle empfinden, und es ist nicht zu bezweifeln, daß es lustvolle Spannungen und unlustige Entspannungen gibt«.[26] Die Lust wäre also mit einem qualitativen Charakter des Reizes selbst verbunden, vielleicht mit seinem Rhythmus, seinem zeitlichen Ablauf.

Freud schränkt indes den Umfang dieses Zugeständnisses ein, indem er das Lustprinzip mit dem Nirwanaprinzip verknüpft, als eine vom Lebenstrieb erzwungene Modifikation. So bleibt es unumstritten, daß das Lustprinzip der »Wächter« des Lebens ist. Seine Wächterrolle bringt seine Bindungen zum Konstanzprinzip zum Ausdruck, aber es ist der Wächter des Lebens und nicht des Todes.

25 GW XIII, 372.
26 ibid.

Geben wir damit nicht zu, daß der große Dualismus von Liebe und Tod sich auch durch die Lust hindurchzieht? Sagen wir damit nicht, daß wir nicht wissen, was jenseits des Lustprinzips liegt, weil wir nicht wissen, was Lust ist?

Gründe, weshalb wir an unserem Wissen über die Natur der Lust zweifeln könnten, gibt es im Werke Freuds viele. Zunächst darf man nicht vergessen, daß die älteste Formulierung des Lustprinzips mit der Konzeption eines psychischen Apparats einhergeht, auf dessen solipsistischen Charakter wir wiederholt hingewiesen haben; die topisch-ökonomische Hypothese ist der Konstruktion nach solipsistisch; aber die klinischen Tatsachen, die sie umschreibt, sind es niemals – Beziehung zur mütterlichen Brust, zum Vater, zur Familienkonstellation, zu den Autoritäten –, auch die in der Übertragung dramatisierte analytische Erfahrung ist es nicht, innerhalb derer sich die Interpretation vollzieht; gerade der Triebbegriff, grundlegender als alle Hilfsvorstellungen der Topik, unterscheidet sich von dem gewöhnlichen Instinktbegriff in dem Maße, wie der Trieb sich an einen Anderen wendet. Und so ist es nicht möglich, daß die Abfuhr der Spannungen in einem isolierten Apparat die letzte Bedeutung der Lust sein kann. Damit hat man lediglich die einsame Lust der autoerotischen Sexualität definiert. Schon seit dem Entwurf nannte Freud »Befriedigung« jene Lustqualität, welche die Hilfe des Mitmenschen erheischt.

Doch wenn wir den Mitmenschen in den Kreis der Lust einbeziehen, tauchen andere Schwierigkeiten auf; die Struktur des Wunsches hat uns gelehrt, daß der Wunsch keine Spannung ist, die abgeführt werden kann; der Wunsch, so wie Freud ihn beschreibt, ist unstillbar; das ödipale Drama wäre nicht möglich, wenn das Kind nicht zuviel wollte, – wenn es nicht das wollte, was es nicht kriegen kann (die Mutter oder ein Kind von der Mutter); das »schlechte Unendliche«, das ihm innewohnt, schließt die Befriedigung aus.

Und im übrigen, wenn der Mensch befriedigt werden könnte, müßte er etwas entbehren, das wichtiger als die Lust und das Gegenstück zur Nichtbefriedigung ist – die Symbolisierung. Als unersättliche Forderung kommt der Wunsch zum Sprechen. Die Semantik des Wunsches, von der wir hier unaufhörlich reden, hängt mit jenem Aufschub der Befriedigung, jener endlosen Vermittlung der Lust zusammen.

Bemerkenswert ist, daß Freud von den Übeln, der »Last des Daseins«, eine subtilere Konzeption hatte als von der Lust; während er von der Lust immer als von einer Spannungsabfuhr spricht, unterscheidet er von der Unlust, dem einfachen Gegensatz der Lust, bald die Trilogie der Angst, des Schreckens und der Furcht, bald die dreifache Angst, welche die äußere Gefahr, die Triebgefahr und die Gefahr des Gewissens erzeugt; sogar die Todesangst teilt sich in biologische Angst und Gewissensangst, die mit der Kastrationsangst verwandt ist; Freud nennt auch noch das dem kulturellen Dasein des Menschen immanente »Unbehagen«: als Kulturwesen kann der Mensch niemals befriedigt werden, weil er nach dem Tod des Anderen strebt und die Kultur sich gegen ihn selbst der Qualen bedient, die er zuerst den anderen bereitet hat. Die Kulturaufgabe birgt etwas Widersprüchliches und Unmögliches: den Egoismus des Ichs, von dem wir sagten, er sei biologisch dem Tod zugewandt, und den Drang zur Verschmelzung mit den anderen in der Gemeinschaft, den wir altruistisch nennen, zu koordinieren. Letztlich nährt der Kampf zwischen Liebe und Tod, dessen Ausgang ungewiß ist, eine Unzufriedenheit ohne Ende. Der Eros will die Vereinigung und muß den Frieden der Trägheit stören; der Todestrieb will die Rückkehr zum Anorganischen und muß das Lebende zerstören. Dieses Paradox setzt sich auf den höheren Stufen des Kulturlebens fort: ein wahrhaft ungewöhnlicher Kampf, da uns die Kultur zum einen tötet, um uns am Leben zu erhalten, indem sie für sich selbst und gegen uns das Schuldgefühl einsetzt, und wir uns zum anderen aus ihrer Umklammerung lösen müssen, um leben und genießen zu können.

So ist das Reich des Leidens umfassender als die einfache Unlust: es erstreckt sich auf alles, was die Härte des Lebens ausmacht! Was also bedeutet im Werke Freuds dieses Mißverhältnis zwischen der Vielfalt des Leidens und der Gleichförmigkeit des Genießens? Muß Freud in diesem Punkt ergänzt werden? Muß man um jeden Preis ebenso viele Grade der Befriedigung, als es Grade des Leidens gibt, unterscheiden? Muß man die Dialektik der Lust wiederherstellen, die Platon im *Philebos* erkannte, oder gar die Dialektik von Lust und Glück gemäß der *Ethik* des Aristoteles? Oder müssen wir aufgrund des Lustpessimismus eingestehen, daß der Mensch mehr Leidensfähigkeit als Genußvermögen besitzt? Kann er sich angesichts eines vielfachen Leids nur in ein einfaches Glück flüchten und im übrigen, d. h. für jeden Überschuß an Leid gegenüber dem Genuß,

Zuflucht nur in der Fähigkeit finden, in Ergebung zu ertragen? Ich glaube, daß Freuds gesamtes Werk zur zweiten Hypothese neigt. Und diese führt uns zum Realitätsprinzip zurück.

3. Was ist Realität?

Was ist schließlich das Realitätsprinzip? Wir haben diese Frage am Ende des ersten Kapitels aufgeschoben und uns die Möglichkeit offengelassen, eine neue Dimension dieses Begriffes aufzudecken, die der mit der Einführung des Todestriebs notwendig gewordenen Revision des Lustprinzips entspräche.[27]
Rekapitulieren wir kurz die frühere Analyse. Wir waren von einem elementaren Gegensatz bezüglich des »Geschehens des psychischen Apparats« ausgegangen. Sofern das Lustprinzip eine einfache Bedeutung hatte, war auch das Realitätsprinzip ohne Geheimnis; die direkten und indirekten Interpretationen, die Freud von ihm gibt, setzen sämtlich die eine Linie fort, die der Essay von 1911, FORMULIERUNGEN ÜBER DIE ZWEI PRINZIPIEN DES PSYCHISCHEN GESCHEHENS, gezogen hatte, die Linie des Nutzens; während das Lustprinzip biologisch gefährlich ist, stellt der Nutzen das wahre und wohlverstandene Interesse des Lebenden dar. Alle weiteren Bedeutungen des Realitätsprinzips, die wir in der Folge betrachtet haben, halten sich in den Grenzen dieser Nützlichkeit. Die Realität ist also in erster Linie das Gegenteil der Phantasie, die Tatsache, so wie der normale Mensch sie konstatiert; sie ist das Andere des Traums, das Andere der Halluzination. In einem speziellen analytischen Sinn bezeichnet das Realitätsprinzip die Anpassung an die Zeit und die Notwendigkeiten des Lebens in Gesellschaft; damit wird die Realität zum Korrelat des Bewußtseins und dann des Ichs; während das Unbewußte – das Es – keine Zeit, keinen Widerspruch kennt und nur dem Lustprinzip gehorcht, besitzt das Bewußtsein – das Ich – eine zeitliche Organisation und berücksichtigt das Mögliche und Vernünftige.
Wie man sieht, trägt nichts in dieser Analyse einen tragischen Ak-

---

27 »Wir erhalten so eine kleine, aber interessante Beziehungsreihe: das *Nirwana*prinzip drückt die Tendenz des Todestriebes aus, das *Lust*prinzip vertritt den Anspruch der Libido und dessen Modifikation, das *Realitäts*prinzip, den Einfluß der Außenwelt.« (GW XIII, 273)

zent; nichts weist auf die vom Kampf zwischen Eros und Tod geprägte Weltsicht hin.

Die Frage stellt sich mit Recht: was wird aus diesem einfachen Gegensatz zwischen Wunsch und Realität, wenn man ihn in das Feld der neuen Triebtheorie stellt? Ja, die Frage ist berechtigt: zunächst insofern das erste Glied des Gegensatzpaares, die Lust, in seiner grundlegenden Bedeutung schwankt; aber auch insofern die Realität den Tod in sich enthält. Doch dieser Tod, den die Realität vorrätig hat, ist nicht mehr der Todestrieb, sondern mein Sterben, der Tod als Schicksal; er ist es, der der Realität das Gesicht des Unausweichlichen, des Unerbittlichen verleiht; aufgrund des Todesschicksals heißt die Realität Notwendigkeit und trägt den tragischen Namen Ananke. Folgen wir also dieser Spur und fragen wir uns, bis zu welchem Punkt das älteste Thema des Freudianismus – das des doppelten Geschehens des psychischen Apparats – dem Tenor der großen Dramaturgie der letzten Werke angepaßt wurde.

Wir müssen zugeben, daß die letzte Philosophie Freuds die ältesten Züge des Realitätsprinzips nicht wirklich umgewandelt, sondern eher verstärkt und, wenn ich so sagen darf, verhärtet hat. Nur in sehr engen, strikten Grenzen hat das »romantische« Thema des Eros das Realitätsprinzip verwandelt. Aber dieser Abstand zwischen der relativen Mythisierung des Eros und der kalten Betrachtung der Realität verdient einige Beachtung und Reflexion: dieser kleine Mißklang enthüllt vielleicht das Wesentliche der düsteren philosophischen Stimmung des Freudianismus.

Zur gleichen Zeit nämlich, da Freud den Dualismus von Eros und Tod betonte, betonte er auch den Kampf gegen die Illusion, den letzten Schlupfwinkel des Lustprinzips; damit verstärkte er das, was man seine »wissenschaftliche Weltsicht« nennen mag, deren Devise lauten könnte: jenseits der Illusion und des Trostes.

Die letzten Kapitel von DIE ZUKUNFT EINER ILLUSION sind in dieser Hinsicht sehr bezeichnend: die Religion, erklärt Freud, hat keine Zukunft; sie hat ihre Zwangs- und Trostmittel erschöpft. Das Realitätsprinzip, in dem schon TOTEM UND TABU eine Phase der Menschheitsgeschichte parallel zu einer Libidostufe erkannt hatte, wird nun zu dem Prinzip, welches das post-religiöse Zeitalter der Kultur lenkt. In diesem künftigen Zeitalter wird der wissenschaftliche Geist die religiöse Motivierung ablösen, und allein das soziale Interesse wird den moralischen Verboten Kraft verleihen. Seine früheren Ansichten über die übertriebenen Ansprüche des Über-Ichs bekräftigend, äußert Freud den Gedanken, daß mit der Heiligkeit auch die Starrheit und Intoleranz der Gebote fallen werde; es ist möglich, daß der Mensch, anstatt sich ihre Abschaffung zum Ziel zu setzen, an ihrer Verbesserung arbeitet, sie schließlich vernünftig und vielleicht sogar freundlich findet.

All dies könnte an die rationalistischen und optimistischen Prophezeiungen des vergangenen Jahrhunderts erinnern; aber Freud selbst wendet gegen sich ein, daß Verbote niemals auf Vernunft gegründet waren, sondern auf emotionellen Kräften wie der Reue über den ursprünglichen Vatermord; hat er selbst nicht auch die Macht der destruktiven Kräfte ans Licht gebracht, die gegen die Ethik und, schlimmer noch, inmitten der Ethik am Werke sind? All dies hat Freud nicht vergessen, und er wird es mit noch größerem Nachdruck einige Jahre später in DAS UNBEHAGEN IN DER KULTUR erneut sagen. Seine Hoffnung klammert sich an einen einzigen Punkt: wenn die Religion die universelle Neurose der Menschheit ist, dann ist sie auch verantwortlich für einen Teil der intellektuellen Verspätung der Menschheit; sie ist ebensosehr Ausdruck der von unten kommenden machtvollen Kräfte wie ihre Erzieherin. Der Plan einer nicht religiösen Menschheit birgt also eine Chance, die genau gemessen wird am Parallelismus zwischen der Entwicklung der Menschheit und der des Individuums: »Aber nicht wahr, der Infantilismus ist dazu bestimmt, überwunden zu werden? Der Mensch kann nicht ewig Kind bleiben, er muß endlich hinaus, ins ›feindliche Leben‹. Man darf das die ›*Erziehung zur Realität*‹ heißen; brauche ich Ihnen noch zu verraten, daß es die einzige Absicht meiner Schrift ist, auf die Notwendigkeit dieses Fortschritts aufmerksam zu machen?«[28] Dies ist der gedämpfte und gewagte Optimismus, der jene Prophezeiung des positiven Zeitalters stützt. Sich an einen hypothetischen Gegner wendend, der die Religion als wirksame Illusion zu bewahren empfiehlt, erlaubt sich Freud in seiner Entgegnung, der streitbaren Idee seiner nüchternen Prophezeiung den Namen eines Gottes zu geben – des Gottes Logos; aber ich glaube, man darf darin nichts anderes als eine ironische Wendung innerhalb eines Arguments *ad hominem* sehen: »Die Stimme des Intellekts ist leise, aber sie ruht nicht, ehe sie sich Gehör geschafft hat. Am Ende, nach

---

28 DIE ZUKUNFT EINER ILLUSION, GW XIV, 373.

unzählig oft wiederholten Abweisungen, findet sie es doch ... Unser Gott Logos wird von diesen Wünschen verwirklichen, was die Natur außer uns gestattet, aber sehr allmählich, erst in unabsehbarer Zukunft und für neue Menschenkinder. Eine Entschädigung für uns, die wir schwer am Leben leiden, verspricht er nicht ... Unser Gott Logos ist vielleicht nicht sehr allmächtig, kann nur einen kleinen Teil von dem erfüllen, was seine Vorgänger versprochen haben. Wenn wir es einsehen müssen, werden wir es in Ergebung hinnehmen.«[29]

Diese Verwandtschaft zwischen Logos und Ananke – dem Götterpaar des holländischen Dichters Multatuli – schließt jeden Lyrismus der Totalität aus. So will auch die stolze Verneinung am Schluß dem ganzen Buch den Ton geben: »Nein, unsere Wissenschaft ist keine Illusion. Eine Illusion aber wäre es zu glauben, daß wir anderswoher bekommen könnten, was sie uns nicht geben kann.«[30]

Dieser Text läßt keinen Zweifel: die Realität hat an Freuds Lebensende den gleichen Sinn wie am Anfang; sie ist der Abriß einer Welt ohne Gott. Ihre Endbedeutung widerspricht dem Begriff des Nutzens nicht, sondern führt ihn fort, jenen Begriff, der einst den vom Wunsch hervorgerufenen Fiktionen entgegenstand. Von dieser Kohärenz zwischen der End- und der Anfangsbedeutung zeugt das *Plaidoyer für das Diesseits,* mit dem Freud eines seiner letzten Kapitel von DIE ZUKUNFT EINER ILLUSION beschließt. »Dann wird er [der Mensch] ohne Bedauern mit einem unserer Unglaubensgenossen [Heine] sagen dürfen:

> Den Himmel überlassen wir
> Den Engeln und den Spatzen.«[31]

Die Idee der Realität, die aus all diesen Annäherungen hervorgeht, ist die allerunromantischste und scheint mit dem Terminus Eros nicht in Verbindung zu stehen; und das Wort Ananke – in diesem Kontext gesehen – scheint wirklich das Gesicht der Realität zu bezeichnen, wenn sie jeglicher Analogie mit der Vaterfigur entledigt ist. Entstammt die religiöse Illusion dem Vaterkomplex, so kommt die »Zerstörung« des Ödipuspomplexes nur in der Vorstellung einer Ordnung zum Abschluß, die jedes väterlichen Koeffizienten ent-

---

29 GW XIV, 377 ff.
30 GW XIV, 280.
31 GW XIV, 374.

behrte, einer anonymen, unpersönlichen Ordnung. Ananke ist dann das Symbol der Desillusionierung. In diesem Sinne erschien der Terminus wohl zum erstenmal im LEONARDO[32], noch vor TOTEM UND TABU. Ananke ist der Name der namenlosen Realität – für den, der »auf den Vater verzichtet« hat. Sie ist ebenso der Zufall, das Fehlen von Beziehungen zwischen den Gesetzen der Natur und unseren Wünschen oder Illusionen.
Ist dies jedoch Freuds letztes Wort? Der Ausdruck »Ergebung«, »Unterwerfung« unter die Ananke zielt auf eine totale Weisheit, sagt mehr aus als das von einem psychologischen Standpunkt aus als sensorielle Realitätsprüfung betrachtete Realitätsprinzip. Wird die Realität nicht erst dann, wenn sie in Ergebung hingenommen wird, zur Ananke?
Die Ananke, so scheint mir, ist das Symbol einer Weltsicht und nicht mehr nur eines Prinzips des psychischen Geschehens; in ihr sammelt sich eine Weisheit, die dem antwortet, was wir zu wiederholten Malen die Härte des Lebens genannt haben. Eine Kunst, »die Schwere des Daseins zu ertragen«, nach dem schönen, in JENSEITS DES LUSTPRINZIPS zitierten Wort Schillers.
Man kann somit bei Freud die Andeutung einer spinozistischen Bedeutung der Realität finden, die wie bei dem großen Philosophen verknüpft ist mit einer Askese des Wunsches, der auf die Perspektive des Körpers und der daraus resultierenden imaginativen Erkenntnis beschränkt wird; ist die Notwendigkeit nicht die Erkenntnis der zweiten Gattung, die Erkenntnis aus der Vernunft? Und wenn es bei Freud – worüber wir diskutieren werden – den Ansatz einer Versöhnung in Form der Ergebung gibt, ist dies nicht ein Echo der Erkenntnis der dritten Gattung? Diese Andeutung ist freilich so wenig philosophisch entwickelt, daß man ebensogut von einer Liebe zum Schicksal im Nietzscheschen Sinne sprechen kann. Der Prüfstein des solchermaßen philosophisch interpretierten Realitätsprinzips wäre der Sieg der Liebe zu Allem über meinen Narzißmus, über meine Angst zu sterben, über das Wiederauftauchen der kindlichen Tröstungen in mir.
Versuchen wir diese »zweite Seefahrt«, wie Platon gesagt hätte; lassen wir uns von der Kluft leiten, welche die frühere Analyse ohne Unterlaß aufgeworfen hat – trotz der Bedeutungskontinuität –,

---

32 GW VIII, 197.

der Kluft zwischen der einfachen perzeptiven Realitätsprüfung und der Ergebung in die unerbittliche Ordnung der Natur. Ohne in irgendeiner Weise den Texten Gewalt anzutun, möchte ich einige Züge zusammenstellen, einige Zeichen und Skizzen, die diesen Respekt vor der Natur in einem Sinne erweitern, der das Realitätsprinzip besser mit den Themen des Eros und des Todes in Einklang bringt.

Vielleicht ist es am legitimsten, mit der Frage des Todes oder besser des Sterbens an dieses Thema der Ergebung heranzugehen. Die Ergebung ist hauptsächlich eine Arbeit am Wunsch, die ihm die Notwendigkeit zu sterben einverleibt. Im Wunsche wird sich die Realität, insofern sie den Tod ankündigt, einschreiben. Schon 1899 erinnerte Freud an den Shakespearschen Ausspruch: »Du bist der Natur einen Tod schuldig«.[33] Zu Beginn des zweiten Kapitels von ZEITGEMÄSSES ÜBER KRIEG UND TOD (1915)[34] spielt er noch einmal darauf an.

Den eigenen Tod aus den Perspektiven des Lebens auszuschließen, erklärt er, ist das natürliche Bestreben des Wunsches; der Wunsch ist von seiner Unsterblichkeit überzeugt. Das ist ein Aspekt der Widerspruchslosigkeit des Unbewußten. Und wir verkleiden den Tod auf tausenderlei Arten, verkehren seine Notwendigkeit in Unfall. Andererseits aber: »Das Leben verarmt, es verliert an Interesse, wenn der höchste Einsatz in den Lebensspielen, eben das Leben selbst, nicht gewagt werden darf.«[35] Solchermaßen gelähmt, wenn wir den Tod aus der Lebensrechnung ausschließen, hören wir den stolzen Wahlspruch der Hansa nicht mehr: *navigare necesse est, vivere non necesse!* Wir begnügen uns damit, in der Identifizierung mit einem Theater- oder Romanhelden fiktiv zu sterben, um ihn doch zu überleben.

Als Freud diese Zeilen schrieb, hatte er die Widerlegung vor Augen, die der Krieg dieser konventionellen Behandlung des Todes erteilte; und er wagte zu schreiben: »Das Leben ist freilich wieder interessant geworden, es hat seinen vollen Inhalt wieder bekommen.«[36] Sicher wußte Freud, wie anrüchig eine Äußerung aus der Etappe, der Sei-

---

33 Brief an Fließ Nr. 104. Shakespeare sagt in Wahrheit: »Thou owest God a death« (*Heinrich IV.*, V, 1).
34 GW X, 324–355.
35 GW X, 343.
36 GW X, 344.

tenhieb eines Nichtkämpfenden sein mochte. Ihm kam es hinter der Grausamkeit der Äußerung auf die Eroberung der Wahrhaftigkeit an. Wenn der Tod als Beendigung des Lebens angesehen wird, erhält das abgelaufene Leben sein Profil zurück.
Doch die Anerkennung des Todes wird von der Todesangst nicht weniger verdunkelt als vom Unglauben unseres Unbewußten an unseren eigenen Tod; die Todesangst kommt woanders her: sie ist ein Nebenprodukt des Schuldbewußtseins.[37] Am Ende von DAS ICH UND DAS ES sagt Freud noch entschiedener: »Ich meine, daß die Todesangst sich zwischen Ich und Über-Ich abspielt ... Auf Grund dieser Darlegungen kann also die Todesangst wie die Gewissensangst als Verarbeitung der Kastrationsangst aufgefaßt werden.«[38] Diese Todesangst ist also kein geringeres Hindernis als die Unverletzlichkeit des Unbewußten, welches verkündet: nichts kann mir zustoßen. Fügt man endlich noch hinzu, daß wir über Feinde und Fremde bereitwillig den Tod verhängen, dann wird deutlich, daß die Anzahl der unechten Einstellungen gegen den Tod sehr hoch ist; die Unsterblichkeit des Es, die mit dem Schuldbewußtsein verknüpfte Todesangst, die Mordgelüste – dies alles sind Schutzschilde zwischen der schicksalhaften Bedeutung des Todes und uns. Und wir verstehen nun, daß den Tod zu akzeptieren eine Aufgabe ist: *Si vis vitam, para mortem.* Wenn du das Leben aushalten willst, richte dich auf den Tod ein.[39]

Was ist nun die Ergebung?
Jene Einbeziehung des Todes in das Leben wird uns symbolisch in DAS MOTIV DER KÄSTCHENWAHL vorgestellt[40], diesem bewundernswerten kleinen Aufsatz, der Ernest Jones so gefiel; das dritte Kästchen, das nicht von Gold und nicht von Silber, sondern von Blei ist, enthält das Bildnis der Schönen; der Bewerber, der es wählt, gewinnt auch die Schöne zur Braut. Aber wenn die Kästchen Frauen sind, gemäß dem wohlbekannten Traumsymbol, läßt sich dieses Komödienthema dann nicht mit einem anderen, diesmal tragischen vergleichen, dem des alten *König Lear*? Dieser wählte, zu seinem Unheil, nicht die Dritte, Cornelia, die ihn als einzige wirklich liebte.

37 GW X, 351.
38 GW XIII, 288 f.
39 ZEITGEMÄSSES ÜBER KRIEG UND TOD, GW X, 355.
40 GW X, 24–37.

In der Folklore wie in der Dichtung findet sich eine ganze Reihe von solchen »Drittwahlen«: Die Venus aus dem Urteil des Paris, Aschenputtel, die Psyche im Märchen des Apulejus ... Doch wer ist diese Dritte? Die Schönste, gewiß, aber auch die stumme Schwester. Schweigsamkeit aber bedeutet im Traume Tod. Wären die drei Schwestern dann etwa die Moiren, die Schicksalsgestalten, von denen die dritte Atropos heißt, die Unerbittliche? Wenn der Vergleich stimmt, so bedeutet die Dritte, daß der Mensch erst dann den ganzen Ernst der Naturgesetze begreift, wenn er sich gezwungen fühlt, sich ihnen unterzuordnen, indem er seinen eigenen Tod akzeptiert.

Aber, wird man einwenden, wir wählen nicht den Tod, und auch Paris hat nicht den Tod gewählt, sondern die schönste Frau! Ersetzung, erklärt Freud: unser Wunsch hat den Tod durch sein Gegenteil ersetzt, durch die Schönheit, – vielleicht mit Hilfe der Vermischung der Gegensätze im Unbewußten, vor allem aber mit Hilfe der uralten Identität von Leben und Tod, die der Mythos der großen Göttin bewahrt hat. Wenn aber die schönste Frau den Tod vertritt, was bedeutet es dann, den Tod zu wählen? Wiederum eine Ersetzung, unter der Herrschaft des Wunsches: das Akzeptieren des Schlimmsten ersetzen wir durch die Wahl des Besten. Die Antwort Freuds verdient es, zitiert zu werden: »Es hat hier wiederum eine Wunschverkehrung stattgefunden. Wahl steht an der Stelle von Notwendigkeit, von Verhängnis. So überwindet der Mensch den Tod, den er in seinem Denken anerkannt hat. Es ist kein stärkerer Triumph der Wunscherfüllung denkbar. Man wählt dort, wo man in Wirklichkeit dem Zwange gehorcht, und die man wählt, ist nicht die Schreckliche, sondern die Schönste und Begehrenswerteste.«[41]

Wenn uns also Shakespeare in *König Lear* zutiefst bewegt, so deshalb, weil er zu dem alten Mythos zurückfand: man wählt nicht die Schönste, man gerät an die Dritte, an das Unglück und den Tod. Doch das ist nicht alles: das Verhältnis zwischen Tod und Frau bleibt noch im dunkeln; wiederum enthüllt es Shakespeare: Lear ist zugleich der Liebende und der Sterbende; Lear ist dem Tod verfallen und will noch einmal hören, wie sehr er geliebt wird. Welches ist nun das Verhältnis zwischen Tod und Frau? Die dritte Frau, sagten wir, ist der Tod; wenn aber die dritte Frau der Tod ist, dann muß auch umgekehrt gesagt werden, daß der Tod die dritte Frau ist, das

---

41 GW X, 34.

dritte Bild der Frau: nach der Mutter und nach der Geliebten, die nach dem Ebenbild der ersteren gewählt wurde, zuletzt »die Mutter Erde, die ihn wieder aufnimmt«[42].
Heißt das, daß der Mensch nur mittels Regression zur Muttergestalt »den Tod zu wählen, sich mit der Notwendigkeit des Sterbens zu befreunden«[43] vermag? Oder muß man es so verstehen, daß die Gestalt der Frau für den Mann zur Gestalt des Todes werden muß, damit sie aufhört, Phantasie und Regression zu sein? Die letzten Worte Freuds erlauben kein Urteil darüber: »Der alte Mann aber hascht vergebens nach der Liebe des Weibes, wie er sie zuerst von der Mutter empfangen; nur die dritte der Schicksalsfrauen, die schweigsame Todesgöttin, wird ihn in ihre Arme nehmen.«[44]
Sicher könnte man in der Linie von DIE ZUKUNFT EINER ILLUSION hinzufügen, daß sich das wahre Anerkennen des Todes nur dann von einer regressiven Phantasie der Rückkehr in den mütterlichen Schoß unterscheidet, wenn es durch die Prüfung einer wissenschaftlichen Weltsicht hindurchgegangen ist. Ich glaube, dies ist die wirkliche Auffassung von Freud. Dennoch erschöpft auch die in einer Freudschen Perspektive stehende Antwort das Problem nicht vollständig; die Ergebung ins Unvermeidliche beschränkt sich nicht auf eine einfache Erkenntnis der Notwendigkeit, ich meine eine rein intellektuelle Ausdehnung dessen, was wir oben die Realitätsprüfung auf der Ebene der Wahrnehmung nannten; die Ergebung ist eine affektive Aufgabe, eine korrektive Aufgabe inmitten der Libido selbst, im Herzen des Narzißmus. Daher muß die wissenschaftliche Weltsicht der Geschichte des Wunsches integriert werden.

Die Berufung auf Dichter, auf den Shakespeare des *König Lear*, ermuntert uns, eine andere Spur zu verfolgen, die Freud ebenfalls vertraut war, die der Kunst. Wir haben die Quelle der Freudschen Ästhetik nicht erschöpft, wenn wir das Kunstwerk nur unter dem Blickwinkel der künstlerischen Schöpfung behandeln[45]; wir erinnern uns, daß die Erforschung des ästhetischen Phänomens aufgrund seines rein analogischen Charakters vorsichtig und fragmentarisch blieb: das Kunstwerk fiel lediglich als das Analogon des Traums und

---

42 GW X, 37.
43 GW X, 36.
44 GW X, 37.
45 vgl. oben, *Analytik*, Zweiter Teil, Kap. I, S. 168–186.

der Neurose in den Bereich der Psychoanalyse. Immerhin zeigte sich uns die Besonderheit des Kunstwerks in einer doppelten Hinsicht: durch die Vorlust (oder Lust-Prämie), welche die Technik des Künstlers uns verschafft, werden tiefe Spannungen freigesetzt; andererseits werden die Phantasien der verschwundenen Vergangenheit am Tageslicht symbolisch neu erschaffen.

Wenn wir nun diese fragmentarischen Ansichten unter dem Gesichtspunkt der Kulturaufgabe wieder aufnehmen, die wir oben definiert haben – Verringerung der Triebspannung, Versöhnung des Individuums mit dem Unvermeidlichen, Entschädigung der unwiderbringlichen Verluste durch Ersatzbefriedigungen –, so stellt sich legitimerweise die Frage, ob die Kunst, nunmehr vom Standpunkt des Beschauers, des Amateurs aus gesehen, ihren Sinn nicht aufgrund ihrer Stellung zwischen der durch die Religion verkörperten Illusion und der durch die Wissenschaften verkörperten Realität erhält. Könnte die der Religion entzogene Aufgabe der Versöhnung und Entschädigung nicht gerade dieser Zwischenfunktion zufallen? Wäre nicht die Kunst ein Aspekt jener Erziehung zur Realität, von der die Abhandlung FORMULIERUNGEN ÜBER DIE ZWEI PRINZIPIEN DES PSYCHISCHEN GESCHEHENS aus dem Jahre 1911 spricht?

Um die ästhetische Funktion bei Freud zu verstehen, müßte man den genauen Stellenwert kennen, den die *Verführung*, der Zauber des Kunstwerks auf dem Wege des Lustprinzips zum Realitätsprinzip besitzt. Fest steht, daß Freuds Strenge gegenüber der Religion nur in seiner Sympathie für die Kunst ein Gegenstück hat. Die Illusion ist der regressive Weg, die »Wiederkehr des Verdrängten«. Die Kunst dagegen ist die nicht-zwanghafte, nicht-neurotische Form der Ersatzbefriedigung; der »Zauber« der ästhetischen Schöpfung entstammt nicht der Erinnerung an den Vatermord. Erinnern wir uns unserer früheren Analyse der Vorlust, der Verlockungsprämie: die Technik des Künstlers schafft ein formelles Vergnügen, im Schutze dessen sich unsere Phantasien ohne Scham zur Schau stellen können, während alle Hemmungsschwellen niedriger werden. Keine fiktive Wiederherstellung des Vaters läßt uns hier zur infantilen Unterwerfung regredieren; wir spielen vielmehr mit den Widerständen und Trieben und erreichen auf diese Weise die allgemeine Entspannung aller Konflikte. Freud steht hier der kathartischen Tradition von Platon bis Aristoteles sehr nahe.

Was hat es also mit dem Verhältnis zwischen der ästhetischen Verlokkung und dem Realitätsprinzip auf sich? Freud behandelt diesen Punkt ausdrücklich in seinem Essay von 1911: die Kunst, sagt er im 6. Abschnitt[46], bringt eine eigentümliche Versöhnung der beiden Prinzipien zustande: wie der Neurotiker wendet sich der Künstler von der Realität ab, weil er sich nicht mit dem geforderten Triebverzicht befreunden kann und seine erotischen und ehrgeizigen Wünsche auf der Ebene der Phantasie und des Spiels gewähren läßt. Aber dank seiner besonderen Begabungen findet er den Rückweg aus der Phantasiewelt in die Realität: er schafft eine neue Art von Wirklichkeit, das Kunstwerk, in der er tatsächlich der Held, König, Schöpfer wird, der er werden wollte, ohne den Umweg über die wirkliche Veränderung der Außenwelt einschlagen zu müssen. Und in dieser neuen Wirklichkeit erkennen sich die anderen Menschen, weil sie »die nämliche Unzufriedenheit mit dem real erforderlichen Verzicht verspüren wie er selbst, weil diese bei der Ersetzung des Lustprinzips durch das Realitätsprinzip resultierende Unzufriedenheit selbst ein Stück der Realität ist«.

Man sieht also: wenn die Kunst die Versöhnung der beiden Prinzipien, des Lustprinzips und des Realitätsprinzips, einleitet, entfaltet sie sie eher auf dem Terrain des Lustprinzips. Ich glaube in der Tat, daß Freud bei all seiner Sympathie für die Kunst keinerlei Bereitschaft zu einer »ästhetischen Weltsicht« zeigt, wie man es nennen könnte. Sosehr er die ästhetische Verlockung von der religiösen Illusion unterscheidet, so sehr deutet er an, daß die Ästhetik – oder richtiger: die ästhetische Weltsicht – bei der schrecklichen Erziehung zur Notwendikeit auf halbem Wege steckenbleibt, einer Erziehung, zu der die Härte des Lebens zwingt, der unser unverbesserlicher Narzißmus entgegenwirkt und die von unserem kindlichen Trostbedürfnis in die Irre geleitet wird.

Dafür möchte ich nur ein oder zwei Hinweise geben: in seiner Interpretation des Humors aus dem Jahre 1905 – am Ende von DER WITZ UND SEINE BEZIEHUNG ZUM UNBEWUSSTEN – schien Freud die Begabung zur Lustgewinnung auf Kosten schmerzlicher Affekte sehr hoch einzuschätzen: der Humor, der unter Tränen lächelt, und sogar der makabre Galgenhumor (der den zum Tode Verurteilten, der am Montag zur Exekution geführt wird, sagen läßt: Na, diese Woche fängt gut an!) scheinen in seinen Augen einiges Ansehen zu

---

46 GW VIII, 236.

genießen; ökonomisch interpretiert, ist er ein Lustgewinn aus erspartem Gefühlsaufwand; und dennoch, ein Hinweis in diesem Text warnt uns: »Man kann nur sagen, wenn es jemandem gelingt, sich z. B. über einen schmerzlichen Affekt hinwegzusetzen, indem er sich die Größe der Weltinteressen als Gegensatz zur eigenen Kleinheit vorhält, so sehen wir darin keine Leistung des Humors, sondern des philosophischen Denkens und haben auch keinen Lustgewinn, wenn wir uns in seinen Gedankengang hineinversetzen ...«[47]

Und 1928 schreibt Freud einen ergänzenden Aufsatz, DER HUMOR, der weit strenger ist, den Begriff des Humors aber auf alle sublimen Gefühle ausdehnt. Der Humor erhebt uns nur dann über das Unglück, wenn er auch den Narzißmus dem Mißgeschick entreißt: »Das Großartige liegt offenbar im Triumph des Narzißmus, in der siegreich behaupteten Unverletzlichkeit des Ichs. Das Ich verweigert es, sich durch die Veranlassungen aus der Realität kränken, zum Leiden nötigen zu lassen, es beharrt dabei, daß ihm die Traumen der Außenwelt nicht nahe gehen können, ja es zeigt, daß sie ihm nur Anlässe zu Lustgewinn sind ... Der Humor ist nicht resigniert, er ist trotzig, er bedeutet nicht nur den Triumph des Ichs, sondern auch den des Lustprinzips, das sich hier gegen die Ungunst der realen Verhältnisse zu behaupten vermag.« Und woher kommt dem Humor jene Kraft zum Rückzug und zur Abweisung? Vom Über-Ich, das sich herbeiläßt, dem Ich einen kleinen Lustgewinn zu ermöglichen. Freud schließt: »Es ist auch wahr, daß das Über-Ich, wenn es die humoristische Einstellung herbeiführt, eigentlich die Realität abweist und einer Illusion dient ... Und endlich, wenn das Über-Ich durch den Humor das Ich zu trösten und vor Leiden zu bewahren strebt, hat es damit seiner Abkunft von der Elterninstanz nicht widersprochen.«

Ich weiß wohl, daß man nicht die gesamte Kunst nach einem so begrenzten Gefühl wie dem Humor beurteilen kann. Dennoch bleibt die Tatsache, daß wir mit dem Humor einen Punkt erreicht haben, wo die Lust an der Verlockung an philosophische Resignation grenzt. Genau an diesem Punkt wirft Freud eine souveräne Verneinung ein; so als wollte er uns sagen: Leben und Tod akzeptieren? ja, aber nicht so billig! Alles bei Freud gibt uns zu verstehen, daß die wahre, aktive, persönliche Ergebung in die Notwendigkeit das

---

[47] GW VIII, 266.

große Werk des Lebens ist und daß es nicht mehr ästhetischer Natur ist.

Aber immerhin, wenn die Kunst auch nicht die Weisheit ersetzen kann, so führt sie doch auf ihre Weise zu ihr hin: die symbolische Lösung, die sie den Konflikten bietet, die Versetzung der Wünsche und Abneigungen in die Welt des Spiels, des Tagtraums und der Dichtung grenzt an Ergebung; vor der Weisheit und in Erwartung der Weisheit hilft uns das dem Kunstwerk eigentümliche symbolische Verfahren, das harte Leben zu ertragen und, zwischen Illusion und Realität schwebend, das Schicksal zu lieben.

Versuchen wir noch einen letzten Schritt, um jenen unauffindbaren Punkt im Werke Freuds einzukreisen, an dem seine alten, unveränderten Ansichten über das Realitätsprinzip und seine späteren Ansichten über den Kampf zwischen Eros und Tod einander berühren würden. Müssen denn diese beiden Gedankengänge ohne Verbindung bleiben: der eine, den ich den Weg der Desillusionierung, der zweite, den ich den der Liebe zum Leben nennen möchte? Kann es sein, daß die Hinnahme der Realität nichts mit dem »Streit der Giganten« zu tun hat? Wenn der Sinn der Kultur in einem Kampf der Art ums Dasein besteht, wenn die Liebe die stärkere sein soll, was bedeutet dann die Hinnahme des Todes im Vergleich zu jenem Unterfangen des Eros? Muß die Hinnahme des Todes nicht eine letzte Verfälschung überwinden, nämlich gerade den Todestrieb, das Sterbenwollen, *gegen welches* der Eros gerichtet ist?

Ich sehe im Werke Freuds nichts, das ausdrücklich in diese Richtung wiese, außer einigen sehr alten Anspielungen im LEONARDO sowie einigen flüchtigen Bemerkungen in DAS ICH UND DAS ES und DAS UNBEHAGEN IN DER KULTUR. Die Verwandlung der Libido in Wissensdrang, in Forschertrieb bei Leonardo lehrt uns, daß die Kraft zu erkennen ein Ausdruck der Fähigkeit zu lieben sein muß, falls die Libido nicht ertötet werden und sie selbst nicht verkümmern soll; gerade Leonardo hat nicht auf der Höhe jener Hymne, mit der er »den hehren Zwang der Natur – ›O mirabile necessità‹«[49] gefeiert hat, gelebt noch geschaffen. Während Faust den Forschertrieb in Lebenslust zurückverwandelte, hat Leonardo geforscht, anstatt zu lieben; und Freud wagt die Bemerkung, »daß die Entwicklung Leo-

---

48 GW XIV, 383–389.
49 GW VIII, 141 f.

nardos an spinozistische Denkweise streift«[50] – was darauf hindeuten könnte, daß die geistige Liebe Spinozas ihn nicht befriedigte. Er fährt fort: »In Bewunderung versunken, wahrhaft demütig geworden, vergißt man zu leicht, daß man selbst ein Stück jener wirkenden Kräfte ist und es versuchen darf, nach dem Ausmaß seiner persönlichen Kraft ein Stückchen jenes notwendigen Ablaufes der Welt abzuändern, der Welt, in welcher das Kleine doch nicht minder wunderbar und bedeutsam ist als das Große.«[51]

Was bedeutet es, daß sich auch die Erkenntnis der Notwendigkeit, von Eros getrennt, in einer Sackgasse verliert? Ist die Sublimierung der Libido in Forscherdrang wie bei Leonardo bereits Verrat am Eros? Welches ist der wahre Zwillingsbruder der Ananke, ist es der Logos wie am Ende von DIE ZUKUNFT EINER ILLUSION oder der Eros, wie es schon der LEONARDO zu verstehen gab? Muß man nicht von neuem auf die alten androgynen Mythen horchen, die gerade im LEONARDO evoziert werden[52] und welche die ursprüngliche Schöpferkraft der Natur bezeichneten? Sagen sie nicht dasselbe wie der Mythos aus dem *Gastmahl*, der in JENSEITS DES LUSTPRINZIPS ausführlich zitiert wird – der Mythos von der ursprünglichen Vermischung der Geschlechter? Kurzum, will der Eros nicht auch an das Realitätsprinzip rühren und es verwandeln, so wie er das Lustprinzip umgestoßen hat? Zitieren wir ein letztes Mal den LEONARDO: »Wir zeigen alle noch zu wenig Respekt vor der Natur, die nach Leonardos dunklen, an Hamlets Rede gemahnenden Worten ›voll ist zahlloser Ursachen, die niemals in die Erfahrung traten‹ (*La natura è piena d'infinite ragioni che non furono mai in isperienza*). Jedes von uns Menschenwesen entspricht einem der ungezählten Experimente, in denen diese *ragioni* der Natur sich in die Erfahrung drängen.«[53] Und mit diesem Satz schließt der Essay.

Wenn diese Zeilen einen Sinn haben, sagen sie dann nicht, daß das, was über dem als wissenschaftliche Weltsicht verstandenen Realitätsprinzip steht, der Respekt vor der Natur und ihren »zahllosen Ursachen« ist, die »sich in die Erfahrung drängen«? Doch nichts weist darauf hin, daß Freud das Thema des Realitätsprinzips, ein wesentlich kritisches, gegen die archaischen Objekte und Illu-

50 GW VIII, 142.
51 GW VIII, 142 f.
52 GW VIII, 162–168.
53 GW VIII, 210 f.

sionen gerichtetes Thema, am Ende mit dem Thema des Eros, einem wesentlich lyrischen, gegen den Todestrieb gerichteten Thema, in Einklang gebracht hat. Zweifellos gibt es kein Jenseits des Realitätsprinzips im Freudianismus, wie es ein Jenseits des Lustprinzips gibt; aber es gibt die Konkurrenz von Szientismus und Romantizismus. Vielleicht liegt die düstere philosophische Stimmung Freuds in diesem empfindlichen Gleichgewicht – oder diesem subtilen Konflikt? – zwischen der illusionslosen Hellsicht und der Liebe zum Leben. Vielleicht findet dieses Gleichgewicht in der Ergebung in den Tod seinen zerbrechlichsten Ausdruck; denn der Tod erscheint zweimal darin und mit verschiedener Bedeutung: einerseits fordert mich die illusionslose Hellsicht dazu auf, meinen Tod zu akzeptieren, d. h. ihn zu den Notwendigkeiten der blinden Natur zu zählen; der Eros aber, der alles vereinen will, heißt mich, den menschlichen Drang zur Aggression und Selbstzerstörung zu bekämpfen, folglich niemals den Tod zu lieben, sondern meinem Tod zum Trotz das Leben zu lieben. Freud, so scheint es, hat seine alte Weltanschauung, die von Anfang an im Wechsel von Lustprinzip und Realitätsprinzip zum Ausdruck kam, und die neue Weltanschauung, deren Ausdruck der Kampf zwischen Eros und Thanatos ist, niemals vereinheitlicht. Dadurch gleicht er weder Spinoza noch selbst Nietzsche.

Geben wir Freud das letzte Wort: es ist auch sein letztes Wort in DAS UNBEHAGEN IN DER KULTUR:

»Und nun ist zu erwarten, daß die andere der beiden ›himmlischen Mächte‹, der ewige Eros, eine Anstrengung machen wird, um sich im Kampf mit seinem ebenso unsterblichen Gegner zu behaupten.«[54]

---

54 GW XIV, 506. Im Jahre 1931, als die Hitlersche Drohung näherrückte, fügte Freud folgenden Satz hinzu, mit dem die zweite Auflage schließt: »Aber wer kann den Erfolg und Ausgang voraussehen?«

Drittes Buch

Dialektik
Eine philosophische Freud-Interpretation

Unsere Freud-Lektüre ist fast beendet.[1] Unsere Auseinandersetzung mit Freud beginnt. Was dürfen wir legitimerweise von ihr erwarten? Eine Antwort auf die am Ende des ersten Buches offengelassenen Fragen? Gewiß. Gewaltig aber scheint uns nun die Frage – und naiv die Erwartung einer einfachen und raschen Antwort. Wir verlangen von der Philosophie zwei Dinge zugleich: daß sie den Streit der Hermeneutiken entscheide und daß sie den gesamten Interpretationsprozeß in die philosophische Reflexion einbeziehe. Zweierlei also: sie soll eine Antithese, durch die die gegnerischen Parteien einander äußerlich blieben, durch eine Dialektik ersetzen, bei welcher jede von sich auf die andere verweist; gleichzeitig, und mittels eben dieser Dialektik soll sie von der abstrakten Reflexion zur konkreten Reflexion übergehen. Aber die große Philosophie der Sprache und der Imagination, die uns das Gliederungsprinzip liefern könnte, steht uns nicht zur Verfügung. Es ist allzu leicht gesagt, daß das Symbol in seiner überdeterminierten semantischen Textur die Möglichkeit mehrerer Interpretationen enthält, einer Interpretation, die es auf seine Triebbasis zurückführt, und einer Interpretation, die die vollständige Intention des symbolischen Sinns entwickelt; dieser Satz definiert eher eine Aufgabe, als daß er eine Evidenz aufzeigte. Um seine Wahrheit zu erkennen, muß man die Denkebene erreicht haben, auf der jene Synthese verstanden werden kann. Aus diesem Grunde habe ich diese Dialektik konzipiert als ein geduldiges Fortschreiten durch eine Reihe von hierarchisierten Gesichtspunkten hindurch.

Als erstes wird ein Kapitel der Prüfung der erkenntnistheoretischen Aspekte der Freudschen Psychoanalyse gewidmet sein. Eine philosophische Interpretation muß in der Tat mit einem Schiedsspruch auf der Ebene einer Erfahrungslogik beginnen, bei der es um die Bedeutung der Sätze der Psychoanalyse, um ihre Gültigkeit und

---

[1] Absichtlich habe ich für die *Dialektik* die Untersuchung einiger wichtiger Texte, insbesondere über die *psychoanalytische »Technik«*, und einiger Probleme wie das der *Sublimierung* aufgespart, weil ich meinte, daß sie in diesem neuen Kontext besser zur Geltung kommen würden.

ihre Gültigkeitsgrenzen geht. Wenn die Grenzen der analytischen Erklärung durch die Struktur ihrer Theorie gegeben sind und nicht durch irgendein Dekret von außen, das ihr verböte, sich auf diesen oder jenen Erfahrungsbereich der menschlichen Tätigkeit auszudehnen, dann hängt die Suche nach dem philosophischen Ort der Psychoanalyse vom Verständnis ihrer theoretischen Struktur ab. Der Vergleich, den wir einerseits zur wissenschaftlichen Psychologie und andererseits zur Phänomenologie ziehen werden, ist dazu bestimmt, mittels einer Differenzierungsmethode den Stellenwert der *analytischen Erfahrung* im Feld der Gesamterfahrung, das der Mensch einnimmt oder sich selber schafft, zu determinieren.

Zweitens werden wir uns auf eine eigentlich philosophische Ebene begeben und fragen, ob eine Reflexionsphilosophie über die realistischen und naturalistischen Begriffe Rechenschaft zu geben vermag, welche in der Freudschen Theorie diese Erfahrung *sui generis* regeln. Der Leitbegriff dieser *reflektiven* Etappe wird der der *Archäologie des Subjekts* sein; dies ist kein von der Psychoanalyse selbst erarbeiteter Begriff, sondern ein Begriff, den das reflektive Denken bildet, um der analytischen Rede eine philosophische Grundlage zu schaffen; gleichzeitig verändert sich das reflektive Denken selbst, indem es die Rede seiner eigenen Archäologie integriert; aus abstrakter Reflexion wird es konkrete Reflexion.

Drittens: eine Archäologie bleibt abstrakt, solange sie nicht in einem komplementären Gegensatzverhältnis zu einer *Teleologie* verstanden wird, d. h. zu einer fortschreitenden Gliederung von Gestalten oder Kategorien, in der sich der Sinn jeder einzelnen durch die späteren Gestalten oder Kategorien erhellt, nach dem Muster der Hegelschen Phänomenologie. Damit wird eine dritte, eigentlich *dialektische* Ebene sichtbar; und auf dieser Ebene beginnt sich die Möglichkeit abzuzeichnen, zwei gegensätzliche Hermeneutiken miteinander zu verschränken; Regression und Progression veranschaulichen nunmehr zwei mögliche Interpretationsrichtungen, deren Gegensätzlichkeit und Komplementarität uns verständlich wird. Diese Denkebene ist so wichtig, daß sie dem dritten Buch seinen Titel gibt: *Dialektik.* Jedoch sollte man ihre Bedeutung nicht überwerten. Gewiß ist der hier dargelegte Standpunkt ein zentraler; aber er ist nur ein Übergang; die Funktion einer Dialektik zwischen Regression und Progression, zwischen Archäologie und Teleologie ist es, von einer Reflexion, die ihre Archäologie begreift, zu einem Sym-.

bolverständnis überzuleiten, das in der Geburt des Wortes selbst die unteilbare Einheit seiner Archäologie und Teleologie abzulesen vermag. Die Dialektik ist nicht alles; sie ist lediglich ein Verfahren der Reflexion, ihre Abstraktion zu überwinden, sich zu konkretisieren, d. h. zu vervollständigen.

Viertens habe ich dem letzten Kapitel den Untertitel »Annäherungen an das Symbol« gegeben. Er erklärt den Haupttitel *Hermeneutik*. Ich habe nicht den Anschein erwecken wollen, als könnten wir schon jetzt die allgemeine Hermeneutik schreiben, in der man die Versöhnung der gegensätzlichen Interpretationen vollzogen sähe; zu dieser allgemeinen Hermeneutik wollte ich beitragen, indem ich versuchte, einige Aporien der psychoanalytischen Interpretation zu lösen, wie z. B. die der Sublimierung; die Lösung, die ich vorschlage, hat nur erkundenden Charakter; zumindest aber befugt sie mich, eine neue Formulierung des Problems zu wagen, das zu diesem Buch den Anstoß gab, nämlich des Konflikts – in mir selbst und außerhalb meiner in der zeitgenössischen Kultur – zwischen einer Hermeneutik, welche die Religion entmystifiziert, und einer Hermeneutik, die versucht, in den Symbolen des Glaubens eine mögliche Anrufung, ein Kerygma zurückzuerobern. Erst ganz am Ende also sehe ich die ersten Annäherungen an die Lösung des Problems, das doch schon zu Beginn meiner Untersuchung gestellt war. Daraus wird nicht nur ersichtlich, wie gewaltig die Frage, sondern auch, wie naiv unsere Forderung nach einer Antwort war. Daß der Weg zurück zum Ausgangspunkt so mühselig ist, rührt daher, daß das Konkrete die letzte Eroberung des Denkens ist.

Kapitel I
Erkenntnistheorie:
Zwischen Psychologie und Phänomenologie

In diesem ersten Kapitel möchte ich die methodischen Probleme wiederaufnehmen, die im ersten Teil der *Analytik* diskutiert wurden. Wir hatten dort eine immanente Prüfung der Freudschen Rede vorgenommen, ohne sie in die Gesamtheit der Rede über die menschliche Erfahrung zu stellen. Nunmehr gilt es, sie mit anderen Reden zu konfrontieren und in bezug auf diese ihr Hauptparadox zu rechtfertigen.
Wir werden zwei der Psychoanalyse äußerliche Anhaltspunkte wählen, die wissenschaftliche Psychologie einerseits und die Phänomenologie andererseits.
Es handelt sich keinesfalls darum, einen hinkenden Vergleich zu ziehen und die Psychoanalyse zwischen diesen beiden Polen hin und her schwanken zu lassen. Die beiden Phasen des Vergleichs enthalten selbst eine bestimmte Progression. Der Unterschied zwischen Psychoanalyse und wissenschaftlicher Psychologie, welcher der Gegenstand der beiden ersten Abschnitte sein wird, muß zuerst richtig verstanden werden, bevor der zweite Schritt getan werden kann. Diese erste Konfrontation zielt vor allem darauf ab, ein Mißverständnis zu beseitigen; es geht nämlich darum, der Versuchung zu widerstehen, die Psychoanalyse in eine allgemeine Psychologie behavioristischen Stils einzuschmelzen; eine solche Einschmelzung könnte unserer Meinung nach nur eine Konfusion bedeuten, die es abzuwehren gilt. Die zweite Konfrontation hat einen ganz anderen Sinn und führt sehr viel weiter: sie besteht in einer graduellen Annäherung mittels der phänomenologischen Methode an das, was der Psychoanalyse wirklich eigentümlich ist; der Phänomenologie mißlingt es, das Äquivalent der analytischen Erfahrung aus sich selbst heraus zu entwickeln; doch dieser Mißerfolg hat nicht die Bedeutung eines Mißverständnisses; er fördert vielmehr, am Ende einer Annäherung, einen Unterschied zutage.

1. Der erkenntnistheoretische Prozeß der Psychoanalyse

Die Psychoanalyse wurde, insbesondere in den angelsächsischen Ländern, einer strengen Prüfung hinsichtlich ihres wissenschaftlichen Charakters unterzogen. Erkenntnistheoretiker, Logiker, Semantiker und Sprachphilosophen haben ihre Begriffe und Aussagen, ihre Argumentation und ihre theoretische Struktur gesichtet und allgemein gefolgert, daß die Psychoanalyse den elementarsten Anforderungen einer wissenschaftlichen Theorie nicht genüge.

Die Analytiker reagierten darauf seis durch Flucht, seis durch eine Überbewertung der wissenschaftlichen Kriterien ihrer Disziplin oder auch durch Versuche einer »Umformulierung«, die darauf abzielten, sie für die Wissenschaftler akzeptabel zu machen. Gleichzeitig sind sie der »zerfleischenden Revision« entgangen, zu der meiner Meinung nach die Kritik der Logiker zwingt, die ich persönlich in folgendes Bekenntnis wenden möchte: »Nein, die Psychoanalyse ist keine Beobachtungswissenschaft, weil sie Deutung ist, eher der Geschichte vergleichbar denn der Psychologie.«

Ich werde nacheinander auf die Kritik der Logiker, die Umformulierungen innerhalb der Psychoanalyse und schließlich auf die von außen vorgeschlagenen Umformulierungen eingehen.

a) Die Kritik der Logiker

Mit Absicht beginne ich mit der »verheerendsten« Kritik, der, welche Ernest Nagel 1958 während eines »Symposions« in Washington über das Thema *Psychoanalysis, Scientific Method and Philosophy* vorbrachte.[1]

Wenn die Psychoanalyse eine »Theorie« ist, im Sinne etwa der Molekulartheorie der Gase oder der Theorie der Gene in der Biologie, d. h. eine Gesamtheit von Sätzen, die bestimmte beobachtbare Erscheinungen systematisieren, erklären und voraussagen, dann muß sie den gleichen logischen Kriterien genügen wie die Theorie der Natur- oder Sozialwissenschaften.

Zunächst muß sie die Fähigkeit zu empirischer Validierung besitzen;

---

1 Ernest Nagel, »Methodological issues in psychoanalytic theory«, in *Psychoanalysis, Scientific Method and Philosophy*. A Symposium edited by Sidney Hook, New York 1959, S. 38–56. Diese Untersuchung war eine Erwiderung auf die von Heinz Hartmann vorgelegte Methodendarstellung, »Psychoanalysis as a scientific method«, ibid., S. 3–37.

dazu muß man aus ihren Sätzen bestimmte Folgerungen ableiten können, ohne welche die Theorie selbst keinen bestimmten Inhalt hat; außerdem muß es bestimmte Verfahren geben (ob man sie nun Entsprechungsregeln, koordinierende oder operative Bestimmungen nennt), die es erlauben, diesen oder jenen theoretischen Begriff mit bestimmten und eindeutigen Fakten zu verknüpfen.

Es scheint aber, als ließe sich aus den energetischen Begriffen des Freudianismus nichts Präzises ableiten, da sie so vage und metaphorisch sind; sie mögen zwar sehr anschaulich sein, – einer empirischen Validierung jedoch sind sie nicht fähig; zudem beeinträchtigt eine unbezwingbare Ambiguität jede Koordinierung mit Verhaltenstatsachen, so daß sich nicht einmal sagen läßt, unter welchen Bedingungen die Theorie widerlegt werden könnte.[2]

Sodann muß die empirische Validierung einer Beweislogik genügen, wenn sie für evident gehalten werden soll. Es heißt, daß ihre Hauptmethode die Interpretation ist (abgesehen von ihrer Bestätigung durch die Entwicklungspsychologie und die Ethnologie). Unter welchen Bedingungen aber ist eine Interpretation gültig? Etwa weil sie kohärent ist oder weil der Patient sie akzeptiert oder weil sie dem Kranken Besserung bringt? Vor allem aber müßte diese Interpretation Objektivitätscharakter haben; dazu müßte eine Reihe voneinander unabhängiger Forscher Zugang zu demselben Material haben, das unter genau kodifizierten Bedingungen zusammengefaßt wäre. Sodann müßte es objektive Verfahrensweisen geben, damit zwischen den rivalisierenden Interpretationen entschieden werden kann; zudem müßte die Interpretation zu verifizierbaren Voraussagen Anlaß geben. Die Psychoanalyse ist aber nicht in der Lage, diesen Anforderungen zu genügen: ihr Material ist fest mit der besonderen Beziehung zwischen Analytiker und Analysiertem verbunden; der Verdacht, daß die Interpretation den Tatsachen durch den Interpreten aufgezwungen wird, läßt sich, mangels eines vergleichenden Verfahrens und einer statistischen Untersuchung, nicht zerstreuen; schließlich genügen die Angaben der Psychoanalytiker über die therapeutische Wirksamkeit nicht den elementarsten Verifizierungsregeln; da man die Besserungsgrade nicht durch Untersuchungen des Typs »Zuvor-Danach« genau feststellen, ge-

---

2 Dieses Argument ist von Michael Scriven entwickelt worden: »The experimental investigation of psychoanalysis«, ibid., S. 226–251.

schweige denn definieren kann, läßt sich die therapeutische Wirkung nicht mit der einer anderen Forschung oder Behandlung, ja nicht einmal mit dem Besserungsgrad bei spontanen Heilungen vergleichen; aus diesen Gründen ist das Kriterium des therapeutischen Erfolgs unbrauchbar.[3]

b) Die internen Versuche der Umformulierung

Dieser Angriff gegen die Psychoanalyse scheint mir nicht abwehrbar zu sein, wenn man es unternimmt, die Psychoanalyse in die Beobachtungswissenschaften einzureihen; einige Psychoanalytiker haben, um jenen Kriterien zu genügen, den Versuch unternommen, die Theorie in Termini umzuformulieren, die für die »akademische Psychologie« akzeptabel wären; Verfechter dieser Psychologie haben sie dabei unterstützt, bei allem guten Willen nicht ohne Mißtrauen, zuweilen jedoch mit dem aufrichtigen Wunsch, gewisse Tatsachen und Begriffe der Psychoanalyse in die wissenschaftliche Psychologie einzugliedern, zum Preis dessen, was zuweilen eine »operationelle Umgestaltung« genannt worden ist. Dieser Versuch kommt im übrigen zu einem Zeitpunkt, da der Tod der Theorien ein allgemeines Phänomen in den Geistes- und Sozialwissenschaften ist.

Um so dringlicher erscheint es, den Ort des Widerstands genau zu bestimmen, den der ursprüngliche Freudianismus diesen Versuchen entgegensetzt. Was dieser »Umformulierung« trotzt, ist gerade der hybride Charakter der Psychoanalyse, nämlich daß sich ihr Zugang zur Energetik einzig auf dem Wege der Interpretation vollzieht. Alles führt uns infolgedessen zur »Anomalie« zurück, die von der analytischen Interpretation gemeinsam mit den Geisteswissenschaften konstituiert wird. Sehen wir, wie weit dieser Weg führen kann.[4]

---

3 ibid., S. 228, 234 f.
4 Diese methodologische Revision in der psychoanalytischen Bewegung geht auf die wichtige Arbeit von Heinz Hartmann zurück, »Ichpsychologie und Anpassungsproblem«, *Internationale Zeitschrift für Psychoanalyse*, XXIV, 1939. Folgende Arbeiten habe ich herangezogen: Hartmann, Kris, Loewenstein, »Comments on the formation of psychic structure«, *The Psychoanalytic Study of the Child*, II (1946), 11–38; Kris, »The nature of psychoanalytic propositions and their validation«, in *Freedom and Experience*, ed. S. Hook and N. R. Konvetz, Cornell U. P. 1947; L. Kubie, »Problem and techniques of psychoanalytic validation and progress«, in *Psychoanalysis as Science*, ed. E. Pumpian-Mindlin, Stanford U. P. 1952; Else Frenkel-Brunswik, »Meaning of psychoanalytic concepts and confirmation of psychoanalytic theory«, *Scientific Monthly* 79 (1954),

Die Umformulierung muß zunächst auf der Ebene der allgemeinsten Prämissen geschehen, welche die Psychoanalyse zu einer Tatsachenwissenschaft machen. Rapaport stellt drei Thesen auf, welche die Tatsachen der Psychoanalyse in die beobachtbaren Tatsachen der wissenschaftlichen Psychologie einreihen.[5]

1. Der Gegenstand der Psychoanalyse ist das *Verhalten*; darin unterscheidet sie sich nicht wesentlich vom »empirischen Standpunkt« jeder Psychologie, höchstens darin, daß sie vom »latenten« Verhalten handelt.

2. Die Psychoanalyse teilt den »Gestalt«-Standpunkt, der die gesamte moderne Psychologie erobert hat und demzufolge jedes Verhalten integral und unteilbar ist; in dieser Hinsicht sind die »Systeme« und »Institutionen« (Es, Ich, Über-Ich) keine »Entitäten«, sondern Aspekte des Verhaltens; wir sagen, daß ein Verhalten »überdeterminiert« ist, wenn es auf mehrere Strukturen bezogen und auf vielfachen Ebenen analysiert werden kann.

3. Jedes Verhalten ist das Verhalten der ganzen Persönlichkeit; den Vorwürfen des Atomismus und Mechanismus zum Trotz genügt die Psychoanalyse dem »organismischen« Standpunkt, aufgrund all jener Verbindungen, die sie zwischen den Systemen und Institutionen des Subjekts herstellt.

Akzeptiert man diese dreifache Angleichung der Psychoanalyse an die von der wissenschaftlichen Psychologie allgemein anerkannten »Standpunkte« auf der Ebene der »Tatsachen« selber, dann ist es möglich, auch die »Modelle« neu zu formulieren, deren sich die analytische Theorie bedient, und sie den der akademischen Psychologie vertrauten »Standpunkten« anzugleichen.[6] Es ist interessant, die

---

293–300. Außerdem: »Psychoanalysis and the unity of science«, *Proceedings of the American Academy of Arts and Sciences*, 80 (1954). – Loewenstein, »Some thoughts on the interpretation in the theory and practice of psychoanalysis«, *The Psychoanalytic Study of the Child*, XII (1957). – Rapaport and Gill, »The points of view and assumptions of metapsychology«, *International Journal of Psychoanalysis*, Bd. 40, Nr. 1 (1959). – Und vor allem: D. Rapaport, »The structure of psychoanalytic theory (a systematizing attempt)«, in *Psychology, A Study of a Science*, ed. S. Koch, New York 1958, Bd. 3, S. 55–183.

5 H. Hartmann in *Psychoanalysis*, ed. Sidney Hook, S. 3–16. Rapaport, *The structure ...*, S. 82–104. Die Arbeit von Rapaport ist sehr bezeichnend; er mußte in den Fragekomplex von Koch eindringen und der Psychoanalyse Fragen stellen, die ihr fremd sind, wie z. B. die der Rolle der »unabhängigen, vermittelnden und abhängigen Variablen« und der »Quantifizierung« ihrer Gesetze.
6 op. cit., S. 67–82.

Freudsche Metapsychologie in ein Bündel »distinkter Modelle« zu zerlegen, auch wenn man sie danach mittels eines »kombinierten Modells« wieder vereinheitlicht.

Der topische Standpunkt wird auf diese Weise mit dem Reflexbogen-Modell verglichen; der psychische Apparat reagiert mittels verschiedener Teile.

Der ökonomische Standpunkt wiederum ist ein Aspekt des entropischen Modells: von der Spannung zur Spannungsverminderung; jedes motivierte Verhalten kann unter dieses Modell fallen; die Wunscherfüllung und das Lustprinzip sind seine ersten Anwendungen und, indirekt, auch das Realitätsprinzip, insofern es ein einfacher Umweg des Lustprinzips bleibt.

Die »Stufen«-Theorie, die Rolle der Fixierung und der Regression unterstehen einem genetischen Standpunkt; zudem ist es mit Hilfe von Haeckels biogenetischem Gesetz möglich, Phylogenese und Ontogenese in Übereinstimmung zu bringen, wie es in TOTEM UND TABU geschieht; darin ist die Psychoanalyse den Lerntheorien vergleichbar, ohne sie freilich je einzuholen, insofern sie mehr die Rolle und die Bedeutung der ursprünglichen Erfahrungen in der menschlichen Erfahrung betont; doch in ihrem eigenen Stil entwickelt sie sich parallel zu einer Lerntheorie, z. B. aufgrund ihrer Untersuchung der Objektwahl und ihrer evolutiven Geschichte der Systeme Ich und Über-Ich.

Schließlich kann man von einem Jacksonschen Modell bei Freud sprechen: die Systeme bilden eine Hierarchie von Integrationen, in der das Übergeordnete das Untergeordnete hemmt oder steuert. Die Überlagerung von sekundärem und primärem System sowie die damit zusammenhängenden Begriffe der Zensur, Abwehr und Verdrängung gehören offensichtlich zu diesem Typus. In diesem Sinne ist das Jacksonsche Modell das wichtigste; Topik, Ökonomik, Genetik sind in allen Freudschen Begriffen, die um den Konfliktbegriff kreisen, mit ihm verbunden.[7]

---

[7] Ausgehend vom entropischen oder ökonomischen Modell erarbeitet Rapaport ein »kombiniertes Modell« (S. 71 ff.); das Jacksonsche Modell erlaubt es in der Tat, ein Hierarchieprinzip zwischen einer primären und einer sekundären Form des ökonomischen Modells einzuführen. Und seinerseits kann das Lustprinzip, Charakteristikum der primären Form, den Leitfaden in den drei Bereichen der Aktion (impulsive Aktion), der Wahrnehmung (Quasi-Halluzination) und des Affekts (z. B. Affektabfuhr, Angst) liefern. Das sekundäre System legt sodann

Diese Modelle können nun mit »Standpunkten« verglichen werden, die heute von allen Psychologen anerkannt sind:
1. Jedes Verhalten ist Teil einer genetischen Reihe; die Phänotypen und Genotypen von Lewin gehören zum selben genetischen Standpunkt. Freuds Verdienst ist es, den genetischen Standpunkt dem ökonomischen untergeordnet zu haben.
2. Jedes Verhalten enthält unbewußte »entscheidende Determinanten«. Jede Psychologie stößt auf unbemerkte Bedingungen; Freud aber thematisiert dieses Unbemerkte, erschließt es mit Hilfe einer Untersuchungsmethode, entdeckt die Eigengesetze dieser Faktoren und erkennt auf diese Weise, was *noticeable* werden kann und was nicht, wobei er jedoch die eine wie die andere Gruppe von Faktoren im Bereich der Psychologie und nicht der Biologie beläßt.
Um diesen Tatsachen Rechnung zu tragen, hat Freud den »topischen« Standpunkt (Unbewußt, Vorbewußt, Bewußt) und dann den »strukturalen« Standpunkt (Es, Ich, Über-Ich) erarbeitet; aber schon die Begriffe Primär- und Sekundärsystem sowie die Technik der Konflikte implizierten diesen Übergang. Und seinerseits kündigt der strukturale Standpunkt, durch den Gebrauch der Gegenbesetzung, die heutige Entwicklung der *Ichpsychologie* an.[8]
3. Jedes Verhalten ist letztlich triebbestimmt: dieser dynamische

seine Abwehr- und Kontrollstrukturen darüber; die Gegenbesetzung ist also ein anderer Name für die integrierende Kontrolle des Jacksonschen Modells; die Erhöhung der Schwellenintensität durch Gegenbesetzung sichert »die funktionelle Autonomie« – um mit Allport zu sprechen – jener »Strukturen« mit langsamer Veränderung, die Freud Systeme oder Instanzen genannt hat. Gleichzeitig wirkt der strukturale Standpunkt auf den entropischen ein, da die Aufrechterhaltung höherer Strukturen und ihre Autonomie nicht die systematische und allgemeine Verminderung aller Spannungen erheischen, sondern eine Abfuhr, die vereinbar ist mit der zur Aufrechterhaltung der Kontrollstrukturen notwendigen Spannungen. – Damit wird das Wesentliche des ENTWURFS von 1895, des VII. Kapitels der TRAUMDEUTUNG, der metapsychologischen Schriften und des Aufsatzes HEMMUNG, SYMPTOM UND ANGST bewahrt.
8 »The genetic character of the psychoanalytic theory is ubiquitous in its literature. The concept of ›complementary series‹ is probably the clearest expression of it: each behavior is part of a historical sequence shaped both by epigenetic laws and experience; each step in the sequence contributed to the shaping of the behavior and has dynamic, economic, structural, and contextual-adaptive relationships to it. Such complementary series do not constitute an ›infinit regress‹; they lead back to a historical situation in which a particular solution of a drive demand was first achieved, or a particular appartus was first put to a certain kind of use.« Rapaport, *The structure* . . ., S. 87.

Standpunkt hat seit langem die Vorurteile der alten empirischen Psychologie und ihre *Tabula rasa* überwunden; die Psychologie hat für Kant und gegen Hume votiert. Doch Freuds Verdienst ist es, den Vorrang der Sexualität in dieser Triebdynamik erkannt und damit die wilde Wurzel unserer Kultur gefunden zu haben.

4. Jedes Verhalten verfügt über psychische Energie und wird von dieser reguliert. Das Interessanteste ist hier nicht der energetische Charakter des Triebs, sondern der der Regulierung; alles, was Freud über die gebundene Energie gesagt hat, über die Arbeit des Seelenlebens unter Verwendung kleinster Energiebeträge, über die Herabsetzung der Abfuhrtendenz mittels Erhöhung der Reizschwellen, über Neutralisierung und Desexualisierung, findet Bestätigungen oder Parallelen bei Lewin und mehr noch in den Begriffen der *power engineering* und *information engineering* der Kybernetik. Freuds Verdienst ist es, daß er zeigt, wie sich diese Regulierung mit Hilfe der Entlehnungsenergie der Triebabkömmlinge vollzieht.

5. Jedes Verhalten wird durch die Realität bestimmt. Dieser adaptive Standpunkt eignet nicht nur der Psychologie mit ihrem fundamentalen Reiz-Reaktions-Schema, sondern auch der Biologie, in der die Realität die Rolle der Umwelt spielt, und sogar der Erkenntnistheorie, in der sie Objektivität heißt. Die Psychoanalyse schließt sich, mit ihren sukzessiven Realitätstheorien, diesem Standpunkt an: die Realität war zuerst das, was der Neurotiker zurückweist; sodann war sie die Objektphase des Triebes, das Korrelat des Sekundärvorgangs, und schließlich und vor allem das Anpassungsfeld des Ichs.[9]

9 Rapaport unterscheidet in der Psychoanalyse fünf verschiedene Konzeptionen der Realität: vor 1900 ist die Realität die Zielscheibe der Abwehr, wobei diese gegen die Erinnerung an ein reales Ereignis gerichtet ist, um dessen Rückkehr zu verhindern. In der Theorie von 1900 bis 1923 (mit Ausnahme des Aufsatzes von 1911) ist die Realität auf das Triebobjekt zentriert und durch die Sekundärvorgänge definiert (Aufschub, Umweg, Urteil). Die dritte Konzeption der Realität ist mit der ersten Formulierung der Ichpsychologie in den FORMULIERUNGEN ÜBER DIE ZWEI PRINZIPIEN ... von 1911 verknüpft; die Realität ist das Gegenüber einer Struktur, die nicht mehr eine bloße Abwehr- und Konfliktstruktur ist; das Ich hat eine versöhnende und schlichtende Funktion. In der vierten Auffassung, der von Hartmann, ist das Ich an die Realität vorangepaßt oder potentiell angepaßt aufgrund seiner Apparate primärer Autonomie; aber es bleibt noch eine Dualität zwischen psychische Realität und äußerer Realität bestehen. In der fünften Auffassung, der von Erikson, ist der Mensch nicht nur an eine durchschnittlich zu erwartende Umwelt angepaßt, sondern an eine

Dieser »adaptive« Standpunkt hat ein Korollarium hervorgebracht, das mit Recht in der amerikanischen Psychoanalyse einen gesonderten Standpunkt bildet: »Jedes Verhalten ist gesellschaftlich determiniert«; auch der klassische Freudianismus enthält bereits dieses Thema, das ihn der Sozialpsychologie annähert (Theorien über die Objektwahl nach dem Anlehnungstypus, über den Ödipuskomplex und die Identifizierung etc.), ohne daß man die Dissidenten, die Neufreudianer der kulturalistischen Schule, eigens nennen müßte.
Mit Hilfe all dieser Annäherungen kann die Psychoanalyse in die wissenschaftliche Psychologie mit ihren Schwerpunkten der Anpassung, der Strukturierung und der Evolution einbezogen werden. Der Beitrag der Psychoanalyse besteht darin, daß sie das entropische Modell geltend macht und damit zugleich den auf den Primärvorgang bezogenen Triebwirkungen besondere Aufmerksamkeit schenkt, während die akademische Psychologie der sensoriellen Erfahrung und dem Lernprozeß den Vorrang gibt. Aber die Rollen sind im Begriff, sich zu vertauschen. Einerseits dehnt die zeitgenössische Motivationspsychologie das Gebiet der akademischen Psychologie auf das der Psychoanalyse aus; andererseits stellt sich die Psychoanalyse durch ihre Umformulierung in Begriffen der genetischen Anpassung und progressiven Strukturierung wieder in das Feld der allgemeinen Psychologie. Die Entwicklung der Psychoanalyse in Richtung auf eine *Ichpsychologie* seit der großen Arbeit von Hartmann aus dem Jahre 1939 (vgl. Fn. 4) hat diese Evolution beschleunigt, da die Ich-Funktionen hauptsächlich Anpassungsfunktionen sind.
Auf diese Weise knüpfen sich immer engere Fäden zwischen Psychoanalyse und wissenschaftlicher Psychologie.

c) »Operationalistische« Umformulierungen

Leider befriedigt diese Angleichung der Psychoanalyse an die Beobachtungspsychologie nicht den Psychologen und berücksichtigt nicht das der Psychoanalyse Eigentümliche.
Nicht irgendeine vage Verwandtschaft zwischen Psychoanalyse und Psychologie kann unseren Beifall finden, sagen jene Psychologen, die sich in der Erkenntnistheorie auskennen; damit die Psychoanalyse

weit gefächerte, nicht mehr »objektive«, sondern soziale Umwelt. (op. cit., S. 97–101)

den Minimalforderungen der Wissenschaftstheorie genüge, müßte eine vollständige »Umformulierung« in der »operationalen Sprache«, wie Bridgeman es nennt[10], vorgenommen werden. In Wahrheit entspricht einzig der Behaviorismus einem strengen Operationalismus; bei Skinner[11] findet sich die rigorose Verbindung der operationalistischen und der behavioristischen Forderungen.

Dieser strenge Operationalismus kann die psychoanalytische Theorie und all jene Begriffe, die um die Vorstellung des psychischen Apparats kreisen, nur als gefährliche Metaphern vom Phlogiston-Typ sehen; die psychoanalytische Theorie bedeutet unter erkenntnistheoretischem Aspekt keinen entscheidenden Fortschritt gegenüber dem Animismus und dessen Surrogaten (Dämon, Geist, Homunculus, Persönlichkeit). »Das explikative Schema von Freud«, schreibt Skinner, »folgt dem traditionellen Modell, das dazu auffordert, die Ursache des menschlichen Verhaltens im Innern des Organismus zu suchen«; diese »traditionelle Fiktion eines Seelenlebens«[12] – das, was Gilbert Ryle *The ghost in the machine* nannte – führt dazu, etwas zu setzen, das sich nicht beobachten läßt und auf das man nicht einwirken kann; für den Operationalismus aber kommen einzig auf Variable der Umwelt bezogene Veränderungen des Organismus in Betracht. Skinner beschuldigt Freud sogar, er habe nur für solche Aspekte des Verhaltens Interesse gezeigt, die als Äußerungen von Seelenvorgängen betrachtet werden können, und damit das Beobachtungsfeld erheblich eingeschränkt. Und er kann folgern, daß die Konzeption des psychischen Apparats, die Freud der Psychoanalyse aufgenötigt hat, die Eingliederung dieser Disziplin in den Kor-

---

10 P. W. Bridgeman, »Operational analysis«, *Philosophy of Science*, 5 (1938), 114–131; »Some general principles of operational analysis«, *Psychological Review*, 52 (1945), 246–249.
Siehe auch Else Frenkel-Brunswik, »Meaning of psychoanalytic concepts and confirmation of psychoanalytic theories«, *Scientific Monthly*, 79 (1954), 293–400.
11 B. F. Skinner, *Science and human behavior*, New York 1953; »Critique of psychoanalytic concepts and theories«, *Scientific Monthly* (1954), abgedruckt in *Minnesota Studies in the Philosophy of Science* I, The foundations of science and the concepts of psychology and psychoanalysis, ed. Herbert Feigl und Michael Scriven, Minnesota U. P. 1956, S. 77–87. Dieser Band ist von großer Bedeutung: Herbert Feigl und Rudolf Carnap erarbeiten dort eine allgemeine Theorie der theoretischen Wissenschaftssprache in der Perspektive des logischen Positivismus. Dort finden sich auch die unten zitierten Aufsätze von Albert Ellis und Antony Flew.
12 *Minnesota Studies* ... I, S. 79 f.

pus der eigentlichen Wissenschaft verzögert habe. Skinner hat zwar Recht mit seiner Forderung, daß alle behaupteten Kräfte, wenn sie den Naturkräften homogen sein sollen, quantifiziert werden müssen. Aber ihm entgeht vollkommen, daß eine operationalistische Definition aller Termini der Psychoanalyse nur ein Notbehelf ist, mit dem man im Rahmen der Verhaltenspsychologie die Resultate einer ganz anderen Denkarbeit umschreibt, die der analytischen Deutung. Wir werden darauf zurückkommen, da dies der Hauptgegenstand unserer Diskussion sein wird.

Eine Umformulierung der Psychoanalyse kann also lediglich in einer modifizierten oder revidierten Form des Operationalismus versucht werden.[13] Dieser verlangt, daß »eine Aussage, um in operationalen Termini relevant zu sein, an irgendeinem Punkt mit Beobachtbarem verknüpft werden muß«. Nur eine einzige Forderung ist irreduzibel: eine Aussage oder eine Hypothese muß sich in irgendeiner Weise bestätigen, d. h. auf signifikative Weise mit irgend etwas Verifizierbarem verknüpfen oder in Korrelation bringen lassen.[14]
Ausgeschlossen sind damit die hypothetischen Konstruktionen und die Abstraktionen höherer Ordnung, nicht jedoch die Abstraktionen niederer Ordnung: die Verifizierung dieser letzteren darf sogar unvollständig oder mittelbar sein. In dieser Hinsicht können sogenannte *intervening variables or dispositional concepts* eingeführt werden. Hypothetische Konstruktionen – Wesen, Phlogiston, Äther, Es, Libido – mögen heuristisch wünschbar sein, haben aber der Wissenschaft mehr geschadet denn genützt.[15]
Wenn eine »Umformulierung« des Freudianismus möglich ist, muß sie in einer Sprache stattfinden, die sich einzig und allein von zwei »Observablen« oder »Tatsachen« herleitet: Wahrnehmung und Reaktion. Um diese Bezugssprache zu konstituieren, genügt es, in diesen empirischen Begriffen der Wahrnehmung und Reaktion die an-

---

13 Albert Ellis, »An operational reformulation of some of the basic principles of psychoanalysis«, *Minnesota Studies* ... I, S. 131–154.
14 »Modern empiricism, in fact, seems to have only one invariant requisite: namely, that in some *final* analysis, albeit most indirectly and through a long network of intervening constructs, a statement or hypothesis must in some manner (or in principle) be confirmable – that is, significantly tie-able to or correlatable with some kind of observable. In thereby rules out sheer metaphysical speculation but keeps the door widely open for all other hypotheses«, A. Ellis, l. c., S. 135.
15 ibid., S. 136, S. 150 ff.

deren zur Erklärung des menschlichen Verhaltens notwendigen oder nützlichen Konstruktionen zu »verankern«; so wird man z. B. zwischen bewußter und unbewußter Wahrnehmung unterscheiden, wobei man »unbewußt« nennt, was man wahrnimmt, ohne wahrzunehmen, daß man es wahrnimmt; als relevant für das Lernen wird man alle Organisationen und Reorganisationen der Wahrnehmung und Reaktion ansehen und den Wahrnehmungen die Prädikate gut, schlecht, angenehm, unangenehm, nützlich, schädlich beigeben, um in das Schema Faktoren der Bewertung, der Emotion, des Wunsches einzuführen, die man als Reaktionen auf jene beigeordneten Prädikate betrachtet.

Ich werde nicht diejenigen »operationalen Umformulierungen«[16] anführen, die den Freudschen Hypothesen substituiert wurden (welche im übrigen der schulhaftesten Darstellung Freuds entnommen sind: ABRISS DER PSYCHOANALYSE): Es, Ich, Über-Ich, Eros, Todestrieb, Sexualleben, anale und orale Erotik, phallische Phase, Verdrängung, Libido, Ödipuskomplex, Ichabwehr etc.[17] werden auf diese Weise in eine Sprache übersetzt, die völlig von den beiden anfänglichen Observablen abgeleitet ist.

In dieser »Umformulierung« wurde schlichtweg vergessen, daß nichts von alledem als Reaktionen auf Reize »beobachtbar« ist, auch nicht indirekt; bevor es »umformuliert« werden konnte, wurde dies alles in der analytischen Situation – d. h. einer Sprachsituation – »interpretiert«.

Neben der hier untersuchten »Umformulierung« muß die wichtige Arbeit von Madison über den Begriff der Verdrängung und der Abwehr zitiert werden.[18] Wir haben sie schon einmal herangezogen,

---

16 ibid., S. 140-150.
17 Es ist bemerkenswert, daß zwei Gruppen von Hauptbegriffen des Freudianismus nicht rückübersetzt werden und es nicht werden dürfen: a) die der Psyche, des Seelenlebens, der psychischen Qualitäten; b) die der psychischen Energie und Besetzungsenergie: dies sind überholte Konstruktionen aus dem 19. Jahrhundert und zugleich »redundante« Begriffe im Vergleich zu den *behavioral intervening variables* (S. 151). Es sind aber meiner Meinung nach zwei ontische Begriffe, welche die beiden Bereiche der Rede regulieren, den der Interpretation und den der Erklärung, eben jene, die die Psychoanalyse in ihrer gemischten Rede zusammenfaßt.
18 Peter Madison, *Freud's concept of repression and defense, its theoretical and observational language*, Minnesota U. P. 1961. Vgl. oben, S. 148, Fn. 58, die gedrängte Darstellung dieses Werkes.

um die verschiedenen Bedeutungen des Freudschen Begriffs der Verdrängung zu ordnen. Den präzisen Vorschlag des Autors aber hatten wir ausgeklammert; er bestand darin, diesen Begriff an den erkenntnistheoretischen Kriterien von Carnap und Nagel zu prüfen. Madison versucht zunächst, die Definitionen aller theoretischen Termini eindeutig und kohärent zu gestalten: Verhältnis zwischen Abwehr und Verdrängung; Unterscheidung zwischen geglückter und mißglückter Abwehr; hier wiederum Unterscheidung zwischen repressiven und nicht repressiven Abwehrvorgängen; Gliederung zwischen primärer und sekundärer Verdrängung (wir selbst sind in unserer Analyse des Verdrängungsbegriffs diesem Leitfaden gefolgt). Seine Hauptarbeit besteht darin, eine Korrelation zwischen dieser theoretischen Sprache und einer Beobachtungssprache herzustellen, zu der sich die erstere mit Hilfe von Entsprechungsregeln und koordinierenden oder operativen Bestimmungen in Verbindung bringen ließe. Der Konflikt zwischen Trieb und Gegenbesetzung, dessen Manifestationen Verdrängung und Abwehr sind, würde somit dem nicht beobachtbaren physikalischen Begriff der »atomaren Schwingung in festen Körpern« oder der »Geschwindigkeit der regellosen Molekularbewegungen in flüssigen Körpern und Gasen« entsprechen, deren Manifestation die Temperatur ist. Auf der Ebene der Beobachtungssprache wären Symptome, »entstellte« und »entfernte« Zeichen (Träume, Phantasien, Wortspiele etc.), mannigfache Hemmungen in den Affekten oder dem Verhalten, Widerstand in der therapeutischen Situation, den subjektiven und objektiven »Indikatoren« der Temperatur vergleichbar; schließlich besäßen die besonderen Techniken, mit denen diese Indikatoren in der Physik quantifiziert werden, ihre Entsprechung in den quantifizierbaren Aspekten des Widerstandsverhaltens (Periode der Einfallslosigkeit, Veränderungen des Traumtextes von einer Nacherzählung zur anderen). Madison meint, daß die verschiedenen Äußerungen der Verdrängung sich ebenso mühelos für eine Übersetzung in die Beobachtungssprache eignen wie die Manifestationen der Temperatur, wenn man nur die als »Indikatoren« der Verdrängung angenommenen Formen des Widerstands korrekt unterteilt (Verdrängungswiderstand, Übertragungswiderstand, Widerstand wegen Krankheitsgewinn, Widerstand des Unbewußten, Widerstand durch Schuldgefühl).

Die Arbeit von Madison unterscheidet sich von allen anderen Versuchen der Umformulierung darin, daß sie wirklich auf der Ebene der analytischen Arbeit steht, und zwar durch die Wahl dieser »Indikatoren« der Verdrängung: Widerstand, mannigfache Abwehrverfahren (Amnesie, Konversion, Isolierung etc.), Affekt- und Verhaltenshemmung, Grade der Entstellung und Entfernung der Abkömmlinge des Unbewußten. Für alle diese – korrekt unterteilten – »Indikatoren« schlägt Madison angemessene quantitative Verfahren vor. Er kann folgern, daß »die Verdrängung im Prinzip meßbar ist, wenn auch im Augenblick nicht tatsächlich, mangels geeigneter Techniken«[19]; nur eines ist zu beachten: daß man die therapeutische Situation nicht verläßt, da die experimentelle Situation niemals das Äquivalent der Verdrängung archaischer Motive oder solcher Motive, die eine enge assoziative Bindung zu ihnen unterhalten, künstlich erzeugen kann. Aber Madison räumt ein, daß einige Teile der Verdrängungstheorie sich weder beobachten noch messen lassen: er nennt die infantile Verdrängung, das Kastrationstrauma, die Äußerung der Triebe im Traum; diese Vorgänge gehören in den Bereich der Hypothese, nicht der Beobachtung; das war z. B. bereits bei der Gleichung der Fall, die Freud zwischen der Angst des kleinen Hans, von Pferden gebissen zu werden, und der Kastrationsangst aufstellte: »In dem Maße, indem die Analytiker den Ödipuskomplex nur auf einer solchen symbolischen Grundlage erschließen, läßt er sich nicht in Termini der Beobachtung ausdrücken und ist infolgedessen auch im Prinzip nicht meßbar.«[20] Und kurz darauf: »Das Kastrationstrauma ist nicht beobachtbar, wenn es stimmt, daß es immer auf einer symbolischen oder einer anderen indirekten Grundlage erschlossen wird, die ihrerseits wieder von späteren theoretischen Hypothesen abhängt, die in den verschiedenen Freudschen Übersetzungsregeln impliziert sind.«[21] Unter Übersetzungsregeln versteht der Autor die Symbolisierung und im allgemeinen alle Mechanismen der Traumarbeit. Diese von Madison erkannte Grenze führt uns in Wahrheit zum Problem der Interpretation zurück. Dieses aber tritt nicht nur in den Fällen auf, in denen man weder beobachten noch messen kann; die Interpretation deckt die Gesamtheit des ins Auge gefaßten Bereichs, von dem sich nur ein Teil in die Beobachtungssprache übersetzen läßt. Auch nimmt der Ödipuskomplex in

---

19 ibid., S. 190.
20 ibid.
21 ibid., S. 192.

der Freudschen Theorie eine so zentrale Stelle ein, daß man ihn schwerlich für einen nicht beobachtbaren und nicht meßbaren Teil der Verdrängungstheorie halten kann, ohne das in Frage zu stellen, was Madison schließlich den »Freudschen Dogmatismus hinsichtlich der Sexualität«[22] nennt. So glaubt Madison auch, einen wichtigen Teil des Freudschen Systems nur unter der Bedingung retten zu können, daß man die *reale* Sexualität, ein der Beobachtung unterworfenes Motiv, von der Sexualität sondert, die im Rahmen der Freudschen Übersetzungsregeln lediglich *behauptet* werden kann und keiner Beobachtungssprache untersteht. Wer sähe nicht, daß eine solche Unterscheidung zwischen *beobachteter* und *interpretierter* Sexualität den Untergang des Freudianismus bedeutet? So interessant das Unternehmen Madisons auch sein mag, so ernsthaft vor allem seine Lektüre Freuds und seine partielle Umschrift in eine Beobachtungssprache, – sein Buch unterstreicht die Unfähigkeit der Psychologie positivistischer Prägung, ein Äquivalent für die Beziehungen von Signifikant zu Signifikat zu liefern, welche die Psychoanalyse unter die hermeneutischen Wissenschaften einreihen.

2. Die Psychoanalyse ist keine Beobachtungswissenschaft

Gehen wir in umgekehrter Reihenfolge die Phasen dieses erkenntnistheoretischen Prozesses der Psychoanalyse noch einmal durch.
a) Die Kritik der Operationalisten und ihre Forderung nach einer Umformulierung liefern eine brauchbare Ausgangsbasis.
b) Indem wir erkennen, warum die Psychoanalyse ihrer Forderung nicht zu entsprechen vermag, können wir verstehen, welch subtiler Verrat am Geist der Psychoanalyse sich hinter diesen aus der psychoanalytischen Bewegung selbst stammenden Versuchen, mit dem Behaviorismus einen Kompromiß zu schließen, verbirgt.
c) Schließlich werden wir auf die radikalste Kritik zurückgeworfen sein, auf die der Wissenschaftslogik. Wir werden ihr das Eingeständnis machen, das sie verlangt: daß die Psychoanalyse keine Beobachtungswissenschaft ist. Es bleibt, dieses Eingeständnis in eine Entgegnung umzuwandeln.

---

22 ibid., S. 191.

a) Gegenüber dem »Operationalismus«

Ich bestreite nicht, daß man das Recht hat, die Psychoanalyse in operationalistischen Termini »umzuformulieren«; es ist unvermeidbar und wünschenswert, daß die Psychoanalyse mit der Psychologie und den anderen Wissenschaften vom Menschen konfrontiert wird und daß man versucht, ihre Ergebnisse durch diejenigen anderer Wissenschaften zu bestätigen oder zu entkräften. Nur sollte man wissen, daß diese Umformulierung lediglich eine Umformulierung ist, d. h. eine in bezug auf jene Erfahrung zweitrangige Operation, auf deren Basis die Freudschen Begriffe eingeführt wurden. Die Umformulierung kann sich nur auf tote, von der analytischen Erfahrung losgelöste Ergebnisse beziehen, auf isolierte Definitionen, die von ihrem Ursprung in der Interpretation abgeschnitten und den schulhaften Darstellungen entlehnt sind, wo sie bereits zu bloßen magischen Wörtern herabgesunken sind.

Wenn man die Originalität der ersten Begründung dieser Begriffe im Vergleich zu der der behavioristischen Psychologie verkennt, gibt es keine Möglichkeit mehr, die Psychoanalyse als einen gesonderten Zweig der alleinigen Verhaltenspsychologie zu retten. Unweigerlich muß man nach und nach den radikalsten Operationalisten recht geben und die Psychoanalyse für eine zurückgebliebene Form der Beobachtungstheorie und ihre Hypothesen für Metaphern vom Phlogiston-Typ halten. Der Unterschied besteht von Anfang an oder niemals: die Psychologie ist eine Beobachtungswissenschaft, die sich auf die Tatsachen des Verhaltens bezieht, – die Psychoanalyse eine exegetische Wissenschaft, die sich auf die Sinnbezüge zwischen den Ersatzobjekten und den ursprünglichen (und verlorenen) Triebobjekten bezieht. Die beiden Disziplinen weichen von Anfang an voneinander ab, und zwar gerade auf der Ebene des Ausgangsbegriffs der Tatsache und des Erschließens aufgrund von Tatsachen.

Bemerkenswert ist, daß gerade die angelsächsischen Philosophen, um die Sprachanalyse besorgt, am nächsten daran waren, den Eigencharakter der psychoanalytischen Sprache und ihr wahres Gültigkeitsniveau zu erkennen.[23]

---

23 Diese Diskussion über den »logischen Status« der Psychoanalyse hat in der Zeitschrift *Analysis* begonnen und kreiste im wesentlichen um die Begriffe des Motivs und der Ursache: Stephan Toulmin, »The logical status of psychoanalysis«, *Analysis* 9, 2, S. 148 (abgedruckt in *Philosophy and Analysis*, ed. Margaret Macdonald, Oxford 1954, S. 132–139); Antony Flew, »Psycho-analytic ex-

Einer von ihnen geht von der Anomalie dieser Sprache selbst aus; die Sätze des Analytikers, bemerkt er, lassen sich nicht zu denjenigen zählen, die das menschliche Verhalten in Termini der »behaupteten Ursache« (*stated reason*) »erklären« (Ich mache dies, weil ...) (Satz E_1), auch nicht in Termini der »berichteten Ursache« (*reported reason*) (Er sagt, er tut dies, weil ...) (Satz E_2), und auch nicht in Termini der »kausalen Erklärung« (weil er eine Kokainspritze bekommen hat) (Satz E_3). E_1 kann nicht falsch sein, auch nicht auf evidente Weise verifiziert werden; E_2 kann falsch sein, aber nur durch einen Satz E_1 verifiziert werden; E_3 kann falsch sein und durch tatsächliche Beobachtungen verifiziert werden. Die analytische Erklärung ist eine andere Form der Aussage, E_4, die von E_1, E_2 und E_3 gleich weit entfernt ist; d. h., die psychoanalytischen Sätze unterscheiden sich ebensosehr von der kausalen Erklärung wie von der behaupteten oder berichteten Motivation.[24] Am Ende der analytischen Kur ist die Aussage E_4 für das Subjekt ein plausibles behauptetes Motiv geworden; für ein anderes Subjekt, das sie als Rechenschaftsbericht akzeptiert, ist sie ein plausibles berichtetes Motiv geworden; für den Analytiker ist sie lediglich eine plausible kausale Geschichte, solange sie nicht in das psychologische Feld des Kranken integriert worden ist; dieses Anpeilen des erkenntnistheoretischen Ortes der psychoanalytischen Sätze setzt voraus, daß die Zuflucht zum Motiv nicht auf eine Zuflucht zur Ursache zurückgeführt werden kann, daß zwischen Motiv und Ursache ein totaler Unterschied besteht.

planation«, *Analysis* 10, 1, 1949 (*Philosophy and Analysis*, S. 139–148); Peters, »Cure, cause and motive«, *Analysis* 19, 5, 1950 (*Philosophy and Analysis*, S. 148–154). Dazu noch Antony Flew, »Motives and the unconscious«, *Minnesota Studies* ... I, S. 155–172.

24 Toulmin zeigt mit viel Geschick und Genauigkeit, daß sich dieser vierte Typ von Sätzen, E_4, mit drei gemischten Satztypen einkreisen läßt. E_{14}, E_{24}, E_{34}: E_{14} ist dem Typus »behauptete Ursache« (*stated reason*) ähnlich; z. B.: *I found myself wishing that I was alone with her*; E_{24} ist dem Typus »berichtete Ursache« (*reported reason*) ähnlich; z. B.: *he behaved for the moment as though he hated the sight of her*; E_{34} schließlich ist dem Typus »kausale Erklärung« (*causal explication*) ähnlich; z. B.: *he behaved like that because his father used to beat him violently as a child*. Keiner dieser Sätze ist ein psychoanalytischer Satz, aber alle drei kreisen den Kern ein: »the kernel of Freud's discovery is the introduction of a technique in which the psycho-therapist begins by studying the motives for rather than the causes of neurotic behavior« (Toulmin, l. c., S. 138).

Ich kann dieser Analyse nur zustimmen: die Sätze der Psychoanalyse stehen weder in der kausalen Rede der Naturwissenschaften noch in der motivierenden Rede der Phänomenologie. Weil sie sich auf eine psychische Realität bezieht, spricht sie von Motiven und nicht von Ursachen; weil aber das topische Feld im Vergleich zu jeder Bewußtwerdung verschoben ist, ähnelt ihre Erklärung einer kausalen Erklärung, ohne je mit dieser zu verschmelzen, da sie sonst alle ihre Begriffe verdinglichen und die Interpretation selbst mystifizieren würde. So man will, kann man unter *der* Bedingung von behaupteter oder berichteter Motivation sprechen, daß man diese Motivation in ein der physischen Realität analoges Feld »verschiebt«. Gerade dies tut die Freudsche Topik. Nimmt man jedoch diesen gemischten Charakter der psychoanalytischen Aussagen als erkenntnistheoretische Basis, dann ist man zu einem der drei folgenden Schlüsse verurteilt, die von den Protagonisten der Kontroverse in *Phylosophy and Analysis* diskutiert wurden:

Entweder muß man mit A. Flew einen Widerspruch aufzeigen zwischen der Freudschen »Praxis« einerseits, die sich auf Motive (z. B. die eines Zwangsrituals), Intentionen (z.B. eine Fehlleistung) und Bedeutungen (von Symptomen, Träumen etc.) bezieht, und der Freudschen »Theorie« andererseits, die diese selben Phänomene als »psychische Antezendenzien« behandelt, die es in irgendeiner unbekannten Gegend zu entdecken gilt, wie Christoph Columbus Amerika entdeckte; diese »reale Ursache« der realen Tatsachen kann dann nur zu einer »unverbindlichen Vervielfältigung zweifelhafter Entitäten« führen, deren nicht geringstes Unrecht darin besteht, den einzigen beobachtbaren und verifizierbaren Tatsachen, denen der Physiologie, Konkurrenz zu machen.

Oder man muß versuchen, die analytische Rede dadurch zu simplifizieren, daß man sie gänzlich auf die Seite des Motivs und nicht der Ursache zieht[25]; das Verdienst Freuds wäre es dann, die Begriffe des Motivs, des Wunsches und der Intention auf zwei neue Sphären

---

25 Antony Flew, l. c. (*Philosophy and Analysis*); am Ende seines Aufsatzes schreibt er: »My two theses have been, first, that psychoanalytic explanation or at any rate classical Freudian ones in the first instance are ›motive‹ and not ›causal‹ explanations; and, second, that these two sorts of explanation are so radically different that they are not rivals at all« (S. 148). Allerdings schwächt Flew in seinem Vorwort von 1954 diesen massiven Gegensatz ab (S. 139).

»ausgedehnt« zu haben: auf die des dem Subjekt »Nicht-Bekannten« und die des »Nicht-Absichtlichen«; doch diese Ausdehnung würde den durch und durch psychologischen oder geistigen, d. h. intentionalen Charakter dieses Motivationsgangs nicht verändern. Wenn dem so ist, dann muß das Wort »unbewußt« Adjektiv bleiben, da das Substantiv, »das Unbewußte«, nur der verkürzte Ausdruck für »unbewußtes Motiv« ist. Nur durch einen Mißbrauch, den der Logiker nicht ratifizieren kann, wäre das Adjektiv zum Namen für einen Bereich des Geistes geworden, für eine reale Sache, die reale Wirkungen zeitigt; man muß im Gegenteil dem Wort »Intention« seinen starken Sinn erhalten, da die Intention definiert wird durch das Ausgerichtetsein auf ein Ziel und durch die zumindest prinzipielle Möglichkeit, auf die Ebene der Sprache gehoben zu werden; aufgrund dieser intentionellen Seite sind die Freudschen Begriffe auf physikalistische Termini logisch nicht zurückführbar; Freuds Genie war es, daß er die bislang der Physiologie überlassenen fremdartigen Phänomene für in Termini intentioneller Vorstellungen erklärbar hielt. Die Verwandtschaft zwischen Motivation und Sprache bedeutet, daß es prinzipiell möglich ist, ihnen mit Worten Rechnung zu tragen; eben das unterscheidet ein rationales Agens – wäre es auch irrational – von nicht-rationalen Wesen. So hat auch die analytische Kur die Funktion, das Feld der Rationalität des Subjekts zu erweitern, das impulsive Verhalten durch ein kontrolliertes Verhalten zu ersetzen.

Wenn dem so ist, hat die Psychoanalyse mehr Beziehung zu den historischen Disziplinen, welche die Gründe für das menschliche Handeln zu verstehen suchen, als mit der Verhaltenspsychologie.[26] Nichts kommt meiner Position näher als dieser Aufsatz von Antony Flew.

Was ich ihm indessen vorwerfe, ist, daß er den spezifischen Cha-

---

[26] In seinem zweiten Aufsatz, dem der *Minnesota Studies* (siehe oben, Fn. 11), unterstreicht A. Flew den irreduzibel psychologischen Charakter von Begriffen wie Motiv, Projekt, Begierde, Wunsch, Bedürfnis, Absicht; den der Bedeutung sondert er ab. Zu diesem letzteren bemerkt er: »The importance of this notion has not previously been noted either here or in the *analysis* controversy. It would repay special examination: for what is involved seems to range through a spectrum of cases shading from, at one extreme, mere relevance, through the general possibility of motivational interpretation, to the other extreme where the claim is that the performances, dreams, are elements in a fullblown language.« *Minnesota Studies* ... I, S. 159, Fn.

rakter der analytischen Rede verfehlt[27]: wenn es keine mögliche Übersetzung der kausalen Sprache in die Motivationssprache gibt und umgekehrt, wie kann man dann dem Mißgriff Rechnung tragen, den ihre Vermischung darstellt? Es scheint wirklich, als müsse die Vermischung eines Detektionsverfahrens (um nicht zu sagen einer detektivischen Arbeit), einer Technik zur Erzeugung von Verhaltensänderungen, mit theoretischen Sätzen diese Art von radikaler Klärung ausschließen.[28]

Oder man muß versuchen, die analytische Rede den empirischen Sätzen zuzuschlagen. Dies ist die Position von Peters innerhalb der Diskussion in *Philosophy and Analysis*. Man wird zunächst den Unterschied zwischen Motiv und Ursache als unerheblich beiseite schieben und ihn als einen einfachen Unterschied des Grades oder des Verallgemeinerungsniveaus behandeln[29]; definiert man das Motiv als eine Beziehung vom »wenn–dann«-Typus (unter diesen oder jenen Umständen wird diese oder jene Gruppe von Individuen auf diese oder jene Art reagieren), und die Ursache als eine Beziehung vom »darum–weil«-Typus (das Glas ist zerbrochen, weil es fallen gelassen wurde), dann ist der Unterschied zwischen Motiv und Ursache nur ein gradueller; er reduziert sich auf den von allgemeinem Gesetz und auslösender Bedingung, von theoretischer Erklärung und historischer Erklärung (Popper), von systematischer Erklärung und historisch-geographischer Erklärung (Lewin). Die Psychoanalyse aber enthält aufgrund der erwähnten komplexen Struktur beide Satztypen: allgemeine Sätze, wenn sie z. B. ein Charaktermerkmal (den Geiz) auf eine archaische libidinöse Konstitution (die der analen Phase) zurückführt; aber sie enthält auch historische Sätze, wenn sie »detektivisch« verfährt.

Meine Position in dieser erkenntnistheoretischen Auseinandersetzung ist eine doppelte: einerseits bin ich mit Toulmin und Antony Flew der Meinung, daß diese Reduzierung des Motivs auf den von der

---

[27] A. Flew schickt seinem Aufsatz »Motives and the unconscious« ein Wort von Kris als Motto voraus: »There is, for instance, a lack of trained clarifiers, who might properly co-ordinate the various propositions which each other or try to eliminate the inadequaties of language in psychoanalysis«, *Minnesota Studies* ... I, S. 155.
[28] Peters, »Cure, cause and motive«, *Philosophy and Analysis*, S. 148 ff.
[29] Peters, l. c., S. 151–154. Vgl. G. Ryle, *The concept of mind*, Kap. IV.

aristotelischen Formalursache inaugurierten, in der modernen Erkenntnistheorie durch den Begriff der funktionellen Abhängigkeit illustrierten Erklärungstypus nichts zu tun hat mit dem Motiv im Sinn von »Grund für ...«[30] Der Unterschied zwischen dem Motiv im Sinn von »Grund für ...« und Ursache im Sinne einer Beziehung zwischen beobachtbaren Tatsachen betrifft in keiner Weise den Allgemeinheitsgrad dieser Sätze. Es ist die Unterscheidung, die Brentano, Dilthey und Husserl im Auge hatten, als sie das Verstehen des Psychischen oder Historischen dem Erklären der Natur gegenüberstellten; diesmal steht das Motiv auf seiten des *Historischen, verstanden als Seinsbereich,* der sich von dem »Bereich« *Natur* unterscheidet, wobei das Geschichtliche selbst entweder nach der Allgemeinheit oder Besonderheit der zeitlichen Sequenzen betrachtet werden kann. Andererseits löst der schlichte Gegensatz von Motiv und Ursache nicht das von der Freudschen Rede gestellte erkenntnistheoretische Problem: diese Rede wird von einem besonderen Seinstypus reguliert, den ich die Semantik des Wunsches nenne; es ist eine gemischte Rede, die aus der Alternative Motiv–Ursache herausfällt. Aus der Diskussion erhellt zumindest, daß die analytische Rede zum Teil in das Feld der Motivationsbegriffe fällt; dies genügt, daß der Bruch zwischen Psychoanalyse und Beobachtungswissenschaften von Anfang gegeben ist; doch man verfehlt den Sinn dieses Unterschiedes, wenn man ihn nicht auf die Ebene des psychoanalytischen »Feldes« selbst hebt, d. h. auf die Ebene der analytischen Erfahrung, in der und durch die dieser Unterschied sich instituiert hat.

b) Gegenüber den internen Umformulierungen

Warum aber befriedigen die Umformulierungen, die von einigen Analytikern vorgeschlagen wurden, um den Anforderungen der Wissenschaftstheorie zu genügen, uns ebensowenig wie die Operationalisten? Weil sie unserer Meinung nach das Wesen der analytischen Erfahrung verraten.

Auf welche Weise kommt das, was der Psychologe Umweltvariable nennt, in der analytischen Theorie ins Spiel? Für den Analytiker sind dies keineswegs Tatsachen, wie sie von einem außenstehenden Beobachter erkannt werden; dem Analytiker kommt es allein auf die Dimensionen der Umwelt an, wie das Subjekt sie »glaubt«; ent-

---

30 Toulmin, Nachwort (1954) zu *Phylosophy and Analysis,* S. 155 f.

scheidend für ihn ist nicht die Tatsache, sondern die Bedeutung, welche die Tatsache in der Geschichte eines Subjekts gewonnen hat; man darf also nicht sagen, daß »die Bestrafung eines sexuellen Verhaltens eine beobachtbare Tatsache ist, die Veränderungen im Organismus hervorruft«[31]; der Untersuchungsgegenstand des Analytikers ist die Bedeutung, die eben jene Ereignisse für ein Subjekt haben, die der Psychologe als Beobachter betrachtet und als Umweltvariable aufstellt.

Damit ist das Verhalten auch für den Analytiker keine abhängige, von außen beobachtbare Variable, sondern der Ausdruck für die Sinnänderungen der Geschichte des Subjekts, so wie sie in der analytischen Situation zutage treten. Man kann zwar immer noch von »Veränderungen in der Wahrscheinlichkeit der Handlung« sprechen: in dieser Hinsicht läßt sich der Patient Freuds auch im Rahmen der Verhaltenspsychologie behandeln; aber nicht in dieser Eigenschaft sind die Verhaltenstatsachen für die Analyse relevant. Sie gelten nicht als beobachtbar, sondern als signifikant für die Geschichte des Wunsches.[32] Gerade diese Bedeutung verweist Skinner in die allge-

---

31 Skinner, l. c., *Minnesota Studies* . . . I, S. 81.
32 H. Hartmann ist sich dieses Unterschieds wohl bewußt: The data gathered in the psychoanalytic situation with the help of the psychoanalytic method are primarly behavioral data; and the aim is clearly the exploration of human behavior. The data are mostly the patient's verbal behavior, but include other kinds of action. They include his silences, his postures and his mouvements in general, more specifically his expressive mouvements. While analysis aims at an explanation of human behavior, those data, however, are interpreted in analysis in terms of mental processes, of motivation, of ›meaning‹; there is, then, a clearcut difference between this approach and the one usually called ›behavioristic‹, and this difference is even more marked if we consider the beginnings of behaviorism, rather than its more recent formulation«, in *Psychoanalysis* . . ., ed. Sidney Hook, S. 21. Aber er zieht nicht die sich aufdrängenden Folgerungen, so sehr ist er damit beschäftigt, die Psychoanalyse in die allgemeine Psychologie einzugliedern und von den anderen Formen der wissenschaftlichen Psychologie bestätigen zu lassen. Die Frage ist aber, ob die Psychoanalyse eine »psychologische Erfahrungswissenschaft« ist. Ob die Beobachtung »in a clinical setting« (S. 25) stattfindet oder ob das »psychologische Objekt« in »a real-life situation« untersucht wird (S. 26), macht keinen wesentlichen Unterschied; auch nicht, ob die Psychoanalyse auf diesem Wege »menschliche Motivationen, Bedürfnisse und Konflikte« entdeckt (ibid.); wichtiger ist die Tatsache, daß in Freuds »case histories« Beobachtung und theoretische Arbeit Hand in Hand gehen, ohne daß man sie sondern könnte (S. 25 f.); Hartmann ist sehr nahe daran, die wesentlichen Gründe dafür anzugeben, wenn er bemerkt, daß die klinische Arbeit von »Zei-

meine Rumpelkammer der Theorien über das Seelenleben und der vorwissenschaftlichen Metaphern.[33] Dieser Sinn einer Geschichte aber betrifft nicht ein gegenüber dem einzigen Weg des Behaviorismus weniger fortgeschrittenes Stadium: absolut gesprochen gibt es in der Psychoanalyse keine »Tatsachen«, weil hier nicht beobachtet, sondern interpretiert wird.

Dies ist, wie ich meine, die einzige Entgegnung des Analytikers auf den Behaviorismus. Wenn er die auf der Basis der behavioristischen Axiome bereits konstituierte Methodologie akzeptiert, wenn er eine Forschung in Termini der »Wahrscheinlichkeit bestimmter Reaktionen« zu formulieren beginnt, ist er dazu verurteilt, entweder als Nicht-Wissenschaftler abgelehnt zu werden[34] oder um eine partielle

---

chen« (ibid.) geleitet wird: »A considerable part of psychoanalytic work can be described as the use of signs ... In this sense one speaks of the psychoanalytic method as a method of interpretation« (S. 27). Man darf sich also fragen, ob eine Erforschung solcher Begriffe wie Zeichen, Signal, Ausdruckszeichen und Symbol nicht den von den experimentellen Naturwissenschaften entlehnten erkenntnistheoretischen Rahmen sprengen würde.

33 Diese Bedeutungsfunktion entgeht der von Skinner formulierten Forderung, das Verhalten als ein *datum* und die »Reaktionswahrscheinlichkeit« als das quantifizierbare Hauptmerkmal des Verhaltens zu behandeln und das Lernen sowie alle anderen Vorgänge in Termini der »Wahrscheinlichkeitsänderungen« zu formulieren: *Minnesota Studies* ... I, S. 84. Diese Funktion verbietet es auch, »den Akt der Selbstbeobachtung im Rahmen der physikalischen Wissenschaft darzustellen« (S. 85).

34 Die Frage der Quantifizierung, die Skinner ein entscheidendes Argument liefert, die Psychoanalyse von der Wissenschaft auszuschließen (ibid., S. 86), stürzt Rapaport in beträchtliche Verwirrung; er muß ihr aus den oben erwähnten Gründen (Fn. 5) einen Abschnitt und ein Kapitel in seinem erkenntnistheoretischen Werk widmen (S. 36–43, 118–132). Rapaport hat sehr wohl gesehen, daß das Hindernis nicht zufällig ist, sondern »mit dem Fehlen von Quantifizierungsmethoden zusammenhängt, die sich auf die intrapsychologischen Variablen anwenden lassen« (S. 40); aber er stellt sich dieses Fehlen als eine einfache Verspätung der Psychoanalyse gegenüber den anderen Wissenschaften vor (S. 43). Zwar sagt er im folgenden (S. 117 f.), daß die Mathematisierung »nicht der Maßstab ist, daß Lewin und Piaget die Topologie und Gruppentheorie als nichtmetrische Mathematisierung in die Psychologie eingeführt haben«. Aber er verläßt diesen Weg, um zu dem quasi-quantitativen Charakter der Besetzung zurückzukehren; die Theorie der Besetzung, sagt er, schließt quasi-quantitative Sätze in Form von Ungleichheiten ein (S. 123), betreffend die freie, ungebundene oder neutralisierte Energie. Und die »dimensionale Quantifizierung« sei nur möglich, wenn man den Übergang vom Vorgang zur Struktur und ganz allgemein die Strukturbildung verstanden habe: »This clarification seems to be the

Rehabilitierung aufgrund dessen zu betteln, was Skinner »den Notbehelf für eine terminologisch operationale Definition« nennt. Die Verteidigung findet an den Vorposten statt, und der Ausgang entscheidet sich an der Vorfrage: was ist relevant in der Psychoanalyse? Antwortet man: die menschliche Realität, sofern sie sich in operationalen Termini »beobachtbaren Verhaltens« formulieren läßt, dann folgt unvermeidlich die Verurteilung.[35] Und wenn man die Spezifizität der Frage des Sinns und Doppelsinns nicht erkennt und diese Frage nicht mit der Interpretationsmethode verknüpft, mittels derer sie ans Licht kommt, wird die »psychische Realität«, von der die Psychoanalyse spricht, immer nur eine überflüssige, redundante »Ursache« im Vergleich zu dem sein, was der Behaviorist sehr gut als Verhalten beschreibt; es wäre letztlich nur eine »ritual form or mental alchimy«, nach dem strengen Wort von Skinner.[36] Gerade diese Spezifizität müssen wir nun herausarbeiten, indem wir uns der Modelle bedienen, durch die versucht worden ist, die Psychoanalyse einer Experimentalwissenschaft anzugleichen.

Dieser Versuch verkennt das Wesentliche: nämlich daß sich die analytische Erfahrung im Bereich des Wortes abspielt und daß innerhalb dieses Bereichs eine andere, von der gewöhnlichen Sprache gesonderte Sprache zutage tritt, die sich durch ihre Sinnwirkungen hindurch der Entschlüsselung darbietet: Symptome, Träume,

---

perequisite for dimensional quantification in particular, and perhaps even in psychology at large« (S. 130). Doch ein Fortschreiten in dieser Richtung setzt das Infragestehende voraus, nämlich ob man die Freudschen Sätze einer experimentellen Verifizierung unterwerfen kann und soll.

35 Daher sind die Erwiderungen von Michael Scriven schwach (*Minnesota Studies* ... I, S. 105, 111, 115): es ist unwichtig, daß auch der Behaviorismus seinen eigenen Anforderungen wenig genügt, daß auch die Psychoanalyse einen empirischen Inhalt hat, daß die Sätze über »Seelenzustände« von praktischem Wert sind. Man begnügt sich damit, das Schicksal der Psychoanalyse mit dem zu verknüpfen, was in der psychologischen Wissenschaftssprache an normaler Sprache überlebt. In einem anderen Artikel, »The experimental investigation of psychoanalysis«, in *Psychoanalysis* ..., ed. Sidney Hook, S. 252–268, ist Scriven im übrigen weit strenger und skeptischer in bezug auf die wissenschaftlichen Ansprüche der Psychoanalyse.

36 Heinz Hartmann, *Psychoanalysis* ..., ed. Sidney Hook, S. 18 f., 24 f. Die »Theorie« wird, in einer empiristischen Perspektive, durch ihren heuristischen oder synthetischen Charakter gerechtfertigt, oder durch ihre Fähigkeit, diesen Zweig der Psychologie mit der Medizin, der Kinderpsychologie, der Anthropologie und den anderen Wissenschaften vom Menschen in Beziehung zu setzen.

mannigfache Bildungen etc.[37] Die Verkennung dieses spezifischen Zuges führt dazu, die Überblendung von Hermeneutik und Energetik in der analytischen Theorie als eine Anomalie auszuschalten.

Sicher läßt sich in der Psychoanalyse finden, was Rapaport die empirischen, ganzheitlichen oder organismischen Standpunkte nennt, jedoch zum Preis einer Umschrift, die ihren eigentlichen Sinn verändert. Als Prüfstein möchte ich den Begriff der »Überdeterminierung« nehmen; in eine behavioristische und kausalistische Sprache übersetzt, bedeutet er, daß ein Verhalten zugleich als ein *id behavior,* ein *ego behavior* etc. beschrieben werden kann. So ist es auf »vielfache Weise determiniert«.[38] Still und heimlich hat man die Frage des Doppelsinns ausgeschaltet und sie in »vielfache kausale Determinierung« übersetzt.

37 J. Lacan, »Fonction et champ de la parole et du langage en psychanalyse«, Rapport du Congrès de Rome, 1953, *La Psychanalyse* I, S. 81–166. Meine Kritik der behavioristischen »Umformulierungen« der Psychoanalyse kommt jener sehr nahe, die man aus diesem Aufsatz ziehen könnte. Die Kritik hingegen, die ich im folgenden gegen eine Auffassung richte, welche die Energetik zugunsten der Linguistik eliminiert, entfernt mich von den Thesen dieses Aufsatzes. Die französische Literatur über die Erkenntnistheorie des Freudianismus ist noch spärlich; vgl. D. Lagache, *L'unité de la psychologie,* Paris 1949; »Définition et aspects de la psychanalyse«, *Revue française de Psychanalyse* XIV, 3, S. 384–423; »Fascination de la conscience par le moi«, *La Psychanalyse* III, 1957, S. 47–81; M. Gressot, »Psychoanalyse et connaissance«, *La Psychanalyse* XX, 1/2, S. 9–150; S. Nacht, *De la pratique à la théorie psychanalytique,* Paris 1950; A. Green, »L'inconscient et la psychanalyse française contemporaine«, *Les Temps Modernes* XVIII, 195, S. 365–379; W. Huber, H. Piron, A. Vergote, *La psychanalyse science de l'homme«,* Brüssel 1964, I. und IV. Teil.

38 »Every behavior has conscious, unconscious, ego, id, superego, realty, etc. components. In other words, all behavior is multiply determined (overdetermination). Since behavior is always multifaceted (and even the apparent absence of certain facets of it requires explanation), the conception of multiple (or over-determination may be regarded as a purely formal consequence of this method of conceptualisation ... Overdetermination, to my mind, implies precisely such a lack of independance, and sufficiency of causes, and is inseparably connected with the multiple levels of analysis necessitated by this state of affairs.« D. Rapaport, l. c., S. 83 f. In diesem Rahmen der komplexen Kausalität interpretiert, verliert die Überdeterminierung ihre Besonderheit; genügt es zu schreiben: »Academic psychologies did not develop such a concept, probably because their methods of investigation tend to exclude rather than to reveal multiple determination«? Im gleichen Sinne H. Hartmann, in *Psychoanalysis ...,* S. 22, 43.

Damit krankt die Annäherung zwischen psychoanalytischen »Modellen« und psychologischen »Standpunkten«, die auf die Annahme der drei »vorgängigen Standpunkte« der wissenschaftlichen Psychologie folgt, an einer vorgängigen Amputation, der der Sinnfrage.

Was bedeutet der »topische Standpunkt« außerhalb der Suche nach einem gegenüber dem offenbaren Sinn dezentrierten »Ort« des Sinns? Das von der Wunscherfüllung gestellte Problem ist in dieser Hinsicht exemplarisch, da sich die gesamte Theorie des Primärvorgangs auf dieser Grundlage errichtet; dieser »Erfüllung« aber gehört es wesentlich an, daß die Phantasie eine Ersatzbeziehung im Hinblick auf das *verlorene* Wunschobjekt besitzt; sie wäre kein »Abkömmling«, und dieser Abkömmling wäre weder »entfernt« noch »entstellt«, wenn er in keiner Sinnbeziehung zu etwas stände, das sich als verloren darbietet. Träume, Symptome, Wahnvorstellungen, Illusionen gehören dann zu einer Semantik und Rhetorik, d. h. einer Funktion des Sinns und Doppelsinns, der die genannten Modelle und Standpunkte nicht Rechnung tragen. Mit Rapaport[39] von einer Ausdehnung des ökonomischen Standpunkts auf die kognitiven Phänomene sprechen heißt, die Problematik der Sinnbeziehungen in der analytischen Interpretation übergehen; vor allem durch die Abwesenheit des Objekts drängt sich dieses Sinnproblem bei jedem Schritt auf, handle es sich nun um das abwesende Triebobjekt, an dessen Stelle sich die halluzinatorische Vorstellung setzt, oder um die Affektabfuhr im Primärvorgang. Was den Sekundärvorgang betrifft, so trägt das Jacksonsche Modell zwar den Tatsachen der Strukturierung, der Autonomisierung sowie der Kontrolle durch Gegenbesetzung Rechnung, nicht aber folgenden Tatsachen: daß die Bewältigung des abwesenden Objekts und das Unterscheiden zwischen seiner Gegenwart und seiner Abwesenheit sich gerade in der Geburt der Sprache beweisen, insofern die Sprache Anwesenheit und Abwesenheit unterscheidet und aufeinander bezieht. Die Psychoanalyse gebraucht also die Abwesenheit nicht so, wie die wissenschaftliche Psychologie seit Hunter und Köhler Umweg und Aufschub ge-

---

[39] Diese Funktion der Abwesenheit wird von D. Rapaport bei der Konstruktion seines kombinierten Modells ständig gestreift. Schon auf dem Niveau des Primärmodells ist die Abwesenheit des Triebobjekts für die Erzeugung der halluzinatorischen Idee oder der Affektabfuhr wesentlich. (Rapaport, S. 71 ff.)

braucht[40]; die Abwesenheit ist für sie kein sekundärer Aspekt des Verhaltens, sondern der Ort, in dem sie sich aufhält.

Warum? Weil sie selbst eine zusammen mit dem Patienten geleistete Wortarbeit ist, was die wissenschaftliche Psychologie nicht ist; die »Geschichte« des Patienten kommt in einem Wortfeld zum Ausdruck; ihr eigentlicher Gegenstand sind also diese Sinnwirkungen – Symptome, Wahnvorstellungen, Träume, Illusionen –, welche die empirische Psychologie nur als Verhaltenssegmente zu betrachten vermag. Für den Analytiker ist dagegen das Verhalten ein Segment des Sinns. Aus diesem Grunde ist das verlorene Objekt, das Ersatzobjekt das tägliche Brot der Psychoanalyse; die behavioristische Psychologie kann die Abwesenheit des Objekts nur als einen Aspekt der »unabhängigen Variablen« thematisieren: es fehlt etwas auf der Seite der Reize; für den Analytiker ist dies nicht ein Segment aus einer Kette beobachtbarer Variablen, sondern ein Stück jener Symbolwelt, die innerhalb des geschlossenen Raums des Wortes zutage tritt, der die Analyse, als *talking cure*, selber ist. Darum wird das abwesende Objekt, das verlorene Objekt, das Ersatzobjekt von einer jeden Umformulierung der Metapsychologie verkannt, die nicht von dem ausgeht, was sich in der analytischen Zwiesprache ereignet.

Die anderen »Modelle« und ihre Entsprechungen zu »Standpunkten« der akademischen Psychologie bedeuten eine ganz ähnliche, ebenso schwere wie subtile Verkennung.

Der »genetische Standpunkt« bei Freud beraubt sich niemals, auch nicht in seinen wissenschaftlichsten oder szientistischsten Formulierungen, der Besonderheit, die ihm die Interpretation der Phantasien verleiht. Gewiß kann man sagen, daß »jedes Verhalten ein Teil einer historischen Sequenz« sei; man kann sich sehr wohl so ausdrücken, um die analytische Sprache derjenigen der genetischen Wissenschaften anzupassen: vorausgesetzt, man vergißt nicht, daß in der Analyse die reale Geschichte selbst nur ein Anzeichen für die Geschichte ist, mittels derer ein Subjekt sich versteht; allein diese letztere ist für den Analytiker relevant.

Was die »entscheidenden Determinanten des Verhaltens« betrifft, die Freud im Unbewußten lokalisiert, so begegnet ihnen die Psy-

---

40 »Here the *psychological* absence of the object plays the same role as its real absence does in the primary model.« (ibid., S. 74)

choanalyse immer nur als Trieb*repräsentanzen* – seien diese nun Repräsentanzen im eigentlichen Sinn oder Affekte –, also als Signifikanten, die aus ihren mehr oder minder entstellten Abkömmlingen erschlossen werden.[41] Wenn man diesen entscheidenden Determinanten ihre signifikative Dimension nimmt, wird man nie verstehen, daß Lustprinzip und Realitätsprinzip sich gegenseitig durchdringen können. Ihre Begegnung findet auf der Ebene der Phantasie statt; insofern das Lustprinzip seine Abkömmlinge in die Bereiche der Realität ausschwärmen läßt, spielt es die Rolle von Spinozas erster Erkenntnisgattung, die Rolle des »falschen Bewußtseins«. Die Fälschung, die Illusion ist möglich, weil die Frage der Lust von Anfang an die Frage der Wahrheit und Nicht-Wahrheit ist.

Deshalb auch konnte sich der »strukturale Standpunkt« dem »topischen Standpunkt« anschließen; Rapaport konstatiert es; aber wie soll dem Rechnung getragen werden, wenn man die strukturalen Konflikte – zwischen Es, Ich, Über-Ich – nicht in das Zentrum des Sinnzuschusses selbst stellt, den das Verbot, das Tabu, der »Vaterkomplex« konstituieren, die vor allem »Gehörtes«, »Stimmen« sind? Seit der Traumdeutung ist die Zensur nichts anderes als ein Durchstreichen des Sinns, ein Umkippen all dessen, was im offiziellen Text des Bewußtseins nicht stehenbleiben darf, in den Bereich des Unbewußten.

Und diese Rolle des Signifikanten spezifiziert auch den der Psychoanalyse eigentümlichen »dynamischen Standpunkt«; man kann nicht oft genug auf den Unterschied zwischen Bedürfnis und Wunsch hinweisen, der seit der Traumdeutung eingeführt wurde. Dieser Unterschied ist der gleiche wie der, den die metapsychologischen Schriften zwischen Trieb und Triebrepräsentanzen machen. Wenngleich der Trieb der letzte Ursprung des Verhaltens ist, so hat es die Psychoanalyse dennoch nicht mit diesem Letzten zu tun, sondern mit dessen Niederschrift in einer sinnvollen und sinnlosen Geschichte, die in der analytischen Situation ausgesagt wird.

Und so dreht sich jeder im Zeichen des »ökonomischen Standpunkts« stehende energetische Austausch, jede Arbeit der Besetzung und der Entziehung der Besetzung um Triebrepräsentanzen und ist der Ana-

---

41 Vom »unnoticeable« der Psychoanalyse sprechend, erklärt D. Rapaport: »While other psychologies treat the unnoticeable in non-psychological terms (brainfields, neural connections, etc.) psychoanalysis consistently treats it in the psychological terms of motivation, affects, thoughts, etc.« (ibid., S. 89)

lyse nur in der Sinnentstellung zugänglich. Die TRAUMDEUTUNG ist hier der sichere Führer: ihr Feld ist die *Traumentstellung*, die sich in der Textur des Traumes manifestiert, eben insofern er Wunscherfüllung ist. Die fiktive Erfüllung ist die Folge der Entstellung. An der Sinnwirkung »arbeitet« die Entstellung, in Gestalt der Verschiebung, Verdichtung und Darstellung. Sobald man die Ökonomik von ihren rhetorischen Ausdrücken absondert, systematisiert die Metapsychologie etwas anderes als das, was sich in der analytischen Zwiesprache ereignet; sie erzeugt eine phantastische Dämonologie, wenn nicht eine absurde Hydraulik.

Daraus folgt, daß die entscheidende Trennung auf der Ebene des »adaptiven Standpunkts« selbst vollzogen werden muß. Das Realitätsprinzip der Psychoanalyse unterscheidet sich grundlegend von den entsprechenden Begriffen des Reizes oder der Umwelt, weil die Realität, um die es geht, wesentlich die Wahrheit einer persönlichen Geschichte in einer konkreten Situation ist. Die Realität ist nicht wie in der Psychologie die Ordnung der Reize, wie sie der Experimentator erkennt, sondern der wahre Sinn, zu dem der Patient durch das dunkle Labyrinth der Phantasien hindurch vorstoßen soll; in einer Sinnverkehrung des Phantastischen gewinnt das Reale Sinn. Dieses Verhältnis zur Phantasie, wie es sich im geschlossenen Raum des analytischen Wortes zu verstehen gibt, macht die Besonderheit des analytischen Realitätsbegriffes aus. Die Realität muß immer durch das Ziel des Triebobjekts interpretiert werden, als das, was von diesem Triebziel bald enthüllt, bald verdeckt wird; man erinnere sich der erkenntnistheoretischen Anwendung, die Freud im Jahre 1917 vom Narzißmus machte, als er in ihm den hauptsächlichen Widerstand gegen die Wahrheit erkannte und denunzierte. Darum fällt die Realitätsprüfung, das Merkmal des Sekundärvorgangs, nicht genau mit dem zusammen, was die Psychologie Anpassung nennt; diesen Vorgang gilt es, in den Rahmen der analytischen Situation zurückzustellen. In diesem Kontext entspricht die Realitätsprüfung dem *Durcharbeiten* – dieser Zwangsarbeit im Hinblick auf den wahren Sinn, die nur im Kampf um die Selbsterkenntnis ein Äquivalent hat, jenem Kampf, der die Ödipustragödie ausmacht, wie Freud selbst es in Erinnerung ruft.[42]

---

42 »Die Handlung des Stückes besteht nun in nichts anderem als in der schrittweise gesteigerten und kunstvoll verzögerten Enthüllung – der Arbeit einer

Man wird sagen, daß das Realitätsprinzip in der gegenwärtigen *Ich-Psychologie* eine festere Grundlage findet. Man darf aber niemals aufhören, über die Implikationen der Freudschen Formel nachzudenken: »Das Ich ist ein Niederschlag der Besetzungen aufgegebener Objekte.« Diese Bezugnahme auf das aufgegebene Objekt, d. h. auf die Trauerarbeit, führt in die Konstitution des Ichs selbst die Abwesenheit ein. Und das Korrelat dieser verinnerlichten Abwesenheit ist die Realität, die harte Realität. Die Kohärenz, die strukturale Autonomie des Ichs sind von dieser Trauerarbeit nicht zu trennen, sofern man das Feld nicht verlassen will, auf dem die Psychoanalyse ihre eigene Wortarbeit entwickelt.

Schließlich muß noch daran erinnert werden, daß der »psychosoziale Standpunkt«, der vom »adaptiven Standpunkt« unterschieden wurde, kein anderer ist als der topische und ökonomische Standpunkt. Warum? Weil alles in der dualen Beziehung des Wortes ausgesagt wird. Das Feld der Analyse ist intersubjektiv aufgrund der analytischen Situation selbst, und die vergangenen Dramen, die in der analytischen Situation ausgesagt werden, sind ebenfalls intersubjektiver Natur; gerade deshalb auch kann sich das aufzulösende Drama auf dem Umweg der Übertragung in die duale Beziehung der Analyse transponieren. Die Möglichkeit der Übertragung beruht auf der intersubjektiven Textur des Wunsches und der in dieser Situation erschlossenen Wünsche. Wahrscheinlich muß man diese Bezugnahme auf den Anderen bis in den Unterschied von Begierde und Bedürfnis zurückverfolgen, d. h. in den Wunsch, ja sogar bis in den Unterschied von Psychischem und Biologischem, d. h. in die Triebrepräsentanz. Weil der Wunsch Anspruch an den Anderen, Anrede ist, kann er in ein »psychosoziales« Feld Eingang finden, wo es Verweigerungen, Verbote, Tabus gibt, d. h. frustrierte Ansprüche. Der Übergang zum Symbolischen befindet sich an jener Kreuzung, wo der Wunsch Anspruch ist und der Anspruch verkannt wird. Der ganze Ödipuskomplex spielt sich in diesem Dreiecksverhältnis von Anspruch, Ablehnung und gekränktem Wunsche ab; unformulierte Sprache, gespielte Sprache, aber Drama, in dem sich die Hauptsignifikanten des Daseins fixieren, welche die Analyse vielleicht mythifiziert, wenn sie sie Phallus, Vater, Mutter, Tod

---

Psychoanalyse vergleichbar –, daß Ödipus selbst der Mörder des Laïos, aber auch der Sohn des Ermordeten und der Jokaste ist.« (GW II/III, 268)

nennt; aber gerade die strukturierenden Mythen zu artikulieren, darin liegt die besondere Aufgabe der Psychoanalyse, fern jeglicher »Anpassungs«-Problematik. Und es geht, eben mittels dieser wohlbegründeten Mythik, darum, den Zugang zur wahren Rede zu finden, die etwas ganz anderes ist als die »Anpassung«, mit der man so eilfertig das Ärgernis der Psychoanalyse aus der Welt zu schaffen und sie gesellschaftlich akzeptabel zu machen hofft. Denn wer weiß, was eine einzige wahre Rede vermag gegen die etablierte Ordnung, d. h. gegen die idealisierte Rede der etablierten Unordnung? Die Frage der Anpassung wird von der bestehenden Gesellschaft auf der Basis ihrer verdinglichten Ideale gestellt, auf der Grundlage einer trügerischen Beziehung zwischen dem idealisierten Bekenntnis zu ihren Glaubensinhalten und der tatsächlichen Realität ihrer praktischen Beziehungen; die Psychoanalyse ist entschlossen, diese Frage auszuklammern.

In dieser Hinsicht ist der Widerstand der orthodoxen Psychoanalytiker gegen den Kulturalismus von Grund aus berechtigt. Eine Preisgabe der Triebproblematik zugunsten der aktuellen Faktoren sozialer Anpassung, so sagen sie in aller Schärfe, bedeutet die Konsolidierung der Zensur und des Über-Ichs. Aus diesem Gegensatz aber gilt es, alle Konsequenzen zu ziehen. Die Neutralität des Psychoanalytikers zwischen dem sozialen Anspruch und dem Triebanspruch ist bekannt. Warum aber schlägt der Psychoanalytiker sich weder auf die Seite der Gesellschaft noch auf die des infantilen Wunsches des Patienten, wenn nicht deshalb, weil sein Problem nicht das der Anpassung, sondern das der wahren Rede ist? Warum sollte die Autonomie des Ichs nicht zu den gleichen Irrtümern führen wie der Kulturalismus, wenn sie nicht in einer Problematik des wahrhaften Sinns wurzelte?

c) Gegenüber der Erkenntnistheorie

Wir können nun wieder zu unserem Ausgangspunkt zurückkehren, dem Angriff der Erkenntnistheoretiker, Ernest Nagel z. B., gegen die Psychoanalyse.

Es zeigt sich nun, daß diesem Angriff nicht zu begegnen wäre, wenn man, den besonderen Charakter der analytischen Beziehung verkennend, einräumen würde, daß die Psychoanalyse eine Beobachtungswissenschaft ist. Nehmen wir die beiden Punkte Nagels in umgekehrter Reihenfolge nochmals auf: die Frage der Evidenz der

Aussagen vom logischen Beweisstandpunkt aus und die Natur der theoretischen Sätze bezüglich ihrer Verifizierbarkeit.
Räumt man ein, daß sich die analytische Situation als solche nicht auf eine Beschreibung beobachtbarer Tatsachen reduzieren läßt, dann muß man die Frage nach der Gültigkeit der Behauptungen der Psychoanalyse in einem anderen Kontext sehen als in dem einer Tatsachenwissenschaft naturalistischen Typs. Die analytische Erfahrung hat weit größere Ähnlichkeit mit dem Verstehen als mit dem Erklären. Als Prüfstein läßt sich durchaus die von der Erkenntnistheorie gestellte Forderung verwenden, ein standardisiertes Material klinischer Tatsachen von einer bestimmten Anzahl voneinander unabhängiger Forscher auswerten zu lassen. Diese Forderung setzt voraus, daß ein »Fall« etwas anderes ist als eine Geschichte, – er ist eine Reihe von Tatsachen, die von mehreren Beobachtern beobachtet werden können; gewiß, keine Deutungskunst wäre möglich, wenn es zwischen den einzelnen Fällen keine Ähnlichkeiten gäbe und wenn sich anhand dieser Ähnlichkeiten keine Typisierungen vornehmen ließen. Die Frage ist nur, ob diese Typen in epistemologischer Hinsicht nicht den Idealtypen Max Webers näherstehen, die dem historischen Verstehen den Charakter der Intelligibilität zu geben vermögen, ohne den die Geschichte keine Wissenschaft wäre. Die Idealtypen sind die geistigen Werkzeuge eines auf die Besonderheit bezogenen Verstehens. Ihre Funktion läßt sich nicht auf die von Gesetzen einer Beobachtungswissenschaft zurückführen, wenngleich sie in ihrem eigenen Rahmen diesen vergleichbar ist. Gerade weil in der Geschichtswissenschaft das Typische ein Verstehen ermöglicht, ähnlich wie in den Naturwissenschaften die Regelmäßigkeit das Erklären, kann man die Geschichte eine Wissenschaft nennen. Aber die Problematik einer historischen Wissenschaft fällt nicht mit der einer Naturwissenschaft zusammen. Die Gültigkeit der Interpretationen in der Psychoanalyse erheischt die gleiche Art von Fragen wie die Gültigkeit einer historischen oder exegetischen Interpretation. Man muß Freud die gleichen Fragen stellen, wie man sie Dilthey, Max Weber, Bultmann stellt, nicht solche, wie man sie einem Physiker oder Biologen stellt.
Folglich ist es durchaus legitim, den Analytiker darum zu ersuchen, die von ihm erzielten Besserungen mit denen zu vergleichen, die durch eine andere Methode erzielt wurden, oder sogar mit einer spontanen Besserung. Man muß sich jedoch im klaren sein, daß

gleichzeitig auch verlangt wird, einen »historischen Typus« in eine »natürliche Gattung« umzusetzen; dabei vergißt man, daß sich der Typus auf dem Boden einer »Fallgeschichte« konstituiert mittels einer Interpretation, die immer in einer originalen analytischen Situation stattfindet. Wiederum kann die Psychoanalyse nicht, ebensowenig wie die Exegese, der Frage nach der Gültigkeit ihrer Interpretationen ausweichen, auch nicht der nach einer gewissen Voraussage (wie hoch ist z. B. die Wahrscheinlichkeit, daß ein Patient erfolgreich behandelt werden kann?); der Vergleich muß in das Blickfeld des Analytikers rücken; aber dieses Problem stellt sich der Psychoanalyse gerade als ein historisches und nicht als ein naturwissenschaftliches Problem.

Diese Bemerkungen über die Validierung der Interpretation erlauben es uns, die vorgängige Frage nach der psychoanalytischen Theorie in neuen Termini wiederaufzunehmen. Man geht hoffnungslos in die Irre, wenn man die Frage im Rahmen einer Tatsachen- oder Beobachtungswissenschaft stellt. Zwar stimmt es, daß eine Theorie im allgemeinen Ableitungsregeln, die von der Art der Verifizierung unabhängig sind, sowie Transformationsregeln genügen muß, die es ihr ermöglichen, in ein wie immer geartetes Feld der Verifizierung zu treten. Etwas anderes aber ist es, einer empirischen Verifizierung fähig zu sein, und etwas anderes, eine historische Interpretation zuzulassen. Die Begriffe der Analyse müssen als Möglichkeitsbedingungen der analytischen Erfahrung beurteilt werden, insofern sich diese im Bereich des Wortes vollzieht. Man darf also die analytische Theorie nicht mit der Theorie der Gene oder Gase vergleichen, sondern mit einer Theorie der historischen Motivation. Was sie von anderen Typen der historischen Motivation unterscheidet, ist die Tatsache, daß sie ihre Forschung auf die Semantik des Wunsches beschränkt. In diesem Sinne determiniert, d. h. öffnet und begrenzt die Theorie zugleich den psychoanalytischen Standpunkt auf den Menschen; damit meine ich, daß die psychoanalytische Theorie die Funktion hat, die Deutungsarbeit in den Bereich des Wunsches zu stellen. In diesem Sinne begründet sie und begrenzt sie zugleich alle determinierten Begriffe, die in diesem Bereich auftauchen. So man will, kann man also von »Deduktion« sprechen, aber in einem »transzendentalen« und nicht in einem »formalen« Sinn. Die Deduktion betrifft hier das, was Kant die *quaestio juris* nennt: die Konzeptionen der analytischen Theorie sind die Begriffe, die es zu erarbeiten gilt, um die analytische Erfahrung ordnen und systematisieren zu können; ich nenne sie die *Möglichkeitsbedingungen einer Semantik des Wunsches*. Als solche, nicht jedoch als theoretische Begriffe einer Beobachtungswissenschaft, können und müssen sie kritisiert, verbessert, auch zurückgewiesen werden.

3. Phänomenologische Annäherung an das psychoanalytische Feld

Die vorausgegangene Diskussion legt es nahe, bei der Husserlschen Phänomenologie nach der erkenntnistheoretischen Stütze zu suchen, die uns eine Logik der Beobachtungswissenschaften nicht zu geben vermochte. Diese neue Kritik betrifft nicht mehr die Resultate der analytischen Erfahrung, sondern ihre Möglichkeitsbedingungen, die Beschaffenheit des »psychoanalytischen Feldes«. Was wir im soeben erwähnten Sinne zu deduzieren suchen, sind die Begriffe, ohne welche die analytische Erfahrung nicht denkbar wäre. Es geht also nicht darum, die Theorie umzuformulieren, d. h. sie in ein anderes Bezugssystem zu übersetzen, sondern den Grundbegriffen der analytischen Erfahrung mittels einer anderen, dezidiert philosophischen und reflektiven Erfahrung näherzukommen. Wir wollen die Freudschen Begriffe mit den Mitteln der Husserlschen Phänomenologie angehen; denn keine reflektive Philosophie ist dem Freudschen Unbewußten so nahe gekommen wie die Phänomenologie Husserls und einiger seiner Schüler, vor allem Merleau-Ponty und de Waelhens. Um es vorwegzunehmen: auch dieser Versuch muß scheitern. Doch hat dieses Scheitern nicht die gleiche Bedeutung wie das vorherige. Es handelt sich hier nicht um einen Fehlgriff, ein Mißverständnis, sondern um eine wirkliche Annäherung, die dicht an das Freudsche Unbewußte herankommt und es schließlich dennoch verfehlt. Indem wir uns des Abstandes bewußt werden, der das Unbewußte im Sinne der Phänomenologie und das Freudsche Unbewußte voneinander trennt, werden wir mittels einer Annäherungs- und Differenzierungsmethode die Spezifizität der Freudschen Begriffe erfassen. Wenn die Reflexion das Verständnis ihrer Archäologie nicht aus sich selbst zu schöpfen vermag, bedarf sie einer anderen Rede, um diese Archäologie auszusagen.

1. Was die Phänomenologie von vornherein, noch vor irgendeiner Erarbeitung eines bestimmten Themas, zur Psychoanalyse in Beziehung setzt, ist der philosophische Akt, den sie inauguriert und den Husserl unter den Titel der »Reduktion« stellt. Die Phänomenologie beginnt mit einer methodologischen Verschiebung, die bereits etwas von jener Sinnverlagerung in bezug auf das Bewußtsein begreiflich macht.

Die Reduktion hat in der Tat etwas zu tun mit der Entäußerung des unmittelbaren Bewußtseins als Ursprung und Ort des Sinns; die Einklammerung und Ausschaltung, von der in der Phänomenologie die Rede ist, betrifft nicht nur die »Selbstverständlichkeit« des Scheins der Dinge, die plötzlich nicht mehr als zusammenhängende Gegenwart erscheinen, nicht mehr da, nicht mehr vorhanden sind, mit einem bestimmten Sinn-an-sich, den man nur zu finden brauchte. In dem Maße, in dem das Bewußtsein glaubt, das Dasein der Welt zu wissen, glaubt es auch, sich selbst zu wissen. Mehr noch, zu diesem sogenannten Wissen des unmittelbaren Bewußtseins gehört auch ein Pseudowissen des Unbewußten, eben jenes, das Freud zu Anfang seines Essays DAS UNBEWUSSTE meint und das wir gerne mit der Erfahrung des Schlafs oder der Ohnmacht, mit dem Verschwinden und Wiederauftauchen der Erinnerung oder im Gegenteil mit der plötzlichen Heftigkeit der Leidenschaften verknüpfen. Dieses unmittelbare Bewußtsein wird mit der natürlichen Einstellung niedergelegt. Die Phänomenologie beginnt also mit einer Demütigung, einer Verletzung dieses Wissens des unmittelbaren Bewußtseins. So bezeugt auch das mühsame Wissen von sich selbst, das sie artikuliert, daß die erste Wahrheit auch die letzte bekannte ist; wenn das *cogito* der Ausgangspunkt ist, wird man den Ausgangspunkt nie erreichen; man geht nicht von ihm aus, sondern zu ihm hin; die gesamte Phänomenologie ist ein Gang zu diesem Punkt. Indem die Phänomenologie solcherart den wahren Beginn vom realen Beginn oder der natürlichen Einstellung trennt, fördert sie die dem unmittelbaren Bewußtsein immanente Selbstverkennung zutage.

Von dieser Verkennung zeugt Husserls Erklärung in den *Cartesianischen Meditationen*, § 9: »Adäquation und Apodizität einer Evidenz müssen nicht Hand in Hand gehen.« Gewiß, ein Kern von ursprünglicher Erfahrung wird von der Phänomenologie vorausgesetzt; das macht sie zu einer reflektiven Disziplin; ohne die Voraussetzung eines solchen Kerns – »die lebendige Selbstgegenwart« –

gibt es keine Phänomenologie; aus diesem Grunde auch ist die Phänomenologie nicht die Psychoanalyse. Aber jenseits dieses Kerns erstreckt sich ein Horizont von »eigentlich Nicht-Erfahrenem«, ein Horizont von »notwendig Mitgemeintem«. Dieses Implizierte erlaubt es, auf das Cogito selbst die Evidenzkritik anzuwenden, die zuvor auf die Sache angewandt wurde[43]: auch das Cogito ist eine präsumierte Gewißheit; auch es kann sich über sich selbst täuschen, und niemand weiß, wie weit. Die entschiedene Gewißheit des »Ich bin« umschließt die nicht entschiedene Frage über die mögliche Reichweite der Selbsttäuschung. In diesen Spalt (diese Nicht-Koinzidenz der Gewißheit des »Ich bin« und der Möglichkeit der Selbsttäuschung) wird eine gewisse Problematik des Unbewußten sich einschieben können. Gleichzeitig jedoch erkennen wir ihren eigenen Stil. Das erste Unbewußte, das die Phänomenologie enthüllt, ist das des Implizierten, des Mitgemeinten: das Modell dieses Implizierten – oder besser »Mitimplizierten« – muß in einer Phänomenologie der Wahrnehmung gesucht werden.

2. Einen zweiten Schritt in Richtung des Freudschen Unbewußten bildet die Idee der Intentionalität, eine abwechselnd banale und undurchdringliche Idee. Die Intentionalität betrifft unsere Betrachtung des Unbewußten insofern, als das Bewußtsein zunächst Gerichtetsein auf Anderes ist, nicht Selbstgegenwart, Selbstherrschaft. Dem Anderen verfallen, weiß es sich zunächst nicht als ausgerichtetes. Das Unbewußte, das sich mit diesem Ausbruch verknüpft, ist das des Unreflektierten; schon in den *Ideen* (I) erscheint das Cogito als »Leben[44]«; es ist vollzogen, noch bevor es ausgesprochen ist, unreflek-

---

[43] »Ähnlich also betrifft die apodiktische Gewißheit der transzendentalen Erfahrung mein transzendentales *Ich bin* in der ihm anhaftenden unbestimmten Allgemeinheit eines offenen Horizontes. Das Wirklichsein des an sich ersten Erkenntnisbodens steht demnach zwar absolut fest, nicht aber ohne weiteres das, was sein Sein näher bestimmt und was während der lebendigen Evidenz des *Ich bin* noch nicht selbst gegeben, sondern nur präsumiert ist. Diese in der apodiktischen Evidenz mit implizierte Präsumption untersteht also hinsichtlich der Möglichkeiten ihrer Erfüllung der Kritik ihrer ev. apodiktisch zu begrenzenden Tragweite. Wie weit kann das transzendentale Ich sich über sich selbst täuschen und wie weit reichen die absolut zweifellosen Bestände trotz dieser möglichen Täuschung?« *Cartesianische Meditationen*, § 9.
[44] »Im natürlichen Dahinleben lebe ich immerfort in dieser *Grundform alles ›aktuellen‹ Lebens,* mag ich das cogito dabei aussagen oder nicht, mag ich ›re-

tiert, bevor es reflektiert ist. Stärker noch greift, zur Zeit der *Krisis*, die fungierende Intentionalität über die thematische Intentionalität hinaus, jene, die ihr Objekt weiß und sich als über ihrem Objekt weiß. Die erste kann von der zweiten niemals eingeholt werden; immer geht ein agierender Sinn der reflektierenden Bewegung voraus, ohne daß diese ihn jemals zu erreichen vermöchte. Die Unmöglichkeit der totalen Reflexion, also die Unmöglichkeit des Hegelschen absoluten Wissens, also die Endlichkeit der Reflexion, wie Fink und de Waelhens sie deduziert haben[45], sind in diesem Primat des Unreflektierten über das Reflektierte, des Vollzogenen über das Ausgesprochene, des Effektiven über das Thematische niedergeschrieben. Dieses dem Unreflektierten eignende Unwissen markiert eine neue Stufe in Richtung auf das Freudsche Unbewußte; es bedeutet, daß das Mitimplizierte, »Mitgemeinte« nicht völlig zur Klarheit des Bewußtseins kommen kann, gerade aufgrund der Textur des Bewußtseinsaktes, nämlich der unüberwindbaren Selbstunwissenheit der fungierenden Intentionalität. Die Korollarien dieses zweiten Theorems sind folgende: es ist zunächst möglich, das Seelenleben direkt zu definieren, ohne auf das Selbstbewußtsein zu rekurrieren, einzig aufgrund des Gerichtetseins auf etwas oder des Sinns. Aber – es wurde bereits gesagt – Freuds ganze Entdeckung liegt hierin: »Das Seelenleben wird durch den Sinn definiert, und dieser Sinn ist dynamisch und historisch.«[46] Husserl und Freud erscheinen als die Erben Brentanos, der beide zu seinen Schülern hatte.

Sodann ist es möglich, die tatsächlich gelebte Beziehung von ihrer Brechung in der Vorstellung zu trennen; in einer Philosophie des unmittelbaren Bewußtseins ist das Subjekt vor allem erkennendes Subjekt, d. h. letztlich auf ein Schauspiel gerichteter Blick; das Schau-

---

flektiv‹ auf das Ich und das cogitare gerichtet sein oder nicht. Bin ich das, so ist ein neues cogito lebendig, das seinerseits unreflektiert, also nicht für mich gegenständlich ist.« *Ideen* I, § 28.

45 E. Fink, Anhang XXI zu § 46 der *Krisis* (Husserliana VI, S. 473 ff.) Für den Unterschied zwischen »Thematischem« und »Operatorischem« und die »endliche philosophische Aktivität«, vgl. E. Fink, »Les concepts opératoires dans la phénoménologie de Husserl«, *Husserl*, Cahiers de Royaumont, Paris 1959, S. 214–241. Desgleichen de Waelhens, »Réflexions sur une problématique husserlienne de l'inconscient: Husserl et Hegel«, *Edmund Husserl, 1859–1959*, *Phaenomenologica*, Den Haag 1959, S. 221–238.

46 Vergote, »L'intérêt philosophique de la psychanalyse freudienne«, *Archives de Philosophie*, Jan.-Febr. 1959, S. 38.

spiel ist nämlich gleichzeitig Selbstbespiegelung im Spiegel der Dinge; es besteht ein Zusammenhang zwischen dem Primat des Selbstbewußtseins und dem Primat der Vorstellung. Indem die Beziehung zur Welt Vorstellung wird, wird sie Selbstwissen. Die Phänomenologie muß also die Bresche erweitern, die Husserl selbst in die ehrwürdige Tradition des erkennenden Subjekts geschlagen hat (wenngleich er persönlich am Primat der objektivierenden Akte über das Erfassen der affektiven, praktischen, axiologischen Prädikate der weltlichen Dinge festhielt). Die Möglichkeit, daß der Mensch in erster Linie »Sorge um die Dinge«, »Begehrlichkeit«, Wunsch und Suche nach Befriedigung sei, diese Möglichkeit steht von neuem offen, wenn sich das Psychische nicht mehr durch das Bewußtsein und die effektiv erlebte Beziehung nicht mehr durch die Vorstellung definiert.

Eine weitere Konsequenz des Primats des Intentionalen über das Reflektive: die Dynamik des (fungierenden oder tätigen) vollzogenen Sinns ist ursprünglicher als die Statik des ausgesprochenen oder vorgestellten Sinns. Auch hier bahnt Husserl seinen französischen Nachfolgern den Weg, indem er in der *4. Cartesianischen Meditation* das Problem der »passiven Genesis« des Sinns einführt; Husserl gelangt zu diesem völlig neuen Problem auf dem Umweg einer Vorfrage: Wie ist die Vielfalt von Erlebnissen in ein und demselben Ego »kompossibel«? Es sind die »Wesensgesetze der Kompossibilität«[47], die alle Probleme der *Genesis* in der Sphäre des Ego lösen; die Kompossibilitätsform für ein Ego ist in der Tat die Zeit; nicht die Zeit der Welt, sondern die Temporalität, durch welche eine Folge von *cogitationes* eine Reihe, eine Kette bildet; die Genesis bezeichnet in der Phänomenologie also eine Art und Weise, die Verbindung zwischen den verschiedenen Dimensionen des Zeitstroms herzustellen: Vergangenheit, Gegenwart, Zukunft: »Das ego konstituiert sich für sich selbst sozusagen in der Einheit einer *Geschichte*.«

Hier kommt die Vorstellung einer »passiven Genesis« ins Spiel, die auf eine neue Weise auf das Freudsche Unbewußte »hindeutet«. In der aktiven Genesis »fungiert das Ich als durch spezifische Ichakte erzeugendes, konstituierendes«. Diese Praxis ist in der logischen Vernunft am Werk, in dem Sinne, daß die logischen Objekte auch »Erzeugnisse« von Aktivitäten wie Zählen, Prädizieren, Schließen

---

[47] § 37.

etc. sind, was es erlaubt, das *Ansich* dieser Objekte für das Gegenüber einer »habituellen« Aktivität zu halten; das Ansich ist ein bleibender »Besitz«, der aber auch in einer neuen Aktivität »wiedererzeugt« werden kann. »Jedenfalls aber setzt«, sagt Husserl, »jeder Bau der Aktivität notwendig als unterste Stufe voraus eine vorgegebene Passivität, und dem nachgehend stoßen wir auf die Konstitution durch passive Genesis.«[48] Was ist die passive Genesis? Husserl spricht von ihr fast ausschließlich auf der Ebene der Wahrnehmung; die passive Synthesis ist das Ding selbst als »fertiges«, als Residuum des wahrnehmenden Lernens der frühen Kindheit; dieses konstituiert das »affizierte Sein« des Ichs, und das Ding selbst wird in unserem Wahrnehmungsfeld als bereits bekannt vorgefunden. Aber die Spur der Geschichte hat sich nicht so verwischt, daß die Reflexion die Bedeutungsgeschichten nicht explizieren und darin »intentionale Verweisungen« entdecken könnte, die »auf eine Geschichte führen«. Dank dieser Verweisungen wird es möglich, zu der »Urstiftung« zurückzufinden.

Auf dieser Basis ist eine Konfrontation mit der Freudschen Exegese der Symptome möglich: stets weist nämlich eine »Zielform« mittels ihrer Genesis auf ihre Stiftung zurück: »Alles Bekannte verweist auf ein ursprüngliches Kennenlernen.«[49] Husserls Explikation wie Freuds Exegese haben somit aufgrund ihrer regressiven Orientierung eine unverkennbare Verwandtschaft. Mehr noch, indem Husserl die »Assoziation als das universale Prinzip der passiven Genesis« setzt, entdeckt er eine auf die der logischen Objekte nicht zurückführbare Art der Konstitution, nicht nur eine nicht-logische Konstitution, sondern eine solche, die anderen, aber noch Wesensgesetzen untersteht. Daß diese berüchtigte Assoziation noch in den Termini der alten Psychologie definiert wird, darauf kommt es nicht an: Husserl selbst gesteht, daß dieser alte Begriff »nur eine naturalistische Verzerrung der entsprechenden echten intentionalen Begriffe« sei.[50] Er sieht auch seine Verallgemeinerung über die Wahrnehmungssphäre hinaus voraus. Dieser Inhalt betrifft unsere Existenz, als irrationales Faktum: »Dabei ist aber nicht zu übersehen, daß *Faktum* und seine Irrationalität selbst ein Strukturbegriff im System des konkreten Apriori ist.«

48 § 38.
49 ibid.
50 § 39.

Entstammt die Psychoanalyse nicht einer solchen Explikation einer sinnerfüllten Kontingenz? Genügt es nicht, diese Explikation der Sinnschichten, diese Suche nach einer »Urstiftung« auf den Wunsch und seine Objekte auszudehnen? Ist die Geschichte des libidinösen Objektes, durch die Phasen der Libido hindurch, nicht eine solche Explikation von Verweisungen zu Verweisungen? Das Ineinandergreifen der Signifikanten in dem, was wir die Semantik des Wunsches genannt haben, realisiert, was Husserl unter dem altertümelnden Titel »Assoziation« geahnt hat, deren intentionale Bedeutung er jedoch voll und ganz erkannte; kurzum, die passive Genesis, der Sinn, der sich ohne mich erfüllt – die Phänomenologie spricht von ihm, aber die Psychoanalyse zeigt ihn.[51]

Letztes Korollarium dieses Theorems der Intentionalität: der phänomenologische Begriff des eigenen Körpers oder, in der Sprache der letzten Schriften von Merleau-Ponty, der Begriff des Fleisches. Auf die Frage, wie es möglich sei, daß ein Sinn existiert, ohne bewußt zu sein, antwortet der Phänomenologe: seine Seinsweise ist die des Körpers, der weder Ich noch Ding der Außenwelt ist. Der Phänomenologe sagt nicht, daß das Freudsche Unbewußte Körper ist; er sagt lediglich, daß die Seinsweise des Körpers, insofern er weder Vorstellung in mir noch Ding außer mir ist, das ontische Modell für jedes denkbare Unbewußte ist. Nicht die vitale Determination des Körpers ist exemplarisch, sondern die Ambiguität seiner Seinsweise. Ein existierender Sinn ist ein in einem Körper eingeschlossener Sinn, ist ein signifikantes Verhalten.

Wenn dem so ist, wird es möglich, das, was wir über die Genesis des Sinns, seinen psychischen Charakter und schließlich über den Begriff der Intentionalität gesagt haben, nach und nach im Rahmen signifikanten Verhaltens wiederaufzunehmen. Jeder agierte Sinn ist ein im Körper eingeschlossener Sinn; jede dem Sinn verschriebene Praxis ist eine Bedeutung, eine Fleisch gewordene Intention, wenn es stimmt, daß der Körper das ist, »was uns gleichsam außerhalb unserer selbst zur Existenz bringt«[52].

---

51 Vergote, l. c., S. 47.
52 De Waelhens, »Reflexions sur les rapports de la phénoménologie et la psychanalyse«, *Existence et signification*, 1959, S. 191–213: »Der Körper ist jene Seite von uns, jene ursprünglich nach außen gekehrte Dimension, die uns gleichsam außerhalb unserer selbst zur Existenz bringt« (S. 200). »Diese radikale Nachbarschaft zwischen den Dingen und uns entfaltet und formt sich in einem

Mit dieser These wendet sich die Phänomenologie dem Freudschen Unbewußten zu; mehr noch, ausgehend von dieser Interpretation des Körpers als inkarnierten Sinns, ist es möglich, dem menschlichen Sinn der Sexualität Rechnung zu tragen – zumindest der agierenden Sexualität; sie besteht darin, uns als Körper zu Existenz zu bringen, ohne Distanz zwischen uns und uns selbst, in einer Erfahrung des Ausgeschöpftseins, die dem Unausgeschöpftsein der Wahrnehmung und der gesprochenen Kommunikation völlig entgegensteht.[53] Es ist eine Erfahrung des Ausgeschöpftseins, insofern der Körper, total manifest werdend, jeden Bezug auf eine Handlung der Außenwelt tilgt. Die Phänomenologie weist hier nicht nur in die Richtung der Psychoanalyse, sondern bietet ihr auch ein befriedigendes Schema, um der Beziehung zwischen Sexualität als partikularem Modus und menschlicher Existenz als ungeteilter Totalität Rechnung zu tragen. Diese Beziehung ist mehr die des Teils zum Ganzen: die Sexualität ist nicht eine isolierte Funktion unter anderen; sie affiziert das gesamte Verhalten. Es ist auch keine kausale Beziehung, denn ein Sinn kann nicht Ursache eines Sinns sein; zwischen sexuellem Verhalten und totalem Verhalten kann es nur eine Identität des Stils oder, wenn man so sagen darf, ein Homologieverhältnis geben. Die Sexualität ist eine besondere Lebensweise, ein totales Engagement gegenüber der Realität; dieser partikuläre Modus ist eben die Art und Weise, wie zwei Partner versuchen, sich als Körper und nur als Körper zur Existenz zu bringen.

3. Die Reduktion ist die methodische Verschiebung, welche die *Einstellung* der Phänomenologie definiert; die Intentionalität ist ihr *Thema*. Dieses Thema wiederum hat vielfache Implikationen, deren relevanteste in bezug auf die Psychoanalyse wir registriert haben. Noch zwei weitere Sätze verdienen es, herausgelöst zu werden; sie sind weit mehr als bloße Korollarien des phänomenologischen Begriffs des intentionalen Sinns. Der erste betrifft die *dialektischen* Aspekte der Sprache, der zweite die der Intersubjektivität.

Milieu, einem vermittelnden Element, das weder ich noch Ding ist (oder das sowohl das eine wie das andere ist): dem Körper. Ob sie es nun ausdrücklich formuliert oder nicht, ist diese These die Grundlage jeder Psychoanalyse, und die Phänomenologie muß sich ihr stellen.« (ibid., S. 192)
53 vgl. den ausgezeichneten Text von de Waelhens über die Sexualität, in *Existence et signification*, S. 204–211.

Auf den ersten Blick erscheint die Phänomenologie der Sprache lediglich als eine Ausdehnung derjenigen der Wahrnehmung; auch hier kommt es darauf an, vom ausgesprochenen Sinn zum vollzogenen Sinn zurückzugehen. Der Mensch ist Sprache; in dieser Überzeugung stimmt die Phänomenologie mit Humboldt und Cassirer überein; aber das phänomenologische Sprachproblem beginnt erst dann wirklich, wenn das Sagen auf der Ebene genommen wird, wo es einen Sinn herstellt, wo es bewirkt, daß ein Sinn manifest wird, außerhalb jeder expliziten Apophantik, d. h. diesseits der Aussage oder des ausgesprochenen Sinns. Das Problem, das die Wahrnehmung aufwirft, nämlich von der Vorstellung zur tatsächlich erlebten Beziehung zurückzugehen, wiederholt sich auf der Ebene der Sprache; man muß mit Hegel wiederentdecken, daß die Sprache das Dasein des Geistes ist; für die Phänomenologie wie für die Psychoanalyse ist die »Realität der Sprache« nichts anderes als der durch ein Verhalten hergestellte Sinn.

Nichtsdestoweniger bildet diese Ausdehnung der Analyse der Wahrnehmung, als tätigen Sinns, auf die Sprache nicht eine bloße Extrapolation; rückwirkend bringt sie Züge der Wahrnehmung zutage, die nur auf der Ebene der gesprochenen Zeichen expliziert werden können. Diese Züge sind es, die Licht auf das Freudsche Unbewußte werfen werden. Ich habe sie unter dem Titel der Dialektik von Abwesenheit und Anwesenheit zusammengefaßt.

Diese Dialektik hat mindestens drei Aspekte. Zunächst ist der Eintritt in die Sprache eine Möglichkeit des Menschen, sich den Dingen zu entziehen und sie »leer« zu bezeichnen und dementsprechend die Dinge durch die Leere des Zeichens selbst präsent zu machen.

Diese Dialektik von Anwesenheit und Abwesenheit, die allen Zeichen eignet, spezifiziert sich auf doppelte Weise, je nachdem, ob man das Wort als einen Akt des sprechenden Subjekts oder die Sprache als Instrument der Kommunikation betrachtet, die auf einer anderen Ebene als der des Bewußtseins und selbst der Intention der sprechenden Subjekte organisiert ist. Die Sprache hat eine eigene Art und Weise, dialektisch zu sein: jedes Zeichen zielt nur durch seinen Stellenwert innerhalb der Gesamtheit der Zeichen auf einen Gegenstand der Realität; kein Zeichen ist durch eine Wort-für-Wort-Beziehung zu einem entsprechenden Ding signifikant, jedes Zeichen wird durch seinen Unterschied zu allen anderen definiert; genauer: indem wir die phonematischen und lexikalischen Unterschiede zusammenfü-

·gen, also die zweifache Gliederung, der Phoneme und Moneme, ins Spiel bringen, sagen wir die Welt.

Seinerseits aber fördert das Inswerksetzen der Sprache durch das Wort der sprechenden Subjekte die Ambiguität aller Zeichen zutage. In der gewöhnlichen Sprache unterschlägt jedes Zeichen ein unbestimmtes Sinnpotential; ein Blick ins Wörterbuch enthüllt eine Art von allmählicher Bedeutungsverschiebung, von unaufhörlichen Übergriffen auf den semantischen Bereich aller anderen Zeichen; sprechen heißt, einen Text herstellen, der für jedes darin enthaltene Wort als Kontext funktioniert. Das Potential auch der sinnbeladensten Wörter wird auf diese Weise durch den Kontext begrenzt und bestimmt, ohne daß der restliche Sinngehalt deshalb aufgehoben würde; nur ein Teil des Sinns wird vergegenwärtigt, indem der übrige mögliche Sinn überdeckt wird.

Durch diese drei Typen der Dialektik von An- und Abwesenheit wendet sich die Phänomenologie der Sprache zur Psychoanalyse und ihrem Unbewußten.

Zunächst findet das den Zeichen als solchen eigentümliche Spiel von Ab- und Anwesenheit eine erstaunliche Illustrierung in der von der Psychoanalyse vorgeschlagenen Genesis des gesprochenen Zeichens; die Phänomenologen hegen eine besondere Zuneigung für jene Seiten aus JENSEITS DES LUSTPRINZIPS, auf denen Freud die Genesis des Zeichens anhand der Bemeisterung der Versagung im Spiel des »Fort! Da!« skizziert. Indem das Kind abwechselnd das o des »Fort« und das a des »Da« ausstößt, artikuliert es Abwesenheit und Anwesenheit in einem signifikanten Gegensatz; gleichzeitig erleidet es die Abwesenheit nicht mehr als eine Panik, die massiv an die Stelle einer dumpfen, sättigenden Anwesenheit trat. Die somit durch die Sprache bemeisterte Versagung – und folglich auch die Gegenwart – wird bezeichnet und in Intentionalität verwandelt; das Entbehren der Mutter wird zum Gerichtetsein auf die Mutter.[54]

Das Beispiel des »Fort! Da!« steht nicht allein: TRAUER UND MELANCHOLIE lehrt uns, daß sich jenseits der verlorenen archaischen Objekte eine Objektbeziehung herstellen kann, die nicht eine bloße Wiederholung der archaischen Situation ist. Diese Art und Weise,

---

54 De Waelhens, »Sur l'inconscient et la pensée philosophique«, *Journées de Bonneval sur l'inconscient,* 1960, S. 16–21 (Maschinenskript) – »Réflexions sur une problématique husserlienne de l'inconscient: Husserl et Hegel«, l. c., S. 232.

um das Objekt zu trauern, erinnert an die Institution des Zeichens, das überall Verzicht auf die nackte Gegenwart und Ausrichtung auf die Anwesenheit in der Abwesenheit bedeutet.
Dieser Rückgriff auf die Sprache verstärkt den Parallelismus zwischen Phänomenologie und Psychoanalyse. Die Dialektik von Anwesenheit und Abwesenheit, welche die Sprache ins Werk setzt, findet sich nachträglich in allen Formen des Implizierten oder Mitgemeinten wieder, in jeder menschlichen Erfahrung und auf allen Ebenen. Damit ermöglicht es die Sprache, das Wahrnehmungsmodell des Unbewußten zu verallgemeinern. Die Ambiguität des »Dings« wird zum Modell einer jeden Ambiguität der Subjektivität im allgemeinen und der Intentionalität in all ihren Formen.
Mehr noch, diese Dialektik von Anwesenheit und Abwesenheit bringt das ursprüngliche falsche Wissen des unmittelbaren Bewußtseins endgültig ins Wanken; die Frage des Bewußtseins wird nunmehr ebenso dunkel wie die des Unbewußten, um einen berühmten Text von Platon über das Sein und das Nichtsein zu variieren; die Phänomenologie wird somit eine ebenso radikale Kontestation, wie es die Psychoanalyse hinsichtlich der Illusion des unmittelbaren Wissens von sich selbst sein kann. Jede Art und Weise, bewußt zu sein, ist für die Subjektivität eine Art und Weise, unbewußt zu sein, so wie jede Art des Erscheinens einem Nicht-Erscheinen, ja sogar einem Verschwinden entspricht, die in der Präsumtion des Dinges selbst mitbedeutet sind. Diese Mitbedeutung des Implizierten als Abwesenheit enthüllt die Sprache zweifellos besser, als eine Phänomenologie der stummen Wahrnehmung es tut. Die Sprache offenbart also die volle Bedeutung des Wahrnehmungsmodells des Unbewußten für die Phänomenologie.

4. Das Theorem der als Dialektik von An- und Abwesenheit begriffenen Sprache erheischt seinerseits ein Komplement, das uns die Theorie der Intersubjektivität liefert: *alle* unsere Beziehungen zur Welt haben eine intersubjektive Konstitution.
Daß das wahrgenommene Ding auch für andere wahrnehmbar ist, dies führt die Bezugnahme auf den Anderen in die Konstitution des Dings als präsumierten Dinges ein; gerade dieser Horizont der Wahrnehmbarkeit, diese unsichtbare Kehrseite des Sichtbaren verweist auf den Anderen. Zwischen der Stellung des Anderen als eines Wahrnehmenden und dem Akzeptieren dieser unsichtbaren Kehr-

seite der Dinge besteht eine reziproke Beziehung. Jeder Sinn hat letztlich intersubjektive Dimensionen; jede »Objektivität« ist intersubjektiv, insofern das Implizierte das ist, was ein Anderer zu explizieren vermag.

Dieser erste Rekurs auf die Intersubjektivität scheint in keiner Beziehung zur Psychoanalyse zu stehen; dennoch weist das ursprüngliche Band, das die Phänomenologie zwischen der dem Implizierten eignenden Unbewußtheit und der Intersubjektivität erkennt, zur Genüge darauf hin, daß es vergeblich wäre, ein Unbewußtes zu definieren, das nicht ursprünglich in intersubjektiven Beziehungen impliziert wäre; dieser Hinweis betrifft die psychoanalytische Theorie in dem Maße, wie die erste Topik, jene, in der sich ihre Epistemologie darstellt, von Grund aus solipsistisch bleibt; die zweite Topik hingegen genügt grundlegend der Forderung der Phänomenologie, insofern Instanzen und Rollen nur innerhalb des intersubjektiven Feldes instituiert werden. Vor allem aber gewinnt diese fundamentale und absolut ursprüngliche Rolle der Intersubjektivität ihren vollen Sinn, wenn man sie auf andere Register als das der Vorstellung ausdehnt, je nach den Anregungen unseres zweiten Theorems. Ist der Sinn, von dem die Phänomenologie spricht, mehr vollzogen denn ausgesprochen, mehr erlebt denn vorgestellt, dann kommt diese Textur am deutlichsten in der Semantik des Wunsches zum Vorschein; es zeigt sich nun aber, daß der Wunsch, als Seinsweise neben den Seienden, nur dann menschlicher Wunsch ist, wenn das Ziel nicht nur Wunsch nach dem Anderen, sondern Wunsch nach dem anderen Wunsch ist, d. h. Anspruch. Hier verknüpfen sich alle erörterten Themen: Sinn, Körper, Wort, Intersubjektivität.

Die intersubjektive Konstitution des Wunsches ist die tiefe Wahrheit der Freudschen Libidotheorie. Niemals hat Freud, auch nicht zur Zeit des ENTWURFS und des VII. Kapitels der TRAUMDEUTUNG, den Trieb außerhalb eines intersubjektiven Kontextes beschrieben; es gäbe weder Verdrängung, noch Zensur, noch Wunscherfüllung in der Phantasie, wenn der Wunsch sich nicht in der zwischenmenschlichen Situation befände. Daß der Andere und die Anderen in erster Linie Verbotsträger sind, heißt wieder, daß der Wunsch einem anderen Wunsch begegnet, wenn auch in der Gestalt des sich versagenden Wunsches. Die ganze Dialektik der Rollen, gemäß der zweiten Topik, bringt die Verinnerlichung einer für den menschlichen Wunsch konstitutiven Konfrontationsbeziehung zum Ausdruck; der Ödipuskomplex bedeutet wesentlich, daß der menschliche Wunsch eine Geschichte ist, daß diese Geschichte durch Versagung und Erniedrigung hindurchgeht, daß der Wunsch mittels der spezifischen Unlust, die ihm ein anderer, sich versagender Wunsch bereitet, zur Realität erzieht.

Genau an diesem Punkt muß sich die auf zwei Glieder – Husserl und Freud – reduzierte Gegenüberstellung zu einer Dreiecksbeziehung ausweiten: Hegel, Husserl, Freud. Wie einmal gesagt wurde[55], scheint sich Hegel für eine Konfrontation mit Freud besser zu eignen: der Übergang zum Selbstbewußtsein durch die Verdopplung des Wunsches im Wunsch, die Erziehung des Wunsches im Kampf um die Anerkennung, die Eröffnung dieses Kampfes in einer Situation der Ungleichheit: alle diese Hegelschen Themen scheinen mehr Analogien zu psychoanalytischen Themen zu haben als die mühevolle Theorie der perzeptiven Intersubjektivität bei Husserl. Zwischen dem Hegelschen Kampf von Herr und Knecht und dem Ödipus der Freudianer gibt es offenkundige Assonanzen.

Wenn aber diese Bemerkung in erster Annäherung stimmt und wenn der Vergleich mit Hegel einen unbestreitbaren pädagogischen Vorteil hat, so enthüllt eine subtilere und engere Konfrontation eine verstecktere und vielleicht noch bedeutsamere Verwandtschaft. De Waelhens bemerkt, daß Husserl in zwei wichtigen Punkten, wenn nicht der Freudschen Thematik, so doch der letzten Intention der Analyse näherkommt als Hegel. Nach Husserl können wir nicht mit einer Vollendung der Konstitution des Sinns in einer absoluten Rede rechnen, die seinen Prozeßcharakter vernichten würde; so wie der Sinn für jeden unvollendet bleibt, bleibt er es für alle; »das absolute Wissen aber«, so bemerkt de Waelhens, »ist vom Standpunkt der Analyse aus der Un-Sinn.«[56] Zudem ist der Vorsprung, den der Hegelsche Denker, der allwissende Interpret, gegenüber dem Verlauf der exemplarischen Geschichte des Geistes gewinnt, ebenfalls aus der analytischen Erfahrung ausgeschlossen: der Analytiker – darin dem Mäeutiker der phänomenologischen Reflexion verwandt – ist dem Gang der Subjektivität nur um ein weniges voraus, die ihn in seinem Erkenntnisgeschäft unterstützt. Der Phänomenologe wie der Analytiker wissen beide, daß der Dialog kein Ende hat.

55 Hippolyte, »Phénoménologie de Hegel et Psychanalyse«, *La Psychanalyse*, Nr. 3, S. 17 ff. und 225 ff. De Waelhens, »Reflexions ...«, l. c., S. 225 f.
56 De Waelhens, »Reflexions ...«, S. 226

Es ist nicht verwunderlich, daß Phänomenologie und Psychoanalyse sich auf dieser Ebene treffen: wir haben bereits in der Auseinandersetzung mit der wissenschaftlichen Psychologie gesagt, daß jede Diskussion von der analytischen Situation selbst, insofern sie Sprachbeziehung ist, ausgehen muß. Die Rede des Unbewußten wird bedeutsam nur in der Rede der Analyse, welche Zwiesprache ist; in der psychoanalytischen Kur als einer *talking cure* tritt all das zutage, was wir über den Übergang vom Wunsch zur Sprache mittels des Verzichts gesagt haben; Konstitution des Subjekts im Worte und Konstitution des Wunsches in der Intersubjektivität sind ein und dasselbe Phänomen; der Wunsch findet nur insofern Eingang in eine signifikante Menschheitsgeschichte, als »diese sich durch das an den Anderen gerichtete Wort konstituiert«.[57] Andererseits ist der analytische Dialog deshalb möglich, weil der Wunsch Wunsch nach dem Wunsch ist, also Anspruch, also durch das an den Anderen gerichtete Wort konstituiert; denn er überträgt das Drama des Wunsches nur insofern in das Feld einer derealisierten Rede, als er bereits gesprochenes Drama, Anspruch war. Es kann also nicht verwundern, wenn wir in der analytischen Beziehung alle Probleme der Konstitution des Wunsches wiederfinden. Es handelt sich um ein reziprokes Verhältnis: einerseits ermöglicht die intersubjektive Struktur die Erforschung des Wunsches in der Übertragungsbeziehung; umgekehrt kann die analytische Beziehung die Geschichte des Wunsches wiederholen, weil das, was im Feld der derealisierten Rede zum Wort kommt, der Wunsch ist, insofern er ursprünglich Anspruch an den Anderen war.

An dem Punkt, an dem wir nun angelangt sind, scheint der Unterschied zwischen Phänomenologie und Psychoanalyse verschwindend zu sein; haben nicht beide dasselbe im Auge, nämlich die Konsti-

---

[57] Die Verschiebung der Diskussion vom Problem des Unbewußten auf das der Sprache und sodann auf das der Intersubjektivität ist in den Aufsätzen von de Waelhens sehr deutlich; seine letzte Untersuchung über die Psychoanalyse in *La philosophie et les expériences naturelles*, Den Haag 1961, wird kurzerhand in das Kapitel »Autrui« (S 135–167) aufgenommen. Wir verweisen auf die Seiten über die Rolle des Analytikers: er wird aufgefaßt als das Gegenüber, welches dazu beiträgt, eine Situation der »Loslösung«, der Isolierung gegenüber dem Realen einzuführen, eine derealisierte Situation, in der Wiederholung und Erinnerung stattfinden können.

tution des Subjekts als eines wünschenden Wesens in einer authentischen intersubjektiven Rede?
Betrachten wir unseren Ausgangspunkt im Lichte unseres Endpunkts, dann verstehen wir besser, weshalb die beiden Methoden parallel verliefen: phänomenologische Reduktion und Freudsche Analyse entsprechen einander, weil sie auf dasselbe abzielen; *die Reduktion ist gleichsam eine Analyse*, weil sie nicht bezweckt, das Subjekt der natürlichen Einstellung durch ein anderes Subjekt zu ersetzen; es beseelt sie keine Flucht nach einem Anderswo; die Reflexion ist der Sinn des Unreflektierten, als eingestandener, ausgesprochener Sinn; oder besser: das die Reduktion betreibende Subjekt ist nicht ein anderes Subjekt als das natürliche, sondern dasselbe; aus einem verkannten wird es ein anerkanntes. Darin entspricht die Reduktion der Analyse, wenn diese verkündet: »Wo Es war, soll Ich werden«. Aber diese anfängliche Homologie zwischen den Methoden wird erst am Ende begriffen: die Phänomenologie versucht, sich der realen Geschichte des Wunsches gleichsam *lateral* zu nähern, mittels eines Wahrnehmungsmodells des Unbewußten, das sich nach und nach auf jeden erlebten, inkarnierten und zugleich im Element der Sprache vollzogenen Sinn ausdehnt; die Psychoanalyse taucht *direkt* in diese Geschichte des Wunsches ein, mit Hilfe seiner partiellen Äußerung im derealisierten Bereich der Übertragung. Beide aber haben die gleiche Zielrichtung: »Die Rückkehr zur wahren Rede«.[58]

4. Die Psychoanalyse ist nicht Phänomenologie

Und dennoch ...
Und dennoch ist die Phänomenologie nicht die Psychoanalyse. So minimal der Abstand auch sein mag, er ist nicht gleich Null. Die Phänomenologie holt die Psychoanalyse nicht ein, sondern gibt von ihr nur, mittels einer verschwindend geringen Differenz, eine Art Verständnis an der Grenze ihrer selbst.
Gehen wir die verschiedenen Punkte unserer phänomenologischen Annäherung an das Freudsche Unbewußte nochmals im einzelnen durch.

---

58 De Waelhens, *La philosophie ...*, S. 154.

1. Die Phänomenologie ist eine reflektive Disziplin; die methodologische Verschiebung, die sie ins Werk setzt, ist die Verschiebung der Reflexion selbst in bezug auf das unmittelbare Bewußtsein. Die Psychoanalyse ist keine reflektive Disziplin: die Dezentrierung, die sie vornimmt, unterscheidet sich grundlegend von der »Reduktion«, indem sie genau durch das konstituiert wird, was Freud »analytische *Technik*« nennt, die all das umfaßt, was Freud unter zwei verschiedene Titel stellt: das Untersuchungsverfahren und die eigentliche Behandlungsmethode.[59] Ich möchte sagen: das Freudsche Unbewußte ist das, was durch die psychoanalytische Technik zugänglich geworden ist; und die Art der archäologischen Ausgrabung[60] kann durch keine Phänomenologie ersetzt werden. Daher ist der Zweifel, zu dem sie sich im Hinblick auf die Illusionen des Bewußtseins bekennt, von anderer Natur als die Ausschaltung der natürlichen Einstellung.[61] Wenn die Phänomenologie eine Modifikation des Cartesischen Zweifels an der Existenz ist, dann ist die Psychoanalyse eine Modifikation der Spinozischen Kritik des freien Willens; sie beginnt damit, die scheinbare Willkür des Bewußtseins zu leugnen, die von den tiefen Motivationen nichts weiß. Und während die Phänomenologie mit einem Akt der »Ausschaltung«, mit einer Epoché beginnt, die im freien Belieben des Subjekts steht, beginnt die Psychoanalyse mit einer Ausschaltung der Bewußtseinskontrolle, mittels derer das Subjekt zu einem Knecht wird, der sich seiner wirklichen Knechtschaft gleich macht, um in Spinozischen Begriffen zu reden; indem von der Ebene dieser Knechtschaft selbst ausgegangen wird, d. h. indem man sich vorbehaltlos dem gebieterischen Strom der tiefen Motivationen überläßt, wird die wahre Situation des Bewußtseins offenbar. Die Fiktion der fehlenden Motivation, woran

---

59 Freud, Psychoanalyse und Libidotheorie, GW XIII, 211: »Psychoanalyse ist der Name 1) eines Verfahrens zur Untersuchung seelischer Vorgänge, welche sonst kaum zugänglich sind; 2) einer Behandlungsmethode neurotischer Störungen, die sich auf diese Untersuchung gründet; 3) einer Reihe von psychologischen, auf solchem Wege gewonnenen Einsichten, die allmählich zu einer neuen wissenschaftlichen Disziplin zusammenwachsen.«
60 Vergote, l. c., S. 28 f.
61 Vergote, l. c.: »Die Freiheit ist das Korrelat der Willkür des Bewußtseins« (S. 29). »Das der Problematik der Freiheit eigentümliche Gesetz ist es, den ersten und privaten Begriff in Richtung auf die Erkenntnis einer noch schöpferischen Fülle zu überschreiten. Diese aber setzt voraus, daß der Freiheit die Determinierung und die Motivation integriert sind.« (S. 30)

das Bewußtsein seine Illusion, über sich zu verfügen, festmacht, wird als Fiktion erkannt; an der Stelle des Leeren und Willkürlichen des Bewußtseins zeigt sich die Fülle der Motivation.

Wir werden später im einzelnen darlegen, auf welche Weise dieser Vorgang der Illusion wie bei Spinoza eine neue Problematik der Freiheit eröffnet, die nicht mehr mit der Willkür verknüpft ist, sondern mit der begriffenen Determinierung. Es kam uns zunächst darauf an, den Unterschied der Standpunkte zu erhärten, und zwar auf der Basis der aufgedeckten Ähnlichkeiten selbst.[62]

2. Es läßt sich nicht bestreiten, daß das Wahrnehmungsmodell des Unbewußten der Phänomenologie auf das analytische Unbewußte zielt, insofern dieses nicht ein Gefäß von Inhalten, sondern ein Brennpunkt von Intentionen, Zielrichtungen, kurz, insofern dieses Unbewußte ein Sinn ist. Von diesem signifikanten Charakter zeugt die Reihe der Abkömmlinge der primären Vorstellungen sowie die Sinnbeziehungen, die diese Abkömmlinge untereinander oder zu ihrem Ursprung unterhalten. Dies gilt noch immer; wichtig aber für die Analyse ist, daß dieser Sinn von der Bewußtwerdung durch

---

[62] In einem wichtigen und aufschlußreichen Text, den wir später eingehend behandeln werden, »L'inconscient, une étude psychanalytique«, *Journées de Bonneval*, 1960, stellen Laplanche und Leclaire die Charakteristika der »Bewußtwerdung« in der Psychoanalyse einer jeden phänomenologischen Interpretation des Bewußtseins gegenüber: »Bei dieser Bewußtwerdung während der Kur geschieht es selten, ja nur ausnahmsweise, daß die Entdeckung des Unbewußten sich als etwas vollzieht, das im Augenblick und im Bereich eines Bewußtseins situierbar wäre. Im allgemeinen handelt es sich um eine geduldige Arbeit, die vom Besonderen zum Besonderen fortschreitet, wo die Umarbeitung der Perspektiven durch unterbrochene, vereinzelte, oft weit voneinander entfernte Bewußtseinsmomente hindurch ihren Gang nimmt, von denen keines durch jene plötzliche Umkehrung der Gesamtheit der Bedeutungen gekennzeichnet wird, welche der Terminus ›Entschleierung‹ nennen könnte« (S. 10). Die Bewußtwerdung unterscheidet sich aufgrund ihres topischen Charakters von jedem Wiederaufleben oder Wiederauftauchen: es handelt sich um eine Umarbeitung der Systeme, die darauf abzielt, »einer organisierten Struktur der Selbsterkenntnis, die eine Vielzahl von Momenten umfaßt, eine kohärente Rede einzugliedern, die in ihrer Totalität niemals aktualisiert wird« (S. 11). Daher werden wir unten von der Bewußtwerdung als von einem *Durcharbeiten* sprechen. Die Phänomenologie trägt nur »Feldphänomenen« Rechnung, die einem Wahrnehmungsmodell angehören (Abschattungen des Implizierten, Horizont des Wahrnehmbaren, unsichtbare Kehrseite des Sichtbaren), d. h. Phänomenen am Rande des Vorbewußten und Bewußten, deren Beschreibung Freud freilich »kaum begonnen hat« (S. 12).

eine Schranke *getrennt* wird. Das ist das Wesentliche an der Idee der Verdrängung, und dieses Wesentliche stellt die Topik mittels ihrer Hilfsschemata dar: man gelangt von der Phänomenologie zur Psychoanalyse, sobald man begreift, daß die Hauptschranke Unbewußtes und Vorbewußtes trennt und nicht Vorbewußtes und Bewußtes; die Formel *Bw/Vbw, Ubw* durch die Formel *Bw, Vbw/Ubw* ersetzen heißt, vom phänomenologischen Standpunkt zum topischen übergehen. Das Unbewußte der Phänomenologie ist das Vorbewußte der Psychoanalyse, d. h. ein deskriptives, noch nicht topisches Unbewußtes. Daß das Unbewußte einzig und allein durch eine angemessene Technik zugänglich ist, gerade dies bezeichnet die Schranke. Von nun an werden alle Triebschicksale durch Exterioritätsbeziehungen dargestellt. Unter diesen Schicksalen geht es der Topik insbesondere um die Veranschaulichung der Verdrängung; die Verdrängung aber ist eine wirkliche Ausschließung, die keine Phänomenologie des Implizierten, des Mitgemeinten einzuholen vermag. Gewiß haben diese Schicksale etwas mit dem Psychischen, der Motivation, dem Sinn zu tun, und daher war die phänomenologische Annäherung nicht nutzlos; es ist wirklich ein anderer Text, den die Psychoanalyse hinter dem Text des Bewußtseins entziffert. Die Phänomenologie macht zwar begreiflich, daß es sich um einen anderen *Text* handelt, nicht aber, daß dieser Text *anders* ist. Der Realismus der Topik bringt dieses Anderssein des Textes zum Ausdruck, an der Grenze einer Annäherung, die ihn als Text enthüllt hat.

Wenn ich nun die Korollarien des zweiten Punktes nochmals aufnehme, wird dieses Verstehen a limine deutlicher: das Seelenleben, sagten wir zuerst, wird durch den Sinn und nicht unbedingt durch das Bewußtsein definiert. Diesen Satz verstehen heißt, sich dem Freudschen Unbewußten nähern: aber das Getrenntsein von diesem Sinn, von dem wir soeben sprachen, ist nur ein Aspekt dessen, was Freud die »Systemgesetze« genannt hat: die Systeme haben eine Eigengesetzlichkeit, was Freud durch die verschiedenen Merkmale des Unbewußten ausdrückt, die wir bereits erläutert haben: Primärvorgang, Unkenntnis der Verneinung, Zeitlosigkeit etc. Und diese Gesetzlichkeit kann nicht phänomenologisch rekonstruiert werden, sondern einzig durch die analytische Technik. Es geht nicht um ein anderes Bewußtsein, das man denken könnte; es geht um einen Sinn, dem man nur »durch die Praxis beikommen« kann.[63]

63 Vergote, l. c.

Wir sagen es nochmals: die Phänomenologie macht begreiflich, daß der tatsächlich gelebte Sinn eines Verhaltens die Vorstellung, die das Bewußtsein von ihm gewinnt, übersteigt; die Phänomenologie bereitet uns also den Weg zum Verständnis der Sinnbeziehungen zwischen den Repräsentanzen der Triebe und deren Abkömmlingen. Doch die Entfernung und Entstellung, welche diese Abkömmlinge von ihren Wurzeln abschneiden, sowie die Dissoziation in zwei Arten von Abkömmlingen, solche der Vorstellung und solche des Affekts, erheischen ein Untersuchungsinstrument, das die Phänomenologie nicht zu liefern vermag. Dem Begriff der Vorstellungsrepräsentanz nähert man sich als dem des Sinns, der Intention, der Absicht; das macht auch die Phänomenologie begreiflich; aber es bedarf einer ganz anderen Technik, um diese Entfernung und Dissoziation zu verstehen, welche der Entstellung und der Substitution zugrunde liegen, die den Text des Bewußtseins unkenntlich machen.

Dasselbe gilt für den Abstand zwischen passiver Genesis im Sinne Husserls und der Triebdynamik, die Freud mit Hilfe der analytischen Technik erschließt. Es geht hier nicht mehr allein um den topischen Standpunkt, sondern auch um den ökonomischen: der Begriff der Besetzung bringt einen Adhäsions- und Kohäsionstypus zum Ausdruck, den keine Phänomenologie des Gemeinten zu restituieren vermag. Die energetischen Metaphern lösen hier die ohnmächtige Sprache der Intention und des Sinns ab. In der Tat können weder Konflikte, noch Kompromißbildungen, noch Entstellungen in einem Bezugssystem ausgesagt werden, das nur Beziehungen von Sinn zu Sinn, und noch weniger, wenn es wie bei Politzer nur Beziehungen vom Buchstaben zum Sinn enthält. Die Entstellung, welche den Buchstaben vom Sinn abtrennt, erfordert Begriffe wie »Traumarbeit«, Verschiebung, Verdichtung, deren hermeneutische und energetische Doppelnatur wir entwickelt haben; die Funktion der energetischen Metapher ist es, der Trennung von Sinn und Sinn Rechnung zu tragen.[64]

64 G. Politzer, *Critique des fondements de la psychologie*, I. *La psychologie et la psychanalyse*, 1928. Laplanche und Leclaire, op. cit.: »a) Das Unbewußte ist dem Manifesten als seiner Bedeutung nicht mehr koextensiv: es muß gemäß den *Lücken* im manifesten Text interpoliert werden; b) das Unbewußte steht mit dem Manifesten nicht wie der Sinn mit dem Buchstaben, sondern auf einer gleichen Realitätsebene in Beziehung. Dies erlaubt es, eine dynamische Beziehung

Um dieser Forderung zu genügen, prägte Freud die Idee einer jedem System spezifischen Energie, die fähig ist, die Vorstellung zu besetzen. Ganz zweifellos sind die Schwierigkeiten, die diesem Begriff anhaften, zahlreich und vielleicht unüberwindlich: die dieser Kohäsionskraft zugeschriebenen Rollen lassen sich nur schwer koordinieren; bald erhält diese Energie die isolierten Elemente in der Gesamtheit des Systems aufrecht, bald trägt sie durch die Anziehungskraft des bereits konstituierten Systems *Ubw* zur Unterdrückung der übergeordneten Systeme bei, bald drängt sie zur Bewußtwerdung, der wachsamen Zensur zum Trotz. Zudem ist es nicht leicht, die Beziehungen zu erfassen, welche diese den einzelnen Systemen eignende Besetzungsenergie zur Libido unterhält, die sich aufgrund ihres organischen Ursprungs den Systemen gegenüber neutral verhält und je nach dem Ort der Vorstellungen, an den sie sich heftet, in diesem oder jenem System Platz greifen kann.[65] Am schwierigsten aber ist es, sich eine Energie vorzustellen, »die sich in Bedeutung verwandelt«.[66]

Nichts auf diesem Gebiet steht also fest, und vielleicht muß alles umgeformt werden, eventuell mit Hilfe ganz anderer energetischer Schemata als den Freudschen. Das für eine philosophische Kritik Wesentliche ist das, was ich den Ort dieser energetischen Rede nenne. Ihr Ort, so scheint mir, liegt zwischen Wunsch und Sprache; diesem Ort versuchen wir durch die Idee einer Archäologie des Subjekts Rechnung zu tragen. An der Nahtstelle von »Natürlichem« und

---

zwischen dem manifesten Text und dem zu konzipieren, was darin fehlt und interpoliert werden muß: ein Stück Rede, das seinen Platz in der Rede wiederfinden muß« (S. 9). Und: »Freud braucht einen radikalen Bruch zwischen zwei auf derselben Realitätsebene befindlichen Bereichen, der ihm allein erlaubt, dem psychischen Konflikt Rechnung zu tragen ... Die fehlenden Phänomene liegen hier noch am Ursprung der Hypothese des Unbewußten: diese besteht nicht in einem verständigeren Sinn, der es gestattete, jene Phänomene mit dem übrigen Text zu verknüpfen, – es handelt sich im Gegenteil um eine *zweite Struktur,* in der sie ihre Einheit finden, unabhängig vom übrigen Text« (S. 14).

65 Laplanche und Leclaire rekurrieren auf eine Gestalt-Interpretation der jedem System eignenden Besetzungsenergie: es soll sich um eine Art von Prägnanz der Formen in jedem System handeln (l. c., S. 17 f., 19 f.).

66 So definiert Vergote das spezifische Objekt der Tiefenpsychologie: »Der durch die Spontaneität der Triebe, ohne Freiheit konstituierte Sinn ... Für ihn ist die Dynamik eine Energie, die sich in Bedeutung verwandelt ... Die Kraft der im Streit liegenden Triebe ist die Triebfeder einer signifikativen Geschichte« (l. c., S. 53 f.).

»Signifikantem« wird die Triebregung durch den Affekt und die Vorstellung »repräsentiert«; daher ist die Koordinierung der ökonomischen und der intentionalen Sprache das große Problem dieser Erkenntnistheorie, das nicht durch Zurückführung auf die eine oder die andere umgangen werden kann.
Diese Koordinierung wollen wir nun näher verfolgen und uns dabei von den linguistischen Aspekten des Unbewußten leiten lassen. Nirgendwo stehen Phänomenologie und Psychoanalyse einander näher; nirgendwo wird folglich der Unterschied beider Disziplinen bedeutsamer sein.

3. Das Unbewußte ist wie eine Sprache strukturiert, sagen Lacan und seine Schüler: ist diese »linguistische« Auffassung des Unbewußten nicht untrennbar von der Interpretation, die Merleau-Ponty und de Waelhens von der Sprache geben? Wenn diese die Sprache als Instauration von Sinn begreifen, die ursprünglicher sei als jede ausdrückliche Aussage, sagen sie damit nicht dasselbe wie die Anhänger der linguistischen Auffassung des Unbewußten? Allerdings läßt sich diese nur in Verbindung mit den ökonomischen Auffassungen des Freudianismus verstehen; sie ersetzt nicht seinen topischen und ökonomischen Standpunkt. Indem sie ihn in allen Punkten verdoppelt, zeigt sie vielmehr, daß das Unbewußte – wenngleich durch die Verdrängung und die anderen Mechanismen, die ihm die Form eines Systems geben, abgesondert – immer noch mit der gewöhnlichen Sprache korreliert. Aber die linguistische Interpretation bildet keine Alternative zur ökonomischen Erklärung; sie unterzieht die letztere lediglich der Verdinglichung, indem sie zeigt, daß die Mechanismen der Ökonomik nur in ihrer Beziehung zur Hermeneutik zugänglich sind: zu sagen, die *Verdrängung* sei »Metapher«, heißt nicht, die ökonomische Hypothese ersetzen, sondern sie durch eine linguistische Interpretation verdoppeln und sie auf diese Weise mit dem Universum des Sinn verknüpfen, ohne sie darauf zu reduzieren.
Doch bevor wir diese Beziehung zwischen Linguistik und Ökonomik verdeutlichen, müssen wir uns vielleicht über das Wort »Linguistik« verständigen; wir haben es bisher vermieden, es immer dann zu gebrauchen, wenn es galt, die Sinnbeziehungen zwischen Symptomen, Phantasien, Träumen, Idealen und unbewußten Themen zu bezeichnen. Das Wort »Linguistik« kann im Bereich der Analyse

unter der Bedingung verwandt werden, daß man es in einem weiten Sinne versteht; es bezeichnet dann zwei getrennte, wenngleich zusammenhängende Aspekte der analytischen Situation. Zunächst bewegt sich die Technik der Analyse ausschließlich im Element der Sprache: »Der Analytiker«, schreibt Benveniste, »operiert mit dem, was das Subjekt ihm sagt, er beurteilt es nach den Reden, die es ihm hält, er prüft es in seinem Sprachverhalten, seinem ›fabulatorischen‹ Verhalten, und durch diese Reden hindurch schält sich für ihn langsam eine andere Rede heraus, die er explizieren muß, nämlich die des im Unbewußten verschütteten Komplexes. Die Analyse begreift also die Rede als Vermittler einer anderen ›Sprache‹, die ihre eigenen Regeln, Symbole und ihre eigene Syntax hat und auf die tiefen Strukturen des Seelenlebens verweist.«[67] Einerseits gibt es also Wortereignisse, eine Sprechweise, eine Zwiesprache, und andererseits, durch diese hindurch, die Bloßlegung einer »anderen Rede«, die sich mittels der Substitutions- und Symbolisierungsbeziehungen zwischen den auf das Unbewußte bezogenen Motivationen konstituiert. Sind nun die Gesetze dieser anderen Rede nicht eigentlich linguistische Gesetze?

Es ist recht schwierig, diese andere Rede mit dem in Übereinstimmung zu bringen, was wir seit Saussure dem Wort gegenüberstellen und gemäß seiner phonematischen und semantischen Gliederung sowie seiner Syntax »Sprache« nennen.

Zunächst ist es nicht möglich, das Fehlen von Logik im Traum, sein Nichtkennen des »Nein«, mit einem realen Sprachzustand in Einklang zu bringen. Freud hat es einmal, ohne Erfolg, in seinem Aufsatz ÜBER DEN GEGENSINN DER URWORTE versucht.[68] Es ist nun

---

[67] Benveniste, »Remarques sur la fonction du langage dans la découverte freudienne«, La Psychanalyse, Nr. 1, S. 6.
[68] Freud, so scheint es, hat die Untersuchung in eine Sackgasse geführt, indem er versuchte, den *regressiven* Charakter des Traums, seine Verleugnung des Widerspruchs, mit einem primitiven Sprachzustand in Übereinstimmung zu bringen. In seinem Aufsatz ÜBER DEN GEGENSINN DER URWORTE (GW VIII, 214–221) beruft er sich auf die Autorität von Karl Abel (1884), um den regressiven und archaischen Charakter des Traums durch eine Eigentümlichkeit der ältesten Sprachen zu erhärten, diejenige, anthitetische Bedeutungen mittels derselben Wörter auszudrücken. Benveniste bemerkt sehr treffend, daß das, was eine Sprache nicht durch besondere Zeichen unterscheidet, auch nicht als Gegensatz gedacht wird: »Jede Sprache ist spezifisch und gestaltet die Welt auf ihre Weise« (l. c., S. 10). »Es ist ein Widerspruch, einer Sprache die Kenntnis zweier Begriffe als gegen-

aber nicht möglich, den Archaismus der Entstellungs- und Darstellungsverfahren mit einer primitiven Form der Sprache und ganz allgemein mit irgendeiner chronologischen Realität in Übereinstimmung zu bringen; Benveniste sagt sehr richtig: das Freudsche Archaische »ist nur in bezug auf das archaisch, wodurch es entstellt oder verdrängt wird«.

Sogar im günstigen Fall der »Verneinung«, die wir oben diskutierten, setzt der Gegensatz von Bejahung und Verneinung die eigentlich libidinöse Dialektik von Annahme und Verwerfung nicht fort; denn die ausgesagte Verneinung kann nur auf eine ausgesagte Bejahung Bezug nehmen. Die vorgängige Verweigerung der Annahme, worin die Verdrängung besteht, ist etwas anderes: im Fall der *Verneinung* besteht die der Verdrängung eigentümliche Art und Weise darin, intellektuell einen Inhalt im Bewußtsein zu akzeptieren und ihn dennoch vom Bewußtsein fernzuhalten; dieser Mechanismus aber bringt einen Widerwillen ins Spiel, sich mit diesem Inhalt zu identifizieren, was kein linguistisches Phänomen ist.

Nicht ohne Grund läßt Freud bei seiner Behandlung des Unbewußten die Sprache unberücksichtigt und behält sie dem Vorbewußten und Bewußten vor. Das Signifikante, das er im Unbewußten entdeckt und das er »Triebrepräsentanz« nennt, gehört zur Ordnung des »Bildes«, wie es im übrigen die Regression der Traumgedanken ins Phantasiereich bezeugt. Man muß hier mehrere Hinweise zusammentragen, die bei Freud getrennt bleiben: Die Form, durch die der Trieb Zugang ins Seelenleben findet, heißt »Repräsentanz«; es ist dies ein zwar signifikanter, aber noch nicht linguistischer Faktor; und was die eigentliche »Vorstellung« betrifft, so gehört sie ihrer spezifischen Textur nach nicht zur Sprache: es ist eine »Dingvorstellung«, keine »Wortvorstellung«. Andererseits entspricht in der traumhaften Regression die Form, in die sich der Traumgedanke auflöst, demjenigen Mechanismus, den Freud Regression zur »Darstellung« nennt. Und schließlich, wenn er die sich gegenseitig oder die Triebrepräsentanzen ersetzenden »Abkömmlinge« behandelt und die Entfernung und Entstellung erklärt, dann immer, um sie mit der Phantasie, der Imago, nicht aber mit dem Wort zu verknüpfen. In diesen drei verschiedenen Fällen schält Freud eine si-

teiliger und zugleich den Ausdruck dieser Begriffe als identischer zu unterstellen.« Benveniste schließt: »Alles scheint gegen eine erlebte Korrelation zwischen Traumlogik und der Logik einer wirklichen Sprache zu sprechen.« (S. 11).

gnifikative Kraft heraus, die sich diesseits der Sprache manifestiert. Der Primärvorgang kommt mit den Tatsachen der Sprache nur dann in Berührung, wenn hier die »Wörter« wie »Dinge« behandelt werden: dies geschieht bei der Schizophrenie und auch im Traum in seinen »schizophrensten« Aspekten.[69]

Fassen wir den Begriff Linguistik streng, nämlich als Wissenschaft von den Sprachphänomenen, die in einer Sprache realisiert sind, also einer organisierten Sprache, dann ist der Symbolismus des Unbewußten kein linguistisches Phänomen *stricto sensu*: er eignet mehreren Kulturen gleich welcher Sprache, er zeigt Phänomene wie

---

69 In der TRAUMDEUTUNG findet sich, anläßlich der Untersuchung über die Traumverdichtung und die Deutung des Traums von Irmas Injektion, folgende Feststellung: »Am greifbarsten wird die Verdichtungsarbeit des Traums, wenn sie Worte und Namen zu ihren Objekten gewählt hat. Worte werden vom Traum überhaupt häufig wie Dinge behandelt und erfahren dann dieselben Zusammensetzungen wie die Dingvorstellungen« (GW II/III, 301 f.); es folgen einige Beispiele von Wortspielen. Im VII. Kapitel von DAS UNBEWUSSTE gibt die Diskussion über die Schizophrenie (Ein Patient von Tausk) Anlaß zu einer erschöpfenden Behandlung des Problems: »Bei der Schizophrenie werden die Worte demselben Prozeß unterworfen, der aus den latenten Traumgedanken die Traumbilder macht, den wir den *psychischen Primärvorgang* geheißen haben. Sie werden verdichtet und übertragen einander ihre Besetzungen restlos durch Verschiebung; der Prozeß kann so weit gehen, daß ein einziges, durch mehrfache Beziehungen dazu geeignetes Wort die Vertretung einer ganzen Gedankenkette übernimmt« (GW X, 297 f.). Und Freud fügt in einer Fußnote hinzu: »Gelegentlich behandelt die Traumarbeit die Worte wie die Dinge und schafft dann sehr ähnliche ›schizophrene‹ Reden oder Wortneubildungen.« Ein sehr partikulärer Vorgang also garantiert das, was Freud »die Vorherrschaft der Wortbeziehung über die Sachbeziehung« nennt, in dem Sinn, daß hier die Gleichheit der Wörter die Ähnlichkeit der Dinge ersetzt, die wiederum in den Übertragungsneurosen die Oberhand gewinnt. Freud schlägt folgende ökonomische Erklärung vor: die Objektbesetzungen werden aufgegeben, und allein die Besetzung der Wortvorstellungen der Objekte wird festgehalten; dies setzt voraus, daß das, was früher »Objektvorstellung« hieß, sich spaltet in »Wortvorstellung« und »Sachvorstellung«, »die in der Besetzung, wenn nicht der direkten Sacherinnerungsbilder, doch entfernter und von ihnen abgeleiteter Erinnerungsspuren besteht« (GW X, 300). Freud zieht daraus die bedeutsame Konsequenz, daß die »unbewußte Vorstellung« nur in der »Sachvorstellung« besteht, während die bewußte Vorstellung außerdem noch die Wortvorstellung umfaßt. »Das System *Ubw* enthält die Sachbesetzungen der Objekte, die ersten und eigentlichen Objektbesetzungen; das System *Vbw* entsteht, indem diese Sachvorstellung durch die Verknüpfung mit den ihr entsprechenden Wortvorstellungen überbesetzt wird« (ibid.). Diese Verbindung zweier Vorstellungsordnungen charakterisiert folglich das System *Vbw*; es ist bereits ein Weg zum Bewußtwerden, aber nur die »Möglichkeit« dazu.

Verschiebung und Verdichtung, die auf der Ebene des Bildes und nicht der phonematischen oder semantischen Gliederung wirken; in der Terminologie von Benveniste erscheinen die Traummechanismen bald als infra-, bald als supralinguistisch. Wir für unseren Teil meinen, daß sie die Vermengung des Infra- und Supralinguistischen bekunden; sie sind infralinguistischer Ordnung, insofern sie diesseits der Ebene liegen, auf der die Erziehung die Distinktion der Sprache einführt; und supralinguistischer Ordnung sind sie, wenn man berücksichtigt, daß der Traum, nach einer Bemerkung von Freud selbst, seine wahre Verwandtschaft in den großen Einheiten der Rede wie Sprichwörtern, Redewendungen, Folklore und Mythen findet. In dieser Hinsicht muß der Vergleich eher auf der Ebene der Rhetorik denn der Linguistik gezogen werden. Die Rhetorik aber mit ihren Metaphern, Metonymen, Synekdoten, ihren Euphemismen, Anspielungen, Antiphrasen und Litotes betrifft nicht Sprachphänomene, sondern in der Rede sich bekundende Verfahrungsweisen der Subjektivität.[70]

Gewiß bezieht man auch noch diese Mechanismen auf die Sprache, wenn man sie infra- oder supralinguistisch nennt; darin besteht in der Tat die Richtigkeit der linguistischen Interpretation; wir stehen vor Phänomenen, die wie eine Sprache strukturiert sind, aber diesem *Wie* gilt es, einen angemessenen Sinn zu geben.

Tatsächlich werden wir im Spiel des Infra- und Supralinguistischen und ihrer Vermischung so etwas *wie* diese der Phänomenologie geläufige Instauration des Sinns wiederfinden.

Um dem Rechnung zu tragen, kann man davon ausgehen, daß der durch die Interpretation entschleierte Wunsch niemals reines Bedürfnis ist, sondern Anrufung und Anspruch, selbst wenn diese Anrufung durch eine Geste dargestellt wird[71]; durch seinen Anredecharakter ist

---

[70] »Wir sehen eher im Stil als in der Sprache einen Vergleichspunkt mit den Eigenschaften, die Freud als bezeichnend für die ›Traumsprache‹ entdeckt hat«, Benveniste, l. c., S. 15.

[71] In einem Analysenfragment von Laplanche und Leclair, genannt »Philipps Traum« (»L'inconscient, une étude psychanalytique«, *Journées de Bonneval*, 1960), wird der Wunsch zu trinken durch eine Reihe von bildhaften Entsprechungen dieses Verlangen dargestellt: Wasser trinken, das aus dem Springbrunnen in die zu einem Kelch geformten Hände sprudelt, die Handballen zu einer Muschel zusammenfügen; die doppelte Geste der Hände und die Worte »Lili, ich habe Durst« sind beides Triebrepräsentanzen; »als solche signalisieren sie im Text der Interpretation den lebendigen Kern des Traums« (S. 56).

dieser Appell wie eine Sprache. Was den Wunsch vom Bedürfnis unterscheidet, ist seine Fähigkeit, ausgesprochen zu werden; diese Fähigkeit ist der berühmten »Rücksicht auf Darstellbarkeit« genau koextensiv. Man muß also wirklich auf der Ebene der Triebrepräsentanzen selbst so etwas wie eine Sprache suchen. Allein die Tatsache, daß sich der Traum in einer Erzählung kundtut und daß sich seine Elemente um »Kreuzungs-Wörter« lagern, bestätigt, daß »das Fassen des Triebs in den Netzen des Signifikanten« auf eine andere Weise zur Ordnung der Sprache gehört als das, was eine Beobachtung der organisierten Sprache offenbart. Die Analyse errreicht und durchdringt wirklich so etwas wie einen Text. »Die Zuflucht zur Darstellbarkeit« ist gleichzeitig so etwas wie eine Sprache, wenn auch nicht auf der Ebene der »Wortverstellung«, sondern der »Sachvorstellung«.

Wie aber steht es mit der Sprache?

Wir haben bereits auf den Parallelismus zwischen den beiden Freudschen Werken DIE TRAUMDEUTUNG und DER WITZ UND SEINE BEZIEHUNG ZUM UNBEWUSSTEN hingewiesen; dieser Parallelismus tritt genau dort auf, wo die Mechanismen des Traums – Verdichtung und Verschiebung – bestimmten Figuren der klassischen Rhetorik ähneln; wir waren aber noch nicht weiter als bis zu einer globalen Analogie gekommen. Ausgehend von der Rolle der »Kreuzungs-Wörter« im unbewußten Traumtext ist es möglich, die Interpretation der Verdichtung als Metapher und die der Verschiebung als Metonymie im Detail zu entwickeln.[72]

Folgen wir, mit Laplanche und Leclair, dem Weg der Metapher. In einer metaphernlosen Sprache würde es zwar sicherlich Beziehungen von Signifikant zu Signifikat geben, die sich etwa durch $\frac{S}{s}$ symbo-

---

72 In Philipps Traum hat die Substitution des Platzes, auf dem der Brunnen steht, durch den Strand, wo der Sand die Füße kitzelte, den Wert einer Metapher; die Bewegung, mittels derer das Einhorn auf seine ganze Legende und auf einen ganzen Kreislauf von Signifikanten verweist, funktioniert wie eine Metonymie: »Wenn wir von der metonymischen Funktion des Einhorns sprechen, dann genau in dem Maße, wie dieser Signifikant nicht auf ein Objekt verweist, das den fraglichen Durst löschen könnte, sondern im Gegenteil in dem Maße, wie er selbst, als Metonymie, es ist, der die schwindelerregende Leere des Seins bezeichnet, überdeckt und maskiert, oder, so man will, seine ›ursprüngliche Kastration‹. So ist die Metonymie durch ihre unerschöpfliche Möglichkeit der Verschiebung dazu angetan, den Spalt zu markieren und zu maskieren, wo der Wunsch entsteht und immerfort losstürzt« (ibid., S. 29).

lisieren ließen; aber es gäbe weder Zweideutigkeit in der Sprache, noch gäbe es Unbewußtes zu entschlüsseln. Mit der Metapher vertreibt ein neuer Signifikant S' den Signifikanten (was man $\frac{S'}{s}$ schreiben kann); doch S wird nicht ausgelöscht, sondern fällt in den Rang des Signifikats herab ($\frac{S'}{S}$); vor allem aber perpetuiert es sich als latenter Signifikant. Man hat folglich nicht einfach $\frac{S'}{s}$ anstelle von $\frac{S}{s}$, sondern eine komplexere Formel, und $\frac{S'}{s}$ wäre die Vereinfachung dieser Formel. Um dieser Vereinfachung Rechnung zu tragen, schlagen die Autoren die Formel $\frac{S'}{S} \times \frac{S}{s}$ (Formel 1) vor, deren Vereinfachung tatsächlich $\frac{S'}{s}$ ist. Aber sie schreiben sie nur, um sie algebraisch in $\frac{S'/S}{S/s}$ (Formel 2) transformieren zu können.

Trotz allen möglichen Vorbehalten gegenüber dieser rein algebraischen Operation (was mag z. B. die Multiplikation $\frac{S'}{S} \times \frac{S}{s}$ bedeuten, welche die Umwandlung der Formel 1 in die Formel 2 ermöglichte?), die Endformel verdient es, wenn zwar nicht als echte Formel, so doch als eine Hilfsfigur genommen zu werden. Ihr Vorteil liegt darin, eine Reflexion über die *Schranke*, welche die beiden Beziehungen trennt, einzuleiten. Die Autoren bedienen sich ihrer, um die doppelte Tatsache, welche die Verdrängung charakterisiert, zum Ausdruck zu bringen: eine Schranke trennt die Systeme, und eine Beziehung verbindet die Beziehungen von Signifikant zu Signifikat. Der doppelte Gebrauch der Schranke erlaubt bereits die Behauptung, daß sie hier nicht nur das Symbol für ein linguistisches Phänomen abgibt, eine Beziehung von Beziehungen, die nur Signifikanten und Signifikate ins Spiel bringt; es ist auch ein dynamisches Phänomen: die Schranke drückt die Verdrängung aus, die das Überschreiten verhindert.

Zumindest erlaubt dieser Kunstgriff die Konstruktion eines Schemas, wo Verdrängung und Metapher einander genau verdoppeln. Die Metapher ist nichts anderes als die Verdrängung und umgekehrt; doch gerade in dem Augenblick, wo sie sich decken, wird die Irreduzibilität des ökonomischen auf den linguistischen Standpunkt offenkundig.[73] Was hat man dann bei dieser Lektüre gewonnen? Alles

[73] Was die Kohäsion der Systeme ausmacht, kann nur in der energetischen Sprache ausgedrückt werden: im Fall der »Nachverdrängung« oder der »eigentlichen

und nichts. Alles – denn es gibt keinen ökonomischen Vorgang, dem sich nicht ein linguistischer Aspekt zuordnen ließe; und so wird der energetische Aspekt nach und nach durch einen linguistischen Aspekt verdoppelt, der die Korrelation von Unbewußtem und Bewußtem sichert. Nichts – denn einzig die ökonomische Erklärung sichert die Trennung der Systeme: Entziehung der Besetzung, Gegenbesetzung, Anziehung durch das Unbewußte in der sekundären oder eigentlichen Verdrängung, Gegenbesetzung in der Urverdrängung. Damit also ein Stück Rede Ordnung in die Signifikantenkette bringen kann, muß man annehmen, »daß der psychischen (Vorstellungs-)Repräsentanz des Triebes die Übernahme ins Bewußte versagt wird«[74]; und diese Versagung, in der gerade die Urverdrängung besteht, ist kein Sprachphänomen mehr.

Verdrängung« äußert sich diese Kohäsionskraft durch die »Anziehung« einer bereits konstituierten Kette, wozu noch die Entziehung der Besetzung des höheren Systems hinzuzufügen wäre, durch die der Zusammenhang unterbrochen wird, sowie die Überbesetzung, durch die ein aus der Kette ausgestoßenes Glied durch ein anderes ersetzt wird. Der Fall der »Urverdrängung«, der nur rekonstruiert werden kann, ist komplizierter: hier handelt es sich um die Entstehung der Spaltung in Systeme, noch vor aller »Anziehung« durch ein konstituiertes System; dies bringt Freud dadurch zum Ausdruck, daß er sagt, die Gegenbesetzung sei ihr alleiniger Mechanismus. Eine gewisse sprachliche Ortung dieser ursprünglichen Spaltung in zwei Systeme ist möglich, die im übrigen ebenso mythisch ist wie die »Geburt« des Systems *Ubw* selbst, ebenso mythisch (aber nicht mythischer) wie jede »Geburt«. Der Freudsche Text über die Urverdrängung eignet sich für diese Ortung, da er mit dem Akt der Gegenbesetzung die »Fixierung« der Repräsentanz an den Trieb verbindet, was, wie wir gesehen haben, als das Auftauchen des Triebs zur psychischen Äußerung zu verstehen ist, als sein Aufstieg zur Ordnung des Signifikanten. Diese Interpretation mit den Mitteln des Metaphernschemas fortsetzend, wird »die Existenz gewisser Schlüssel-Signifikanten denkbar, die eine metaphorisierende Stellung einnehmen und denen aufgrund ihres besonderen Gewichts die Eigenschaft zuteil wird, das gesamte System der menschlichen Sprache zu ordnen. Man sieht, daß wir insbesondere auf das anspielen, was J. Lacan die Vatermetapher genannt hat« (ibid., S. 39). Am Beispiel von Philipps Traum kann man zwischen dem Bedürfnis zu trinken und dem Durst, als Anrufung und Anspruch, die Konstituierung einer ersten Signifikantenkette erkennen: die »Fixierung« an eine Repräsentanz vollzog sich, als jemand deutlich sagte: »Philipp hat immer Durst«, und ihn »Philipp-ich-habe-Durst« nannte. »Wir können nunmehr den Mythos von der Entstehung des Unbewußten so formulieren: *er resultiert aus dem Auffangen der Triebenergie in den Netzen des Signifikanten,* insofern der Signifikant hier dazu dient, die fundamentale Leere des Seins zu verbergen, die ohne Unterlaß die Metonymie des Wunsches sichert« (ibid., S. 46).

74 DIE VERDRÄNGUNG, GW X, 250.

Somit zeigt die Interpretation der Verdrängung als Metapher, daß das Unbewußte mit dem Bewußten verbunden bleibt, wie eine Rede besonderer Art mit der gewöhnlichen Rede; aber es ist die ökonomische Erklärung, die der Trennung der beiden Reden Rechnung trägt. In dem vierstufigen Schema der sekundären Verdrängung sind Verdrängung und Metapher einander streng koextensiv; aber die Schranke wirkt bald als eine Beziehung zwischen Signifikanten und Signifikaten, bald als ausschließliche Kraft zwischen dynamischen Systemen.

Diese Irreduzibilität des energetischen Aspekts erklärt meiner Meinung nach die befremdlichen und im eigentlichen Sinn des Wortes nicht-linguistischen Merkmale dieser Rede. Es ist einfach frappierend, daß im Schema der Metapher der vom substituierten Signifikanten vertriebene und in die Stellung eines latenten Signifikanten versetzte ursprüngliche Signifikant wie ein doppelter Terminus behandelt wird ($\frac{S}{S}$); dasselbe Element S nimmt die Stellung eines Signifikanten und eines Signifikats ein, eine Situation, die keine linguistische Entsprechung besitzt. Man wollte damit das erklären, was Freud »Sachvorstellung« oder »Zuflucht zur Darstellung« nannte. Aber kann man ein Bild, das sowohl die Stellung des Signifikanten wie des Signifikats hätte, wie ein linguistisches Element behandeln?[75] Welcher linguistische Charakter bleibt der Imago, wenn

---

[75] »In gewissem Sinn kann man sagen, daß die signifikante Kette reiner Sinn ist, aber ebensogut, daß sie reiner Signifikat ist, reiner Un-Sinn oder aber jedem Sinn offen« (S. 40). Heißt das nicht zugeben, daß es sich um kein eigentlich linguistisches Problem handelt? Laplanche und Leclaire verschleiern diese Konsequenz ihres Arguments ein wenig, indem sie mit zwei Formulierungen der unbewußten Ketten spielen, die abwechselnd das $\frac{S}{s}$ ist, das hinter die Metaphernschranke in der Formel 2 zurückgeworfen ist, oder ein Äquivalent der einfachen Bedeutung $\frac{S}{s}$ in einem reduzierten, unzweideutigen, also metaphernlosen und des *Ubw* ermangelnden Sprachmodell: »Die *Ubw*-Kette hat die Merkmale des Primärvorgangs sozusagen übernommen, so wie wir sie ursprünglich auf mythische Weise als Merkmale einer signifikanten, auf eine einzige Dimension reduzierten Kette darstellten« (S. 41). Wird $\frac{S}{s}$ nicht dank dieser Angleichung als ein Sprachelement behandelt? Die Autoren geben im übrigen die Schwierigkeit ohne weiteres zu: »Es ist indessen angebracht, die Funktionsweise des Primärvorgangs in unserer ›ursprünglichen Fiktion‹ sowie im Falle der unbewußten Kette zu unterscheiden: im ersten Fall gab es trotz aller Unterscheidung von bezeichnendem und bezeichnetem Niveau eine nicht verdichtbare Verschiebung des einen auf das

sie unterschiedslos sowohl als Signifikant wie als Signifikat funktioniert? Wie kann man behaupten, daß sie auf sich selbst verweist und für jeden Sinn offenbleibt?

Man kann also unter den soeben erwähnten Vorbehalten weiterhin die Behauptung vertreten, daß das Unbewußte wie eine Sprache strukturiert ist; das Wort *wie* ist nicht weniger zu betonen als das Wort *Sprache*; kurz, man darf sie nicht von der Bemerkung Benvenistes trennen, daß die Freudschen Mechanismen zugleich infra- und supralinguistisch seien; die Mechanismen des Unbewußten sind nicht so sehr besondere linguistische Phänomene als paralinguistische Entstellungen der gewöhnlichen Sprache.

Ich für meinen Teil möchte diese Entstellung als Vermischung von Supra- und Infralinguistischem charakterisieren.

Einerseits grenzt der Traummechanismus ans Supralinguistische, wenn er stereotype Symbole ähnlich denen mobilisiert, welche die Ethnologie in den großen Bedeutungseinheiten wie Märchen, Legende und Mythos entdeckt; ein Großteil der Traumdarstellungen liegt auf dieser Ebene, die schon nicht mehr diejenige der zweifachen, phonematischen und semantischen, Gliederung der Sprache ist.

Andererseits sind Verschiebung und Verdichtung infralinguistischer Art, insofern sie weniger ein distinktes Inbeziehungsetzen als eine Vermischung der Beziehungen bewirken. Man könnte sagen, der Traum entstamme einem kurzgeschlossenen Kreis von Supra- und Infralinguistischem.[76] Diese Vermengung von Supra- und Infraligui-

---

andere; im zweiten Fall entsteht die Möglichkeit zu ›jedem Sinn‹ aufgrund einer wahrhaften Identität von Signifikant und Signifikat. Soll das heißen, daß es keine Möglichkeit der Verschiebung mehr gibt? Ganz im Gegenteil; doch was sich hier verschiebt, ist die nicht spezifizierte Triebenergie im Reinzustand« (ibd., S. 41).

76 Das Fragment von Phlipps Traum bestätigt diese Vermischung sehr gut. Auf der einen Seite entwickelt sich die Metonymie des Wunsches, beruhend auf dem Signifikanten Einhorn [*licorne*], nicht auf der Ebene der elementaren Gliederung des Signifikanten und des Signifikats, sondern auf der der Legende; gleichzeitig jedoch spielt der Traum mit der Homophonie des G in »*plage*« [Strand] und »*j'ai soif*« [ich habe Durst]; das Wortspiel operiert mit Hilfe einer Zersplitterung und Entstellung auf der Ebene der phonematischen Elemente; die Homophonie $\frac{G}{G}$ aber ist es, die die metonymische Verschiebung hervorruft, durch die das Bedürfnis zu trinken im Zeichen des Einhorns zum *Durst nach* ... wird. Das Einhorn selbst erscheint sowohl als seine eigene Legende (und garantiert auf diese Weise, was die Metonymie des Wunsches genannt wurde) wie auch als das

stischem ist vielleicht die auffallendste Sprachtatsache des Freudschen Unbewußten.

Abschließend ist zu sagen, daß die linguistische Interpretation das Verdienst hat, alle Phänomene des Primärvorgangs und der Verdrängung in den Rang der Sprache zu erheben; gerade die Tatsache, daß die analytische Kur selbst Sprache ist, bezeugt jene Ambiguität der Quasi-Sprache des Unbewußten und der gewöhnlichen Sprache. Aber die Entstellung, die aus jener anderen Rede eine Quasi-Sprache macht, ist selbst keine Sprachtatsache mehr. Und eben dieses Jenseits oder Diesseits der Sprache schließt die Psychoanalyse aus der Phänomenologie aus. Und diese Sprachverwirrung ist es auch, die die Frage nach einer Archäologie des Subjekts in aller Dringlichkeit und aller Fremdheit stellt.

4. Ohne Zweifel kommen Phänomenologie und Psychoanalyse im Thema der Intersubjektivität einander am nächsten, unterscheiden sich aber darin auch im grundlegensten voneinander. Der minimalste Unterschied ist zugleich der entscheidendste.

Wenn man in der analytischen Beziehung, so sagten wir, ein bevorzugtes Beispiel für die intersubjektive Beziehung erblicken kann und wenn diese Beziehung die spezifische Form der Übertragung annimmt, so deshalb, weil der analytische Dialog in einem besonderen Kontext der Distanziertheit, der Isolierung, der Derealisierung den Anspruch zutage fördert, in dem der Wunsch in letzter Instanz besteht.

Ich nehme von dieser Analyse, die es uns erlaubte, alle Peripetien der analytischen Situation prinzipiell mit der intersubjektiven Konstitution des Wunsches zu verknüpfen, nichts zurück. Aber gerade hier unterscheidet sich die Psychoanalyse am radikalsten von allem, was die Phänomenologie mit den alleinigen Mitteln der Reflexion verstehen und hervorbringen kann. Dieser Unterschied läßt sich in

---

Wort »licorne«, das auf phonematischer Ebene in *li-corne* zerfällt. Der unbewußte Text, den es im bewußten Text zu interpolieren gilt, muß als eine signifikante Kette zwischen LI und CORNE eingeführt werden. Was man hier unbewußte Kette nennt, ist sehr heteroklit, da sie Signifikanten der gewöhnlichen Sprache enthält (Lili – Strand – Sand – Haut – Fuß – Horn), während die Verdichtung auf der Ebene von zerfallenen Wörtern (*li-corne*) stattfindet. Damit ist das Bild des Einhorns zugleich das mythische Potential des Fabeltieres sowie das Wortspiel *li-corne*. Eben dies nennen wir die Vermengung von Supra- und Infralinguistischem.

einem Wort zusammenfassen: die Psychoanalyse ist eine schwierige *Technik*, die durch Übung und ständige Praxis erlernt werden muß. Man kann nie genug staunen über diese wagemutige Entdeckung: die intersubjektive Beziehung als *Technik* zu behandeln.

Im welchem Sinne? Ein Text von Freud, den wir schon einmal zitierten[77], verbindet Untersuchungsverfahren, Behandlungsmethode und Erarbeitung einer wissenschaftlichen Disziplin untrennbar miteinander. Technik wird hier im weiten Sinne als die auf Heilung abzielende Therapie verstanden; das Untersuchungsverfahren unterscheidet sich hiervon als Deutungskunst. Dennoch kann das Wort – dazu autorisieren uns die verschiedenen Texte – in einem Sinn genommen werden, der Untersuchungsverfahren und Technik im engen Sinn von therapeutischem Verfahren umfaßt. Diese Ausdehnung gründet in der Natur der analytischen Tätigkeit; denn diese macht aus dem Untersuchungsverfahren selbst das »intellektuelle« Segment einer Technik. Dieser weite Sinn des Wortes »Technik« läßt

---

[77] Auf S. 400, Fn. 59, ist dieser Text nachzulesen (GW XIII, 211). In anderen Texten ist von psychoanalytischer *Methode* in einem Sinn die Rede, der Untersuchungs*methode* und Behandlungs*technik* umfaßt: »Die eigentümliche Methode der Psychotherapie, die Freud ausübt und als Psychoanalyse bezeichnet, ist aus dem sogenannten kathartischen Verfahren hervorgegangen, über welches er seinerzeit in den ›Studien über Hysterie‹ 1895 in Gemeinschaft mit J. Breuer berichtet hat«, DIE FREUDSCHE PSYCHOANALYTISCHE METHODE (1904), GW V, 3. Weiter heißt es hier: »Die Abänderungen, welche Freud an dem kathartischen Verfahren von Breuer vornahm, waren zunächst Änderungen der Technik« (S. 4): Verwerfung der Hypnose, Aufrechterhaltung des Wachzustandes, Aufgabe der willentlichen psychischen Kontrolle, freie Assoziation, die »Regel«, alles zu sagen, auch wenn es unwichtig, unangebracht, unsinnig, beschämend oder peinlich erscheint. Ein Aufsatz aus der gleichen Zeit, ÜBER PSYCHOTHERAPIE (1905), GW V, 13–26, spricht von »therapeutischem Verfahren«, von »Behandlungstechnik«, von »Heilmethode« im selben Zusammenhang wie der vorherige Artikel über die Konfrontation mit Breuer. 1914, in ERINNERN, WIEDERHOLEN UND DURCHARBEITEN (GW X, 126–136), wird die »psychoanalytische Technik« wiederum der Breuerschen Katharsis entgegengesetzt. – Für die analytische Beziehung und die Übertragung vgl. J. Lacan, »Le stade du miroir comme formateur de la fonction du Je telle qu'elle nous est révélée dans l'expérience analytique«, *Revue française de Psychanalyse*, XIII, 4, S. 449-455; La direction de la cure et les principes de son pouvoir«, *La Psychanalyse*, V (1959), 1-20; D. Lagache, »Le problème du transfert«, *Revue française de Psychanalyse*, XIII; 3 (1959), S. 367-379; E. Amado Lévy-Valensi, *Les rapports intersubjectifs en Psychanalyse*, Paris 1962; J. B. Valabrega, *La relation thérapeutique*, Paris 1962; S. Nacht, *La présence du psychanaliste*, Paris 1963; C. Stein, »La situation analytique ...«, *Revue française de Psychanalyse*, XXVIII, 2 (1964), S. 235-249.

sich dreifach gliedern: vom Analytiker aus gesehen ist das analytische Verfahren durchweg eine »Arbeit«, der auf seiten des Analysierten eine andere Arbeit entspricht: die Arbeit der Bewußtwerdung, mit der er zu seiner eigenen Analyse beiträgt; und diese Arbeit wiederum verrät eine dritte Form der Arbeit, die der Kranke nicht kannte und die der Mechanismus seiner Neurose ist. Zwischen diesen drei Vorstellungen besteht eine enge Bindung, welche die Konsistenz des Begriffs der analytischen Technik ausmacht.

Warum ist die Analyse eine Arbeit? Erstens und vor allem, weil sie ein Kampf gegen die Widerstände des Kranken ist.[78] In dieser Hinsicht ist die Deutungskunst der analytischen Technik untergeordnet, sobald man diese als Kampf gegen die Widerstände definiert; wenn es nämlich etwas zu deuten gibt, so deshalb, weil es eine Entstellung der unbewußt gewordenen Gedanken gibt; und wenn es eine Entstellung gibt, so deshalb, weil ein Widerstand sich ihrer bewußten Reproduktion widersetzte.[79] Die Widerstände, die am Ursprung der Neurose stehen, sind zugleich jene, die sich dem Bewußtwerden sowie jeder analytischen Arbeit widersetzen. Damit sind die Regeln

---

78 Aufgrund dieses Kampfes gegen die Widerstände hat Freud die kathartische Methode von Breuer und dessen Zuflucht zur Hypnose verworfen: »Der Hypnose ist vorzuwerfen, daß sie den Widerstand verdeckt und dadurch dem Arzt den Einblick in das Spiel der psychischen Kräfte verwehrt hat« (GW V, 7 f.). Und in dem Aufsatz von 1905: »Außerdem mache ich dieser Technik den Vorwurf, daß sie uns die Einsicht in das psychische Kräftespiel verhüllt, z. B. uns den *Widerstand* nicht erkennen läßt, mit dem die Kranken an ihrer Krankheit festhalten, mit dem sie sich also auch gegen die Genesung sträuben, und der doch allein das Verständnis ihres Benehmens im Leben ermöglicht« (GW V, 18). 1904, in DIE ZUKÜNFTIGEN CHANCEN DER PSYCHOANALYTISCHEN THERAPIE (GW VIII, 104–115), charakterisiert er seine »Neuerungen auf dem Gebiete der Technik« wie folgt (107): »Die psychoanalytische Technik setzt sich jetzt zweierlei Ziele, dem Arzt Mühe zu ersparen und dem Kranken den uneingeschränktesten Zugang zu seinem Unbewußten zu eröffnen. Sie wissen, in unsere Technik hat eine prinzipielle Wandlung stattgefunden. Zur Zeit der kathartischen Kur setzten wir uns die Aufklärung der Symptome zum Ziel, dann wandten wir uns von den Symptomen ab und setzen die Aufdeckung der ›Komplexe‹ – nach dem unentbehrlich gewordenen Wort von Jung – als Ziel an die Stelle; jetzt richten wir aber die Arbeit direkt auf die Auffindung und Überwindung der ›Widerstände‹ und vertrauen mit Recht darauf, daß die Komplexe sich mühelos ergeben werden, sowie die Widerstände erkannt und beseitigt sind.«

79 Der älteste Text, den wir zitiert haben, verbindet therapeutische Technik, Widerstand, Entstellung und Deutungskunst ausdrücklich miteinander (GW V, 6 f.).

der Deutungskunst selbst ein Teil jener Kunst, die Widerstände zu handhaben.

Die Korrelation von Hermeneutik und Energetik, die uns in diesem Kapitel immer wieder beschäftigte, taucht somit auf entscheidende Weise auf dem Niveau der Praxis wieder auf, als eine Korrelation zwischen der Deutungskunst und der Arbeit an den Widerständen: das Unbewußte in Bewußtes »übersetzen« und den aus den Widerständen entstandenen »Zwang beseitigen« ist ein und dasselbe. Deuten und arbeiten fallen zusammen. Mehr noch: es gibt sogar präzise Fälle, wo die Deutungskunst unbedingt zugunsten der Strategie gegen den Widerstand, also zugunsten der Technik geopfert werden muß. So empfiehlt Freud dem Anfänger, die Kunst der vollständigen Traumdeutung nicht um ihrer selbst willen zu betreiben, da er sich sonst der Gefahr aussetze, in die Falle des Widerstands zu geraten, der sich der Langwierigkeit der Deutung als einer Verzögerung der Behandlung bedienen wird.[80] Dieser Grenzfall zeigt vorzüglich, in welchem Sinne die Deutungsregeln auch technische Regeln sind.

Dieses Primat der Technik über die Deutung gibt einem Freudschen Leitmotiv seinen Sinn: »Das seelische Instrument ist nämlich gar nicht leicht zu spielen.« Dies Wort spielt auf einen Vers aus *Hamlet* an: »Wetter, denkt Ihr, daß ich leichter zu spielen bin als eine Flöte?«[81] Die analytische Behandlung kostet den Kranken Aufrichtigkeit, Zeit und Geld, den Arzt aber kostet sie Studium und Können.[82]

---

80 DIE HANDHABUNG DER TRAUMDEUTUNG IN DER PSYCHOANALYSE (1911), GW VIII, 350–357: »Ich plädiere also dafür, daß die Traumdeutung in der analytischen Behandlung nicht als Kunst um ihrer selbst willen betrieben werden soll, sondern daß ihre Handhabung jenen technischen Regeln unterworfen werde, welche die Ausführung der Kur überhaupt beherrschen« (354). Diese Frage ist eine typisch »technische« Frage: welchen »Gebrauch man bei der psychoanalytischen Behandlung von Kranken von der Kunst der Traumdeutung machen solle« (350). In diesem Zusammenhang spricht Freud von der »Arbeit« des Analytikers (351). Der Ausdruck ist angemessen: hier ist der Punkt, wo das Interesse an einer gut gelungenen und vollständigen Deutung sich gegen die Durchführung der ganzen Analyse richten kann, wenn nämlich der Analytiker in der Weitschweifigkeit der Träume nicht eine List des Widerstands erkannt hat; aus diesen Gründen gehört der rechte Gebrauch der Deutung und der Regeln, die sie erfordert (352 f., 355), mit zur analytischen »Technik«. Der Titel des Aufsatzes ist somit voll und ganz gerechtfertigt: DIE HANDHABUNG ...
81 GW V, 18 f.
82 Siehe den kleinen Aufsatz von 1912, RATSCHLÄGE FÜR DEN ARZT BEI DER PSYCHOANALYTISCHEN BEHANDLUNG (GW VIII, 376–387), in dem Freud die Regeln

Und die beiden »Arbeiten« entsprechen einander; die Arbeit des Analytikers ähnelt der des Patienten: wenn er mit den furchtbaren Kräften der Sexualität spielen will, muß er »auch für seine eigene Person die Mischung von Lüsternheit und Prüderie überwunden haben, mit welcher leider soviele andere den sexuellen Problemen entgegenzutreten gewohnt sind«; die Notwendigkeit der von den künftigen Praktikern geforderten Lehranalyse hat hier eine ihrer wichtigsten Rechtfertigungen.[83]

Eben diese Beherrschung der technischen Regeln unterscheidet die authentische von der »wilden« Psychoanalyse, die von wissenschaftlicher Unkenntnis und technischen Verfehlungen strotzt; indem sie die psychischen Faktoren der Sexualität und die Rolle verkennt, welche die Verdrängung in der Unfähigkeit des Neurotikers, zur Befriedigung zu gelangen, spielt, begeht sie den groben technischen Fehler, die Krankheit des Subjekts dessen Unwissenheit über die im Spiel befindlichen psychischen Kräfte zuzuschreiben: »Nicht dies Nichtwissen an sich ist das pathogene Moment, sondern die Begründung des Nichtwissens in *inneren Widerständen*, welche das Nichtwissen zuerst hervorgerufen haben und es jetzt noch unterhalten. In der Bekämpfung dieser Widerstände liegt die Aufgabe der Therapie. Die Mitteilung dessen, was der Kranke nicht weiß, weil er es verdrängt hat, ist nur eine der notwendigen Vorbereitungen für die Therapie ... Die Mitteilung des Unbewußten an den Kranken hat regelmäßig die Folge, daß der Konflikt in ihm verschärft wird und die Beschwerden sich steigern.«[84] An diesem Punkt unserer Dis-

---

dieses Könnens im einzelnen darlegt: Gedächtnisanstrengung zum Behalten der Namen, Daten, Einfälle und Krankheitsproduktionen, die Technik der »gleichschwebenden Aufmerksamkeit«, die es dem Analytiker ermöglichen soll, nichts von dem, was er zu hören bekommt, zu bevorzugen – alles Regeln, die das Gegenstück zu dem Analysierten auferlegten Grundregel bilden. Das »Alles anhören« ist die Entsprechung des »Alles mitteilen« des Analysierten. Aber dies »Alles anhören« verweist auf die notwendige psychoanalytische Purifizierung des Arztes selbst, also wiederum auf die Überwindung der Widerstände. Die anderen technischen Regeln folgen aus jener affektiven Disziplin, welche die Psychologie des Bewußten nicht *a priori* aufzufassen gestattet: z. B. undurchschaubar zu sein, auf jeden erzieherischen wie therapeutischen Ehrgeiz etc. zu verzichten.

[83] GW V, 25. 1910 verband Freud ausdrücklich die Notwendigkeit der Lehranalyse mit der Schulung darin, die »Gegenübertragung« zu erkennen und zu bewältigen (GW VIII, 108).

[84] ÜBER »WILDE« PSYCHOANALYSE (1910), GW VIII, 123. An dem in diesem Aufsatz erwähnten Fall entzündet sich eine der wichtigsten Erörterungen, die Freud

kussion ist der zitierte Text äußerst aufschlußreich: er bezeugt, daß keine Vervollkommnung bei der gewöhnlichen Bewußtwerdung die analytische Technik zu ersetzen vermag, weil es nicht darum geht, an die Stelle des Nichtwissens das Wissen zu setzen, sondern darum, die Widerstände zu besiegen.

Zudem zeigt dieser Text sehr gut die Übereinstimmung zwischen der Arbeit des Analytikers und der Arbeit des Analysierten. Ich möchte hier nicht nochmals auf den Gebrauch des Begriffs »Arbeit« zur Bezeichnung des Mechanismus von Traum und Neurose zurückkommen; ich behalte mir vor, diese Arbeit, angewandt auf die Gesamtheit der Vorgänge, in denen sich die psychische Dynamik objektiviert, weiter unten zum Schlüsselbegriff zu machen, in dem sich die Realität der aufgebotenen Energien und die Idealität des entschlüsselten Sinns versöhnen.[85] Hier beschränke ich mich auf die psychische Arbeit der Bewußtwerdung in der analytischen Arbeit.[86]

Im Kampf mit dem Widerstand vereinigt sich die Arbeit des Analy-

---

je der Unterscheidung zwischen psychischer Befriedigung und physischem Bedürfnis in der menschlichen Sexualität gewidmet hat: »Der Begriff des Sexuellen umfaßt in der Psychoanalyse weit mehr; er geht nach unten wie nach oben über den populären Sinn hinaus. Diese Erweiterung rechtfertigt sich genetisch; wir rechnen zum ›Sexualleben‹ auch alle Betätigungen zärtlicher Gefühle, die aus der Quelle der primitiven sexuellen Regungen hervorgegangen sind, auch wenn diese Regungen eine Hemmung ihres ursprünglich sexuellen Zieles erfahren oder dieses Ziel gegen ein anderes, nicht mehr sexuelles, vertauscht haben. Wir sprechen darum auch lieber von *Psychosexualität*, legen so Wert darauf, daß man den seelischen Faktor des Sexuallebens nicht übersehe und nicht unterschätze. Wir gebrauchen das Wort Sexualität in demselben umfassenden Sinne, wie die deutsche Sprache das Wort ›lieben‹. Wir wissen auch längst, daß seelische Unbefriedigung mit allen ihren Folgen bestehen kann, wo es an normalem Sexualverkehr nicht mangelt, und halten uns als Therapeuten immer vor, daß von den unbefriedigten Sexualstrebungen, deren Ersatzbefriedigungen in der Form nervöser Symptome wir bekämpfen, oft nur ein geringes Maß durch den Koitus oder andere Sexualakte abzuführen ist« (120 f.).
85 vgl. unten, Kap. II, 2.
86 Noch einmal erinnert Freud daran, daß die Psychoanalyse eine Tätigkeit ist, die die Vertrautheit mit einer durch viel Zeit und Mühe erkauften Technik erheischt (GW VIII, 124); daher muß die Psychoanalyse wie ein anerkannter Beruf organisiert und der Titel »Analytiker« durch einen internationalen psychoanalytischen Verein garantiert werden (125). – Für die Beziehung zwischen der Deutung, der Mitteilung an den Patienten und der Dynamik der Behandlung siehe den wichtigen Essay ZUR EINLEITUNG DER BEHANDLUNG, GW VIII, 454–478, insbesondere 474–478.

tikers mit der des Analysierten.[87] Es ist eine Arbeit für den Kranken, »daß er aus Motiven besserer Einsicht etwas akzeptiert, was er zufolge der automatischen Unlustregulierung bisher zurückgewiesen (verdrängt) hat«.[88] Denn man darf nicht vergessen: das alleinige Prinzip der Verdrängung ist die Unlust. Daher ist die Nacherziehung, die der Sieg über die Widerstände darstellt, ein Kampf mit dem Lust-Unlustprinzip. Eben diese »psychische Arbeit« sparte die Hypnose aus. Die Analyse, wiederholt Freud, kostet den Kranken etwas Zeit und Geld; sie kostet vor allem das Opfer totaler Aufrichtigkeit. Die Grundregel – die berühmte, die einzige Regel, alles mitzuteilen, wie schwer es auch fallen mag – ist der große Beitrag des Patienten zur Arbeit der Analyse. Sprechen ist hier Arbeit. Dieses Sich-Hingeben an den ersten Gedankenstrom impliziert eine Veränderung der Bewußtseinshaltung gegenüber der Krankheit und folglich eine andere Art von Aufmerksamkeit und Mut als das gelenkte Denken.

Doch mehr noch: verstehen, sich erinnern, die Vergangenheit und sich selbst in dieser Vergangenheit wiedererkennen, das ist die große Arbeit des »Bewußtwerdens«. Als wir die theoretischen Schriften Freuds untersuchten, haben wir schon des öfteren gesagt, daß es ein ökonomisches Problem des Bewußtwerdens gibt, das die Psychoanalyse vollkommen von der Phänomenologie unterscheidet. Und nun finden wir, diesmal auf seiten des Analysierten, das wieder, was uns von seiten des Analytikers klarzuwerden begann: die Mitteilung einer Deutung ist nutzlos, solange sie sich nicht in die Arbeit des Bewußtwerdens einfügen läßt. Eine solche Mitteilung, wenn sie zu früh erfolgt, führt nur zu einer Verstärkung der Widerstände. Es gibt also eine Dynamik der Behandlung, derzufolge sich der rein intellektuelle Faktor des Verstehens als wichtiger, doch untergeordneter Faktor der Beseitigung der Widerstände eingliedert; gerade aus diesem Grunde mußte die Deutung seitens des Analytikers hinter der Gesamtheit der analytischen Tätigkeit zurücktreten: auch der

---

87 In diese Rubrik fallen nicht nur die Exaktheit und die Regelmäßigkeit der Sitzungen, sondern auch die heikle Frage der Behandlungsdauer. In dieser Hinsicht muß uns, die wir allen Hinweisen Freuds auf das Problem der Zeit große Bedeutung beimessen, eine Bemerkung aufhorchen lassen: Der Abkürzung der Kur steht »leider ein sehr bedeutsames Moment entgegen, die Langsamkeit, mit der sich tiefgreifende seelische Veränderungen vollziehen, in letzter Linie wohl die ›Zeitlosigkeit‹ unserer unbewußten Vorgänge« (GW VIII, 462).
88 GW V, 24 f.

Platz, den das »Wissen« in der Strategie des Widerstands einnimmt, muß anhand der Regeln der Kunst erlernt werden.

Freud schlägt vor, diese schwere Arbeit des Patienten an seinen Widerständen »Durcharbeiten« zu nennen, eine Arbeit, die von der Deutung und der Übertragung gelenkt wird und unter dem Zeichen der analytischen Grundregel steht: »Erst auf der Höhe desselben [des Durcharbeitens] findet man dann in gemeinsamer Arbeit mit dem Analysierten die verdrängten Triebregungen auf, welche den Widerstand speisen ... Dieses Durcharbeiten der Widerstände mag in der Praxis zu einer beschwerlichen Aufgabe für den Analysierten und zu einer Geduldprobe für den Arzt werden. Es ist aber jenes Stück der Arbeit, welches die größte verändernde Einwirkung auf den Patienten hat und das die analytische Behandlung von jeder Suggestionsbeeinflussung unterscheidet.«[89]

Dieses Miteinbeziehen der intellektuellen Unterweisung in die psychische Arbeit erlaubt es uns, auf ein Problem zurückzukommen, das wir auf metapsychologischer Ebene betrachtet haben: nämlich auf die topographische Darstellung des Seelenlebens. Die topischen Unterschiede zwischen Systemen finden in der Praxis ihre Rechtfertigung; die »Entfernung« zwischen den Systemen und ihre Trennung durch die »Schranke« der Verdrängung ist die genaue graphische Umschrift jener »Arbeit«, die den Herd der Verdrängung zugänglich macht: »Die Kranken wissen nun von dem verdrängten Erlebnis in ihrem Denken, aber diesem fehlt die Verbindung mit jener Kette, in welcher die verdrängte Erinnerung in irgend einer Art enthalten ist. Eine Änderung kann erst eintreten, wenn der bewußte Denkprozeß bis zu dieser Stelle vorgedrungen ist und dort die Verdrängungswiderstände überwunden hat.«[90]

---

89 ERINNERN, WIEDERHOLEN UND DURCHARBEITEN, GW X, 135 f. Im selben Sinne heißt es in WEGE DER PSYCHOANALYTISCHEN THERAPIE (1918), GW XII, 183–194: »Die Arbeit, durch welche wir dem Kranken das verdrängte Seelische in ihm zum Bewußtsein bringen, haben wir Psychoanalyse genannt« (184). Im folgenden entwickelt Freud die Analogie zwischen Psychoanalyse und chemischer Analyse: »Wir haben den Kranken *analysiert*, das heißt seine Seelentätigkeit in ihre elementaren Bestandteile zerlegt, diese Triebelemente einzeln und isoliert in ihm aufgezeigt« (185). Doch Freud weist den Begriff der Psychosynthese zurück und erklärt, daß er in der Forderung nach »einer neuen und besseren Zusammensetzung« für eine gedankenlose Phrase hält (185). Wir werden diesen Punkt im III. Kapitel erörtern.

90 ZUR EINLEITUNG DER BEHANDLUNG, GW VIII, 476 f.

Nicht nur der topische, sondern auch der ökonomische Standpunkt der Metapsychologie wird durch die Praxis gerechtfertigt; in der Tat schöpft die Behandlung ihre Energie aus dem Leiden des Patienten und seinem daraus entspringenden Wunsch nach Heilung, den ihn hemmenden Kräften zum Trotz, zu denen vor allem der »sekundäre Krankheitsgewinn« zählt, den der Patient aus seiner Krankheit zieht. Die analytische Untersuchung findet Eingang in diese »Ökonomie«, indem sie den verfügbaren Kräften geeignete Wege zeigt und vor allem neue, zur Besiegung der Widerstände notwendige Energien weckt[91]; damit führt uns das ökonomische Problem der Behandlung zu der heikelsten Frage der analytischen Technik, der der *Übertragung*; die Übertragung soll nämlich den oben erwähnten Energiebetrag liefern: Den Namen Psychoanalyse verdient die Behandlung nur dann, sagt Freud, »wenn die Übertragung ihre Intensität zur Überwindung der Widerstände verwendet hat«.[92]

Der Augenblick ist also gekommen, das ganze Gewicht des Unterschieds zwischen Psychoanalyse und Phänomenologie auf dieses Thema zu konzentrieren.

Unser ständiges Problem – das der Beziehung zwischen Hermeneutik und Energetik – stellt sich ein letztes Mal: es geht nunmehr darum zu verstehen, wie sich die Deutung, ihre Mitteilung und das Bewußtwerden in die Dynamik der Übertragung einfügen.[93] Freud

---

91 ibid., 477.
92 ibid., 478.
93 »Somit erübrigen Übertragung und Unterweisung (durch Mitteilung) als die neuen Kraftquellen, welche der Kranke dem Analytiker verdankt« (ibid., 478). In ERINNERN, WIEDERHOLEN UND DURCHARBEITEN (1914) kommt Freud nochmals auf diese Schwierigkeit zurück und betont seinen Gegensatz zu Breuer, indem er noch folgendes hinzufügt: die Katharsis von Breuer rechnet mit der Reproduktion der Erinnerung, die durch die Deutungsarbeit und die Mitteilung ihrer Ergebnisse erreicht werden soll; wenn jedoch der Kampf gegen die Widerstände wesentlich ist, dann muß die Suche nach den Tatsachen und Situationen hinter die Deutung der Widerstände selbst zurücktreten: »Endlich hat sich die konsequenteste heutige Technik herausgebildet, bei welcher der Arzt auf die Einstellung eines bestimmten Moments oder Problems verzichtet, sich damit begnügt, die jeweilige psychische Oberfläche des Analysierten zu studieren, und die Deutungskunst wesentlich dazu benützt, um die an dieser hervortretenden Widerstände zu erkennen und dem Kranken bewußt zu machen. Er stellt sich dann eine neue Art von Arbeitsteilung her: der Arzt deckt die dem Kranken unbekannten Widerstände auf; sind diese erst bewältigt, so erzählt der Kranke oft ohne alle Mühe die vergessenen Situationen und Zusammenhänge. Das Ziel die-

wiederholt es: in der »Handhabung« der Übertragung zeigt sich im höchsten Maße der technische Charakter der Psychoanalyse. In diesem Punkte auch fühlt und weiß sich die von der phänomenologischen Reflexion geprägte Philosophie von dem lebendigen Verständnis dessen ausgeschlossen, was sich in der analytischen Beziehung ereignet. Hier unterscheidet sich die analytische Praxis in letzter Instanz von all ihren vorstellbaren phänomenologischen Entsprechungen. Mit der Frage der Übertragung nimmt die Strategie gegenüber den Widerständen konkrete Gestalt an. Die Übertragung erweist sich in der Tat als ein Ausweg für die alten Widerstände, die zur Krankheit beigetragen haben, und zugleich als ein neuer Widerstand, der stärkste von allen, wie Freud sagt, der der Behandlung überhaupt entgegentritt.[94] Einerseits können die Widerstände nur dann umgangen werden, wenn die traumatische Situation in das geschlossene Feld der analytischen Beziehung gestellt worden ist; andererseits taucht die Übertragung gerade an der Stelle auf, wo sie den von Versteck zu Versteck getriebenen und von der analytischen Tätigkeit bis in seine letzten Schlupfwinkel aufgespürten Widerstand befriedigen kann.

Ein neuer Aspekt der Dialektik zwischen Hermeneutik und Energetik zeigt sich im Laufe dieses Kampfes gegen die Widerstände, nämlich in der Übertragungssituation. Bekanntlich war das Erinnern, um das es der Breuerschen Katharsis ausdrücklich ging, zusammen mit dem Abführen der Affekte oder »Abreagieren« das erste Ziel der analytischen Technik; aber auch das Erinnern ist ein intellektuelles Phänomen, ein Bewußtwerden der Vergangenheit als Vergangenheit; nach und nach stellte sich heraus, daß dieses Erinnern des unbewußten Materials weniger entscheidend war als das Erkennen der Widerstände[95]; vor allem aber wurde deutlich, daß das Erinnern

---

ser Techniken ist natürlich unverändert geblieben. Deskriptiv: die Ausfüllung der Lücken der Erinnerung, dynamisch: die Überwindung der Verdrängungswiderstände« (GW X, 127).

94 ZUR DYNAMIK DER ÜBERTRAGUNG (1912), GW VIII, 364–374. In diesem Text stellt Freud die Tatsache, daß die Übertragung ein Widerstandsfaktor ist, als ein Rätsel dar, »während wir sie außerhalb der Analyse als Trägerin der Heilwirkung, als Bedingung des guten Erfolges anerkennen müssen« (366). »Die Lösung des Rätsels ist also, daß die Übertragung auf den Arzt sich nur insofern zum Widerstande in der Kur eignet, als sie negative Übertragung oder positive von verdrängten erotischen Regungen ist« (371).

95 BEMERKUNGEN ÜBER DIE ÜBERTRAGUNGSLIEBE (1914), GW X, 306–321.

selbst in vielen Fällen durch eine wirkliche Wiederholung der traumatischen Situation ersetzt wird: anstatt sich der Vergangenheit zu erinnern, wiederholt der Kranke sie, indem er »etwas agiert«, natürlich ohne es als Wiederholung zu erkennen. Diese Peripetie ist weit bedeutsamer, als es zunächst scheint: keine Phänomenologie der Intersubjektivität vermag ein Äquivalent dieses Wiederholungszwangs zu liefern, der einer sehr signifikanten Sequenz angehört: Widerstand, Übertragung, Wiederholung; diese Sequenz ist der eigentliche Kern der analytischen Situation.[96] Von nun an bilden der Kampf gegen die Widerstände, die Handhabung der Übertragung sowie die Zuflucht zur Wiederholung die Hauptkonstellation der analytischen Technik; ihre Arbeit besteht darin, sich der Übertragung zu bedienen, um den Wiederholungszwang zu hemmen, ihn in die Bahnen des Erinnerns zu leiten. Man versteht, daß Freud erklären konnte, die Handhabung der Übertragung stelle vor weit ernstere Schwierigkeiten als die Deutung von Einfällen.[97]

Für uns, denen es weniger um die Therapie als um die philosophischen Implikationen dieser Situation geht, ist die eindrucksvollste

---

[96] »Wir merken bald, die Übertragung ist selbst nur ein Stück Wiederholung, und die Wiederholung ist die Übertragung der vergessenen Vergangenheit nicht nur auf den Arzt, sondern auch auf alle anderen Gebiete der gegenwärtigen Situation ... Auch der Anteil des Widerstandes ist leicht zu erkennen. Je größer der Widerstand ist, desto ausgiebiger wird das Erinnern durch das Agieren (Wiederholen) ersetzt sein« (GW X, 130). Die analytische Technik besteht darin, die Wiederholung stattfinden zu lassen, im Gegensatz also zu der direkten Technik des Erinnerns, der Breuerschen Katharsis. – Für das »Agieren« vgl. BEMERKUNGEN ÜBER DIE ÜBERTRAGUNGSLIEBE, GW X, 314.

[97] »Das Hauptmittel aber, den Wiederholungszwang des Patienten zu bändigen und ihn zu einem Motiv fürs Erinnern umzuschaffen, liegt in der Handhabung der Übertragung. Wir machen ihn unschädlich, ja vielmehr nutzbar, indem wir ihm sein Recht einräumen, ihn auf einem bestimmten Gebiete gewähren lassen. Wir eröffnen ihm die Übertragung als den Tummelplatz, auf dem ihm gestattet wird, sich in fast völliger Freiheit zu entfalten, und auferlegt ist, uns alles vorzuführen, was sich an pathogenen Trieben im Seelenleben des Analysierten verborgen hat ... Die Übertragung schafft so ein Zwischenreich zwischen der Krankheit und dem Leben, durch welches sich der Übergang von der ersteren zum letzteren vollzieht« (GW X, 134 f.). Der Leser wird diesen Texten den wichtigen kleinen Aufsatz BEMERKUNGEN ÜBER DIE ÜBERTRAGUNGSLIEBE (siehe oben, Fn. 95) hinzufügen; Freud behandelt hier die Schwierigkeiten bei der Handhabung der Übertragung, die er für weit ernsthafter hält als die Deutung der Einfälle. (GW X, 306).

Schwierigkeit, die eine phänomenologische Annäherung an die Psychoanalyse auf die schwerste Probe stellt, eben jene, welche die Liebesübertragung betrifft: die Pointe der Technik besteht in jener Kunst, die Übertragungsliebe zu benutzen, *ohne sie zu befriedigen.* Freud zögert nicht, »einen Grundsatz hervorzuheben, dem wahrscheinlich die Herrschaft auf diesem Gebiete zufallen wird«; er lautet: »Die analytische Kur soll, soweit es möglich ist, in der Entbehrung – Abstinenz – durchgeführt werden.«[98] Eine Regel, die kein phänomenologisches Äquivalent zu haben scheint. Worum geht es? Wir befinden uns hier am Kern des ökonomischen Problems der analytischen Beziehung; der Analytiker lernt, nicht mehr nur mit den Widerständen des Kranken zu »spielen«, sondern auch mit der Lust und der Unlust des Anderen in Gestalt der Versagung. Um dies begreifen zu können, müssen wir zur Ausgangssituation und zu der durch den Konflikt zwischen Trieb und Widerstand erzeugten Versagung zurückgehen. Die gesamte Symptomtheorie beruht hierauf; ökonomisch gesehen ist ein Symptom nichts anderes als eine Ersatzform der Befriedigung; andererseits ist es das Scheitern dieser Taktik der Ersetzung, welche die den Kranken zur Heilung drängende Triebkraft nährt. In diesem dynamischen Kontext rechtfertigt sich die von der analytischen Tätigkeit energisch betriebene Versagung; es kommt darauf an, jene Triebkraft nicht versiegen zu lassen; daher muß man dafür Sorge tragen, »daß das Leiden des Kranken in irgendeinem wirksamen Maße kein vorzeitiges Ende finde«[99]. So erscheint uns die »Arbeit« des Analytikers, die wir zuerst als einen Kampf gegen die Widerstände beschrieben haben, nunmehr als ein Kampf gegen die Ersatzbefriedigungen, und zwar gerade in der Übertragung, in der der Kranke vor allem eine Ersatzbefriedigung sucht. Diese Technik der Versagung ist für den Phänomenologen der erstaunlichste Aspekt der analytischen Methode; wohl kann er die

---

98 Wege der psychoanalytischen Therapie, GW XII, 197. Dieser Praxis hat Freud einige wichtige Seiten in seinen Bemerkungen über die Übertragungsliebe gewidmet: »Ich will den Grundsatz aufstellen, daß man Bedürfnis und Sehnsucht als zur Arbeit und Veränderung treibende Kräfte bei der Kranken bestehen lassen und sich hüten muß, dieselben durch Surrogate zu beschwichtigen« (GW X, 313). Und etwas weiter: »Der Weg des Analytikers ist ein anderer, ein solcher, für den das reale Leben kein Vorbild liefert. Man hütet sich, von der Liebesübertragung abzulenken, sie zu verscheuchen oder der Patientin zu verleiden; man enthält sich ebenso standhaft jeder Erwiderung derselben« (314).
99 Wege der psychoanalytischen Therapie, GW II, 188.

Aufrichtigkeitsregel begreifen, nicht aber das Versagungsprinzip: dieses läßt sich nur *praktizieren*.

Wenn wir nun den Ausgangs- und den Endpunkt jener Überlegungen über die technischen Aspekte der analytischen Beziehung vergleichen, können wir sagen: das, was die analytische Beziehung als intersubjektive Beziehung ermöglicht, ist wirklich, wie wir schon zu Beginn sagten, die Tatsache, daß der analytische Dialog in einem besonderen Kontext der Distanziertheit, der Isolierung, der Derealisierung den Anspruch zutage fördert, worin in letzter Instanz der Wunsch besteht; aber einzig die Technik der Übertragung, als Technik der Versagung, konnte enthüllen, daß der Wunsch in seinem Grunde ein Anspruch ohne Erfüllung ist ...

Der doppelte Versuch einer Umformulierung der Psychoanalyse zuerst in Termini der wissenschaftlichen Psychologie, sodann der Phänomenologie ist also gescheitert, und der ungewöhnliche Charakter der analytischen Rede hat sich durch dieses doppelte Scheitern bestätigt. Einerseits bilden die operativen Begriffe der akademischen Psychologie keine bessere Formulierung als die analytischen; andererseits sagt die Phänomenologie, wie Merleau-Ponty in seinem Vorwort zu Hesnards *Oeuvre de Freud* meinte, nicht »deutlich, was die Psychoanalyse undeutlich gesagt hatte«; im Gegenteil, mit dem, was sie an ihrer Grenze heimlich voraussetzt oder entschleiert – aufgrund ihres latenten oder unbewußten Inhalts –, befindet sich die Phänomenologie in Einklang mit der Psychoanalyse.[100]

---

100 Merleau-Ponty, Vorwort zu Hesnard, *L'Oeuvre de Freud et son importance pour le monde moderne* (1960). Ich stimme den meisten der Gedanken dieses Vorworts sowie seiner allgemeinen Richtung zu. Man muß, sagt der Autor, über eine erste Formulierung der Beziehungen zwischen Phänomenologie und Psychoanalyse hinausgehen, in der die Phänomenologie gleichsam die Rolle eines gelassenen Mentors spielen würde, der Mißverständnisse zurechtrückt und einer Technik, die schlecht denkt und sich schlecht denkt, Kategorien und Ausdrucksmittel an die Hand gibt. Als erstes muß die Phänomenologie den Weg des Abstiegs »in ihr eigenes Parterre« (S. 8), bis zu Ende gehen, um sie selbst zu bleiben, in Übereinstimmung mit der Freudschen Forschung. Von »jener unendlichen Neugier, jenem Ehrgeiz, alles zu sehen, der die phänomenologische Reduktion nährt« (S. 7), muß sich die Phänomenologie in ihre eigene Problematik durch den Körper, die Zeit, die Intersubjektivität und durch jenes Bewußtsein von etwas oder von der Welt irremachen lassen, wo sich das Sein nun eher rings um sie als vor ihr befindet«, ein »traumhaftes, der Definition nach verborgenes Sein« (S. 8). Dann erst kann diese Phänomenologie, gewappnet gegen ihren eigenen Idealismus, sich darum bekümmern, auch die Psychoanalyse vor ihrem Erfolg zu schützen, wozu

Ich hoffe gezeigt zu haben, daß die Psychoanalyse als Praxis, die auf keine andere zurückführbar ist, auf das »mit dem Finger zeigt«, was die Phänomenologie niemals ganz erreicht, nämlich »unsere Beziehung zu unseren Ursprüngen und unsere Beziehung zu unseren Modellen, dem Es und dem Über-Ich«.[101]

eine phänomenologische Umformulierung beitragen könnte. »Die idealistische Abweichung der Freudschen Forschung ist heute ebenso bedrohlich wie ihre objektivistische Abweichung. Man fragt sich schließlich, ob es der Psychoanalyse nicht wesentlich ist – ich meiner ihrer Existenz als Therapie und als verifizierbares Wissen –, zwar sicherlich kein verruchter Versuch und keine Geheimwissenschaft, zumindest aber ein Paradox und eine Frage zu bleiben« (S. 8). Das Eingeständnis desjenigen, der soviel getan hat, um den Zauber der »szientistischen Ideologie oder objektivistischen Ideologie« der Psychoanalyse zu bannen, mache ich auch zu dem meinen: »Zumindest bewahren die energetischen oder mechanistischen Metaphern, jeder Idealisierung zum Trotz, die Schwelle einer der kostbarsten Institutionen des Freudianismus: die unserer *Archäologie*« (S. 9). – Um die Bedeutung dieses Vorwortes richtig einzuschätzen, lese man J. P. Pontalis, »Note sur le problème de l'inconscient chez Merleau-Ponty«, *Les Temps Modernes*, Nr. 184/5 (1961), 287–303.
101 ibid.; vgl. A. Hesnard, *Apport de la phénoménologie à la psychiatrie contemporaine*, Paris 1959; A. Green, »L'inconscient freudien et la psychanalyse française contemporaine«, *Les Temps Modernes*, Nr. 195 (1962), 365–379; »Du comportement à la chair: itinéraire de Merleau-Ponty«, *Critique*, Nr. 211 (1964), 1017–1046.

Kapitel II
Reflexion: Eine Archäologie des Subjekts

Die Aufgabe dieses Kapitels ist es, die Ergebnisse der vorangegangenen erkenntnistheoretischen Diskussion auf die Ebene der philosophischen Reflexion zu heben. Es versteht sich von selbst, daß unser Unternehmen einzig der philosophischen Verantwortung unterliegt und in keiner Weise den Psychoanalytiker als solchen bindet. Für ihn versteht sich die psychoanalytische Theorie hinreichend durch ihr doppeltes Verhältnis zum Untersuchungsverfahren einerseits und zur therapeutischen Technik andererseits. Doch dieses »hinreichende« Verständnis – hinreichend in dem Sinne, in dem Platon in einem wichtigen methodologischen Text sagt, die Erklärung der Geometer bleibe bei »etwas Hinreichendem« stehen, das dem Philosophen nicht hinreiche – versteht sich nicht von selbst. Wenn, wie wir es in der *Problematik* behaupteten, das *Ich denke, ich bin* die reflektive Basis einer jeden Aussage über den Menschen ist, dann erhebt sich die Frage, auf welche Weise die gemischte Rede Freuds sich in eine Philosophie einführt, die ihrerseits dezidiert reflektiv ist.

Wir haben die Lösung des Problems nicht vereinfacht, insofern wir allen psychologisierenden oder idealisierenden Reduktionen der Psychoanalyse widerstanden und die Irreduzibilität der realistischen und naturalistischen Aspekte der Theorie akzeptiert haben. Unser Leitgedanke ist folgender: der philosophische Ort der analytischen Rede wird definiert durch den Begriff der Archäologie des Subjekts. Doch dieser Begriff ist bisher nur ein Wort geblieben. Wie kann er mit Sinn erfüllt werden? Es ist kein Freudscher Begriff, und wir beabsichtigen auch nicht, ihn der Lektüre Freuds gewaltsam aufzuzwingen oder ihn in sein Werk einzuschmuggeln. Es ist ein Begriff, den ich präge, um mich selbst zu verstehen, wenn ich Freud lese. Ich betone den besonderen Charakter dieser konstituierenden Operation, die ich nicht mit der vorangegangenen methodologischen Diskussion verwechsle, welche sich auf der hinreichenden Ebene noch nicht begründeter Begriffe bewegte.

Die Etappen der Reflexion sind folgende:

1. Zuerst gilt es klarzumachen, daß die Psychoanalyse in der Reflexion und für die Reflexion eine Archäologie ist, – eine Archäolo-

gie des *Subjekts*. Aber welches Subjekts? Wie muß das Subjekt der Reflexion aussehen, damit es auch das der Psychoanalyse sein kann?

2. Diese doppelte Rektifizierung der Frage nach dem Subjekt wird es uns gestatten, der ganzen vorangegangenen erkenntnistheoretischen Diskussion einen philosophischen Ort zu geben und das methodologische Paradox des ersten Kapitels wieder in das Feld der Reflexion zu stellen. Mit diesem Abschnitt ist das erkenntnistheoretische Dossier des Freudianismus für uns geschlossen.

3. Sodann werden wir uns den Freudschen Thesen selbst zuwenden und den Begriff der Archäologie im Rahmen einer Reflexionsphilosophie erarbeiten. Wir behaupten nicht, daß jedes Verständnis Freuds darin aufbewahrt sei. Im folgenden werden wir zur Genüge zeigen, daß das Verständnis des Freudianismus einen neuen Vorstoß des Denkens erheischt.

1. Freud und die Frage nach dem Subjekt

Den Freudianismus als eine Rede über das Subjekt begreifen und entdecken, daß das Subjekt niemals das ist, das man meint, ist ein und dasselbe. Die reflektive Neuinterpretation des Freudianismus kann die Idee, die wir uns von der Reflexion machen, nicht unangetastet lassen: das Verständnis des Freudianismus hat sich geändert, aber auch unser Selbstverständnis.

Vorantreiben muß uns gerade die Tatsache, daß im Freudianismus die radikale Frage nach dem Subjekt des Denkens und des Daseins nicht gestellt wird. Es steht fest, daß Freud jegliche Problematik des ursprünglichen Subjekts verwirft. Wir haben schon des öfteren auf diese Art des Ausweichens vor der Frage des *Ich denke, ich bin* hingewiesen. Das Cogito tritt in einer topischen und ökonomischen Theorie der »Systeme« oder »Institutionen« nicht auf und kann nicht darin auftreten; es läßt sich nicht in einer psychischen Lokalität oder in einer Rolle objektivieren; es bezeichnet etwas ganz anderes als das, was in einer Theorie der Triebe und ihrer Schicksale benannt werden könnte; gerade darum ist es dasjenige, das sich der analytischen Konzeptualisierung entzieht. Suchen wir das Cogito im Bewußtsein? dann zeigt sich das Bewußtsein als der Vertreter der Außenwelt, als oberflächliche Funktion, als ein bloßes Kürzel in der entwickelten Formel *Bw-Vbw*. Suchen wir es im Ich? dann zeigt sich das Es. Appellieren wir vom Es an die herrschende Instanz? dann zeigt sich das Über-Ich. Verfolgen wir das Ich in seine Funktion der Affirmation, der Abwehr, der Expansion? dann enthüllt sich der Narzißmus, der letzte Schirm zwischen Selbst und Sichselbst. Der Kreis hat sich geschlossen, und das *ego* des *cogito sum* ist jedesmal daraus entwichen. Dieses Entweichen der egologischen Begründung ist äußerst instruktiv; es bezeichnet keineswegs das Scheitern der analytischen Theorie; gerade dieses Fliehen des Ursprünglichen gilt es nun als eine Peripetie der Reflexion zu verstehen.

Gehen wir von den schon oben zitierten Husserlschen *Cartesianischen Meditationen* aus (§ 9). »Adäquation und Apodiktizität einer Evidenz (müssen) nicht Hand in Hand gehen.«[1] Dieser Satz bildet unserer Meinung nach die Struktur, in der die Freudsche Problematik gedacht und reflektiert werden muß. Er muß in beiden Richtungen gelesen werden. Einerseits impliziert er, daß sich die Inadäquation des Bewußtseins an die Apodiktizität des Cogito anlehnt: es gibt einen Punkt, den kein Zweifel zu überwinden vermag; Husserl nennt ihn die »lebendige Selbstgegenwart«, zu der die phänomenologische Reduktion Zugang verschafft; ohne diesen radikalen Rekurs ist jede die menschliche Realität betreffende Problematik unvollständig. Andererseits läßt sich die Apodiktizität des Cogito nicht bezeugen, ohne daß gleichzeitig die Inadäquation des Bewußtseins erkannt würde; die Möglichkeit, daß ich mich bei jeder ontischen Aussage, die ich über mich mache, täuschen kann, ist der Gewißheit des *Ich denke* koextensiv: die »lebendige Evidenz des *Ich bin* (ist) noch nicht selbst gegeben, sondern nur präsumiert«. Und Husserl konnte hinzufügen: »Diese in der apodiktischen Evidenz mit implizierte Präsumption untersteht also hinsichtlich der Möglichkeiten ihrer Erfüllung der Kritik ihrer ev. apodiktisch zu begrenzenden Tragweite.«[2] Daher bleibt, inmitten der Gewißheit des *Ich denke*, die Frage offen: »Wie weit kann das transzendentale Ich sich über sich selbst täuschen und wie weit reichen die absolut zweifellosen Bestände trotz dieser möglichen Täuschung?«[3]

Ausgehend von diesen fundamentalen Sätzen ist es möglich, eine

1 vgl. S. 387, Fn. 43.
2 ibid.
3 ibid.

reflektive Wiederholung der gesamten Freudschen Metapsychologie vorzunehmen. Es handelt sich um eine Wiederholung, die alle ihre Schritte nachvollzieht, jedoch in einer anderen philosophischen Dimension; alles, was Freud in einer quasi-physischen Realität objektiviert, alle Modelle, die die zeitgenössische erkenntnistheoretische Kritik in seiner Darstellung des seelischen Apparats unterscheidet – all das muß Peripetie der Reflexion werden. Vor allem und insbesondere muß seine Kritik des unmittelbaren Bewußtseins wiederholt werden; in dieser Hinsicht halte ich die Freudsche Metapsychologie für eine außergewöhnliche *Denkdisziplin:* wie Hegels *Phänomenologie des Geistes,* jedoch in umgekehrtem Sinne, vollzieht sie eine Dezentrierung des Brennpunktes der Bedeutungen, eine Verschiebung des Geburtsortes des Sinns. Durch diese Verschiebung findet sich das unmittelbare Bewußtsein entäußert zugunsten einer anderen Instanz des Sinns, einer Transzendenz des Wortes oder Setzung des Wunsches. Diese Entäußerung, zu der die Freudsche Systematik auf ihre Weise zwingt, muß wie eine Art Askese der Reflexion vollzogen werden, deren Sinn und Notwendigkeit sich erst im nachhinein zeigen, gleichsam als Entschädigung für ein ungerechtfertigtes Risiko. Solange wir diesen Schritt nicht getan haben, verstehen wir nicht wirklich, was wir sagen, wenn wir erklären, die Reflexionsphilosophie sei keine Bewußtseinspsychologie; um dies aufzuzeigen, muß man den Abstand schaffen zwischen der Stellung der Reflexion, von der wir sagten, sie sei apodiktisch, und der Prätention des Bewußtseins, von dem wir, jedoch nur im Prinzip, zugaben, daß es nicht adäquat sei, daß es sich über sich selbst täuschen könne. Man muß wirklich das Bewußtsein und seine Prätention, den Sinn zu lenken, verlieren, um die Reflexion und ihre unbezwingliche Gewißheit zu retten. Das ist es, was der Weg über die Metapsychologie – in Ermangelung der analytischen Praxis – dem Philosophen zu geben vermag: ich sage ausdrücklich *geben* und nicht nehmen.
Die Notwendigkeit einer solchen Entäußerung rechtfertigt den Freudschen Naturalismus. Wenn der Standpunkt des Bewußtseins – in erster Linie und meistens – der falsche Standpunkt ist, muß ich mich der Freudschen Systematik, seiner Topik und seiner Ökonomik als einer »Disziplin« bedienen, die dazu bestimmt ist, mich gänzlich zu entwurzeln, mich jenes illusorischen Cogito zu entäußern, das zunächst den Platz des begründenden Aktes des *Ich denke, ich bin* einnimmt. Der Weg über die Freudsche Topik und Ökonomik

bringt nur jene notwendige Disziplin einer Anti-Phänomenologie zum Ausdruck. Am Ende dieses Prozesses, der dazu dient, die vorgeblichen Evidenzen des Bewußtseins aufzulösen, weiß ich nicht mehr, was Objekt, Subjekt, ja selbst Denken bedeutet; das erklärte Ziel dieser Disziplin ist es, das falsche Wissen, das den Zugang zum *Ego cogito cogitatum* versperrt, ins Wanken zu bringen. Diese Entäußerung des unmittelbaren Bewußtseins aber wird nun durch die Konstruktion eines Modells oder einer Reihe von Modellen reguliert, in denen das Bewußtsein selbst als ein Ort unter anderen erscheint. Damit wird das Bewußtsein eine der Instanzen der Triade Unbewußt-Vorbewußt-Bewußt. Und diese topographische oder topologische Darstellung des psychischen Apparats ist ihrerseits nicht von einer ökonomischen Erklärung zu trennen, derzufolge dieser Apparat durch Energieverschiebungen sowie durch freie oder gebundene Besetzungen sich selbst reguliert. Für jene unter uns, die keine Psychoanalytiker sind, die nicht diagnostizieren und heilen müssen, kann die Annahme dieser topischen und ökonomischen Rede einen Sinn erhalten, der wiederum ein reflektiver Sinn ist: die Anti-Phänomenologie der Freudschen Topik und Energetik kann zum Reflexionsmoment erhoben werden, insofern sie dazu dient, die Apodiktizität der Reflexion und die Evidenz des unmittelbaren Bewußtseins endgültig voneinander zu trennen.

Ich möchte vorschlagen, daß wir unter dem Zeichen dieser Entäußerung des unmittelbaren Bewußtseins die Bewegung der Freudschen Metapsychologie noch einmal nachvollziehen, so wie wir sie, in Freudscher Sprache, im II. Kapitel unserer *Analytik* dargelegt haben. Diese Problematik hat sich vor unseren Augen in zwei Linien geteilt. Die erste, sehr deutlich in dem Aufsatz Das Unbewusste, führte uns vom deskriptiven Standpunkt, der noch der des unmittelbaren Bewußtseins ist, zum topischen und ökonomischen Standpunkt, wo das Bewußtsein selbst eine psychische Örtlichkeit unter anderen wird. Die zweite führte uns von den Triebrepräsentanzen, die bereits psychischer Stoff sind, zu ihren Abkömmlingen im Bewußtsein. Diese doppelte Bewegung wird in einer Disziplin der Reflexion begreiflich. Mit der Entäußerung des Bewußtseins verknüpft sich die Eroberung des topisch-ökonomischen Standpunkts. Und auf diesem Standpunkt findet sich der Ort des Sinns vom Bewußtsein zum Unbewußten hin verlagert. Doch dieser Ort kann nicht als ein Bereich der Außenwelt realisiert werden. Daher läßt sich die erste Aufgabe der Dezentrierung nicht von der zweiten Aufgabe, der Wiedereroberung des Sinns in der Deutung, scheiden. Dieser Wechsel von Lostrennung und Wiederaufnahme ist die philosophische Triebfeder der gesamten Metapsychologie. Wenn es stimmt, daß die Sprache des Wunsches eine Rede ist, die Sinn und Kraft vereinigt, dann muß die Reflexion, um zu dieser Wurzel des Wunsches vorzustoßen, sich den bewußten Sinn der Rede entwenden lassen und sich auf einen anderen Ort des Sinns verlagern. Dies ist das Moment der Entäußerung, der Lostrennung. Da aber der Wunsch nur in den Verkleidungen greifbar ist, in die er schlüpft, kann man die Stellung des Wunsches nur durch die Deutung der Zeichen des Wunsches wieder in die Reflexion aufnehmen und damit die Reflexion selbst erweitern, die schließlich zurückgewinnt, was sie zunächst verloren hatte.

Dies ist für die Reflexion der Sinn der beiden Linien der *Analytik*, der Linie vom deskriptiven Bewußtseinsbegriff zum Begriff des Triebes und des Triebschicksals, und derjenige von der Repräsentanz des Triebes zu seinen Abkömmlingen im Bewußtsein.

Verfolgen wir nochmals die erste Linie; sie beginnt mit einer Umkehrung des Standpunkts: das Unbewußte wird in bezug auf das Bewußtsein nicht mehr als Abwesenheit, Latenz, sondern als eine Örtlichkeit definiert, in welcher die Vorstellungen wohnen; die gegenwärtige Analyse antizipierend, haben wir diese Umkehrung des Standpunkts zuweilen eine Anti-Phänomenologie genannt, eine umgewendete Epoché.[4] Das gilt auch weiterhin: es geht nämlich nicht um eine Reduktion *auf* das Bewußtsein, sondern um eine Reduktion *des* Bewußtseins; das Bewußtsein hört auf, das am besten Bekannte zu sein, und wird selber problematisch; nunmehr besteht ein Problem der Bewußtheit, des Bewußtwerdens, anstelle der sogenannten Evidenz des Bewußtseins. Diese Anti-Phänomenologie nun muß uns selbst als eine Phase der Reflexion erscheinen, als das Moment ihrer Entblößung. Der topische Begriff des Unbewußten ist dann das Korrelat dieses Nullpunkts der Reflexion.

Die zweite Etappe in der Destruktionsbewegung der Pseudoevidenz des Bewußtseins wurde geprägt von der Preisgabe des Objektbegriffs (Wunschobjekt, Haßobjekt, Liebesobjekt, Angstobjekt); das Objekt, wie es sich in seiner falschen Evidenz als das Gegenüber des

---

4 S. 128 f.

Bewußtseins zeigt, darf seinerseits nicht länger die Analyse lenken: in der Sprache Freuds ist es nichts als eine bloße Variable des Triebziels (DREI ABHANDLUNGEN ZUR SEXUALTHEORIE, TRIEBE UND TRIEBSCHICKSALE). Die Gesetze der Vorstellung der alten Bewußtseinspsychologie sind damit durch den Begriff des Triebschicksals ersetzt worden; und im Rahmen dieser Triebökonomie kann eine wahrhafte Genesis des Objektbegriffs versucht werden, gemäß den ökonomischen Verteilungen der Libido. Diese scheinbare Anti-Phänomenologie ist vielleicht nur der große Umweg, an dessen Ende das Objekt erneut zum transzendentalen Führer werden kann, jedoch nur für eine sehr vermittelte Reflexion und nicht für ein angeblich unmittelbares Bewußtsein. In dieser Hinsicht zeigt der späte Husserl den Durchbruch und die Richtung an, wenn er jede Suche nach Konstitution mit einer passiven Genesis verschränkt. Freuds Verdienst bleibt es, diese Genesis des Objekts mit der von Liebe und Haß verknüpft zu haben.

Die dritte Etappe der Entäußerung wird von der Einführung des Narzißmus in die psychoanalytische Theorie geprägt; nun sind wir gezwungen, das Ich selbst als ein veränderliches Triebobjekt zu behandeln und den Begriff des Ichtriebs zu bilden, in dem, wie wir sagten, das Ich nicht mehr das Subjekt des Cogito, sondern das Objekt des Wunsches ist; mehr noch: in der Ökonomie der Libido stehen die Objektwerte und die Subjektwerte in ständigem Austausch; es gibt ein Lust-Ich, das dem Ichtrieb entspricht und auf dem Markt der libidinösen Besetzungen gegen die Objektwerte eingetauscht wird. Hierin liegt die letzte Prüfung für eine Reflexionsphilosophie. Das Subjekt der unmittelbaren Wahrnehmung selbst wird in Frage gestellt. Der Narzißmus muß nicht nur in die psychoanalytische Theorie, sondern in die Reflexion eingeführt werden. Dann entdecke ich, daß die apodiktische Wahrheit *Ich denke, ich bin,* sobald sie ausgesprochen ist, durch eine Pseudoevidenz verstopft wird: ein gescheitertes Cogito hat bereits die Stelle der ersten Wahrheit der Reflexion *Ich denke, ich bin* eingenommen; ich entdecke, im Mittelpunkt des *Ego cogito* selbst, einen Trieb, dessen abgeleitete Formen[5] allesamt auf etwas vollkommen Primitives, Ursprüngliches, Vorgängiges deuten, das Freud den primären Narzißmus nennt. Diese Entdeckung auf die reflektive Ebene heben heißt, die Entäußerung

---

5 S. 136 ff.

des bewußten Subjekts der bereits erreichten Entäußerung des Zielobjekts gleichsetzen.

Wir sind hier zu einer Art äußerstem Punkt der Reduktion des Bewußtseins und, so könnte man sagen, der Reduktion der Phänomenologie gelangt: anläßlich der Überschätzung des Kindes durch seine Eltern, in der Freud eine Art von Reproduktion ihres eigenen, längst aufgegebenen Narzißmus sieht (*his Majesty the Baby* soll all unsere Träume erfüllen . . .), schreibt er: »Der heikelste Punkt des narzißtischen Systems, die von der Realität hart bedrängte Unsterblichkeit des Ichs, hat ihre Sicherung in der Zuflucht zum Kinde gewonnen.«[6] Dieser »heikelste Punkt des narzißtischen Systems« ist das, was ich das falsche, dem ursprünglichen Cogito koextensive Cogito nenne. Ein anderer berühmter Text von Freud, EINE SCHWIERIGKEIT DER PSYCHOANALYSE (1917), zeigt sehr gut, um welchen philosophischen Einsatz es bei dieser Kontestation des Privilegs des Bewußtseins geht. Der Narzißmus erscheint hier als eine wirklich metaphysische Größe, als ein wirklich böser Geist, dem unser äußerster Widerstand gegen die Wahrheit zugeschrieben werden muß: »Der allgemeine Narzißmus, die Eigenliebe der Menschheit, (hat) bis jetzt drei schwere Kränkungen von seiten der wissenschaftlichen Forschung erfahren.« Zuerst war dem Menschen die zentrale Stellung der Erde eine Gewähr für seine beherrschende Rolle im Weltall und »schien ihm in guter Übereinstimmung mit seiner Neigung, sich als den Herrn dieser Welt zu fühlen«. Sodann warf er sich »zum Herrn über seine tierischen Mitgeschöpfe auf« und begann, »eine Kluft zwischen ihr [der Tiere] und sein Wesen zu legen«. Und schließlich fühlte er sich »souverän in seiner eigenen Seele«. Die Psychoanalyse bildet die dritte und »wohl empfindlichste« Kränkung, die der Narzißmus erfährt. Nach der kosmologischen Kränkung, die Kopernikus ihm zufügte, kam die biologische Kränkung – das Werk Darwins. Und schließlich enthüllt ihm die Psychoanalyse, »daß das Ich nicht Herr sei im eigenen Haus«; der Mensch, der bereits wußte, daß er weder der Herr des Weltalls noch der Herr aller lebenden Geschöpfe ist, entdeckt nun, daß er nicht einmal Herr seiner eigenen Psyche ist. Der Freudsche Denker wendet sich mit folgenden Worten an das Ich: »Du vertraust darauf, daß du alles erfährst, was in deiner Seele vorgeht, wenn es nur wichtig genug ist, weil

6 ZUR EINFÜHRUNG DES NARZISSMUS, GW X, 158.

dein Bewußtsein es dir dann meldet. Und wenn du von etwas in
deiner Seele keine Nachricht bekommen hast, nimmst du zuversichtlich
an, es sei nicht in ihr enthalten. Ja, du gehst so weit, daß du
›seelisch‹ für identisch hältst mit ›bewußt‹, d. h. dir bekannt, trotz der
augenscheinlichsten Beweise, daß in deinem Seelenleben beständig
viel mehr vor sich gehen muß, als deinem Bewußtsein bekannt werden
kann. Laß dich doch in diesem einen Punkt belehren! ... Du
benimmst dich wie ein absoluter Herrscher, der es sich an den Informationen
seiner obersten Hofämter genügen läßt und nicht zum
Volk herabsteigt, um dessen Stimme zu hören. Geh in dich, in deine
Tiefen und lerne dich erst kennen, dann wirst du verstehen, warum
du krank werden mußt, und vielleicht vermeiden, krank zu werden.«[7]

»Laß dich doch in diesem einen Punkt belehren ... Geh in dich, in
deine Tiefen und lerne dich erst kennen ...« Die Worte Freuds geben
uns zu verstehen, daß diese Kränkung selbst Teil einer Geschichte
des Selbstbewußtseins ist. *In te redi* heißt es bei Augustin, auch bei
Husserl am Ende der *Cartesianischen Meditationen.* Freud aber erkannte,
daß diese Belehrung, durch eine »Kränkung« hindurchgehen
muß, weil sie einem bis dahin verborgenen Feind begegnet ist,
den Freud »Widerstand des Narzißmus« nennt.

Und eben diese Kontestation des Narzißmus als des Zentrums des
Widerstandes gegen die Wahrheit erzwingt die methodologische
Entscheidung, von einer Beschreibung des Bewußtseins zu einer Topographie
des psychischen Apparats zu schreiten. Der Philosoph
muß anerkennen, daß diese Zuflucht zu einem naturalistischen Mo-

---

[7] EINE SCHWIERIGKEIT DER PSYCHOANALYSE, GW XII, 3–12. Für die Freudsche
Personologie vgl. J. Lacan, »Le stade du miroir comme formateur de la fonction
du Je ...«, *Revue française de Psychanalyse,* XIII, 4 (1949), S. 449–454; »Les
formations de l'inconscient«, Seminar 1957/58, *Bull. Psycho.,* Nr. 11; D. Lagache,
»Fascination de la conscience par le moi«, *La Psychanalyse,* III (1957), S.
33–45; »La psychanalyse et la structure de la personnalité«, *La Psychanalyse,*
VI (1961), S. 5–54; P. Luquet, »Les identifications précoces dans la structuration
et la restructuration du Moi«, *Revue française de Psychanalyse,* XXVI
(1962), S. 117–329; P. C. Racamier, »Le moi, le soi, la personne et la psychose«,
L'Evol. Psychiatr., 2 (1958), S. 445–466. Für die Rolle des körperlichen Bildes
vgl. F. Dolto, »Personnologie et image du corps«, *La Psychanalyse,* VI (1961),
S. 59–92; S. A. Shentoub, »Remarques sur la conception du moi et ses références
au concept de l'image corporelle«, *Revue française de Psychanalyse,* XXVII,
2/3 (1963), S. 271–300; G. Pankow, »Structuration dynamique dans la schizophrénie«,
Revue suisse de Psychologie, 27 (1956).

dell des Ego von tiefer Bedeutung in bezug auf die gegen die Illusion des Bewußtseins gerichtete Austreibungstaktik ist, eine Illusion, die wiederum im Narzißmus wurzelt. Der Realismus des Unbewußten, der ein Realismus des Ichs geworden ist, muß als eine Phase des Kampfes gegen die Widerstände und als ein Schritt auf dem Weg zu einem Selbstbewußtsein betrachtet werden, das weniger auf den Egoismus des Ichs zentriert, vom Realitätsprinzip, von der Ananke erzogen und für eine Wahrheit ohne »Illusion« aufgeschlossen ist. Alles, was wir mit – und eventuell auch gegen – Freud über das Bewußtsein sagen können, muß künftig das Zeichen jener »Wunde« tragen, die unserer Eigenliebe zugefügt wurde. Um dieses phänomenologische Moment der Armseligkeit auszudrücken, das zu erkennen wir aufgefordert sind, möchte ich noch einmal das Wort Platons über das Seiende und das Nichtseiende aus dem *Sophisten* aufgreifen: »Mit dem Seienden«, sagt er, »hat es ebensolche Not wie mit dem Nichtseienden«. Ich sage es ähnlich: mit dem Bewußtsein tappen wir ebenso im dunkeln wie mit dem Unbewußten.

Soviel also läßt sich zugunsten Freuds auf der Schwelle seiner Instanzentheorie sagen. Und nun möchte ich nicht verhehlen, daß diese einem Kampf gegen die Illusion vollkommen angemessene Taktik es der Psychoanalyse verwehrt, die ursprüngliche Behauptung jemals einzuholen: nichts liegt Freud ferner als die Idee des Cogito, das sich selbst setzt in einem apodiktischen, auf keine Illusion des Bewußtseins reduzierbaren Urteil. Daher ist die Freudsche Theorie des Ichs zwar befreiend im Hinblick auf die Illusionen des Bewußtseins, zugleich aber enttäuschend aufgrund ihrer Unfähigkeit, das »Ich« des *Ich denke* mit irgendeinem Sinn zu erfüllen. Doch diese eigentlich philosophische Enttäuschung geht in erster Linie auf das Konto der »Wunde« und der »Kränkung«, die die Psychoanalyse unserer Eigenliebe zufügt.

Deshalb muß der Philosoph, wenn er an die Freudschen Texte über das Ich oder das Bewußtsein herangeht, die grundlegenden Forderungen seiner Egologie vergessen und muß akzeptieren, daß das Setzen des *Ich denke, ich bin* selbst ins Schwanken gerät; denn alles, was Freud darüber sagt, setzt ein solches Vergessen und Schwanken voraus; niemals erscheint das Bewußtsein oder das Ego in der Systematik als ein apodiktisches Setzen, sondern immer als eine ökonomische Funktion.

Indem wir durch die enge Pforte der Systematik in den Freudianismus eindringen, realisieren wir sehr gut die Entäußerung des Bewußtseins; wir »realisieren« sie im eigentlichen Sinn des Wortes, da diese Disziplin zu einem Realismus der Instanzen führt. Doch dieser Realismus, für sich betrachtet, ist inintelligibel; die Entäußerung des Bewußtseins wäre wahrlich *unsinnig*, wenn es ihr lediglich gelänge, die Reflexion bei der Betrachtung eines Dings zu entfremden. Das würde geschehen, wenn wir die komplexen Bindungen außer acht ließen, die diese topisch-ökonomische Erklärung mit der effektiven Deutungsarbeit verknüpfen, durch die die Psychoanalyse zur Entzifferung eines in einem offenbaren Sinn verborgenen Sinnes wird.

Der Ursprung der zweiten Linie, die uns die Metapsychologie verfolgen ließ, liegt in dem schwierigen Begriff der »psychischen Triebrepräsentanz«. Dieser mehr postulierte denn demonstrierte Begriff, den man zuweilen für einen Notbehelf halten könnte, hat eine unersetzbare Funktion. Er bildet das wichtigste Glied der reflektiven Kette: ich setze ihn an jenen Punkt, wo die Bewegung der »Lostrennung« des unmittelbaren Bewußtseins gleichsam als die Kehrseite der Bewegung der »Wiederaufnahme« erscheint, als der Beginn einer »Bewußtwerdung«, die dem authentischen Cogito gleich zu werden strebt, als der Anfang der Wiederaneignung des Sinns.

Es gibt einen Punkt, sagten wir, wo die Frage der Kraft und die des Sinns zusammenfallen: dieser Punkt liegt dort, wo sich der Trieb im Seelenleben durch Vorstellungen oder Affekt kenntlich macht, die ihn »repräsentieren«. Lassen wir das Problem des Affekts beiseite, auf das wir im nächsten Abschnitt zurückkommen, und betrachten wir nur jene Repräsentanzen, die Freud Vorstellungsrepräsentanzen des Triebes nennt.

In seinem biologischen Sein ist der Trieb nicht erkennbar, sagt Freud; hingegen gelangt er durch sein Repräsentanzzeichen in das psychische Feld; dank dieses psychischen Zeichens ist der Körper »in der Seele repräsentiert«. Von nun an kann für das Unbewußte dieselbe Sprache benutzt werden wie für das Bewußte: wir können von unbewußten und bewußten Vorstellungen sprechen; eine gewisse Einheit der intentionalen Bedeutungen erhält nunmehr eine Sinnverwandtschaft zwischen den Systemen aufrecht, trotz der sie trennenden Schranke. Diese These ist von großer Tragweite; sie ist eine doppelte: einerseits läßt sich das Psychische nicht durch die Tatsache definieren, daß es bewußt ist, durch die Wahrnehmung; in diesem Punkt ist die Verwandtschaft mit den Leibnizschen Begriffen des Strebens und der Wahrnehmung, auf die wir weiter unten ausführlicher zu sprechen kommen, äußerst aufschlußreich und macht den Freudschen Begriff der psychischen Triebrepräsentanz sehr plausibel; andererseits impliziert die Sinnverwandtschaft zwischen dem Unbewußten und dem Bewußten, daß das Psychische als solches nicht definiert werden kann ohne die Möglichkeit – so fern und schwierig sie auch sei – bewußt zu werden.

So bewahrt auch das Wort »unbewußt«, selbst wenn es durch das Zeichen *Ubw* ersetzt wird, eine Beziehung zum Bewußtsein; die *Bewußtheit*, bemerkt Freud, »bildet den Ausgangspunkt aller unserer Untersuchungen«[8]; »die Bewußtheit, der einzige uns unmittelbar gegebene Charakter der psychischen Vorgänge (eignet) sich in keiner Weise zur Systemunterscheidung ... Das Bewußtsein hat so weder zu den Systemen noch zur Verdrängung ein einfaches Verhältnis.« Allenfalls können und müssen wir lernen, »uns von der Bedeutung des Symptoms ›Bewußtheit‹ zu emanzipieren«[9]: gerade das haben wir unter dem Titel der Entäußerung des Bewußtseins getan. Aber die Bewußtheit kann weder beiseite geschoben noch zerstört werden. In der Tat gewinnt der Begriff der psychischen Triebrepräsentanz in bezug auf die Möglichkeit des Bewußtwerdens, in bezug auf die Bewußtmachung als Aufgabe seinen Sinn; er bedeutet dies: so entfernt die primären Triebrepräsentanzen, so entstellt ihre Abkömmlinge auch sein mögen, sie gehören doch in den Umkreis des Sinns; im Prinzip lassen sie sich in Begriffe des bewußten Seelenlebens übersetzen, kurz, die Psychoanalyse ist eine mögliche Rückkehr zum Bewußtsein, weil das Unbewußte in gewisser Weise dem Bewußtsein homogen ist; es ist sein *relativ* Anderes, nicht sein *absolut* Anderes.

2. Realität des Es, Idealität des Sinns

Wir sind nunmehr in der Lage, die methodologische Debatte, die wir im ersten Kapitel aufgeschoben hatten, in der Reflexion und genauer in ihrer doppelten Bewegung der Lostrennung und Wiederaufnahme auszutragen. Ich werde nicht nochmals auf den Gehalt

---

8 Das Unbewusste, GW X, 271.
9 GW X, 291.

der hermeneutischen und der topisch-ökonomischen Begriffe bezüglich ihrer Konsistenz und ihrer Kompossibilität innerhalb einer kohärenten Erkenntnistheorie zurückkommen. Ich möchte an das »Realitäts«-Zeichen anknüpfen, das sich besonders mit den topisch-ökonomischen Begriffen verbindet, sowie an die »Idealitäts«-Zeichen von Begriffen wie Bedeutung, Intention und Motivation.

Der Freudianismus will ein Realismus des Unbewußten sein: in dieser Hinsicht klagt Freud, daß das Vorurteil des Bewußtseins die »Philosophen« daran hindere, den psychoanalytischen Begriffen des Unbewußten Gerechtigkeit widerfahren zu lassen. Er hat recht; aber die Frage bleibt weiterhin, welchen Realismus wir lehren und praktizieren, wenn wir die Tatsachen der Psychoanalyse den fundamentalen Begriffen der Metapsychologie unterordnen. Dies ist die Aufgabe einer Kritik im Kantischen Sinn des Wortes; und diese Aufgabe kann von nun an erfüllt werden.

Daß die Freudsche Topik einen Realismus des Unbewußten erheischt, unterliegt keinem Zweifel; so haben wir selbst diesen Realismus in bezug auf die Reflexion bestätigt, insofern wir darin das Moment der Entäußerung, der Lostrennung erkannt haben, entgegen jeder verfrühten oder illusorischen Bewußtmachung. Aber diese Sonderung hinsichtlich meines Bewußtseins ist keine Sonderung hinsichtlich des Bewußtseins überhaupt. Die Bindung der metapsychologischen Begriffe an die effektive Deutungsarbeit gibt eine neuartige Relativität zu erkennen, eine Relativität, nicht mehr in bezug auf das Bewußtsein, welches das Unbewußte sozusagen »hat«, sondern in bezug auf die Gesamtheit des durch die Deutungsarbeit konstituierten Bewußtseinsfeldes. Dieser neue Satz steckt voller Fallen; denn jene Arbeit und jenes Feld gehören zu einem wissenschaftlichen Bewußtsein, das es, zumindest im Prinzip von jeder privaten Subjektivität, einschließlich der des Analytikers, zu unterscheiden und zunächst als eine transzendentale Subjektivität, d. h. als den Brennpunkt der die Deutung leitenden Regeln zu betrachten gilt.

Dieser Realismus, den wir gewissermaßen aus uns selbst, die wir philosophieren, ausgeschaltet, von unserem unmittelbaren Bewußtsein losgelöst haben, bleibt in der Schwebe, solange wir nicht die Topik mit dem hermeneutischen Feld verbunden haben, »in« welchem sich aller Realismus konstituiert. Aber diese Bindung gilt es richtig zu verstehen, wenn wir den Nutzen nicht verspielen wollen, den der Freudsche Realismus für den Fortschritt des Denkens darstellt. Dieser Realismus war in unseren Augen nicht ein Sturz in den Naturalismus, sondern ein Abbauen der unmittelbaren Gewißheit, ein Zurückweichen und eine Kränkung unseres Narzißmus; was wir jetzt zu sagen haben, darf keine hinterlistige Revanche dieses selben Narzißmus sein, sondern die Förderung einer neuen Bewußtseinsqualität. Diese Förderung ist das Ergebnis und der Gewinn aus der Entäußerung des Bewußtseins, wenn man auch nachträglich entdeckt, daß das hermeneutische Bewußtsein die Möglichkeitsbedingung für den Realismus der Topik ist.

Diese Situation ist nicht erstaunlich; sie ähnelt in keiner Weise einem *circulus vitiosus*. Sie charakterisiert ganz allgemein das Verhältnis zwischen dem empirischen Realismus, den jedes wissenschaftliche Unterfangen voraussetzt, und dem kritischen Idealismus, der jede erkenntnistheoretische Reflexion über die Gültigkeit einer Tatsachenwissenschaft leitet. Eine Kritik der realistischen Begriffe der Topik darf uns also nicht wieder zum Bewußtsein des analysierten Subjekts bringen, denn das würde einen Schritt zurück zum unmittelbaren Bewußtsein bedeuten, dem wir entschlossen den Rücken gekehrt haben. Gewiß geht die Analyse stets von den Rätseln des Sinns *für* dieses Bewußtsein aus, von seinen Systemen *für* es, von der Traumerzählung, die es dem Analytiker liefert. Dies ist zwar richtig, aber wichtig ist etwas anderes; wichtig ist die Suspendierung dieses unmittelbaren Sinns, oder besser dieses Sinnchaos, und die Verschiebung dieses offenbaren Sinns und seines Un-Sinns in das Entschlüsselungsfeld der analytischen Arbeit. Die Topik erlaubt eine solche Suspendierung und Verschiebung. Damit ist die einzig mögliche Kritik der realistischen Begriffe eine erkenntnistheoretische Kritik, eine Kritik, die sie »deduziert« – im Sinn der *transzendentalen Deduktion* Kants –, d. h. die sie aufgrund ihrer Fähigkeit, einen neuen Objektivitäts- und Intelligibilitätsbereich herzustellen, rechtfertigt. Mir scheint, daß eine größere Vertrautheit mit dem kritischen Denken so manche scholastische Auseinandersetzung über den Realismus des Unbewußten und allgemein über die Topik – so als gelte es, zwischen einem Realismus der Instanzen (*Ubw, Vbw, Bw*) und einem Idealismus des Sinns und Un-Sinns zu wählen – überflüssig gemacht hätte. Kant hat uns hinsichtlich der Physik gelehrt, einen empirischen Realismus mit einem transzendentalen Idealismus zu verbinden; ich sage mit Absicht transzendental und nicht subjektiv oder psychologisch, wie es der Fall bei einer zu gut ge-

meinten Theorie wäre, die das Resultat und den Nutzen der »Topik« sehr rasch annullierte. Diese Verbindung hat Kant für die Naturwissenschaften hergestellt; wir dagegen müssen sie nun für die Psychoanalyse vollziehen, in der die Theorie bezüglich der von ihr erarbeiteten Tatsachen eine konstituierende Rolle spielt.
Empirischer Realismus einerseits. Das heißt mehreres:
1. Die Metapsychologie ist keine fakultative, zusätzliche Konstruktion, sie ist keine Ideologie, keine Spekulation; sie gehört zu dem, was Kant die bestimmenden Erfahrungsurteile nannte; sie bestimmt das Feld der Interpretation. Man muß also davon Abstand nehmen, Methode und Lehre voneinander zu trennen, die Methode ohne die Lehre zu nehmen. Hier ist die Lehre zugleich Methode.
2. Die Analyse, am Ziel ihres Entschlüsselungsunternehmens, gelangt in gleicher Weise zu einer Realität wie die Stratigraphie und die Archäologie. Diese angetroffene, aufgefundene Realität überrascht uns auf vielfache Art: in erster Linie als Requisit einer beendeten Analyse. Diese oder jene Traumdeutung stößt irgenwann auf einen letzten Kern, an dem sie haltmacht; so verstehe ich, was Freud über die endliche Analyse sagt[10]; an einem bestimmten Moment endet die Analyse, weil sie zu *diesen* bestimmten Signifikaten führt und nicht zu jenen anderen; das Ende, zu dem die Analyse gelangt, ist die wirkliche Existenz *dieser* bestimmten linguistischen Kette und nicht einer anderen.
3. Besondere Realität dieser oder jener psychischen Bildungen, aber auch typische Realität: die Deutung ist möglich, weil sie regelmäßig auf die gleichen signifikanten Segmente, auf die gleichen Übereinstimmungen stößt; diese Rückfälle bilden eine Art von bereits in einer vorgängigen Typik konstituiertem Wörterbuch; »es gibt« Sinn, bevor »ich« denke; *es* spricht. Somit ist die Analyse endlich, weil sich besondere Konfigurationen erkennen lassen; aber das Besondere ist als dieses bestimmte und nicht jenes andere unterscheidbar, weil es seine Besonderheit innerhalb von Typen herausbildet, welche das Wuchern der möglichen Kombinationen eingrenzen. Zu dem Begriff des Endlichen ist also der der endlichen Reihe der Kombinationen hinzuzufügen. So orientiert man sich nach der Idee einer bestimmten Struktur, die die Analyse zugleich verifiziert und voraussetzt.

10 Die endliche und die unendliche Analyse, GW XVI, 59–99.

4. Mehr noch als die Besonderheit des Sinns und die endliche Zergliederung der typischen Strukturen beruht der Freudsche Realismus auf dem mechanistischen Charakter der Gesetze, welche das System *Ubw* lenken; und dieser Unterschied zwischen den das System lenkenden Gesetzen und jenen der bewußten Aktivität rechtfertigt in Freuds Augen das Übergehen vom deskriptiven zum systematischen Standpunkt.

Diese Vertreibung in eine andere Legalität, durch die ich mir selbst als Mechanismus begegne, hat eine gewisse Analogie mit der Situation, die Hegel in den *Grundlinien der Philosophie des Rechts* beschreibt; wenn der Verstand die Tätigkeit des Menschen als Bedürfnis auffaßt, begreift er sie in einem System, welches die Notwendigkeit als Mechanismus, als äußere Realität faßt; Hegel erklärt: »Die Staatsökonomie ist die Wissenschaft, die von diesen Gesichtspunkten ihren Ausgang hat.«[11] Dieser Bezug auf die Staatsökonomie ist nicht zufällig, denn es ist eine Triebökonomie, was den topischen Rahmen ausfüllt. Die analytische Methode läßt sich nicht praktizieren, wenn man sich nicht den vom ökonomischen Modell geforderten naturalistischen Standpunkt zu eigen macht und den Intelligibilitätstypus nicht akzeptiert, den es verleiht; alle entdeckerische Kraft liegt zunächst auf seiten dieses Modells. Daher scheint mir eine rein linguistische Umschrift der Analyse der grundlegenden Schwierigkeit auszuweichen, die Freud darlegt; sein Naturalismus ist »wohlbegründet«, und was ihn begründet, ist der dingliche, der quasi-natürliche Aspekt der ins Auge gefaßten Kräfte und Mechanismen. Wenn man nicht soweit geht, kommt man früher oder später zum Primat des unmittelbaren Bewußtseins zurück.

Aber gerade weil man bis zu diesem Realismus vorstoßen muß, muß man auch die Frage stellen: welche Realität, Realität wovon? Und hier gilt es, genau an dem festzuhalten, was die Topik selbst lehrt. Die mitttels der Topik erkennbare Realität ist die der psychischen Triebrepräsentanzen, nicht die der Triebe selbst. Ein empirischer Realismus ist kein Realismus des Nichterkennbaren, sondern des Erkennbaren; das Erkennbare in der Psychoanalyse aber ist nicht das biologische Sein des Triebes, sondern das psychologische Sein der seelischen Triebrepräsentanzen: »Ein Trieb«, sagt Freud, »kann nie Objekt des Bewußtseins werden, nur die Vorstellung, die

---

11 § 189, Anm.

ihn repräsentiert. Er kann aber auch im Unbewußten nicht anders als durch die Vorstellung repräsentiert sein. Würde der Trieb sich nicht an eine Vorstellung heften oder nicht als ein Affektzustand zum Vorschein kommen, so könnten wir nichts von ihm wissen.«[12] Der der Freudschen Topik eigentümliche Realismus ist also in erster Linie ein Realismus der »psychischen Repräsentanzen« des Triebes; ein und dasselbe Realitätszeichen erstreckt sich nunmehr auf alles, was die Analyse mit der Vorstellung verknüpft; damit wird die Affektspannung zu einer Realität, die auch ihren »Platz« in der Topik einnimmt, und zwar aufgrund der Bindungen, die wir zwischen dieser Spannung und der Vorstellungsrepräsentanz erkannt haben: »Der Kern des *Ubw* besteht aus Triebrepräsentanzen, die ihre Besetzung abführen wollen, also aus Wunschregungen«[13]; diese Bindung erlaubt es, auf derselben realistischen Ebene vom topischen zum ökonomischen Standpunkt überzugehen. Die »Besetzungen« und alle anderen »ökonomischen« Operationen können nur anhand dieser Vorstellungen und der Affektspannung, die ihren quantitativen Aspekt bildet, unterschieden, erkannt und benannt werden. Daher versäumt es Freud in seinen realistischen Texten niemals, die »Triebschicksale« als Schicksale der »Triebrepräsentanzen« zu erklären: »Die Verdrängung (ist) im wesentlichen ein Vorgang, der sich an Vorstellungen an der Grenze der Systeme *Ubw* und *Vbw* (*Bw*) vollzieht.«[14] Weil dieser Realismus ein Realismus der »Triebrepräsentanzen« und nicht des Triebes selbst ist, ist er auch ein Realismus des Erkennbaren und nicht des Unerkennbaren, Unsagbaren, Abgründigen. Man muß diese beiden Stellen zusammen sehen: die erste, wo Freud sagt: »Die Trieblehre ist sozusagen unsere Mythologie«[15], und die zweite, wo er erklärt: »Das innere Objekt (ist) minder unerkennbar als die Außenwelt«[16]. Dieser zweite Satz ist bemerkenswert, denn er wird in Kantischer Sprache vorgetragen; sehen wir auf den Kontext: Kant, so heißt es hier, hat eine Korrektur an unserer Auffassung der äußeren Wahrnehmung vorgenommen und uns gewarnt, »unsere Wahrnehmung nicht für identisch mit dem unerkennbaren

---

12 GW X, 275 f.
13 GW X, 285.
14 GW X, 279.
15 Neue Folgen der Vorlesungen zur Einführung in die Psychoanalyse, GW XV, 101.
16 GW X, 270.

Wahrgenommenen zu halten«; ein erstaunlicher Text, denn er stößt das Unerkennbare nach draußen, zu den Dingen; »so mahnt uns die Psychoanalyse«, heißt es weiter, »die Bewußtseinswahrnehmung nicht an die Stelle des unbewußten psychischen Vorganges zu setzen, welcher ihr Objekt ist. Wie das Physische so braucht auch das Psychische nicht in Wirklichkeit so zu sein, wie es uns erscheint. Wir werden uns aber mit Befriedigung auf die Erfahrung vorbereiten, daß die Korrektur der inneren Wahrnehmung nicht ebenso große Schwierigkeit bietet wie die der äußeren, daß das innere Objekt minder erkennbar ist als die Außenwelt.«[17]

Nach diesen Worten bleibt noch, diese »Realität« mit dem Netz der Deutungsoperationen zu verschränken und zu zeigen, daß sie nur als »diagnostizierte« Realität existiert«.[18] Die Realität des Unbewußten ist keine absolute, sondern eine den Operationen, die ihr Sinn verleihen, relative. Diese Relativität stellt sich in drei Stufen dar, die wir vom Objektivsten zum Subjektivsten oder, so man will, vom Epistemologischsten zum Psychologischsten anordnen wollen.

1. Das Unbewußte der ersten Topik ist den Entschlüsselungsregeln relativ, die es z. B. gestatteten, von den »Abkömmlingen« des Unbewußten im System Vbw zu ihren »Ursprung« im System Ubw vorzudringen. Diese Relativität gilt es zu verstehen: sie reduziert sich nicht auf eine bloße Projektion des Deutenden in einem vulgär psychologischen Sinn; sie besagt, daß die Realität der Topik sich »in« der Hermeneutik konstituiert, jedoch in einem rein epistemologischen Sinne. In der Bewegung des Vordringens vom »Abkömmling« (Vbw) zum »Ursprung« (Ubw) gewinnt der Begriff des Unbewußten Konsistenz und wird sein Realitätszeichen der Prüfung unterzogen. Das heißt keineswegs, daß das Unbewußte für das Bewußte des fraglichen Subjekts real ist; dieser Bezug auf das Bewußtsein, welches das Unbewußte »hat«, muß aufgeschoben und diese

---

17 ibid.
18 Den Begriff der Diagnose und der diagnostizierten Realität habe ich in meiner ersten Interpretation des Freudschen Unbewußten gebraucht (*Le Volontaire et l'Involontaire*, Paris 1950, S. 350–384). Ich nehme ihn hier wieder auf, wobei ich jedoch stärker darauf bedacht bin, den Freudschen Realismus und Naturalismus zu rechtfertigen. Man vergleiche diese Interpretation mit der von Politzer, *Critique des Fondements de la Psychologie*, »I. *La psychologie et la psychanalyse*« (Paris 1928), sowie mit der von J.-P. Sartre, »La psychanalyse existentielle« in *L'Etre et le Néant*, Paris 1943.

Relation ausgeschaltet werden; aber dieser Aufschub bringt eine andere, »nicht subjektivistische«, sondern epistemologische Relativität ans Licht: die Relativität der Topik selbst in bezug auf die hermeneutische Konstellation, die von den Zeichen, Symptomen und Indizien der analytischen Methode, den explikativen Modellen gemeinsam gebildet wird.

2. Gegenüber dieser Relativität ersten Grades sowie ausgehend von ihr und innerhalb ihrer, einer Relativität, die man objektive Relativität nennen könnte – ich meine die Relativität in bezug auf die Regeln der Analyse, nicht die Person des Analytikers –, läßt sich von einer Relativität zweiten Grades sprechen, einer intersubjektiven: die von der analytischen Deutung dem Unbewußten zugeordneten Tatsachen sind vor allem für einen Anderen bedeutsam; dieses als Zeuge auftretende Bewußtsein, das des Analytikers, ist Teil der hermeneutischen Konstellation, »in« der die topische Realität sich konstituiert. Wir sind noch nicht in der Lage, diesen Feststellungen ihren vollen Sinn zu verleihen; es bedarf noch eines langen Wegs, bevor diese »Paarung« thematisiert werden kann; im Augenblick können wir nur ihre epistemologische Bedeutung im Rahmen der objektiven Regeln verstehen, welche die Analyse beherrschen; der Analytiker erscheint nur als derjenige, der die Spielregeln anwendet, noch nicht als das Gegenüber innerhalb einer dualen Beziehung, in der das Bewußtsein des einen seine Wahrheit im Bewußtsein des anderen hat; dieser Sinn tritt erst dann zutage, wenn sich der Analysierte selbst als Bewußtwerden zeigt und nicht mehr nur als Objekt der Analyse, dessen Bewußtsein ausgeklammert und als Ursprung des Sinns zurückgewiesen wurde. Begnügen wir uns mit der Feststellung, daß das Unbewußte – und allgemein die in der Topik geordnete Realität – durch einen Anderen nach bestimmten Deutungsregeln als Realität erarbeitet wird. Wir werden später im einzelnen ausführen, wie abstrakt diese diagnostische Relation in bezug auf die vollständige und konkrete therapeutische Beziehung noch ist, die, mittels des Dialogs und des Kampfes zwischen zwei Bewußtseinen, das Bewußtwerden eines besonderen Sinns ins Spiel bringt. Was wir im gegenwärtigen Stadium der Reflexion sagen können, reicht aus, den objektiven Gehalt der Behauptung über das Unbewußte zu präzisieren. Ein gegebenes Bewußtsein »hat« ein Unbewußtes in bezug auf hermeneutische Regeln und für einen Anderen; diese Beziehung aber erscheint nur in der Entäußerung

eben dieses Bewußtseins, das jenes Unbewußte »hat« als das »seinige«.

3. Schließlich läßt sich im Zusammenhang mit dieser doppelten Relativität eine dritte Form von Abhängigkeit fixieren, die nurmehr subjektiv, wenngleich auf ihrer Stufe noch konstitutiv ist: ich meine die Konstitution der psychoanalytischen Realität in der Übertragungssprache. Die Besonderheit des Analytikers stellt sich hier als ein unmöglich zu beseitigender Bezugspol dar; dieser oder jener Analytiker ist es, der bis zu einem gewissen Punkt die Übertragung provoziert, erfährt und lenkt, in der der Sinn dessen, worum es in der Analyse geht, Konsistenz gewinnt. Hier jedoch befinden wir uns an der Grenze zum Kontingenten und Unvorhersehbaren; und dennoch handelt es sich nicht um einen Zufallsfaktor: die Übertragung ist kein Unfall während der Kur, sondern ihr notwendiger Verlauf; nichtsdestoweniger nimmt die Übertragung jedesmal die Form einer einmaligen Beziehung an. Es läßt sich von ihr nur insofern sprechen, als sie eine regulierende Episode ist und nicht ein unberechenbares Ereignis; und eben diese regulierende Episode ist der Gegenstand der Dialektik; die Übertragung selbst läßt sich lehren und erlernen; das unberechenbare Ereignis ist die Begegnung mit der besonderen Persönlichkeit des Analytikers; diese kann weder gelehrt noch erlernt werden. Gewiß, die regulierende Episode ist vom unberechenbaren Ereignis nicht zu trennen: aber die erste – abstrakt von der zweiten getrennt – erscheint in der hermeneutischen Konstellation, welcher die psychische Realität, von der die Analyse spricht, relativ ist.

Diese Überlegungen erschienen mir notwendig angesichts eines Realismus, der kein empirischer Realismus, kein Realismus der Triebrepräsentanzen mehr wäre, sondern ein naiver Realismus, der im nachhinein in das Unbewußte die Endbedeutung projizierte, so wie sie von einer beendeten Analyse erarbeitet wurde. Dann wäre die Psychoanalyse selbst eine Mythologie, und zwar die schlimmste von allen, da sie darin bestünde, das Unbewußte denken zu lassen. Die expressive Kraft des Wortes »Es« – mehr noch als die des Terminus »das Unbewußte« – besteht darin, uns vor diesem naiven Realismus zu bewahren, der darauf hinausliefe, dem Unbewußten ein Bewußtsein zu geben, das Bewußtsein im Bewußtsein zu verdoppeln. Das Unbewußte ist Es und nichts als Es.

Indem wir von vornherein, grundsätzlich und nicht zufällig, das Unbewußte auf die hermeneutische Konstellation beziehen, definieren wir zugleich die Gültigkeit und die Grenzen einer jeden Behauptung über die Realität der Instanzen; wir üben eine Kritik der psychoanalytischen Begriffe – eine Kritik, d. h. eine Rechtfertigung des Sinngehalts und eine Einschränkung ihres Anspruchs, sich über die Grenzen ihrer Konstituierung auszudehnen. Diese Grenzen sind eben jene der hermeneutischen Konstellation, d. h. jenes Ganzen, das sich 1. durch die Deutungsregeln, 2. durch die intersubjektive Situation der Analyse und 3. durch die Übertragungssprache konstituiert. Außerhalb dieses Felds hat die Topik keinen Sinn mehr.

Wir sagen also zusammenfassend: Realität des Es, Idealität des Sinns. Realität des Es, insofern das Es dem Exegeten zu denken gibt, – Idealität des Sinns, insofern der Sinn erst am Ende der Analyse als solcher erscheint, erarbeitet in der analytischen Erfahrung und durch die Übertragungssprache.

3. Der Begriff der Archäologie

Ich verstehe also die Freudsche Metapsychologie als ein Abenteuer der Reflexion; die Entäußerung des Bewußtseins ist ihr Weg, weil das Bewußtwerden ihre Aufgabe ist.

Aber aus diesem Abenteuer geht ein verwundetes Cogito hervor: ein Cogito, das sich setzt, aber nicht besitzt; ein Cogito, das seine ursprüngliche Wahrheit nur durch das Eingeständnis der Inadäquation, der Illusion und der Lüge des aktuellen Bewußtseins versteht.

Wir müssen nun einen Schritt weitergehen und nicht mehr nur in den negativen Termini der Inadäquation des Bewußtseins, sondern in den positiven Termini des Gesetztseins des Wunsches sprechen, durch den ich gesetzt bin, mich schon gesetzt finde. Dieses vorgängige Gesetztsein des »sum« inmitten des »Cogito« müssen wir nun als Archäologie des Subjekts explizieren.

Wir müssen nicht mehr allein die Freudsche Topik, sondern auch seine Ökonomik im Stil einer reflektiven Philosophie wiederholen. Wir haben den topischen Standpunkt durch die Taktik der Entäußerung gerechtfertigt, mittels derer die Reflexion den Fluch des falschen Bewußtseins beantwortet. Die Hauptschwierigkeit dieser Überlegung vor Augen, werden wir versuchen, den ökonomischen

Standpunkt als die Rede zu rechtfertigen, die einer Archäologie des Subjekts ansteht.

Schon in unserer Einführung in die Lektüre Freuds haben wir uns – gleichsam als an einen Meilenstein auf dem Weg zu unserer gegenwärtigen Diskussion – an das Thema gewagt, das wir nun eng mit einer Reflexionsphilosophie zu verknüpfen suchen wollen. Vielleicht, so sagten wir, liegt im Gesetztsein des Wunsches selbst sowohl die Möglichkeit, von der Kraft zur Sprache überzugehen, als auch die Unmöglichkeit, die Kraft vollständig in die Sprache zu übernehmen. Das Band zwischen dieser Möglichkeit und dieser Unmöglichkeit muß nun das Thema unserer Reflexion bilden. Bisher haben wir den ökonomischen Standpunkt als ein Modell gesehen, d. h. eine durch ihre erkenntnistheoretische Funktion gerechtfertigte Arbeitshypothese; doch die Wahl dieses ökonomischen Modells bleibt der Reflexionsbewegung so lange äußerlich, wie es mit der Reflexion lediglich jene negative Beziehung unterhält, die wir die Entäußerung des Bewußtseins nannten. Was nun zutage treten muß, ist eine tiefe Beziehung der Zweckmäßigkeit zwischen jenem ökonomischen Modell und dem, was ich künftig das archäologische Moment der Reflexion nenne. Der ökonomische Standpunkt ist dann nicht mehr nur ein Modell, nicht einmal ein Standpunkt, sondern eine ganze Anschauung der Dinge und des Menschen; denn eine so radikale Umwälzung des Selbstverständnisses kann nicht in einem Modell erfaßt werden und von einer einfachen methodologischen Wahl abhängen. Ich für meinen Teil sehe im Freudianismus eine Offenbarung des Archaischen, eine Manifestation des ewig Vorgängigen. Hierin bewahrt der Freudianismus alte Wurzeln und treibt immer neue Wurzeln in die romantische Philosophie des Lebens und des Unbewußten. Man könnte das gesamte theoretische Werk Freuds nochmals von seinen *zeitlichen* Implikationen her beleuchten, und man würde gewahr, daß es von dem Thema des Vorgängigen besessen ist.

Die Zelle dieser ganzen Entwicklung wäre der Begriff der Regression aus dem berühmten VII. Kapitel der TRAUMDEUTUNG. Wir haben es ausführlich analysiert, und ich möchte weder nochmals auf die Struktur dieses schwierigen Kapitels noch auf den bildlichen oder realistischen Charakter des Schemas des seelischen Apparats zurückkommen, auch nicht auf das Band zwischen der Topik von 1900 und der Auffassung der infantilen Verführungsszene: ich gehe geradewegs auf das zu, was mir die Pointe dieser ganzen Konstruktion zu sein scheint. Wie wir gezeigt haben, ist das Schema dazu bestimmt, der Anomalie des Apparats Rechnung zu tragen, der verkehrt herum funktioniert, in einer »regredienten« und nicht »progredienten« Richtung. Die Wunscherfüllung, worin der Traum besteht, ist dreifach regressiv: sie ist eine Rückkehr zum Rohmaterial des Bildes; sie ist eine Rückkehr zur Kindheit; und sie ist eine topische Rückkehr zum Wahrnehmungsende des psychischen Apparats anstatt eine Progression zu seinem motorischen Ende. »Alle drei Arten von Regression«, sagt Freud, »sind aber im Grund eines und treffen in den meisten Fällen zusammen, denn das zeitlich ältere ist zugleich das formal primitive und in der psychischen Topik dem Wahrnehmungsende nähere.«[19] Letztlich dient der rückläufige Charakter topisch gesehen dazu, die beiden anderen Formen der Regression in einem Modell zum Ausdruck zu bringen, nämlich einerseits die Rückkehr zum Bild, zur szenischen Darstellung, zur Halluzination, und andererseits die zeitliche Regression. Diese beiden letzteren Formen der Regression aber sind wiederum voneinander abhängig: »Das Gefüge der Traumgedanken wird bei der Regression in sein Rohmaterial aufgelöst.«[20] Andererseits steht diese Zersetzung, ein anderer Name für die formale Regression, jener Rückkehr des Denkens zum Bild, im Dienst der Rückkehr in die Vergangenheit, da der »Traumgedanke« aufgrund der Zensur keinen anderen Ausweg hat als diese halluzinatorische Art der Darstellung: »Nach dieser Auffassung ließe sich der Traum auch beschreiben als der durch Übertragung auf Rezentes veränderte Ersatz der infantilen Szene. Die Infantilszene kann ihre Erneuerung nicht durchsetzen; sie muß sich mit der Wiederkehr als Traum begnügen.«[21] Schließlich wird die zeitliche Bedeutung der Regression am stärksten hervorgehoben: »Das Träumen sei im ganzen ein Stück Regression zu den frühesten Verhältnissen des Träumers, ein Wiederbeleben seiner Kindheit, der in ihr herrschend gewesenen Triebregungen und verfügbar gewesenen Ausdrucksweisen.«[22] Diese Anschauung erweiternd, fügt Freud hinzu: »Wir ahnen, wie treffend die Worte Fr. Nietzsches sind, daß sich im Traum ›ein uraltes Stück Menschtum fortübt, zu

---

19 GW II/III, 554.
20 GW II/III, 549.
21 GW II/III, 552.
22 GW II/III, 554.

dem man auf direktem Wege kaum mehr gelangen kann«, und werden zu der Erwartung veranlaßt, durch die Analyse der Träume zur Kenntnis der archaischen Erbschaft des Menschen zu kommen, das seelisch Angeborene in ihm zu erkennen.«[23] Daß dies letztlich der beherrschende Akzent der TRAUMDEUTUNG ist, bestätigen die letzten Zeilen des Buches: »Und der Wert des Traums für die Kenntnis der Zukunft? Daran ist natürlich nicht zu denken«, antwortet Freud kategorisch; denn wenngleich uns der Traum in die Zukunft führt, indem er uns einen Wunsch als erfüllt vorstellt, so ist doch diese Zukunft durch »den unzerstörbaren Wunsch zum Ebenbild jener Vergangenheit gestaltet«.[24] Das Wort Vergangenheit ist somit das letzte Wort der TRAUMDEUTUNG. Die dieser ganzen Diskussion zugrundeliegende These lautet, daß kein Wunsch, auch nicht der Wunsch zu schlafen – dessen Wächter der Traum zwar ist –, wirksam sein kann, wenn er nicht mit den »unzerstörbaren« und »sozusagen unsterblichen« Wünschen unseres Unbewußten zusammentrifft.

Man könnte das gesamte Werk Freuds anhand dieses Leitfadens von neuem aufrollen; das gesamte Freudsche Werk – d. h. natürlich die Metapsychologie, aber auch die Kulturtheorie, die damit einen besonderen philosophischen Akzent erhält. Ich unterscheide einen eingeschränkten Begriff, den des Archaismus, der sich noch unmittelbar aus dem Traum und der Neurose herleitet und in den metapsychologischen Schriften thematisiert wird, und einen verallgemeinerten Begriff, den nämlich, der sich analogisch aus der psychoanalytischen Kulturtheorie herausschält.

Halten wir uns zu Beginn im Umkreis der begrenzten Archäologie. Wenn es im Freudianismus einen Sinn des Tiefen, Abgründigen gibt, so in der zeitlichen Dimension oder genauer in der Verbindung zwischen der Funktion der Zeitlichkeit des Bewußtseins und dem »zeitlosen« Charakter des Unbewußten. Wir haben schon einmal gesagt, daß die erste Funktion der Topik darin besteht, auf bildliche Weise die Tiefengrade des Wunsches bis hin zum Unzerstörbaren zu verteilen. Damit steht die Topik selbst im Dienste der Ökonomik, als die metaphorische Gestalt des Unzerstörbaren als solchen: »Im Unbewußten ist nichts zu Ende zu bringen, ist nichts vergangen oder vergessen.«[25] Mit Recht haben wir in diesen Worten eine Antizipation

23 ibid.
24 GW II/III, 626.
25 GW II/III, 583.

derjenigen des Essays Das Unbewusste gesehen. Der Archaismus gewinnt hier einen abgründigen Charakter, der weiter reicht als jede Triebenergie: »Der Kern des *Ubw*«, heißt es hier, »besteht aus Triebrepräsentanzen, die ihre Besetzung abführen wollen.« Und Freud fährt fort: »Es gibt in diesem System keine Negation, keinen Zweifel, keine Grade von Sicherheit. All dies wird erst durch die Arbeit der Zensur zwischen *Ubw* und *Vbw* eingetragen.« Und das Wichtigste für uns: »Die Vorgänge des Systems *Ubw* sind *zeitlos*, d. h. sie sind nicht zeitlich geordnet, werden durch die verlaufende Zeit nicht abgeändert, haben überhaupt keine Beziehung zur Zeit. Auch die Zeitbeziehung ist an die Arbeit des *Bw*-Systems geknüpft.« Diese Erklärung ist nicht zu trennen von der folgenden: »Ebensowenig kennen die *Ubw*-Vorgänge eine Rücksicht auf die *Realität*. Sie sind dem Lustprinzip unterworfen; ihr Schicksal hängt nur davon ab, wie stark sie sind, und ob sie die Anforderungen der Lust-Unlustregulierung erfüllen.« Alle diese Merkmale müssen zusammen gesehen werden: »*Widerspruchslosigkeit, Primärvorgang..., Zeitlosigkeit* und *Ersetzung der äußeren Realität durch die psychische.*«[26] Es fällt schwer, sich des Eindrucks zu erwehren, daß die Metapsychologie nicht nur das Inswerksetzen eines Modells, sondern der Durchbruch und das Eintauchen in eine Existenztiefe ist, worin sich Freud mit Schopenhauer, v. Hartmann und Nietzsche trifft.

Freilich scheint Freud in diesem Text nicht gewillt zu sein, dieser Zeitlosigkeit des Unbewußten einen anderen Sinn als den einer bloßen zeitlichen Vorgängigkeit zuzusprechen: »Den Inhalt des *Ubw*«, schreibt er am Ende des VI. Kapitels, »kann man einer psychischen Urbevölkerung vergleichen. Wenn es beim Menschen ererbte psychische Bildungen, etwas dem Instinkt der Tiere Analoges gibt, so macht dies den Kern des *Ubw* aus.«[27]

Doch je mehr Freud seine Theorie der Instanzen umarbeitet, desto mehr sprengt auch die Metapsychologie den Rahmen eines banalen Evolutionismus. Was in dem Aufsatz von 1914 über das Unbewußte gesagt wurde, wird nun auf das Es übertragen; das Es ist »zeitlos«. Der Terminus »Es« aber, von Groddeck entlehnt (*Das Buch vom Es*), der sich wiederum von Nietzsche inspirieren ließ, klingt an vieles an, das eine bloße Energetik nicht auszuschöpfen

---

26 GW X, 285 f.
27 GW X, 294.

vermag. Es handelt sich wirklich nicht nur um eine Anti-Phänomenologie, sondern um eine umgekehrte Phänomenologie des Unpersönlichen und Neutralen, eines von Vorstellungen und Triebregungen gesättigten Neutralen, eines Neutralen, das, ohne je ein *Ich denke* zu sein, so etwas wie ein *Es spricht* ist, das in den Lakonismen, den bedeutsamen Akzentverschiebungen sowie in der Rhetorik des Traums und des Witzes zum Ausdruck kommt. Dies ist das Reich und die Ordnung der Zeitlosigkeit.

In der NEUEN FOLGE DER VORLESUNGEN ZUR EINFÜHRUNG IN DIE PSYCHOANALYSE zögert Freud nicht zu sagen, daß wir nur eine begrenzte Anschauung von ihm haben: »Es ist der dunkle, unzugängliche Teil unserer Persönlichkeit; das wenige, was wir von ihm wissen, haben wir durch das Studium der Traumarbeit und der neurotischen Symptombildung erfahren ... Wir nähern uns dem Es mit Vergleichungen, nennen es ein Chaos, einen Kessel voll brodelnder Erregungen.«[28]

Meint man nicht Platon von der *chóra* sprechen zu hören, welcher der Gott Ordnung und die Form des Kosmos verleiht? In diesem Zusammenhang greift Freud die älteren Erklärungen über die Zeitlosigkeit des Unbewußten wieder auf, jedoch mit einem quasi-metaphysischen Akzent: »Im Es findet sich nichts, was der Zeitvorstellung entspricht, keine Anerkennung eines zeitlichen Ablaufs und, was höchst merkwürdig ist und seiner Würdigung im philosophischen Denken wartet, keine Veränderung des seelischen Vorgangs durch den Zeitablauf. Wunschregungen, die das Es nie überschritten haben, aber auch Eindrücke, die durch Verdrängung ins Es versenkt worden sind, sind virtuell unsterblich, verhalten sich nach Dezennien, als ob sie neu vorgefallen wären. Als Vergangenheit erkannt, entwertet und ihrer Energiebesetzung beraubt können sie erst werden, wenn sie durch die analytische Arbeit bewußt geworden sind, und darauf beruht nicht zum kleinsten Teil die therapeutische Wirkung der analytischen Behandlung. Ich habe immer wieder den Eindruck, daß wir aus dieser über jedem Zweifel feststehenden Tatsache der Unveränderlichkeit des Verdrängten durch die Zeit viel zuwenig für unsere Theorie gemacht haben. Da scheint sich doch ein Zugang zu den tiefsten Einsichten zu eröffnen. Leider bin auch ich da nicht weiter gekommen.«[29]

28 GW XV, 80.
29 ibid. – Für die Regression und die Zeit bei Freud vgl. M. Bonaparte, »L'in-

Diese Formulierungen, vergessen wir das nicht, sind die eines alten Mannes, der über sein Werk nachdenkt und dessen philosophischen Charakter betont; daher zitieren wir in diesen Schlußkapiteln mit Vorliebe aus der NEUEN FOLGE DER VORLESUNGEN. Der zeitlose Charakter des Unbewußten gehört nunmehr zu einem Bild vom Menschen, bei dem man wahrhaft vom unüberschreitbaren Charakter des Wunsches sprechen kann. Wie prophetisch also war das VII. Kapitel der TRAUMDEUTUNG: das Adlerauge hatte mit einem Blick das Wesentliche erkannt, nämlich das Befremdende der Traumarbeit; das Befremdende ist in der Tat, daß der Sekundärvorgang immer hinter dem Primärvorgang zurückbleibt, daß dieser von Anfang an gegeben ist und jener sich später entwickelt und niemals endgültig feststeht. Die Regression, deren Zeuge und Modell der Traum ist, bestätigt die Ohnmacht des Menschen, diese Ersetzung vollständig und definitiv zu vollziehen, es sei denn in der inadäquaten Form der Verdrängung; die Verdrängung ist das gewöhnliche Schicksal eines zur Verspätung verurteilten und immer dem Infantilen, dem Unzerstörbaren preisgegebenen Seelenlebens. Ein zweiter Sinn kommt der Topik nachträglich zu; sie veranschaulicht nicht allein die Grade der Entfernung der unbewußten Gedanken, der Tiefenverteilung der Vorstellungen und Affekte bis hin zum Unzerstörbaren, sondern ihre Räumlichkeit ist auch gleichsam die Gestalt der menschlichen Unfähigkeit, von der Lust-Unlustregulierung zum Realitätsprinzip überzugehen oder – in mehr Spinozischen denn Freudschen Worten – der menschlichen Unfähigkeit, von der Knechtschaft zur Glückseligkeit und zur Freiheit zu gelangen.
Ich sehe in der Theorie des Narzißmus den vorgeschobensten Posten dieser auf der Triebebene konzipierten Archäologie: der Narzißmus, so scheint es, erschöpft seine philosophische Bedeutung nicht in jener verschließenden und verdunkelnden Rolle, aufgrund derer wir ihn das falsche Cogito genannt haben. Der Narzißmus hat auch eine zeitliche Bedeutung: er ist die ursprüngliche Form des Wunsches, zu dem man immer zurückkehrt; wir erinnern uns jener Stelle, wo Freud ihn als das »Reservoir« der Libido bezeichnet; in ihm

conscient et le temps«, *Revue française de Psychanalyse*, XI, 1 (1939), S. 61–105; J. Rouart, »La temporalisation comme maîtrise et comme défense«, *Revue française de Psychanalyse*, XXVI, 4 (1962), S. 382–422; F. Pasche, »Régression, perversion, névrose (examen critique de la notion de régression)«, *Revue française de Psychanalyse*, XXXVI, 2/3 (1962), S. 161–178.

löst sich die gesamte Objektlibido auf; zu ihm fließt die gesamte entzogene Besetzung zurück. Damit ist er die Bedingung all unserer affektiven Loslösungen und – wie wir später noch sehen werden – jeder Sublimierung. So behauptet Freud zuweilen, daß auch die Objektwahl das unauslöschliche Mal des Narzißmus trägt. Jede Liebe ist ihm zufolge eine Modulation der beiden archaischen Objekte: der Mutter, die uns ausgetragen, genährt und geliebkost hat, und unseres eigenen Körpers; Wahl nach dem Anlehnungstypus oder narzißtische Wahl – unser Wunsch hat, wenn ich so sagen darf, keine andere Wahl. Der Narzißmus selbst, in seiner primären Form, ist stets verborgen; hinter seinen zahllosen Gestalten (Perversion, Interesselosigkeit des Schizophrenen, Allmacht des Gedankens beim Primitiven und beim Kind, Rückzug des leidenden Subjekts auf sein bedrohtes Ich, Anschwellen des Ichs in der Hypochondrie) ahnt man, daß, falls es gelänge, den Kern der Versagung einzukreisen, diesen Rückzug des Ichs, das ausweicht, sich gegen das Risiko zu lieben sträubt, – daß man dann den Schlüssel zu vielen imaginären Bildungen besäße, in denen sich das projiziert, was man den Ich-Archaismus nennen könnte. Doch der primäre Narzißmus liegt stets weiter zurück als alle sekundären Narzißmen, die gleichsam Ablagerungen auf einem alten Untergrund sind.

Nunmehr ist es möglich, vom Kreis der eingeschränkten Archäologie zu dem der verallgemeinerten Archäologie überzugehen. Wie wir im zweiten Teil unserer *Analytik* gezeigt haben, läßt sich die gesamte Freudsche Kulturtheorie als eine analogische Erweiterung, ausgehend vom ersten Kern der Deutung von Traum und Neurose, behandeln. Doch da diese Verallgemeinerung zu einer Erneuerung der Lehre führte, deren Hauptzeuge die zweite Topik ist, mag es nicht fruchtlos sein, das Schicksal der Freudschen Archäologie in den Wandlungen der Theorie zu verfolgen.
In dem Maße, wie Ideale und Illusionen Analoga des Traums oder neurotischer Symptome sind, liegt es auf der Hand, daß die gesamte psychoanalytische Kulturdeutung eine Archäologie ist. Freuds Genie besteht darin, die Strategie des Lustprinzips, der archaischen Form des Menschlichen, in seinen Rationalisierungen, Idealisierungen und Sublimierungen entlarvt zu haben. Hier ist es die Funktion der Analyse, das scheinbar Neue auf das Wiederauftauchen des Alten zurückzuführen: Ersatzbefriedigung, Wiederherstellung der ver-

lorenen archaischen Objekte, Abkömmlinge der Urphantasie – alles Namen zur Bezeichnung jener Wiederherstellungen des Alten in neuer Gestalt. Natürlich gipfelt dieser archäologische Charakter des Freudianismus in der Religionskritik. Unter dem Titel »Wiederkehr des Verdrängten« hat Freud erkannt, was man einen Kulturarchaismus nennen könnte, der den Traumarchaismus in den sublimen Regionen des Geistes fortsetzt. Die letzten Werke, DIE ZUKUNFT EINER ILLUSION, DAS UNBEHAGEN IN DER KULTUR, DER MANN MOSES UND DIE MONOTHEISTISCHE RELIGION, weisen mit wachsendem Nachdruck auf die regressive Tendenz der Menschheitsgeschichte hin. Ein Zug also, der sich nicht abschwächte, sondern im Gegenteil immer mehr verstärkte.

Ich behaupte keineswegs, daß sich der Freudianismus auf diese Aufdeckung des kulturellen Archaismus reduzieren läßt; ich hoffe, im folgenden Kapitel den Wettstreit in der psychoanalytischen Kulturdeutung zwischen einer stark thematisierten Archäologie und dem zeigen zu können, was ich eine implizite Teleologie nennen werde; doch bevor zu einer dialektischeren Interpretation der Struktur des Freudianismus geschritten werden kann, ist es zweckmäßig, etwas ausführlicher über diese unilaterale Interpretation zu sprechen, welche die mehr kritischen denn dialektischen Aspekte der Lehre hervorhebt. In erster Näherung ist der Freudianismus eine reduzierende Interpretation, deren extremstes Beispiel der berühmte Satz über die Religion ist: die Religion ist die universelle Zwangsneurose der Menschheit. Man sollte diese reduzierende Hermeneutik nicht vorschnell korrigieren, sondern bei ihr verharren, denn sie darf nicht beseitigt werden, sondern muß in einer umfassenderen Hermeneutik aufgehoben bleiben (siehe letztes Kapitel).

Die zweite Topik bringt diese verallgemeinerte Archäologie auf ihre Weise zum Ausdruck, indem sie den Archaismus des Es durch einen anderen Archaismus verdoppelt, den des Über-Ichs. Ich behaupte nicht, daß die Konzeption des Über-Ichs sich auf ein archäologisches Thema beschränkt; die Theorie der Identifizierung drückt im Gegenteil den progressiven und strukturierenden Aspekt der Institution aus. Doch würde man die Schwierigkeiten dieser Theorie der Identifizierung nicht verstehen, behielte man nicht den archaischen Grund, von dem sie sich erhebt, sowie, um mit Freud zu sprechen, die archaisierenden Züge des »Vaterkomplexes« im Auge. Denn es ist ein und derselbe Komplex, der die doppelte Valenz enthält:

einerseits zwingt er dazu, die infantile Position aufzugeben, und funktioniert auf diese Weise als Gesetz; gleichzeitig jedoch hält er jede spätere Idealbildung im Netz der Abhängigkeit, der Furcht der Strafandrohung, des Trostbedürfnisses gefangen. Durch den Archaismus einer unwiderruflich an unsere Kindheit geschmiedeten Gestalt hindurch muß jeder für sich den Archaismus seines Wunsches besiegen. Man würde also die Spezifität der Freudschen Interpretation der Ethik verfehlen, ginge man zu schnell über diese archaischen Züge des Über-Ichs hinweg.

Diesen Archaismus enthüllt Freud, wenn er das Über-Ich einen »Niederschlag« verlorener Objekte nennt und aus diesem Grunde erklärt, es sei tiefer als das Wahrnehmungssystem des bewußten Ichs in das Es versenkt. Es liegt hier so etwas wie eine Komplizität zweier Archaismen vor, die das erzeugen, was Freud die Innenwelt nennt, im Gegensatz zur Außenwelt, deren Repräsentant das Ich ist. Fassen wir die Merkmale dieses Archaismus zusammen: erinnern wir zunächst daran, daß, auf einer rein deskriptiven Ebene, die Annäherungen an das moralische Bewußtsein des normalen Menschen durch ein pathologisches Modell erfolgt; dieses – weit entfernt, die Beschreibung der moralischen Phänomene zu disqualifizieren – erlaubt es, sie von ihrer nicht-authentischen Seite her in den Griff zu bekommen; angeschautes Ich, verurteiltes Ich, mißhandeltes Ich – alles Gestalten, die uns zu sagen gestatteten, daß Freud dem, was Kant die »Pathologie der Lust« genannt hatte, eine »Pathologie der Pflicht« hinzufügt. Der moralische Mensch ist zunächst ein entfremdeter Mensch, der dem Gesetz eines fremden Herrn untersteht, *wie* er dem des Wunsches und *wie* er dem der Realität untersteht; die Apologie der drei Herren am Ende von DAS ICH UND DAS ES ist in dieser Hinsicht äußerst aufschlußreich. Eben deswegen hat die Deutung beim Übergang vom Traumhaften zum Sublimen ihren Sinn nicht verändert: sie besteht noch immer darin, zu entlarven; dieses Über-Ich muß, weil es mein »Anderes« in mir bleibt, entschlüsselt werden; ein Fremdes, bleibt es fremd; die Deutung hat ein anderes Objekt, nicht aber einen anderen Sinn erhalten. Außer der Erkundung verborgener Wünsche, die sich in den Traum und seine Analoga kleiden, hat sie die Funktion, die nicht ursprünglichen oder nicht primitiven, fremden und wirklich entfremdenden Quellen des Ichs zu entschleiern. Dies ist der Vorteil einer Forschungsmethode, die von Anfang an jedes Setzen des Selbst durch das Selbst, jede ursprüngliche Innerlichkeit, jeden irreduziblen Kern ausschließt.

Die Zuflucht zu einer genetischen Erklärung bestätigt und akzentuiert die archaischen Züge der ethischen Welt: im Freudianismus tritt die Genesis an die Stelle der Begründung; die innere Instanz der Moral entstammt einer verinnerlichten äußeren Drohung. Ein und derselbe affektive Kern, der Ödipuskomplex, steht am Ursprung sowohl der Neurose wie der Kultur; jeder Mensch sowie die gesamte Menschheit, als ein einziger Mensch betrachtet, tragen die Narbe einer von der Amnesie sorgfältig getilgten Vorgeschichte, einer sehr alten Geschichte des Inzests und des Vatermords.

Gewiß symbolisiert die ödipale Episode den Kulturgewinn, den »Übergang zur Institution: doch dieser Sieg über den nackten Wunsch trägt selber die archaischen Züge der Furcht; er ist ein Aufgeben des Objekts, jedoch im Zeichen der Angst; die Urszene, mit der in TOTEM UND TABU die Entstehung der Moral verknüpft wird, ist eine wilde Geschichte, die das Sublime in Grausamkeit taucht. Und Freud zweifelt nicht daran, daß unsere Moral die wesentlichen Merkmale bewahrt, die er im Tabu erkennt, d. h. die Ambivalenz des Wunsches und der Furcht, die Anziehung und den Schrecken. Die Psychopathologie des Tabu, die dieses der Zwangsneurose annähert, setzt sich im Kantischen Imperativ fort.

Ich sehe in dieser Kritik der moralischen Entfremdung einen außergewöhnlichen Beitrag zur Kritik der »Existenz unter dem Gesetz«, die von Paulus inauguriert, von Luther und Kierkegaard fortgesetzt und auf eine andere Weise von Nietzsche wieder aufgegriffen wurde. Freud seinerseits hat eine grundlegende Struktur des ethischen Lebens entdeckt, nämlich eine erste Grundlage der Moral, die die doppelte Funktion hat, die Autonomie vorzubereiten, aber auch sie zu verzögern, in einem archaischen Stadium zu blockieren. Der innere Tyrann spielt die Rolle einer Vor- und Antimoral. Es ist die ethische Zeit in ihrer nicht schöpferischen Dimension der Sedimentierung, – die Tradition, insofern sie die moralische Entdeckung zugleich begründet und obstruiert. Jeder von uns wird durch jene Instanz des Ideals in seine Menschlichkeit eingeführt, zugleich aber zu seiner Kindheit zurückgerissen, die als eine auf ewig unüberschreitbare Situation erscheint. Ich werde unten eingehend darauf zu sprechen kommen, welche Probleme die Institution als solche stellt: die quasi Hegelschen Züge, die wir in der Theorie der Identifizierung entdecken werden, dürfen uns nicht aus dem Auge verlieren lassen, daß wir, wenn die Institution stets das Andere des Wunsches ist, in erster Linie und meistenteils durch den Wunsch und die Furcht in eine entfremdende Stellung der Abhängigkeit in bezug auf jenes Gesetz geraten, von dem Paulus sagte, es sei in sich selbst »heilig und gut«. Die Metapsychologie trägt dieser verborgenen Verwandtschaft zwischen Über-Ich und Es Rechnung. Die Metapsychologie versucht, die »Verinnerlichung« einer fremden Autorität mit der »Differenzierung« des Wunsches selbst in Einklang zu bringen. Wie konnte das Sublime ins Innere des Wunsches gelangen? das ist ihr Problem. Wir wundern uns also nicht, wenn wir sehen, daß Freud auf die verschiedenste Weise Über-Ich und Es einander annähert. Bald sieht er im Idealisierungsvorgang eine Art und Weise, die narzißtische Vollkommenheit des Kindes festzuhalten, indem er sie auf eine Idealgestalt unserer selbst verlagert (das Idealich aus dem Essay ZUR EINFÜHRUNG DES NARZISSMUS); damit liegt unser besseres Ich in gewisser Weise auf der Linie des falschen, des gescheiterten Cogito. Bald sieht er in der Identifizierung selbst – einem strukturierenden Vorgang par excellence, wie wir später sehen werden – eine narzißtische Komponente, ebenso in jedem Verinnerlichungsvorgang, durch den ein verlorenes Objekt seine Existenz im Ich fortsetzt. Bald erinnert er an die Herkunft der Identifizierung aus dem oralen Stadium der Libido (jener fernen Zeit, wo lieben noch fressen bedeutete ...). Eine wichtige Stelle in DAS ICH UND DAS ES[30] verbindet ökonomisch gesehen ausdrücklich Sublimierung, Identifizierung und narzißtische Regression.

Somit bildet der Ödipuskomplex sowohl einen Schnitt innerhalb des Wunsches, den durch die Kastration veranschaulichten Schnitt, als auch die affektive Kontinuität zwischen der Ökonomik des Gesetzes und der des Wunsches. Und diese Kontinuität erlaubt es, eine Ökonomik des Über-Ichs zu erarbeiten: »Die Abkunft [des Über-Ichs] von den ersten Objektbesetzungen des Es, also vom Ödipuskomplex, bedeutet aber für das Über-Ich noch mehr. Sie bringt es, wie wir bereits ausgeführt haben, in Beziehung zu den phylogenetischen Erwerbungen des Es und macht es zur Reinkarnation früherer Ichbildungen, die ihre Niederschläge im Es hinterlassen haben. Somit steht das Über-Ich dem Es dauernd nahe und kann

---

30 vgl. oben, S. 233 ff. und Fn. 85.

dem Ich gegenüber dessen Vertretung führen. Es taucht tief ins Es ein, ist dafür entfernter vom Bewußtsein als das Ich.«[31]
Alles, was Freud späterhin dieser Ökonomik des Über-Ichs hinzufügt, insbesondere um seinem strengen und grausamen Charakter Rechnung zu tragen, verstärkt noch dessen archaische Züge. Das Über-Ich ist ein Niederschlag von Identifizierungen, als aufgegebenen Objekten, der aber die bemerkenswerte Fähigkeit besitzt, sich gegen seine eigene Triebbasis zu kehren. Um diesem Reaktionscharakter des Über-Ichs gerecht zu werden, betont Freud in DER UNTERGANG DES ÖDIPUSKOMPLEXES die Rolle der Kastrationsangst zur Zeit der »Zerstörung« des Ödipuskomplexes; den Ödipuskomplex überwinden, die grundlegende Aufgabe des Eintritts in die Kultur, heißt keineswegs, dem Lustprinzip entgehen, sondern wiederum es retten, da das Ich des Kindes, um seinen Narzißmus zu schützen, sich unter der Drohung der Kastration vom Ödipuskomplex abwendet. In DAS ÖKONOMISCHE PROBLEM DES MASOCHISMUS schließlich macht die Einführung des Begriffs des »moralischen Masochismus« die Grausamkeit des Über-Ichs zum Repräsentanten des als Zerstörungsdrang interpretierten Todestriebs. Diese wirklich ertötende Komponente ist die letzte, die Freud in der Ökonomik des Über-Ichs entdeckte; und vielleicht ist dies auch der Stempel seines Archaismus selbst.
Der Todestrieb ist in der Tat keine archaische Gestalt unter anderen, sondern das archaische Indiz aller Triebe und auch des Lustprinzips. Hier ist wohl der Ort, daran zu erinnern: der Todestrieb wurde zunächst eingeführt, um einer Peripetie in der Therapie Rechnung zu tragen, dem Widerstand gegen die Genesung, dem Drang, die ursprüngliche traumatische Situation zu wiederholen, anstatt sie in den Rang einer Erinnerung zu heben. Die Funktion der Wiederholung scheint somit ursprünglicher zu sein als die Funktion der Zerstörung im Todestrieb. Oder vielmehr ist die Zerstörung einer der Wege, den das Lebendige einschlägt, um das frühere Leben wiederherzustellen. In dieser Hinsicht sind die Formulierungen aus der NEUEN FOLGE DER VORLESUNGEN hier noch frappierender als alle, die wir aus JENSEITS DES LUSTPRINZIPS zitierten. Die Tendenz des Lebens, sich selbst zu zerstören, scheint so ursprünglich zu sein, daß Freud zu schreiben wagt, »daß der [selbstzerstörerische] Masochis-

---

31 vgl. oben, S. 235 und Fn. 90.

mus älter ist als der [andere-zerstörende] Sadismus«[32] und daß alle Triebe danach streben, einen früheren Zustand wiederherzustellen, indem sie irgendeinen dem Wiederholungszwang ähnlichen Vorgang heraufbeschwören: die Embryologie ist nichts anderes als ein Wiederholungszwang; indem Freud auf diese Weise die »konservative Natur der Triebe« behauptet, installiert er den Tod im Leben, die Rückkehr zum Anorganischen selbst. Die Hypothese aus JENSEITS DES LUSTPRINZIPS waren also nicht nur vortastende Gedanken, sondern eine tiefe Einsicht in die Natur der Dinge: »Wenn es wahr ist, daß – in unvordenklicher Zeit und auf unvorstellbare Weise – einmal aus unbelebter Materie das Leben hervorgegangen ist, so muß nach unserer Voraussetzung damals ein Trieb entstanden sein, der das Leben wieder aufheben, den anorganischen Zustand wieder herstellen will. Erkennen wir in diesem Trieb die Selbstdestruktion unserer Annahme wieder, so dürfen wir diese als Ausdruck eines Todestriebes erfassen, der in keinem Lebensprozeß vermißt werden kann.«[33]

Ich meine, daß eine wechselseitige Konvenienz und eine enge Verwandtschaft zwischen diesem Thema der spät in die Theorie eingeführten ertötenden Wiederholung und allen anderen Formen des Archaismus besteht: von der Wiederholung war schon zur Zeit der TRAUMDEUTUNG die Rede, als die Analyse in den Verkleidungen des Traums »unsere ältesten Wünsche«, den »unzerstörbaren Wunsch« entdeckte; und die Wiederholung kommt in jeder Rückkehr zum Narzißmus zum Ausdruck, sei sie sublim oder nicht; und um Wiederholung geht es von TOTEM UND TABU bis zu DER MANN MOSES UND DIE MONOTHEISTISCHE RELIGION: Der Mensch wird von eben der Instanz zurückgewiesen, die nicht aufhört, ihn aus dem infantilen Wunsch zu reißen. Der Temporalisierungsvorgang, in dem letztlich das System Bw besteht, entwickelt sich in umgekehrter Richtung, von einem triebhaften Zeitlosen aus oder vielmehr, wenn man JENSEITS DES LUSTPRINZIPS glauben soll, entgegen einem Drang, den man gut und gern entzeitlichend nennen darf. Dies ist zweifellos die anschaulichste Umschrift jenes »Streites der Giganten«, den Freud unter das doppelte Sinnbild von Eros und Tod stellt. Vergleicht man alle diese Modalitäten des Archaismus miteinander, so zeichnet sich eine komplexe Figur ab, nämlich die eines rückwär-

---

32 GW XV, 112.
33 GW XV, 114.

tigen Schicksals oder einer schicksalhaften Rückwertigkeit, deren
beunruhigende Konsistenz noch keine andere Theorie mit soviel
Kohärenz enthüllt hatte.

4. Archäologie und reflektive Philosophie

Wir haben uns bis zum Äußersten unserer eigenen Archäologie entfremdet und, wie Platon sagen würde, uns eines »gemischten Gedankengangs« bedient, um das Andere unserer selbst in uns auszusagen. Die philosophische Frage ist nun gestellt: können wir diese Archäologie im Rahmen einer Reflexionsphilosophie denken? Diese Frage stellen heißt, die Frage nach dem letzten Sinn des ökonomischen Standpunkts stellen.

Diese implizite Philosophie des unzerstörbaren, unsterblichen, zeitlosen Wunsches rechtfertigt nicht nur die realistischen Züge der Topik, sondern auch die naturalistischen Züge der Ökonomik, sowie schließlich die Unterscheidung des ökonomischen Standpunkts vom topischen. Wir erinnern uns, auf welche Schwierigkeiten die Interpretation der Texte stößt, was die Abspaltung des ökonomischen vom topischen Standpunkt betrifft. Wir haben diese Frage ausdrücklich mit der des besonderen Schicksals der Affektäußerungen des Triebes verbunden; sobald dieses Schicksal nicht mehr mit dem der Vorstellungsrepräsentanz zusammenfällt, tritt der ökonomische Standpunkt wirklich zum topischen hinzu, wie es der Aufsatz Die Verdrängung sowie das III. Kapitel von Das Unbewusste bezeugen. Wir waren Freud bis zu dem Punkt gefolgt, wo die Theorie des Unbewußten umzuschlagen schien in eine reine Ökonomik mit ihrem komplexen Spiel von Besetzungen, Entziehung der Besetzungen, Gegenbesetzungen und Überbesetzungen. Dieses Fortschreiten zum reinen Triebhaften war uns als ein Fortschreiten zum Vorbedeutenden, ja sogar zum Unbedeutenden erschienen: »Der Kern des *Ubw* besteht aus Triebrepräsentanzen, die ihre Besetzung abführen wollen, also aus Wunschregungen.« Und weiter: »Im *Ubw* gibt es nur mehr oder weniger stark besetzte Inhalte.« »Ihr Schicksal [das der unbewußten Vorgänge] hängt nur davon ab, wie stark sie sind, und ob sie die Anforderungen der Lust-Unlustregulierung erfüllen.«[34]

---

34 GW X, 285 f.

Wir können unter dem Titel der Archäologie des Subjekts jene Problematik der »Gefühlsrepräsentanz« als von derjenigen der »Vorstellungsrepräsentanz« unterschieden verstehen; die Psychoanalyse ist die Erkenntnis dessen, was bei der Vorstellung nicht in die Vorstellung eingeht. Was sich im Affekt repräsentiert und nicht in die Vorstellung eingeht, ist der Wunsch als Wunsch. Daß sich der ökonomische Standpunkt nicht auf eine einfache Topik der Vorstellungen zurückführen läßt, bezeugt, daß das Unbewußte nicht grundlegend Sprache ist, sondern nur zur Sprache gedrängt wird. Das »Quantitative« ist das Stumme, das Nicht-Gesprochene und das Nicht-Sprechende, das Unnennbare an der Wurzel des Sagens. Und um dieses Nicht-Sagen sagen zu können, bleibt der Psychologie nurmehr die energetische Metapher: Zufuhr, Abfuhr, und die imperialistische Metapher: Besetzung – mit allen ihren Varianten. Was im Unbewußten der Sprache fähig, was vorstellbar ist, verweist auf einen nicht symbolisierbaren Kern: den Wunsch als Wunsch. Hier liegt die Grenze, die das Unbewußte jeder linguistischen Umschrift setzt.

Dieser regressive Weg aber – würdig des Namens *Analyse* – zum Vorbedeutenden und Unbedeutenden wäre selbst unbedeutend, wenn er sich nicht an eine Problematik des Subjekts anlehnte; er bezeichnet wirklich das *sum* des Cogito. So wie die »Lostrennung« des Bewußtseins in einer Topik sich nur durch die Möglichkeit einer »Wiederaufnahme« im Bewußtwerden begreifen läßt, so läßt sich eine reine Ökonomik des Wunsches nur als Möglichkeit begreifen, das Gesetztsein des Wunsches in der Reihe seiner Abkömmlinge, in der Dichte und an der Grenze des Bedeutenden zu erkennen.

Ich werde versuchen, diese Funktion des Wunsches am Ursprung der Sprache und vor der Sprache einsichtig zu machen, wobei ich mich eines der Geschichte der Philosophie entlehnten Vergleichs bedienen möchte. Daß der Trieb der Vorstellung vorausgeht und der Affekt sich nicht auf die Vorstellung reduzieren läßt, hängt mit einer Problematik zusammen, die, ohne vorherrschend zu sein, in unserer rationalistischen Tradition keineswegs ungewöhnlich ist. Die Frage stellte sich allen Philosophen, die versucht haben, die Modi der Erkenntnis mit den Modi der Begierde und des Strebens zu verschränken. So versucht Nietzsche, die Werte, die er als »Gesichtspunkte« und »Perspektiven« versteht, im Willen zu verankern und sie als Anzeichen bald des Ressentiments, bald der authentischen Macht zu behandeln. Noch offensichtlicher ist das Freudsche Problem dasjenige Schopenhauers in *Die Welt als Wille und Vorstellung*. Aber die Frage reicht noch weiter zurück: schon bei Spinoza taucht sie auf und deutlicher noch bei Leibniz. Das III. Buch der *Ethik* verbindet die Problematik der Idee mit der des Strebens. Lehrsatz 6: »Jedes Ding strebt, soviel an ihm ist, in seinem Sein zu beharren.« Lehrsatz 9: »Die Seele strebt, sowohl sofern sie klare und deutliche als auch sofern sie verworrene Ideen hat, in ihrem Sein auf unbestimmte Dauer zu beharren, und ist sich dieses ihres Strebens bewußt.« Lehrsatz 11: »Was die Wirkungskraft unseres Körpers vermehrt oder vermindert, fördert oder hemmt, dessen Idee vermehrt oder vermindert, fördert oder hemmt die Denkkraft unserer Seele.« Letztlich ist für Spinoza die Korrelation zwischen Idee und Streben in der Definition der Seele (*mens*) als notwendiger Wahrnehmung der Affektionen des Körpers begründet.[35]

Aber vielleicht kündigt sich Freud am stärksten bei Leibniz an: das Leibnizsche Äquivalent für die Funktion der *Repräsentanz* ist der Begriff des »Ausdrucks«. Die Monade drückt das Universum aus und nimmt es in diesem Sinne wahr; der Ausdruck ist nicht nur eine Funktion der mit Reflexion begabten Monade, auch nicht der mit Bewußtsein ausgestatteten Monade: jede Monade nimmt wahr, d. h. jedes Sein, das eins ist durch sich selbst und nicht durch Anhäufung. Im Briefwechsel mit Arnaud erklärt Leibniz, daß die Ausdrucksfunktion allen Formen oder Seelen eignet; der Ausdruck wird also nicht durch einen bewußten Akt definiert. Dieses Vermögen, eine Vielheit in einem einzigen Akt zusammenzuziehen, der gewissermaßen ihr aktiver Spiegel wäre, ist grundlegender als das Bewußtsein selbst. Es läßt sich sogar seine Stufenfolge bis hinab zum Mineral verfolgen.[36] Hierin ist die Philosophie von Leibniz mehr als die von Descartes befähigt, den Begriff des Unbewußten zu integrieren. In der *Monadologie* heißt es: »Der vorübergehende Zustand, der eine Vielheit in der Einheit oder in der einfachen Substanz enthält und repräsentiert, ist nichts anderes als das, was man die Perzeption nennt, die von der Apperzeption oder dem Bewußtsein unterschieden werden muß, wie sich in der Folge zeigen wird. Gerade hier haben die Cartesianer einen großen Fehler gemacht, insofern

---

35 *Ethik*, II. Teil, Lehrsätze 12, 14, 23.
36 vgl. *Nouveaux Essais ...*, § 9.

sie diejenigen Perzeptionen, deren man sich nicht bewußt wird, ganz außer acht gelassen haben« (Art. XIV). Und nun die andere Seite des Ausdrucks: »Die Tätigkeit des inneren Prinzips, das die Veränderung oder den Übergang von einer Perzeption zu einer anderen bewirkt, kann als Streben bezeichnet werden; allerdings kann das Streben nicht immer vollständig zu der ganzen angestrebten Perzeption gelangen, aber etwas davon erreicht es stets und gelangt so zu neuen Perzeptionen« (Art. XV). Damit erhält der Begriff der Seele selber seine allgemeine Definition von jener Beziehung zwischen Perzeption und Streben: durch die Perzeption wird jedes Streben repräsentativ für eine Vielheit in einer Einheit; durch das Streben zielt jede Wahrnehmung auf größere Unterscheidung.

Leibniz bringt auf diese Weise ein doppeltes Gesetz der Vorstellung ans Licht: die Vorstellung ist Prätention auf Wahrheit, insofern sie etwas vorstellt; aber sie ist auch Ausdruck des Lebens, Ausdruck des Strebens oder Begehrens; die gegenseitige Durchdringung der ersten und zweiten Funktion ist es, aus der das Problem der Illusion erwächst; aber bereits die *Entstellung*, die den verschiedenen Mechanismen der Traumarbeit (Verschiebung, Verdichtung, Verbildlichung) als Oberbegriff diente, fügt sich in diese große Funktion der Expressivität. Das durch das Verhältnis von Vorstellung und Trieb aufgeworfene Problem in der Freudschen Metapsychologie überschreitet also auf besondere Weise den Fall der Psychoanalyse.

Aber wenn auch das vom Freudschen ökonomischen Standpunkt aus gestellte Problem in letzter Instanz nicht absolut neu ist, so bewahrt es doch gegenüber Spinoza und Leibniz eine unleugbare Originalität. Sie beruht voll und ganz auf der Rolle, die die Schranke zwischen den Systemen spielt; Spinoza und Leibniz wußten sehr gut, daß das Streben und die Idee, das Begehren und die Wahrnehmung diesseits des Bewußtseins fest miteinander verknüpft sind: die Seele ist bei Spinoza die Idee des Köpers, noch bevor sie Idee selbst ist, und bei Leibniz kann Perzeption ohne Apperzeption erfolgen. Das Freudsche Paradox der Triebrepräsentanz, vor allem in der Form des Affekts, besteht darin, daß dieses Band nicht in der direkten Form einer einfachen Bewußtwerdung reflektiv zu erfassen ist; das Vor-Reflektive ist hier Unfähigkeit zu reflektieren. So muß die Gesamtheit der unter dem Oberbegriff der psychoanalytischen Technik stehenden Verfahren für das Äquivalent jener Kraftsteigerung genommen werden, in der für Spinoza und Leibniz der Übergang von der Idee des Körpers zur Idee der Idee oder von der Perzeption zur Apperzeption bestand. Diese vermittelnde Technik ändert das Strukturproblem nicht von Grund auf: der Umweg über ein anderes Bewußtsein, über die Arbeit – die »Durcharbeitung«, die wir oben erläuterten – beseitigt nicht nur nicht die strukturale Kontinuität zwischen Unbewußtem und Bewußtem, sondern auch nicht die zwischen Triebrepräsentanz und Vorstellung. Daher heißt der Affekt, selbst wenn er von der Vorstellung getrennt ist, immer noch eine Trieb*repräsentanz*. Seine Funktion, den Körper in der Seele zu repräsentieren, macht ihn bereits zu einer psychischen Größe. Diese Theorie des Affekts in der reflektiven Sprache wieder aufnehmend, die hier die unsere ist, sagen wir: mag der Wunsch auch das Unnennbare sein, so ist er doch ursprünglich der Sprache zugewandt; er will gesagt sein; er kann Wort werden; daß der Wunsch sowohl das Nicht-Gesagte wie das Sagen-Wollen ist, das Unnennbare wie die Fähigkeit zu sprechen – das eben macht ihn zum Grenzbegriff an der Schneidelinie zwischen Organischem und Psychischem.

Meinte Leibniz nicht das gleiche, als er vom Streben sagte: »Das Streben kann nicht immer vollständig zur ganzen angestrebten Perzeption gelangen, aber etwas davon erreicht es immer und gelangt so zu neuen Perzeptionen«?[37]

Was ist ein Seiendes, das eine Archäologie besitzt? Vor Freud schien diese Frage leicht zu beantworten: nämlich ein Wesen, das Kind war, bevor es zum Manne wurde. Aber wir wissen noch nicht, was das bedeutet. Gesetztsein des Wunsches, unüberwindbarer Charakter des Lebens – Ausdrücke, die uns auf den Weg schicken.

Als erstes wird der Status der Vorstellung in einer konkreten Anthropologie erneut in Frage gestellt. Wir haben vorgeschlagen, diesen Status den Gesetzen der doppelten Expressivität zu unterstellen; die Vorstellung gehorcht nicht nur einem Intentionalitätsgesetz, das sie zu einem Ausdruck von etwas macht, sondern auch einem anderen Gesetz, das sie zur Äußerung des Lebens, eines Strebens oder eines Wunsches macht. Das Durchschlagen dieser anderen Ausdrucksfunktion bewirkt, daß die Vorstellung entstellt werden kann; damit erlaubt die Vorstellung eine doppelte Erforschung, einerseits

---

37 *Monadologie*, Art. XV. – Für die Bedeutung des Wunsches vgl. J. Lacan, »Le désir et ses interprétations«, Seminar 1958/59, *Bull. de Psych.*, Jan. 1960; Norman O. Brown, *Eros and Thanatos*, Herbert Marcuse, *Eros and Civilisation*, Boston 1955 [deutsch: Triebstruktur und Gesellschaft, Frankfurt 1965].

eine Gnoseologie (oder eine Kriteriologie), wenn man die Vorstellung als intentionale Beziehung betrachtet, die durch das Etwas reguliert wird, das sich in ihr äußert, – andererseits eine Exegese des Wunsches, der sich in ihr verbirgt. Daraus folgt, daß eine Theorie der Erkenntnis abstrakt ist und sich durch eine Art Reduktion konstituiert, angewandt auf den Begehrungstrieb, der die Übergänge von einer Wahrnehmung zur anderen reguliert; andererseits geht eine reduzierende Hermeneutik, die entschlossen ist, nur die Äußerungen des Wunsches zu erforschen, von einer umgekehrten Reduktion aus, die zumindest den Wert eines Protestes gegen die Abstraktion der Theorie der Erkenntnis und ihrer vorgeblichen Reinheit besitzt. Diese Reduktion des Erkennens als solchen bezeugt die Nicht-Autonomie des Erkennens, sein Wurzeln in dem als Wunsch und Streben verstandenen Dasein. Dadurch wird nicht nur der unüberwindbare Charakter des Lebens sichtbar, sondern auch das Durchschlagen des Wunsches innerhalb der Intentionalität, über die er ein unbezwingbares Dunkel, eine unbestreitbare Parteilichkeit verhängt. Dadurch wird schließlich der Aufgabencharakter der Wahrheit bestätigt: die Wahrheit bleibt eine Idee, eine unendliche Idee für ein Wesen, das als Wunsch und Streben zur Welt kommt oder, um mit Freud zu sprechen, als unüberwindlich narzißtische Libido.

Im übrigen nähere ich mich den Schlußfolgerungen des ersten Teils meiner *Philosophie de la Volonté* (*Le Volontaire et l'Involontaire*): der Charakter, das Unbewußte, das Leben, sagte ich damals, sind Gestalten des absoluten Nicht-Willentlichen; sie versichern mir, daß meine Freiheit eine »nur menschliche Freiheit« ist[38], d. h. eine motivierte, inkarnierte, kontingente Freiheit. Ich setze mich als in meinen Wunsch nach Sein bereits gesetzt. Insofern »heißt wollen nicht erschaffen«.[39] Diese Schlußfolgerungen unterschreibe ich auch heute noch, gehe aber in einem entscheidenden Punkt über sie hinaus, der auch die Untersuchung des vorliegenden Buches in Gang gesetzt hat. Eine hermeneutische Methode, mit der Reflexion verbunden, reicht sehr viel weiter als eine eidetische Methode, wie ich sie damals praktizierte: die Abhängigkeit des Cogito vom Gesetztsein des Wunsches wird nicht direkt anhand der unmittelbaren Erfahrung begriffen, sondern von einem anderen Bewußtsein interpretiert, anhand von

---

38 »*Le Volontaire et l'Involontaire*«, S. 453 ff.
39 ibid.

scheinbar sinnlosen, dem Gesprächspartner dargebotenen Zeichen; es ist keine empfundene Abhängigkeit, sondern eine mittels der Träume, Phantasien, und Mythen erschlossene, interpretierte Abhängigkeit, die in gewisser Weise die mittelbare Rede dieser stummen Finsternis bilden. Das Wurzeln der Reflexion im Leben kann im reflektiven Bewußtsein nur als hermeneutische Wahrheit verstanden werden.

Kapitel III
Dialektik: Archäologie und Teleologie

Mündet die philosophische Wiederholung des Freudianismus in eine Philosophie der Reflexion? Genügt es, um den Freudianismus zu verstehen, ihn mit dieser Reflexionsphilosophie durch den Mittelbegriff der Archäologie zu verbinden?
Die zweite Frage ist der Schlüssel zur ersten: mir scheint, daß der Begriff der Archäologie des Subjekts noch recht abstrakt bleibt, solange man ihn nicht in eine dialektische Gegensatzbeziehung mit dem komplementären Begriff der Teleologie gebracht hat. Eine *arché* hat nur ein Subjekt, das ein *telos* hat. Wenn ich diese Verschränkung zwischen Archäologie und Teleologie verstehe, verstehe ich sehr vieles, und als erstes, daß meine Idee der Reflexion selbst abstrakt bleibt, solange diese neue Dialektik nicht in sie einbezogen worden ist. Das Subjekt, sagten wir oben, ist niemals das, was man meint. Aber damit es zu seinem wahren Sein gelangen kann, reicht es nicht aus, daß es die Inadäquation des Bewußtseins, das es von sich erlangt, oder die Macht des Wunsches, der es ins Dasein setzt, entdeckt. Das Subjekt muß zudem erkennen, daß »das Bewußtwerden«, durch das es sich den Sinn seines Daseins als Wunsch und als Streben *aneignet*, nicht ihm, sondern dem Sinn zugehört, der sich in ihm bildet. Es gilt, das Selbstbewußtsein durch den Geist zu vermitteln, d. h. durch die Gestalten, die diesem »Bewußtwerden« ein *telos* verleihen. Daß es eine Archäologie des Subjekts nur im Gegensatz zu einer Teleologie gibt, dieser Satz verweist auf jenen anderen: eine Teleologie gibt es nur aufgrund der Gestalten des Geistes, d. h. aufgrund einer neuen Dezentrierung, einer neuen Entäußerung, die ich Geist nenne, so wie ich den Ort jener anderen Verschiebung des Sinnursprungs hinter mich »unbewußt« genannt habe.
Wenn ich jene Verknüpfung in einer Philosophie des Subjekts zwischen seiner Archäologie und seiner Teleologie begreife, d. h. zwischen zwei Entäußerungen des Bewußtseins, dann begreife ich auch, daß der Streit der Hermeneutiken, der das Hauptproblem unserer *Problematik* war, im Begriffe ist, eine Auflösung zu finden. Von außen gesehen war uns die Psychoanalyse als eine reduzierende, demystifizierende Hermeneutik erschienen. In dieser Eigenschaft

stand sie einer Hermeneutik entgegen, die wir restaurierend genannt haben, einer Rettung des Heiligen. Das Band zwischen den beiden gegensätzlichen Weisen der Interpretation hatten wir nicht gesehen und sehen es noch immer nicht. Wir sind nicht in der Lage, eine einfache Antithetik, d. h. einen Gegensatz zu überwinden, dessen Glieder einander äußerlich bleiben. Die Dialektik von Archäologie und Teleologie ist der wahre philosophische Boden, auf dem die Komplementarität der irreduziblen und gegensätzlichen Hermeneutiken, angewandt auf die mytisch-poetischen Kulturbildungen, begriffen werden kann. Diese Lösung des hermeneutischen Ausgangsproblems ist also der Horizont unseres ganzen Unternehmens. Dennoch können wir solche Formeln nicht mit Sinn erfüllen, solange die gegenwärtige Dialektik selbst nicht begriffen und in den Mittelpunkt der Semantik des Wunsches gestellt worden ist.

Der aufmerksame Leser wird nicht versäumen, sich uns auf der Schwelle dieses Kapitels in den Weg zu stellen und uns entgegenzuhalten, daß wir die psychoanalytische Problematik ganz und gar verlassen. Freud hat ausdrücklich erklärt, daß die Disziplin, die er begründete, eine »Analyse« sei, d. h. sowohl eine Zergliederung in einzelne Elemente wie ein Zurückgehen zu den Ursprüngen, auf keinen Fall eine Synthese, und daß es ausgeschlossen sei, die Psychoanalyse durch eine Psychosynthese zu vervollständigen.[1] Dies will ich dem Analytiker, der einen solchen Einwand vorbringt, gerne zugestehen. Mein Unternehmen aber ist ganz anderer Art; mehr noch als die Durchleuchtung des Begriffs der Archäologie sind meine Überlegungen philosophischer Art; nachdem ich gesagt habe: wenn ich Freud lese, verstehe ich mich nur dann, wenn ich den Begriff der Archäologie des Subjekts präge, sage ich nun: Ich verstehe den Begriff der Archäologie nur in seiner dialektischen Beziehung zu einer Teleologie. Und mich wieder Freud zuwendend, suche ich in seinem Werk, d. h. in der Analyse als Analyse, den Bezug auf seinen dialektischen Gegensatz; ich hoffe zeigen zu können, daß er tatsächlich darin enthalten ist und daß die Analyse stets dialektisch ist; ich möchte also Freud nicht vervollständigen, sondern ihn verstehen, indem ich mich verstehe. Ich wage zu glauben, daß ich in diesem doppelten Verständnis Freuds und meiner selbst vorankomme, wenn

---

[1] WEGE DER PSYCHOANALYTISCHEN THERAPIE (1918), GW XII, 185; siehe oben, S. 422, Fn. 89.

ich die dialektischen Aspekte sowohl der Reflexion wie des Freudianismus aufdecke.

Was ich also demonstrieren möchte, ist dies, daß der Freudianismus, wenn er eine explizite und thematisierte Archäologie ist, von sich aus, aufgrund der dialektischen Natur seiner Begriffe, auf eine implizite und nicht thematisierte Teleologie verweist.

Ich werde einen Umweg nehmen, um diese Beziehung zwischen thematisierter Archäologie und nicht thematisierter Teleologie verständlich zu machen. Als Beispiel – oder besser als Gegenbeispiel – möchte ich die Hegelsche Phänomenologie vorschlagen, wo sich *die gleichen Probleme in umgekehrter Ordnung darstellen*. Die *Phänomenologie des Geistes* ist in der Tat eine explizite Teleologie der Bewußtwerdung und enthält daher das Modell einer jeden Teleologie des Bewußtseins. Gleichzeitig jedoch zeichnet sich diese Teleologie gegen den Hintergrund des Lebens und des Wunsches ab, und zwar in einem solchen Sinne, daß man bei Hegel selbst sehr wohl vom unüberwindbaren Charakter des Lebens und des Wunsches sprechen kann, trotz der Tatsache, daß dieses Unüberwindbare immer schon im Geist und in Wahrheit überwunden ist. Mit diesem Umweg beabsichtige ich keineswegs, Freud in Hegel und Hegel in Freud hineinzulegen und alles zu verwirren. Die Problematiken sind zu verschieden, als daß man die Karten auf diese Weise mischen könnte. Außerdem bin ich zu fest davon überzeugt, daß alle großen Philosophien die gleichen Dinge enthalten, wenn auch in verschiedener Anordnung, als daß ich die törichte Vorstellung hegte, sie alle in einen ebenso faulen wie monströsen Eklektizismus aneinanderreihen zu können. Mein Unternehmen unterscheidet sich soweit irgend möglich von einem solchen Eklektizismus. Hegel und Freud stellen jeder für sich einen ganzen Kontinent, und von einer Totalität zur anderen kann es lediglich *Homologie*beziehungen geben. Eine dieser Homologiebeziehungen bringe ich zum Ausdruck, wenn ich versuche, im Freudianismus eine gewisse Dialektik von Archäologie und Teleologie aufzudecken, die Hegel deutlich darlegt. Die gleiche Verbindung besteht bei Freud, jedoch in umgekehrtem Verhältnis; Freud, so möchte ich sagen, verbindet eine thematisierte Archäologie des Unbewußten mit einer nicht thematisierten Teleologie des »Bewußtwerdens«, so wie Hegel die explizite Teleologie des Geistes mit einer impliziten Archäologie des Lebens und des Wunsches verbindet. Ich vermische Hegel und Freud also nicht, sondern suche in Freud ein umgekehrtes Bild Hegels, um mit Hilfe dieses Schemas gewisse *dialektische* Züge zu erkennen, die in der Theorie keine vollständige systematische Ausarbeitung gefunden haben, obwohl sie in der analytischen Praxis immer einen offensichtlichen operativen Wert besitzen.[2]

1. Ein teleologisches Modell des Bewußtseins: Die Hegelsche Phänomenologie

Hegel schlägt eine Phänomenologie vor, eine Phänomenologie nicht des Bewußtseins, sondern des *Geistes*. Wir wollen darunter eine Beschreibung der Gestalten, Kategorien oder Symbole verstehen, die die Entwicklung nach Maßgabe einer progressiven Synthese lenken. Dieser indirekte Weg ist fruchtbarer als eine direkte Psychologie der Entwicklung[3]; die Entwicklung selbst liegt am Schnittpunkt zweier Interpretationssysteme. In der Tat schafft diese Phänomenologie des Geistes eine neue Hermeneutik, die den Brennpunkt des

---

2 Dies ganze Kapitel ist eine Auseinandersetzung mit Herbert Marcuse, *Eros and Civilisation*, 1955, J. C. Flugel, *Man, Morals and Society*, 1945, und mit Philipp Rieff, *Freud, the mind of the moralist*, London 1959. Wir werden uns ebenfalls mit Marthe Robert, *La Révolution Psychanalytique*, Paris 1964, auseinandersetzen.

3 Auf den ersten Blick ist das »Bewußtwerden« eine einfache Frage, und wir scheinen sie unnötig zu komplizieren, wenn wir die Psychologie mit einem zu schweren Begriffsapparat belasten. Gewiß, so wird man sagen, ist das Bewußtsein keine Gegebenheit, sondern eine Aufgabe, ja sogar – ökonomisch gesprochen – eine Arbeit, eine »Handhabung« aller beteiligten Kräfte. Reicht die Psychologie der Person nicht aus, um jenem Übergang von der Kindheit zum Erwachsenenalter Rechnung zu tragen? Entspricht das, was verschiedene neufreudianische Schulen Ich-Analyse genannt haben, nicht dem gleichen Anliegen? Ich verberge nicht mein Mißtrauen bezüglich dieser Korrekturen, die die Psychoanalyse in ein eklektisches System verwandeln. Ich weiß nicht, ob diese Zusätze den Analytiker selbst scharfsichtiger machen; sicherlich verschleiern sie den von Freud deutlich erkannten theoretischen Einsatz. Dem Eklektizismus ist die Dialektik stets vorzuziehen, die mehr Erkenntnisse aus dem Gegensatz zieht als aus dem einen prinzipienlosen Empirismus entstammenden Flickwerk: im übrigen werden uns diese neuen Aspekte der Psychoanalyse vielleicht mit neuer Kraft zurückgegeben, wenn sie uns als das dialektische Produkt zweier gegensätzlicher Annäherungen erscheinen. Daher suche ich den Sinn der psychologischen Entwicklung, der Reifung, nicht in erster Linie in einer Psychologie der Person oder in einer Ich-Analyse, sondern in einer neuen Art von Phänomenologie.

Sinns nicht weniger verlagert als die Psychoanalyse. Nicht dem Bewußtsein selbst entstammt die Genesis des Sinns; dem Bewußtsein wohnt vielmehr eine Bewegung inne, die es vermittelt und seine Gewißheit zur Wahrheit erhebt. Auch hier vermag sich das Bewußtsein nicht zu begreifen, solange es sich nicht dezentrieren lassen will; der Geist ist jene Bewegung, jene Dialektik von Gestalten, die das Bewußtsein zu einem »Selbstbewußtsein«, einer »Vernunft« macht und schließlich, mit Hilfe der Zirkelbewegung der Dialektik, das unmittelbare Bewußtsein erneut behauptet, jedoch im Lichte des vollständigen Vermittlungsprozesses. Zuerst die Entäußerung und erst am Ende die Wiederholung; zwischen beiden liegt das Wesentliche, nämlich die volle Wegstrecke der Konstellation der Gestalten: Herr und Knecht, das stoische Exil des Gedankens, die skeptische Indifferenz, das unglückliche Bewußtsein, der Dienst der schönen Seele, die Beobachtung der Natur, der Geist der Aufklärung etc. Der Mensch wird erwachsen, wird bewußt, insofern er neuer Gestalten fähig ist, deren Folge den Geist, im Hegelschen Sinn des Wortes, konstituiert. Zum Beispiel – und dies ist im Augenblick nur dann ein nicht-gerechtfertigtes Beispiel, wenn man es aus der Gesamtbewegung herauslöst –, wenn der Geist durch die Dialektik von Herr und Knecht hindurchgeht, tritt das Bewußtsein in den Prozeß der Anerkennung des Selbst in einem Anderen ein, es verdoppelt sich und wird ein Selbst; so führen alle Grade der Anerkennung durch Sinnbereiche, die sich dem Prinzip nach nicht auf einfache Triebprojektionen, auf »Illusionen« zurückführen lassen. Eine Exegese des Bewußtseins würde in einer Progression durch alle Sinnsphären hindurch bestehen, die ein Bewußtsein antrifft und sich aneignen muß, um sich als ein Selbst, ein menschliches, erwachsenes, bewußtes Selbst reflektieren zu können. Dieser Prozeß hat nichts mit Introspektion zu tun; es handelt sich überhaupt nicht mehr um einen »Narzißmus«, da der Brennpunkt des Selbst nicht das psychologische Ego ist, sondern das, was Hegel Geist nennt, d. h. die Dialektik der Gestalten selbst. Das Bewußtsein ist nur die Verinnerlichung dieser Bewegung, die es in den objektiven Strukturen der Institutionen, Denkmäler, Kunst- und Kulturwerke zurückzuerobern gilt.

Im nächsten Kapitel werde ich darlegen, was sich heute mit dieser aus Hegel hervorgegangenen Metapsychologie machen läßt, die ich mit derjenigen von Freud zu konfrontieren vorschlage, um die eine durch die andere zu begreifen. Ich glaube nicht, daß wir, nach mehr als einem Jahrhundert, die *Phänomenologie des Geistes* restaurieren können, so wie sie geschrieben wurde; aber ich meine, daß wir uns bei jeder neuen Unternehmung gleicher Art von den beiden Themen leiten lassen sollten, die mir eine Phänomenologie des *Geistes* zu charakterisieren scheinen.

Das erste betrifft den Gang der Hegelschen Dialektik; diese Dialektik bildet in der Tat eine synthetische, progressive Bewegung, die, durch Gegensatz und Rückwirkung, den eigentlich analytischen Charakter der Psychoanalyse sowie den im technischen Sinn des Wortes regressiven Charakter ihrer ökonomischen Deutung enthüllt. In der Hegelschen Phänomenologie erhält jede Gestalt ihren Sinn aus der nächstfolgenden; so ist der Stoizismus die Wahrheit der Anerkennung von Herr und Knecht, der Skeptizismus aber die Wahrheit der stoischen Position, die alle Unterschiede zwischen Herrn und Knecht für unwesentlich erklärt und aufhebt, etc. Die Wahrheit eines Moments liegt in dem ihm folgenden Moment; der Sinn schreitet immer vom Ende zum Anfang fort. An diese erste Leseregel knüpfen sich mehrere Konsequenzen: zunächst ist die Phänomenologie aufgrund eben dieser rückläufigen Bewegung des Wahren möglich; wenn sie nichts erschafft, sondern nur den Sinn in dem Maße expliziert, wie er sich enthüllt, so deshalb, weil der Endsinn jedem seiner vorherigen Momente innewohnt; daher kann die Phänomenologie diesen späteren Sinn mittels Durchleuchtung aus dem vorherigen Sinn herausschälen; der Philosoph kann sich auf diese Weise das zum Vorbild nehmen, was *erscheint*, er kann Phänomenologe sein; doch daß er zu sagen vermag, was erscheint, rührt daher, daß er es im Lichte der späteren Gestalten sieht, und dieser Vorsprung des Geistes vor sich selbst macht die nicht von sich aus gewußte Wahrheit der vorherigen Gestalten aus. Dies ist der Zug, der jene Phänomenologie als Phänomenologie des Geistes und nicht des Bewußtseins bestimmt. Aus demselben Grunde ist das solcherart enthüllte Bewußtsein überhaupt nicht mehr dasjenige, das dieser dialektischen Bewegung vorausgeht; bekanntlich nennt Hegel, in der *Phänomenologie des Geistes,* Bewußtsein die bloße Manifestation des Seins der Welt für einen Zeugen, der sich nicht selbst weiß. Vor dem Selbstbewußtsein ist das Bewußtsein lediglich die Manifestation der Welt.

Dieser erste Zug, betreffend den Gang der Hegelschen Phänomenologie, beherrscht auch den zweiten, der ihren Inhalt betrifft (so läßt sich auch bei Hegel die Form der Dialektik nicht von ihrem Inhalt trennen, wenn es stimmt, daß die Dialektik die Selbsterzeugung des Inhalts ist); dieser zweite Zug kann vielleicht so ausgedrückt werden: in einer solchen Phänomenologie geht es um die Erzeugung des *Selbst*, des Selbst des Selbstbewußtseins. Ich sage, der erste Zug sei der Schlüssel zum zweiten: das Setzen des Selbst ist in der Tat von seiner Erzeugung durch progressive Synthese nicht zu scheiden; daher kommt das Selbst in einer Topik nicht vor und kann nicht darin vorkommen; es kann nicht unter den Triebschicksalen auftauchen, welche das Thema der Ökonomik bilden.

Sehen wir ein wenig näher zu, wie das Selbst sich zeigt und in der *Phänomenologie des Geistes* erscheint; bemerkenswert ist, daß sich das Selbst bereits in der Begierde vorbildet und, wenn ich so sagen darf, sich an sich zieht. In diesem Punkt treffen sich Hegel und Freud: eine Kultur entsteht durch die Bewegung der Begierde, und man kann die Übereinstimmungen ziemlich weit verfolgen: bei beiden spielt das Aufgeben des Objekts, der Tod des Objekts eine wesentliche Rolle in dieser Erziehung des Wunsches; der Hegelsche Herr, der sein Leben aufs Spiel gesetzt hat und es als Herrschaft zurückerhält, realisiert die Bewegung, die Freud als Trauerverhalten und als Einsetzung des Objekts in die Innerlichkeit beschreibt. In diesem Sinne besteht mehr als ein bloßes Zusammentreffen der Freudschen Identifizierung und der Hegelschen Konstituierung des Selbst.

Aber wenn auch die wörtlichen Übereinstimmungen vermehrt werden könnten, so ist der Sinn der Genesis doch sehr verschieden; wir sahen, daß bei Freud jede Sublimierung, die neue Ziele sichtbar macht – vor allem soziale, ökonomische Ziele –, ökonomisch verstanden werden muß als Rückkehr der Objektlibido zur narzißtischen Libido. Bei Hegel ist der Geist die Wahrheit des Lebens, eine Wahrheit, die sich noch nicht im Gesetztsein der Begierde weiß, sich jedoch in der Bewußtwerdung des Lebens reflektiert. »Das Selbstbewußtsein«, sagt Jean Hyppolite, »ist in dieser Bewußtwerdung der Ursprung einer Wahrheit, die zur gleichen Zeit, wie sie an sich ist, auch für sich ist, die sich in einer Geschichte durch die Vermittlung der verschiedenen Selbstbewußtseine herausbildet, deren Interaktion und Einheit allein den Geist konstituieren.«[4] Daher wird die *Unruhigkeit* des Lebens nicht in erster Linie als Drang und Trieb

---

4 Hyppolite, *Genèse et structure de la Phénoménologie de l'Esprit de Hegel*, S. 144.

definiert, sondern als Nicht-Übereinstimmung mit sich selbst; sie enthält in sich schon die Negativität, die sie zu Anderem macht und die, indem sie sie zum Anderssein macht, zum Sichselbstsein macht; die Negation gehört ihr zu eigen; daher kann Hegel sagen, das Leben sei das Selbst, jedoch in unmittelbarer Form – das Selbst an sich –, das sich nur in der Reflexion weiß, in der das Selbst schließlich für sich ist. Damit offenbart sich das Licht des Lebens, um mit Johannes zu reden, im Leben und durch das Leben; doch das Selbstbewußtsein ist es, das die Geburtsstätte der Wahrheit und in erster Linie die Wahrheit des Lebens bleibt. Diese rückläufige Bewegung des Wahren verleiht der Hegelschen Philosophie der Begierde ihren vollen Sinn; denn wenn man sagen kann, daß das Selbstbewußtsein Begierde ist, so deshalb, weil die Begierde bereits von der Dialektik der Verdopplung des Bewußtseins in zwei rivalisierende Selbstbewußtseine erhellt wurde. Im Lichte der späteren Dialektik von Herr und Knecht hat die vorherige Dialektik der Begierde ihre Wahrheit. Als Begierde nach der Begierde eines anderen Bewußtseins kündigt sich, wie man weiß, die Begierde als menschliche an. Die Dualität der lebendigen Selbstbewußtseine veranschaulicht bereits auf eine äußerliche Weise das, was später Verdopplung des Selbstbewußtseins innerhalb seiner selbst ist, bis zu dem Augenblick, da das unglückliche Bewußtsein nurmehr eine Selbstentzweiung ist. Es gibt also keine der Begierde eigentümliche Intelligibilität; das Setzen des Selbstbewußtseins als Begierde bewirkt, indem es sich selbst vorausgeht, daß es ein Licht des Lebens gibt. Auf dem Wege der Rückkehr zu sich, ausgehend vom einfachen Bewußtsein, das lediglich die Entfaltung des Andersseins der Welt war, setzt sich in der Tat das Selbstbewußtsein als Begierde; das Ding ist dann nicht mehr Schauspiel, sondern verschwindende Erscheinung, und in diesem Verschwinden erscheint das begehrende Bewußtsein sich selbst. Aber was begehrt es, wenn es etwas begehrt? Was es verfolgt unter dem Schutze jenes Zurückweichens der sinnlichen, künftig auf die Einheit des Selbstbewußtseins mit sich selbst bezogenen Welt – was es verfolgt, ist es selbst. Daher kann es nur durch die Beziehung zu einer anderen Begierde, zu einem anderen Selbstbewußtsein zu sich selbst kommen. Es ist also eine »dialektische Teleologie«, gemäß dem Ausdruck von Jean Hyppolite über diese schwierige Stelle[5], die fortschreitend alle Horizonte jener Begierde

5 ibid., S. 155.

expliziert, welche Geburt des Selbstbewußtseins ist«[6]; aus der Begierde nach etwas schält sich die Begierde nach sich selbst heraus; daher sucht sie sich selbst im Anderen. Letztlich ist es die Begierde nach der Anerkennung des Menschen durch den Menschen, die sich zunächst voraus ist, um sich sodann zu explizieren. Und diese Antizipation gestattet die Behauptung: »durch eine solche Reflexion-in-sich hat der sinnliche Gegenstand Leben gewonnen«; das reflektive Zeichen, welches den Gegenstand der Begierde, als etwas Lebendiges, von dem bloß wahrgenommenen Gegenstand unterscheidet, ist in diesem Sinne durch bloße Evolution vom Früheren zum Späteren nicht zu erzeugen. Daher erklärt Hegel auch unmißverständlich, als er im Anderssein der Begierde das Ausgerichtetsein auf eine andere Begierde, ein anderes begehrendes Bewußtsein entdeckt, das zugleich fremd und sein eignes ist, daß der Begriff des Geistes für uns Philosophen, für uns, die wir der Bewegung voraus sind, schon vorhanden ist.

Die Phänomenologie der Begierde, bei der wir uns etwas länger aufgehalten haben wegen ihrer Affinitäten zum Freudianismus, ist das genaue Gegenteil einer Genesis des Höheren aus dem Niederen; sie besteht vielmehr darin, den Sinn und die Bedingungen der Begierde, so wie sie in den späteren Momenten erscheinen, darzulegen; nur wenn das Leben sich als eine andere Begierde manifestiert, ist die Begierde Begierde; und diese Gewißheit hat ihrerseits ihre Wahrheit in der gedoppelten Reflexion, in der Verdopplung des Selbstbewußtseins. Unter dieser Voraussetzung ist ein Auftauchen des Selbstbewußtseins im Bereich des Lebendigen möglich. Die Reflexion kann schöpferisch sein, weil jedes Moment in seiner Gewißheit Nicht-Gewußtes umfaßt, das alle späteren Momente zu explizieren und vermitteln trachtet. Daher verbindet Hegel mit dieser Arbeit der gegenseitigen Anerkennung den Begriff der *Unendlichkeit*: der Begriff des Selbstbewußtseins, sagt er, ist der Begriff, »der sich im Selbstbewußtsein realisierenden Unendlichkeit«; der Gegensatz, durch den jedes Selbstbewußtsein sich im anderen sucht und »tut, was es tut, auch nur insofern, als das andere dasselbe tut«[7], ist eine unendliche Bewegung in dem Sinne, daß jeder Terminus aus seinen Grenzen ausbricht, um ein anderer zu werden; wir erkennen darin

---
6 ibid.
7 Hegel, *Phänomenologie des Geistes,* Theorie-Werkausgabe, Ffm. 1969/70, Bd. 3, S. 146.

die *Unruhigkeit* des Lebens, jedoch durch den Gegensatz und den Kampf auf eine reflektive Stufe gehoben; erst in diesem Kampf um die Anerkennung enthüllt sich das Selbst als niemals das zu sein, was es ist, und in dieser Eigenschaft unendlich zu sein.

Wäre die Phänomenologie des Geistes nur eine Teleologie, wie es aus den gegenwärtigen Überlegungen zu resultieren scheint, und wäre die Psychoanalyse nur eine Archäologie, wie die frühere Untersuchung es glauben machte, dann wären die beiden Annäherungen lediglich antithetisch. Freudsche Psychoanalyse und Hegelsche Phänomenologie würden zusammen das bilden, was wir legitimerweise eine Antithetik der Reflexion nennen könnten. (Ich verstehe Antithetik in dem Sinne, den Kant ihr in der Untersuchung der Antinomien gibt: nämlich einen nicht vermittelten Gegensatz, sei es, daß er nicht vermittelt werden kann oder noch nicht vermittelt wurde.) Diese Denkphase ist, wenn sie vorläufig bleibt, sehr instruktiv; denn einzig der Kontrast zu einer Teleologie offenbart den ganzen archäologischen Charakter des Freudianismus. Im Kontrast zu Hegel entdeckt man bei Freud eine fremdartige und tiefe Philosophie des Schicksals, die gleichsam die unbezwingbare Kehrseite einer jeden Phänomenologie des Geistes mit ihrer Ausrichtung auf die absolute Zukunft der totalen Rede ist. Archaismus des Es und Archaismus des Über-Ichs, Archaismus des Narzißmus und Archaismus des Todestriebs bilden nurmehr einen einzigen Archaismus, insofern die Bewegung des Geistes sein Gegenteil ist. Die Antithese ließe sich wie folgt zusammenfassen: der Geist ist das, was seinen Sinn in späteren Gestalten hat, die Bewegung, die stets ihren Ausgangspunkt vernichtet und erst am Ende gesichert ist; das Unbewußte dagegen bedeutet, daß die Intelligibilität stets von früheren Gestalten herrührt, ob man diese Vorgängigkeit nun rein chronologisch oder aber metaphorisch versteht. Der Mensch ist das einzige Wesen, das einer Kindheit verfallen ist, das von seiner Kindheit immerfort zurückgerissen wird; selbst wenn man den zu ausschließlich historischen Charakter dieser Interpretation durch die Vergangenheit abschwächt, stehen wir immer noch einer symbolischen Vorgängigkeit gegenüber; wenn wir also das Unbewußte als die Ordnung der Schlüssel-Signifikanten interpretieren, die immer schon vorhanden sind, so verweist uns diese Vorgängigkeit der Schlüssel-Signifikanten gegenüber allen zeitlich interpretierten Ereignissen zwar auf einen mehr symbolischen Sinn der Vorgängigkeit, liefert jedoch weiterhin zur Ordnung des Geistes den Gegenpol, den wir suchen. Wir sagen also sehr allgemein: der Geist ist die Ordnung des Endes, das Unbewußte die Ordnung des Ursprungs. Um auf die kürzeste Art und Weise dieser Antithese Rechnung zu tragen, sage ich: der Geist ist Geschichte, das Unbewußte ist Schicksal – Schicksal hinter der Kindheit, Schicksal hinter den bereits vorhandenen und immer wieder durchlaufenen Symbolismen ...

2. Das Unüberwindbare des Lebens und des Wunsches

Und dennoch muß diese Antithetik überwunden werden: die Gefahr, der sie uns aussetzt, besteht darin, heimlich zu einem bequemen Eklektizismus zurückzuführen, in dem Phänomenologie des Geistes und Psychoanalyse einander vage ergänzten. Diese Karikatur der Dialektik läßt sich nur dadurch austreiben, daß man in jeder der beiden Denkdisziplinen die Gegenwart ihres Anderen aufzeigt. Dieses Andere ist für sie kein äußerlicher, sondern ein ihr eigentümlicher Gegensatz, auf den sie von sich aus verweist. Ich beabsichtige also zu zeigen, daß die Freudsche Frage in Hegel liegt, um verstehen zu können, daß die Hegelsche in Freud liegt. Die Freudsche Frage in Hegel finden heißt, das Gesetztsein des Wunsches mitten im »geistigen« Prozeß der Verdopplung des Bewußtseins selbst sowie die Wunschbefriedigung in der Anerkennung der Selbstbewußtseine zu finden.

Kehren wir zu dem schwierigen Übergang in der *Phänomenologie des Geistes* vom Leben und der Begierde zum Selbstbewußtsein zurück. Ich möchte die Interpretation, die ich von ihr gegeben habe, um nichts verkürzen, sondern sie ergänzen. Können wir nicht auch, nicht mehr außerhalb dieser Dialektik, sondern gewissermaßen in ihrem Filigran das finden, was ich den unüberwindbaren Charakter des Lebens und des Wunsches nennen möchte? Ist es nicht gerade die Teleologie des Selbstbewußtseins, die bekundet, daß das Leben vom Selbstbewußtsein überwunden wird und *zugleich* entdeckt, daß das Leben und der Wunsch auf immer unüberwindbar sind, als anfängliches Gesetztsein, ursprüngliche Affirmation, unmittelbare Ausdehnung? Das Leben ist inmitten des Selbstbewußtseins jene dunkle Dichte, welche das Selbstbewußtsein in seinem Vorsprung als hinter sich liegend enthüllt, als das, was den allerersten Unterschied seiner selbst mit sich bringt. Wie manifestiert sich dies Unüberwindbare des Lebens in der Überwindung, welche das Selbstbewußtsein vollzieht? Auf verschiedene Weise und auf mehreren Ebenen der Dialektik des Selbstbewußtseins.

Zunächst muß gesagt werden, daß die Dialektik des Anerkennens, die auf diejenige der Begierde folgt, ihr nicht äußerlich, sondern in gewisser Weise ihre Entfaltung und Explikation ist. Das Bindeglied zwischen den beiden Momenten bildet der wichtige Begriff der *Befriedigung*; er spielt die Rolle des Freudschen Lustprinzips, und Hegel bezieht ihn genau auf das, was er das »reine Ich« nennt. Das reine Ich ist bei Hegel gleichsam das naive Selbstbewußtsein, das sich unmittelbar zu erreichen glaubt – in der Aufhebung des Gegenstandes, der unmittelbaren Aufzehrung dieses Gegenstandes: »Das einfache Ich ist diese Gattung oder das einfache Allgemeine, für welches die Unterschiede keine sind, nur, indem es negatives Wesen der gestalteten selbständigen Momente ist; und das Selbstbewußtsein [ist] hiermit seiner selbst nur gewiß durch das Aufheben dieses Anderen, das sich ihm als selbständiges Leben darstellt; es ist *Begierde*. Der Nichtigkeit dieses Anderen gewiß, setzt es *für sich* dieselbe als seine Wahrheit, vernichtet den selbständigen Gegenstand und gibt sich dadurch die Gewißheit seiner selbst als *wahre* Gewißheit, als solche, welche ihm selbst auf *gegenständliche Weise* geworden ist.«[8]

Das reine Ich sagt: ich bin, da ich genieße und im Genießen jenen Gegenstand verschwinden und flüssig werden sehe, von dem mir alle Physik der Welt versichert, er sei fest.

Wie die Frucht sich im Genießen auflöst, sagt der Dichter. Hier aber erfährt die Begierde die Tantalus-Prüfung des Widerstands sowohl der Neuerstehung wie des endlosen Fliehens der schönen Frucht: »In dieser Befriedigung aber macht es die Erfahrung von der Selbständigkeit seines Gegenstandes. Die Begierde und die in ihrer Befriedigung erreichte Gewißheit seiner selbst ist bedingt durch ihn, denn sie ist durch Aufheben dieses Anderen; daß dies Aufheben sei, muß dies Andere sein. Das Selbstbewußtsein vermag also durch seine negative Beziehung ihn nicht aufzuheben; es erzeugt ihn darum vielmehr wieder, so wie die Begierde.«[9] In Freudscher Sprache

8 ibid., S. 143.
9 ibid.

könnte man sagen: das Lustprinzip stößt gegen das Realitätsprinzip. Hegel fährt fort: »Es ist in der Tat ein Anderes als das Selbstbewußtsein, das Wesen der Begierde; und durch diese Erfahrung ist ihm selbst diese Wahrheit geworden.«[10] In Freudscher Sprache: das, was sich für reines Ich hielt, enthüllt sich als sich selbst fremd, als anonym und neutral, als »Es«. Und hier entdeckt das Selbstbewußtsein den Anderen: der Widerstand des Objekts gegen den Wunsch, seine Selbständigkeit kann nicht überwunden und die Befriedigung nur durch die Gnade eines Anderen, der ein Mitmensch ist, erreicht werden, wie es Hegel sagt: »*Das Selbstbewußtsein erreicht seine Befriedigung nur in einem anderen Selbstbewußtsein.*«[11]
Somit folgt das Problem der Anerkennung nicht auf äußerliche Weise dem Problem der Begierde, es ist die Desimplikation des Egoismus des Ichs selbst; es ist die »Vermittlung« dessen, was das Ich als Befriedigung anstrebte. Zitieren wir ein letztes Mal den so dichten Hegelschen Text: »In diesen drei Momenten ist erst der Begriff des Selbstbewußtseins vollendet: a) reines ununterschiedenes Ich ist sein erster unmittelbarer Gegenstand. b) Diese Unmittelbarkeit ist aber selbst absolute Vermittlung, sie ist nur als Aufheben des selbständigen Gegenstandes, oder sie ist Begierde. Die Befriedigung der Begierde ist zwar die Reflexion des Selbstbewußtseins in sich selbst oder die zur Wahrheit gewordene Gewißheit. c) Aber die Wahrheit derselben ist vielmehr die gedoppelte Reflexion, die Verdopplung des Selbstbewußtseins.«[12]

Daher tut die spätere Dialektik niemals etwas anderes, als diese unmittelbare Gegebenheit des Lebens zu vermitteln, die gleichsam die unaufhörlich negierte, aber auch unaufhörlich aufbewahrte und neubehauptete Substanz ist. Das Auftauchen des Selbst ist nicht ein Auftauchen außerhalb, sondern innerhalb des Lebens.

Dieses unüberwindbare Gesetztsein des Lebens und der Begierde finde ich auf allen anderen Ebenen der Dialektik der Verdopplung des Selbstbewußtseins wieder.

Vor allem darf man nicht aus den Augen verlieren, daß die Anerkennung – ein geistiges Phänomen par excellence – ein Kampf ist. Kampf um die Anerkennung, gewiß, und nicht Kampf ums Leben, sondern Anerkennung durch den Kampf. Und dieser Kampf be-

10 ibid.
11 ibid., S. 144.
12 ibid.

deutet, daß die furchtbare Größe der Begierde in die Sphäre des Geistes erhoben wurde, und zwar in Gestalt der Gewalt. Gewiß, die Leidenschaft, sich Anerkennung zu verschaffen, übersteigt den tierischen Kampf um Selbsterhaltung oder Herrschaft, und der Begriff der Anerkennung ist ein nicht-ökonomischer Begriff par excellence: der Kampf um die Anerkennung ist nicht Kampf ums Dasein; es ist ein Kampf mit dem Ziel, dem Anderen das Eingeständnis, die Bestätigung, den Beweis abzuringen, daß ich ein autonomes Selbstbewußtsein bin; aber dieser Kampf um Anerkennung ist ein Kampf im Leben gegen das Leben, durch das Leben. Man kann sagen, daß Begriffe wie Herrschaft und Knechtschaft, die der Hegelschen Sprache angehören, in Freudscher Sprache Triebschicksale sind; die Herrschaft – weil sie die Gefahr des Todes empfunden hat, bleibt mit dem Leben in Beziehung als Genuß und Zerstörung des Dinges, durch die dienende Arbeit des im Kampfe Besiegten hindurch; die Knechtschaft – weil sie das unmittelbare Leben dem Selbstbewußtsein vorgezogen und die Furcht des Todes gegen die Sicherheit des dienenden Daseins eingetauscht hat, bis die Arbeit, eine neue Art der Konfrontation mit den Dingen und der Natur einführend, dem Knecht von neuem einen Vorsprung vor dem Herrn verschafft. So ist es also immer noch das Leben, die Begierde, welche zur Positivität, zur setzenden Macht (wie ich ausdrücklich sagen möchte) verhelfen, ohne die es weder Herr noch Knecht gäbe. Immer sind es Tätigkeiten im Leben, welche die Dialektik abstecken: das Leben wagen, es eintauschen – genießen, arbeiten; immer ist es das Moment der Natur, das Anderssein des Lebens, das die Gegensätze eines jeden Bewußtseins zum anderen speist und nährt.

In diesem Sinn ist die Begierde das unüberwindbar Überwundene; das Gesetztsein der Begierde ist vermittelt, nicht aufgehoben; es ist kein Reich, das wir verlassen, annullieren, vernichten könnten; die Illusion der stoischen Freiheit besteht gerade darin, die Identität des Imperators Marc Aurel und des Sklaven Epiktet über den lebendigen und historischen Kampf hinauszuheben. Diese bloß gedachte Befreiung führt zurück zum absoluten Anderssein; die im Kampfe stehenden Begierden haben kein Selbst mehr, und das Selbst kein Fleisch mehr; in diesem Sinne ist das Leben unüberwindbar. Und der Terminus Selbst verkündet, daß die Identität mit sich selbst von jenem Unterschied zu sich selbst, von jener beständig neu entstehenden Andersheit getragen bleibt, die im Leben ruht. Das Leben wird der Andere, gegen den das Selbst nicht aufhören wird, sich zu erobern.

3. Die implizite Teleologie des Freudianismus: Die operativen Begriffe

Kehren wir zu Freud zurück. Die Psychoanalyse, sagten wir, ist eine Analyse, und es besteht kein Grund, sie durch eine Synthese zu ergänzen. Ich glaube zeigen zu können, daß diese Analyse in ihrer ureigensten »regressiven« Struktur nur *verstanden* werden kann im Gegensatz zu einer Teleologie des Bewußtseins, die ihr nicht äußerlich bleibt, sondern auf die sie von sich aus verweist. Welches sind nun die Züge einer impliziten Teleologie, die wir im Freudianismus zu erkennen meinen? Sind wir nicht im Begriff, Freud zu überinterpretieren? Ich bestreite nicht, daß diese Züge nur dann »heraustreten«, wenn die Lektüre Freuds mit einer Lektüre Hegels gekoppelt wird; daher habe ich die sukzessiven Momente meiner philosophischen Interpretation wohl unterschieden: epistemologisches Moment, reflektives Moment, dialektisches Moment. Doch hoffe ich zeigen zu können, daß ich gleichzeitig Freud besser zu lesen und mich selber, wenn ich Freud lese, besser zu begreifen vermag.
Diese implizite Teleologie läßt sich mittels Konvergenz dreier Arten von Indizien einkreisen. Sie scheint mir zunächst durch gewisse operative Begriffe des Freudianismus bezeichnet zu sein, ich meine Begriffe, die Freud zwar gebraucht, aber nicht thematisiert. Zweitens sehe ich sie in bestimmten sehr wohl thematisierten Begriffen am Werk, wie in dem der Identifizierung, die jedoch mit der herrschenden Konzeptualität der Psychoanalyse nicht übereinstimmen. Schließlich zeichnet sich die Leerstelle der Teleologie anläßlich einiger Probleme ab, die ungelöst bleiben, wiewohl sie offensichtlich dem Kompetenzbereich der Psychoanalyse angehören, wie das der Sublimierung. Mir schien, daß diese Probleme innerhalb einer dialektischen Perspektive, wo nicht gelöst, so doch besser formuliert werden könnten.

Jede Lehre macht von Begriffen Gebrauch, die in ihrer Theorie nicht reflektiert sind; die Ausmerzung solcher Begriffe würden den Zustand der totalen Reflexion oder des absoluten Wissens verwirklichen, der mit der Endlichkeit der Erkenntnis unvereinbar ist. Man tut also der Psychoanalyse nicht Unrecht, wenn man in ihr operative Begriffe unterscheidet, die, um thematisiert zu werden, eine andere Begriffssprache erheischen als die ihrer Topik oder Ökonomik.

Diese operativen Begriffe sind eben jene, die es uns erlaubten, die Psychoanalyse sowohl von der Phänomenologie als auch von der wissenschaftlichen Psychologie abzugrenzen; sie beruhen auf der Konstitution des »psychoanalytischen Feldes« als dualer Beziehung, als einer Beziehung der Zwiesprache. Während die Metapsychologie einen isolierten »psychischen Apparat« thematisiert und die Freudsche Topik solipsistisch ist, ist die analytische Situation von vornherein intersubjektiv. Diese Situation hat nicht nur eine vage Ähnlichkeit mit der Hegelschen Dialektik des verdoppelten Bewußtseins, sondern der Bewußtseinsprozeß, der in der analytischen Beziehung statthat, weist eine erstaunliche strukturelle Homologie mit ihr auf. Die gesamte analytische Beziehung kann neu interpretiert werden als Dialektik des Bewußtseins, die vom Leben zum Selbstbewußtsein, von der Wunschbefriedigung zur Anerkennung des anderen Bewußtseins fortschreitet. Wie es die entscheidende Episode der Übertragung lehrt, führt das Bewußtwerden nicht nur über das Bewußtsein des Anderen, das des Analytikers, sondern es enthält auch eine Phase des Kampfes, der durchaus an den Kampf um die Anerkennung erinnert. Es ist in der Tat eine nicht-egalitäre Beziehung, in der der Patient, ähnlich dem Knecht in der Hegelschen Dialektik, das andere Bewußtsein bald als das Wesentliche, bald als das Unwesentliche sieht; auch er hat seine Wahrheit in erster Linie im Anderen, bevor er durch eine der Arbeit des Knechts vergleichbare »Arbeit« – die der Analyse – zum Herren wird. Eines der Zeichen dafür, daß die Analyse beendet ist, ist gerade die Eroberung der Gleichheit der beiden Bewußtseine, wenn nämlich die Wahrheit des Analytikers zur Wahrheit des kranken Bewußtseins geworden ist. Dann ist der Kranke nicht mehr entfremdet, nicht mehr ein Anderer: er ist ein Selbst, ist er selbst geworden. Mehr noch: das, was in der therapeutischen Situation, jener Art Kampf zwischen zwei Bewußtseinen geschieht, darf uns lediglich Zugang verschaffen zu etwas Wichtigerem: die Übertragung – im Verlauf derer der Patient in der derealisierten Situation der Analyse wichtige und bedeutsame Episoden seines Gefühlslebens wiederholt – versichert uns, daß in der therapeutischen Situation gleichsam spiegelbildlich eine ganze Reihe von Situationen auftauchen, die alle schon einmal Zweiersituationen waren: der Wunsch im Freudschen Sinne ist niemals bloße Lebensregung, da er seit je in der intersubjektiven Situation steht. Daher kann man sagen, daß alle Dramen, welche die Psychoanalyse enthüllt, auf der Linie zwischen »Befriedigung« und »Anerkennung« liegen. Der Wunsch des Kindes geht über die Mutter; sodann entdeckt es, daß sein Wunsch nach der Mutter über den Vater geht; hierin liegt das Wesen des Ödipuskonflikts. Und vom Ödipuskonflikt läßt sich das gleiche sagen, was Hegel von der Niederlage der Unmittelbarkeit der Begierde sagt: »In dieser Befriedigung aber macht es [das Selbstbewußtsein] die Erfahrung von der Selbständigkeit seines Gegenstandes.« Und hier endet auch jeder Parallelismus von Hunger und Liebe: der Hunger hat seinen Gegenstand in einem Ding, die Liebe in einer anderen Begierde. Daher sind alle Peripetien der Libido Peripetien der Verdopplung des Selbstbewußtseins. Mehr noch: wie es uns die therapeutische Situation vermuten ließ, handelt es sich jedesmal um Situationen, in denen die Trennung der Bewußtseine eine inegalitäre Trennung ist. Das Bewußtsein des Kindes hat seine Wahrheit zuerst in der Gestalt des Vaters, die sein erstes Sublimes ist, sein Höchstes; wie der Knecht, so hat auch das Kind – durch einen im übrigen ebenso fiktiven Pakt wie der, der den Knecht an seinen Herrn bindet – Sicherheit gegen Unselbständigkeit eingetauscht. Aber mit der Unselbständigkeit muß es Selbständigkeit schaffen.[13]

Wie weit läßt sich diese neue Lektüre des Freudianismus im Lichte der der Hegelschen Phänomenologie homologen operativen Begriffe ausweiten?

Wer auch nur ein wenig mit dem philosophischen Denken des Hegelianismus vertraut ist, wird unweigerlich frappiert sein von dem

---

13 Man stelle die die Objektbeziehung betreffende Diskussion wieder in dieses dialektische Feld; vgl. M. Bouvet, »Le moi dans la névrose obsessionelle. Relation d'objet et méchanisme de défense«, *Revue française de Psychanalyse*, XVII, 1/2 (1953), S. 111–196; »La clinique psychanalytique. La relation d'objet«, *La Psychanalyse d'aujourd'hui*, I, S. 41–121; »Dépersonnalisation et relation d'objet«, *Revue française de Psychanalyse*, XXIV, 4/5 (1960), S. 449–611. G. Grunberger, »Considérations sur l'oralité et la relation d'objet orale«, *Revue française de Psychanalyse*, XXIII, 2 (1959), S. 177–204; »Etude sur la relation objectale anale«, *Revue française de Psychanalyse*, XXIV, 2 (1960), S. 137–168.

ständigen Gebrauch des Gegensatzes bei der Bildung der Freudschen Begriffe. Die drei verschiedenen Triebtheorien sind in der Tat dichotomische Theorien: Sexualtriebe (oder Libido) gegen Ichtriebe; Objektlibido gegen Ichlibido; Lebenstrieb gegen Todestrieb. Freilich heißt Dichotomie noch nicht Dialektik, und die Dichotomie hat jedesmal einen anderen Sinn; aber dieser dichotomische Stil ist aufs engste mit der Entstehung der Bedeutung verbunden: die Dichotomie ist bereits Dialektik.

Auch weisen die »Triebschicksale« eine offenkundige dialektische Form auf; Freud stellt diese Schicksale nach signifikanten Paaren zusammen; Schaulust und Exhibitionslust, Sadismus und Masochismus; in jenen »Verkehrungen« und »Wendungen« bildet sich sowohl eine Dynamik des Wunsches wie eine Dynamik der Bedeutung heraus, da sich in diesen Schicksalen Subjekt und Objekt polar konstituieren. Gehen wir noch weiter. Die Topik selbst kann als eine Dialektik der »Systeme« interpretiert werden; wichtig sind die Beziehungen zwischen den Systemen; was aber sind diese Beziehungen, wenn nicht wiederum eine Triebdialektik? So verbindet Freud die Herausbildung der Systeme ausdrücklich mit einem jener Triebschicksale, mit der Verdrängung. Die Konfliktbeziehung ist sogar so ursprünglich, daß Freud auf den Begriff der Urverdrängung rekurriert, die die Grundlage aller späteren oder eigentlichen Verdrängungen abgeben soll. Die eigentliche Verdrängung setzt also ein bereits Verdrängtes voraus; d. h. es ist kein psychischer Apparat bekannt, der einzig und allein unter dem Regime der Nicht-Verdrängung funktionierte. Anders gesagt, die Dialektik zwischen Primär- und Sekundärsystem ist selbst ursprünglich. Und dieser primitive Charakter der Verdrängung ist nichts anderes als die Struktur des Wunsches, insofern dieser seit jeher einem anderen Wunsch gegenübersteht.

Es gilt also, diese dialektische Struktur in die Topik selbst hineinzutragen. Die Topik ist bekanntlich aus einem einfachen Gegensatz zwischen Bewußtem und Unbewußtem entstanden, und man kann wohl sagen, daß die Topik eine grundlegend dialektische Beziehung in einem Raum ausbreitet. Die Freudsche Systematik objektiviert Beziehungen in einem solipsistischen Apparat, die intersubjektiven Situationen sowie dem Vorgang der Verdopplung des Bewußtseins entspringen. Daher findet man innerhalb der Topik selbst, als intrapsychischer Beziehung, Beziehungen wieder, welche die ursprüngliche Intersubjektivität veranschaulichen.

Und so frage ich mich, ob man nicht nochmals auf das zurückkommen sollte, was uns im Rahmen der Metapsychologie völlig festzustehen schien, nämlich auf die absolut nicht-dialektischen Merkmale des Unbewußten – oder vielmehr des Es, um der Korrektur des Freudschen Vokabulars nach 1914 Rechnung zu tragen. Unter nichtdialektischer Charakterisierung verstehe ich die berühmte Beschreibung jenes Ortes, der abwechselnd Unbewußtes und Es genannt wird, als einer rein affirmativen Macht, die weder Negation, noch Zeitlichkeit, noch Disziplin des Realen kennt und blindlings nach Lust strebt. Dieser absolute, ich meine beziehungslose Wunsch hat außerhalb seiner, an einem anderen Ort, den Ursprung der Negation der Zeit und der Beziehung zum Realen. Daß diese Theorie nur ein abstraktes, wenngleich notwendiges Moment für den Fortschritt des Verständnisses selbst ist, das bestätigt die folgende Überlegung: der Wunsch befindet sich von Anbeginn in der intersubjektiven Situation; er ist Wunsch angesichts der Mutter wie des Vaters, er ist Wunsch angesichts des Wunsches und in dieser Hinsicht schon immer im Prozeß der Negativität, im Prozeß des Selbstbewußtseins.

In noch stärkerem Maße ist die zweite Topik gleichsam die graphische Darstellung einer Dialektik. Die erste Topik, das waren noch intrapsychische Plätze, wenn man so sagen darf; die zweite Topik dagegen sind Rollen, Rollen einer Personologie, die Unpersönliches, Persönliches und Überpersönliches einander entgegenstellt. Die zweite Topik ist die eigentliche Dialektik, durch die hindurch sich die verschiedenen Triebdichotomien und die gegensätzlichen Triebschicksale vollziehen, an die wir soeben erinnerten. Mit der Frage nach dem Über-Ich tritt die dialektische Situation in Erscheinung, die schon die erste Topik ermöglicht hatte, denn sie ist es, die am Ursprung der intrapsychischen Konflikte selbst steht. Der Wunsch hat sein Anderes. Eben deshalb ist die zweite Topik etwas anderes als eine Umarbeitung der ersten Topik; sie entstammt einer Konfrontation der Libido mit einer nicht libidinösen Größe, die sich als Kultur manifestiert. Die Triebökonomik ist nun lediglich der auf der Ebene der solipsistischen Besetzungen geworfene Schatten der Rollendialektik. Daher sind die »Abhängigkeiten des Ichs«, um den Titel des V. Kapitels von Das Ich und das Es aufzugreifen, auf unmittelbarere Weise dialektisch als die topologischen Beziehungen der alten Vorstellung des psychischen Apparats; mehr noch, die Gegensatzpaare – Ich/Es, Ich/Über-Ich, Ich/Welt –, welche jene Abhängigkeiten konstituieren, stellen sich alle, wie in der Hegelschen Dialektik, als Herr-Knecht-Beziehungen heraus, die es sodann zu überwinden gilt.

4. Die implizite Teleologie des Freudianismus: Die Identifizierung

Noch auf eine zweite Art verweist die Genesis des Über-Ichs im Freudianismus auf eine nicht thematisierte teleologische Dialektik, und zwar nicht nur mittels der operativen Begriffe, die bei der Konstruktion der verschiedenen Topiken eingesetzt wurden, sondern auch mittels eines Grundbegriffs, der in der Theorie stark herausgearbeitet wurde, jedoch »beiseitefällt«, da er keinen angemessenen begrifflichen Boden im topischen und ökonomischen Standpunkt findet. Dieser Begriff ist der der Identifizierung, dessen allmähliche Herausbildung im Freudschen Werk wir nachvollzogen haben. Die Identifizierung, so scheint mir, bleibt ein mit der Metapsychologie nicht zusammenstimmender Begriff.
In der Tat bleibt im Freudianismus die Autorität das äußerliche Faktum par excellence. Sie ist in der Natur der Libido nicht enthalten, welche nach Befriedigung strebt. Nur durch das Verbot dringt sie in das Triebfeld ein und fügt ihm eine spezifische Wunde zu, deren halb realer, halb fiktiver Ausdruck die Kastrationsdrohung ist. Wie soll nun in der ökonomischen Bilanz, d. h. als Lust-Unlustkosten, das Zusammentreffen des Wunsches mit seinem Anderen erscheinen? Die Metapsychologie formuliert dieses Problem folgendermaßen: Wenn alle Triebenergie aus dem Es stammt, wie kann sich dieser Instinktkern »differenzieren«, d. h. seine Besetzungen gemäß dem Verbot anders verteilen? Diese Niederschrift der Autorität in die Geschichte des Wunsches, diese *erworbene* »Differenz« des Wunsches ruft nach einer besonderen Semantik: der Semantik der Ideale. Ich komme nicht nochmals auf die Probleme der Entschlüsselung und Deutung zurück, welche diese neue Semantik aufwirft; sie haben uns unter dem Titel »Das Traumhafte und das Sublime« bereits beschäftigt. Nunmehr interessiert mich die begriffliche Struktur, in der diese »Differenzierung« adäquat dargestellt werden kann.
Meine These ist, daß diese Differenzierung eine Dialektisierung

bewirkt, die der Hegelschen Verdopplung des Bewußtseins homolog ist; die Heraufkunft des Bewußtseins des Anderen im eigenen Bewußtsein geht nun aber nicht vollständig in die Ökonomik ein, in die es zu übertragen man sich bemüht. Das Bewußtsein, das ein anderes Bewußtsein sich gegenüber sieht, läßt sich nicht mehr als Instanz in einer Topik behandeln: so wie die Metapsychologie die analytische Beziehung selbst als intersubjektives Drama nicht theoretisiert, so theoretisiert sie auch nicht das Abenteuer des Wunsches, sobald die Wunsch-Lust-Beziehung über die Wunsch-Wunsch-Beziehung führt. Diese Wunsch-Wunsch-Beziehung stellt die Libido in das Feld einer Phänomenologie des Geistes, und mit Hegel muß über diesen Wunsch nach dem Wunsch gesagt werden: »Das Selbstbewußtsein erreicht seine Befriedigung nur in einem anderen Selbstbewußtsein.«

Die Schwierigkeit Freuds angesichts des Begriffs der Identifizierung ist der präzise Ausdruck dieser Situation. Die Identifizierung, so sagten wir, bleibt mehr der Name eines Problems denn einer Lösung. Letztlich gibt es zwei Identifizierungen, wie wir aus dem VII. Kapitel von MASSENPSYCHOLOGIE UND ICH-ANALYSE erfuhren: in Verlegenheit bringt uns jene, die dem Ödipuskomplex vorausgeht und durch die Auflösung des Ödipuskomplexes nur verstärkt wird. Dieser primären Identifizierung zufolge repräsentiert der Vater das, was das Kind sein und haben möchte; er ist ein nachzuahmendes Vorbild. Der Ödipuskomplex resultiert aus dem Zusammentreffen dieser Identifizierung mit der Bindung an die Mutter als Sexualobjekt. Die Bindung an ein Wesen als das Vorbild dessen, »was man sein möchte«, ist also nicht auf den Wunsch zu haben zurückführbar; *Wunsch, zu sein wie,* und *Wunsch zu haben* können sich einander nähern, sich vermischen, aber nur als zwei unterschiedene, wenn auch verschlungene Vorgänge. Mir scheint also, daß man der Situation leidlich gerecht würde, wenn man sagte, daß die Psychoanalyse diesen intersubjektiven Vorgang der Verdopplung des Bewußtseins ständig voraussetzt, dessen ursprünglicher Gehalt die Metapsychologie nicht Rechnung zu tragen vermag, und daß sie immer nur seine Niederschläge auf der Triebebene theoretisiert. Im Verlauf des Textes werden in der Tat stets die regressiven Aspekte der Identifizierung genannt und ökonomisch interpretiert[14];

---

14 MASSENPSYCHOLOGIE UND ICH-ANALYSE, GW XIII, 106–110. Vgl. oben *Analytik,* II. Teil, Kap. II, S. 225–230.

bei der Untersuchung des Ödipuskomplexes eines kleinen Mädchens beobachtet Freud, daß »*die Identifizierung an die Stelle der Objektwahl getreten* [sei], die Objektwahl sei zur Identifizierung regrediert«. In ähnlichen Worten spricht er von der Identifizierung mit der Mutter beim Homosexuellen, jener Identifizierung, welche die Suche nach einem Sexualobjekt hervorruft, das den eigenen Körper ersetzt und diesen so liebt und pflegt, wie er es von der Mutter erfahren hatte: in diesem bemerkenswerten Fall der Identifizierung ist der regressive Charakter der Ersetzung des aufgegebenen und verlorenen Objekts sowie der regressive Charakter der Introjektion dieses Objekts ins Ich offensichtlich. Von dem folgenden Beispiel der Melancholie und der Introjektion des Objekts, durch die sie charakterisiert wird, gilt das gleiche. Ich möchte behaupten, daß die Psychoanalyse unter dem Namen der Identifizierung nur den auf die Ebene einer Triebökonomik fallenden Schatten eines Übergangs von Bewußtsein zu Bewußtsein kennt, dessen Verständnis einem anderen Interpretationstypus untersteht.

Doch zur gleichen Zeit, wie sie die Identifizierung nur in ihrer affektiven Projektion erfaßt, erneuert sie deren Verständnis durch eine Art von absolut neuer Grenzsicht. In der Tat können wir mit der durch die Auflösung der Objektlibido freigewordenen Energie, also durch ihre Regression, zu zärtlichen Gefühlen fortschreiten, können unsere Gefühlsregungen in kulturelle Objekte investieren. Die Ökonomik erfaßt immer nur die Kehrseite des Phänomens, das sie Introjektion oder Einsetzung des verlorenen Objekts ins Ich nennt. Der auf die ökonomische Ebene fallende Schatten des Übergangs von Bewußtsein zu Bewußtsein ist stets so etwas wie eine Regression; die »Ersetzung einer Objektbindung durch eine Identifizierung« ist die einzige Methode, durch die eine erotische Objektwahl zu einer Ichveränderung wird oder, wie es in Das Ich und das Es heißt, zu einer Methode, das Es zu bewältigen. Ich komme auf diese Texte, die wir im einzelnen interpretiert haben, nicht nochmals zurück.[15] Ich möchte hier ein weiteres Mal aus der Neuen Folge der Vorlesungen zur Einführung in die Psychoanalyse zitieren, welche die vorletzte Reflexion Freuds über sein Werk darstellt; nirgendwo liegt die Interferenz zwischen einer Ökonomik des Wun-

---

15 Siehe oben, S. 230–235. Hier müßte das bedeutende Werk von Erik H. Erikson berücksichtigt werden: *Childhood and Society*, 1950; *Young Man Luther*, 1958; *Identity and the Live Cycle*, 1960, *Insight and responsibility*, 1964. Man ver-

sches und etwas, das nicht mehr zu einer Triebökonomik gehören kann, offener zutage als hier. Nirgendwo wird deutlicher, daß die Identifizierung in einer Ökonomik nur auf dem Weg der Regression begriffen wird und als begründender Vorgang aus ihr herausfällt: »Wenn man ein Objekt verloren hat oder es aufgeben mußte, so entschädigt man sich oft genug dadurch, daß man sich mit ihm identifiziert, es in seinem Ich wieder aufrichtet, so daß hier die Objektwahl gleichsam zur Identifizierung regrediert.«[16] Daß sozusagen etwas Wesentliches in dem Augenblick verlorengeht, wo die Identifizierung in ihrer ungeheuren Dimension erkannt wird, das zu bezeugen genügt das folgende Eingeständnis: »Ich bin von diesen Ausführungen über die Identifizierung selbst durchaus nicht befriedigt, aber genug, wenn Sie mir zugeben können, daß die Einsetzung des Über-Ichs als ein gelungener Fall von Identifizierung mit der Elterninstanz beschrieben werden kann.«[17]

Dieser Text fordert uns auf, die Struktur des Hegelschen Selbstbewußtseins noch weiter in den Freudschen Wunsch hineinzutragen. Der Punkt, der uns hier interessiert, ist jener berühmte »Objektverlust« der so oft im selben Zusammenhang wie die Identifizierung behandelt wird, und zwar, so scheint es, immer in der Perspektive der Regression wie in TRAUER UND MELANCHOLIE. Ist aber dieser Objektverlust stets und grundsätzlich ein regressiver Vorgang, eine Rückkehr zum Narzißmus? Zeugt er nicht vielmehr von einer erzieherischen Umwandlung des menschlichen Wunsches, die in einem nicht-zufälligen, sondern grundlegenden und begründenden Verhältnis zum Prozeß der Verdopplung des Bewußtseins steht? Was sich einer jeden Interpretation, die die Dialektik des Selbstbewußtseins ins Zentrum des Wunsches einführen würde, zu widersetzen scheint, ist wohl die Freudsche Definition der Libido selbst[18]. Diese Definition scheint durch den systematischen Apparat der Topik sorgsam von jedem Verdopplungsvorgang getrennt zu sein. Der Wunsch aber, so sagten wir oben, befindet sich von Anbeginn in der intersubjektiven Situation; daher ist die Identifizierung

---

gleiche dazu J. Laplanche, *Hölderlin et la question du père*, Paris 1961, und A. Vergote, *La Psychanalyse, science de l'homme*, III. Teil: »Psychanalyse et Anthropologie philosophique«, 1964.

16 GW XV, 69.

17 ibid., 70.

18 DREI ABHANDLUNGEN ZUR SEXUALTHEORIE, GW V, 118 ff.

kein Vorgang, der von außen hinzukäme; sie ist die Dialektik des Wunsches selbst. Hierin liegt die tiefe Bedeutung des Ödipuskomplexes als »geglückter« Identifizierung, um den oben erwähnten Ausdruck aufzugreifen. Nicht alles paßt in eine rein regressive Konzeption der Objektaufgabe. Wenn wir sagen, das Über-Ich sei der Erbe des Ödipuskomplexes, so sagen wir weit mehr, als es eine Ökonomik der Entziehung der Besetzung vermuten läßt: das »Aufgeben« des Ödipuskomplexes, der »Verzicht auf die intensiven Objektbesetzungen, die es [das Kind] bei den Eltern untergebracht hatte«, bezeichnen nur, in Termini der Entziehung der Besetzung, den ökonomischen Einschlag eines schöpferischen Vorgangs, nämlich des Fortschreiten der Identifizierung und die Einsetzung einer Struktur. Freud ist nicht weit entfernt, dies zuzugeben: »... und zur Entschädigung für diesen Objektverlust werden die wahrscheinlich längst vorhandenen Identifizierungen mit den Eltern in seinem Ich so sehr verstärkt. Solche Identifizierungen als Niederschläge aufgegebener Objektbesetzungen werden sich später im Leben des Kindes oft genug wiederholen, aber es entspricht durchaus dem Gefühlswert dieses ersten Falles einer solchen Umsetzung, daß deren Ergebnis eine Sonderstellung im Ich eingeräumt wird.«[19]

Dieser Text ist von größter Wichtigkeit für das Verständnis jenes innigen Bandes, das den Objektverlust – den Verzicht auf die libidinöse Besetzung, die ein Schicksal der Libido ist – und die Identifizierung, die zur Dialektik der Verdopplung des Bewußtseins gehört, miteinander verknüpft. Wie bei Hegel führt das Streben nach Befriedigung über die Prüfung des Negativen, sobald es das Feld der Identifizierung betritt, in dem wir das Homologon der Verdopplung des Selbstbewußtseins erkannt haben. Diese Dialektisierung des Wunsches ist dann kein äußerliches Schicksal mehr wie in den metapsychologischen Schriften, die einen absoluten, negationslosen Wunsch setzten und die Intention der Negation der Zensur zuschrieben. Die Zensur aber entgeht der Mythologie des Türhüters, um in der Dialektik der Identifizierung Platz zu nehmen. Zumindest einmal hat Freud den inneren und nicht mehr äußerlichen Charakter der Prüfung des Negativen innerhalb des Wunsches erkannt, und zwar anläßlich des »Trauerverhaltens«, von dem er eine bewundernswerte Beschreibung liefert. Ich komme auf diese Texte,

19 NEUE FOLGE DER VORLESUNGEN ..., GW XV, 70.

die wir ausführlich zitiert und analysiert haben, nicht nochmals zurück. Können wir an ihnen nicht den Beginn einer wahren Dialektik des Wunsches ablesen, wo die Negation mitten in sein Zentrum getragen wird? Sind wir nicht eben dadurch aufgefordert, den Todestrieb neu zu interpretieren und ihn jener Negativität anzunähern, durch die der Wunsch sich erzieht und humanisiert? Besteht nicht eine tiefe Einheit zwischen Todestrieb, Trauer des Wunsches und Übergang zum Symbol?

Es eröffnet sich somit eine Möglichkeit, die Freudschen Schriften im Zeichen der Verdopplung des Bewußtseins neu zu lesen; die Regel dieser erneuten Lektüre wird jenes Hin und Her zwischen einer Dialektik und einer Ökonomik sein, zwischen einer Dialektik, die sich nach der progressiven Einsetzung des Selbstbewußtseins ausrichtet, und einer Ökonomik, die erklärt, durch welche »Besetzungen« und »Entsetzungen« des menschlichen Wunsches hindurch jene schwierige Einsetzung vor sich geht. Ich leugne nicht, daß diese Dialektik von Bewußtsein und Bewußtsein, die sich durch die Identifizierung hindurch vollzieht und in den Tiefen des Wunsches in Form des Objektverlusts nachwirkt, die herrschende Linie der Psychoanalyse ist. Ich möchte vielmehr sagen, daß diese Dialektik sich der Psychoanalyse entgegen ihrer Metapsychologie, ihrer Topik und ihrer Ökonomik aufgedrängt hat, d. h. entgegen dem ausdrücklichen Modell, demgemäß sie sich selbst zu verstehen und ihre eigene Theorie zu erstellen sucht. In einer Ökonomik wird der Kampf der Bewußtseine nicht als Dialektik des Selbst erkannt, sondern nur als ein Schicksal, das dem vom Lustprinzip beherrschten Trieb äußerlich bleibt. Daher ist die Ökonomik in ihrem Grunde solipsistisch; aber die Psychoanalyse als Therapie ist nicht solipsistisch, ebensowenig wie irgendeine der Situationen, über die sie reflektiert; daher integriert die Psychoanalyse entgegen der Ökonomik die Hegelsche Geschichte der Begierde, in der Befriedigung nur durch eine andere Geschichte hindurch, die der Anerkennung, gefunden wird. Und aus diesem Grunde steht die erneute Lektüre, auf die ich vorhin anspielte, in gewisser Weise selber der Freudschen Ökonomik entgegen.

5. Die implizite Teleologie des Freudianismus: Die Frage der Sublimierung

Bei Freud gibt es zwar einen *Begriff* der Identifizierung, doch nur eine *Frage* der Sublimierung. An dieser nicht gelösten Frage tritt die gesamte vorherige Problematik hervor. Mit ihr hängen alle anderen ungelösten Fragen über den Ursprung der Ethik zusammen, insofern sie nicht über den Begriff der Identifizierung führen.

Man wird bemerkt haben, daß unsere *Analytik* keine besondere Untersuchung der Sublimierung enthält. Dies ist kein Zufall: in Freuds Schriften ist der Begriff der Sublimierung grundlegend und zugleich episodisch. Sie wird als ein besonderes Triebschicksal nicht nur der Verkehrung der Triebe in ihr Gegenteil und der Wendung gegen das Subjekt, sondern auch und vor allem der Verdrängung angekündigt. Aber es gibt keine gesonderte Schrift von Freud, die diesem ursprünglichen Schicksal gewidmet wäre. Mehr noch: wie es eine Kritik an Freud gezeigt hat[20], hat der in den DREI ABHANDLUNGEN ZUR SEXUALTHEORIE niedergelegte Theorieentwurf nach 1905 keinerlei nennenswerte Änderung mehr erfahren, abgesehen von seiner Annäherung an die Desexualisierung und Identifizierung. Es lohnt sich also, den Text von 1905 im einzelnen zu untersuchen.

Die DREI ABHANDLUNGEN sprechen von der Sublimierung in vier verschiedenen Episoden:

Die erste Anspielung findet sich in der ersten Abhandlung, »Die sexuellen Abirrungen«, unter dem Titel »Abweichungen in bezug auf das Sexualziel« und dem Untertitel »Fixierungen von vorläufigen Sexualzielen«. Dieser »Ort« der Sublimierung ist kein beliebiger. Die Sublimierung ist eine Abweichung vom Ziel der Libido und kein Objektersatz; diese Abweichung steht den »vorbereitenden Akten« zum endgültigen Sexualakt nahe; genauer knüpft sie sich an die sensorielle Lust (tasten, beschauen, verhüllen, zeigen), die ihrerseits auf dem Wege der vorbereitenden Akte liegt, welche sich loszulösen und als autonomes Sexualziel herauszubilden vermögen, und eben diese Abweichung stellt sie von vornherein in den Bereich der Ästhetik, d. h. eines Kulturphänomens: Die sexuelle Neugierde kann ins Künstlerische abgelenkt (»sublimiert«) werden, »wenn

---

20 Harry B. Levey, »A critique of the theory of sublimation«, *Psychiatry*, 1939, S. 239–270.

man ihr Interesse von den Genitalien weg auf die Körperbildung im ganzen zu lenken vermag«.[21] Gleichzeitig verweist das »Verweilen bei diesem intermediären Sexualziel des sexuell betonten Schauens« sie in den gleichen Bereich wie die Perversion, die ebenfalls ein Verweilen ist, ein Abweichen vom Weg zum eigentlichen Sexualakt. Die der Perversion entgegenstehende Macht wird schon in diesem ersten Text in der Scham und im Ekel gesehen, ohne daß noch Sublimierung und Verdrängung unterschieden würden.

Die der infantilen Sexualität gewidmete Abhandlung bildet den zweiten, also einen genetischen Kontext; diesmal ist das Moment der Sublimierung der Latenzperiode zugeordnet: deutlicher als im vorhergehenden Text wird die Sublimierung nun vom Standpunkt der Kulturleistung aus betrachtet.[22] Ihren Mechanismus knüpft Freud an die Rolle der »psychischen Dämme« – »Ekel, Scham und Moral«; diese Gegenkräfte beziehen sich ausdrücklich auf die perversen Tendenzen der infantilen Sexualität, die ihrerseits mit den erogenen Körperzonen zusammenhängt; die Gegenkräfte oder Reaktionen wenden sich gegen die besonderen, der späteren Entwicklung entstammenden Unlustempfindungen. Dieser zweite Text verbindet also ein weiteres Mal die Sublimierung einerseits mit den erogenen Zonen und der Perversion, andererseits mit der Abweichung vom Sexualziel durch das Spiel von Gegenkräften, ohne daß noch Sublimierung und Verdrängung unterschieden würden.

Noch ein drittes Mal, am Ende derselben Abhandlung unter dem Untertitel »Quellen der infantilen Sexualität«, wird die für die Sublimierung charakteristische Abweichung mit der »Übertragung« verglichen, die sich immer dann beobachten läßt, wenn eine Sexualfunktion aufgrund der Verwandtschaft der erogenen Zonen auf eine andere Funktion übergreift (Freud erwähnt das Beispiel der Lippenzone: eine Störung dieser erogenen Zone äußert sich auf diese Weise mittels Kontiguität als Anorexie): »Die nämlichen Wege aber, auf denen Sexualstörungen auf die übrigen Körperfunktionen übergreifen, müßten auch in der Gesundheit einer anderen wichtigen Leistung dienen. Auf ihnen müßte sich die Heranziehung der sexuellen Triebkräfte zu anderen als sexuellen Zielen, also die Sublimierung der Sexualität vollziehen. Wir müssen mit dem Eingeständnis schlie-

---

21 GW V, 55.
22 GW V, 78 f.

ßen, daß über diese gewiß vorhandenen, wahrscheinlich nach beiden Richtungen gangbaren Wege noch sehr wenig Sicheres bekannt ist.«[23] Dieser Text betont also weniger als die vorherigen den dieser Zielabweichung anhaftenden hemmenden Charakter; andererseits lenkt Freud dadurch, daß er das Problem der Sublimierung so nachdrücklich mit dem Schicksal der erogenen Zonen verknüpft, unsere Aufmerksamkeit auf die Begrenztheit dieses Triebschicksals; in diesem Sinne könnte man von einer Endlichkeit des menschlichen Wunsches sprechen, der letztlich auf einer ausgewählten, relativ begrenzten Sensorialität spielt (die erogenen Zonen sind zwar nicht der Zahl nach, aber doch auf die Oberfläche des Körpers begrenzt).

Der wichtigste Text der DREI ABHANDLUNGEN ist der vierte: er gehört zum Versuch einer Synthese, mit der das Buch schließt; die Sublimierung erscheint hier, neben der Neurose und der Perversion, als ein dritter Ausweg[24]; man weiß bereits, daß Perversion und Neurose eng zusammenhängen, denn »die Neurose ist sozusagen das Negativ der Perversion«[25]. Desgleichen haben wir schon aus früheren Bemerkungen erfahren, daß die Sublimierung aufgrund ihrer ökonomischen Bindung an die intermediären Ziele und die erogenen Zonen in inniger Beziehung zu den Perversionen steht. Diesmal werden die drei »Ausgänge« (in einem Sinn, der die »Triebschicksale« ankündigt) deutlich unterschieden: die Perversion wird in quasi Jacksonschen Termini interpretiert als ein Mangel an Integration durch die Genitalzone; die Neurose, »das Negativ der Perversion«, wird der Verdrängung zugeordnet; die Sublimierung wird begriffen als ein Abfluß und eine Verwendung von überstarken Erregungen (wiederum bei abnormen konstitutionellen Anlagen) auf anderen Gebieten als denen der Sexualität; nichtsdestoweniger sieht Freud in diesen »an sich gefährlichen Veranlagungen« die Ursache für eine »nicht unerhebliche Steigerung der psychischen Leistungsfähigkeit«[26]: die Schöpferkraft im ästhetischen Bereich ist eine ihrer Äußerungen. Genauer gesagt: die künstlerischen Veranlagungen stellen eine variable Mischung aus Leistungsfähigkeit, Perversion und Neurose dar.

Wie steht es schließlich um die Beziehung zwischen Sublimierung

23 GW V, 107.
24 GW V, 140 f.
25 GW V, 65.
26 GW V, 140.

einerseits und Verdrängung andererseits? Dieser letzte Text behandelt auf überraschende Weise die Verdrängung als eine Unterart der Sublimierung; mit dieser Unterart hängt der »Charakter« zusammen, der sich bekanntlich aus durch Fixierung, Sublimierung und Unterdrückung gewonnenen sexuellen Konstitutionen zusammensetzt. Doch Freud zögert nicht hinzuzufügen, daß Verdrängung und Sublimierung Vorgänge seien, »deren innere Bedingungen uns völlig unbekannt sind«[27]. Beide hält er für »konstitutionelle Anlagen«[28]. Nicht zu Unrecht ist dagegen eingewandt worden[29], daß die These, derzufolge die Sublimierung bei Individuen von abnorm starker sexueller Veranlagung ihre Energie aus den infantilen erogenen Zonen bezieht, keinem klinischen Faktum standhält; diese Texte erlauben nicht einmal, sich hinsichtlich der Mechanismen ein genaues Bild zu machen: welches ist die jeweilige Rolle oder auch nur der Sinn der Abweichung und der Reaktionsbildung? Schwer zu sagen; einzig die Reaktionsbildungen werden präzise benannt: Scham, Ekel und Moralität; nur die künstlerische Sublimierung wird angeführt, nur ein einziges paralleles Beispiel einer Reaktionsbildung – der skoptophile Charakter – wird entwickelt. Und schließlich gestattet nichts die Behauptung, daß die ästhetischen oder anderen Werte, auf welche die Energie abgeleitet oder verschoben wird, durch diese Mechanismen entstünden: nur die Schöpferkraft, so scheint es, ist abgeleitet, nicht aber die Objekte selbst, auf die sie sich richtet.

Die späteren Texte bringen mehr Schwierigkeiten als Lösungen. Wir haben bereits das Gegensatzpaar Sublimierung/Idealisierung in dem Aufsatz ZUR EINFÜHRUNG DES NARZISSMUS untersucht. Die Idealisierung betrifft das Objekt des Triebes, die Sublimierung dagegen seine Richtung und sein Ziel; diese Unterscheidung erlaubt es Freud, den Unterschied der beiden Mechanismen zu betonen, insofern die Idealisierung gewaltsam herausgepreßt wird. In diesem neuen Kontext wird die Sublimierung entschieden der Verdrängung entgegengestellt, ohne daß jedoch eine metapsychologische Revision des Mechanismus der Sublimierung vorgenommen würde, der dem Mechanismus der Verdrängung würdig zur Seite gestellt werden könnte. Je mehr Freud die Sublimierung von den anderen Mechanismen, insbesondere von der Verdrängung und sogar der Reaktions-

---

27 GW V, 141.
28 ibid.
29 Levey, l. c., S. 247 ff.

bildung unterscheidet, desto mehr bleibt ihr eigener Mechanismus unerklärt: sie ist eine verschobene, aber nicht verdrängte Energie; sie scheint einer Fähigkeit zu unterstehen, die der Künstler in besonderem Maße besitzt.

Die einzig wirklich neuen deskriptiven Züge wurden zur Zeit von DAS ICH UND DAS ES eingeführt. Die Sublimierung profitiert von der ungeheuren Anstrengung Freuds bei der Ausarbeitung einer Metapsychologie des Über-Ichs. Das von der Verinnerlichung erforderte Aufgeben des Sexualobjekts wird sowohl als ein Austausch zwischen dem Objekt und dem Ich – wobei sich die Objektlibido in narzißtische Libido verwandelt – wie auch als eine Desexualisierung beschrieben, »also eine Art von Sublimierung«, wie Freud hinzufügt. »Ja, es entsteht die eingehender Behandlung würdige Frage, ob nicht alle Sublimierung durch die Vermittlung des Ichs vor sich geht, welches zunächst die sexuelle Objektlibido in narzißtische verwandelt, um ihr dann vielleicht ein anderes Ziel zu setzen.«[30]

Die beiden Neuerungen sind also folgende. Einerseits wird die Desexualisierung zum Angelpunkt dessen, was die früheren Texte »Ablenkung«, »Verschiebung« nannten; nunmehr nimmt Freud die Existenz einer neutralen und verschiebbaren Energie an, welche die erotischen oder zerstörerischen Triebe ergänzt. Andererseits ist das Ich – im Sinne der zweiten Topik – das obligatorische Zwischenglied dieser Umwandlung, was die Sublimierung in die Nähe jener Ichveränderung rückt, die wir Identifizierung nannten; und da die Identifizierung sich um das Vorbild des Vaters dreht, ist auch das Über-Ich in diesen Desexualisierungs- und Sublimierungsvorgang verwickelt. Wir haben also eine dreigliedrige kontinuierliche Sequenz: Desexualisierung, Identifizierung, Sublimierung. In diesem Punkt haben wir uns von unserer Ausgangsbasis entfernt: die Sublimierung scheint nicht mehr eine zum Nicht-Sexuellen abgelenkte perverse infantile Komponente zu sein, sondern eine Objektbesetzung der ödipalen Phase, die durch Desexualisierung und unter dem Druck jener Kräfte, welche die Zerstörung des Ödipuskomplexes herbeigeführt haben, verinnerlicht wurde. Schwierig jedoch zu sagen, welcher der Begriffe den anderen bedingt: Desexualisierung, Sublimierung und Identifizierung sind vielmehr drei nebeneinandergestellte Rätsel. Leider ergibt dies keine klare Idee!

---

30 GW XIII, 258.

Freuds Mißerfolg bei der Lösung des Problemes der Sublimierung gibt uns zu denken: der leere Begriff der Sublimierung erlaubt es uns einerseits, alle unter dem Titel der impliziten Teleologie des Freudianismus aufgezählten Schwierigkeiten zu rekapitulieren, und andererseits, die neue Peripetie einzuführen, die wir unter den sehr behutsamen und propädeutischen Titel »Annäherungen an das Symbol« stellen werden.

Der Begriff der Sublimierung scheint mir in der Tat in zwei Richtungen zu weisen: auf der einen Seite betrifft er die Gesamtheit der Aspekte der sublimen, d. h. der höheren oder höchsten menschlichen Konstitution; auf der anderen Seite betrifft er das symbolische Instrumentarium dieser Förderung des Sublimen. Wir beschränken uns hier auf diese Problematik des Sublimen, außerhalb seines symbolischen Ausdrucks.

Im großen und ganzen entspricht diese erste Seite des Problems den ethischen Aspekten der Sublimierung (während die zweite, grob gesagt, ihren ästhetischen Aspekten entspricht). Freud selbst hat diese ethischen Aspekte bevorzugt behandelt, indem er die Sublimierung zuerst mit den Reaktionsbildungen (Scham etc.), sodann mit der Indentifizierung in Zusammenhang brachte.

Nun bleiben aber alle durch die Konstitution der höheren Instanz ins Spiel gebrachten Vorgänge oder Mechanismen – man nenne sie nun Idealisierung, Identifizierung oder Sublimierung – im Rahmen einer Ökonomik unverständlich. Die Theorie des Über-Ichs schwankt zwischen einem energetischen, aus der ersten Topik ererbten Monismus, demzufolge es nur eine Energiequelle gibt, das Es – oder auch den als Triebreservoir aufgefaßten Narzißmus –, und einem Dualismus von Wunsch und Autorität, demzufolge die einzige Gestalt, die sich nicht auf den Wunsch zurückführen läßt, die des Vaters ist. In genetischer Hinsicht entstammt alles dem Reservoir des Es; damit jedoch der Wunsch sich selbst entrissen werden, damit das Über-Ich sich als eine Reaktionsbildung differenzieren kann, muß es sich die Autorität in der Chiffre des Vaters geben. Daher hält Freud in gleichem Maße an den beiden Thesen fest: das Über-Ich wird von außen erworben und ist in diesem Sinne nicht ursprünglich; andererseits ist es der Ausdruck der mächtigsten Triebe und der wichtigsten Triebschicksale des Es. Die gesamte Ökonomie des Über-Ichs spiegelt sich im Begriff der Sublimierung; dieser Begriff bildet eine Art Kompromiß zwischen den beiden Forderungen: ein »Außen« (Autorität,

Vatergestalt, Herren jeder Rangordnung) zu *verinnerlichen* und ein »Innen« (Libido, Narzißmus, Es) zu *differenzieren*. Die Sublimierung des »Tiefsten« zum »Höchsten« ist das Gegenstück zur Introjektion des »Außen«. Reaktionsbildung, Idealbildung, Sublimierung bezeichnen verwandte Modalitäten dieses Kompromisses. Was aber ist die Konsistenz eines solchen Kompromisses? Verschleiert er nicht eine unschließbare Lücke, außerhalb jeder Dialektik von Archäologie und Teleologie? Ich für meinen Teil zweifle nicht daran, daß es Freud gelungen ist, den prinzipiellen Abstand zwischen der Äußerlichkeit der Autorität, zu der ihn seine Ablehnung einer der Stellung des Ichs immanenten ethischen Begründung verurteilt, und dem von seiner ökonomischen Ausgangshypothese herrührenden Solipsismus des Wunsches zu verringern, einer Hypothese, derzufolge jede Idealbildung letztlich eine Differenzierung des Es ist. Dem Freudianismus fehlt es an einem angemessenen theoretischen Instrument, das die absolut ursprüngliche Dialektik von Wunsch und dessen Anderem verständlich machte.

Das Scheitern der Theorie der Sublimierung hat damit die gleiche Bedeutung wie das Nichtharmonieren des Begriffs der Identifizierung mit der Ökonomik: »Der Wunsch, zu sein wie«, sagten wir mit Freud, ist auf den »Wunsch zu haben« nicht zurückführbar; die Sublimierung birgt eine Irreduzibilität gleicher Art; auch von ihr läßt sich sagen, daß sie allen abgeleiteten Formen vorausgeht und sie einschließt, sei es mittels ästhetischer Umsetzung der sensoriellen Lust der erogenen Zonen, sei es mittels Desexualisierung der Libido zur Zeit der Zerstörung des Ödipuskomplexes; keine der abgeleiteten Formen trägt der ursprünglichen Identifizierung Rechnung, auch nicht dem primitiven Sublimierungsvermögen. Die Verwandtschaft zwischen Sublimierung und Identifizierung ermöglicht es uns, das nicht gelöste Rätsel der Sublimierung mit dem Entstehen des Selbstbewußtseins in der Dialektik des Wunsches in Verbindung zu bringen.

Die Verwandtschaft zwischen dem Begriff der Sublimierung und dem der Idealbildung, so wie er in dem Aufsatz Zur Einführung des Narzissmus erarbeitet wurde, legt die gleiche dialektische Neuinterpretation all dieser benachbarten Mechanismen nahe. Ich weiß wohl, daß Freud Sublimierung und Idealisierung einander nur annähert, um sie einander entgegenzustellen; dem letzteren Mechanismus zufolge bleibt das Ideal der Ersatz für den verlorenen Narzißmus unserer Kindheit[31]; dennoch setzt diese vom Narzißmus abgeleitete Idealprojektion voraus, daß das Ich dieses gescheiterten Cogitos ein Minimum an ethischer Bedeutung einschließt – daß es sich einschätzen, würdigen, verurteilen kann. Es ist gewiß nicht gleichgültig, wenn man von der Psychoanalyse erfährt, daß die Idealbildung sich an das falsche Cogito knüpft; das, was wir unsere Ideale nennen, sind oftmals nichts anderes als Projektionen jener Eigenliebe, der wir an anderer Stelle den Widerstand gegen die Wahrheit zugeordnet haben; die Idealisierung im Freudschen Sinne nähert sich hierin Nietzsches Genealogie der Moral. Weiter oben haben wir dieses unwiderlegbare Verdienst der Psychoanalyse betont; doch mit der narzißtischen Herkunft der Ideale stellt sich ein noch radikaleres Problem: was hat es zu bedeuten, daß das Ego wertet? daß es der Achtung, des Tadels fähig ist? daß es billigt und sich billigt? daß es mißbilligt und sich mißbilligt? Als wir die Freudsche Theorie der Idealbildung darlegten, meinten wir, dieser Vorgang könnte der – flüchtigen und vielleicht nicht intendierten – Unterscheidung zwischen Ichideal und Ideal-Ich zu einigem Ansehen verhelfen; was dieser Unterscheidung weitere Konsistenz verleihen könnte, ist die Tatsache, daß dem Ich eine »Selbstachtung« zugeschrieben wird[32], die von Anfang an im Narzißmus selbst gesetzt ist. Wenn aber das Ich die Kastration fürchten und später die gesellschaftliche Mißbilligung und die Sühne antizipieren und sie als moralische Verurteilung verinnerlichen kann, so deshalb, weil es auch für andere Drohungen als die physische Gefahr empfänglich ist; die gegen die Selbstachtung gerichtete Drohung muß sich ursprünglich von jeder anderen unterscheiden, damit die Kastrationsangst selbst eine ethische Bedeutung gewinnt; die Drohung gegen die physische Integrität muß die Drohung gegen die existentielle Integrität symbolisieren, damit sie den Sinn der Verurteilung und der Sühne erhält.

So führt uns die Sublimierung, ob wir sie nun der Identifizierung oder der Idealisierung annähern, zur zentralen Schwierigkeit der gesamten Freudschen Problematik der Instanzen zurück: Ich, Es, Über-Ich.

Die Psychoanalyse scheint befähigt, die ethischen Merkmale des Ichs anhand affektiver Situationen regressiven Charakters zu entschlüs-

---

31 GW X, 161.
32 GW X, 160.

seln; dies gilt nicht nur für die Praxis, sondern auch für die Theorie. Wie wir sahen, kann die Sublimierung nur als Regression zum Narzißmus ökonomisch formuliert werden. Mag sein, daß die Regression, verstanden als ökonomischer Begriff, nicht mit der zeitlichen Regression, d. h. mit einer Rückkehr zur Kindheit (der Menschheit oder des Individuums) zusammenfällt; aber selbst in ökonomischsten und am wenigsten zeitlichen Sinn genommen und als Aufgeben der Objektbesetzung und Rückkehr zum narzißtischen Reservoir aufgefaßt, erheischt die Regression einen antithetischen Begriff, für den es in der Freudschen Ökonomie keinen Platz zu geben scheint, nämlich den Begriff der Progression. Wie kann sich der Narzißmus differenzieren, sich verschieben? Wie kann sich ein Niederschlag von Identifizierungen im Ich ablagern und es verändern, wenn der Vorgang keine Progression mittels einer Regression ist? Und welches ist das Prinzip dieser Progression? Es scheint mit den Mitteln der Freudschen Metapsychologie äußerst schwer zu erarbeiten zu sein, obgleich es durch die analytische Praxis unaufhörlich vorausgesetzt, wenn auch nicht thematisiert wird. Diese Fragen disqualifizieren die Psychoanalyse in keiner Weise; der größte Gewinn, den die Reflexion aus ihr ziehen kann, liegt darin, daß sie es uns erlaubt, jene Fragen zu stellen – angesichts der inauthentischen Modalitäten der Furcht, der Angst, der narzißtischen Bindung an sich selbst und auch des Hasses – des Hasses auf das Leben inmitten unserer Existenz –, ja sogar einer geheimen Komplizenschaft mit dem Tode. Diese Fragen stellt die Psychoanalyse gleichsam im Negativ, indem sie die archaischen, infantilen und instinkthaften, narzißtischen und masochistischen Züge unserer vorgeblichen Sublimität entlarvt.

Letztlich verweist der leere Begriff der Sublimierung auf die operativen Begriffe des Freudianismus – die in seiner Ökonomik nicht thematisierten Begriffe –, und zwar durch die besser ausgearbeiteten Begriffe der Identifizierung und Idealisierung hindurch. Ich subsumiere sie alle unter die einzige Aufgabe des Bewußtwerdens, welche die Endlichkeit der Analyse definiert. In der NEUEN FOLGE DER VORLESUNGEN schreibt Freud: »Wo Es war, soll Ich werden.«[33] Letztlich ist es gerade diese Aufgabe des Ich-Werdens, die sich ihrem

---

33 GW XV, 86.

Prinzip nach nicht auf die Ökonomik des Wunsches, in die sie sich einschreibt, zurückführen läßt. Doch diese Aufgabe bleibt das von der Freudschen Theorie Ungesagte; der leere Begriff der Sublimierung ist das letzte Symbol dieses Ungesagten. Deshalb spiegeln sich in ihm alle Schwierigkeiten wider, die wir unter dem Titel der impliziten Teleologie des Freudianismus aufgezählt haben; diese Schwierigkeiten lassen sich wie folgt zusammenfassen:

1. Man muß die anfängliche Beziehung des Wunsches zu einer Bewertungsquelle suchen, die außerhalb des energetischen Feldes liegt, damit der Wunsch in die Kultur eintreten kann.

2. Man muß eine paarweise Konstitution der Subjektivitäten postulieren, damit die Identifizierung des Ichs mit seinem Anderen möglich wird.

3. Man muß eine ursprüngliche Selbstachtung annehmen, damit sich die Identifizierung in den Prozeß eines Ichidealisierungsvorganges einschreiben kann.

4. Schließlich muß man, in umgekehrter Richtung zur regressiven Bewegung, deren Theorie die Psychoanalyse aufstellt, eine Fähigkeit zur Progression voraussetzen, die von der analytischen Praxis zwar aktiviert, von der Theorie aber nicht thematisiert wird.

Diese Verschränkung von Progression und Regression habe ich mittels einer durchaus primitiven Dialektik zu denken versucht, der von Archäologie und Teleologie. Damit hoffe ich, nicht nur im Verständnis Freuds, sondern auch im Verständnis meiner selbst Fortschritte gemacht zu haben: denn ein reflektives Denken, daß in eine solche Dialektik eintritt, befindet sich bereits auf dem Weg von der abstrakten zur konkreten Reflexion. Es muß nur noch begreifen, daß Progression und Regression von den gleichen Symbolen getragen werden, – kurz, daß die Symbolik der Ort der Identität von Progression und Regression ist. Dies verstehen hieße, zur konkreten Reflexion selbst vorstoßen.

Kapitel IV
Hermeneutik:
Annäherungen an das Symbol

Erst jetzt gelangen wir zur Ebene der ambitioniertesten Fragestellungen unserer *Problematik*; und erst jetzt ist eine Lösung, nicht mehr eine eklektische, sondern eine dialektische Lösung des hermeneutischen Streits in Sicht. Das Prinzip der Lösung kennen wir nun: es liegt in der Dialektik von Archäologie und Teleologie. Es bleibt noch, das »gemischte« *Konkrete* aufzufinden, von dem wir Archäologie und Teleologie ablesen. Dies »gemischte« Konkrete ist das *Symbol*. Auf eigene Gefahr hin mache ich mich anheischig zu zeigen, daß das, was die Psychoanalyse »Überdeterminierung« nennt, seinen vollen Sinn in einer Dialektik der Interpretation findet, deren Pole Archäologie und Teleologie sind.

Ohne einen großen Umweg war es nicht möglich, die Überdeterminierung der Symbole zu begreifen; nicht nur konnten wir nicht von ihr ausgehen, es steht auch nicht einmal fest, ob man zu ihr gelangen kann; daher spreche ich von den *Annäherungen an das Symbol*. In der *Problematik* habe ich schon gesagt: die allgemeine Hermeneutik ist noch nicht in Sicht; das vorliegende Buch bildet lediglich eine Propädeutik zu diesem großen Werk. Wir haben uns vorgenommen, den Gegensatz der Hermeneutiken in die Reflexion zu reintegrieren. Und nun, nach einem so langen Umweg, stehen wir erst am Anfang. Blicken wir kurz auf die durchlaufene Strecke zurück.

a) Zuerst mußten wir das Stadium der Entäußerung passieren: Entäußerung des Bewußtseins als des Orts und Ursprungs des Sinns; in dieser Hinsicht erschien uns die Freudsche Psychoanalyse als die Disziplin, die am besten ausgerüstet ist, um diese Askese der Reflexion zu provozieren und durchzuführen: ihre Topik und ihre Ökonomik helfen uns, diesen Ort des Sinns ins: »Unbewußte« zu verlagern, d. h. in einen Ursprung, über den wir nicht verfügen. Dieses erste Stadium endet in einer Archäologie der Reflexion.

b) Sodann galt es, eine Antithetik der Reflexion zu durchmessen; die archäologische Interpretation erschien uns hier als die Kehrseite einer progressiven Genesis des Sinns durch sukzessive Gestalten

hindurch, deren jeweiliger Sinn jedesmal an demjenigen der späteren Gestalten festgemacht wird.
c) Schließlich diente uns Hegel als umgekehrtes Modell und half uns, eine Dialektik, nicht zwischen Freud und Hegel, sondern bei jedem von ihnen zu fixieren. Erst wenn jede Interpretation in der anderen enthalten zu sein scheint, ist die Antithetik nicht mehr nur der Zusammenprall der Gegensätze, sondern der Übergang vom einen in den anderen. Erst in diesem Augenblick liegt die Reflexion wirklich in der Archäologie und die Archäologie in der Teleologie: Reflexion, Teleologie, Archäologie gehen ineinander über.
Und nunmehr scheint es möglich zu sein, in der signifikanten Textur des Symbols die Verschlingung zweier Interpretationslinien zu suchen, deren Versöhnung wir abstrakt gedacht haben.
Das Symbol in diesem Sinne ist das *konkrete* Moment dieser Dialektik, keinesfalls jedoch ihr *unmittelbares* Moment. Das Konkrete ist stets die höchste Stufe der Vermittlung oder die erfüllte Vermittlung. Die Rückkehr zum einfachen Horchen auf die Symbole ist die »Entschädigung nach einem Gedanken«. Das Konkrete der Sprache, dem wir mittels mühsamer Annäherung beikommen, ist die zweite Naivität, von der wir stets nur eine Grenzerkenntnis besitzen.
Für den Philosophen (ich sage ausdrücklich für den Philosophen und nicht für den Dichter) besteht die Gefahr darin, daß er zu früh ankommt, die Spannung verliert, im symbolischen Reichtum und der Fülle des Sinns verflacht. Ich schwöre der in der *Problematik* gegebenen Beschreibung nicht ab; ich sage noch immer, daß die Symbole aufgrund ihrer signifikanten Struktur und der ihr innewohnenden Bewegung des Sinnverweises der Interpretation harren. Aber die Erklärung dieser Bewegung macht die dreifache Disziplin der Entäußerung, der Antithetik und der Dialektik erforderlich. Das Symbol muß dialektisiert werden, damit man dem Symbol gemäß denken kann; erst dann wird es möglich, die Dialektik in die Interpretation selbst einzuschreiben und zum lebendigen Wort zurückzukehren. Und diese letzte Phase der Wiederaneignung bildet den Übergang zur konkreten Reflexion. Indem die Reflexion sich wieder der Sprache zukehrt, tritt sie in die Fülle des gehörten Wortes ein.
Ich möchte nicht, daß man den Sinn dieser letzten Episode mißversteht: jene Rückkehr zum Unmittelbaren ist keine Rückkehr zur

Stille, sondern wirklich zum Wort, zur Fülle der Sprache. Nicht einmal zum ursprünglichen, unmittelbaren Wort, zum dichten Rätsel, sondern zu einem von dem gesamten Prozeß des Sinns gezeichneten Wort. Daher enthält diese konkrete Reflexion keinerlei Konzession an das Irrationale, den Herzenserguß. Die Reflexion kehrt zum Wort zurück und bleibt immer noch Reflexion, d. h. Verständnis des Sinns; die Reflexion wird Hermeneutik. Nur auf diese Weise kann sie konkret werden und dennoch Reflexion bleiben. Die zweite Naivität ist nicht die erste Naivität; sie ist eine nachkritische und nicht vorkritische, sie ist eine gelehrte Naivität.

1. Die Überdeterminierung des Symbols

Meine These ist folgende: das, was die Psychoanalyse Überdeterminierung nennt, läßt sich nicht außerhalb einer Dialektik zweier Funktionen verstehen, die zwar als Gegensätze gedacht werden, die das Symbol aber in einer konkreten Einheit koordiniert. Die Ambiguität des Symbols besteht dann nicht in einem Mangel an Eindeutigkeit, sondern in der Möglichkeit, gegensätzliche und in sich kohärente Interpretationen zu tragen und zu erzeugen.

Die beiden Hermeneutiken, von denen die eine dem Wiederauftauchen archaischer, zur Kindheit der Menschheit und des Individuums gehörender Bedeutungen, die andere dem Auftauchen von antizipatorischen Gestalten unseres geistigen Abenteuers zugewandt ist, tut nichts anderes, als in entgegengesetzten Richtungen die Anfänge des Sinns zu entwickeln, die in der reichen und rätselvollen Sprache enthalten sind, welche die Menschen erfunden und zugleich empfangen haben, um ihre Angst und Hoffnung auszudrücken. Man müßte also sagen, daß ein und dieselben Symbole die Träger zweier Vektoren sind: auf der einen Seite wiederholen sie unsere Kindheit in allen ihren Richtungen, den chronologischen wie den nicht-chronologischen. Auf der anderen Seite erforschen sie unser Erwachsenenleben: »*O my prophetic soul*«, sagt Hamlet. Aber diese beiden Funktionen sind einander nicht mehr äußerlich; sie bilden die Überdeterminierung der authentischen Symbole; indem sie in unsere Kindheit eintauchen und sie auf traumhafte Weise neubeleben, stellen sie die Projektion unserer Möglichkeiten im Bereich des Imaginären dar. Diese authentischen Symbole sind wahrhaft regressiv-progressiv –

durch die Reminiszenz und die Antizipation, den Archaismus und die Prophezeiung.

Diese Explikation der intentionalen Struktur des Symbols weitertreibend, möchte ich sagen, daß der Gegensatz von Regression und Progression, mit dem wir uns herumgeschlagen haben, sowohl um ihn einzusetzen, wie um ihn zu überwinden, – daß dieser Gegensatz die paradoxe Textur expliziert, die man als die Einheit des Verbergens/Enthüllens bezeichnen könnte. Die wahren Symbole liegen am Schnittpunkt dieser beiden Funktionen, die wir bald einander entgegengesetzt, bald miteinander verschmolzen haben; sie verkleiden und entschleiern zugleich; wenn sie die Ziele unserer Triebe verbergen, enthüllen sie zugleich den Prozeß des Selbstbewußtseins: verkleiden/entschleiern, verbergen/aufzeigen – diese beiden Funktionen sind einander nicht mehr äußerlich; sie bringen die beiden Seiten einer einzigen symbolischen Funktion zum Ausdruck. Das Symbol ist es, das aufgrund seiner Überdeterminierung die konkrete Identität zwischen der Progression der Gestalten des Geistes und der Regression zu den Schlüssel-Signifikanten des Unbewußten verwirklicht. Die Beförderung des Sinns vollzieht sich nirgendwo sonst denn im Milieu der Projektionen des Wunsches, der Abkömmlinge des Unbewußten, des Emportauchens des Archaismus. Mit niedergehaltenen, abgelenkten, konvertierten Wünschen speisen wir unsere am wenigsten sinnlichen Symbole. Mit Bildern, die dem beschnittenen Wunsch entstammen, stellen wir unsere Ideale dar. So repräsentiert das Symbol in einer konkreten Einheit, was die Reflexion in ihrem antithetischen Stadium in gegensätzliche Interpretationen aufzulösen verdammt ist; die gegnerischen Hermeneutiken trennen und zerlegen, was die konkrete Reflexion mittels Rückkehr zum einfach vernommenen Wort wieder zusammenfügt. Wenn meine Analyse stimmt, dann ist die berühmte Sublimierungsfunktion kein zusätzlicher Vorgang, dem eine Ökonomik des Wunsches Rechnung zu tragen vermöchte, kein Mechanismus, den man auf die gleiche Ebene wie die anderen Trieb*schicksale* stellen könnte, neben die »Verkehrung«, die »Wendung gegen die eigene Person« und die »Verdrängung«. Die Sublimierung, so könnte man sagen, ist die symbolische Funktion selbst, insofern Entschleierung und Verkleidung in ihr zusammenfallen. Diese Funktion kann die Reflexion zunächst nur sprengen. Eine Ökonomik sondert ihre verkleidende Seite in dem Maße ab, wie der Traum die geheimen Absichten unserer verbotenen Wünsche verbirgt. Es bedarf also des Gegenstückes einer Phänomenologie des Geistes, um die andere Dimension zu retten und im Symbol das Schema des Selbstwerdens aufscheinen zu lassen, das sich dem öffnet, was es enthüllt. Doch es gilt, diese immer wieder von neuem entstehende Dichotomie innerhalb des Symbols selbst zu überwinden und zu sagen, daß jene andere Funktion des Symbols die projektive Funktion durchquert und wiederaufnimmt, um sie zu erhöhen und, im eigentlichen Sinn des Wortes, zu sublimieren; mittels der Verkleidung und der Projektion zieht etwas anderes vorüber, eine Funktion der Entdeckung, der Entschleierung, die das Traumhafte sublimiert.

Bis zu welchem Punkt bleibt diese Konzeption der dialektischen Struktur des Symbols noch mit der strikten Freudschen Lehre verbunden? Ich bestreite nicht, daß Freud unsere Interpretation der Überdeterminierung ablehnen würde.[1] Doch die Behandlung des Symbols in der TRAUMDEUTUNG und in den VORLESUNGEN ZUR EINFÜHRUNG IN DIE PSYCHOANALYSE sieht weniger ungünstig für uns aus, gerade wegen der nicht aufgelösten Zweideutigkeiten und Schwierigkeiten, die Freud hier anhäuft und die ich nun mit denen der Sublimierung vergleichen möchte.

Tatsächlich ist die Freudsche Theorie des Symbols äußerst verwirrend[2]: auf der einen Seite ist der Platz der Symbolik innerhalb des Traummechanismus eng begrenzt: er deckt einzig die Stereotypen, die Stück für Stück der Entschlüsselung des Traums Widerstand leisten, mit Hilfe der spontanen Assoziationen des Schläfers; in diesem Sinne gibt es keine eigentlich symbolische Funktion, die es verdiente, als gesondertes Verfahren neben der Verdichtung, der Verschiebung und der Verbildlichung zu erscheinen; unter dem Gesichts-

---

[1] Zwar findet sich bei Freud die Unterscheidung zwischen *Überdeterminierung* und *Überdeutung* (GW II/III, 253, 270, 272, 528), aber man kann nicht sagen, daß mit der Überdeutung andere Deutungen gemeint sind als die der Psychoanalyse; vgl. oben, *Analytik*, 2. Teil, S. 202, Fn. 25.

[2] Außer den bereits angeführten Arbeiten von J. Lacan vgl. S. Nacht und P. C. Racamier, »La théorie psychanalytique du délire«, *Revue française de Psychanalyse*, XXII, 4/5 (1958), S. 418–574; R. Diatkine und M. Benassy »Ontogénèse du fantasme«, *Revue française de Psychanalyse*, XXVIII, 2 (1964), S. 217–234; J. Laplanche und J. B. Pontalis, »Fantasme originaire, fantasme des origines, origine du fantasme«, *Les Temps Modernes*, XIX, 215 (1964), S. 1833–1868.

punkt der Traumdeutung stellt die Symbolisierung kein Problem dar, weil sich der Traum einer andernorts konstituierten Typik bedient. Das Symbol taucht im Traum in Form eines stenographischen Kürzels auf, dessen genaue Bedeutung ein für allemal feststeht. Aus diesem Grunde kann es direkt gedeutet werden und erheischt keine langwierige und mühsame Entzifferungsarbeit.
Das X. Kapitel der VORLESUNGEN ZUR EINFÜHRUNG IN DIE PSYCHOANALYSE bestätigt diesen ersten Aspekt des Problems: die Vergleichungen »liegen bereit, sie sind ein- für allemal fertig«[3]. Mehr als 15 Jahre nach der TRAUMDEUTUNG wird die Frage der Symbolik also erneut aufgeworfen, anläßlich des Versagens der Assoziationstechnik. Das Symbol untersteht vielmehr einer konstanten Übersetzung, »ganz ähnlich, wie man es in unseren populären Traumbüchern für alle geträumten Dinge findet«.[4] Und Freud erklärt ausdrücklich: »Eine solche konstante Beziehung zwischen einem Traumelement und seiner Übersetzung heißen wir eine *symbolische,* das Traumelement selbst ein *Symbol* des unbewußten Traumgedankens.«[5] Die symbolische Beziehung wird nun eine »vierte« Beziehung, die zur Verdichtung, Verschiebung und Verbildlichung hinzukommt.[6] In dieser Hinsicht erscheint die Deutung der Symbole mittels einer »konstanten Übersetzung« als eine *Ergänzung* zu der auf der Assoziation gründenden Deutung. Wie in der TRAUMDEUTUNG würdigt Freud auch hier Scherner, der als erster begriffen hat, daß die Symbolik im wesentlichen eine Phantastik des Körpers ist. Was symbolisch dargestellt wird, ist der Körper. Die sexuelle Ätiologie der Neurosen hat es Freud lediglich erlaubt, diese Symbolik auf die Sexualität zu zentrieren und jene körperliche Imagination mit der allgemeinen Endlichkeit des Traums zu verknüpfen, d. h. mit seiner Funktion der Ersatzbefriedigung.
Der Leser, der lediglich die *Thematik* dieser Symbolik berücksichtigte, würde allzu schnell zu dem Schluß gelangen, daß in diesem zehnten Kapitel nichts von Interesse stehe. Thematisch gesehen gibt es in der Tat nichts zu sagen, es sei denn dies: einerseits sind die aufgedeckten »Inhalte« monoton – es geht immer um dasselbe: Genitalien, sexuelle Handlungen und Beziehungen –, anderseits sind der »Dar-

---

3 GW XI, 168.
4 GW XI, 151.
5 GW XI, 152.
6 ibid.

stellungen«, die sie veranschaulichen, ungemein viele; man ist geneigt zu sagen: letztlich kann alles Beliebige stets dasselbe darstellen. Und eben diese Polysemie des Symbols muß uns aufhorchen lassen. Sie nämlich stellt die Frage nach dem »Gemeinsamen«, dem *tertium comparationis* der präsumierten Vergleichung.[7] Gerade das *Mißverhältnis*[8] zwischen der Mannigfaltigkeit der Traumdarstellung und der Monotonie der bezeichneten Inhalte, vor allem bei Symbolen mit »unverstandenem Gemeinsamen«[9], wirft unmittelbar das Problem der Beschaffenheit des symbolischen Bandes auf. Aber nicht der Traum stellt dieses Band her; der Traum findet es fertig vor und bedient sich seiner: daher weist die Durcharbeitung des Traums keine Symbolisierungsarbeit auf, die mit der Arbeit der Verdichtung, Verschiebung oder Verbildlichung vergleichbar wäre. Und so stellt sich die Frage: »Woher wir denn eigentlich die Bedeutung dieser Traumsymbole kennen sollen ...?« Die Antwort lautet: »Aus sehr verschiedenen Quellen, aus den Märchen und Mythen, Schwänken und Witzen, aus der Folklore, d. h. der Kunde von den Sitten, Gebräuchen, Sprüchen und Liedern der Völker, aus dem poetischen und dem gemeinen Sprachgebrauch. Überall hier findet sich dieselbe Symbolik vor, und an manchen dieser Stellen verstehen wir sie ohne weitere Unterweisung. Wenn wir diesen Quellen im einzelnen nachgehen, werden wir so viele Parallelen zur Traumsymbolik finden, daß wir unserer Deutungen sicher werden müssen.«[10]

Nicht die »Traumarbeit« also schafft das symbolische Band, sondern wirklich die Kulturarbeit. Was bedeutet das? – daß sich das symbolische Band in der Sprache herstellt. Aber Freud zieht aus dieser Entdeckung keinerlei Konsequenzen; die Analogie zwischen Mythos und Traum dient einzig dazu, die Traumdeutung zu verifizieren und zu bestätigen. Desgleichen dienen die Arbeiten von Otto Rank über »die Geburt des Helden« lediglich dazu, »Parallelen« für die symbolische Darstellung der Geburt im Traum zu liefern. Die Bestätigung der sexuellen Traumsymbolik durch die Symbolik des Mythos entspricht somit einer Reduktion des Mythischen auf das Traumhafte, während doch gerade der Mythos das sprachliche Ele-

7 GW XI, 154.
8 GW XI, 155.
9 GW XI, 159.
10 GW XI, 160 f.

ment liefert, in dem die Semantik des Symbols sich in Wahrheit errichtet hat.

Das Rätsel des Symbols besteht nicht darin, daß das Schiff ein Weib darstellt, sondern daß das Weib bezeichnet ist und daß es, um auf der Ebene des Bildes bezeichnet zu werden, verbalisiert ist. Das gesagte Weib wird zum geträumten Weib, das mythisierte Weib zum Traumweib. Wie aber den Umweg über den Mythos nehmen, ohne zugleich den des Ritus und Kultus einzuschlagen, den der Emblematik und der heraldischen Kunst (Freud erwähnt die französische Lilie sowie das Wappen von Sizilien und der Isle of Man)? Freud ist sich wohl bewußt, daß im Mythos, im Märchen, im Sprichwort, in der Poesie mehr steckt als im Traum. Er selbst sagt es ausdrücklich gegen Ende seiner Studie über die Symbolik: doch dieses Mehr dient ihm lediglich zum Anlaß, die Psychoanalyse auszuweiten, sie zum »Gegenstand des allgemeinen Interesses«[11] zu machen, wobei, wie er stolz sagt, »die Psychoanalyse zunächst der gebende, weniger der empfangende Teil« ist[12]; »... im ganzen ist es die Psychoanalyse, welche die technischen Methoden und die Gesichtspunkte beistellt, deren Anwendung sich auf jenen anderen Gebieten fruchtbar erweisen soll.«[13] Es steht somit zu befürchten, daß die vergleichende Methode auf eine bloße Apologetik beschränkt wird.

Dieser »Imperialismus« hat leider von zweifellos unheilvollen Zusatzhypothesen betreffend die Sprache selbst Unterstützung erfahren. Sich darüber wundernd, daß die Symbolik des Mythos weniger ausschließlich sexuell sei als die des Traums, reduziert Freud die Anomalie auf folgende Weise: er vermutet einen Sprachzustand, in dem alle Symbole sexuelle waren und die »anfänglichen Sprachlaute der Mitteilung gedient und den sexuellen Partner herbeigerufen« haben[14]. Dann sei das sexuelle Interesse auf die Arbeit verlegt worden; aber der Mensch habe sich nur deshalb mit dieser Verlagerung abgefunden, weil sich die Arbeit als Äquivalent und Ersatz für die Geschlechtstätigkeit herausgebildet habe. Die Zweideutigkeit rühre aus jener Zeit her, da »das bei der gemeinsamen Arbeit hervorge-

---

11 GW XI, 170.
12 GW XI, 171.
13 ibid.
14 GW XI, 169. Dieser Text muß mit dem Aufsatz ÜBER DEN GEGENSINN DER URWORTE verglichen werden, den wir oben diskutiert haben (*Dialektik*, S. 406, Fn. 68).

stoßene Wort so zwei Bedeutungen gehabt, den Geschlechtsakt bezeichnet (habe) wie die ihm gleichgesetzte Arbeitstätigkeit ... Auf solche Weise hätte sich eine Anzahl von Sprachwurzeln gebildet, die alle sexueller Herkunft waren und ihre sexuelle Bedeutung abgegeben hatten.«[15] Wenn diese Hypothese, die Freud dem skandinavischen Sprachforscher H. Sperber entlehnt, richtig ist, dann wäre die Symbolbeziehung, die der Traum besser bewahrt als der Mythos, »der Überrest der alten Wortidentität«[16]. Man sieht, weshalb Freud dieser nicht-analytischen Hypothese anhing; sie verschaft unseren Träumen einen Vorsprung vor dem Mythos; wenn der Mythos die umfassendsten Parallelen der Sexualsymbolik liefert, so wird die Ausschließlichkeit der Sexualsymbolik im Traum durch jene »Grundsprache« gerechtfertigt, deren privilegierter Zeuge er wäre.

Aber diese Hypothese, falls sie überhaupt von irgendeinem linguistischen Interesse ist, wirft uns aufs offene Meer zurück: die gesamte Traumsymbolik wird von einer Spracharbeit abhängig gemacht, deren Rätsel die Annahme einer ursprünglichen Identität von Wörtern, die Sexuelles wie Nicht-Sexuelles bezeichnen, nur verschleiert. Die Hypothese dieser ursprünglich zweideutigen Sprachwurzeln ist nur ein Notbehelf, mit dessen Hilfe man das gelöste Problem in eine »Grundsprache« projiziert, in der das Ähnliche bereits das Identische wäre.[17]

---

15 GW XI, 170.
16 ibid.
17 Der Aufsatz von E. Jones über die Symbolik, »The theory of symbolisme« (1916) in: *Papers on Psychoanalysis* (5. Aufl.), London 1948, Kap. III, S. 87-145, ist zweifellos die bemerkenswerteste Arbeit der Freudschen Schule auf der Grundlage des X. Kapitels der VORLESUNGEN ZUR EINFÜHRUNG IN DIE PSYCHOANALYSE. Es ist sowohl in deskriptiver wie in genetischer und kritischer Hinsicht von großem Interesse. In deskriptiver Hinsicht unternimmt es der Autor, das Symbol im psychoanalytischen Sinn unter die indirekten, gemeinhin Symbole genannten Vorstellungen einzureihen, die sich durch die Rolle des Doppelsinns, durch die Analogie zwischen primärem und sekundärem Sinn, durch ihren konkreten, primitiven, verborgenen oder geheimen Charakter und schließlich durch die Spontaneität ihres Evoziertwerdens definieren. Um die »wahre Symbolik« zu kennzeichnen, kommentiert E. Jones die von Rank und Sachs in *Die Bedeutung der Psychoanalyse für die Geisteswissenschaften* (1913) vorgebrachten Kriterien (S. 191): 1. die wahren Symbole repräsentieren stets verdrängte unbewußte Vorstellungen; 2. sie haben eine feste Bedeutung und nur einen kleinen Variationsspielraum; 3. sie hängen nicht von individuellen Faktoren ab; nicht, daß man sie für

Archetypen im Jungschen Sinne halten müßte: es sind vielmehr Stereotype, die den begrenzten und einförmigen Charakter der Grundinteressen der Menschheit verraten; 4. sie sind archaisch; 5. sie haben sprachliche Verbindungen, die die Etymologie auf anschauliche Weise enthüllt; 6. Parallelen in den Bereichen des Mythos, der Folklore, der Dichtung. – Damit wird der symbolische Bereich rundheraus auf die aus einem Kompromiß zwischen dem Unbewußten und der Zensur hervorgegangenen Ersatzgestalten beschränkt und dreht sich unausweichlich um die Themen der Blutsverwandtschaft, der Geburt, der Liebe und des Todes. Dies kommt daher, daß sie der am frühesten verdrängten Funktion entsprechen und diese Funktion sich bei den primitiven Gesellschaften größter Wertschätzung erfreute. Bleibt noch einerseits zu erklären, warum die Sexualität, das gleichförmige Thema der Symbolik, so mannigfaltige Bereiche der Sprache besetzt hat, und andererseits, warum die Assoziation sich vom Sexuellen zum Nicht-Sexuellen vollzieht, niemals umgekehrt; hier muß die genetische Erklärung die Beschreibung im eigentlichen Sinn ablösen; Bezüglich des Ursprungs der assoziativen Verbindung, welche die Symbolik begründet, kann man sich nicht damit begnügen, sich auf eine so negative Ursache wie die Unfähigkeit zur Unterscheidung (die »Wahrnehmungsinsuffizienz«) bei Völkern zu berufen, die im übrigen eine außerordentliche Begabung für Unterscheidungen und Klassifikation haben. Jones macht sich hier, nach Freud, die Theorie des schwedischen Philologen Sperber über eine ursprüngliche Identität zwischen der sexuellen Sprache und der Sprache der Arbeit zu eigen, derzufolge die selben Wörter ursprünglich dazu dienten, den Sexualpartner herbeizurufen und die Arbeit zu rhythmisieren; seither *sagen* Waffen und Werkzeuge, Samen und gepflügte Erde symbolisch das Sexuelle. Meiner Ansicht nach unterstreicht der Aufsatz von E. Jones den behelfsmäßigen Charakter dieser Erklärung, die sich alles gibt, indem sie das Identische vor das Ähnliche setzt; noch schwerwiegender ist, daß sie die *vorgängige Schwierigkeit verschleiert, welche sich aus der Erhebung des erotischen Triebs zur Sprache und ihrem unbegrenzt symbolisierbaren Charakter ergibt*. Man kann sich nicht auf den »Ruf nach dem Sexualpartner« berufen, ohne weiter über das nachzudenken, was den Wunsch zum Sprechen bringt, nämlich die *Abwesenheit* inmitten des Triebs sowie die Verbindung zwischen den *verlorenen* Objekten und der Symbolisierung. Auf die zweite Frage nach dem Ursprung, d. h. warum die Symbolik nach der einen Richtung funktioniert, nach der anderen aber nicht, antwortet Jones, daß die Symbolik eine einzige Funktion habe, diejenige, verbotene Themen zu verkleiden: »Nur das Verdrängte wird symbolisiert, nur das Verdrängte bedarf der Symbolisierung. Diese Folgerung ist der Prüfstein der Psychoanalyse« (S. 116). – Diese Antwort, die jeden die Lehre betreffenden Kompromiß ausschließt, kündigt den eigentlich kritischen Teil des Aufsatzes von E. Jones an: dieser betrifft mein eigenes Unternehmen unmittelbar; die Kritik zielt hauptsächlich auf Silberer, der seit 1909 in einem halben Dutzend Aufsätze eine recht nuancierte Theorie der Symbolbildung entwickelt hatte: Silberer räumt darin anderen Verfahren als der Verkleidung von durch die Zensur verdrängten sexuellen Themen Platz ein; es können auch die Modalitäten der Denkarbeit, ihre Schnelligkeit, ihr Gewicht, ihre Leichtigkeit, ihr Erfolg etc. symbolisiert werden. Die Verdrängung wäre selbst nur eine dieser Modalitäten. Der Hauptvorwurf, den E. Jones dieser »funktionalen Symbolik« macht, ist, daß Silberer »die so mühsam erworbene Kenntnis vom Unbewußten von sich weist und die psychoanalytischen Entdeckungen mittels einer Rückkehr zu den Bedeutungen der Oberfläche, Charakteristika der vorfreudschen Erfahrung, neu interpretiert« (S. 117); jeder Versuch, das Sexualsymbol selbst zum *Symbol für etwas anderes* zu machen, wird damit verworfen; das Sexuelle, so sagen wir, ist stets Signifikat, niemals Signifikant. Weshalb diese Intransinzenz? Weil der Verdrängung, erklärt E. Jones, die einzige Ursache der Entstellung ist, die bei der Bildung der wahren Symbole im Spiele sind; die Abschwächung der *materiellen* Symbolik (die hauptsächlich Sexuelles bezeichnet) in eine *funktionale* Symbolik (die die Modalitäten der Denkarbeit bezeichnet) ist eine List des Unbewußten sowie eine Manifestation unseres Widerstandes gegen die einzig wahre Interpretation der Symbolik; die Interpretation Silberers ist also nur eine defensive und im eigentlichen Sinne reaktionäre Interpretation. Gewiß, so räumt Jones ein, kann jede beliebige nicht-sexuelle Idee symbolisiert werden, doch nur unter der Bedingung, daß sie schon einmal in symbolischer Verbindung mit einem sexuellen Thema stand; und die Funktion der *Metapher* besteht gerade darin, die *Symbolik*, die stets in verbotenen Trieben wurzelt, durch eine harmlose Darstellung des Abstrakten in einem bildlichen Kleid zu ersetzen; so wird die Schlange, ein Sexualsymbol, zur Metapher der Weisheit, der Ring, ein Symbol des weiblichen Organs, zum Sinnbild der Treue etc. Jede Ersetzung der materiellen Symbolik durch eine funktionale Symbolik entstammt einer solchen Neuinterpretation in harmlosen Termini. – Wie stark diese Argumentation auch sein mag, die Intransigenz E. Jones' scheint mir nicht gerechtfertigt; *die Psychoanalyse vermag nicht zu beweisen, daß es keine anderen Quellen des Symbolisierbaren als die verdrängten Triebe gibt.* So kann die Idee, derzufolge in den orientalischen Religionen der Phallus seinerseits zum Symbol einer schöpferischen Kraft wird, nicht aus psychoanalytischen, sondern nur aus philosophischen Gründen beiseite geschoben werden, die auf einer anderen Ebene diskutiert werden müssen. Die verächtliche Ablehnung, die Jones jener Idee entgegensetzt, daß das Symbol eine »analogische« (Silberer), »programmatische« (Adler), »prospektive« (Jung) Funktion ausüben könne, ist sehr bezeichnend: Nach Jones sagen sich jene Autoren von »den Methoden und Regeln der Wissenschaft, besonders den Auffassungen der Kausalität und des Determinismus« los (S. 136). Das Argument ist kein psychoanalytisches, sondern ein philosophisches. Wesentlich aber ist etwas anderes; jede einseitige Theorie des Symbols scheint meiner Meinung nach an einem bestimmten Punkt zu scheitern: zwar trägt sie dem Ersatzcharakter, dem Kompromißwert des Symbols Rechnung, nicht aber seiner Kraft, seinen eigenen Ursprung zu verleugnen und zu überwinden. Die von Freud beschriebene Symbolik bringt das Scheitern der Sublimierung, nicht ihr Zustandekommen zum Ausdruck; Jones gesteht es bereitwillig: »Der Affekt, der die symbolisierte Idee besetzt, hat sich, was die Symbolik angeht, jener qualitativen, durch den Terminus Sublimierung bezeichneten Modifizierung als unfähig erwiesen« (S. 139). Im übrigen führt Jones selbst einen zweiten Pol der symbolischen Funktion ein, wenn er die Symbolik im Rahmen des Realitätsprinzips und nicht mehr nur des Lustprinzips betrachtet (S. 132 f.) und sehr richtig darauf hinweist, daß »jeder Fortschritt auf dem Wege des Realitätsprinzips nicht nur einen Gebrauch der ursprünglichen Assoziation zwischen einer neuen Wahrnehmung und irgendeinem

Meiner Meinung nach versperren diese Spekulationen mehr Wege, als sie eröffnen. Indem sie sich alles von Anfang an geben, verurteilen sie sich dazu, immer nur auf Überbleibsel zu stoßen. Bei unserer Darlegung der Freudschen Symboltheorie in der TRAUMDEUTUNG fragten wir, ob Freud nicht im Unrecht war, als er den Begriff des Symbols auf jene gebräuchlichen stenographischen Kürzel einschränkte; ist das Symbol denn nur ein Überrest, ist es nicht auch ein Erwachen des Sinns? Wir können nun die Frage im Licht unserer dialektischen Auffassung der Überdeterminierung erneut aufgreifen. Ich schlage vor, mehrere Ebenen der Leistungsfähigkeit von Symbolen zu unterscheiden (bevor wir im nächsten Abschnitt mehrere Effektivitätssphären unterscheiden). Auf der niedrigsten Ebene finden wir die sedimentierte Symbolik: Symbolgeröll, stereotyp und zerfallen, weniger benutzt als abgenutzt, das nur noch eine Vergangenheit hat; zu dieser Ebene gehört die Traumsymbolik; es ist auch die Ebene der Märchen und Legenden; hier findet keine Symbolisierungsarbeit mehr statt. Auf einer zweiten Ebene finden wir die Symbole mit einer gebräuchlichen Funktion; dies sind im Gebrauch befindliche, nützliche und benützte Symbole, die eine Vergangenheit und eine Gegenwart besitzen und die, in der Synchronie einer gegebenen Gesellschaft, der Gesamtheit der gesellschaftlichen Verträge als Unterpfand dienen; auf dieser Ebene arbeitet die strukturale Anthropologie. Auf einer höheren Ebene liegen schließlich die prospektiven Symbole; es sind Sinnschöpfungen, welche, indem sie die traditionellen Symbole mit ihrer verfügbaren Polysemie aufgreifen, neue Bedeutungen fördern. Diese Sinnschöpfung spiegelt den lebendigen, nicht sedimentierten und nicht gesellschaftlich festgelegten Kern der Symbolik wider. Im Folgenden werden wir zu erklären versuchen, wie diese Sinnschöpfung sowohl eine Wiederaufnahme der archaischen Phantasien wie eine lebendige Interpretation dieses Phantasiekerns sind. Der Traum liefert lediglich einen Schlüssel zur Symbolik der ersten Ebene; die »typischen Träume«,

unbewußten Komplex bezeichnet, sondern auch einen partiellen Verzicht auf diese Assoziation« (S. 133). Aber in der einseitigen Auffassung der Symbolik kann dieser Verzicht nur eine Schwächung der wahren Symbolik bedeuten, was geschieht, wenn die ursprünglichen Symbole dazu dienen, die Korrektur von objektiven Begriffen oder wissenschaftlichen Verallgemeinerungen zu erleichtern. Auf diese Weise läßt sich dem ungeheuren symbolischen Bereich, den das abendländische Denken seit Plotin und Origenes erforscht hat, nicht Rechnung tragen, sondern lediglich den blassen Metaphern der gewöhnlichen Sprache und ihrer Rhetorik.

anhand derer Freud seine Theorie der Symbolik entwickelt, sind weit davon entfernt, die kanonische Form des Symbols aufzudecken, sie enthüllen vielmehr nur die Niederschläge auf der Ebene der sedimentierten Ausdrücke. Die wahre Aufgabe bestünde also darin, das Symbol in seinem schöpferischen Moment zu fassen und nicht dann, wenn es sich erschöpft hat und im Traum wiederauftaucht, ähnlich jenen stenographischen Zeichen, »deren genaue Bedeutung ein für allemal feststeht«. Die Tragödie *König Ödipus* wird es uns später erlauben, der Geburt des Symbols auf die Spur zu kommen, in dem Augenblick, wo es selbst Interpretation eines alten legendären Kerns ist. Aber es ist nicht möglich, direkt ins Zentrum dieses schöpferischen Herdes vorzustoßen; wir müssen alle verfügbaren Vermittlungen benutzen.

2. Die hierarchische Ordnung des Symbols

Diese dialektische Interpretation des Begriffs der Überdeterminierung, verstanden als doppelte Möglichkeit einer teleologischen und einer regressiven Exegese, muß nun eingesetzt und auf ganz bestimmte Probleme angewandt werden. Welchen Leitfaden wollen wir wählen? Den der *Phänomenologie des Geistes*? Wie ich schon sagte, glaube ich nicht, daß wir nach mehr als einem Jahrhundert die *Phänomenologie des Geistes,* so wie sie geschrieben wurde, restaurieren können. Ich schlage vor, jenes Hierarchieprinzip einer Prüfung durch die Reflexion zu unterziehen, das mir schon im *Homme Faillible* dazu gedient hat, das Gefühl zu gliedern.[18] Die Arbeitshypothese ist plausibel: auch das Gefühl ist »gemischt«, jene Mischung, die Platon als erster im IV. Buch seines *Staats* unter dem Namen des *thymos,* d. h. des »Herzens«, erforscht hat; das »Herz«, sagte Platon, ist bald Kampf um die Vernunft, deren Spitze von Empörung und Tapferkeit es ist, bald schlägt es sich auf die Seite des Begehrens, dessen aggressive Spitze es ist, Irritation, Zorn. Das Herz, so fügte ich hinzu, ist jenes unruhige Herz, welches das Aussetzen der Lust und den Frieden der Glückseligkeit nicht kennt, und ich schlug vor, unter das Zeichen dieses zwiespältigen und fragilen Herzens den gesamten Mittelbereich des Gefühlslebens zwischen den vi-

---

18 *Philosophie de la volonté,* Paris 1960, Kap. III.

talen und den geistigen Gefühlen zu stellen, d. h. jene Tätigkeit, die den Übergang zwischen Leben und Denken, zwischen Bios und Logos bildet. Und schon damals bemerkte ich: »In diesem Zwischenreich konstituiert sich ein Selbst, unterschieden von den Naturwesen und unterschieden von den Mitmenschen ... Erst mit dem *thymos* erhält der Wunsch den Charakter der Differenz und Subjektivität, der ihn zu einem Selbst macht ...«[19]

Dieses Problem des Gemischten will ich nun im Lichte unserer Antithese der beiden Hermeneutiken nochmals aufnehmen. Dieselben Gefühle, die wir damals unter dem Zeichen des *thymos* untersuchten, scheinen uns heute zwei verschiedener Exegesen zu bedürfen, einer im Sinn der Freudschen Erotik, einer anderen im Sinn einer Phänomenologie des Geistes.

Zu diesem Zweck schlage ich vor, die gleiche Trilogie der grundlegenden Gefühle aufzugreifen, die ich damals der Kantischen Anthropologie entlehnte, die Trilogie der Leidenschaften des Habens, des Herrschens und des Geltens, und von neuem die Exegese dieser drei Strebungen vorzunehmen, die der Moralist nur in der verzerrten Maske verkommener Gestalten kennt: der Habsucht, Herrschsucht und Ehrsucht. Hinter dieser tollwütigen und gewalttätigen dreifachen »Sucht« gilt es, das authentische »Suchen« wiederzufinden; es gilt, »hinter dem süchtigen Streben dem humanitären Anliegen, der nicht mehr wahnwitzigen und knechtischen, sondern konstitutiven Suche nach der menschlichen Praxis und dem menschlichen Selbst« beizukommen.[20]

Ich möchte hier die Zugehörigkeit dieser dreifachen Suche einerseits zu einer Phänomenologie Hegelschen Stils und andererseits zu einer Erotik Freudschen Stils aufzeigen.

Äußerst bemerkenswert ist in der Tat, daß die drei Sinnsphären, welche die Bahn des Gefühls durchläuft – vom Haben zum Herrschen und Gelten –, menschliche Bedeutungsbereiche darstellen, die ihrem Wesen nach nicht-libidinös sind. Nicht als ob sie »konfliktfreie Sphären« wären, wie einige Neufreudianer sagen[21]; es gibt keinen menschlichen Existenzbereich, der der libidinösen Besetzung von Liebe und Haß entginge; wichtig aber ist – wie immer die sekundäre Besetzung der zwischenmenschlichen Beziehungen aussehen

---

19 ibid., S. 123.
20 ibid., S. 127.
21 Heinz Hartmann, *Ego Psychology and the problem of adaptation*, Kap. I.

mag, die sich anläßlich des Habens, Herrschens und Geltens knüpfen –, daß diese Sphären nicht durch jene libidinöse Besetzung konstituiert werden.

Wodurch werden sie dann konstituiert? Hier nun zeigt sich für mich der Vorteil der Hegelschen Methode; eine moderne Art und Weise, sein Unternehmen zu erneuern, bestünde darin, durch progressive Synthese die Momente der »Objektivität« festzustellen, nach der sich die menschlichen Gefühle richten, wenn sie um Haben, Herrschen und Gelten kreisen. Mit Absicht sage ich die Momente der Objektivität: jene affektiven Instanzen verstehen, die wir Besitz, Herrschaft, Wertschätzung nennen, heißt aufzeigen, daß diese Gefühle eine Reihe von Objektbeziehungen verinnerlichen, die nicht mehr einer Phänomenologie der Wahrnehmung unterstehen, sondern einer Ökonomik, einer Politik, einer Kulturtheorie. Das Fortschreiten dieser Objektivitätsbildung muß hier die Untersuchung der eigentlich menschlichen Gefühlswelt leiten.[22] Gleichzeitig mit einer neuen Dingbeziehung führt die Suche nach Haben, Herrschen und Gelten neue Beziehungen zu den Mitmenschen ein, durch die hindurch man den Hegelschen Prozeß der Verdopplung des Bewußtseins und die Entwicklung des Selbstbewußtseins verfolgen kann.

Betrachten wir nun aus dieser zweifachen Sicht die sukzessive Konstituierung der drei Sinnsphären.

Unter der Beziehung des *Habens* verstehe ich die Beziehungen anläßlich der Aneignung und der Arbeit in einer Situation der »Knappheit«. Bis heute kennen wir keine anderen Bedingungen des menschlichen Habens. Bei diesen Beziehungen aber sehen wir neue Gefühle entstehen, die nicht in die biologische Sphäre fallen; diese Gefühle entstammen nicht dem Leben, sondern der Reflexion innerhalb der menschlichen Affektivität über einen neuen Objektbereich, eine spezifische Objektivität, nämlich die »ökonomische« Objektivität. Der Mensch erscheint hier als ein Wesen, das solcher Gefühle in bezug auf das Haben sowie einer prinzipiell nicht-libidinösen Entfremdung fähig ist, derjenigen, die Marx in der Theorie des Fetischs Geld beschrieben hat, – jener ökonomischen Entfremdung, von der Marx zeigte, daß sie geeignet sei, ein »falsches Bewußtsein« zu erzeugen,

---

[22] Wie in »*L'homme faillible*« mache ich mir die Idee von Alfred Stern zu eigen, derzufolge das Gefühl die Beziehung des Menschen zur Welt verinnerlicht; es sind somit neue Aspekte der Objektivität, die in den Gefühlen des Habens, Herrschens und Geltens verinnerlicht werden.

das ideologische Denken. Auf diese Weise wird der Mensch erwachsen und, in derselben Bewegung, erwachsener Entfremdung fähig; doch das wichtigste hierbei ist, daß der Herd der Proliferation jener Gefühle, Leidenschaften und Entfremdungen neue Objekte sind, Tauschwerte, monetäre Zeichen, Strukturen und Institutionen. Wir sagen also, daß der Mensch Selbstbewußtsein wird, insofern er diese ökonomische Objektivität als eine neue Modalität seiner Subjektivität erlebt und damit zu spezifisch menschlichen »Gefühlen« gelangt, die sich auf die Verfügbarkeit der Dinge als bearbeitete, angeeignete Dinge beziehen, während er selbst zum aneignenden Enteigneten wird; und diese neue Objektivität erzeugt eine besondere Gruppe von Trieben, Vorstellungen und Affekten.

Auf die gleiche Weise müßte unter dem Aspekt der Objektivität sowie der Gefühle und Entfremdungen, die sie hervorbringt, die Sphäre des *Herrschens* untersucht werden. Auch sie konstituiert sich innerhalb einer objektiven Struktur; so spricht Hegel bei dieser Gelegenheit vom objektiven Geist und meint damit die Strukturen und Institutionen, in denen sich die der politischen Macht eingehende Beziehung des Befehlens/Gehorchens niederschlägt und erzeugt; in dem Maße, wie der Mensch in diese Beziehung eintritt, erzeugt er sich selbst als rein geistiges Wollen, wie wir es am Anfang der *Grundlinien der Philosophie des Rechts* sehen. Auch hier ist die Heraufkunft des Selbstbewußtseins der Heraufkunft einer »Objektivität« reziprok. Es sind rein menschliche »Gefühle«, die sich um dieses »Objekt«, die Macht, gruppieren: Ambition, Unterwerfung, Verantwortung, – und auch spezifische Entfremdungen, deren Beschreibung schon bei den Alten in der Gestalt des »Tyrannen« begonnen hatte. Platon zeigt sehr gut, wie die Krankheiten der Seele, welche die Gestalt des »Tyrannen« aufweist, von einem Zentrum aus zu wuchern beginnen, das er die *dynamis* nennt, die Macht, und bis in den Bereich der Sprache in Form der »Schmeichelei« ausstrahlen; auf diese Weise zieht der »Tyrann« den »Sophisten« nach sich. Es läßt sich also sagen, daß der Mensch insofern Mensch wird, als er fähig ist, in die politische Problematik der Herrschaft einzutreten, als er zu den Gefühlen gelangt, die um die Herrschaft kreisen, und sich den Übeln preisgibt, die ihnen anhaften. Hier entsteht eine eigentlich erwachsene Sphäre der Schuld: Herrschaft macht wahnsinnig, sagt Alain nach Platon. An diesem zweiten Beispiel sieht man sehr gut, daß eine Psychologie des Bewußtseins nur der

Schlagschatten jener Bewegung von Gestalten ist, die der Mensch durchläuft, indem er die ökonomische und dann die politische Objektivität erzeugt.
Dasselbe ließe sich von der dritten rein menschlichen Sinnsphäre sagen, der Sphäre des *Geltens*. Dies dritte Moment kann so verstanden werden: die Konstitution des Selbst erschöpft sich weder in einer Ökonomik noch in einer Politik, sie setzt sich in einer Kulturregion fort. Aber auch hier bekommt die »Psychologie« der Persönlichkeit nur ihren Schatten zu fassen, d. h. den in jedem Menschen vorhandenen Willen, geschätzt, gebilligt und als Person anerkannt zu werden. Meine Existenz für mich selbst ist in der Tat abhängig von jener Selbstkonstituierung in der Meinung Anderer; mein »Selbst« wird – wenn ich so sagen darf – von der Meinung Anderer empfangen, die es sanktionieren. Aber diese Konstituierung der Subjekte, diese gegenseitige Konstituierung mittels »Meinung« wird von neuen Gestalten gelenkt, von denen man in einem neuen Sinne sagen kann, daß sie »objektiv« sind; diese Objekte sind nicht mehr *Dinge* wie noch in der Sphäre des Habens; es entsprechen ihnen nicht einmal mehr *Institutionen* wie in der Sphäre des Herrschens. Nichtsdestoweniger finden sich diese Gestalten des Menschen in den Werken und Denkmälern des Rechts, der Kunst und der Literatur. In dieser Objektivität neuer Art – der Objektivität der eigentlichen Kulturobjekte – setzt sich die Prospektion der Möglichkeiten des Menschen fort. Selbst wenn Van Gogh einen Stuhl malt, malt er den Menschen; er projiziert eine Gestalt des Menschen, nämlich jenen Menschen, der diese dargestellte Welt »hat«. Die Kulturzeugnisse verleihen somit jenen »Bildern« die Dichte des »Dings«; sie lassen sie unter den Menschen existieren, indem sie sie in »Werken« verkörpern. Und durch diese Werke hindurch, vermittels jener Denkmäler, bildet sich eine *Würde* des Menschen und eine Selbstachtung. Auf dieser Ebene schließlich kann der Mensch sich entfremden, degradieren, lächerlich machen, sich vernichten.
So sieht, wie mir scheint, die mögliche Exegese des »Bewußtseins« nach einer Methode aus, die keine Psychologie des Bewußtseins mehr ist, sondern eine reflektive Methode, die von der objektiven Bewegung der Gestalten des Menschen ausgeht, jener objektiven Bewegung, die Hegel Geist nennt. Durch Reflexion läßt sich von ihr die Subjektivität ableiten, die sich ihrerseits zur gleichen Zeit konstituiert, wie jene Objektivität sich erzeugt.

Man sieht also, daß diese indirekte, vermittelte Annäherung an das Bewußtsein nichts zu tun hat mit einer unmittelbaren Gegenwart des Bewußtseins, einer unmittelbaren Selbstgewißheit.

Doch kaum haben wir von der Besonderheit der ökonomischen, politischen und kulturellen Objektivität sowie von den sich auf sie beziehenden menschlichen Gefühlen Zeugnis gegeben, müssen wir die Strecke nochmals in umgekehrter Richtung zurücklegen und die progressive Besetzung dieser Sinnbereiche durch das aufzeigen, was Freud die »Abkömmlinge des Unbewußten« nennt: die drei Sphären, die wir durchlaufen haben, gehören, wie das gesamte Leben der Zivilisation, einer Geschichte der Triebe an; keine der Figuren der Phänomenologie des Geistes entgeht in Wahrheit der libidinösen Besetzung und mithin den der Triebsituation immanenten Regressionsmöglichkeiten. Wir werden in aller Kürze die Dialektik der beiden Hermeneutiken auf der Ebene des Habens und des Herrschens skizzieren, um anschließend die Symbolik der rein kulturellen Sphäre einer gründlichen Analyse zu unterziehen.

Freud schlägt eine libidinöse Interpretation des Habens vor, die mit einer Interpretation, die ihre Besonderheit auf der ökonomischen Ebene wiederherstellt (im Sinn der politischen Ökonomie natürlich), durchaus vereinbar ist. Die Versuche Freuds und der Freudianer, die scheinbar nicht-libidinösen Beziehungen zu Dingen und Menschen von den verschiedenen Stadien der Libido herzuleiten, sind bekannt; orales Stadium, anales Stadium, phallisches Stadium, genitales Stadium. Freud spricht von »Umsetzung«[23], um diese Übertragung von Triebregungen gewisser erogener Zonen auf scheinbar fremde Objekte zu bezeichnen. Und er entlehnt Karl Abraham den Gedanken, daß mit der Entwertung der Exkremente »dieses Triebinteresse aus analer Quelle auf Objekte übergeht, die als Geschenk gegeben werden können ... Im weiteren, durchaus analog dem Bedeutungswandel in der Sprachentwicklung, setzt sich dies alte Kotinteresse in der Wertschätzung von Gold und Geld um, gibt aber auch seinen Beitrag zu affektiven Besetzung von Kind und von Penis ... Es ist unmöglich, sich in den Phantasien, den vom Unbewußten beeinflußten Einfällen und in der Symptomsprache des Menschen zurechtzufinden, wenn man diese tiefliegenden Beziehungen nicht kennt. Kot-Geld-Geschenk-Kind-Penis werden hier wie gleichbedeutend be-

---

[23] Neue Folge der Vorlesungen zur Einführung in die Psychoanalyse, GW XV, 106 f.

handelt, auch durch gemeinsame Symbole vertreten.« In den gleichen Termini spricht Freud von der »Charakterbildung« aufgrund der prägenitalen Phasen der Libido und bringt die Trias Ordentlichkeit, Sparsamkeit und Eigensinn mit der Analerotik in Zusammenhang: »Wir sprechen also von einem Analcharakter, wo wir diese auffällige Vereinigung finden, und bringen den Analcharakter in einen gewissen Gegensatz zur unaufgearbeiteten Analerotik.«[24]

Dieses Beispiel ist aufschlußreich, denn es erlaubt, sowohl auf die Berechtigung wie auf die Gültigkeitsgrenze dieser Art von Deutung mit dem Finger zu weisen. Die Freudsche Interpretation liefert in gewisser Weise eine Hyletik der Affekte (ich gebrauche Hyle oder »Materie« hier im Husserlschen Sinn des Wortes[25]); sie erlaubt es, die Genealogie der großen menschlichen Affekte sowie die Tafel ihrer Verzweigungen aufzustellen. Sie verifiziert das, was Kant geahnt hatte, als er sagte, daß es nur ein einziges »Begehrungsvermögen« gebe; wir würden sagen: die Liebe, mit der wir das Geld lieben, ist die gleiche, mit der wir als Kind unsere Exkremente geliebt haben. Zugleich aber wissen wir genau, daß diese Art des Forschens in den Substrukturen unserer Affekte eine Konstituierung des ökonomischen Objekts nicht ersetzt. Die regressive Genesis unserer Liebe ersetzt nicht eine progressive Genesis in bezug auf die Bedeutungen, Werte und Symbole. Eben aus diesem Grunde spricht Freud von »Triebumkehrung«. Aber eine Dynamik der affektiven Besetzungen ist nicht in der Lage, der Neuerung, der Sinnbildung, die in dieser affektiven Besetzung liegt, Rechnung zu tragen.

Das gleiche möchte ich vom Politischen behaupten, in dem wir einen spezifischen Bereich der zwischenmenschlichen Bindung sowie eine ursprüngliche Schicht geistiger Objekte erkannt haben. Es ist durchaus möglich, auf diesen selben affektiven Komplex sowohl eine Interpretation mittels der Gestalten der Phänomenologie des Geistes wie eine Interpretation jener Art anzusetzen, wie Freud sie 1921 in MASSENPSYCHOLOGIE UND ICH-ANALYSE erarbeitet; die berühmte »Suggestion«, hinter der sich zu Beginn des Jahrhunderts die

---

24 GW XV, 108.
25 Husserl, *Ideen* I, § 85, 97. Zu bemerken ist, daß bei Husserl die Wörter *Formung, Meinung, Deutung* die Beziehung der intentionalen Zielrichtung zur Materie bezeichnet; die erstere »interpretiert« die zweite, wie bei Aristoteles die Rede der Interpret (*hermeneia*) der Affektionen (*pathe*) der Seele ist. Der Vergleich ist um so anschaulicher, als bei Husserl die Hyle ebensosehr affektiv wie sensoriell ist.

Sozialpsychologie verschanzte, wird der Libido angegliedert: es ist der Eros, so verkündet Freud, »der alles in der Welt zusammenhält«[26]. Und kühn schreibt er ein Kapitel über die libidinöse Struktur von Kirche und Heer. Daß ein solches Unterfangen niemals das Niveau einer strukturalen Analyse der Gemeinschaft erreicht, darf uns nicht verwundern; hier dient die konkrete Bindung an den Führer sowie die homosexuelle Besetzung als Leitfaden, und die *Idee*, der Anlaß, der die Gemeinschaft, die Institution zusammenhalten könnte, kann nur als ein Derivat der persönlichen Bindung zutage treten, über das Zwischenglied des unsichtbaren Führers: »Wir haben es hier mit Liebestrieben zu tun«, räumt Freud ein, »die, ohne darum minder energisch zu wirken, doch von ihren ursprünglichen Zielen abgelenkt sind.«[27] Ungeachtet dieser Unfähigkeit einer einfachen Psychoanalyse des Führers, zur fundamentalen Beschaffenheit der sozialen Bindung vorzudringen, ist die Interpretation dennoch ungemein eindrucksvoll.

Noch ein weiteres Mal führt diese Art der Untersuchung unweigerlich zur *Identifizierung*; gerade in dieser Studie findet sich bekanntlich Freuds bedeutendster Versuch über die Identifizierung (Kap. VII): »*Eine solche primäre Masse ist eine Anzahl von Individuen, die ein und dasselbe Objekt an die Stelle ihres Ichideals gesetzt und sich infolgedessen in ihrem Ich miteinander identifiziert haben.*«[28] Aber Freud steckt auch die Grenzen seines Unternehmens ab: letztlich gehört weniger die Entstehung der Gruppe als Institution zu seiner Untersuchung als vielmehr die regressiven Merkmale der Masse, so wie Le Bon sie zu Beginn des Jahrhunderts beschrieben hat, nämlich der »Mangel an Selbständigkeit und Initiative beim Einzelnen, die Gleichartigkeit seiner Reaktion mit der aller anderen, sein Herabsinken zum Massenindividuum«, – und auf der Ebene der Massen als Ganzes betrachtet: »Züge von Schwächung der intellektuellen Leistung, von Ungehemmtheit der Affektivität, die Unfähigkeit zur Mäßigung und zum Aufschub, die Neigung zur Überschreitung aller Schranken in der Gefühlsäußerung und zur vollen Abfuhr derselben in Handlung.«[29]

Selbst dort, wo er seine Untersuchungen auf das ausdehnt, was er

26 GW XIII, 100.
27 GW XIII, 113.
28 GW XIII, 128.
29 GW XIII, 129.

die »künstlichen Massen« nennt – Kirche oder Heer –, entwickelt sich die Erklärung in der Fortsetzung der libidinösen Bindungen, die eine Masse oder die hypothetische Urhorde zusammenhalten: »Der unheimliche, zwanghafte Charakter der Massenbildung, der sich in ihren Suggestionserscheinungen zeigt, kann also wohl mit Recht auf ihre Abkunft von der Urhorde zurückgeführt werden. Der Führer der Masse ist noch immer der gefürchtete Urvater, die Masse will immer noch von unbeschränkter Gewalt beherrscht werden, sie ist im höchsten Grade autoritätssüchtig, hat nach Le Bons Ausdruck den Durst nach Unterwerfung. Der Urvater ist das Massenideal, das an Stelle des Ichideals das Ich beherrscht.«[30] Und er folgert: »Wir erkennen, was wir zur Aufklärung der libidinösen Struktur einer Masse beitragen konnten, führt sich auf die Unterscheidung des Ichs vom Ichideal und auf die dadurch ermöglichte doppelte Art der Bindung – Identifizierung und Einsetzung des [äußeren libidinösen] Objekts an die Stelle des Ichideals – zurück.«[31]

Fragt man jedoch die Psychoanalyse, was die Besonderheit der politischen Bindung als solcher ausmacht, so bleibt ihr nichts anderes übrig, als sich auf eine »Ablenkung«, eine »Abweichung« vom Ziel zu berufen.

Und Freud gesteht in diesem selben Text, daß es »seine Schwierigkeiten hat, in der Darstellung einer solchen Zielablenkung den Anforderungen der Metapsychologie zu entsprechen«.[32] Und er fügt hinzu: »Wenn wir wollen, können wir in dieser Zielablenkung einen Beginn von Sublimierung der Sexualtriebe anerkennen oder aber die Grenze für letztere noch ferner stecken.«[33] Ist dies nicht vielmehr ein Zeichen dafür, daß die Sublimierung selbst ein gemischter Begriff ist, der sowohl eine energetische Abkunft wie eine Sinnerneuerung verrät? Die energetische Abkunft zeugt davon, daß es immer nur *eine* Libido gibt und nur verschiedene Schicksale dieser Libido; die Sinnerneuerung jedoch erheischt eine andere Hermeneutik.

---

30 GW XIII, 142.
31 GW XIII, 145.
32 GW XIII, 155.
33 ibid.

3. Dialektische Wiederaufnahme des Problems der Sublimierung und des Kulturobjekts

Ich möchte nun anhand eines ausgewählten Beispiels zeigen, wie eine dem dritten Zyklus des menschlichen »Suchens« zugehörige Exegese der Symbole in dieser dialektischen Weise geführt werden kann. Dieses Beispiel möchte ich der ästhetischen Sphäre entnehmen, wo die Freudsche Interpretation weniger reduzierend ist als die der religiösen Symbolik; denn gerade hier läßt sich die tiefe Identität der beiden Hermeneutiken, der regressiven und der progressiven, deutlicher und nachdrücklicher aufzeigen. Hier muß auch die Teleologie des Bewußtseins im Filigran der Archäologie selbst aufscheinen und das *telos* des menschlichen Abenteuers sich in der unendlichen Exegese der Mythen und der in unserer Kindheit und Geburt vergrabenen Geheimnisse ankündigen.

Dies ausgewählte Beispiel, dies exemplarische Beispiel soll der *König Ödipus* des Sophokles sein.

Die Tragödie des Sophokles ist insofern bemerkenswert, als sie auf einer Phantasie beruht, welche der Traumdeutung wohl bekannt ist, jener Phantasie, in der wir das infantile Drama erleben, das wir das ödipale nennen. In diesem Sinn können wir mit Freud sagen, daß das von Sophokles geschaffene Werk in nichts weiterem besteht denn in einem Traum. Daher schiebt Freud von Anfang an die klassische Interpretation beiseite, derzufolge *König Ödipus* eine Schicksalstragödie ist, beruhend auf dem Gegensatz zwischen dem übermächtigen Willen der Götter und dem vergeblichen Sträuben des vom Unheil bedrohten Menschen. Dieser Konflikttypus, so meint er, kann den modernen Zuschauer nicht mehr rühren, während er von *König Ödipus* noch erschüttert wird. Was uns erschüttert, ist nicht der Gegensatz zwischen Schicksal und Freiheit, sondern die Natur »dieses« Schicksals, das wir wiedererkennen, ohne es zu kennen: »Sein Schicksal ergreift uns nur darum, weil es auch das unsrige hätte werden können, weil das Orakel vor unserer Geburt denselben Fluch über uns verhängt hat wie über ihn.«[34] Und er vergleicht die Sage und das Drama mit eben jenen Träumen gleicher Art, die uns entsetzen: »König Ödipus, der seinen Vater Laïos erschlagen und seine Mutter Jokaste geheiratet hat, ist nur die Wunscherfüllung

---

34 Die Traumdeutung, GW II/III, 269.

unserer Kindheit ... Vor der Person, an welcher sich jener urzeitliche Kindheitswunsch erfüllt hat, schaudern wir zurück mit dem ganzen Betrag der Verdrängung, welche diese Wünsche in unserem Innern seither erlitten haben.«[35] Wie im Traum begleitet die Szene ein Gefühl des Grauens, mit dem wir der Zensur Genüge tun und dabei dennoch den Traum selber akzeptabel gestalten: »So muß«, sagt Freud, »die Sage Schreck und Selbstbestrafung in ihren Inhalt mit aufnehmen.«[36] Damit würde der berühmte tragische Phobos nur die Gewalt unserer eigenen Verdrängung gegen die Wiederbelebung jener infantilen Wünsche zum Ausdruck bringen: »Ihre weitere Gestaltung rührt wiederum von einer mißverständlichen sekundären Bearbeitung des Stoffes her«[37]; in diese lockere Rubrik stellt er die theologische Interpretation bezüglich des Gegensatzes zwischen Vorstellung und Freiheit.

Hier nun sind wir geneigt, dem eine zweite Interpretation entgegenzuhalten, die in Wahrheit in der vorherigen inbegriffen ist, weil das ödipale Symbol selbst überdeterminiert ist.

Diese andere Interpretation betrifft nicht mehr das Drama des Inzests und des Vatermords, ein Drama, das bereits stattgefunden hat, wenn die Tragödie beginnt, sondern die Tragödie der Wahrheit. Es zeigt sich, daß das Sophokleische Werk nicht darauf abzielt, den Ödipuskomplex im Geist der Zuschauer wiederzubeleben; auf der Grundlage eines ersten Dramas, des Dramas des Inzests und Vatermords, hat Sophokles ein zweites Drama geschaffen, die Tragödie des Selbstbewußtseins, der Selbsterkenntnis. Damit tritt Ödipus zugleich in eine zweite Schuld, eine erwachsene Schuld, die sich in der Anmaßung und im Zorn des Helden ausdrückt; indem Ödipus zu Beginn des Stückes den Unbekannten verflucht, der die Schuld an der Pest trägt, hat er die Möglichkeit ausgeschlossen, daß dieser Mann er selber sein könnte. Das ganze Drama besteht im Widerstand und in der Auflösung dieser Prätention. Deshalb muß Ödipus durch das Leiden in seinem Hochmut gebrochen werden; diese Anmaßung ist nicht mehr der schuldhafte Wunsch des Kindes, sondern der Hochmut des Königs; die Tragödie ist nicht die Tragödie des Kindes Ödipus, sondern des Königs Ödipus. Durch diese in Ansehung der Wahrheit unreine Leidenschaft steht seine Hybris in Ver-

35 ibid.
36 GW II/III, 270 f.
37 GW II/III, 271.

bindung mit der des Prometheus: der blinde Eifer des Nicht-Wissens stürzt ihn ins Verderben. Seine Schuld liegt also nicht mehr in der Sphäre der Libido, sondern in der des Selbstbewußtseins: es ist der Zorn des Mannes als Macht der Un-Wahrheit. Damit wird Ödipus gerade mittels seines Anspruchs schuldig, sich von einem Verbrechen reinzuwaschen, dessen er im ethischen Sinn des Wortes nicht wirklich schuldig ist.

Es ist also möglich, auf das Drama des Sophokles das anzuwenden, was wir eine Antithetik der Reflexion nannten; man könnte diesen Gegensatz der beiden Dramen und der beiden Schuldhaftigkeiten dadurch illustrieren, daß man sagte, dem Ausgangsdrama, jenem, das die Psychoanalyse zu rechtfertigen vermag, entspreche die Sphinx, die das Rätsel der Geburt darstellt, nach Freud die Quelle aller kindlichen Wißbegier, wohingegen das Drama zweiten Grades, jenes, das Freud auf die Rolle der sekundären Verarbeitung, d. h. auf ein Mißverständnis zu reduzieren scheint – wiewohl es die eigentliche Tragödie bildet –, seine Entsprechung im *Seher* Tiresias hat. In der Sprache unserer Antithetik repräsentiert die Sphinx die Seite des Unbewußten und der Seher die des Geistes. Wie in der Hegelschen Dialektik ist *Ödipus* nicht der Mittelpunkt, aus dem die Wahrheit fließt; eine erste Herrschaft, die nichts weiter ist als Hochmut und Dünkel, muß gebrochen werden; und die Gestalt, aus der das Wahre fließt, ist nicht die seine, sondern die des Sehers, den Sophokles die »Kraft der Wahrheit« nennt[38]. Und diese Gestalt ist keine tragische Gestalt mehr; sie repräsentiert und manifestiert die Vision der Totalität; der Seher, ein Verwandter des Narren der elisabethanischen Tragödie, wäre vielmehr die Komödienfigur innerhalb der Tragödie, eine Figur, zu der Ödipus nur durch den Schmerz hindurch gelangt. Das geheime Band zwischen dem Zorn des Ödipus und der Macht der Wahrheit ist somit der Kern der eigentlichen Tragödie. Man könnte sagen, dieser Kern sei nicht das Problem des Sexus, sondern das des Lichts. Der Seher ist blind, was seine leiblichen Augen betrifft, aber er sieht das Wahre im Licht des Geistes. Daher gelangt Ödipus, der das Tageslicht sieht, aber blind ist gegenüber sich selber, nur dann zum Selbstbewußtsein, wenn er selbst der blinde Seher wird. Nacht der Sinne, Nacht des Verstehens, Nacht des Wollens: es gibt nichts mehr zu sehen, nichts mehr zu lieben, nichts, dessen man sich freuen könnte.

38 Sophokles, *König Ödipus*, V. 256.

Dies ist die antithetische Lektüre von *König Ödipus*; aber es gilt nun, die beiden Lektüren in der Einheit des Symbols und seiner Kraft zur Verschleierung und Enthüllung zu verschmelzen. Ich möchte an eine Bemerkung Freuds anknüpfen, die wir übergangen haben und die nicht mehr den »Stoff« des Dramas betrifft, von dem er sagt, er sei mit dem des Traums identisch[39], sondern die Bearbeitung des Dramas selbst: »Die Handlung des Stückes besteht nun in nichts anderem als in der schrittweise gesteigerten und kunstvoll verzögerten Enthüllung – der Arbeit einer Psychoanalyse vergleichbar –, daß Ödipus selbst der Mörder des Laïos, aber auch der Sohn des Ermordeten und der Jokaste ist.«[40] Die Psychoanalyse aber, als therapeutische Tätigkeit, als Prozeß des verdoppelten Bewußtseins, ruft – wir sagten es bereits – die ganze Geschichte von Herrn und Knecht wieder ins Leben. Damit macht die analytische Deutung, insofern sie selber Kampf um Anerkennung und folglich Kampf um die Wahrheit, Bewegung des Selbstbewußtseins ist, das andere Drama anschaulich, das Drama des Zorns und der Un-Wahrheit. Und Freud selber begnügt sich daher nicht damit zu sagen, Ödipus sei »nur die Wunscherfüllung unserer Kindheit«; dies ist die »Traumfunktion des Dramas«. Er fügt auch hinzu: »Während der Dichter in jener Untersuchung die Schuld des Ödipus ans Licht bringt, nötigt er uns zur Erkenntnis unseres eigenen Innern, in dem jene Impulse, wenn auch unterdrückt, noch immer vorhanden sind. Die Gegenüberstellung, mit der uns der Chor verläßt, ›... *sehet, das ist Ödipus, der entwirrt die hohen Rätsel und der erste war an Macht, dessen Glück die Bürger alle priesen und beneideten; seht, in welches Mißgeschickes grause Wogen er versank*‹, diese Mahnung trifft uns selbst und unseren Stolz, die wir seit den Kinderjahren so weise und so mächtig geworden sind in unserer Schätzung.«[41] Daß Freud »diese Mahnung«, welche das Drama der Wahrheit beschließt und sich an den erwachsenen Menschen in uns wendet, nicht deutlich von der bloß traumhaften Wiederbelebung der infantilen Wünsche abgeho-

---

39 GW II/III, 270.
40 GW II/III, 268.
41 GW II/III, 269 f. – Über den Ödipus in der Phantasie, dem Mythos und der Tragödie vgl. C. Stein, »Notes sur la mort d'Oedipe. Préliminaire à une anthropologie psychanalytique«, *Revue française de Psychanalyse*, XXIII, 6 (1959), S. 735-756. Cl. Lévy-Strauss, *Anthropologie structurale*, Paris 1958, Kap. XI [deutsch: Frankfurt 1967].

ben hat, ist gewiß; daher mußte eine antithetische Methode angewandt werden, um diese doppelte Funktion des Sophokleischen Dramas sichtbar zu machen. Erst dann kann die Notwendigkeit, den Bruch zu überwinden, erkannt werden.

In dieser Hinsicht ist das von Sophokles erschaffene Symbol besonders eindrucksvoll; das Erstaunliche ist in der Tat, daß das Drama der Wahrheit gerade am Mysterium der Geburt anknüpft; umgekehrt erweist sich die ödipale Situation als unmittelbar mit allen »geistigen« Nebentönen angereichert, die der Prozeß der Wahrheit hervorbringt: Neugier, Widerstand, Stolz, Jammer, Weisheit. Zwischen der Frage nach dem Vater und der Frage nach der Wahrheit besteht eine geheime Verbindung, die auf der Überdeterminierung des Symbols beruht. Der Vater ist weit mehr als der Vater, und die Frage nach dem Vater weit mehr als eine Befragung über meinen Vater; letztlich wird der Vater niemals in seiner Vaterschaft *gesehen*, sondern nur vermutet; die gesamte Kraft zu fragen ist in den Phantasien dieser Mutmaßung eingehüllt. Die Symbolik der Erzeugung umschließt alle Fragen über Erschaffung, Genesis, Ursprung, Emportauchen. Aber wenn das Ödipusdrama, das des Kindes, potentiell bereits Tragödie der Wahrheit ist, dann muß man umgekehrt sagen, daß die Sophokleische Tragödie der Wahrheit dem Drama des Ursprungs nicht aufgesetzt ist; sie ist nicht, um mit Freud zu sprechen, ein anderer »Stoff« als der Traum. Die sekundäre Tragödie gehört zur primären, wie es die zweideutige und selber überdeterminierte Auflösung bezeugt. Das Verbrechen des Ödipus gipfelt in der Sühne, und der Zorn der Un-Wahrheit vollzieht diese Sühne in Form der Verstümmelung. Die Strafe in der Tragödie des Sexus ist der Weg in die Nacht der Sinne, der die Tragödie der Wahrheit beschließt. Und wenn man vom Ende zum Anfang zurückgeht, dann ist es der aus der ödipalen Situation und der Auflösung des infantilen Komplexes geborene Widerstand, der dem Zorn des Königs gegen den Seher Kraft verleiht.

Die Exegese von *König Ödipus* ermöglicht es uns nun, die parallele Analyse der Sublimierung und des Kulturobjekts zu vervollständigen, die gleichsam ihr noematisches Korrelat ist.

Wir haben die dialektische Interpretation der Sublimierung in den beiden Bereichen des Habens und des Herrschens begonnen und ihren zutiefst antithetischen Charakter erkannt: aufgrund von Affekten, die zu verschiedenen libidinösen Stufen gehören, so sagte ich, bilden wir die Gefühle und die ihnen entsprechenden Bedeutungen, die uns in eine ökonomische und eine politische Ordnung eingliedern. Das Beispiel einer so außergewöhnlichen Schöpfung wie die Tragödie des Sophokles enthüllt mehr als nur eine Antithetik; es zeigt *am Werke selber* die tiefe Einheit von Verkleidung und Entschleierung, die in der Struktur des zum Kulturobjekt gewordenen Symbols besiegelt ist.

Es wird nun also möglich, das Traumhafte und das Poetische auf ein und dieselbe symbolische Stufenleiter zu stellen: Traumproduktion und Kunstschöpfung bilden die beiden äußersten Punkte dieser Stufenleiter, je nachdem, ob im Symbol die Verkleidung oder die Entschleierung, die Entstellung oder die Offenbarung vorherrscht. Mit dieser Formulierung versuche ich sowohl der funktionalen Einheit, die zwischen Traum und Schöpfung besteht, als auch dem Wertunterschied Rechnung zu tragen, der ein bloßes Produkt unserer Träume von den dauerhaften Werken trennt, die fähig sind, in das kulturelle Erbe der Menschheit einzugehen. Zwischen Traum und Schöpfung besteht eine funktionale Kontinuität in dem Sinne, wie Verkleidung und Entschleierung in ihr gemeinsam am Werke sind, wenn auch in umgekehrtem Verhältnis. Daher ist Freud berechtigt, unmerklich von einem zum anderen überzugehen, wie in DER DICHTER UND DAS PHANTASIEREN.[42] Vom nächtlichen Traum zum Tagtraum übergehend, von diesem zum Spiel und zum Humor, sodann zur Folklore und zum Märchen und schließlich zu den Kunstwerken, zeigt er, daß jede Schöpfung der gleichen ökonomischen Funktion unterliegt, die gleiche Ersatzbefriedigung leistet wie die Kompromißbildungen des Traums und der Neurose. Aber die Frage bleibt: kann eine Ökonomik anhand der funktionalen Analogie über das fortschreitende Vorwalten einer mythisch-poetischen Kraft Rechenschaft ablegen, welche das Traumhafte in die Nähe der Wortschöpfungen rückt, die ihrerseits in den Hierophanien des Heiligen und in der Symbolik der kosmischen Elemente wurzeln? Von dieser anderen Funktion erkennt Freud nur einen sehr partiellen Aspekt, die »ästhetische Verlockung«, die er auf die rein formale, durch die Anordnung des Materials und die Technik des Kunstwerks erzeugte Lust

---

42 vgl. oben, *Analytik*, 2. Teil, S. 174 ff. Für die Beziehungen zwischen Traum und Dichtung vgl. P. Luquet, »Ouvertures sur l'artiste et la psychanalyse; la fonction esthétique du Moi«, *Revue française de Psychanalyse*, XXVIII, 6 (1963), S. 585-618.

zurückführt; diese »Verlockung« wird selber in die Ökonomik des Wunsches als Vorlust einbezogen: »Man nennt einen solchen Lustgewinn, der uns geboten wird, um mit ihm die Entbindung größerer Lust aus tiefer reichenden psychischen Quellen zu ermöglichen, eine Verlockungsprämie oder eine Vorlust.«[43] Damit zwingt der ökonomische Rahmen der Erklärung dazu, die gesamte Analyse, die Kant unter dem Titel *Geschmacksurteil* erarbeitet hatte, auf eine »Hedonik« herabzudrücken. Freud wird zwar der funktionalen Einheit von Traum und Schöpfung gerecht, aber der qualitative Unterschied, der Unterschied bezüglich des »Ziels«, der den Trieb dialektisiert, entgeht ihm völlig; aus diesem Grunde bleibt die Frage der Sublimierung ungelöst.

Wir verstehen nun, inwiefern es stimmt und inwiefern es nicht stimmt, daß das Kunstwerk, die dauerhafte und denkwürdige Schöpfung unserer Tage, und der Traum, das flüchtige und sterile Produkt unserer Nächte, psychische Äußerungen gleicher Art sind. Ein und dieselbe Hyletik, ein und derselbe Stoff des Wunsches sichern ihre Einheit; aber die Heraufkunft der Gestalten des Geistes zieht das nach sich, was Freud selbst »Zielumkehrung«, »Zielverschiebung«, »Sublimierung« nennt. Damit rücken wir Freud in die Nähe von Platon, dem Platon des *Ion* und des *Gastmahls*, der die grundlegende Einheit von Poetik und Erotik setzt und die *mania*, den philosophischen Wahn, in die vielfältige Einheit aller Wahnideen und aller Verzückungen stellt. In seiner intentionalen Struktur umschließt das Symbol sowohl die Einheit einer Hyletik wie die qualitative Mannigfaltigkeit der Ziele und Absichten, je nachdem, ob in ihm die Verkleidung seiner Hyle oder die Entschleierung eines anderen geistigen Sinnes vorherrscht. Wenn der Traum ein privater, in der Einsamkeit des Schlafs verlorener Ausdruck bleibt, so deshalb, weil ihm die Vermittlung der Arbeit fehlt, welche die Phantasie in ein hartes Material gießt und sie einem Publikum mitteilt. Aber diese Vermittlung der handwerklichen Arbeit und diese Mitteilung fällt nur solchen Träumen zu, die gleichzeitig Werte tragen, welche das Bewußtsein zu einem neuen Verständnis seiner selbst voranzutreiben vermögen. Wenn der *Moses* des Michelangelo, der *König Ödipus* des Sophokles, der *Hamlet* von Shakespeare Kunstschöpfungen sind, dann insofern, als sie keine bloßen Projektionen der

---

43 GW VII, 223.

Konflikte der Künstler, sondern auch die Konturen ihrer Lösung darstellen; weil im Traum die Verkleidung über die Entschleierung vorwaltet, blickt er eher nach rückwärts, in die Vergangenheit, in die Kindheit. Und weil im Kunstwerk die Entschleierung dominiert, ist es eher ein prospektives Symbol der persönlichen Synthese und der Zukunft des Menschen und nicht nur ein regressives Symptom seiner ungelösten Konflikte. Aus dem gleichen Grunde ist die Lust für uns als Laien nicht nur die bloße, wenn auch mit einer Verlockungsprämie ausgestattete Wiederbelebung unserer eigenen Konflikte, sondern die Lust, an der Arbeit der Wahrheit teilzunehmen, die sich durch den Helden hindurch vollzieht.

Indem wir auf diese Weise zur intentionalen Einheit des Symbols Zugang erhalten, haben wir überwunden, was zwischen Regression und Progression noch an Distanz verblieb. Regression und Progression sind nunmehr weniger zwei wirklich entgegengesetzte Vorgänge als vielmehr die abstrakten, einem einzigen Symbolisierungsmaßstab entnommenen Termini, dessen beide extreme Grenzen sie bezeichnen. Ist der Traum nicht selbst ein variabler Kompromiß zwischen diesen beiden Funktionen, je nachdem, ob der neurotische Aspekt zur Wiederholung und zum Archaismus tendiert oder ob er sich auf dem Weg einer therapeutischen, von sich auf sich selbst ausgeübten Aktion befindet? Und gibt es umgekehrt ein einziges großes von der Kunst geschaffenes Symbol, das nicht in den Archaismus der Konflikte und individuellen oder kollektiven Kindheitsdramen tauchte? Auch die bahnbrechendsten Gestalten, die der Künstler, Schriftsteller oder Denker zu erzeugen vermag, mobilisieren alle zuerst in archaische Gestalten investierte Energien; aber indem der Schaffende jene den Traum- oder neurotischen Symbolen vergleichbaren Gestalten mobilisiert, enthüllt er das am wenigsten verstrichene, am wenigsten geschehene Mögliche und errichtet es als jeweils neues Symbol für den Schmerz des Selbstbewußtseins.

Aber ebenso, wie es eine Stufenleiter im Traumhaften gibt, gibt es vielleicht auch eine Stufenleiter im Poetischen. Der Surrealismus zeigt recht gut, wie die Poetik im Traumhaften neuen Aufschwung gewinnen, ja sogar zu einer Mimesis der Neurose tendieren kann, wenn die ästhetische Schöpfung den Zwangphantasien freien Lauf läßt, sich an Wiederholungen orientiert oder gar zum automatischen Schreiben regrediert. Somit lägen Kunstwerk und Traum nicht nur an den beiden äußersten Enden ein und derselben Stufenleiter des

Symbols, sondern jede dieser Produktionen würde, in einem umgekehrten Verhältnis, Traumhaftes und Poetisches miteinander versöhnen.
Nur eine Studie dieser konkreten Beziehungen, dieser Akzentverschiebungen und Rollenvertauschungen zwischen der Funktion der Verkleidung und der Funktion der Entschleierung könnte das überwinden, was in dem Gegensatz von Regression und Progression abstrakt bleibt. Zumindest haben wir zu erkennen gegeben, daß diese konkrete Dialektik künftig »an« der Sprache und »an« der symbolischen Funktion dieser Sprache erarbeitet werden muß.
Dieser dialektischen Struktur der Sublimierung entspricht eine ähnliche Struktur des »Kulturobjekts«, das ihr Gegenüber ist.
Diese Objekte gehören zur dritten Gefühlssphäre, jener, die wir die Sphäre des »Geltens« genannt haben; jene Gefühle schienen uns einen Sinnbereich zu bilden, der sich nicht auf eine politische Ökonomie oder eine Politik zurückführen läßt: die Bewußtwerdung vollzieht sich nicht mehr einzig und allein in den Beziehungen zwischen mir und dem Meinigen, in den Beziehungen der Aneignung, der gegenseitigen Enteignung, eventuell des Austauschs, der Verteilung und der Gabe, nicht einmal mehr in den Beziehungen der Herrschaft und des Gehorsams, eventuell der Hierarchie, der Verteilung von Einflußbereichen, – sondern die Suche nach Anerkennung nimmt ihren Fortgang in einem Streben nach gegenseitiger Achtung und Billigung. Meine Existenz für mich wird auf diese Weise abhängig von einer Konstituierung in der Meinung des Anderen; das Selbst wird in der Meinung des Anderen empfangen, der es sanktioniert. Diese gegenseitige Konstituierung durch die Meinung wird nun aber wiederum von Objekten gelenkt, jedoch von Objekten, die nicht mehr Dinge sind wie noch die Güter, Waren und Dienstleistungen in der Sphäre des Habens; es entsprechen ihnen nicht einmal mehr Institutionen wie in der Sphäre des Herrschens; jene Objekte sind die Denkmäler und Werke des Rechts, der Kunst, der Literatur, der Philosophie. In dieser Objektivität neuer Art, der Objektivität der eigentlichen Kulturobjekte oder »Werke« vollzieht sich die Erforschung der Möglichkeiten des Menschen. Die gemalten, gehauenen, geschriebenen Werke geben diesen »Bildern des Menschen« die Dichte des Dings, die Härte des Realen; sie lassen sie unter den Menschen existieren, indem sie sie im Material des Steins, der Farbe, der Partitur, des geschriebenen Wortes verkörpern. Durch diese

Werke hindurch, vermittels dieser Denkmäler konstituiert sich eine »Würde« des Menschen, die wiederum das Instrument und die Spur eines Prozesses des verdoppelten Bewußtseins, der Anerkennung des Selbst in einem anderen Selbst ist.

Diese Kulturobjekte, diese Werke aber widersetzen sich einer einfachen Antithetik, welche den schöpferischen Prozeß, an dem sich die Menschwerdung des Menschen entfaltet, von dem affektiven Stoff, an dem jene Geschichte des Geistes arbeitet, absondern würde. Einzig die Überdeterminierung der Symbole erlaubt es, eine wahrhafte Dialetik zu tragen, die sowohl einer Ökonomik der Kultur wie einer Phänomenologie des Geistes gerecht würde. Ich möchte also vorschlagen, das Kulturphänomen als das objektive Milieu zu interpretieren, in dem sich das große Sublimierungsunternehmen mit seiner doppelten Valenz der Verkleidung und Entschleierung ablagert. Finden wir auf diese Weise nicht den Sinn einiger schöner synonymer Ausdrücke wieder? So gemahnt uns z. B. die »Erziehung« an jene Bewegung, durch die der Mensch aus seiner Kindheit herausgeführt wird; diese Bewegung ist im wahren Sinn des Wortes eine »eruditio«, durch die der Mensch sich entarchaisiert, aber auch eine *Bildung,* im doppelten Sinn eines Erbauens und eines Auftauchens der *Bilder* des Menschen, welche die Entwicklung des Selbstbewußtseins abstecken und den Menschen eben dem öffnen, was sie aufdecken. Und diese Erziehung, diese Bildung fungieren als zweite Natur, weil sie die erste Natur neugestalten; in ihnen realisiert sich die von Ravaisson am begrenzten Beispiel der Gewohnheit vorzüglich beschriebene Bewegung; sie ist zugleich die Rückkehr der Freiheit zur Natur durch die Wiederaufnahme des Wunsches in das Werk der Kultur.[44] Durch die Überdeterminierung des Symbols ist dieses Werk aufs engste mit der Welt des Lebens verbunden: wo Es war, soll Ich werden; indem die Poetik unserer Kindheit unseren Archaismus mobilisiert und sich im Traumhaften verkörpert, bewahrt sie das Kulturdasein des Menschen davor, nur ein ungeheurer Kunstgriff zu sein, ein gehaltloser »Artefakt«, ein unnatürlicher und widernatürlicher Leviathan.

---

44 P. Ricoeur, »Nature et liberté«, in: *La Nature humaine,* les »Etudes philosophiques«, 1962.

4. Glaube und Religion: die Zweideutigkeit des Heiligen

Wir stehen nun an der Schwelle dessen, was unser Ausgangspunkt war: die Interpretation der religiösen Symbolik. Aber, wir müssen es gestehen, unsere Denkmethode erlaubt es nicht, die Frage der religiösen Symbolik von Grund auf zu lösen; sie erlaubt uns nur, eine Grenzsicht von ihr zu gewinnen.
Ich möchte nicht zu dem Glauben verleiten, als könne man durch eine allmähliche Ausweitung des reflektiven Denkens dem radikalen Ursprung jener Symbolik beikommen. Dieser listenreichen Extrapolationsmethode will ich mich nicht bedienen. Ich erkläre kurz und bündig, daß ich keinerlei Mittel besitze, die Existenz einer authentischen Problematik des Glaubens anhand einer mehr oder minder der Hegelschen Phänomenologie entlehnten Phänomenologie des Geistes zu beweisen; ich gebe sogar bereitwillig zu, daß sie zweifellos die Mittel einer Philosophie der Reflexion übersteigt, die die frühere Dialektik ungeheuer erweitert hat, jedoch ohne sie zu sprengen, insofern sie durch und durch eine Immanenzmethode bleibt. Sollte es eine authentische Problematik des Glaubens geben, so untersteht sie einer neuen Dimension, die ich einmal, in einem anderen philosophischen Zusammenhang, eine *Poetik des Willens* genannt habe, weil sie den radikalen Ursprung des *Ich will,* das Vermächtnis der Macht an der Quelle seiner Wirksamkeit angeht. Diese neue Dimension nenne ich im besonderen Zusammenhang dieses Buches Anrufung, Kerygma, an mich gerichtetes Wort. In diesem Sinne halte ich an der theologischen Problemstellung von Karl Barth fest. Der Ursprung des Glaubens liegt in der Sollizitierung des Menschen durch das Objekt des Glaubens. Ich werde mich also nicht des geschickten Manövers bedienen, die Frage nach dem radikalen Ursprung aus einer Archäologie des Cogito oder die Frage nach dem Endzweck aus einer Teleologie zu extrapolieren. Die Archäologie weist einzig auf das schon Vorhandene, auf das von dem sich setzenden Cogito schon Gesetzte; und die Teleologie weist einzig auf einen späteren Sinn, der den vorherigen Sinn der Gestalten des Geistes offenläßt; aber dieser spätere Sinn kann immer als der Vorsprung des Geistes vor sich selber verstanden werden, als die Selbst-Projektion in ein Telos. Im Vergleich zu *dieser* Archäologie meiner selbst und *dieser* Teleologie meiner selbst sind Genesis und Eschatologie das Absolut-Andere. Natürlich spreche ich vom Absolut-Anderen nur, insofern es sich an

mich richtet; und das Kerygma, die frohe Botschaft besteht gerade darin, daß sie sich an mich wendet und aufhört, das Absolut-Andere zu sein. Von einem Absolut-Anderen könnte ich nichts wissen. Aber gerade durch die Art, wie es sich nähert, kündigt es sich als das Absolut-Andere, als die Arché und das Telos an, die ich reflektiv zu begreifen vermag. Es kündigt sich an als das Absolut-Andere, indem es seine radikale Andersheit zunichte macht.

Wenn aber auch eine Problematik des Glaubens einen anderen Ursprung hat, so ist doch das Feld ihrer Äußerung eben dasjenige, das wir bisher erforscht haben. Ein Vorgehen vom Anselmischen Typus, d. h. die Bewegung des Glaubens zum Verstehen, durchläuft notwendig eine Dialetik der Reflexion und sucht in ihr das Instrument ihres Ausdrucks. Und hier wird die Frage des Glaubens zu einer hermeneutischen Frage; denn was sich in unserem Fleische zunichte macht, ist das Absolut-Andere als Logos. Eben dadurch wird es Ereignis des menschlichen Wortes und kann nur in der Bewegung der Interpretation dieses menschlichen Wortes erkannt werden. Der »hermeneutische Zirkel« ist entstanden: glauben, das heißt auf die Anrufung horchen; aber damit wir auf die Anrufung horchen können, muß die Botschaft ausgelegt werden. Man muß glauben, um zu verstehen, und verstehen, um zu glauben.[45]

Indem das Absolut-Andere auf diese Weise dem menschlichen Wort »immanent« wird, gibt es sich mittels der Dialektik von Teleologie und Archäologie zu erkennen. Der radikale Ursprung gibt sich nunmehr im Problem meiner Archäologie zu erkennen, wenngleich als ein ganz anderer als irgendein durch die Reflexion angebbarer Ursprung; auch der Endzweck gibt sich durch das Problem meiner Teleologie zu erkennen, wenngleich als ein ganz anderer als irgendeine Antizipation meiner selbst, über die ich verfügen könnte. Schöpfung und Eschatologie kündigen sich als *Horizont* meiner Archäologie und als *Horizont* meiner Teleologie an. Der Horizont ist die Metapher dessen, was sich nähert, ohne je besessenes Objekt zu werden. Alpha und Omega nähern sich der Reflexion als Horizont meiner Wurzeln und Horizont meiner Ziele; es ist der Stamm des Stammes, das Höchste des Höchsten. Hier kann eine Phänomenologie des Heiligen im Sinn von van der Leeuw und Eliade zusammen mit einer kerygmatischen Exegese im Sinne von Karl Barth und

---

45 P. Ricoeur, *La Symbolique du Mal*, Konklusion.

Bultmann (die ich hier nicht einander entgegenzustellen gedenke) die Reflexion ablösen und einem meditierenden Denken neue symbolische Ausdrucksformen darbieten, die an der Nahtstelle zwischen dem Absolut-Anderen und unserer Rede liegen.

Diese Verschränkung stellt sich für die Reflexion als ein Bruch dar: die Phänomenologie des Heiligen ist freilich nicht die Verlängerung einer Phänomenologie des Geistes; eine Teleologie, in Hegelschem Stil, hat zu ihrem Eschaton, zu ihrem letzten Terminus nicht das vom Mythos, Ritus und Glauben getragene Heilige. Worauf diese Teleologie zielt, ist das absolute Wissen, nicht der Glaube; und das absolute Wissen zielt auf keine Transzendenz, sondern auf das Aufgehen jeglicher Transzendenz in einem vollkommen vermittelten Selbst-Wissen. Daher kann man diese Phänomenologie des Heiligen nicht an die Stelle des Eschatons und in die Struktur des Horizonts setzen, ohne den Anspruch des absoluten Wissens in Frage zu stellen. Aber wenn auch die Reflexion nicht von sich aus den Sinn zu erzeugen vermag, der sich in dieser »Herbeikunft« ankündigt – das Reich Gottes ist nahe herbeigekommen –, so begreift sie zumindest, weshalb sie sich nicht verschließen und ihren Sinn mit eigenen Mitteln vollenden kann. Der »Grund« für dieses Scheitern ist das *Böse*. Der Ort der Kontestation, der auch derjenige des Verständnisses der Schwelle sein wird, ist der Ort der Rede, in der sich eine Symbolik des Bösen mit den sukzessiven Gestalten der Kulturwelt verschränkt.

Weshalb denn weigern wir uns zu sagen, daß das »Ende« absolutes Wissen, Erfüllung aller Vermittlungen in einem Ganzen, in einer restlosen Totalität sei? Warum sagen wir, daß dieses Ende nur verkündet, »durch Prophetie versprochen« ist – um die Sprache des *Theologisch-Politischen Traktats* aufzugreifen? Warum geben wir dem Heiligen den von einem absoluten Wissen usurpierten Platz zurück? Warum weigern wir uns, den Glauben in Gnosis zu verwandeln? Ein Grund unter anderen, warum ein absolutes Wissen nicht möglich ist, ist das Problem des Bösen, eben jenes Problem, von dem wir ausgegangen waren und das uns anfangs nur ein Anlaß zu sein schien, das Problem des Symbols und der Hermeneutik zu stellen. Am Ende dieses Weges entdecken wir nun, daß die großen Symbole betreffend die Natur und den Ursprung des Bösen nicht nur irgendwelche Symbole, sondern bevorzugte Symbole sind. Es genügt nicht einmal, wenn man sagt, wie wir es in der *Problematik* taten, daß jede Symbolik des Bösen das Gegenstück zu einer Symbolik des Heils sei, welche das Schicksal des Menschen selbst betrifft; jene Symbole lehren uns etwas Entscheidendes über den Übergang von einer Phänomenologie des Geistes zu einer Phänomenologie des Heiligen. Sie widersetzen sich in der Tat einer jeglichen Reduktion auf rationale Erkenntnis; das Scheitern aller Theodizeen, aller Systeme bezüglich des Bösen zeugt von dem Scheitern des absoluten Wissens im Hegelschen Sinne. Alle Symbole geben zu denken, aber die Symbole des Bösen zeigen auf exemplarische Weise, daß in den Mythen und Symbolen stets mehr enthalten ist als in unserer gesamten Philosophie und daß eine philosophische Interpretation der Symbole niemals absolute Erkenntnis werden kann, – kurz, das Problem des Bösen zwingt uns, von Hegel zu Kant zurückzukehren, ich meine von einer Auflösung des Problems des Bösen in der Dialektik zur Erkenntnis der Stellung des Bösen als eines Unerforschlichen, das folglich auch in keine Spekulation, kein totales und absolutes Wissen eingebracht zu werden vermag. Somit legen die Symbole des Bösen Zeugnis ab vom unüberwindbaren Charakter der gesamten Symbolik; zur gleichen Zeit, da sie uns vom Scheitern unseres Daseins und unserer Kraft, dazusein, erzählen, verkünden sie auch das Scheitern jener Denksysteme, welche die Symbole in ein absolutes Wissen eintauchen möchten.

Aber die Symbolik des Bösen ist auch eine Symbolik der Versöhnung; gewiß wird diese Versöhnung nirgendwo anders gegeben denn in den Zeichen, die sie verheißen; zumindest gibt sie diesem Verständnis des Glaubens, das ich oben das Verständnis der Schwelle genannt habe, stets zu denken; dieses Verständnis annulliert nicht seinen symbolischen Ursprung; es ist kein allegorisierendes Verständnis, sondern eines, das in Symbolen denkt. Das Denken, sagt Nabert, hält sich immer in der »Nähe der Rechtfertigung«. Ich möchte drei Formulierungen vorschlagen, die diese Bindung des Bösen als eines nicht zu Rechtfertigenden an das Heilige als Versöhnung zum Ausdruck bringen, – drei Formulierungen, in denen ich die Grundzüge einer zugleich symbolischen und vernünftigen, prophetischen und sinnreichen Eschatologie sehe, die eine Philosophie der Reflexion am Horizont einer jeden Teleologie des Bewußtseins begrüßen kann, ohne sie wirklich einschließen zu können.

Jede Versöhnung, sage ich als erstes, wird erwartet »zum Trotz . .«, dem Bösen zum Trotz. Dies »zum Trotz«, »und dennoch«, »trotz alle dem« bildet die erste Kategorie der Hoffnung, die Kategorie des Dementis. Aber es gibt keinen Beweis dafür, lediglich Zeichen; der Ort dieser Kategorie ist eine Geschichte, keine Logik, und zwar eine Geschichte, die es ständig unter dem Zeichen einer Verheißung, einer frohen Botschaft, eines Kerygmas zu entziffern gilt. Sodann ist dieses »zum Trotz« auch ein »dank ...«. Das schließliche Dementi ist gleichzeitig verborgene Pädagogie: *etiam peccata,* sagte Augustin im Motto, wenn ich so sagen darf, zum *Seidenen Schuh.* »Das schlimmste muß nicht mit Gewißheit kommen«, erwidert Claudel in Form einer Litotes; und er fügt hinzu, ein portugiesisches Sprichwort zitierend: »Gott schreibt gerade, in gewundenen Linien«. Aber es gibt kein absolutes Wissen des »zum Trotz«, auch nicht des »dank«, und noch weniger bei der dritten Kategorie dieser sinnreichen Geschichte: »Wo aber die Sünde mächtig geworden, da ist die Gnade um so mächtiger geworden«, sagt Paulus; dieses seltsame Gesetz der Überfülle, ausgedrückt in dem »um so viel mehr«, dem πολλῷ μᾶλλον des Apostels, umschließt das »zum Trotz« und das »dank«; aber jenes »um so viel mehr« kann niemals in Wissen umgemünzt werden. Was in der alten Theodizee nur der Notbehelf des falschen Wissens ist, wird schlicht das Verständnis der Hoffnung; »trotz«, »dank«, »um so vielmehr« – sind die höchsten rationalen Symbole, welche die Eschatologie mittels jenes Verständnisses der Schwelle hervorbringt.

Ich verhehle mir nicht, wie hinfällig in einer *Philosophie der Reflexion* eine solche Verschränkung der Gestalten des Geistes und der Symbole des Heiligen ist. Im Hinblick auf eine Philosophie der Reflexion, die eine Immanenzphilosophie ist, erscheinen die Symbole des Heiligen nur als mit den Gestalten des Geistes vermischte kulturelle Größen; gleichzeitig jedoch bezeichnen sie den Einschlag der Realität in die Kultur, einer Realität, welche die Bewegung der Kultur nicht enthält; sie sprechen vom Absolut-Anderen, vom Absolut-Anderen jener Geschichte; auf diese Weise üben sie auf die ganze Reihe der Kulturgestalten eine Attraktion aus. Und in diesem Sinne sprach ich von Prophetie oder Eschatologie. Nur durch seine Beziehung zur immanenten Teleologie der Kulturgestalten betrifft das Heilige jene Philosophie; ihre Eschatologie ist das Heilige; es ist der Horizont, den die Reflexion nicht begreift, nicht umschließt, aber als das begrüßt, was sich ihr nähert. Damit wird eine andere Abhängigkeit des Cogito, des Selbst entschleiert, die ihm nicht in erster

Linie durch die Chiffre seiner Geburt, sondern durch die Chiffre eines Eschaton, eines Letzten verkündet wird, auf das die Gestalten des Geistes zielen. Diese Abhängigkeit vom Letzten, wie soeben die Abhängigkeit von seiner Geburt, seiner Natur, seinem Wunsche, wird ihm nur auf symbolische Weise kund.

Ich möchte nun darlegen, wie diese Hermeneutik, die sich gerade in einer reflektiven Philosophie aufgrund ihrer Horizontfunktion immer in einer prekären Lage befindet, mit der Psychoanalyse der Religion in ihrer schroff entmystifizierenden Form in eine Diskussion zu treten vermag.
Die Gefahr besteht tatsächlich darin, in eine rein antithetische Auffassung der Hermeneutik zurückzufallen, folglich den Gewinn unserer geduldigen Dialektik zu verspielen und dem Eklektizismus zum Sieg zu verhelfen, den wir von Stufe zu Stufe gejagt und vertrieben haben. Deshalb kommt es darauf an zu zeigen, daß eine Problematik des Glaubens notwendig eine Hermeneutik der Entmystifizierung impliziert.
Ich werde von der Horizontfunktion ausgehen, die wir dem Alpha und dem Omega gegenüber jedem rein immanenten Feld der Reflexion zuerkannt haben. Es scheint, daß ein solcher Horizont mittels einer Art diabolischer Verkehrung ständig dahin tendiert, sich in ein Objekt zu konvertieren. Kant hat als erster gelehrt, die *Illusion* als eine dem Denken des Unbedingten notwendige Struktur anzusehen. Der transzendentale *Schein* ist nicht ein bloßer Irrtum, ein purer Zufall in der Geschichte des Denkens, er ist eine *notwendige* Illusion. Hier liegt meiner Meinung nach der radikale Ursprung eines jeden »falschen Bewußtseins«, die Quelle aller Problematik der Illusion, jenseits der sozialen Lüge, der Lebenslüge, der Wiederkehr des Verdrängten; Marx, Freud und Nietzsche operieren bereits auf der Ebene sekundärer, von der Illusion abgeleiteter Formen; daher sind ihre Problematiken partiell und rivalisierend. Das gleiche gilt von Feuerbach: die Bewegung, durch die der Mensch sich in die Transzendenz entleert, ist zweitrangig in bezug auf jene Bewegung, durch die er sich des Absolut-Anderen bemächtigt, um es zu objektivieren und darüber zu verfügen; denn er projiziert sich in es hinein, um sich seiner zu bemächtigen, um die Leere seines Nichtwissens zu füllen.
Dieser Objektivierungsvorgang ist die Geburt sowohl der Metaphy-

sik wie der Religion, – der Metaphysik, die Gott zu einem höchsten Wesen macht, und der Religion, die das Heilige als eine neue Sphäre von Objekten, Institutionen, Kräften behandelt, die in die Welt der Immanenz, des objektiven Geistes eingeschrieben sind, neben den Objekten, Institutionen und Kräften der ökonomischen, politischen und kulturellen Sphäre. Wir würden sagen, daß innerhalb der menschlichen Sphäre des Geistes eine vierte Objektsphäre entstanden ist. Es gibt nun heilige *Objekte* und nicht mehr nur *Zeichen* des Heiligen, heilige Objekte neben der Welt der Kultur.

Diese diabolische Verkehrung macht die Religion zur Verdinglichung und Entfremdung des Glaubens; indem die Religion auf diese Weise in die Sphäre der Illusion eintritt, setzt sie sich einer reduzierenden Hermeneutik aus. Die reduzierende Hermeneutik ist heute kein privates Ereignis mehr, sondern ein öffentlicher Vorgang, ein Kulturphänomen; ob wir sie nun Entmythologisierung nennen, wenn sie sich innerhalb einer gegebenen Religion entfaltet, oder Entmystifizierung, wenn sie von außen kommt – immer handelt es sich um dasselbe: um den Tod des metaphysischen und religiösen Objekts. Der Freudianismus ist einer der Wege dieses Todes.

Ich meine nun aber, diese Kulturbewegung kann und darf der Restauration der Zeichen des Absolut-Anderen in ihrer authentischen Funktion als Wachtposten des Horizonts nicht äußerlich bleiben. Wir können die Zeichen der Herbeikunft des Absolut-Anderen heute nicht mehr anders – und dies ist unsere Ohnmacht und vielleicht unsere Chance und unser Glück – denn durch die Unbarmherzigkeit der reduzierenden Hermeneutik lesen und verstehen. Der Glaube ist jener Bereich der Symbolik, wo die Horizontfunktion ständig zu einer Objektfunktion herabsinkt und Idolen zur Entstehung verhilft, religiösen Gestalten eben jener Illusion, die in der Metaphysik Begriffe wie höchste Wesen, erste Substanz, absolutes Denken gebiert. Das Idol ist die Verdinglichung des Horizonts zur Sache, das Herabfallen des Zeichens zu einem übernatürlichen und suprakulturellen Objekt.

Infolgedessen wird man niemals damit zu Ende kommen, den Glauben der Religion, den Glauben an das nahende Absolut-Andere von dem Glauben an das religiöse Objekt zu trennen, das sich den Objekten unserer Kultur beigesellt und damit unserer Zugehörigkeitssphäre einfügt. Das Heilige, insofern es Trennung, Absonderung bezeichnet, ist der Ort dieses Kampfes. Das Heilige kann

das Zeichen dessen sein, was nicht zu uns gehört, das Zeichen des Absolut-Anderen; es kann aber auch eine getrennte Objektsphäre sein, innerhalb unserer Kulturwelt selbst und neben der Sphäre des Profanen. Das Heilige kann der signifikante Träger dessen sein, was wir die Horizontstruktur nannten, dem sich nähernden Absolut-Anderen eigentümlich, oder aber götzendienerische Wirklichkeit, die wir in unserer Kultur absondern, dadurch die religiöse Entfremdung erzeugend. Zweifellos eine unvermeidliche Zweideutigkeit: denn wenn das Absolut-Andere sich nähert, dann in den Zeichen des Heiligen; aber das Symbol schwenkt sehr bald zum Idol über, und dann zerbricht das Kulturobjekt in zwei Hälften, deren eine zur profanen, deren andere zur heiligen wird; der Bildhauer, sagt der Prophet, haut Zedern, Buchen und Eichen ab. »Die Hälfte verbrennt er im Feuer, über der Hälfte ißt er Fleisch; er brät einen Braten und sättigt sich, wärmt sich auch und spricht Hoja! ich bin warm geworden, ich sehe meine Lust am Feuer. Aber das übrige macht er zum Gott, daß es sein Götze sei, davor er kniet und niederfällt und betet und spricht: Errette mich; denn du bist mein Gott! Sie wissen nichts und verstehen nichts...« (Jesaja 44, 16–18)
Aus diesem Grunde muß das Idol sterben, auf daß das Symbol lebe.

5. Wert und Grenzen einer Psychoanalyse der Religion

Die prinzipielle Legitimation einer destruktiven Hermeneutik, ausgehend von den Forderungen des Glaubens selbst, impliziert nicht, daß wir die Psychoanalyse der Religion in Bausch und Bogen in den so vorgesteckten Rahmen abdrängen müssen. Es geht ganz im Gegenteil darum, sich ein letztes Mal mit Freud zu *streiten*, die Hermeneutik von Eliade, van der Leeuw, Karl Barth und Bultmann mit der Freudschen Hermeneutik zu konfrontieren, um unnachsichtig das Ja und Nein zu *konstruieren*, das über die Psychoanalyse der Religion geäußert werden kann.

a) Religion und Trieb

Ich unterscheide drei sukzessive Brennpunkte der Diskussion. Der erste betrifft den triebhaften Kern der Religion. Es wurde gesagt: »Zuerst hat die Angst die Götter geschaffen«. Freud wiederholt es mit den neuen Mitteln der Analyse und fügt hinzu: die Angst und der Wunsch. Alles, was er über die Analogie von Religion und Neurose sagt, liegt auf dieser ersten Diskussionebene.[46] Denn tatsächlich stellt alles, was die Religion in das Feld der Neurose verlegt, sie auch in das Feld des Wunsches, und zwar aufgrund des den Symptomen anhaftenden Werts der Ersatzbefriedigung.

Wir erinnern uns, daß Freud vom Parallelismus zwischen den Phänomen religiöser Observanz und dem Ritual der Zwangsneurose ausging; dieser auf einer rein deskriptiven und klinischen Ebene liegende Parallelismus erlaubte es ihm, die Religion »die universelle Zwangsneurose der Menschheit« zu nennen. Von dem Essay aus dem Jahre 1908 bis hin zu DER MANN MOSES UND DIE MONOTHEISTISCHE RELIGION von 1939 hat sich die Analogie immer weiter verzweigt und zugespitzt. So versteht TOTEM UND TABU die (im narzißtischen Alter der Libido vollzogene) Projektion der Allmacht des Wunsches in die göttlichen Gestalten nach dem Muster der Paranoia. Freud sieht in der Religion die Zufluchtsstätte aller im Individuum unterdrückten Wünsche – Haß, Eifersucht, Verfolgungs- und Destruktionsneigung –, welche die ekklesiastische Institution ihm auf die Feinde der religiösen Gruppe zu übertragen gestattet. Aber es ist zweifellos aufschlußreicher, wenn er die Religion nicht so sehr als einen Träger des Verbots, vielmehr als eine Funktion des Trostes behandelt. Gerade hier tritt ihre Beziehung zum Wunsch am deutlichsten zutage. Alles gruppiert sich bekanntlich um den väterlichen Kern, um die Sehnsucht nach dem Vater. Die Religion gründet biologisch auf der Situation der Abhängigkeit und Bedrängnis, die nur die *menschliche* Kindheit charakterisiert. Die Neurose, die nun als Bezugspunkt dient, ist jene, welche das Kind durchmacht und von der die Neurose des Erwachsenen ein spezifisches Wiederauftauchen am Ende einer Latenzperiode ist. Desgleichen ist die Religion das spezifische Wiederauftauchen einer peinlichen Erinnerung, welche die ethnologische Erklärung im übrigen mit einem ursprünglichen Mord zu verknüpfen erlaubt, der für die frühe Menschheit das wäre, was der Ödipuskomplex für die Kindheit des erwachsenen Individuums ist.

Läßt man einstweilen die ethnologische Erklärung beiseite, die es ermöglicht, von der deskriptiven Analogie zur strukturalen Identi-

---

46 vgl. oben, *Analytik*, 2. Teil, Kap. III. Vgl. R. Held, »Contribution à l'étude psychanalytique du phénomène religieux«, *Revue française de Psychanalyse*, XVII, 2/3 (1962), S. 211–266.

tät überzugehen, so bleibt die Analogie zu den drei Grundstadien der infantilen Situation übrig: neurotische Periode, Latenzperiode, Wiederkehr des Verdrängten.

Mir scheint, daß auf dieser ersten Diskussionsebene die kritische Aufgabe darin besteht, den rein analogischen Charakter zwischen religiösen Phänomenen und pathologischen Phänomenen gegen jede dogmatische Reduktion auf die Identität aufrechtzuerhalten und über die Bedingungen dieser Analogie zu reflektieren. Damit entzieht man sich nicht der Freudschen Kritik; man stellt sich im Gegenteil ihrer schärfsten Spitze. Vermengt man nämlich das soziologische Argument, das den Grund für die Identität zu liefern vorgibt, vorschnell mit der Klinik, auf der die analogischen Erwägungen beruhen, so schwächt man die Freudsche These nur ab, so brüchig ist die Ethnologie in TOTEM UND TABU und die skripturale Wissenschaft in DER MANN MOSES. Man tut besser daran, wenn man der »historischen« Stütze eines Urverbrechens entsagt und auf der Ebene der Analogie zwischen der Ökonomie des religiösen Phänomens und der Neurose bleibt, wobei man sich vorbehalten mag, die Frage der Phantasie vom Urverbrechen als nächstes zu behandeln.

Mir scheint nun aber, daß der Sinn dieser Analogie unbestimmt bleibt und unbestimmt bleiben muß. Alles, was sich sagen läßt, ist, daß der Mensch ebensosehr der Neurose wie der Religion fähig ist und umgekehrt; die gleichen Ursachen – Härte des Lebens, der dreifache Schmerz, den die Natur, der eigene Körper, die anderen Menschen dem Individuum zufügen – rufen auch gleiche Entgegnungen hervor: neurotisches *und* religiöses Zeremoniell, Bitte um Trost *und* Ruf nach der Vorsehung – und erzielen ähnliche Wirkungen: Kompromißbildungen, sekundären Krankheitsgewinn *und* Befreiung von der Schuld, Ersatzbefriedigung.

Was aber bedeutet die Analogie? Die Psychoanalyse als Analyse weiß es nicht. Sie beleuchtet jenen Vorgang, den wir die Geburt des Idols genannt haben; aber sie besitzt kein Mittel, um zu entscheiden, ob der Glaube nur darin besteht, ob das Ritual ursprünglich, in seiner ersten Funktion, Zwangsritual ist, ob der Glaube nur Tröstung nach dem kindlichen Vorbild ist. Sie kann dem religiösen Menschen zwar ein Zerrbild zeigen, aber sie überläßt es ihm, über die *Möglichkeit* nachzusinnen, seinem fratzenhaften Double nicht ähnlich zu sehen. Denn es handelt sich wirklich um eine Fratze und um ein Selbstverständnis durch die Fratze: Fratze des Infantilen, des

Neurotischen, des Primitiven (oder des vorgeblich Primitiven, das selbst als das Analogon des Neurotikers und des Kindes verstanden wird).

Der Wert der Analogie und folglich auch die Grenzen dieser Analogie scheinen sich mir an einem kritischen Punkt zu entscheiden: gibt es im affektiven Dynamismus des religiösen Glaubens etwas, womit sein Archaismus zu *überwinden* wäre? Diese Frage läßt im Rahmen einer Untersuchung des triebhaften Kerns der Religion nur eine partielle Antwort zu und verweist notwendig auf die Frage nach der Phantasie vom Mord und allgemeiner nach dem Sinn des Vaterkomplexes. Zumindest können wir innerhalb des engen Rahmens, der uns hier noch gesteckt ist, schon ziemlich weit vordringen und ernsthaft in Frage stellen, was wir in unserer *Analytik* das Fehlen von Religionsgeschichte genannt haben.

Für Freud ist die Religion die monotone Wiederholung ihrer eigenen Ursprünge. Sie ist das ewige Auf-der-Stelle-Treten ihres eigenen Archaismus. Das Thema der »Wiederkehr des Verdrängten« bedeutet nichts anderes: die christliche Eucharistie wiederholt die Totemmahlzeit, so wie der Tod Christi denjenigen des Propheten Moses wiederholt, der wiederum den ursprünglichen Vatermord wiederholt. Dieses ausschließliche Aufmerken auf die Wiederholung ist bei Freud nun aber zu einer Weigerung geworden, all das in Betracht zu ziehen, was eine Epigenese des religiösen Gefühls bilden könnte, d. h. letztlich eine Umkehrung des Wunsches und der Furcht. Diese Weigerung scheint mir durch die Analyse nicht begründet zu sein, sondern lediglich den Unglauben des Menschen Freuds auszudrücken.

Es läßt sich in Freuds Werk jene Art des Ausweichens vor dem religiösen Gefühl immer dann beobachten, wenn es im Begriff steht, die Grenzen, in die es verbannt wurde, zu durchbrechen.

Zunächst gibt es einen ganzen vorödipalen Kern, der entdeckt und gleich wieder abgewertet wird. Freud nähert sich ihm im LEONARDO, wenn er die Geierphantasie mit der ägyptischen Göttin Muth vergleicht, der geierköpfigen und phallustragenden Muttergottheit. Einen Augenblick lang erkennt er den Sinnreichtum dieser Vorstellung, vermindert jedoch sofort ihre Tragweite, indem er die Phantasie des Kindes Leonardo und die Vorstellung der androgynen Gottheiten auf die infantile Sexualtheorie über den mütterlichen Penis reduziert. Wir werden weiter unten darlegen, in welchem Sinne ein und dieselbe Vorstellung für die gemeinsame Quelle sowohl einer regressiven Phantasie wie einer Gestalt des Heiligen gehalten werden kann. Halten wir im Augenblick fest, daß es noch andere affektive Wurzeln gibt als den Vaterkomplex. Freud selber meint, wenn er »die Urzeiten der Menschheit« unserer zivilisierten Verachtung für die Sexualität entgegenstellt, daß die Menschen zuerst die Sexualität vergöttlicht haben und daß dann, durch Übertragung von Sexuellem auf Nicht-Sexuelles, alle anderen menschlichen Tätigkeiten vergöttlicht worden sind. Später gesteht Freud, daß er die Stelle der weiblichen Gottheiten in seiner Genesis der religiösen Illusion nicht anzugeben vermöchte.

Liegt hierin nicht ein Anzeichen für eine mögliche Religion des Lebens, eine Religion der Liebe? Mindestens zweimal konnte Freud diese Arbeitshypothese annehmen, um sie jedoch alsbald wieder beiseite zu schieben. In dem berühmten Mythos vom Urverbrechen trifft Freud auf eine Episode, die unerklärt bleibt, während sie doch letztlich den Angelpunkt des Dramas abgibt: es handelt sich um jenen Augenblick, da die Brüder einen Pakt schließen, um den Mord am Vater nicht untereinander zu wiederholen. Dieser Brüderpakt ist von großer Bedeutung, denn er setzt der Wiederholung des Vatermords ein Ende; indem er den Brudermord verbietet, erzeugt er eine Geschichte. Aber Freud ist weit mehr auf die symbolische Wiederholung des Mordes bei der Totemmahlzeit fixiert, als auf die Versöhnung der Brüder, welche die Versöhnung mit dem nunmehr in ihre Herzen eingegangenen Bild des Vaters ermöglicht. Warum sollte das Schicksal des Glaubens nicht eher mit dieser brüderlichen Versöhnung als mit der immerwährenden Erneuerung des Vatermords zusammenhängen? Doch Freud hat beschlossen, daß die Sohnesreligion keinen wahren Fortschritt aus dem Vaterkomplex darstellt: die Fiktion, daß der Sohn der Anführer der Revolte, somit eine Mörderfigur sei, baut die kaum geöffnete Bresche sofort wieder zu.

Stößt der erste Aufsatz aus DER MANN MOSES UND DIE MONOTHEISTISCHE RELIGION nicht auf eine ähnliche Schwierigkeit? »Wenn Moses ein Ägypter war«, mußte er seinen ethischen Gott einer bereits bestehenden Religion entlehnen; der Atonkult aber, von dem es heißt, er sei nach dem Muster des gütigen Herrschers Iknathon errichtet, stellt mit allem Nachdruck das Rätsel eines »politischen« Gottes, ich meine eines Gottes, der den gesellschaftlichen Pakt begründet und sich folglich von Wunsch und Furcht loslöst und eine engere Beziehung zur Versöhnung der Brüder als zum Vatermord unterhält.

Vor allem aber hätte die letzte Triebtheorie Anlaß zu einer neuerlichen Untersuchung des religiösen Phänomens geben können.[47] Nichtsdergleichen geschah. Im Gegenteil: es ist die Zeit, da Freud seine Feindschaft gegenüber der Religion verhärtet und sich anschickt, DIE ZUKUNFT EINER ILLUSION zu schreiben. Immerhin fand Freud bei der Gegenüberstellung von Eros und Tod einen gewissen mythischen, von der Tradition der deutschen Romantik geförderten Kern; durch diesen hindurch hat er es verstanden, zu Platon und Empedokles zurückzukehren, und er nannte Eros »die Kraft, die alle Welt zusammenhält«. Doch hat er zu keiner Zeit geahnt, daß diese Mythik des Eros eine Epigenese des religiösen Gefühls betreffen könnte, auch nicht, daß Eros ein anderer Name des johannitischen Gottes oder gar des deuteronomischen Gottes oder auch des Gottes Hoseas sein könnte, wenn der Prophet in seinen Gesängen die Verlobung in der Wüste feiert. Und warum sollte »unser Gott Logos«, der keinen Trost bietet, dessen Stimme zwar schwach ist, sich aber dennoch Gehör zu verschaffen weiß – warum sollte er trotz dem ironischen Ton, den Freud hier anschlägt – nicht ein anderer Name für Eros sein, in der tiefen Einheit der Symbole des Lebens und des Lichts? Freud scheint ohne Grund, ich meine ohne psychoanalytischen Grund die Möglichkeit auszuschließen, daß der Glaube an der Quelle des Eros teilhaben könnte und damit nicht die Tröstung der Kindheit in uns, sondern die Macht zu lieben betrifft, daß er darauf abzielt, dieser Macht zum Erwachsen sein zu verhelfen, im Angesicht des Hasses in und außer uns – im Angesicht des Todes. Das einzige, was der Kritik Freuds entgehen kann, ist der Glaube als Kerygma der Liebe; aber seine Kritik kann mir andererseits helfen, das auszumachen, was dieses Kerygma der Liebe ausschließt: eine strafende Christologie und einen moralischen Gott – und was es impliziert: eine gewisse Übereinstimmung des tragischen Gottes von Hiob und des lyrischen Gottes von Johannes.

---

[47] vgl. oben, *Analytik*, 3. Teil, Kap. III. Über »Freud et l'orthodoxie judéo-chrétienne«, F. Pasche, *Revue française de Psychanalyse*, XXV, 1 (1961), S. 55–88. Über »La religion du père face à la raison et à la nécessité«, A. Vergote, *La Psychanalyse, science de l'homme*, S. 223–257.

b) Religion und Phantasie

Die Frage nach den nicht regressiven, nicht archaisierenden Quellen der Religion führt zu einer kritischen Prüfung des Vorstellungskerns, den Freud mittels der Klinik und der Ethnologie eingekreist zu haben meint: die Phantasie vom Vatermord. Für Freud ist die Wiederkehr des Verdrängten zugleich Wiederkehr der Gefühle der Furcht und der Liebe, der Angst und des Trostes, sowie Wiederkehr der Phantasie selbst in der Ersatzgestalt des Gottes. Diese ist also der ferne »Abkömmling« der mit der Triebbasis verwachsenen »Vorstellungen«. Somit gewinnt alles, was wir über eine mögliche Epigenese des religiösen Gefühls gesagt haben, nur Sinn durch die Vermittlung einer Epigenese auf der Ebene der Vorstellungen.

Diese Epigenese aber ist ganz einfach aus dem Freudianismus ausgeschlossen, und zwar aufgrund des Status, welcher der Phantasie vom Mord am Urvater zuteil wird. Ein wesentlicher Bestandteil der Freudschen Interpretation ist, daß dieser Mord in der Vergangenheit verübt wurde – ob ein oder mehrere Male, tut nichts zur Sache –, und daß ihm eine reale, im Erbteil der Menschheit eingegrabene Erinnerung entspricht. In der Tat ist der individuelle Ödipuskomplex zu kurz, auch zu unbestimmt, als daß er Götter zu zeugen vermöchte; ohne urväterliches, in der phylogenetischen Vergangenheit eingeschriebenes Verbrechen ist die Sehnsucht nach dem Vater unverständlich; *der* Vater ist nicht *mein* Vater. Im Laufe der Jahrzehnte hat Freud aber den Charakter der realen Erinnerung an einen primären Mord nicht nur nicht abgeschwächt, sondern ihn immer mehr verstärkt. Die in dieser Hinsicht deutlichsten Formulierungen stehen in DER MANN MOSES; wir haben sie ausführlich in der *Analytik* zitiert. Wenn also für Freud die Religion archaisch und repetitiv ist, so zum größten Teil deshalb, weil sie durch die Reminiszenz eines Mordes zurückgerissen wird, eines Mordes, der ihrer Vorgeschichte angehört und das bildet, was er in DER MANN MOSES die »Wahrheit in der Religion« nennt. Die Wahrheit liegt in der Erinnerung; alles, was die Einbildung hinzufügt, ist wie im Traum Entstellung; alles, was das räsonierende Denken hinzufügt, ist – ebenfalls wie im Traum – sekundäre Bearbeitung, Rationalisierung und Aberglaube. Freud dreht auf diese Weise den »entmythologisierenden« Interpretationen entschieden den Rücken, die, von Schelling bis Bultmann, dem Mythos jede ätiologische Funktion entziehen, um seine mythisch-poetische Funktion wiederherzustellen, die einer Reflexion oder einer Spekulation Bahn zu brechen vermag. Nun ist es aber merkwürdig, daß Freud zur Erklärung der Religion eine Auffassung beibehält, die er auf der Ebene der Neurose aufgeben mußte. Wir erinnern uns, daß die zutreffende Interpretation des Ödipuskomplexes entgegen der irrigen Theorie von der realen Verführung des Kindes durch den Erwachsenen gewonnen wurde. Leider wurde die ödipale Situation, die Freud durch eine Art von Sinnverkehrung der Verführungsszene entdeckte, an ihre Stelle gesetzt; sie ist noch die Spur, der Überrest einer realen Erinnerung (wie wir uns erinnern, erlaubt eben diese Überrestfunktion es Freud, im VII. Kapitel der TRAUMDEUTUNG die formale Regression mit der quasi-halluzinatorischen Wiederherstellung einer Erinnerungsspur zu vergleichen. Mehr noch als der individuelle Ödipuskomplex wird der kollektive Komplex der Menschheit mit der Rückkehr eines Affekts und einer Vorstellung mit Überrestcharakter verglichen. Freud selbst stellt aber auch die Mittel, die Dinge anders zu sehen. Es gibt bei ihm eine Konzeption der »Urszene«, bei der sich die Idee eines nicht überrestlichen Imaginären abzeichnet. Die »Szene mit dem Geier«, bemerkt Freud im LEONARDO, »wird nicht eine Erinnerung Leonardos sein, sondern eine Phantasie, die er sich später gebildet und in seine Kindheit versetzt hat.« Bei dieser Gelegenheit vermutet er, daß bei den alten Völkern die Geschichtsschreibung auf die gleiche Weise entstanden sei; als das Volk »zur Besinnung kam..., entstand das Bedürfnis zu erfahren, woher man gekommen und wie man geworden war. Die Geschichtsschreibung, welche begonnen hatte, die Erlebnisse der Jetztzeit fortlaufend zu verzeichnen, warf den Blick auch nach rückwärts in die Vergangenheit, sammelte Traditionen und Sagen, deutete die Überlebsel alter Zeiten in Sitten und Gebräuchen und schuf so eine Geschichte der Vorzeit.«[48] Umfaßt diese »spät und tendenziös zurechtgemachte Geschichte der Urzeit eines Volkes«[49] nicht eine *Sinnschöpfung*, die das, was wir oben eine Epigenese des religiösen Gefühls nannten, abzu-

---

[48] GW VIII, 151 f.; in einer 1919 geschriebenen Fußnote (ibid., Fn. 1) verteidigt sich Freud gegen Haverlock Ellis, der in einer im übrigen liebenswürdigen Besprechung (1910) eingewandt hatte, die Erinnerung Leonardos könne sehr wohl eine reale Begründung gehabt haben. Freud betont nochmals den *Phantasie*charakter der Szene: auch wenn Erinnerungsbruchstücke sie hervorgerufen haben, so gestaltet die Phantasie doch diese »reale Nichtigkeit« aus.
[49] GW VIII, 152.

stecken und zu tragen vermag? Kann eine Phantasie wie die »Urszene« nicht einer Imagination der Ursprünge die erste Sinnschicht liefern, einer Imagination, die sich mehr und mehr von ihrer Funktion der infantilen und quasi-neurotischen Wiederholung löst und über die eine Erforschung der fundamentalen Bedeutungen der menschlichen Geschichte mehr und mehr zu verfügen vermag?

Und auf dieses nicht-überrestliche Imaginäre, Träger eines neuen Sinns, ist Freud ebenfalls gestoßen: nicht wenn er von Religion, sondern wenn er von Kunst spricht. Rufen wir uns unsere Exegese des Lächelns der Gioconda ins Gedächtnis: die Erinnerung an die verlorene Mutter, sagten wir, wird vom Kunstwerk wirklich neu erschaffen; sie ist nicht hinter etwas verborgen, nicht unterschwellig vorhanden, wie eine reale und nur neuentdeckte Schicht, – sie ist wirklich erschaffen, gerade insofern sie dargestellt wird.[50]

Ein und dieselbe Phantasie kann also zwei entgegengesetzte Vektoren haben: einen regressiven, der sie der Vergangenheit unterwirft, und einen progressiven, der sie zu einem Sinndetektor macht. Daß die regressive und die progressive Funktion in ein und derselben Phantasie gleichzeitig vorhanden sein kann – auch dies ist in Freudschen Termini verständlich; sogar die Geierphantasie bei Leonardo leitet die Überhöhung der Reste aus der Vergangenheit ein; um so mehr ist ein wirkliches Werk wie die Gioconda eine Schöpfung, in der Freuds eigenen Worten zufolge die Vergangenheit »verleugnet und überwunden«[51] werden könnte.

Und von eben dieser schöpferischen Funktion gesteht Freud, daß er sie nicht verstände: »Da die künstlerische Begabung und Leistungsfähigkeit mit der Sublimierung innig zusammenhängt, müssen wir zugestehen, daß auch das Wesen der künstlerischen Leistung uns psychoanalytisch unzugänglich ist.«[52]

Wenden wir diese Bemerkung auf die Phantasie vom Urverbrechen an. Freud schreibt im LEONARDO: »Die Psychoanalyse hat uns den intimen Zusammenhang zwischen dem Vaterkomplex und der Gottesgläubigkeit kennen gelehrt, hat uns gezeigt, daß der persönliche Gott psychologisch nichts anderes ist als ein erhöhter Vater...; der allmächtige, gerechte Gott und die gütige Natur erscheinen uns als großartige Sublimierungen von Vater und Mutter, vielmehr als Er-

---

50 vgl. oben, *Analytik*, 2. Teil, Kap. I.
51 vgl. oben, S. 182.
52 GW VIII, 209.

neuerungen und Wiederherstellungen der frühkindlichen Vorstellungen von beiden.«[53] Weshalb sollte eine »Erhöhung« nicht die gleiche Ambiguität enthalten, die gleiche Doppelwertigkeit von traumhaftem Wiederauftauchen und kultureller Schöpfung? In gewisser Weise muß dies im Rahmen der Freudschen Interpretation so sein, wenn die Religion ihre Funktion, nicht ihre individuelle, sondern ihre universale Funktion erfüllen, wenn sie eine kulturelle Größe werden und eine Funktion des Schutzes, des Trostes und der Versöhnung übernehmen soll. Aber kann es dann sein, daß die Vatergestalt, der Religion und dem Glauben zufolge, gleichsam nur ein Suchbild ist, versteckt in der Anrufung des Gläubigen wie der Geier des Leonardo in den Mantelfalten der Jungfrau? Meiner Meinung nach läßt sich die Gestalt des Vaters nicht als eine isolierte Gestalt behandeln, die einer besonderen Exegese bedürfte; sie ist nichts weiter als ein wenn auch zentrales Glied einer mythisch-poetischen Konstellation, die es in erster Linie als Ganzes zu betrachten gilt.

Ich schlage vor, folgenden Weg zu erkunden: die Kraft eines religiösen Symbols besteht darin, daß es die Wiederaufnahme einer Urszenenphantasie ist, die sich in ein Instrument zur Entdeckung und Erforschung des Ursprungs verkehrt hat. Mittels dieser »detektivischen« Vorstellungen *sagt* der Mensch die Instauration seiner Menschheit. So lassen sich die Erzählungen vom Kampf in der babylonischen und Hesiodischen Literatur, die Erzählungen vom Fall in der orphischen, die von der Erbsünde und dem Exil in der hebräischen Literatur[54] zwar sehr wohl nach der Weise von Otto Rank als eine Art von Kollektivtraum behandeln, aber dieser Traum ist kein Memorial der Vorgeschichte; oder das Symbol zeigt vielmehr aufgrund seiner Überrestfunktion, daß eine Imagination der Ursprünge am Werk ist, von der man sagen kann, sie sei *geschichtlich,* da sie keine chronologische Bedeutung habe. In Husserlscher Terminologie möchte ich sagen, daß die von Freud erforschten Phantasien die Hyletik dieser mythisch-poetischen Imagination bilden. »An« Urszenenphantasien »formt«, »interpretiert«, »meint« der Mensch Bedeutungen einer anderen Ordnung, die zu Zeichen jenes Heiligen werden können, das die Philosophie der Reflexion nur erkennen

---

53 GW VIII, 195.
54 *La Symbolique du Mal,* II. Teil. – Für Religion und Phantasie vgl. J. Laplanche und J.B. Pontalis, »Fantasme originaire, fantasme des origines, origine du fantasme«, *Les Temps Modernes,* XIX, 215 (1964), S. 1833–1868.

und am Horizont ihrer Archäologie und Teleologie begrüßen kann. Diese neue Intentionalität, durch die die Phantasie symbolisch interpretiert wird, wird hervorgerufen durch den Charakter der Phantasie selbst, insofern sie von verlorenem Ursprung, von verlorenem archaischen Objekt, von dem Wunsch eingezeichnetem Mangel spricht; was die endlose Bewegung der Interpretation einleitet, ist nicht die Fülle der Erinnerung, sondern ihre gähnende Leere. Die Ethnologie, die vergleichende Mythologie, die biblische Exegese bestätigen es: jeder Mythos ist die Neuinterpretation einer früheren Erzählung; diese Interpretationen von Interpretationen können also sehr wohl anhand von Phantasien arbeiten, die sich verschiedenen Zeitaltern und Stadien der Libido zuordnen lassen: wichtig jedoch ist weniger diese »bildbare Materie« als vielmehr die Bewegung der in der Sinnstiftung eingeschlossenen Interpretation, die deren intentionale Neuerung konstituiert. Daher auch läßt sich eine *hermeneutiké techné* auf sie anwenden; der Mythos ist selbst schon *hermeneia,* Deutung und Neudeutung seiner eigenen Wurzeln.[55] Und wenn der Mythos eine theologische Bedeutung erhält wie in den Ursprungsmythen, dann mittels jener endlosen, konzertierten und dann systematisch gewordenen Korrektur.

Man kann also die Gestalt des Vaters nicht von der mythisch-poetischen Funktion trennen, in die sie eingeschlossen ist. Zwar stimmt es, daß sie eine besondere Eindringlichkeit aufweist, da sie das Vorbild für den Gott liefert und durch den Polytheismus und später den Monotheismus hindurch zur alleinigen Gestalt des Vaters zurückfindet. Nur die Gestalt des Vaters zeigt einen solchen »projektiven« Charakter. Das ist richtig; aber Freud hat sich mit den Schwierigkeiten der »Projektion« nicht ebenso herumgeschlagen wie mit denen der »Introjektion« und der »Identifizierung«. Die »Verschiebung« des Vaters auf das Totemtier und den Totemgott beunruhigt ihn nicht in ausreichendem Maße. Die Analogie zu den Zoophobien und der Paranoia enthebt ihn der Mühe, weiter zu suchen. Muß man hier nicht die gleichen Fragen stellen wie jene, die wir bezüglich des Bildes der Mutter in der Gioconda des Leonardo stellten? Ist die Gestalt des Vaters nicht ebensosehr »verleugnet und überwunden«

---

55 Ich spiele hier an auf die beiden historischen Wurzeln der Hermeneutik: die »hermeneutische Technik« der Deuter von Zeichen, Träumen, nicht mitteilbaren Reden, und die »Interpretation«, die Hermeneia, die nach Aristoteles das Werk der signifikanten Rede im allgemeinen ist. Vgl. oben, *Problematik*, Kap. II.

wie »wiederholt«? Was habe ich verstanden, wenn ich die Vatergestalt in der Vorstellung des Gottes entdeckt – erraten – habe? Verstehe ich das eine und das andere dann besser? Aber ich weiß nicht, was der Vater bedeutet. Die Phantasie der Urszene verweist mich auf einen irrealen Vater, einen Vater, der in meiner individuellen und kollektiven Geschichte fehlt; anhand dieser Phantasie male ich mir Gott als Vater aus; meine Unkenntnis des Vaters ist so groß, daß ich zu der Behauptung berechtigt bin, die Mythologie sei es, die auf der Grundlage einer traumhaften Phantasie den Vater als kulturelle Größe erschafft. Ich wußte nicht, was der Vater war, bevor sein Bild nicht die lange Reihe seiner Abkömmlinge erzeugt hatte. Was den Vater als Ursprungsmythos konstituiert, ist die Interpretation, durch welche die Phantasie der Urszene eine neue Intention erhält, – bis zu dem Punkt, da ich ausrufen kann: »Unser Vater, der du bist im Himmel ...« Himmelssymbolik und Vatersymbolik explizieren in der präphilosophischen Sprache des Mythos die Symbolik des Ursprungs, welche die archaische Phantasie potentiell mit Hilfe der Abwesenheit, des Mangels, des Verlustes und der Leere ihres »Objekts« in sich trug.

Weshalb nun kommt der Gestalt des Vaters ein Privileg zu, das die der Mutter nicht besitzt? Wahrscheinlich weil ihre symbolische Wirkungskraft, insbesondere ihr Potential an »Transzendenz« stärker ist. Der Vater tritt in der Symbolik weniger als der der Mutter ebenbürtige Erzeuger denn vielmehr als Geber von Namen und Gesetzen auf; alles, was Freud über die Identifizierung mit dem Ähnlichen als unterschieden von der libidinösen Identifizierung sagt, gehört hierher: den Vater der Identifizierung hat man nicht, nicht mehr nur deshalb, weil er ein verlorenes archaisches Objekt ist, sondern weil er anders ist als jedes archaische Objekt. In dieser Hinsicht kann er nur als kulturelles Thema »zurückkehren«, »wiederkommen«; der Vater der Identifizierung ist eine Aufgabe für die Vorstellung, weil er von Anfang an kein Wunschobjekt ist, sondern Quelle der Institution. Er ist ein abgesondertes Irreales, das von Anbeginn ein Wesen der Sprache ist. Weil er den Namen gibt, ist er Problem des Namens, wie die Hebräer ihn zuerst begriffen haben. Daher mußte die Gestalt des Vaters ein reicheres, ausgeprägteres Schicksal haben als die der Mutter. Und auf eben diesem von der Identifizierung vorgezeichneten Weg der Sublimierung konnte sich das Symbol des Vaters mit dem des »Herren« und des »Himmels«

vereinen, im Sinn einer Symbolik der wohlgeordneten, weisen und gerechten Transzendenz, so wie Mircea Eliade sie im ersten Kapitel seiner *Histoire comparée des religions* entwickelt.

Aber dann wird die Gestalt des Vaters wirklich von dem Prozeß erschaffen, der sie der Funktion einer bloßen Wiederkehr des Verdrängten entreißt. Und diese Sinnschöpfung bildet die wahrhafte »Überdeterminierung« der authentischen Symbole, die ihrerseits die Möglichkeit zweier Hermeneutiken begründet, einer, die den Archaismus seines phantasmatischen Stoffes entkleidet, und einer anderen, welche die neue Intention, die durch sie hindurchläuft, aufdeckt. Im Symbol selber liegt die Versöhnung der beiden Hermeneutiken. Man kann also nicht bei einer Antithetik stehenbleiben, die »zwei Quellen der Moral und der Religion« unterscheidet; den die Prophetie des Bewußtseins ist seiner Archäologie nicht äußerlich.

Man könnte sogar sagen, daß es dem Symbol mit Hilfe seiner überdeterminierten Struktur gelingt, die temporären Zeichen der Urphantasie umzukehren. Der frühe Vater bedeutet das Eschaton, den »nahenden Gott«; Erzeugung bedeutet Wiedererzeugung; Geburt demgemäß die Wiedergeburt; und auch die Kindheit – jene Kindheit, die hinter mir liegt – bedeutet die andere Kindheit, die »zweite Naivität«. Bewußt werden heißt letztlich, seine Kindheit vor sich und seinen Tod hinter sich sehen: »einst wart ihr tot...«; »so ihr nicht werdet wie die Kinder...« In dieser Vertauschung von Geburt und Tod hat die Symbolik des nahenden Gottes die Gestalt des frühen Vaters wieder aufgenommen und gerechtfertigt.

Aber wenn das Symbol auch eine verleugnete und überwundene Phantasie ist, so ist es doch niemals eine getilgte Phantasie. Daher weiß man niemals mit Sicherheit, ob dieses oder jenes Symbol des Heiligen nicht lediglich eine »Wiederkehr des Verdrängten« ist; oder vielmehr: es steht immer fest, daß jedes Symbol des Heiligen auch das Wiederauftauchen eines infantilen und archaischen Symbols ist; die beiden Wertigkeiten des Symbols bleiben untrennbar verbunden; immer sind die der theologischen und philosophischen Spekulation am nächsten stehenden symbolischen Bedeutungen an die Spur irgendeines archaischen Mythos geknüpft. Diese enge Verbindung von Archaismus und Prophetie macht den Reichtum der religiösen Symbolik aus; aber auch ihre Zweideutigkeit. Das »Symbol gibt zu denken«, aber es ist auch die Geburt des Idols; aus diesem

Grunde bleibt die Kritik des Idols die Bedingung für die Eroberung des Symbols.

c) Glaube und Wort

Mir scheint, daß diese Diskussion – zuerst über den Trieb, sodann über die Phantasie – in einen dritten Problembereich mündet. Das Wort ist das Element, in dem sich jene Sinnstiftung entfaltet, von der wir bisher nur den Schlagschatten, den Abdruck im Trieb und in der Phantasie gesehen haben. Wenn eine Epigenese des Triebs und der Phantasie möglich ist, so deshalb, weil das Wort das Instrument jener *hermeneia*, jener »Interpretation« ist, welche das Symbol selber im Hinblick auf die Phantasie vollzieht, noch bevor es von den Exegeten »interpretiert« wird.

Die aszendente Dialektik des Affekts und der Phantasie wird damit von einer aszendenten Dialektik der Sprache in der Symbolik unterstützt; aber diese Sinnschöpfung impliziert, daß das Imaginäre der mythisch-poetischen Funktion näher mit dem entstehenden Wort verwandt ist denn mit dem als bloße Wiederbelebung der Perzeption verstandenen Bild. Leider ist die Freudsche Sprachkonzeption sehr dürftig; der Sinn der Wörter besteht in der Wiederbelebung akustischer Bilder; damit ist die Sprache selber eine »Spur« der Wahrnehmung. Diese Auffassung konnte einer Epigenese des Sinns keine Stütze liefern; wenn es stimmt, daß die Phantasie alle ihre Abstufungen nur im Element der Sprache zu entfalten vermag, dann muß sich das »Gehörte« auch vom »Gesehenen« unterscheiden. Das »Gehörte« aber ist in erster Linie »Gesagtes«, und das »Gesagte« ist in den Mythen vom Ursprung und Ende das genaue Gegenteil von Spuren und Überlebseln; es interpretiert Urszenenphantasien, um die Situation des Menschen im Heiligen zu *sagen*.

Die Unzulänglichkeit der Freudschen Sprachphilosophie erklärt meiner Meinung nach auch, was mir die größte Schwäche der Freudschen Religionstheorie zu sein scheint: er meinte, die Psychologie des Über-Ichs und auf deren Grundlage die Psychologie des Glaubens und des Gläubigen unmittelbar entwickeln zu können, wenn er die Ökonomie einer Exegese der *Texte* entwickele, in denen und durch die der religiöse Mensch seinen Glauben »gebildet« hat, in dem Sinne von *Bildung*, den wir oben erläutert haben. Es ist nun aber nicht möglich, eine Psychoanalyse des Glaubens zu erarbeiten, ohne die Interpretation und das Verständnis der Kunstwerke zu berücksichtigen, in denen sich der Gegenstand des Glaubens ankündigt.

Was wir im allgemeinen über das »Bewußtwerden« des Menschen sagten, muß im besonderen von seinem »Religiöswerden« gesagt werden. Bewußtwerden bedeutet für den Menschen, so sagten wir, seinem Archaismus entrissen werden, durch die Reihe der Gestalten, die ihn als Menschen instituieren und konstituieren. Es kann also nicht darum gehen, den Sinn des religiösen Menschen außerhalb des Sinns jener Texte zu begreifen, welche die Dokumente seines Glaubens sind. Dies ist ein Punkt, den Dilthey mit großer Klarheit in seinem berühmten Aufsatz von 1910, *Die Entstehung der Hermeneutik*, herausgestellt hat. Verständnis oder Deutung, sagt er, beginnt erst dann wirklich, wo die »Ausdrücke des Lebens« sich in einer Objektivität fixiert haben, die einer geregelten Kunst Zugriff bietet: »Eben dieses einer Kunst angemessene Verständnis, angewandt auf dauerhaft fixierte Ausdrücke des Lebens, nennen wir Exegese oder Interpretation.«[56] Wenn die Literatur der Ort dieser Interpretation par excellence ist – wenngleich man legitimerweise auch von einer Hermeneutik der Bildhauerei und Malerei sprechen kann –, so deshalb, weil die Sprache der einzig integrale, erschöpfende und objektiv intelligible Ausdruck der menschlichen Innerlichkeit ist: »Daher«, fährt Dilthey fort, »liegt das Zentrum der Kunst des Verstehens in der Exegese oder Interpretation der Überreste des in der Schrift enthaltenen menschlichen Daseins.«[57]

Es erübrigt sich fast, darauf hinzuweisen, daß DER MANN MOSES in keiner Weise das Niveau einer Exegese des Alten Testaments erreicht, auf keiner Stufe auch nur den elementarsten Anforderungen einer textgerechten Hermeneutik entspricht. Daher kann man nicht behaupten, daß er eine »Analyse der religiösen Vorstellungen« unternommen oder auch nur begonnen habe, wogegen der *Moses* des Michelangelo wirklich wie ein gesondertes Werk behandelt, Stück um Stück analysiert wird, ohne daß die geringste Konzession an eine unmittelbare »Psychologie« der Schöpfung und des Schöpfers gemacht würde. Aber die Werke der Religion, die Denkmäler des Glaubens behandelt Freud weder mit der gleichen Sympathie noch mit der gleichen Strenge: die vage Verwandtschaft zwischen religiö-

---

[56] Dilthey, *Die Entstehung der Hermeneutik*, in: *Gesammelte Schriften*, Bd V, S. 319.
[57] ibid.

ser Thematik und väterlichem Vorbild tritt an ihre Stelle; Freud beschließt ein für allemal, daß einzig diejenigen Vorstellungen wirklich religiös sind, die sichtbar jenem Vorbild entstammen: ein mächtiges Wesen, das die Natur beherrscht wie ein Imperium, das den Tod aufhebt und die Schmerzen dieser Welt wiedergutmacht, – das ist alles, was Gott zu sein vermag, wenn er Gott sein soll; die naive, volkstümliche Religion ist die wahre Religion. Die philosophische oder die ozeanische Religion[58], in der die Person Gottes abgeschwächt, umgesetzt oder aufgegeben wird, ist eine Ableitung oder sekundäre Rationalisierung, die auf das väterliche Vorbild verweist.

Ich möchte nun anhand zweier besonderer Themen, die im Mittelpunkt der Freudschen Problematik stehen, des Themas der Schuld und des Trostes, aufzeigen, auf welche Weise ein Weg, den Freud verschlossen hat, von neuem geöffnet werden könnte.

Das erste Thema betrifft die Religion, insofern sie eine ethische Weltanschauung krönt; das zweite betrifft sie insofern, als sie von einem Aufschub der Ethik ausgeht. Und dies sind für Freud die beiden Brennpunkte des religiösen Bewußtseins, da er die Religion bald auf die Seite des Verbots, bald auf die des Trostes schiebt.

Nun hat Freud nicht das geringste Interesse für das gezeigt, was man eine Epigenese des »Schuldgefühls« nennen könnte, die von einer immer verfeinerten Symbolik gelenkt würde. Das Schuldgefühl scheint jenseits des Ödipuskomplexes und seiner Zerstörung keinerlei Geschichte mehr zu haben. Es bleibt ein vorbeugendes Verfahren im Hinblick auf eine antizipierte Sühne. In der Freud-Literatur wird das Schuldgefühl regelmäßig in diesem archaischen Sinn gebraucht. Die Epigenese der Schuld kann jedoch nicht unmittelbar durch eine Psychologie des Über-Ichs begründet, sondern nur durch das indirekte Mittel einer Exegese der Texte entschlüsselt werden. Und hier konstituiert sich eine exemplarische Geschichte des »Gewissens«. Der Mensch gelangt zur erwachsenen, normalen, ethischen Schuld, wenn er sich selbst *nach* den Gestalten dieser exemplarischen Geschichte begreift. Ich für meinen Teil habe versucht, die Begriffe Schmutz, Sünde, Schuld mittels einer Exegese im Diltheyschen Sinn des Wortes zu orten.[59] Daraus erhellt, daß die Schuld über zwei

---

58 Das Unbehagen in der Kultur, Kap. I.
59 *La Symbolique du Mal*, I. Teil; siehe auch meine Untersuchung »Morale sans péché ou péché sans moralisme«, *Esprit*, Febr. 1954. Meine Bemerkungen treffen sich auf mit denen von R. S. Lee, *Freud and Christianity*, S. 93: »Religion

Schwellen hinweg fortschreitet: die erste ist die Schwelle der Ungerechtigkeit – im Sinn der jüdischen Propheten und auch im Sinne Platons; die Furcht, ungerecht zu sein, die Reue darüber, ungerecht gewesen zu sein, ist schon keine tabuierte Furcht mehr; die Beschädigung der zwischenpersönlichen Bindung, das einer anderen Person zugefügte Unrecht, die als Mittel behandelt wird und nicht als Zweck, fallen mehr ins Gewicht denn das Gefühl einer Kastrationsdrohung. Damit bezeichnet das Bewußtsein der Ungerechtigkeit eine Sinnschöpfung gegenüber der Furcht vor Rache, der Angst, bestraft zu werden. Die zweite Schwelle ist die der Sünde des Gerechten, das Übel der Selbstgerechtigkeit; das Bewußtsein entdeckt hier das Grundübel, das jede Maxime affiziert, selbst die des redlichen Menschen.

All das, was wir oben über die Funktion der Phantasie sagten, gewinnt hier Sinn: die Mythen, in denen sich jener Vorsprung des Bewußtseins ausdrückt, beruhen sicherlich auf Phantasien der Urszene, die der Angst des Über-Ichs entspringen; daher ist die Schuld eine Falle, ein Anlaß, zurückzubleiben, in der Prä-Moral und im Archaischen zu verharren; aber die mythische Intentionalität beruht auf der Reihe der Interpretationen und Neuinterpretationen, durch die der Mythos seinen eigenen archaischen Kern korrigiert. Auf diese Weise konstituieren sich die Symbole des Bösen, die zu denken geben und anhand derer ich die Idee des schlechten Willens oder des unfreien Willens prägen kann. Zwischen dem »Schuldgefühl« im psychoanalytischen Sinn und dem radikalen Bösen im Kantischen Sinn staffelt sich eine Reihe von Gestalten, in der eine jede die vorherige aufgreift, um sie zu »verleugnen« und zu »überwinden«, wie Freud es vom Kunstwerk sagt. Es wäre die Aufgabe eines reflektiven Denkens, aufzuzeigen, wie dieses »progressive« Bewußtsein der Schuld die Progression der symbolischen Sphären mitvollzieht, die wir zu Beginn dieses Kapitels skizziert haben; die gleichen Gestalten, die uns dazu dienten, das Gefühl abzustecken – Gestalten des Habens, des Herrschens und des Geltens –, sind auch die sukzessiven

---

is more properly a function of the ego than of the unconscious and the id.« Für Freud und die Schuld vgl. Ch. Odier, *Les deux sources consciente et inconsciente de la vie morale*, Neuchâtel 1943; A. Hesnard, *L'univers morbide de la faute*, Paris 1949; *Morale sans péché*, Paris 1954; Ch. Nodet, »Psychanalyse et sens du péché«, *Revue française de Psychanalyse*, XXI, 6 (1957), S. 791–805.

Orte unserer Entfremdung; wenn jene Gestalten die unserer Fehlbarkeit sind, dann sind sie auch die unseres bereits gefallenen Seins. Die Freiheit entfremdet sich, indem sie ihre eigenen – ökonomischen, politischen, kulturellen – Vermittlungen entfremdet; der unfreie Wille, könnte man auch sagen, vermittelt sich dadurch, daß er alle Gestalten unserer Ohnmacht durchläuft, die unser Vermögen, zu sein, ausdrücken und objektivieren.

Mit Hilfe dieser indirekten Methode könnte die Idee der nicht-infantilen, nicht-archaischen, nicht-neurotischen Quellen der Schuld erarbeitet werden. Aber ebenso wie der Wunsch diese sukzessiven Sphären besetzt und seine Verzweigungen mit den nicht-erotischen Funktionen des Selbst vermischt, so verlängert sich auch der affektive Archaismus der Schuld in alle Bereiche des entfremdeten Besitzes, der übergroßen Macht, der eitlen Geltungssucht. Daher bleibt die Schuld zweideutig und suspekt. Um ihr falsches Prestige zu brechen, gilt es immer wieder, die doppelte Beleuchtung einer entmystifizierenden Interpretation, die ihren Archaismus denunziert, und einer restaurierenden Interpretation, welche die Geburt des Bösen in den Geist selbst verlegt, auf sie zu richten.

Ich habe die Schuld als erstes Beispiel für die zweideutige, sowohl archaische (hinsichtlich ihres Ursprungs) wie einer unendlichen Sinnschöpfung fähige Vorstellung gewählt; der gleiche Zwiespalt liegt in der Religion, in dem Maße, wie sich die Vorstellungen des Heils auf der gleichen Ebene befinden und die gleiche Qualität haben wie die Vorstellungen des Bösen. Es läßt sich aufzeigen, daß allen Gestalten der Anklage Gestalten der Erlösung entsprechen. Daraus folgt, daß die zentrale Gestalt der Religion, von der die Psychoanalyse sagt, sie entstamme dem Vorbild des Vaters, so lange ihre eigene Genesis nicht zu vollenden vermag, wie sie nicht selbst alle die der Schuld entsprechenden Grade durchlaufen hat. Die Interpretation der Vaterphantasie in der Gottessymbolik setzt sich also in allen Bereichen der Anklage und der Erlösung fort.

Aber wenn auch die symbolische Gottesvorstellung in gleichem Maße »fortschreitet« wie die des Bösen und der Schuld, so vollendet sie dennoch ihren Weg nicht innerhalb dieser Korrelation. Freud hat es sehr wohl gesehen: die Religion ist mehr eine Kunst, die Härte des Lebens zu ertragen, als eine endlose Beschwörung der väterlichen Anklage. Und gerade diese kulturelle Funktion des Trostes stellt die Religion nicht mehr nur in die Sphäre der Furcht, sondern in die des Wunsches. Schon Platon sagte im *Phaidon*, daß es in jedem von uns ein zu tröstendes Kind gebe.

Die Frage ist, ob die Funktion des Trostes nur eine infantile ist oder ob es in ihr nicht auch das gibt, was ich nunmehr eine Epigenese, eine aszendente Dialektik des Trostes nennen möchte.

Und wiederum ist es die Literatur, die das Fortschreiten dieser Rektifizierung des Trostes absteckt. Wird man einwenden, die Kritik des alten Gesetzes der Belohnung schon bei den Weisen Babylons und mehr noch in den Büchern der Hebräer gehöre nicht der Religion an? Dann aber muß man in eine andere Problematik eintreten, welche der Freudianismus nicht konzipiert zu haben scheint, nämlich in die des inneren Konflikts zwischen Glauben und Religion: der Glaube Hiobs und nicht die Religion seiner Freunde verdient es, mit dem Freudschen Ikonoklasmus konfrontiert zu werden. Kann man dann nicht sagen, daß dieser Glaube etwas von jener Aufgabe erfüllt, die Freud jedem zuschreibt, der es unternimmt, »auf den Vater zu verzichten« (LEONARDO)? Hiob erhält in der Tat keine Erklärung für sein Leiden; es wird ihm lediglich etwas von der Größe und der Ordnung des Ganzen gezeigt, ohne daß dadurch der endliche Standpunkt seines Wunsches unmittelbar Sinn erhält; sein Glaube steht der »dritten Gattung« der Spinozischen Erkenntnis näher als jede Religion der Vorsehung. Somit hat sich ein Weg eröffnet, der Weg der nicht narzißtischen Versöhnung: ich verzichte auf meinen Standpunkt; ich liebe das Ganze; ich bereite mich darauf vor zu sagen: »Die geistige Liebe der Seele zu Gott ist Gottes Liebe selbst, womit Gott sich selbst liebt« (*quo Deus se ipsum amat*).[60] So ist es ein und derselbe Aufschub der Ethik, den der Glaube auf dem doppelten Weg des Gebots und der Belohnung bewirkt. Indem der gläubige Mensch die Sünde des Gerechten entdeckt, verläßt er die Ethik des Verdienstes; indem er den unmittelbaren Trost seines Narzißmus verliert, verläßt er jede ethische Weltanschauung.

Auf diesem doppelten Weg überwindet er die Gestalt des Vaters; doch indem er sie als Idol verliert, entdeckt er sie vielleicht als Symbol wieder. Das Symbol des Vaters ist jener Sinnüberschuß, den das *se ipsum* des Spinozischen Theorems meint: das Symbol des Vaters ist in keiner Weise mehr das eines Vaters, den ich haben könnte; in dieser Hinsicht ist der Vater Nicht-Vater; aber er ist die Ähnlich-

---

60 *Ethik* V, Lehrsatz 36 und Folgesatz.

keit mit dem Vater, dergemäß der Verzicht auf den Wunsch nicht mehr Tod, sondern Liebe ist, wiederum im Sinn des Folgesatzes des Spinozischen Theorems: »Die Liebe Gottes zu den Menschen und die geistige Liebe der Seele zu Gott ist ein und dasselbe.«

Wir sind hier an einen Punkt gelangt, der unüberschreitbar zu sein scheint; kein Punkt der Ruhe, sondern der Spannung, denn es zeigt sich noch nicht, wie die »Person« des Gottes, der verzeiht, mit der »Unperson« des *Deus sive natura* zusammenfallen könnte. Ich sage nur, daß die beiden Weisen, die Ethik aufzuschieben, die von Kierkegaard und die von Spinoza, die gleiche sein können, wie der *Deus se ipsum amat* des Spinoza es zu denken gibt und wie die jeder abendländischen Theologie zugrundeliegende Dialektik von »Gott« und »Gottheit« es bezeugt; aber ich weiß nicht ihre Identität.

Von diesem äußersten Punkt ausgehend, bietet sich eine letzte Konfrontation mit Freud an; bis zum Schluß gilt es in der Tat, die Alternative zweier Platitüden zurückzuweisen: die des Apologeten, der den Freudschen Ikonoklasmus insgesamt verwirft, und die des Eklektikers, der den Ikonoklasmus der Religion und die Symbolik des Glaubens nebeneinanderstellt. Ich für meinen Teil würde die Dialektik des Ja und Nein in letzter und höchster Instanz auf das Realitätsprinzip anwenden. Auf dieser Ebene begegnen sich letztlich, um sich gegenseitig infrage zu stellen, die Epigenese des Trostes, wie ich es nannte, gemäß dem Glauben, und die »Ergebung« in die Ananke, gemäß dem Freudianismus.

Ich verhehle nicht, daß es die Lektüre Freuds war, die mir geholfen hat, die Kritik des Narzißmus – die ich immer wieder das falsche oder das gescheiterte Cogito genannt habe – bis zu ihren äußersten Konsequenzen bezüglich des religiösen Trostbedürfnisses zu treiben; die Lektüre Freuds hat mir geholfen, den »Verzicht auf den Vater« ins Zentrum der Problematik des Glaubens zu tragen. Andererseits verhehle ich auch nicht meine Unzufriedenheit angesichts der Freudschen Interpretation des Realitätsprinzips. Sein Szientismus hat Freud daran gehindert, den im LEONARDO geahnten Weg zu Ende zu gehen, wiewohl dieses Buch das härteste ist, das er gegen die Religion geschrieben hat.

Die Realität – wir sagten es schon – ist nicht nur die Gesamtheit der feststellbaren Tatsachen und verifizierbaren Gesetze; sie ist auch, in psychoanalytischen Termini, die Welt der Dinge und der Menschen, so wie sie einem menschlichen Wunsch erscheinen, der auf das Lustprinzip verzichtet, d. h. seinen Standpunkt dem Ganzen untergeordnet hätte. Aber ist denn die Realität, so fragte ich, nur die Ananke? Ist sie nur die meiner Resignation sich darbietende Notwendigkeit? Diese Frage entziffere ich in den Fragen von Freud über das Schicksal Leonardos: »Aber von allen Bedenken gegen die mögliche Rückverwandlung des Forschertriebs in Lebenslust abgesehen, die wir als die Voraussetzung der Fausttragödie annehmen müssen, möchte man die Bemerkung wagen, daß die Entwicklung Leonardos an spinozistische Denkweise streift.«[61] Und etwas weiter: »In Bewunderung versunken, wahrhaft demütig geworden, vergißt man zu leicht, daß man selbst ein Stück jener wirkenden Kräfte ist und es versuchen darf, nach dem Ausmaß seiner persönlichen Kraft ein Stückchen jenes notwendigen Ablaufes der Welt abzuändern, der Welt, in welcher das Kleine doch nicht minder wunderbar und bedeutend ist als das Große.«[62] Doch was mögen die letzten Zeilen des LEONARDO bedeuten: »Wir zeigen alle noch zu wenig Respekt vor der Natur, die nach Leonardos dunklen, an Hamlets Rede gemahnenden Worten ›voll ist zahlloser Ursachen, die niemals in die Erfahrung traten‹ (*La natura è piena d'infinite ragioni che non furono mai in isperienza* ...). Jedes von uns Menschenwesen entspricht einem der ungezählten Experimente, in denen die *ragioni* der Natur sich in die Erfahrung drängen.«[63] Ich erkenne in diesen Zeilen eine heimliche Aufforderung, die Realität mit der Natur und die Natur mit Eros zu identifizieren. Jene »wirkenden Kräfte«, jene »zahllosen Ursachen, die niemals in die Erfahrung traten«, jene »ungezählten Experimente«, durch welche jene »sich in die Erfahrung drängen«, sind nicht Tatsachen, die festgestellt werden, sondern Kräfte, die mannigfache Kraft der Natur und des Lebens. Diese Kraft kann ich jedoch nur in einer Mythik der Schöpfung erfassen. Mythifizieren die Zerstörer von Bildern, Idealen und Idolen nicht aus diesem Grunde schließlich die Realität, die sie der Illusion entgegensetzen, die eine Dionysos, Unschuld des Werdens, ewige Wiederkehr nennend, die andere Ananke, Logos? Ist diese Remythifizierung nicht ein Zeichen dafür, daß die Disziplin der Realität nichts ist ohne die Gnade der Imagination? die Erwägung der Notwendigkeit nichts ohne die Evokation der Möglichkeit? Aufgrund dieser Fragen

---

61 GW VIII, 142 f.
62 ibid.
63 GW VIII, 211.

kann sich die Freudsche Hermeneutik mit einer anderen, auf die mythisch-poetische Funktion angewandten Hermeneutik verschränken, für welche die Mythen keine Märchen wären, d. h. falsche, irreale, illusorische Geschichten, sondern die symbolische Erkundung unserer Beziehung zu den Wesen, zu dem Wesen. Was die mythisch-poetische Funktion trägt, ist eine andere Kraft der Sprache, welche nicht mehr die Bitte des Wunsches, Bitte um Schutz, um Vorsehung ist, sondern die Anrufung, bei der ich um nichts mehr bitte, sondern nur noch horche.

So versuche ich bis zum Ende das Ja und das Nein zu konstruieren, das ich über die Psychoanalyse der Religion äußere. Der Glaube des Gläubigen kann aus dieser Gegenüberstellung nicht unversehrt hervorgehen, ebensowenig aber die Freudsche Auffassung der Realität. Dem Zerreißen des einen entspricht das Zerreißen des anderen. Der Spaltung die das Ja zu Freud in den Glauben der Gläubigen einführt, das Symbol vom Idol scheidend, entspricht die Spaltung, die das Nein zu Freud in das Freudsche Realitätsprinzip einführt, die bloße Ergebung in die Ananke von der Liebe zur Schöpfung scheidend.

suhrkamp taschenbücher wissenschaft

stw 1 Jürgen Habermas
Erkenntnis und Interesse
Mit einem neuen Nachwort
420 Seiten
Einzig als Gesellschaftstheorie ist radikale Erkenntniskritik möglich, heißt die Grundthese von Habermas. Damit greift er nicht nur in die an Methodenfragen orientierte Positivismus-Diskussion ein, sondern auch in die auf Praxis gerichtete politische Diskussion.

stw 2 Theodor W. Adorno
Ästhetische Theorie
Mit einem Begriffsregister
Herausgegeben von Gretel Adorno und Rolf Tiedemann
568 Seiten
Die Ästhetische Theorie ist die letzte große Arbeit Adornos, die bei seinem Tode kurz vor ihrer Vollendung stand. Sie sollte neben der Negativen Dialektik und einem geplanten moralphilosophischen Werk das darstellen, was Adorno »in die Waagschale zu werfen« hatte.

stw 3 Ernst Bloch
Das Prinzip Hoffnung
3 Bände. 1655 Seiten
»Die Utopie, das philosophisch bisher noch nicht zureichend bedachte Zukünftige, ohne das es kein Gegenwärtiges geben kann, steht im Zentrum des riesigen Buches ... Wie verwandelt sich Träumen in Begehren, Begehren in Wünschen? Wie gelangt das Streben nach Glück, ohne dessen messianischen Vorschein kein Jammertag ertragbar wäre, zu der Entschlossenheit, eine gewaltige Veränderung zu wagen?«
Walter Jens in »Die Zeit«

stw 4 Walter Benjamin
Der Begriff der Kunstkritik in der deutschen Romantik
Herausgegeben von Hermann Schweppenhäuser
120 Seiten
Man muß den Begriff der Kunstkritik zusammen sehen mit Lukács' *Theorie des Romans* oder den kunstphilosophischen Teilen von Blochs *Geist der Utopie*: schon in dieser frühen Arbeit Benjamins scheint die neue Ästhetik auf, das Bemü-

hen, Ästhetik und Geschichtsphilosophie zu verknüpfen, wie er selber es dann in inzwischen geradezu klassisch gewordener Weise im *Ursprung des deutschen Trauerspiels* verwirklichte.

stw 5 Ludwig Wittgenstein
Philosophische Grammatik
Herausgegeben von Rush Rhees
491 Seiten
Die *Philosophische Grammatik* gibt Auskunft über Wittgensteins Weg von der Konzeption einer Idealsprache zur Theorie der Sprachspiele und zur mathematischen Grundlagenforschung der Spätzeit.

stw 6 Jean Piaget
Einführung in die genetische Erkenntnistheorie
Vier Vorlesungen
Aus dem Amerikanischen von Friedhelm Herborth
104 Seiten
»Die Forschungen über genetische Erkenntnistheorie versuchen, die Mechanismen zu analysieren, nach denen Erkenntnis – sofern sie zu wissenschaftlichem Denken gehört – sich entwickelt ...«
Bärbel Inhelder

stw 7 J. Laplanche – J.-B. Pontalis
Das Vokabular der Psychoanalyse
Aus dem Französischen von Emma Moersch
2 Bände. 652 Seiten
Dieses Vokabular ist nicht nur ein Wörterbuch. Hier wird eine Theorie, die unser aller Denken verändert hat, von ihrer Sprache her erforscht. Damit ist dem Fachmann wie dem Laien ein Arbeitsinstrument zur Verfügung gestellt, das bisher fehlte.

stw 8 G. W. F. Hegel
Phänomenologie des Geistes
622 Seiten
Die Phänomenologie ist »ein Werk, das im philosophischen Schrifttum nicht seinesgleichen hat, vielsträhnig und zentral, dithyrambisch und streng geordnet zugleich. Nirgends kann genauer gesehen werden, was großer Gedanke im Aufgang ist, und nirgends ist sein Lauf bereits vollständiger«.
Ernst Bloch

stw 9 *Materialien zu Hegels ›Phänomenologie des Geistes‹*
Herausgegeben von Hans Friedrich Fulda
und Dieter Henrich
445 Seiten
Die hier zusammengestellten Aufsätze zu Hegels Phänomenologie wollen dem Leser die Irrwege, Umwege und Holzwege ersparen, auf die andere in ihrem Bemühen, sich dieses »dunkelste und tiefsinnigste« Werk Hegels (Ernst Bloch) zugänglich zu machen, geraten sind.

stw 10 *Einführung in den Strukturalismus*
Mit Beiträgen von Ducrot, Todorov, Sperber,
Safouan und Wahl
Aus dem Französischen von Eva Moldenhauer
480 Seiten
Die Essays zum Strukturalismus gehen nicht von einer Apriori-Definition einer so zu nennenden strukturalen Methode aus, was nach Ansicht der Autoren nicht möglich ist. Vielmehr überprüfen die Verfasser – alle Strukturalisten der zweiten Generation – an ihrem jeweiligen Forschungsgebiet, was ihr Strukturalismus überhaupt sei.

stw 11 Siegfried Kracauer
Geschichte – Vor den letzten Dingen
Aus dem Englischen von Karsten Witte
309 Seiten
»Kracauer prüft mit skeptischem Blick geschichtsphilosophische Mythen und historiographische Methoden in der Absicht, das Interesse der Menschen an der Geschichte zu erhellen. Die Schlußfolgerungen: Geschichte tritt als eine Folge irreduzibler, einmaliger Wesenheiten in Erscheinung, die der Historiker letztlich als ›stories‹, also in ihrer ›epischen Qualität‹ zu begreifen hat.«   Viktor Zmegač

stw 12 Niklas Luhmann
Zweckbegriff und Systemrationalität
Über die Funktion von Zwecken in sozialen Systemen
390 Seiten
Mit seinem Entwurf einer Systemtheorie erneuert Luhmann den von der gegenwärtigen Soziologie vernachlässigten Versuch, Gesellschaft im ganzen zu begreifen. Er untersucht die Funktion der Zweckorientierung in sozialen Systemen und bestimmt sie als Reduktion von Komplexität, als Vereinfachung, die das System handlungsfähig macht.

stw 13 Gershom Scholem
Zur Kabbala und ihrer Symbolik
303 Seiten
Scholems Studien zur Kabbala, der jüdischen Mystik des Mittelalters, deren esoterische Lehren in verschiedenen Schulen verbreitet wurden, erläutern die wiederkehrenden Bilder und Symbole im kabbalistischen Judentum aus einem lebendigen Zusammenhang der mystischen Tradition. Sie sind ein faszinierender Beitrag zum Verständnis der Geschichte und Psychologie des jüdischen Volkes.

stw 14 Claude Lévi-Strauss
Das wilde Denken
334 Seiten
Aus dem Französischen von Hans Neumann
Thema dieses inzwischen berühmt gewordenen Werkes ist das Denken in seinem »wilden Zustand«, das in jedem Menschen, ob zeitgenössisch oder vorgeschichtlich, wirksam ist als ein Element der nichtkultivierten und nicht domestizierten Geistestätigkeit.

stw 15 Peter Szondi
Zur Theorie des bürgerlichen Trauerspiels im 18. Jahrhundert
Der Kaufmann, der Hausvater, der Hofmeister
Herausgegeben von Gerd Mattenklott
Mit einem Anhang von Wolfgang Fietkau
280 Seiten
Der gemeinsame Gegenstand der literaturwissenschaftlichen Arbeiten Peter Szondis war die Geschichte des bürgerlichen Subjekts in der Moderne, insofern als sie in Literatur und Literaturtheorie wesentlichen Ausdruck fand. Sein Interesse in den letzten Jahren galt den frühen Formen bürgerlichen Bewußtseins, die sich in der Dramatik und ihrer Theorie des 18. Jahrhunderts präsentierte.

stw 16 Erik H. Erikson
Identität und Lebenszyklus
Drei Aufsätze. Aus dem Amerikanischen von Käte Hügel
224 Seiten
»Erikson verfügt über die Fähigkeit, Tatsachen verschiedener Fachgebiete sowohl isoliert aufzuzeigen als auch zu seiner Idee von der Identitätssuche des Menschen, der biologischen, kulturellen und psychodynamischen Lebens-

zyklen unterworfen ist, zu synthetisieren. Die Arbeiten sind ein Stimulans für jeden, dessen Denken ... bereit ist, den Umweltraum wie den Inweltraum des Menschen gemäß der Anforderung eines präsumptiv ›Humanen‹ zu verändern.« *Helmut Junker, Das Argument*

stw 17 Rudolf Bilz
Wie frei ist der Mensch?
Paläoanthropologie Bd. 1
470 Seiten
Das besondere Interesse von Bilz gilt den »biologischen Archaismen des Menschen«, den »Wildheitsqualitäten« des homo sapiens, ohne daß doch, wie es in der heutigen Verhaltensforschung häufig geschieht, vorschnell vom Tier auf den Menschen geschlossen würde.

stw 18 Viktor von Weizsäcker
Der Gestaltkreis
Mit einem Vorwort von Rolf Denker
294 Seiten
Von Weizsäcker fordert eine ganzheitlich anthropologisch fundierte Medizin und wurde damit zum Mitbegründer der Psychosomatik. Sein Werk hat über die Medizin hinaus Anthropologie, Sozialwissenschaften und speziellere Handlungstheorien entscheidend beeinflußt.

stw 19 Noam Chomsky
Sprache und Geist
Aus dem Amerikanischen von Siegfried Kanngießer, Gerd Lingrün, Ulrike Schwarz und Anna Kamp
189 Seiten
»Die Theorien Noam Chomskys haben in der Linguistik während der letzten Jahre zu einem ›Paradigmenwechsel‹ (Th. Kuhn) geführt. Forschungsstrategisch sinnvolle Fragestellungen, die Bewertung neuer Methoden und Standards und die Einschätzung linguistisch relevanter Problemlösungen folgen dem theoretischen Rahmen, den Chomsky der Linguistik gegeben hat.« *Anton Leist, Das Argument*

stw 20 Jakob von Uexküll
Theoretische Biologie
Mit einem Vorwort von Rudolf Bilz
408 Seiten
Im Vordergrund der heutigen biologischen Forschungen stehen in erster Linie die Probleme der physiologischen

Chemie. Insofern mutet die *Theoretische Biologie* Jakob von Uexkülls eher wie ein Vorläufer der Wahrnehmungspsychologie oder der Ethologie an.

stw 21 Victor Erlich
Russischer Formalismus
Aus dem Englischen von Marlene Lohner
Mit einem Geleitwort von René Wellek
Etwa 410 Seiten
»Erlichs Buch ist die einzige umfassende Darstellung des russischen Formalismus in einer westlichen Sprache ... (es) ist eine vorzügliche, authentische Studie über eine Gruppe von Schriftstellern und ein zusammenhängendes Gedankengebäude, die jedem Literaturwissenschaftler bekannt sein sollte.« *René Wellek*

stw 22 *Seminar: Politische Ökonomie*
Zur Kritik der herrschenden Nationalökonomie
Herausgegeben von Winfried Vogt
334 Seiten
Dieser Band repräsentiert die Breite der Kritik an der herrschenden bürgerlichen Nationalökonomie. Die vertretenen Positionen reichen von der Keynesschen Theorie über eine pragmatische Richtung bis hin zur marxistischen Kritik. Von hier aus wird man sehen müssen, inwieweit eine übergreifende theoretische Konzeption möglich ist.

stw 23 Theodor W. Adorno
Philosophische Terminologie Bd. 1
Herausgegeben von Rudolf zur Lippe
240 Seiten
In der »Philosophischen Terminologie« schlägt Adorno den Weg ein, zentrale Begriffe der Philosophie historisch und thematisch zu untersuchen. Die Begriffsanalysen führen in das Denken Adornos, gleichzeitig aber auch in die Kritische Theorie ein.

stw 24 Hans Blumenberg
Der Prozeß der theoretischen Neugierde
Erweiterte und überarbeitete Neuausgabe
von »Die Legitimität der Neuzeit«, dritter Teil
320 Seiten
Die bestimmenden Attribute der Neuzeit leiten sich aus der humanen Selbstbehauptung gegenüber dem theologischen Absolutismus des ausgehenden Mittelalters her. Zur

Begründung dieser These wird der Prozeß der Diskriminierung und Rehabilitierung der »theoretischen Neugierde« von der Antike bis zum Ende des 18. Jahrhunderts verfolgt.

stw 25 Thomas S. Kuhn
Die Struktur wissenschaftlicher Revolutionen
Aus dem Amerikanischen von Kurt Simon
227 Seiten
Fortschritt in der Wissenschaft – das ist Kuhns These – vollzieht sich nicht durch kontinuierliche Veränderung, sondern durch revolutionäre Prozesse: Ein bisher geltendes Erklärungsmodell wird verworfen und durch ein anderes ersetzt. Diesen Vorgang bezeichnet sein berühmt gewordener Terminus »Paradigmenwechsel«.

stw 26 Heinrich Zimmer
Philosophie und Religion Indiens
Aus dem Amerikanischen von Lucy Heyer-Grote
597 Seiten
»Es ist das vollständigste und zugleich intelligenteste Buch über die außerordentlich reiche und komplexe Philosophie Indiens, das je geschrieben wurde.« *New York Times*

stw 27 Jean Piaget
Das moralische Urteil beim Kinde
Aus dem Französischen von Lucien Goldmann
463 Seiten
Piaget zeigt, welche Bedeutung in der Entwicklung des moralischen Urteils den gegenseitigen Beziehungen zwischen gleichgestellten Kindern, also dem Solidaritäts- und Verantwortungsbewußtsein, zukommt.

stw 28 George Herbert Mead
Geist, Identität und Gesellschaft
Mit einer Einleitung von Charles W. Morris
Aus dem Amerikanischen von Ulf Pacher
456 Seiten
Mind, Self and Society ist *der* Klassiker der Sozialpsychologie. Das postum aus Vorlesungsnachschriften veröffentlichte Werk verschmilzt »einen von einem moralischen Ethos idealistischer Vernunft beseelten Pragmatismus mit Evolutionismus und einem sozial interpretierten Behaviorismus«.
Helmut Kuhn

stw 29 Eike von Savigny
Die Philosophie der normalen Sprache
Eine kritische Einführung
in die »ordinary language philosophy«
Etwa 300 Seiten
Von Savignys Buch ist die erste zusammenfassende Darstellung der Methoden, Probleme und Ergebnisse einer philosophischen Richtung, die in den angelsächsischen Ländern heute dominiert: der *ordinary language philosophy* mit ihren Hauptvertretern, dem späten Wittgenstein, Gilbert Ryle, J. L. Austin und J. Wisdom.

stw 30 *Seminar: Die Entstehung von Klassengesellschaften*
Herausgegeben von Klaus Eder
384 Seiten
Mit der Entwicklung von der »menschlichen Naturgeschichte« zur »menschlichen Vorgeschichte« befassen sich so renommierte Autoren wie Sahlins, Moscovici u. a. Ihre Beiträge sind Ansätze zu einer Theorie der Genese und Struktur von Klassengesellschaften.

stw 31 Alfred Lorenzer
Sprachzerstörung und Rekonstruktion
Vorarbeiten zu einer Metatheorie der Psychoanalyse
248 Seiten
Lorenzers Versuch einer wissenschaftstheoretischen Bestimmung des psychoanalytischen Vorgehens nimmt seinen Ausgang von dem alten Gegensatz von »Erklären« und »Verstehen«. Aus der Untersuchung der psychoanalytischen Operationsschritte wird eine Metatheorie entwickelt, die die Züge einer Sprachanalyse annimmt: Neurose erweist sich als »Sprachzerstörung« und die psychoanalytische Therapie als Rekonstruktion von Sprache.

stw 33 Georg Lukács
Der junge Hegel
896 Seiten
Lukács' Studie untersucht Hegels Auffassung von der Dialektik der menschlichen Gesellschaft in ihrer Entwicklung von den Jugendschriften bis zur Phänomenologie des Geistes. Mit scharfsinniger Polemik gegen die bürgerliche Hegelforschung deckt er ideologiekritisch die idealistischen Züge dieser Dialektik auf. Dabei geht es Lukács um den inneren Zusammenhang von Philosophie und Ökonomie.

stw 34 W. Ross Ashby
Einführung in die Kybernetik
Aus dem Englischen von Jörg Adrian Huber
ca. 400 Seiten
Die Einführung in die Kybernetik ist eines der Standardwerke der jungen Wissenschaft Kybernetik, nicht zuletzt durch des Autors didaktisches Geschick der Grundlagenvermittlung. Ashby vermeidet es, für den Laien unnötig verwirrende Bereiche der Elektronik und der höheren Mathematik in seine Einführung einzubeziehen und verwendet statt dessen allgemeinverständliche Beispiele aus dem Alltag.

stw 35 Ernst Bloch
Geist der Utopie
Unveränderter Nachdruck der bearbeiteten Neuauflage der 2. Fassung von 1923
351 Seiten
Geist der Utopie ist ein Manifest gegen die Leere, Ungläubigkeit und Hohlheit dieser Zeit; es ist die beschwörende Proklamation eines neuen, reichen, frommen Lebens. Von einer Verzweiflung über die Barbarei des Krieges getrieben, eifert Bloch für eine umfassende Revolution, deren politischer Aspekt zwar conditio sine qua non ist, die aber weit darüber hinaus in ein neues Zeitalter führen soll.

stw 36 Reinhart Koselleck
Kritik und Krise
Ein Beitrag zur Pathogenese der bürgerlichen Welt
248 Seiten
Die Frage nach dem Zusammenhang von Kritik und Krise ist geschichtlich und aktuell zugleich. Die Untersuchung umspannt den Zeitraum von den religiösen Bürgerkriegen bis zur Französischen Revolution. Die hypokritischen Züge der Aufklärung werden begriffsgeschichtlich und ideologiekritisch herausgearbeitet. Dabei stoßen wir auf die politischen Grenzen der Aufklärung, die ihr Ziel verfehlt, sobald sie zur reinen Utopie gerinnt.

stw 37 Siegfried Bernfeld
Sisyphos oder die Grenzen der Erziehung
156 Seiten
Bernfeld macht Marx und Freud zu »Schutzpatronen der neuen Erziehungswissenschaft«. Er will, wenn möglich, den Determinismus der Vererbungslehre, der Konstitutionsforschung, der Psychoanalyse, des Darwinismus und den der Klassenlage überwinden. *Klaus Horn*

stw 38 *Seminar: Ideen und Interessen*
Studien zu Max Webers »Protestantischer Ethik«
Herausgegeben von Constans Seyfarth und
Walter M. Sprondel
ca. 360 Seiten
Die Zusammenstellung neuerer Beiträge zu Max Webers »Protestantischer Ethik« zielt auf die Klärung verschiedener Aspekte der Beziehung Webers zum Marxismus, der Komplexität der Genese des kapitalistischen Systems, der Argumente, die in die Richtung einer allgemeinen Theorie soziokultureller Wandlungsprozesse weisen und schließlich der heute höchst aktuellen Frage von Schwellen der soziokulturellen Evolution.

stw 39 Michel Foucault
Wahnsinn und Gesellschaft
Eine Geschichte des Wahns im Zeitalter der Vernunft
Aus dem Französischen von Ulrich Köppen
562 Seiten
Michel Foucault erzählt die Geschichte des Wahnsinns vom 16. bis zum 18. Jahrhundert. Er erzählt zugleich die Geschichte seines Gegenspielers, der Vernunft, denn er sieht die beiden als Paar, das sich nicht trennen läßt. Der Wahn ist für ihn weniger eine Krankheit als eine andere Art von Erkenntnis, eine Gegenvernunft, die ihre eigene Sprache hat oder besser: ihr eigenes Schweigen.

Alphabetisches Verzeichnis der suhrkamp taschenbücher wissenschaft

Adorno, Ästhetische Theorie 2
– Philosophische Terminologie 1 23
Benjamin, Charles Baudelaire 47
– Der Begriff der Kunstkritik 4
Bernfeld, Sisyphos 37
Bilz, Studien über Angst und Schmerz 44
– Wie frei ist der Mensch? 17
Bloch, Das Prinzip Hoffnung 3
– Geist der Utopie 35
Blumenberg, Der Prozeß der theoretischen Neugierde 24
Bucharin/Deborin, Kontroversen 64
Chomsky, Aspekte der Syntax-Theorie 42
– Sprache und Geist 19
Einführung in den Strukturalismus 10
Erikson, Identität und Lebenszyklus 16
Erlich, Russischer Formalismus 21
Foucault, Wahnsinn und Gesellschaft 39
Griewank, Der neuzeitliche Revolutionsbegriff 52
Habermas, Erkenntnis und Interesse 1
Hegel, Phänomenologie des Geistes 8
Materialien zu Hegels ›Phänomenologie des Geistes‹ 9
Luhmann, Zweckbegriff und Systemrationalität 12
Koselleck, Kritik und Krise 36
Kracauer, Geschichte – Vor den letzten Dingen 11

Kuhn, Die Struktur wissenschaftlicher Revolutionen 25
Laplanche – Pontalis, Das Vokabular der Psychoanalyse 7
Lévi-Strauss, Das wilde Denken 14
Lorenzer, Sprachzerstörung und Rekonstruktion 31
Lukács, Der junge Hegel 33
Macpherson, Politische Theorie des Besitzindividualismus 41
Mead, Geist, Identität und Gesellschaft 28
Minder, Glaube, Skepsis und Rationalismus 43
Moore, Soziale Ursprünge 54
Piaget, Das moralische Urteil beim Kinde 27
– Einführung in die genetische Erkenntnistheorie 6
Ricœur, Die Interpretation 76
Scholem, Zur Kabbala und ihrer Symbolik 13
Seminar: Die Entstehung von Klassengesellschaften 30
Seminar: Politische Ökonomie 22
Seminar: Religion und gesellschaftliche Entwicklung 38
Szondi, Die Theorie des bürgerlichen Trauerspiels 15
Uexküll, Theoretische Biologie 20
Weizsäcker, Der Gestaltkreis 18
Wittgenstein, Philosophische Grammatik 5
Zimmer, Philosophie und Religion Indiens 26